Kleist

Wolfgang Wittkowski

Kleist

Wert-Ethik, Wahrheit, Widerstand und Wieder-Auf-Er-Stehung

Über deutsche Dichtungen 6

PETER LANG
EDITION

Bibliografische Information der Deutschen Nationalbibliothek
Die Deutsche Nationalbibliothek verzeichnet diese Publikation in der Deutschen Nationalbibliografie; detaillierte bibliografische Daten sind im Internet über http://dnb.d-nb.de abrufbar.

Umschlaggestaltung:
© Olaf Gloeckler, Atelier Platen, Friedberg

ISBN 978-3-631-64003-6

Peter Lang Edition ist ein Imprint der Peter Lang GmbH

www.peterlang.de

In dankbarem Gedenken an

Fritz Martini

Inhalt

Vorwort

Für den Druck meiner Serie *Über deutsche Dichtungen* danke ich Frau Ute Winkelkötter und dem Peter Lang Verlag. Wie alle meine Bände enthält dieser *Kleist* mehr oder weniger gründlich überarbeitete Veröffentlichungen aus vergangenen Jahrzehnten. Für die unnachsichtig-umsichtig-gewissenhafte Erstellung der Druckfassung, Anstöße zu Verbesserungen und andere unentbehrliche Hilfsaktionen danke ich Frau Sandra Hawrylchak, die schon den *Schiller* rettete.

Alles Vorhandene aufzunehmen, verbat sich, denn dann überschnitte sich noch mehr. Die Wahl fiel manchmal auf das jeweils Neueste, schon mit Rücksicht auf den je aktuelleren Stand der Diskussion. Andererseits entschied ich mich nach langem Schwanken z.B. im Fall des *Homburg,* freilich unter Bezugnahme auch auf neuere Forschung, für meine früheste Version von 1961, meine erste Kleist-Studie überhaupt. Nach Ausmerzung unwesentlicher Mißgriffe blieb, so hoffe ich, erhalten etwa die Art, wie \`man es damals machte.´

Die immanente Interpretation, der ich nie anhing, ging zu Ende. Doch man ging m.E. mit Dichtung noch immer einfühlsamer um und näher ein auf moralpsychologische Vorgänge und Motivationen, auf Charaktere, den sogen. Sinn und Trend der Werke. Heute überwiegen andere Interessen; und man hat wenig Lust, der Menge jener Interpretationen weitere anzufügen. Sie wurden zunehmend die Sache vornehmlich von Anfängern und Liebhabern. Letzteren rechne ich mich weiterhin weitgehend zu - zum Glück, möchte ich sagen, verglichen mit dem Routinier, den die Jahre unvermeidlich aus uns machen.

Das Salz der Dichtungswissenschaft bleibt die Auseinandersetzung mit der Forschung. Sie ist der Auslöser weiterer Kritik - denn warum sollte man über den Genuß der Werke hinausdenken und sie analysieren, wenn das nicht von anderen getan worden wäre und Reaktion verlangte, Korrektur? Forschungskritik nimmt in meinen Arbeiten relativ breiten Raum ein. Sie beschert mir, meist in der Stille, Beifall und auch Gegnerschaft, gleichfalls meistens in der Stille, Schweigen und Verschweigen meiner Arbeiten, die gewöhnlich eigene Wege gehen und eben Kritik an der Kritik üben.

Forschungskritik ist, soviel ich weiß, besonders jungen Lesern lästig, Anfängern und Liebhabern, also dem Kreis, der leider immer kleiner wird und bei dem ich mir eher Wirkungsaussichten erhoffe als bei denen, die schon eine Meinung haben, womöglich eine gedruckte. Wer wenigstens Einiges davon kennt, mag mir rasch ins Wort fallen mit dem Hinweis: der und die hätten zum Thema bereits dies und das gesagt. Deshalb suche ich zu erklären, warum ich nicht jene und nicht diese Meinung teile und stattdessen meine eigene in größerer und geringerer Nähe zu anderen Standpunkten erarbeite. Erst der vielseitige Streit um die bessere und beste Lesart, wenn man ihn lange genug durchhält und sich dabei immer weiter umschaut, erbringt m.E. die volle Ernte der Anstrengung. Er schärft die eigene, reichert sie an im erweiterten Horizont der Möglichkeiten und bietet - m.E. eben besonders auf dem Gebiet der Literaturdeutung! - die beste Gelegenheit, sich bekannt und vertraut zu machen mit wissenschaftlichem, also mit kritischem Denken und Beurteilen sprachlicher Kommunikation überhaupt und mit dessen ebenso lehrreichem Fehlgehen und Versagen! Hierzu gehörten seine Verwechslungen mit weltanschaulichen Positionen politischer oder gar religiöser Art - sie sind besonders prominent in der von mir aufs Korn genommenen Kritik. Mein Ton mag da zuweilen ebenfalls - jenseits der Wissenschaft - die Grenze der Wissenschaft verletzen.

Leider muß ich hier ein eigenes Versagen zugeben. Ich habe nicht alle Neuerscheinungen gewürdigt, sie nicht einmal allesamt gelesen. Andererseits bin ich Günther Emig vom Heilbronner Kleist-Sembdner-Institut zu großem Dank verbunden, daß er mir immer wieder Gelegenheit zu Rezensionen gab, die mich wenigstens einigermaßen auf dem Laufenden hielten. Zwei von ihnen sind am Ende abgedruckt und ergänzen die Forschungskritik einzelner Kapitel.

Des Lesers wie auch des Umfangs wegen schlug ich (wir sind immer noch bei meiner Auswahl) einen Mittelweg ein, bevorzugte manchmal frühere, weniger forschungskritische (oder gar -polemische) Versionen, manchmal die späteren. Schwer fiel mir, meiner besonderen Liebe zu entsagen: der zum „neuen Prometheus" Alkmene des *Amphitryon*. Stattdessen gab ich den Vorzug endlich der nur wenig späteren gründlicheren Auseinandersetzung mit prominenten *Amphitryon*-Interpreten wie Hans Georg Gadamer, Walter Müller-Seidel, Lawrence Ryan und vielen anderen. Sie erschien 1972 in der Festschrift für Bert Nagel, *Wahrheit und Sprache,* unter dem humoristisch-boshaften Titel

Die Verschleierung der Wahrheit
in und über Kleists *Amphitryon*.
Zur dialektischen Aufhebung eines Lustspiels
oder
„Über den neuen mystischen *Amphitryon*
und dergleichen Zeichen der Zeit"
(Goethe, Tagebuch, 15. Juli 1807)

Da z.B. bewege ich mich an der Grenze spöttischer Polemik – ich fürchte, nicht zu Unrecht, also auf wissenschaftlich solider Basis. Dagegen hatte ich bei der *Hermannsschlachts*-Kritik verdienter Forscher Hemmungen, die Deutschfeindlichkeit, wie man dergleichen angesichts heute verbreiteter und noch zunehmender Unsitten immer öfter nennt, so zu geißeln, wie sie es verdiente. Denn wer Hermann/Kleist als Vorläufer und Vorbereiter Hitlers hinstellt, präsentiert vor allem anderen sich selbst als Musterschüler politisch korrekter Gesinnungs- und Sprech-Umerziehung, bezahlt das indes mit Wissenschaftlichkeit – verfährt man da doch nicht unähnlich dem Ankläger, der sein Beweismaterial (hier Kleists Text) gegen alle Evidenz so manipuliert, daß es sein parteiisch vorgefaßtes Fehlurteil bestätigt.

Solche Verunglimpfung begegnet uns heute mannigfach in Geschichtsschreibung und Politik, in Gerichtsprozessen, auch in berühmten. Machiavelli wußte, Sieger und Mächtige usurpieren das Urteilsmonopol, ruinieren den Ruf des Besiegten und machen ihn gefügig. Ja, heute bringen sie ihn dazu, die Sieger-Sicht zu übernehmen, sogar die Verleumdungen. Wird der Besiegte damit in manchem Punkt seinem Besieger ähnlich, so werden beide womöglich auch ihrem gemeinsamen Feindbild ähnlich, und das ist nun die Besiegten-Generation – oder vielmehr das Bild, das die Sieger-Propaganda von ihr schuf und das die Besiegten übernahmen. Auf dieses Gesetz, daß der Sieger dem verleumdeten, verhaßten Besiegten ähnlich werden mag, spielt Ex-Präsident Herbert Hoover jetzt an in seinem nachgelassenen „revisionistischen“ Opus Magnum *Freedom Betrayed. Herbert Hoover's Secret History of the Second World War and its Aftermath,* Hg. George H. Nash, Stanford, CA, 12011, XIXf.

Der Staatsrechtler Karl Schmitt erlebte es in Bonn während der gesetzwidrigen französischen Ruhrbesetzung der 20er Jahre. Den Versuchen, für Versailles rückwirkend den Anschein von Legalität zu retten, begegnete er mit der meist mißdeuteten ungeschminkten Unterscheidung zwischen Freund und Feind und mit dem Lob der *Hermannsschlacht* als modellhafter Dichtung des Partisanen, d.h. des Widerstandes gegen Eroberung, Kolonisation und deren System von Heuchel-Lügen.

Darum und um die Entlarvung mannigfacher Wahrheits-Verfälschungen durch Individuen und Autoritäten aller Art war es Kleist jederzeit zu tun. Freilich tat er es meist ironisch verkappt, teils um die staatliche, französische und kirchliche Zensur zu täuschen, teils aber auch, um dem Publikum das Urteil zu erschweren und reizvoller, ergiebiger zu gestalten, kurz, um zu erziehen.

Dabei ging es ihm nicht um Reklame für die eine oder andere politische, religiöse, theoretische und sonst ideologische und modische Zeitgeist-Position, sondern - letztlich unabhängig von alledem - von Fall zu Fall um absolute Wahrheit und Gerechtigkeit des Urteils, um ethische Tugenden und Werte. An ihnen nämlich, und zwar an ihrer Bewährung ebenso wie an ihrer Verletzung und Verkehrung fassen wir - weit über jene Positionen hinaus - den wahren Wert des Lebens und des Menschen. Das gab am Ausgang der klassischen Periode und zum Auftakt eines ganz andersgearteten Zeitalters zu bedenken kein Geringerer als Schopenhauer am Ende seiner Schrift *Über den Willen in der Natur,* 2 A. 1851? Zit. WW: *Georg Büchner,* 2009, 158. Siehe hierzu auch den Schluß des Kapitels „Ein neuer Fund usw...“: „Schwierigkeiten der politischen Fragestellung.“

So bietet die vorliegende Auswahl Einblicke in die Forschung des letzten Halbjahrhunderts und damit in ein Kapitel germanistischer und Intellektuellen- oder Zeitgeist-Geschichte, das sich in meiner Sicht nicht immer rühmlich ausnimmt, weitgehend unter der Nachwirkung zweier Weltkriegs-Niederlagen und der unberufenen plumpen und raffinierten Umerziehungs- und Unterwerfungs-Anstrengungen seit 1945.

Trotz seines Umfangs behandelt mein Buch - noch einmal: Pardon! - nicht den ganzen Kleist. Nur im 1. Kapitel *Weltdialektik und Weltüberwindung* nahm ich es noch zuversichtlich auf mit der *Familie Schroffenstein,* dem *Käthchen von Heilbronn* und *Penthesilea.* Später erwärmte ich mich wissenschaftlich nicht mehr so für sie wie desto mehr für alles, was in das Buch einging. Auch die Lyrik und die Aufsätze allgemeinen Inhalts fehlen, dafür sind Beiträge der *Berliner Abendblätter* zur Auseinandersetzung Kleists mit Iffland, Hardenberg und Müller eingehender analysiert, vielleicht zu eingehend für eine gefällige Lektüre.

Die Kapitel folgen dem kurzen Werdegang des Dichters wenigstens ungefähr - denn Entstehung, Endfassung und Erscheinen seiner Schriften überlappen und verknäueln sich. Den Anfang bilden Studien zu Eigenart und Zielsetzung der Werke. Von da leitet die komisch-sarkastische bis tragisch-traurige Gesellschafts-, Religions- und Autoritäts-Kritik der Lustspiele samt der *Marquise von O...* weiter zu den anti-imperialistischen Werken nationaler Befreiung und zur unglücklich utopischen Preußen-Liebe, endlich abermals zu Demontagen der erz-autoritären Institution und Ideologie der Kirche sowie zuletzt im *Findling* zur condition humaine, ihrer Gebrechlichkeit, sowie zum Potential des Menschen, für andere *deus* und auch *lupus* sein zu können (Hobbes/Goethe) bzw. Engel und auch Teufel: so drückt es die durch Prüfungen gereifte, gütig weise Marquise aus.

Apropos Marquise: Falls meine Leser es nicht merkten - obwohl ich mir schwer vorstellen kann, daß es ihnen entgangen sein sollte: Meine wissenschaftlichen und Liebhaber-Bemühungen um Dichtung machten mich in der Forschungs-Diskussion nicht nur um Kleist, so kommt es mir vor - in gebührend verkleinerter Analogie zum *Defensor Fidei* altehrwürdiger Religionszwiste - zu einem Verteidiger der Dichter, ihrer sittlichen Vernunft oder vernünftigen Ethik und besonders ihrer Frauenfiguren, die selbst von Kritikerinnen oft ungerecht oder sonst unzulänglich eingeschätzt werden. Genauer: Ich steuere gegen, wo man dichterisches Preisen und Verdammen gegen alle Evidenz herabstimmt oder gar ins Gegenteil verkehrt. Insofern gebrauche ich ebenfalls Schmitts Unterscheidung zwischen Freund und Feind - unter Ausschluß selbstverständlich (meistens) der Kollegen und Kolleginnen.

Fritz Martini erwarb sich auf den wichtigsten Gebieten der Neueren Germanistik größte Verdienste. Und niemand hat meine Anfänge mehr gefördert als der so viel- und vielseitig Tätige. Als Herausgeber des *Jahrbuchs der Deutschen Schillergesellschaft* veröffentlichte er meine ersten Schiller-Arbeiten, schützte und verteidigte sie gegen Einsprüche kollegialer Autoritäten und ließ im *Deutschunterricht* meinen überlangen *Homburg*-Aufsatz drucken. Unterstützt von Helmut Kreuzer, damals sein Assistent, gleich mir Hebbel-Doktorand und von da an aus der Ferne mein kritisch-treuester Wegbegleiter, ebnete er mir den Weg zur Universität und in die USA.

Soweit war ich mit diesem Vorwort, da stieß ich beim Korrekturlesen des *Marquise*-Kapitels auf das Bibelmotiv des Tobias, der ohne handfeste Beweise nicht glauben will an Christi Auferstehung. Auferstehung! Wiederauferstehung! Dieser Gestus, befreit allerdings von religiöser Sinngebung, war es doch, was Kleist an dieser seiner kleiner Heldin vorführte:

Als die Pistole des Vaters sich entlud, erhob sie sich „leichenblaß" von „ihren Knieen," auf denen sie den Vater um Erbarmen gefleht hatte, sank „matt bis in den Tod" auf einen Sessel, machte ihre Kinder fertig zur Abreise und erwiderte dem Bruder, als er namens des Kommandanten Überlieferung der Kinder von ihr forderte: „Dieser Kinder?" fragte sie, und stand auf. Sag deinem unmenschlichen Vater, daß er kommt, und mich niederschießen, nicht aber mir meine Kinder entreißen könne! Und hob, mit dem ganzen Stolz der Unschuld gerüstet, ihre Kinder auf, trug sie ohne daß der Bruder gewagt hätte, sie anzuhalten, in den Wagen und fuhr ab.

Durch diese schöne Anstrengung mit sich selbst bekannt gemacht, hob sie sich selbst, wie an ihrer eigenen Hand, aus der ganzen Tiefe, in welche das Schicksal sie herabgestürzt hatte, empor. Der Aufruhr, der ihre Brust zerriß, legte sich, als sie im Freien war. Sie küßte häufig ihre Kinder, diese ihre liebe Beute, und mit großer Selbstzufriedenheit gedachte sie, welch einen Sieg sie, durch die Kraft ihres schuldfreien Bewußtseins, [...] davongetragen hatte.

Das ist in allen Einzelheiten, oft wortwörtlich, „Wiederauferstehung," freilich, wie gesagt, nicht religiös, sondern im Gegenteil ganz weltlich aus eigener Seelenkraft mit segensreichen Folgen für das Ich und andere. So beschrieb und nannte Adam Müller im

Phöbus, den er mit Kleist herausgab, den entsprechenden Vorgang an Goethes Egmont.[1] Taktvoll (was nicht immer seine Stärke war) bog er ihn nur andeutungsweise um in ein Erlebnis religiöser Art („Himmelfahrtsmoment"). Kleist, der den Gedanken wohl schon fertig mit nach Dresden brachte, eben in der *Marquise,* hielt ihn auf der Erde und im Menschen, auch in Homburgs Unsterblichkeits-Monolog und an allen seinen Helden, jedesmal auf eigene Weise, meist unauffällig und stets unausgesprochen - das Verfahren der Meister. Dabei assoziiert auch er durchweg die klassisch-weltliche Vorstellung, der edle Mensch könne sich vergöttlichen, gottähnlich werden.

Müller führt den Gedanken weiter zur Verewigung der Figur in unserem, des Publikums Gedächtnis; und das dürfte für Kleists berühmteste Figuren so gut gelten wie für die der Klassiker und derer, die ihnen nahekommen. Die gut 40 Jahre zurückgreifende Erinnerung an diese Kleistisch-Müllersche Idee (vgl. das 1. Kapitel, Ende) mag mir als handfester Trumpf und heilsames Entgiftungsmittel dienen gegen die dekonstruktiven, ja wert-nihilistischen Tendenzen jener Interpreten, die sich darin gefallen, zu schreiben als Insassen der Schuldkolonie Deutschland, d.h. als politisch korrekte Entlarver unserer verdammlichen Vergangenheit - zumal der Epoche Kleists und der Klassiker.

Trumpf und Entgiftungsmittel: Denn was bedeutet die Wiederauferstehung kleistischer Figuren? Aus tiefem Fall (*per aspera ad astra*): „Wieder-." Körperlich-seelisches Sich-Auf-raffen oder auch „-heben" („so hebst du dich?"): „Auf-". Als Retter und als Gegenspieler(in): „Erstehen." Endlich Stehen, Feststehen: „steh, stehe fest" „Kraft und ihr Widerstand." All das abgewandelt je nach Situation und Charakter, doch überall als zentraler Gestus, der Held und Heldin auszeichnet, wo sie sich nicht unterkriegen lassen, und feststehen wieder aufrichten - oder auch im Modus der Karikatur belächelt am Simpel, Großtuer und Bösewicht. Deshalb im Titel das Quartett **Wieder-Auf-Er-Stehung**.

Slingerlands, N.Y., Juli 2012

---

[1] Ausgabe der Wissenschaftlichen Buchgesellschaft 1961, 429, 431.

Weltdialektik und Weltüberwindung.

Zur Dramaturgie Kleists[1]

Dialektik als Kompositionsprinzip sowie Kunst als Mittel zur Befreiung vom Irdischen: Kleist hat diese wohlbekannten Konzepte mit einer Intensität und Perfektion entwickelt und verknüpft, die ihresgleichen suchen. Er hat nur knappe Hinweise zu seinen Dramen und zum Drama überhaupt gegeben. Die wichtigsten finden sich in drei kleinen Aufsätzen, in denen es jedesmal um das Gefühl geht: 1. um die Gemütserregung, ohne die kein Sachverhalt zu klarer Erkenntnis, Formulierung und rascher Mitteilung gelangt *(Über die allmähliche Verfertigung der Gedanken beim Reden)*; 2. um die Gefühlskraft, ohne die nicht rasch genug gehandelt werden kann (*Von der Überlegung);* 3. um die Kraft des Unbewußten, das allein die Sicherheit und Grazie des richtigen Reagierens gewährt (*Über das Marionettentheater*). Der Mensch hat danach stets gegen sich ein Etwas, das Odysseus in der *Penthesilea* auf die Formel bringt:

> So viel ich weiß, gibt es in der Natur
> Kraft bloß und ihren Widerstand, nichts Drittes.

Diesen Widerstand kann man nur dann rechtzeitig erkennen und besiegen, wenn man sich ganz der Leitung des Gefühls, des Unbewußten anvertraut. Äußere Widerstände und Verwicklungen lassen sich zwar nicht ohne Hilfe des empirischen, berechnenden Verstandes ermitteln. Dieser reicht dazu jedoch so wenig erschöpfend aus wie das Gefühl. Im Zeichen Kants können Kleists Menschen selten sichere Erkenntnis noch Daseinssicherheit gewinnen. Ihr Weltverhältnis ist das einer hochgradigen Isoliertheit und Gefährdung, einer ontologischen Entfremdung. Dementsprechend hängt der gute Ausgang in allen Dramen von Faktoren ab, die nicht zu kontrollieren sind. Wiederum im Zeichen Kants kommt es zuletzt indessen nicht auf den äußeren Erfolg oder Mißerfolg an, sondern allein darauf, ob der Mensch sich in der Bewährungsprobe so verhält, daß er mit sich zufrieden, mit sich einig sein kann. Sein wichtigster Feind sind daher die Regungen in ihm selber, die sein

---

1 Leicht überarbeitet aus: *Deutsche Dramentheorien.* Hg. Reinhold Grimm. Wiesbaden 1972, 3.A. 1980, 243-261.

sittliches Gefühl behindern, das Richtige, und Würdige zu ergreifen, zum Bewußtsein und zur Verwirklichung zu bringen. Man nehme Homburgs Todes-Entschluß.[2] Daß er der Gemeinschaft zugutekommt, ist wichtig, aber nicht entscheidend. Sekundär ist auch das moralische Bekenntnis des Prinzen. Homburg hat ja seine Schuld längst zugegeben und lediglich bestritten, daß er den Tod dafür verdient. Was er jetzt neu erkennt, bezieht sich nur auf sein bisheriges Bemühen, sein Leben von dem Fürsten zu erhandeln. Dieser hat, überrascht von Homburgs fassungslosem Widerstreben, ohne es zu verstehen und ohne irgendeine nähere Auskunft darüber zu verlangen, einfach aus Vertrauen, aus Achtung für Homburgs moralisches „Gefühl" erklärt:

> Wenn er den Spruch für ungerecht kann halten,
> Kassier ich die Artikel, er ist frei!

Im Brief, den der Kurfürst schickt, heißt es ganz ähnlich:

> Meint Ihr, ein Unrecht sei Euch widerfahren,
> So bitt ich, sagts mir mit zwei Worten –
> Und gleich den Degen schick ich Euch zurück.

Das ist, wie Natalie sagt, „Großmut [...] ohne Grenzen." Auch Homburg meint:

> Recht wacker, in der Tat, recht würdig!
> Recht, wie ein großes Herz sich fassen muß!

Und er begründet seine eigene Entscheidung mit den Worten:

> Er handle, wie er darf;
> Mir ziemst hier zu verfahren, wie ich soll!
> Ich will ihm, der so würdig vor mir steht,
> Nicht, ein Unwürdger, gegenüber stehn!
> Schuld ruht, bedeutende, mir auf der Brust,
> Wie ich es wohl erkenne; kann er mir
> Vergeben nur, wenn ich mit ihm drum streite,
> So mag ich nichts von seiner Gnade wissen.

---

[2] Zum Bisherigen und Folgenden vgl. W. Wittkowski. Absolutes Gefühl und absolute Kunst in Kleists *Prinz Friedrich von Homburg*, in: *Der Deutschunterricht* 1961; ders., Skepsis, Noblesse, Ironie. Formen des Als-ob in Kleists *Erdbeben*, in: *Euphorion* 1969.

Das ist, nach Homburgs tiefer Entwürdigung, eine Wiederauferstehung, ist stolz-erbitterter Rückzug auf sich selbst bei unveränderter Einstellung in der Sache. Neu und wesentlich ist lediglich das Attribut „bedeutend" in dem Schuldbekenntnis: Ausdruck nicht einer neugewonnenen Überzeugung, sondern des neubeschlossenen Verzichts auf Kleinlichkeit; Ausdruck für Noblesse, für großherziges Mehr im Geben; Absehen vom eigenen Vorteil. Bei Kleist gipfelt das in der Bereitschaft, das eigene Leben für andere wegzuwerfen. Alle seine Helden finden hierin ihre Vollendung. Diese letzte Konsequenz der noblen Selbstentäußerung ist im Subjekt verankert und demonstriert dessen Einsamkeit, dessen ontologische Entfremdung.

Gleiches gilt für die andere Form von Noblesse, das Vertrauen. Es ist ja das Gegenteil dessen, was man damit zu verbinden pflegt: Sicherheit, und nichts anderes als großherziger Verzicht auf sie, das Wagnis eines Gebens, Sich-Hingebens, ein vornehmes Zuviel.

Der Kurfürst gibt sich selbst, das Kriegsgesetz, den Staat gläubig in die Hand des Prinzen. Das ist kein überlegener Erziehungsakt, sondern Kleists überschwänglichster Fall von wagemutigem Vertrauen, von Glauben, ohne zu wissen und sogar gegen den Schein. Noblesse bildet die existentielle Entsprechung und ethische Überhöhung, manchmal Überwindung der kommunikativen Isolation, der ontologischen Entfremdung.

Negatives Gegenstück dazu ist der Versuch, das Wirkliche zu manipulieren mit Hilfe von Maske, Täuschung, Katz- und Mausspiel. Das quälende Verhör pflegt den Verhörenden als den in Wahrheit Unterlegenen zu entlarven,[3] und die Lügner scheitern. Nur einer nicht: Hermann. Er ist Kleists einzige wahrhaft überlegene Figur. Zugleich hat er jedoch Noblesse, und zwar eine, die das tiefste Wesen in Kleist und dessen Menschen offenbart. Der Chor der Barden spricht von Leiden, Dulden, Verzeihen, bis das Maß des Erträglichen erreicht ist. Erst in jener äußersten Situation fällt dem Cherusker-König das Amt des Rächers zu und damit die Pflicht, schrecklich zu sein. Weil er im Grunde mild ist – „der Frühling kann nicht milder sein" –, bedeutet diese Pflicht erneutes Leiden. Die maßlose Härte des Zurückschlagens spiegelt das übermäßige

---

[3] Herbert Singer: Kleists Verhöre. In: *Studi in onore die Lorenzo Bianchi.* Bologna 1960.

Leiden unter der Verletzung, potenziert noch durch das Leiden unter der eigenen Rachewut und -pflicht. Zugleich indes bewährt sie das Grundvermögen des dramatischen Helden, die Kraft.[4] Sie vermag eben doch den inneren Widerstand zu überwinden, und gewährt dem Menschen eine Einheit mit sich selbst, die ebenso bewundernswert wie problematisch ist. Denn Bewunderung fordert Kleist für den, der das Leiden, die Grundverfassung des isolierten, entfremdeten Menschen, in seiner Bedrängnis und Bewährungsprobe meistert: Auferstehung. „Wir wollen," schreibt Adam Müller, zugleich in des Freundes Namen,[5]

> es soll eine Zeit kommen, wo der Schmerz und die gewaltigsten tragischen Empfindungen, wie es sich gebührt, den Menschen gerüstet finden, und das zermalmende Schicksal von schönen Herzen begreiflich, und nicht als Paradoxie empfunden werde. Diesen Sieg des menschlichen Gemüts über kolossalen, herzzerschneidenden Jammer hat Kleist in der Penthesilea als ein echter Vorfechter für die Nachwelt im voraus erfochten.

Dem dialektischen Gesetz gemäß, das sich uns abzuzeichnen beginnt, bewährt Leidbemeisterung sich am großartigsten, wo das Leid den Menschen am tiefsten niederdrückt: Wiederauferstehung. Und sie äußert sich, wie sich wiederum dialektisch ergibt, entweder als Kraft, das Leiden zu ertragen, oder als Kraft, es hinter sich zu werfen. Auch hierin sind Käthchen und Penthesilea jede die „Kehrseite" der anderen, „ihr anderer Pol," und gehören doch „wie das + und – der Algebra zusammen."[6]

Die beiden gemeinsamen Grundzüge des Leidens entstammen dem Menschentypus der Tragödie. Schon durch ihn gelangt in die nichttragischen Stücke das stets bemerkte tragische Element. Es wird verstärkt, wenn solchen Werken ferner das Beklemmende der Tragödie eignet sowie meistens die triumphale Überwindung des Leidens. Der Tragödienheld stellt dabei die Einheit mit sich selber gewaltsam-kraftvoll her. Penthesilea wirft das Leben fort, um der Reue, der Verzweiflung zu entrinnen – Beweis nicht (oder nicht nur) ihrer Grenzen, ihrer „Gebrechlichkeit," sondern gerade auch ihrer Kraft, wie schon ihr Leiden Zeichen ihrer Kraft war, Leid zu

4 Vgl. Schiller: *Über das Pathetische,* und Hebbel: *Über Th. Korner und H. v. Kleist.*

5 6. Februar 1808 an Friedrich Gentz.

6 Spätherbst 1807 an Marie von Kleist; 8. Dezember 1808 an Collin.

empfinden und ertragen. Prothoe nimmt dafür aus den *Schroffensteinern* das Bild von der Eiche auf und ergänzt damit das vom Gewölbe, das zusammensinken will und eben darum steht. Mit beiden appelliert sie an Penthesilea:

Beug deine Scheitel, einem Schlußstein gleich,
Der Götter Blitzen dar, und rufe, trefft!
Und laß dich bis zum Fuß herab zerspalten,
Nicht aber wanke in dir selber mehr [. . .]

Wichtiger als das physische Weiterbestehen ist das Bewahren oder Gewinnen der inneren Einheit mit sich selbst. Um sie muß es immer gehen, wenn eine zwiespältige Situation das Subjekt drängt, sich zu teilen. Hermann sagt von den anständigen römischen Besatzern: „Ich *will* die höhnische Dämonenbrut nicht lieben! So lang sie in Germanien trotzt, ist Haß mein Amt und meine Tugend Rache!" Als man ihn dagegen auf die Verräterei der Germanen hinweist, die er in den vaterländischen Verband aufnehmen will, ruft er: „Hinweg! – Verwirre das Gefühl mir nicht!" Immer wo ihre innere Harmonie am schwersten gefährdet ist, antworten Kleists isolierte Menschen mit solcher radikalen Zusammenziehung ihres Innern – und akzentuieren damit wieder die Problematik der so erzwungenen Einheit. Denn anstatt der Situation drinnen und draußen nach ihrer dissonanten Vielfalt gerecht zu werden, schalten sie ja beträchtliche Aspekte aus, um sich auf einen einzigen zu konzentrieren. Sie wollen sich selbst mit einem einzigen Gedanken erfüllen.

Dieses extrem einseitige Verhalten wird indessen dialektisch ausgeglichen. Immer steht eine entgegengesetzte Lösung bereit, die die erste manchmal auch wirklich ablöst. Die Bereitschaft hierzu und die Entschlossenheit, unter allen Umständen die Einheit mit sich selber zu behaupten, verschränken sich paradox in Penthesileas Wort:

Doch von zwei Dingen schnell beschloß ich eines,
Dich zu gewinnen oder umzukommen.

Für Hermann ist es keineswegs nur ein Spiel, wenn er sich darauf einrichtet, zu unterliegen und zuletzt den Heldentod zu sterben. Er, der sonst jede Kleinigkeit sorgfältig kalkuliert, weigert sich, die Sendung an Marbod besser abzusichern, und erklärt, die Götter müßten ohnehin helfen. Schlüge das Unternehmen fehl: „Seis! mein Geschick ists, das ich tragen werde." Es geht ihm also weniger um das objektive Ziel als um den totalen, noblen Einsatz - zumal es ja auch nobel ist, sich, wenn man scheitert, vom Ziel und von der Welt zu lösen. Graf Wetter erklärt Käthchen für des Kaisers uneheliches Kind und begehrt sie, als Erfüllung seiner Traumvision, zur Frau - beides aber nimmt er vorübergehend „mit dem Erröten des Unwillens" zurück, weil ihn die Zumutung des plumpen Gottesgerichts und das unedelmütig-selbstgefällige Leugnen des Kaisers empören. Angesichts einer so gebrechlichen Welt möchte er gekränkt, entrüstet, trotzig auf sein Glück verzichten - und auch auf das Glück Käthchens.

So leicht lassen die Ziele sich aufgeben oder vertauschen. Damit öffnen sich gut romantisch die unendliche Wandelbarkeit und Tiefe des Lebens wie der Seele.[7] In weit höherem Grad als in der Klassik ist das Innere des Kleistschen Helden der Schauplatz eines Dramas, in welchem Regung auf Regung prallt und die widerstreitenden Elemente nur mühsam zu einer Harmonie gelangen, die dann womöglich wiederum zerbricht. Man denke an das Hin und Her Penthesileas, Homburgs, Graf Wetters. Trotzdem aber - und entschiedener als die Klassik und der Realismus, wo die Zerrissenheit des Herzens die gültige Antwort auf die zerreißende Situation darstellt - streben Kleists Menschen, gerade in der zerreißenden Situation, die Einheit mit sich selber an. Das heißt: sie suchen die Würde mit der Anmut zu verbinden, das Erhabene mit dem sittlich Schönen, zuletzt also die moralische Selbstentleibung mit der leichten, freudig-freien „Wegwerfung des Lebens, als ob es, dem nichtswürdigsten Gute gleich, auf dem nächsten Schritte schon wiedergefunden würde," wie es im *Erdbeben in Chili* heißt. Denn stets gilt es, zu „tun mit Grazie, was die Not erheischt" (*Penthesilea*).

Grazie ist hier in der Tat ein äußerstes, nach dem Aufsatz *Über das Marionettentheater* sogar ein utopisches Ziel. Nur beim Tier, der Puppe und dem Gott erscheint sie in reiner Form möglich. Andererseits aber kann der Mensch, der zum zweiten Mal vom Baume

---

7 Fritz Strich: *Deutsche Klassik und Romantik. Vollendung und Unendlichkeit.* München 1922, ^{4}1928. Strich hält zwar Kleists Dramatik für klassisch geschlossen (S. 358), schreibt ihr jedoch eine Fülle romantischer Züge zu.

der Erkenntnis ißt, ein unendliches, göttliches Bewußtsein und damit die Grazie eines neuen paradiesischen Naturstandes gewinnen: eben durch harmonische Aufnahme des Gefühls, des Unbewußten ins Bewußtsein.[8] Kleists Helden erreichen und genießen diesen Zustand, wenn in den Belastungsproben dem Willen vom Unterbewußtsein her die Kraft zuwächst, die das Unglaubliche scheinbar anstrengungslos gelingen läßt. Penthesilea verwandelt untragbares Leid in das Glück vorgestellter Vereinigung mit dem Geliebten, indem sie sich kraft der Seele und des Willens buchstäblich, wie Schiller *(Über das Erhabene)* sagt, moralisch selbst entleibt. Und Prinz Friedrich vollzieht imaginär-existentiell den Übertritt in göttliche Unsterblichkeit so blumenleicht, wie bei Schiller *(Das Ideal und das Leben)* Herkules schwerelos aufschwebt zum Olymp.

Daß es sich hier um ein höheres, ein unendlich-göttliches Bewußtsein handelt - und damit um Weltüberwindung -, deuten die göttlichen Attribute und die Anspielungen auf biblische Geschichten an. Der verkleidete Ottokar, der gerade im Begriff stand, die feindlichen Häuser zu versöhnen, tritt den Verfolgern wie Jesus in Gethsemane entgegen: „Sucht Ihr Agnes, hier bin ich." Er `ersteht´ und fällt als Opfer und Agnes stürzt sich über ihn: „Ein Schwert im Busen - Heiland! Heiland der Welt! Mein Ottokar!" Und er: „Es ist gelungen." Entsprechend hat Achilles einen „Kranz von Wunden um sein Haupt;" Penthesilea trägt eine „dornige Lorbeerkrone," und Käth-chen fällt vor dem Grafen nieder „wie vor Gott" und „dem Erlöser." Die demütige Dulderin empfindet einmal Worte ihres Vaters als „kreuzweis, wie Messer" in die Brust gelegt. Homburg schließlich, der heilandmäßig Todbereite, und der Kurfürst werden am Ende - „vergöttert."

Derartiges bedeutet kein Hereinreichen christlicher Religiosität in Kleists dichterische Welt. Es handelt sich vielmehr um die prometheisch säkularisierende Heiligung von Tugenden, die zum Christentum jetzt indifferent und manchmal feindlich stehen. Einige dieser Heiligungen gehen freilich parodistisch über den inneren Rang der Person hinaus. Manchmal heiligt die Bet-Gebärde den Betenden mehr als den Angebeteten.

---

[8] Kleist verbindet Gefühl und Bewußtsein in Anlehnung an Wieland und vor allem Friedrich Bouterwek. Vgl. auch Anm. 10.

Indessen können solche religiösen Anspielungen noch einen weiteren Sinn haben. Gerade im *Käthchen* dürften sie auf einen Weltzustand abzielen, in dem der Engel nicht, wie es im *Marionettentheater* und in den *Schroffensteinern* heißt, vor dem verschlossenen Paradiese steht, sondern wo er zuweilen rettend eingreift und wo seine potentielle Allgegenwart (Gottfried rechnet mit dem Erscheinen von Engeln) Nähe zum offenen Paradies bedeutet. Schwächer als in der parodistischen Märchenkomödie[9] deutet sich sonst der Wiedergewinn des Paradieses an: am ehesten noch in den opfer- und vertrauensbereiten Helden der *Hermannsschlacht* und besonders des *Homburg* – hier freilich als schwer angefochtenes utopisches Zukunftspostulat: „Ein Traum, was sonst?" Überwiegend bleibt die Gesellschaft gesetzlich geregelten Herrschaftsverhältnissen und institutionalisierten Ideologien unterworfen und damit aus dem Paradies verbannt. (Man vergleiche dazu etwa das *Gebet des Zoroaster* und die *Betrachtungen über den Weltlauf.*)

Hier spielen Gedanken Rousseaus herein. In seinem Geiste verweist besonders *Die Familie Schroffenstein* auf das verlorene Paradies oder die verderbte Natur. Der Vorrang des Subjektiven wird freilich dabei wie überall gewahrt. Der Erbvertrag macht keineswegs zwangsläufig die Gemüter habgierig und eifersüchtig; erst das ängstliche Mißtrauen, die anderen könnten so sein, vergiftet die Atmosphäre. Verhängnisvoll erscheint ferner der Mißbrauch der patriarchalischen Hierarchie in Rossitz, wo der Herr den Dienern wie Hunden pfeift und der Sohn sich nicht die Mängel seines tyrannischen Vaters einzugestehen wagt. Dieser glaubt allzu selbstsicher die bösen Machenschaften der Gegenpartei zu durchschauen – und ist doch derjenige, der sich an meisten täuscht und am meisten Schuld trägt an dem Unglück. In der *Penthesilea* wird der Fehler konsequenter dem Gesetz, dem Amazonenstaat, zugeschrieben, die eigentliche Schuld jedoch der Oberpriesterin, die für diese fehlerhafte Staatsideologie eintritt. Sogar im *Käthchen* ist es die oberste Autorität, die aus Eigenliebe und Sorge um das geheiligte herrscherliche Dekorum das gerechte gute Ende beinahe noch vereitelt.

Varus wiederum umkleidet sein selbstgefälliges Überlegenheitsgefühl so durchsichtig mit Urbanität und Konzilianz, daß er, ohne

---

9 Fritz Martini: Das Käthchen von Heilbronn. *Jb. d. dts. Schillerges.,* 1976.

es zu wollen und zu merken, die Gegenseite dadurch mehr beleidigt, als es gewaltsame Unterdrückung vermöchte. Er behandelt den Cheruskerkönig gönnerhaft als Seinesgleichen, als Verbündeten und Freund, trifft aber gleichzeitig über dessen Kopf hinweg die Anordnungen, die er für nötig hält. Sogar einen taktischen Berater - lies Aufpasser - setzt er Hermann vor die Nase. Die Stelle ist eine psychologische Meisterstudie über die Hybris naiven Machtbewußtseins; Varus nimmt Hermann „vertraulich bei der Hand:"

VARUS: Ventidius hat dir gesagt,
Wie ich den Plan für diesen Krieg entworfen?
HERMANN: Ich weiß um jeden seiner weisen Punkte.
VARUS: Ich breche morgen mit dem Römerheer
Aus diesem Lager auf, und übermorgen
Rückst du mit dem Cheruskervolk mir nach.
Jenseits der Weser, in des Feindes Antlitz.
Hörst du das Weitre. - Wünschst du vielleicht.
Daß ein geschickter Römerfeldherr,
Für diesen Feldzug, sich in dein Gefolge mische?
Sags dreist mir an. Du hast nur zu befehlen.
HERMANN: Quintilius, in der Tat, du wirst
Durch eine solche Wahl mich glücklich machen.
VARUS: Wohlan, Septimius, schick dich an,
Dem Kriegsbefehl des Königs zu gehorchen. -
Er wendet sich zu Crassus.
Und daß die Teutoburg gesichert sei,
Indessen wir entfernt sind, laß ich, Crassus,
Mit drei Kohorten, dich darin zurück.
- Weißt du noch sonst was anzumerken, Freund?

Das Letzte gilt wieder dem König. Der aber ersteht als Gegenspieler, hat dem Römer in der Stille schon den Tod bereitet. Den sympathischen Berater läßt er, als es soweit ist, enthaupten und Varus wie ein Wild erlegen. Das ist weder rechtsgemäß noch ritterlich. Doch der Fremde, der den Mitmenschen nicht in dessen Eigenwürde respektiert, verwirkt laut Partisanen-Ethos hier - auch wenn er die Formen leidlich wahrt - jeden Anspruch auf menschlich-rechtliche Behandlung.

In *Homburg* gelangt die Gesellschaftshierarchie über die starre Gesetzesregelung hinaus zur momentanen Vertraulichkeit eines paradiesisch vollkommenen Zustandes. Der Prinz gliedert sich der kurfürstlichen Familie ein, die dadurch vollends das Zentrum der nationalen Heeres- und Staatsfamilie wird. Der Held nimmt dieses

Ziel schlafwandelnd und dann auch bewußt vorweg. Vom unerlaubten „Scherz" des Fürsten läßt er sich verführen zum eigensüchtig eigenmächtigen Angriff, welcher scheitert. Erst Liebe zur Vatergestalt des Kurfürsten und Aufopferungswille geben ihm die Kraft, den zweifelhaft gewordenen Sieg durch einen zweiten Angriff zu retten.[10] Der vorzeitige erste sollte ihm darum verziehen werden:

Die schlechte
Kurzsichtige Staatskunst, die, um eines Fehlers,
Da die Empfindung sich verderblich zeigt,
Zehn andere vergißt im Lauf der Dinge,
Da die Empfindung einzig retten kann!

Das hört der Kurfürst von Kottwitz. Von Hohenzollern hört er, daß er Homburg gar nicht bestrafen darf, weil er selber durch sein leichtfertig-anmaßendes Spiel im Garten den vorzeitigen Angriff mit provozierte. Die Apotheose einer wahren, zur höheren Natur geläuterten Ordnung verschränkt sich mit der Kritik am Staatsoberhaupt. Dessen Unzulänglichkeit und Wachstumsprozeß werden im Stück weitgehend überspielt. Daß seine Autorität sich behauptet in dem doch unumgänglichen Akt des Begnadigens, ent-

---

10 Das moralische Gefühl „entdeckt sich entweder als Achtung oder als Liebe. Achtung und Liebe sind die notwendigen Bestimmungen der Uneigennützigkeit." Liebe ist: „das Glück anderer zu befördern, es komme für uns dabei heraus, was da will [...,] das Wesen der Liebe ist, wie das Wesen der Tugend, Aufopferung unserer selbst (Bouterwek: *Idee einer Apodiktik.* Halle 1799, 2. Bd., Drittes Buch, 10. Kapitel). Vgl. auch Kleists Brief vom 31. Januar 1801 über „die Entzückung eines freiwilligen Opfers" und die Entzückung der „Uneigennützigkeit." Den Prinzen entlastet, daß auch sein anfänglicher Eigennutz, wie er im enthemmten Traumzustand hervortritt, sich nur im Dienst an der Gemeinschaft und am Kurfürsten erfüllen kann und will. Von Shaftesbury (*Inquiry concerning virtue and merit,* 1699 u. 1711; vielfach ins Deutsche übers.) übernahm Kleist eine duldsamere Auffassung des Eigennutzes; vgl. den frühen *Aufsatz, den sichern Weg des Glücks zu finden usw.* sowie Ulrich Gall: *Philosophie bei Kleist.* Bonn 1977, 29f. – Der Umstand, daß der Prinz trotz vorherigen, ähnlichen Versagens erneut ein wichtiges Kommando erhält, ermutigte Heinz Politzer (Kleists Trauerspiel vom Traum [...] *Euphorion* 1970) und J. M. Ellis (*Kleist's „Prinz Friedrich von Homburg,"* 1970) zur Annahme einer Rivalität zwischen Prinz und Fürst. Besser belegbar ist als Grund Homburgs hohe Stellung. Die Analogie zu Prinz Louis Ferdinand dokumentieren die Werkausgaben von R. Samuel (Berlin 1963) und K. Kanzog (München 1977).

behrt in der Perspektive des kritischen Rezipienten nicht der Ironie, ja Komik.

Umgekehrt verdüstern sich die Schlüsse der Komödien. Im *Zerbrochnen Krug* brächte der Gerichtsrat Walter, trotz seines Namens, die Überlegenheit anzuzeigen scheint, die Wahrheit ohne den Schreiber kaum ans Licht. Dank seiner Autoritätsgläubigkeit braucht er zu unserem spöttischen Vergnügen lange genug, bis er erkennt, daß der Träger der richterlichen Autorität selbst der Übeltäter ist. Schließlich läßt Walter, nur um die „Ehre des Gerichts" zu retten, das Verfahren in eine juristische Farce ausarten. Er sucht die „Desertion," die schmachvolle Entlassung des einen Bösewichts aus dem Staatsdienst, zu verhindern, und leitet zugleich die Beförderung des zweiten und schlimmeren ein. Denn Adams Nachfolger Licht verfuhr unsauber mit „Depositionen und Zinsen." Indem Walter die „Veruntreuung, die das Gesetz, Ihr wißts, nicht mehr verschont," dennoch auf die leichte Schulter nimmt, „praktiziert" er ziemlich, wie Adam voraussagt, „nach den bestehenden Edikten und Gebräuchen." Als Frau Marthe sich abschließend nach dem Sitz der nächsthöheren Instanz erkundigt, um dem Krug sein Recht zu verschaffen, verweist er sie an den Töpfermarkt. Ersetzt aber Frau Marthe den zerbrochnen Krug durch einen neuen, wie Walter ihr empfiehlt, dann wird damit wiederhergestellt, was der Krug symbolisiert: der gebrechliche Zustand der irdischen Rechtsordnung, auch wo sie heil erscheint; ja die Andacht der Menschen zum Dekorum der Autoritätspersonen, selbst wenn ihr Tun, wie auf dem Kruggemälde, die Einleitung zu gegenwärtig andauernden Rechtsbrüchen darstellt. Es bleibt alles beim alten.

Die Kritik ließ sich dennoch in das Spiel verwickeln, indem sie mit Vorliebe der ersten Fassung des vorletzten Auftritts, dem *Variant,* als Thema des Werks die Wiederherstellung des Glaubens an Obrigkeit und Gott zuschrieb.[11] Dergleichen findet tatsächlich statt

---

[11] Ilse Appelbaum-Graham: The Broken Pitcher: Hero of Kleist's Comedy. *Modern Language Quarterly* (1955), deutsch in: *Heinrich von Kleist*. Hg. v. W. Müller-Seidel. Darmstadt 1967. Ebenso in Graham: *Heinrich von Kleist. Word into Flesh*. Berlin 1977. Walter Müller-Seidel: *Versehen und Erkennen.* Köln 1961. Hansgerd Delbrück: *Kleists Weg zur Komödie*. Tübingen 1974. Peter Michelsen: Die Lügen Adams und Eves Fall. In: *Geist und Zeichen. Fs. A. Henkel*. Hgg. v. H. Anton u.a., Tübingen 1977. Oskar Seid-lin: What the Bell Tolls in Kleist's „Der zerbrochne Krug." *DVjs*

in Eves Kopf, indessen nur, weil ihr gefühlvolles Glaubensbedürfnis die objektive Brüchigkeit des Verhältnisses ausblendet. Walter muß zugeben, daß die Regierung zuweilen Rekruten nach Asien verschickt. Es beruhigt Eve, daß er sein Geld verpfändet und daß ihre Glaubensphantasie sein Antlitz und dasjenige Gottes vermengt mit dem Gesicht des Spanierkönigs auf der Münze - desselben, der „die Tyrannenrute [...] wieder, die zerbrochene, zusammenbinden" will und gegen den die „freien Niederländer" „was Heilges, jeglicher, [...] in der Brust, des Streites wert, bewahren" und verteidigen wollen. Die Motive des Vertrauens und der Wahrheit werden hier ebenso wie Patriotismus und Autoritätshörigkeit ironisiert, fast ohne daß man es bemerkte. Will man von Eves Auferstehung reden, dann allenfalls von deren Karikatur.

In *Amphitryon,* dem *Lustspiel nach Molière,* erweist die institutionalisierte Götter-Autorität sich ebenfalls als tönern-hohl, und ihre Fassade bleibt ebenfalls intakt trotz aller Brüche. Entgegen dem Eindruck der Kritik gelingt es den Göttern weder, Amphitryon und Sosias um ihr elementares Identitätsgefühl zu bringen, noch kann Jupiter Alkmene dazu bewegen, seinen Besuch nachträglich gutzuheißen. Sie widersetzt sich bis zum Ende und beharrt oder will vielmehr zum Ärger Jupiters darauf beharren, daß sie Amphitryon empfangen hat:

> Laß ewig in dem Irrtum mich, soll mir
> Dein Licht die Seele ewig nicht umnachten.

Darauf Jupiter:

> O Fluch der Seligkeit, die du mir schenktest,
> Müßt ich dir ewig nicht vorhanden sein.

Jupiter möchte das Abenteuer nun verfluchen - bestimmt nicht, weil er triumphierte. Erst die Bitte des Amphitryon beschert ihm den Einfall der Geburt des Herkules. Damit wahrt er sein Dekorum und sichert sich den triumphalen Abgang. Immer wieder macht er gute Miene zu bösem Spiel, ehrt er Alkmene, um seine Niederlage zu vertuschen.[12] Indem sie nichts von der für sie tödlichen Wahrheit

---

(1977).

12 Wo man Jupiter als Sieger sieht (und an der Oberfläche erscheint er so),

wissen will und gegen die mythische Ideologie auf ihrer frei getroffenen Wahl besteht, enthüllt sie den autoritären Liebesanspruch des Gottes als doppelte Moral, als frivole Tyrannei - machtvoll dank dem Glaubenswillen und -bedürfnis der Menschen.

Ideologie ist auch der Panentheismus, den er paradox für sich in Anspruch nimmt. Daher die Widersprüche in der Figur. Jupiter ist nie identisch mit Amphitryon, sowenig wie jemals Merkur mit Sosias. Die gelehrten, an Schelling und Fichte anklingenden Identitäts-Argumente parodieren das spekulativ hochgetriebene Dekorum der Gottesexistenz. Jupiter ist ein persönlicher Gott, wie ihn die orthodoxe Religion entwirft - nach Kant, Bouterwek und anderen ein „Wahn," den Kleist noch zusätzlich absetzt vom „Wahn" eines gerechten, hilfsbereiten Gottes. Schon Molières Mercure bemerkte ja, die Götter verdankten ihre Eigenschaften größtenteils der Erfindungskunst der Dichter. Kleist greift gleich dem Franzosen die oberste Autorität, diesmal die religiöse, an und mindestens so scharf wie sonst die politisch-staatlich-richterliche. Freilich tut er es ähnlich verhüllt wie dort. Der Gott und die mythische Ideologie dürfen das Dekorum der unangefochtenen Autorität ebenso bewahren wie Walter und der Kurfürst. Deshalb hat man ihrer aller Niederlagen und daß dem Gott in der `prometheschen´ Alkmene eine mehr als ebenbürtige Gegenspielerin ersteht, meistens nicht erkannt. Das hat zu tun mit Kleists dramaturgischem Verfahren, dem wir uns nunmehr zuwenden.

Wir haben schon Wesentliches davon erblickt: die Dialektik zwischen Ich und Welt, zwischen Entfremdung und Noblesse, zwischen Leiden und Leidüberwindung; auch diejenige zwischen der Einschränkung der Existenz aufs Subjektive und dem Phänomen der Gesellschaft - letztere wird indes mit einer so skeptisch-distanzbereiten Haßliebe umworben, daß sie, im Zeichen von Enttäuschung und Erbitterung, jenen Rückzug auf das Ich und die Austauschbarkeit der objektiven Ziele einleuchtend macht.

---

verfehlt man seine Komik, die Autoritätssatire und die Verherrlichung der sittlichen Autonomie, die sich gegen den Druck der Konvention durchsetzt, wenigstens innerlich. Das gilt von P. Szondi, W. Emrich, H. G. Gadamer, W. Müller-Seidel, H. Arntzen, H. Jancke, L. Ryan, I. Graham u.v.a. Vgl. W. Wittkowski: *Heinrich von Kleists „Amphitryon." Materialien zur Rezeption und Interpretation.* Berlin 1978.

Wenn nun Kleist die Autoritäten unterliegen läßt und ihre Unvollkommenheit entlarvt, so ist das oft komische Satire. Wenn er jedoch zugleich die Niederlage der Autoritäten wieder verhüllt und deren Nimbus einer allwissenden, allmächtigen Überlegenheit wie unangefochten erscheinen läßt, so ist das Ironie. Diese Ironie wendet sich sowohl gegen die Figuren wie gegen die „gebrechliche Einrichtung der Welt," also die Menschheit insgesamt. Im Stück trifft sie die unwissende oder uneinsichtige Figur, dann aber auch die nur scheinbar überlegen dominierende Person, so daß der Zuschauer, je nachdem wieweit seine Erkenntnis wächst, sich immer überlegener fühlen kann – natürlich nicht nur gegenüber dem Dorfrichter, sondern gerade auch gegenüber dem Gerichtsrat, dem Kurfürsten und Jupiter.

Am Ende indes, wo er Aufklärung und Bestätigung der empfundenen Überlegenheit erwartet, wird der Nimbus der dominierenden Person scheinbar erneuert und dem Zuschauer nochmals anheimgestellt, ob er den Schein durchschauen oder sich täuschen und zur Verbeugung vor der Autorität verführen lassen will. Er wird auf beide Möglichkeiten stufenweise vorbereitet, und eine wird ihm von der anderen erschwert. Im Zeichen der ontologischen Entfremdung spielt Kleist mit den Menschen und der „Welt" – und das heißt zunächst: mit der Gesellschaft, der öffentlichen Meinung. Friedrich Schlegel hatte dergleichen im Namen der romantischen Ironie empfohlen. Kleist machte Ernst mit diesem Spiel, das einen Zwiespalt mit der Welt ausdrückt, verhüllt und damit zunehmend irreparabel macht.

Die Stücke der Autoritätssatire begnügen sich indessen nicht mit Ironie und Resignation. Die Dialektik zwischen der harmonischen Scheinlösung und dem tatsächlich ungelösten Widerspruch der Positionen verweist skeptisch auf den Weltzustand des verlorenen Paradieses und zugleich auf das Postulat, das Paradies dennoch wiederzugewinnen, die Positionen zu versöhnen, eine harmonische Lösung dereinst wahrzumachen. Da auch die Handlung fast immer über das Ende hinaus verweist – was wird mit dem Krug, Alkmene, Homburg? –, öffnet sich jeder Schluß in einer unendlichen dialektischen Dynamik, wie Adam Müllers *Lehre vom Gegensatze* (1804) sie formuliert. Danach läßt sich nirgends im Leben eine endgültige Position erreichen. Jede muß und soll mit ihrem Gegenpol in eine produktive Spannung treten, die gleichermaßen Kontrast und Synthese, Dissonanz und Harmonie bedeutet. Der Lebensprozeß schreitet dialektisch von einer Position zur anderen fort, immer weiter, *ad infinitum*. So streben bei Kleist die dissonanten Pole hinter der harmonischen Scheinlösung einer Auseinandersetzung zu, vielleicht einer Synthese im Unendlichen - was freilich wiederum Anlaß gibt zur skeptisch-ironischen Resignation angesichts der Unendlichkeit und der überschätzten Scheinharmonie.

Alkmenes Widerstand bleibt den übrigen Figuren außer Jupiter verborgen; sie ihrerseits erlebt den `Umfall´ ihres Gatten nicht. Ideologie, Autorität einerseits und ethische Autonomie andererseits bleiben hier ohne Versöhnung. Die verkündigte Geburt des Herkules verkündet der Logik des Stücks zufolge Alkmenes Tragödie; sie wird nicht länger verdrängen können, daß sie hintergangen wurde. - Im *Homburg* wird der Konflikt zwar konkret behoben; das erscheint aber als zu schön, um wahr zu sein. Das patriotische Getöse gehört unablösbar in den Zusammenhang und verleiht darum der Dissonanz ungläubiger Seligkeit etwas wie zaghafte Hoffnung.

Wenn „Klägere" Marthe Rull dem zerbrochnen Krug zu seinem Recht verhelfen will und damit bei dem Gerichtsrat ebenso vergeblich anklopft wie beim Richter Adam, dann wird hier ein Grundthema aller Werke zugespitzt und gleichzeitig verhüllt: Funktion und Amt, Gerechtig- und Gerichtsbarkeit sind hoffnungslos entzweit. Die Scheinharmonie verdeckt nur äußerlich die Kluft. Sie fördert nichts, erschwert nur ein Zusammenkommen. Und das Publikum, das der erreichten Lösung applaudiert, hilft mit, ein Besserwerden zu verhindern.

Die Ambivalenz dieser Schlüsse bezeichnet auf besonders raffinierte Weise einen Grundzug sämtlicher Dramen. Es ist das schwebende Gleichgewicht von Gegensätzen, das sich manchmal zur Paradoxie verschärft,[13] oft aber auch ein Gleichgewicht herstellt zwischen ironisierter Vordergrundslösung und ironisierender Hintergrunds-Nichtlösung. Stets aber kommt es zu den Polarisierungen von + und -, wie die Aufsätze *Über die allmähliche Verfertigung* [...] und *Allerneuester Erziehungsplan* sie schildern, bei den Positionen und den Handlungsamplituden.

---

13 Vgl. Clemens Heselhaus: Das Kleistische Paradox. In: *Kleists Aufsatz über das Marionettentheater*. Hg. H. Sembdner. Berlin 1967.

Wie die Gegensätze in Scheinharmonie koexistieren, haben wir betrachtet an den Schlüssen. Nun ein paar Beispiele aus früheren Phasen der Stücke. In *Amphitryon* wird der Ehebruch von denselben Göttern befürwortet, die doch nach dem Bilde, das die Menschen sich von ihnen machen, die Ehe und das Recht beschützen. Sie stehen ihren Erfolgen dabei selbst im Wege. Denn weil und solange sie menschliche Masken tragen – ja, von Sosias und Alkmene sogar noch danach –, wird ihr Ansinnen, man müsse Götterprügel und ehebrecherische Götterumarmung als Ehrungen begrüßen, von allen abgewiesen.

Das Gericht im *Homburg* klammert sich an die Artikel und übersieht deshalb neben den verschiedenen Motiven beider Angriffe, daß der Kurfürst den ersten mit hervorrief. Vor der `Begnadigung´ sucht Kottwitz den Fürsten vom einzigartigen Wert der `Empfindung´ zu überzeugen; nachher garantiert er hohnvoll umgekehrt eine destruktive Gesetzeshörigkeit des Prinzen.

Die Komik solcher Paradoxien streift das Groteske. Gleiches gilt von den Bumerangwirkungen des Tuns in den Tragödien. Der Erbvertrag, der den Fortbestand der Familie Schroffenstein gewährleisten soll, entzweit diese gerade und schneidet ihr den Lebensfaden ab. Alle Versuche, das Unglück zu verhindern, rufen es nur herbei: so schon der abgeschnittene Kindesfinger, der dem Teufel eigentlich das Handwerk legen soll. Penthesilea und Achill entbrennen füreinander in Kriegerfeindschaft und Geschlechterliebe zugleich, so daß endlich die durch kriegerische Herausforderung liebend Umworbene den Geliebten vernichtet aus Rache für jene Provakation und zugleich im Wahn, ihn zu liebkosen.

Solch Zurückschlagen der Wirkung gegen das Tun gehört seit alters zur Tragödie. Kleist treibt es in allen Werken auf die Spitze, gleicht das indessen wieder aus, indem er den Gattungscharakter der Tragödien wie aller Dramen entgegengesetzt zur Grundrichtung erweitert, aber ohne diese aufzugeben. Die Stücke werden dadurch zu „gegensätzisch" komplizierten, romantisch-offenen und zugleich klassisch wohlabgewogenen Gefügen, zu in ihrer Art unwiederholbaren Gebilden, die im Zeichen romantischer Individualitäts- und Unendlichkeitsvorstellungen sich keinem Typus unterordnen lassen und keinen begründen wollen.

Mit jedem Werk will Kleist bestimmte historische Muster verarbeiten, manchmal parodieren, immer übertreffen. *Die Familie Schrof-*

fenstein endet wie Shakespeares *Romeo und Julia* mit der Versöhnung der Familien. Die Väter aber töten `aus Versehen´ ihre Kinder und machen damit den Erbvertrag, die Wurzel alles Übels, gegenstandslos. Aufgelöst wird auch der Frauenstaat der *Penthesilea,* der Anti-*Iphigenie.* Der erwähnte Epilog und Rückblick schafft Fassung und Distanz. Sollte die epochemachende „Entdeckung im Gebiete der Kunst"[14] die Synthese des monumentalen griechischen Tragödienstils mit Shakespeares Individualisierung schaffen,[15] so gelang sie im *Guiskard*-Fragment zwar großartiger als im *Wallenstein,* wurde aber übertroffen in der *Braut von Messina,* deren Erscheinen 1803 die Guiskard-Krise ausgelöst haben dürfte.

Kleist übernahm von seinen Mustern die Motive des Orakels und der Schuld und damit einen Weltzusammenhang von Tat und Nemesis, welchen er sonst vermieden hat und der ihn wohl zu sehr beengte. - Im *Käthchen* scheint der von der Vorsehung festgesetzte gute Ausgang immer wieder verhindert zu werden von Bosheit, Standes- und Besitzdenken, Aberglauben, Bigotterie und - am bedenklichsten - von Graf Wetters Neigung, die Flinte empört und resigniert ins Korn zu werfen. Trotzdem soll beim Zuschauer niemals Besorgnis aufkommen, geschweige denn tragische Furcht.[16] Verhindern sollen das die burlesken, grotesk-komischen und innigsüßen Übertreibungen (etwa Kunigundes phantastische Häßlichkeit und Bosheit im Kontrast zu Käthchens unwirklicher Lieblichkeit), ferner die märchenhaft unbeschwerte Mischung einfach-einfältiger, rührseliger und derber Töne, die sich immer wieder übersteigern bis zur Selbstparodie[17] dieses „großen historischen Ritterschauspiels" in der modischen *Götz*-Nachfolge, das vermutlich gleichzeitig als keck-heiteres Erbauungsstück so pompöse Glaubensdramen wie den *Luther* des bigotten Zacharias Werner verspottete.

Tragödienparodie wie bei Aristophanes[18] ist im *Zerbrochnen Krug* die Umkehrung des *Ödipus* ins Enge und Niedrige, der tragische

---

[14] 3. Juli 1903 an Ulrike.

[15] Dazu jetzt Jochen Schmidt: *Heinrich von Kleist. Studien zu einer poetischen Verfahrensweise.* Tübingen 1974.

[16] Von „tragic fairytale" spricht Hans Joachim Schrimpf: Tragedy und Comedy in the Works of Heinrich von Kleist. *Monatshefte* (1966), S. 194.

[17] Vgl. Hans Schwerte: „Das Käthchen von Heilbronn." *Der Deutschunterricht* (1961). Siehe Anm. 9.

[18] Vgl. J. Schmidt, Anm. 15.

Vers in trivialer Sphäre. Wenn er in Eves Rede an den Gerichtsrat dann doch feierlich fließt, bildet die damit verbundene Berufung auf den Himmel einen erheiternden Kontrast zu der mit angesprochenen Infamie des Richters. Und wenn Eve das Vertrauen Ruprechts aufs Jenseits verweist, so macht die Antwort des Burschen „Mein Seel, das dauert mir zu lange" dank ihrer komischen Naivität gerade das lächerlich Ungereimte an Eves tragischem Pathos deutlich. Adam vereint die behagliche Komik eines Falstaff mit der satirischen eines Tartuffe. Am Ende wird ihm zwar jämmerlich, indessen nicht einmal mit gerecht-verdienter Strenge mitgespielt. Schwerlich soll er tragisches Mitleid erwecken oder gar das Erschauern der Groteske.[19]

Derartiges wird erst gestreift, wenn das Verbrechen der „Mitternacht" zwar, wie es der literarischen Tradition entspricht, um zwölf Uhr mittags zutage kommt, aber in der 11. Szene, und wenn der Verbrecher hier vor der verdienten Strafe bewahrt und in der 12. Szene gar dem Staatsdienst „auf irgend einem Platze noch zu erhalten" versucht und an seinen Richterplatz der Obergauner Licht (Lichtbringer = Lucifer) gesetzt wird. „Letzter Auftritt" ist in Wahrheit Nr. 13; und hier schlägt es 13, indem Walter die Ersetzung des Krugs, d.h. des gläubig hingenommenen Rechts-Scheins und Schein-Rechts, einleitet. Die Dinge verlaufen also gerade nicht im Sinne einer kosmischen Gerechtigkeit, wie sie die Zahlen im Text und die Auftrittsnummern postulieren.[20] Jetzt erst zeigt sich, Adam Müllers Forderung ist erfüllt: „Alle kalten Farben mit ihren Kontrasten und Gegensätzen klingen durch das wahre Lustspiel durch."[21] Das Lustspiel, der Ort des verstehenden Zuschauers oberhalb dieser Welt, bleibt bei aller Skepsis und Hoffnungslosigkeit intakt – falls nicht das nichtbegreifende Publikum selbst dieser verspotteten Welt verhaftet bleibt.

Die Tragödie der Alkmene wird schärfer als bei Molière herausgearbeitet, dafür aber auch ironischer übertönt durch die Komödien

---

19 Schrimpf, 203; ders. In: *Das deutsche Drama*. Hg. v. B. von Wiese. Düsseldorf 1958. Bd. I, 339-62.

20 W. Wittkowski: *Der zerbrochne Krug*: Juggling of Authorities. In: *Heinrich von Kleist Studies*. New York 1980. Kleists *Der zerbrochne Krug*: Gaukelspiel der Autorität. In: *Lit.wiss. Jb. d. Görresges.* 1980. Die Zahlenmystik, die O. Seidlin (Anm. 11) zu finden glaubt, kann ich nicht sehen.

21 Die Lehre vom Gegensatze. In: *Deutsche Literatur in Entwicklungsreihen. Lebenslehre und Weltanschauung der Romantik.* Leipzig 1936, 69.

des Gottes, der sich in der eigenen Schlinge fängt, des redlich-einfältigen Ehemannes, der der Götter- und Mythos-Tradition verhaftet bleibt, und Alkmenes selber, deren Situationskomik uns ein, wenn auch mitleidig-schmerzliches Lächeln abnötigt - zu schweigen von der ergötzlichen Parodie der Herrenhandlung durch die Diener.

Hinausgehend über sein Vorbild *Egmont,* nimmt schließlich der *Homburg,* dieses vaterländische Besinnungs- und Erziehungsstück aus der Nachbarschaft der *Hermannsschlacht,* in sich Elemente einer Autoritäts- und Gerichtskomödie wie *Amphitryon* und *Krug,* ferner solche des *Käthchen*-Märchens auf. Beim Zustandekommen des guten Ausgangs spielt - wie überall bei Kleist - der Zufall eine überragende, ebenso beklemmende wie beseligende Rolle. Beklemmend: denn die gedichtete Wirklichkeit bietet keinerlei Gewähr dafür, daß Fortuna sich am Ende günstig zeigt. Es gibt im Zeichen ontologischer Entfremdung keine Sicherheit, nur Risiko und Glück. So wirkt der Ausgang nicht nur durch den Kontrast zu den faktischen Voraussetzungen überraschend und erhebend, sondern mehr noch, weil hier die Wirklichkeitsgesetze überhaupt wie aufgehoben sind, weil im Geiste Schlegelscher Lehren geschaltet wird „nach eigentümlichen Gesetzen" nämlich nach denen der „Phantasie;" ein vom Irdischen gelöstes, schwereloses Spiel, ein „Spiel der Seligen" läuft ab.[22] Gewiß ist das „ein Traum, was sonst?" Aber ein Traum, dessen souveräner Spielcharakter zusammen mit der komplexen und harmonisch-stimmigen Werkgestalt Erhebung über das Irdische wie über das Kunstwerk selbst hinaus in Richtung Unendlichkeit gewährt. Die universale, die Weltdialektik mutiert zur Weltüberwindung und damit auch ins Publikum zu einer Art `Auferstehung.´

Zugleich wirkt das letztere Prinzip bereits in jenem. Besiegt der Geist den Stoff, so leistet dieser doch, dem Gesetz des schwebenden Gegensatzes gemäß, größtmöglichen Widerstand und läßt sich nur überformen, nicht vernichten. Nicht zufällig liebt Kleist die Bilder des Keilens, Ringens, Aufeinandertürmens. Das Detail wird bei ihm realistisch prall und überrealistisch intensiv vorgeführt, zugleich formalisiert, entwirklicht nach Gesetzen - Kleist nennt nur eins: Musik, den Generalbaß, also Harmonik, Kontrapunkt.[23] In seiner

---

22 Kleist: *Brief eines jungen Dichters an einen jungen Maler.*

23 Sommer 1811 an Marie von Kleist. Vgl. Helga Kraft: *Erhörtes und Uner-*

Dichtung erscheint dieses Prinzip als symmetrische Parallel- und Gegenführung von Stimmen, Motiven, Positionen. Dabei werden – und das ist das Musikartige – die Kausalverknüpfungen gelockert, weitgehend aufgehoben, Wahrscheinlichkeit und Wirklichkeit verzerrt und transzendiert, manchmal mit opernhafter Souveränität. Diesem Strukturprinzip sind die Führungsrolle des Unbewußten, die ontologische Entfremdung, die universale Dialektik und die Weltüberwindung wie auf den Leib geschrieben. Die Vorstellung drängt sich auf, daß eins das andere wechselweise hervorgetrieben haben mag.

Musikalisch überdeutlich, „absolut" ist die Symmetrie von Handlung und Konfiguration im Erstling. Die Familienväter tauschen zuweilen ihre Plätze. Als der zartbesaitete Sylvester hört, wie man während seiner Ohnmacht den Herold steinigte, sagt er gelassen: „Ei nun, sie mögens niederschlucken." Und: „Wir wollens nützen;" d.h. er will die Feinde überfallen, solange die Leute in geeigneter Stimmung sind (II, 2; ebenso IV, 2). Andererseits sträubt sich der sonst schnell und starr voreingenommene Rupert lange, an die Ermordung Johanns und des Heroldes zu glauben (III, 2); und am Ende ist er, der Wüterich, derjenige, der dem gefährlich rachebrütenden Sylvester die Hand zur Versöhnung reicht. Psychologische Schlüssigkeit wird auch ignoriert, wenn Sylvester und Jeronimus genau wie Ottokar reden, wo es jeweils um Erkennen und Versehen geht (vgl. I, 2 und I, 1). Abälard im *Guiskard* wirkt zunächst sympathisch. Als er jedoch von Guiskards Krankheit und Eroberungsplänen in zweideutiger, demagogischer und ichbezogener Weise spricht, wird er dadurch seinem Gegenspieler Robert ähnlich: eine vertrackte Situation in einem Stück, das auf der Schuld basiert, also Konstanz der Positionen und Personen fordert.

Penthesilea und Achill erklären beide, sie wollten einander mit Eisen umarmen. Das klingt opernhaft. Zugleich verweist es auf das Unbewußte als denjenigen Bereich, der bisher allein die paradoxe Beziehung registrierte. Die leitmotivische Parallele zwischen Achill und der Sonne wird überboten dadurch, daß beide Gegenspieler mit Sternen verglichen werden, so wie beide als Jäger und jagende

---

hörtes. Die Welt des Klanges bei Heinrich v. Kleist. München 1976; ferner Einleitung und Schluß meines Versuchs: E.T.A. Hoffmanns musikalische Musikerdichtung „Ritter Gluck," „Don Juan," „Rat Krespel." *Aurora* (1978).

Tiere wie umgekehrt als gejagtes Wild bezeichnet und so in einem durchgehenden Wortgeflecht einander zugeordnet werden. Das Architektonisch-Musikalische bestimmt die Plazierung und Entwicklung der Figuren wie aller Realitätsmomente hier am souveränsten; entsprechend sind die Verstöße gegen die Wahrscheinlichkeit, gegen Raum und Zeit am schroffsten.

Amphitryon bot schon von der Vorlage her die schönsten Möglichkeiten zur parallelen und kontrastierenden Stimmführung. Dafür sorgen die Verdoppelungen von Personen und Handlungsteilen. Darüber hinaus trennt und verbindet Kleist die Positionen der Herrschaft und der Diener ähnlich wie bei den Ehepaaren der *Familie Schroffenstein,* den Jünglingen im *Guiskard,* den Jungfrauen Penthesileas und Homburgs Verteidigern. Molière ließ die Menschen geschlossen gegen die Götter stehen; Kleists Amphitryon dagegen denkt ausgerechnet wie die einfältige Charis, während Alkmene und der pfiffige Sosias grundsätzlich übereinstimmen.[24] Besonders im Dialog zwischen Alkmene und Amphitryon erinnern die formelhaften Wiederholungen an komische Oper.

In *Homburg* scheitern und retten außer dem Prinzen noch andere Figuren mit ordnungswidrigen „Attacken:“ der Kurfürst spricht Beschuldigung wie Begnadigung ohne vorherige Untersuchung, voreilig aus. Das schafft ihm Schwierigkeiten, aus denen ihn - zum zweiten Mal - der Prinz erlöst (obwohl dem Eindruck nach der Fürst sich die Erlöserrolle vorbehält). Natalie ruft eigenmächtig ihr Regiment herbei und sucht dadurch den Kurfürsten zu überrumpeln, wie sie mit dem Begnadigungsbescheid des dazu von ihr überrumpelten Kurfürsten den Prinzen überrumpeln will. Kottwitz und Hohenzollern treten gegen die Autorität von Fürst und Gesetz für den Prinzen ein. Dieser verläßt wortbrüchig sein Gefängnis und

---

24 Die in Anm. 12 genannte Verfasser jüngerer Studien finden die von ihnen gesuchte Bewußtseinserhellung bei der ganz vordergründigen des Amphitryon. Damit geben sie zugleich Charis und den Göttern recht. Entsprechend setzen sie Alkmene (die bei Kleist ebenso vorbildlich ist wie schon bei Plautus und Molière) und Sosias herab. Sie verkennen, daß beide den Versuchungen der Götter widerstehen, daß ihnen dies zum Ruhme gereicht und daß dadurch die Komödie potenziert wird, die doch recht hanebüchen wäre, wenn sie - wie jene Arbeiten uns glauben machen wollen - nichts wäre als eine geglückte Bestrafungs- und Erziehungsaktion. Das Komische in Potenz ist vielmehr, daß jene Aktion mißglückt bzw. nur im Falle Amphitryons (und der Charis) zu einem komisch-kläglichen Teil- und Scheinerfolg gelangt.

verherrlicht zuletzt das Gesetz nicht um der Ordnung willen, sondern um ein zweites mitreißendes Beispiel selbstlosen Aufopferns zu setzen. Das erste setzte er im zweiten Angriff. Sein erster jedoch entsprang einem Versagen, das der Kurfürst mit verschuldete. Beide Angriffe und ihre Motive werden von den Figuren nie sauber geschieden, sondern so vermengt (III, 1; V, 7), wie es die Konstellation der Akzente in Parallele und Kontrast jeweils verlangt. Die Auseinandersetzung wird zu einem Wettstreit in Noblesse, welcher beiden Gegenspielern Vergötterung und das Prädikat „denn du bists wert!" einbringt: eine harmonische Parallele zu Kottwitzens paradoxem Positionswechsel. Die vielgerühmte Befehlsausgabe stellt ein Kabinettstück kontrapunktischer Stimmführung und unterbewußten Reagierens dar. Der Prinz, der dem Feldmarschall nicht zuhören konnte, nimmt dessen Satz: „Dann wird er die Fanfare blasen lassen!" volle zehn Zeilen später auf, nach dem Zwischenspiel mit dem Handschuh, dem Aufbruch der Damen und den Galanterien des Kurfürsten bei alledem!

Musikalisch frei und nachdrücklich erfolgen das Anschlagen des Themas und der gattungsbestimmenden Tonart sowie der Voll- oder Ausklang des Finales. *Homburg* konfrontiert das prinzliche Gefühl mit der kurfürstlichen Autorität,[25] anfangs in einer improvisierten Erfüllungsvision, die am Ende realisiert wird und aus der Mitte eine Geste in Umkehrung aufnimmt. Als nämlich Homburg der Geliebten nach dem vermeintlichen Tod des Kurfürsten seinen Schutz anbietet, legt er ihre Hand an sein Herz; am Ende tut sie, die sich mit nobler Uneigennützigkeit für den Geliebten einsetzte, ihrerseits das Gleiche.

Die Familie Schroffenstein beginnt mit einem chorischen Lied, das die Reihe der blutigen Irrtümer präludiert. Das Finale vereint - wie Kleist es liebt - alle Figuren in melodramatisch-opernhafter Weise und setzt einen überpointierten Schlußpunkt mit der lakonisch zusammenfassenden Erläuterung des Geschehens und mit den ausklingend distanzierenden Sätzen: „Geh, alte Hexe, geh. Du spielst gut aus der Tasche. Ich bin zufrieden mit dem Kunststück. Geh."

Die Motive der Ehre, von den Göttern heimgesucht zu werden, erklingen im *Amphitryon* einzeln am Anfang (Prügel; I, 3), in der

[25] Friedrich Beißner: Unvorgreifliche Gedanken über den Sprachrhythmus. In: *Festschrift Kluckhohn/Schneider*. Tübingen 1948, 438.

Mitte (Ehebruch; II, 5, 6) und zusammen am Ende (Ehebruch und Prügel). Das abschließende „Ach!" Alkmenes wird vorweggenommen, als Sosias Götterprügel erleidet (I, 2). *Penthesilea* setzt ein mit dem Gleichnis von den Wölfen, die einander bekämpfen bis zur gegenseitigen Vernichtung, ferner mit der Frage, ob die Amazonen als Feinde oder Freunde der Griechen zu betrachten seien. Der Hauptvorgang entwickelt diese Motive gemäß dem programmatischen Wort des Odysseus von der Kraft und ihrem Widerstand.

Zwischen dem musikalisch pointierten Einsatz des Themas und seiner volltönenden Zuendeführung kommt es während des Handlungsablaufs zu Umschlägen in schärfsten Kontrasten. Homburgs Todesfurcht in der Mitte, traditionell eigentlich dem äußeren Höhepunkt der Laufbahn des Helden, läßt seinen Todesentschluß umso großartiger erscheinen. Der Rückfall in der Szene mit Natalie - „Wollt ihr hinaus an Ketten mich zum Richtplatz schleifen?" - bereitet wiederum in steigerndem Kontrast die letzte Todesverklärung und Wiederauferstehung vor, die dann nochmals übertrumpft (und auch ernüchtert) wird von dem Ruf zurück ins Leben.

Ähnlich wie Sophokles im *Ödipus* rückte auch Molière in *Amphitryon* die Peripetie ans Ende. Kleist unterstreicht diese Endbeschwerung noch. Anders als bei Molière erlebt Alkmene das Ende mit. Bis dahin wählt sie zwischen dem Geliebten und dem Gatten, dem Menschen und dem Gott - wiederholt derart, daß sie dem Anderen, womöglich Jupiter, eindeutig ihren geliebten Gatten vorzieht, schon weil er kein Betrüger, Ehebrecher ist.

Was Kleist hier anders macht, wirft Licht auch auf seine Bautechnik. Als Gegengewichte zur Hauptperipetie am Ende dienen ihm zusätzliche Wendepunkte, Tiefpunkte, mehr oder weniger ausgedehnte, idyllische Ruhepausen (*Homburg, Schroffensteiner, Penthesilea, Krug, Käthchen*). Das letzte Moment geht meist der Schlußperipetie voraus, deren Gefälle dadurch aufs äußerste verstärkt wird. Vorher führt Kleist die Handlung mit Hilfe \`kleiner´ oder scheinbarer Peripetien, die gleichzeitig verzögern und vorantreiben, stufen- und stoßweise voran. Die damit gegebene weitgehend „stationäre Prozeßform" (Goethe über den *Krug*); ihre wiederholende, steigernde Variation von Motiven, Erörterungen, Umschlägen und Taten in *Familie Schroffenstein*; Verfolgungen, Kämpfen und Kampfpausen in *Penthesilea*; Wahlentscheidungen in *Amphitryon* –: all dies manchmal ermüdende, pedantisch-hartnäckige Insistieren veranschaulicht die Schwierigkeiten, die aus dem Aufgeben der traditionellen symmetrischen Bauform erwuchsen, und ebenso Kleists romantisch `musikalische´ Potenzierung, Lockerung klassisch ausgewogener Architektonik und Steigerung zu einer reich instrumentierten, polarisierend paradoxen, steigernden Dynamik,[26] in welcher Weltdialektik übergeht in Weltüberwindung.

Entsprechend dem stoßweisen Rhythmus der Peripetien-Kette entwickeln sich auch die Personen. Graf Wetter zückt die Peitsche, wirft sie durchs Fenster und bricht, während er Käthchen streichelt, in Tränen aus, noch immer ohne sich klar zu sein über sein Gefühl. Penthesileas und Achills Benommenheit; Homburgs Versuch, seine Verhaftung und Verurteilung zu begreifen; sein Ringen, schreibend sich zu fassen, des Kurfürsten Erstaunen, als er von Homburgs Zusammenbruch erfährt: lauter Beispiele für das Stocken, das richtungslose Herumirren des Willens, das wartende Lauschen, tastende Suchen. Sie entsprechen dem Ruhepunkt im Aufbau, haben häufig die Regieanweisung „Pause" und enden mit einer Beschleunigung in Richtung auf das gefundene Ziel, das gewählte Verhalten.

Die Sprache zeigt den gleichen Wechsel von Strömen und Stauen. Die Trennung der zusammengehörigen Satzglieder und das Verbinden der nichtzusammengehörigen spiegelt am sinnfälligsten das Prinzip der universalen, sich ständig überbietenden Gegensetzung. Dieses unverwechselbare Signum Kleistscher Dichtung zeichnet oft den Ablauf eines äußeren oder inneren Vorgangs mit allen Tempo-Nuancen nach.[27] Meist kommt es dabei allerdings zu wirkungsintensiven, unrealistischen Verzerrungen, vor allem zu zeitlupenartigen Dehnungen – man nehme etwa Adams Phantasie-Schilderung, wie er mit der aufgehängten Hose rücklings gegen den Ofen stürzt, oder die Schilderungen in *Penthesilea.* Kleist ge-

---

[26] Vgl. Friedrich Gundolf: *Heinrich von Kleist.* Berlin 1922, der ausgezeichnete Bemerkungen zur instrumentellen Ausweitung und Durcharbeitung einer geringen Anzahl von Motiven in der Art Richard Wagners macht, ferner (von Gundolf kräftig beeinflußt) Hermann August Korff: *Geist der Goethezeit.* Leipzig 1956. Bd. 4, 40ff.

[27] Karl-Ludwig Schneider: Heinrich von Kleist: Über ein Ausdrucksprinzip seines Stils. In: *Heinrich von Kleist. Vier Reden.* Berlin 1962; ders.: Heinrich von Kleists Lustspiel „Der zerbrochne Krug." In: *Das deutsche Lustspiel I.* Göttingen 1968.

braucht jede auffällige Verschränkung jedoch auch unabhängig von solcher Funktion, einfach als Manier, in die er ästhetisch verliebt ist. Das souveräne Schalten mit dem Stoff der Sprache und das Unnatürlich-Geschraubte, das vornehm oder innig usw. wirkt und das durch alltägliche, ja platte Wendungen noch kontrastierend hervorgehoben wird: all dies betont den Kunstcharakter des Verfahrens und dessen aristokratisch-affektierten Grundzug, der zum Ethos der Noblesse stimmt.

Die Worte selbst werden nicht poetisiert. Neben der extremen, oft paradoxen Wortstellung stützt Kleist sich hauptsächlich auf extreme, paradoxe Bilder. Meist handelt es sich dabei um Wie-Vergleiche, die ihr Material mit Vorliebe handgreiflichen, oft profansten Bereichen entnehmen, und zwar so, daß das Verglichene, auf das es ankommt, nahezu verschwindet, zumal Kleist den Vergleichsgegenstand hartnäckig insistierend zur Allegorie aufzuschwellen liebt. Außerdem akzentuieren seine Vergleiche vornehmlich gerade die Unvergleichbarkeit des individuellen, einzigartigen und extrem paradoxen Phänomens, die Unaussprechlichkeit seiner unendlichen Bedeutung.[28] Diese hypertrophe und hyperbolische Bildersprache verstößt mindestens so schwer wie der oft nur in Andeutungen geführte Dialog[29] gegen die Bühnenforderung leichter Verstehbarkeit. Sie wirkt andererseits desto stärker, je mehr der Text sich vom Wahrscheinlichkeitsprinzip zu opernhafter Sprachmusik emanzipiert und in der unsichtbaren, nur gesprochenen Aufführung, etwa im Hörspiel, die angemessene Wiedergabe finden mag.[30] Am meisten gilt das für *Penthesilea.* Was da Text und Regieanweisungen an Anschaulichkeit auf der Bühne fordern (Erröten der Rüstung, Tränenfluten, Hundegebell) bleibt notwendig weit zurück hinter dem, was sie episch beschreibend in der Phantasie beschwören.[31] Vom *Krug* gilt das umgekehrt am wenigsten. Jedoch zerbricht das Krugsymbol gleichsam noch einmal unter der Überfülle seiner Bedeutungen,[32] wie denn jene Tendenz zur Vergeistigung und

---

28 Strich, 321.

29 Diese Schwierigkeit mag die genannten Mißverständnisse des *Amphitryon* erklären, kann sie aber nicht entschuldigen; der geduldige Leser kann Kleists Text durchaus verstehen.

30 Heselhaus, 126f.

31 Martin Schaub: *Heinrich von Kleist und die Bühne.* Zürich 1966.

32 Wittkowski, Anm. 20.

Romantisierung des Wirklichen am klarsten hervortritt am Bildsymbol in Wort und Requisit.

Während nämlich in der Mehrzahl der Kleistschen Sprachbilder das Verglichene und das Vergleichsobjekt, paradox auseinanderklaffend, ihr *tertium comparationis* gewissermaßen erst im Unendlichen ermitteln, wird im Bildsymbol das Paradox paradoxerweise schon hier und jetzt überwunden: es wird Wirklichkeit. Man erinnere sich an Käthchens und Graf Wetters Doppeltraum, aber auch an Adams Traum, er judiziere sich selbst den Hals ins Eisen und müsse in den Fichten übernachten. Penthesilea nähert sich dem Stamm und der Wurzel einer Eiche - und fällt endlich selbst wie eine Eiche. Genau wie eine Mänade oder ein beutegieriger Hund, mit denen sie, scheinbar hyperbolisch, wiederholt verglichen wurde, zerreißt sie zuletzt Achill mit ihren Zähnen. Auch was der Kurfürst spielte und Homburg zu träumen meinte, erfüllt sich. Wort und Bild werden hier real - aber nicht, weil sie sich dem Realen fügten oder es ihm leicht machten, sich ihnen zu bequemen, sondern gerade weil die Wirklichkeit ihnen herrisch-paradox unterworfen wird. Das geschieht freilich in einem Grenzgebiet, wo das Wirkliche ins Ideal, das Endliche ins Unendliche oder umgekehrt das Unglaubliche ins Irdische übertreten: Romantisierung der Welt an der Schwelle zur Weltüberwindung.

Ähnlich verhält es sich allgemein mit Stoff und Form. Kleists Äußerungen hierzu führen noch einmal die dynamisch steigernde Dialektik seines \`gegensätzischen´ Prinzips vor Augen. Der „Stoff" des *Guiskard* ist, so schreibt er am 14. Februar 1808 an Collin, „noch ungeheurer" als der der *Penthesilea;* „doch in der Kunst kommt es überall auf die Form an, und alles, was eine Gestalt hat, ist meine Sache." Andererseits war ihm vom Standpunkt dessen, was er sagen wollte, die Form wieder nur grober Stoff. In dem *Brief eines Dichters an einen anderen* heißt es:

> Nur weil der Gedanke, um zu erscheinen, wie jene flüchtigen, undarstellbaren, chemischen Stoffe, mit etwas Gröberem, Körperlichen, verbunden sein muß: nur darum bediene ich mich, wenn ich mich dir mitteilen will, und nur darum bedarfst du, um mich zu verstehen, der Rede. Sprache, Rhythmus, Wohlklang usw. [...] sind [...], aus diesem höheren Gesichtspunkt betrachtet, nichts, als ein wahrer, obschon natürlicher und notwendiger Übelstand; und die Kunst kann in bezug auf sie, auf nichts gehen, als sie möglichst *verschwinden* zu machen [...], damit einzig, und allein der Gedanke, den

> sie einschließen, erscheine. Denn das ist die Eigenschaft aller echten Form, daß der Geist augenblicklich und unmittelbar daraus hervortritt, während die mangelhafte ihn, wie ein schlechter Spiegel, gebunden hält, und uns an nichts erinnert, als an sich selbst.

Kleist faßt hier Stoff und Form als „Form“ zusammen und ordnet sie als groben Stoff dem Gedanken unter. Mit romantischer Ironie steht er über und zugleich unter dem, was er gedichtet hat: über der Gestalt und unter dem Gedanken, der niemals erledigt wird, auch nicht durch die vollkommenste Gestalt. So liegt eine tiefe Folgerichtigkeit darin, daß Kleist keine Ruhe fand, ehe er nicht die ihm verfügbare Wirklichkeit, seine eigene Existenz, vollkommen romantisiert und sie den Bildern, die er dichtete, so völlig unterworfen hatte, daß er ihrer nicht länger bedurfte, ja selber wie zum Bilde wurde. Adam Müller hat diesen Reinigungsprozeß beispielhaft umschrieben:

> Im *Egmont* führt „der Gang durch den unterirdischen Kerker aufs Schafott gerade [...] zur allerhöchsten Freiheit, zur Überlegenheit des Gemüts über Welt und Schicksal, zum allerherrlichsten, nämlich zum Gefühl des Sieges über den Tod.“ „Nun ist der große Gegenstand ein Glied des ewigen und unendlichen Ganzen.“ Die im gedichteten „Auferstehungsmoment“ verklärte Gestalt „wandelt unter uns her immer lebendiger, immer namhafter, immer gestalteter, greift in unser fortschreitendes Leben ein, [...] bis wir endlich des Bildes nicht mehr bedürfen [...], nun kann sich das Bild uns entziehen, aller Schmerz ist überwunden, wir fühlen uns durch den Schmerz erhöht; die Ehre, die wir dem Toten erweisen, ist uns zugleich selbst widerfahren; indem wir ihn verklärten, haben wir zugleich uns selbst verklärt, dies nenne ich den Himmelsfahrtsmoment.[33]

Ähnlich erging es dem Dichter mit seinen Figuren und sich selbst. Bekanntlich erschütterten ihn das Ende Achills und Penthesileas im Augenblick des Dichtens als wirkliche Ereignisse hier und jetzt (neben dem Bewußtsein des Ästhetischen). Vermutlich nahm er an, den Zeitgenossen und den Späteren werde es so mit ihm ergehen. Als er mit artistischer Besonnenheit die irdische Welt mit dem seit Jahren in der Phantasie vorweggenommenen Freitod überwand, den er nach Penthesilea und Homburg stilisierte und im letzten Brief „den herrlichsten und wollüstigsten aller Tode“ nannte,

---

[33] Vom religiösen Charakter der griechischen Bühne. *Phöbus* (Dresden 1808). Hg. H. Sembdner. Stuttgart 1961, 429, 431f.

da behandelte er sein wirkliches Unglück wie ein künstliches, wie ein von ihm gedichtetes: „der höchste Schwung der Menschennatur" (Schiller[34]).

[34] Schiller: *Über das Erhabene.* – Über Kleist und die Klassik vgl. ergänzend Wittkowski: Hölderlin, Kleist und die deutsche Klassik. In: *Deutsche Literatur zur Zeit der Klassik.* Hg. Karl Otto Conrady. Stuttgart 1977.

Das Erdbeben in Chili

Formen des Als-ob: Skepsis, Noblesse, Ironie

Kleists Erzählungen gelten als „Versuchsspiele," als „Erprobungskonstellationen menschlicher Verhaltungsweisen," „in denen Glanz und Elend solch gedichteten Verhaltens sich enthüllen;"[1] und zugleich gelten sie als Erprobungsspiele menschlichen Erkennens, ja geradezu Interpretierens.[2] Überall haben die Figuren Situationen zu bestehen, in die sie auf Grund rätselhafter Ereignisse, Täuschungen und Fehldeutungen hineingeraten. Letztere spielen eine große Rolle in der *Erdbeben*-Novelle (1807/10). Und das Naturereignis eben ist ihr Gegenstand.

Die Mönche behaupten, die Katastrophe sei das Jüngste Gericht (138)[3] bzw. – als sich das als voreilig erweist – dessen Vorbote (141); auf jeden Fall ein Strafgericht Gottes über die verderbte Stadt und besonders über das Paar, dessen Liebe die Ordnung der Gesellschaft und des Klosters schwer beleidigte (141). Das scheint indessen dadurch widerlegt zu werden, daß das Erdbeben im letzten Augenblick die beiden Liebenden vor ihrer sonst sicheren Exekution bewahrt; und beide danken Gott für dieses offenbare Wunder.

Sie werden jedoch gleichfalls widerlegt. Die Rache des religiösen Fanatismus richtet sie zugrunde und läßt – wie die Naturkatastrophe – gleich eine Reihe „Unschuldiger" mitgehen. Gottes Werk, so oder so verstanden, wäre zerstört, geschändet. Ja, es ist gerade der Glaube an das strafende bzw. rettende Eingreifen Gottes, der das Gemetzel herbeiführt. Dieser Glaube lockt die Liebenden samt ihren Begleitern in den Dom; und er weckt dort die Mordlust der Gemeinde. So erweist dieser Glaube sich als eine Illusion, und als eine höchst gefährliche. Und je nachdrücklicher beide Seiten sich auf Gott berufen, umso klarer scheinen die Ereignisse zu zeigen, daß diese Welt von Gott verlassen ist.

Leicht überarbeitet aus: Skepsis, Noblesse, Ironie. Formen des Als-ob in Kleists *Erdbeben in Chili*. *Euphorion* (1969).

1 Karl Otto Conrady: Notizen über den Dichter ohne Gesellschaft. In: *Kleist und die Gesellschaft*. Hg. Walter Müller-Seidel. Berlin 1965, 69.

2 Vgl. Jürgen Schröder: Das Bettelweib von Locarno. *GRM* 16 (1967).

3 Zitate nach dem 4. Band der dtv-Gesamtausgabe. München 1964.

„Kleist treibt die Frage nach dem Absoluten nicht nur hervor, er verhüllt sie auch zugleich," wiegelt Benno von Wiese ab.[4] Ja, vermutlich entfaltet Kleist die Gottesfrage nur so aufdringlich, um sie in desto tieferes Dunkel zu hüllen, oder vielmehr, um sie desto schlagender *ad absurdum* zu fuhren: um die Torheit und vor allem die Gefahren dieser Fragestellung zu entlarven, um Gottes Unerkennbarkeit zu demonstrieren und jede Aussage über ihn zu brandmarken als sträflichen „Vorwitz, der sich anmaßt, die Absichten der göttlichen Ratschlüsse einzusehen und nach seinen Einsichten auszulegen." So nicht von Wiese, sondern Kant,[5] dessen vorkritische Erdbebenschriften Kleist gelesen haben dürfte.

Die Kritiker urteilen an sich durchweg im gleichen Sinn und können Kleists Beispiele eines „so anmaßend über Gott verfügenden Anspruchs"[6] kaum empört genug verurteilen.

Dessen ungeachtet glauben sich einige befugt, die gegebene „Undurchdringlichkeit" des metaphysischen Weltzusammenhanges dennoch zu durchdringen,[7] „das Unbegreifliche dennoch zu begreifen."[8] Und zwar ermutigt sie hierzu das Ende: die Rettung des Kindes samt Fernandos freudiger Reaktion darauf. Hier nehmen jene Interpreten eine Aufhellung des sonst waltenden religiösen Dunkels wahr, einen „Schimmer Gottes," der das Kind rette und damit den Menschen die Gnade eines schöneren Neubeginns gewähre,[9] alles Auskünfte, die an Eindeutigkeit nichts zu wünschen lassen.

Müller-Seidel (96) warnt zwar, daß weder Gottes Eingreifen noch der im Kind angedeutete Sinn „uns zu Eindeutigkeiten [...] ermächtigen." Indessen: Gott richtet wohl nicht eindeutig, doch er

---

4 Benno von Wiese: *Die deutsche Novelle von Goethe bis Kafka*. 2. Band. Düsseldorf 1964, 60.

5 Immanuel Kant: *Von den Ursachen der Erderschütterungen* [...]. 1756; zitiert nach Kant: *Werke*. Bd. 1, 471.

6 B. v. Wiese, 57.

7 Josef Kunz: Die Gestaltung des tragischen Geschehens in Kleists *Erdbeben in Chili*. In: *Gratulatio. Festschrift Christian Wegner*. Hamburg 1963, 96.

8 Walter Müller-Seidel: *Versehen und Erkennen. Eine Studie über Heinrich von Kleist*. Weimar 1961, 166.

9 Friedrich Braig: *Heinrich von Kleist*. München 1925, 441ff.; Hermann Pongs: *Das Bild in der Dichtung*. Bd. 2. Marburg 1939, 153; Karl Otto Conrady: Kleists *Erdbeben in Chili*. *GRM* 4 (1954), 191ff.; Johannes Klein: Kleists *Erdbeben in Chili*. *Der Deutschunterricht* (1956), Heft 3, 5ff.; v. Wiese, 69.

„richtet." Jener geheimnisvolle Sinn „kündigt sich jedenfalls an;" die „Rätselhaftigkeit göttlichen Eingreifens" bedarf freilich „der Auslegung," und sie „erfolgt." „Sie erfolgt im Glauben und ist gültig einzig in ihm." (Müller-Seidel, ebd.)

Dem gegenüber besteht angelsächsische Nüchternheit darauf, daß Gottes Hand in dem Geschehen durchaus unerkennbar bleibt. Die Rettung ist nur ein weiteres Beispiel für das blinde Walten des Zufalls; die zaghafte Freude im Schlußsatz nur bürgerlich zahme Resignation, notdürftige Verhüllung eines in Wahrheit unheilbaren Schadens. Walter Silz greift in Anlehnung an Otto Ludwig die geläufige Formel auf, Kleist lasse (ohne das Problem freilich direkt zu erörtern) Gott auf tragische Weise in absolut undurchdringlicher Ferne.[10] Nach J.M. Ellis dagegen schließen in der Novelle alle Konzepte einander aus, so daß wir eine göttliche Teleologie weder annehmen noch leugnen dürfen.[11]

Die Antworten auf die Frage nach einem göttlichen Sinn in der Novelle reichen demnach von entschiedener Bejahung bis zu fast ebenso entschiedener Leugnung und endlich zur Relativierung aller definitiven Lösungen. Werfen wir einen ersten Blick auf den Text, auf die umstrittenen letzten Worte.

Abgesehen von der Vorgeschichte, überstürzen die erzählten Ereignisse sich innerhalb von reichlich 24 Stunden. Die Nachgeschichte beginnt mitten in dem Satz: „Er [Fernando] übernachtete auch bei Don Alonzo, und säumte lange, unter falschen Vorspiegelungen [...] mit der Rückkehr zu seiner Frau." Unbestimmte Angaben wie: „lange, kurze Zeit nachher, eines Morgens, hierauf" dehnen die Zeit, bis der Schlußsatz sie bedeutsam in die Zukunft hinein öffnet: „und wenn Don Fernando Philippen mit Juan verglich, und wie er beide erworben hatte, so war es ihm fast, als müßt er sich freuen."

[...] und wenn: das heißt durchaus nicht „Als er damals." Es heißt vielmehr: „Jedesmal, wenn er künftighin verglich." Der Schlußgedanke des Vergleichens und Fast-sich-Freuens wiederholt sich. Seine häufige Wiederkehr fixiert die Unbestimmtheit des Als-ob – jedesmal „war ihm fast als müßt er sich freuen" – zu einem Schwebezustand: Trotz des schmerzlich eingebüßten Kindes meldet

[10] Walter Silz: *Heinrich von Kleist.* Philadelphia 1961, 23-27.

[11] J.M. Ellis: Kleist's *Das Erdbeben in Chili.* In: *Publications of the English Goethe-Society* (1963), 38f., 48f., 53f.

sich Freude. Keineswegs sieht Fernando vom Ende der schrecklichen Ereignisse aus in die Zukunft, sei es nun eine verheißungsvolle ferne Endzeit (Kunz) oder ein gefährlich unberechenbares Dasein der Zweifel und der Sorge (Silz). Er blickt vielmehr von nun an und in Zukunft zurück auf jene vergangenen Vorgänge. Und er begrüßt sie keineswegs als die von Gott geschenkte Möglichkeit eines Neubeginns, sondern empfindet Genugtuung, gewiß mit Trauer durchtränkt über den eigenen Sohn, gewiß und vor allem aber darüber, wie er das fremde Kind erworben hatte. Das ist nicht fromm-demütige Dankbarkeit für ein Geschenk vom Himmel. Es ist stolz auf seine `Auferstehung,´ seine „ethische Bewährung."[12]

Für sie hat sich die theologische Interpretation zugestandenermaßen nur „am Rande" interessiert.[13] Und Wolfgang Kayser,[14] der für die Sinnlosigkeit der Ereignisse plädiert, erklärt die Schlußepisode und die Figur Fernandos gar für Nebensache. Durchweg werte Kleist nur momentan und überblicke nicht das Ganze. Das Ende reicht indessen in Fernandos weiteres Leben. Und es ist deutlich in den Bau des Ganzen einbezogen, nämlich durch die Stelle, wo, nach der ersten Katastrophe, die Berichte von der sittlichen Erneuerung der schwer heimgesuchten Stadtbevölkerung ihren Höhepunkt erreichen und aus dem Erlebten das Fazit ziehen:

> Statt der nichtssagenden Unterhaltungen, zu welchen sonst die Welt an den Teetischen Stoff hergegeben hatte, erzählte man jetzt Beispiele von ungeheuren Taten: Menschen, die man sonst in der Gesellschaft wenig geachtet hatte, hatten Römergröße gezeigt; Beispiele zu Haufen von Unerschrockenheit, von freudiger Verachtung der Gefahr, von Selbstverleugnung und der **göttlichen Aufopferung** [WW], von ungesäumter Wegwerfung des Lebens, als ob es, dem nichtswürdigsten Gute gleich, auf dem nächsten Schritte schon wiedergefunden würde. Ja, da nicht einer war, für den nicht an diesem Tage etwas Rührendes geschehen wäre, oder der nicht selbst etwas Großmütiges getan hätte, so war der Schmerz in jeder Menschenbrust mit so viel süßer Lust vermischt, daß sich, wie sie meinte, gar nicht angeben ließ, ob die Summe des allgemeinen Wohlseins nicht von der einen Seite um ebenso viel gewachsen war, als sie von der anderen abgenommen hatte. (138f.)

---

[12] Das Gewicht der ethischen Bewährung erkennen H. A. Korff: *Geist der Goethezeit*. Bd. IV. Leipzig 1953, 86f.; Walter Gausewitz: Kleist's Erdbeben. *Monatshefte* 55 (1963), 191; Ide: Kleist im Niemandsland?, ebd., 58.

[13] Kunz, ebd., 168; v. Wiese, ebd., 16f.

[14] Wolfgang Kayser: Kleist als Erzähler. In: *Die Vortragsreise*. Bern 1958, 172f., 181f.

„Göttliche Aufopferung" wird am Schluß Fernando zum „göttlichen Helden" machen. Auch er wird schwanken zwischen Schmerz über das Verlorene und Lust über Gewinn. Seine Schlußworte entsprechen dem letzten Satz hier. Und der Modus des Als-ob bekundet hier wie dort die Überzeugung, ethische Bewährung berechtige zur Freude, wenn sie sich auch nicht eindeutig aufrechnen lasse gegen den Schmerz über die Verluste. So gedrängt die Geschichte sonst erzählt wird, diese programmatischen Sätze enthalten gleich eine ganze Reihe von Variationen; feierlich reihen sie Huldigung an Huldigung. Abseits vom Hauptgeschehen, aber in der Mitte des Mittelstückes der Erzählung, formulieren sie ein inneres Zentrum, einen ideellen Kern, den dann das Ende der Novelle anschaulich vor Augen führt.

Der Schluß gibt damit keine Antwort auf die metaphysisch-religiöse Frage. Diese wurde vielmehr durch die Ereignisse bereits beantwortet, nämlich ad absurdum geführt. Darüber hinaus wird sie sinnbildlich abgetan, erledigt durch zwei Wendungen Fernandos. An der Leiche seines erschlagenen Söhnchens hebt er die Augen gen Himmel, und zwar voll namenlosen Schmerzes. „There is here awe for what has happened, but no hasty judgement on the existence or non-existence of a God," bemerkt Ellis (48) und hält sich wieder an die Ambiguität und damit alle Türen offen. Wir hören tatsächlich nichts von einem religiösen Trost noch von einer ausdrücklichen Anklage gegen Gott. Eine solche scheint aber, vielleicht in Frageform, gerade noch unterdrückt zu werden. Gottes Rolle im Gesamtgeschehen bleibt offen. Das dokumentiert gewiß, wie Ellis meint, Fernandos redlich besonnene Denkweise und außerdem, wie fruchtlos das Gegeneinander der metaphysischen Konzepte war.

Vor allem aber wird diese ganze Diskussion, nachdem sie aufwendig und verführerisch entfaltet wurde, hier abgeschlossen. Der Schlußsatz hat nichts mehr mit ihr zu tun, nichts mit religiöser Skepsis oder Zuversicht, Glaubensverzweiflung oder tragisch-frommer Demut. Stattdessen vollzieht er die Wendung des Menschen auf sich selbst, auf das Bewußtsein sittlicher Bewährung, auf eine Daseinserfüllung weder in der Transzendenz noch in der Zukunft, sondern im Hier und Jetzt, also im Zeichen der sittlichen Humanität, wie Humboldt sie definierte: „Ein fühlendes und wirkendes Wesen kann die höchste Befriedigung nur in eigener Tat und nur in dem ungeteilten Augenblick, in der Gegenwart finden."[15] Im Fall Fernandos ist es die Erinnerung an den Augenblick, in dem er die beiden Kinder auf seinem Arme so verteidigt, daß der Erzähler ihn emphatisch als „göttlichen Helden" preist.

Man hat nun die Verherrlichung des Ethischen, wenn überhaupt, allenfalls für die Figur Fernandos gelten lassen. An den ursprünglichen Titelhelden Josephe und Jeronimo hingegen nahm man sogar moralisch Anstoß, und zwar bei folgenden Gelegenheiten. Nach ihrer ersten Rettung durch das Erdbeben nennt Josephe „den verflossenen Tag, so viel Elend er auch über die Welt gebracht hatte, eine Wohltat, wie der Himmel noch keine über sie verhängt hatte" (138). Ellis folgert, Josephe sei „almost criminally self-centred" (30). – Beide Liebenden waren „sehr gerührt, wenn sie dachten, wie viel Elend über die Welt kommen mußte, damit sie glücklich würden (136). Ellis bezeichnet das als „arrogance" (28), Klein urteilt ähnlich (8); und v. Wiese (64) bespöttelt „diese subjektivste aller Theodizeen" (um sie freilich trotzdem und trotz des nahen traurigen Endes für wahr zu erklären: sei die Rettung doch tatsächlich „wie ein Wunder entsprungen"). – *Und weil* endlich die von so schweren Verlusten betroffenen Armen immer noch jammert*en*, „schlichen Jeronimo und Josephe in ein dichteres Gebüsch, um durch das heimliche Gejauchze ihrer Seelen niemand zu betrüben" (136). Ellis konstatiert Mangel an Mitleid und überhaupt „lack of concern for the misery of others" (27f., 46).

Die Liebenden schleichen indes beiseite nicht, **obwohl** die Armen jammern, sondern **weil** sie jammern, weil sie diese nicht mit ihrem Glück „betrüben" wollen. Sie nehmen mitleidsvoll Rücksicht, und zwar mit feinem Taktgefühl. Bei den vorher angeführten Stellen geht es jedesmal um Ursache und Wirkung, doch nie eindeutig um einen teleologischen Zusammenhang, wonach die gewaltige Katastrophe eigens zur Rettung der Liebenden inszeniert worden wäre.

Vielmehr sind diese sich lediglich bewußt, daß, rein kausal betrachtet, erst das ungeheure Unglück ihre Rettung ermöglichte und herbeiführte, und zwar auf wunderbar anmutende Weise gerade noch im letzten Augenblick. Das ergreift sie, eben weil sie ihren

---

[15] Wilhelm von Humboldt. Anfang September 1800 an Schiller.

Glückswechsel und dessen Kontrast zum Unglück der anderen empfinden.

Als religiöse Menschen glauben sie, der Allmächtige habe die ungeheure Katastrophe samt den Folgen hervorgerufen oder zumindest zugelassen. Sie sind, ob sie es wollen oder nicht, die Nutznießer. Daß sie Gott danken, wird man ihnen kaum verübeln können, weder wenn das Geschehene eigens auf ihre Rettung abgesehen war (was sie indessen keineswegs behaupten), noch wenn ihre Rettung sich nur zufällig nebenher mit ergab und von Gott bloß nicht unterbunden wurde. Noch ließe sich nicht sagen: ihre Dankbarkeit sei ein überschwänglich-großherziges, nobles Zuviel. Ihr Empfinden bildet aber immerhin die Vorstufe zu dem Ethos, das hier als Ideal gilt und das wir weiter im Widerspruch zu den Ansichten heutiger Kritiker entwickeln müssen.

Im Anschluß an Klein (9) beanstandet Kunz, daß die Liebenden die Zweideutigkeiten des Wirklichen, die Brutalität der Masse unterschätzen und damit einen Zustand der Erfüllung annehmen, der tatsächlich erst in einer transzendenten Endzeit kommen wird. Ja, er rechnet ihnen ihre Vertrauensseligkeit als eine „tragische Schuld" an, für die sie folgerichtig zahlen müssen. Fernando hingegen gelange am Ende zu der Einsicht, daß die Zeit noch nicht erfüllt sei (159, 164). Wir sahen, der Schluß läßt eine derartige Auslegung nicht zu.

Andererseits deuten Donna Elisabeths düstere Vorahnungen sicher auf die „Möglichkeit, die in des Menschen Hand gelegt ist." Aber wenn man hier die Gebrechlichkeit der Welt verkennt, so beruht das keineswegs, wie Klein (9) behauptet, darauf, daß man „nicht in und mit Gott lebt." Wir hören ja mit keinem Wort, daß Donna Elisabeths zutreffende Ahnungen ihrer Religiosität entsprängen. Daß man sich über die Beschaffenheit des Wirklichen leicht täuscht, gehört vielmehr zu den (kantisch-) anthropologischen Prämissen in Kleists dichterischer Welt.

Schwerlich ist es eine Schuld. Ja, umgekehrt: Wenn der Mensch die Gebrechlichkeit, Feindseligkeit des Wirklichen übersieht – nicht weil er anmaßend schönfärberisch interpretierte, sondern weil er vertrauensvoll voraussetzt, die Welt sei nicht schlechter als er selbst –, dann gereicht ihm das zur Auszeichnung. Irrtum und Untergang widerlegen, wie Müller-Seidel (139f.) sagt, keineswegs die „Echtheit," oder sagen wir besser: die sittliche Würde einer so noblen

Denkweise, die gerade nicht Gebrauch macht von der „Möglichkeit," in erster Linie bedacht zu sein auf Sicherheit, auf physisches Überleben. Allein darum aber geht es in Donna Elisabeths Warnungen. Indem Fernando sie zurückweist und damit Josephes und Jeronimos Verlangen billigt,[16] trotz Gefahren Gott im Gotteshaus zu danken, macht er sich handelnd wie reflektierend zum Fürsprecher einer derart noblen Moralität.

Auch Gausewitz läßt allein Fernando als wahren Helden, Josephe und Jeronimo dagegen nur als Gelegenheitshelden gelten (192). Erstens aber ist Fernando in seinem heldenhaften Fühlen und Handeln keineswegs unangefochten. Ellis (99) erinnert an die Unsicherheit, die ihn befällt, als er anfängt, darüber nachzudenken, was er tat und was seine Frau wohl davon halten wird. Damit rückt sein Handeln allerdings nicht eigentlich ins Zwielicht, wie Ellis meint. Zwar bezeugt sich da neben dem anteilnehmenden Vorgefühl ihres Kummers die große Rolle, die „das verständige Abwägen der Situation" in Kleists Dichtung spielt.[17] Fernando muß sich sagen, er hat die Situation falsch beurteilt, ja, er hat sich kaum Gedanken über sie gemacht. Das war ein Fehler. Aber er entsprang ritterlich-noblen Motiven.

Zweitens bietet das Paar ein ganz ähnliches Bild. Jeronimo billigt Josephes besonnenen Vorschlag, die „Klugheit" der „Maßregel," das „Versöhnungsgeschäft" mit der Stadt von auswärts zu betreiben (139). Wenig später und trotz deutlicher Warnungen vergessen sie beide das völlig, als sie hören, ein Gottesdienst soll stattfinden; sie wollen teilnehmen, um Gott zu danken. Die Szene in und vor dem Dom bestätigt, daß Fernando, Josephe und Jeronimo gleicherweise zuerst verständig, ja listenreich auf Rettung bedacht sind – daß sie jedoch rückhaltlos ihrer Dankbarkeitsregung nachgeben und in der äußersten Bedrängnis ebenso rückhaltlos, ihr Leben hergeben zur Rettung anderer.

Gegen Gausewitz ist hervorzuheben: Als Fernando Gefahr läuft, mit dem verfolgten Jeronimo verwechselt zu werden, sieht er diesen schüchtern an, also doch wohl ratlos, jedenfalls durchaus noch nicht entschlossen, kühn das Äußerste zu wagen. Wenn er dann den Marineoffizier auffordert, er möge den Mann dort, der sich als

---

16 Gausewitz, 192.
17 Conrady: *Notizen,* 70.

Jeronimo ausgibt, in Schutzhaft nehmen, hat er mit solch „heldenmütiger Besonnenheit" schon Jeronimo zu übertreffen, der, um Fernando nicht zu gefährden, bekannte, daß er der Gesuchte sei.

Endlich werden Fernando die beiden Kinder auf den Arm gesetzt von Josephe, die sich darauf freiwillig den Keulen ausliefert, „um dem Kampf ein Ende zu machen" und um die Kinder samt Fernando zu retten (144). Das hatte sie schon vorher tun zu wollen erklärt (143), und auch den Handlungen der Männer läßt Kleist, so schnell sich alles abspielt, immer eine kleine Pause vorangehen, so daß hier bei aller Spontaneität doch nie ganz unüberlegt, bloß unbewußt und impulsiv gehandelt wird, sondern weitgehend mit Überlegung und in Übereinstimmung mit sittlichen Normen.

Bei unseren Helden sind das die Normen, welche die programmatische Mittelstelle verkündet. Auch von ihnen kann man sagen: Bisher hat die Gesellschaft sie kaum beachtet und jedenfalls nicht als Helden eingeschätzt, im Gegenteil. Jetzt - bei dieser „Gelegenheit" - treffen sie auf die Gebrechlichkeit der Welt mit ihrer Unberechenbarkeit und Schlechtigkeit. Und darauf antworten sie zumindest fast mit „Römergröße, Unerschrockenheit, freudiger Verachtung der Gefahr," jedenfalls mit „Selbstverleugnung und der göttlichen Aufopferung," mit „ungesäumter **Wegwerfung des Lebens, als ob** es, dem nichtswürdigsten Gute gleich, auf dem nächsten Schritte schon wiedergefunden würde." Ja, sie überbieten einander in dieser noblen Tugend.[18] Dabei sind auch sie durchaus nicht moralische „Athleten,"[19] Berufshelden, Römer, Heldentypen, sondern sensitive, zartfühlende Geschöpfe. Erst die Grenzsituation, die Gelegenheit, macht sie zu Helden.

Doch das ist wiederum nur möglich, weil Noblesse, das vornehm-großzügige Absehen vom eigenen Wohlergehen, ihnen auch in weniger zugespitzten Augenblicken selbstverständlich ist. Die gerade Mutter gewordene Josephe stillt ohne weiteres das fremde Kind; denn „in diesen schrecklichen Zeiten weigert sich niemand, von dem, was er besitzen mag, mitzuteilen" (137) - jedenfalls weigert diese edelmütige junge Frau **sich** nicht, obwohl sie von der

---

18 An Noblesse suchen auch der Prinz von Homburg und der Große Kurfürst einander zu überbieten. Vgl. Wittkowski: Absolutes Gefühl und absolute Kunst in Kleists *Prinz Friedrich von Homburg. Der Deutschunterricht* (1961), Heft 1, 50f., 53.

19 *Die Familie Schroffenstein,* II, 2, v. 967.

Gesellschaft ausgestoßen und mit dem Tod bedroht wurde. Und ohne ihre eigene Sicherheit näher zu bedenken, ohne Rücksicht auf Gefahr und Warnung, will sie Gott Dankbarkeit bezeugen, was alles in ihrer Lage die Vorstufe von noblem ethischen Überschuß darstellt.

Fernando stimmt ihr darin bei; überhaupt gefallen ihm „die ganze Würdigkeit und Anmut ihres Betragens." Mit einer „Röte des Unwillens" weist er dagegen Donna Elisabeth zurück, als sie ihm „mit unruhigen Tritten" nacheilt, um ihm ihre Befürchtungen heimlich mit „verstörtem Gesicht" ins Ohr zu zischeln (14). Das sittlich und ästhetisch Unerfreuliche gehen zusammen, andererseits Anmut mit Würde. Der Anklang an Schiller (auch an Kant – „Würdigkeit") ist natürlich kein Zufall.

Kleists Figuren entsprechen ja genau dem Bild, das Schiller im 23. der *Briefe über die ästhetische Erziehung* vom ästhetischen Menschen entwirft, von dessen edlem Betragen, und wie es zwanglos überfließt aus seiner in sich einigen Natur, die keinen Konflikt kennt zwischen Pflicht und Neigung.[20] „Um den ästhetischen Menschen zur Einsicht und großen Gesinnungen zu führen, darf man ihm nichts als wichtige Anlässe geben. Bei ihm braucht es oft nichts als die Aufforderung einer erhabenen Situation (die am unmittelbarsten auf das Willensvermögen wirkt), um ihn zum Helden und zum Weisen zu machen." Denn ständig bewegt er sich auf Vorstufen dazu, wenn nicht in edel-großherzigen Handlungen harmloseren Ranges, so in den höflich-schönen Formen täglichen Umgangs. Schiller hielt diese für eine höchst zuträgliche, ja fast unerläßliche Grundlage des „Edlen," oder wie Karl Philipp Moritz stattdessen sagte, des „Moralisch-Schönen." Die besten Entfaltungsmöglichkeiten dafür fand Schiller im Lebensstil des Adels. Und im *Erdbeben* wie auch sonst – bei den nichtadligen Helden in vielen Gesten und wenigstens in denen der moralischen Bewährungsproben – verbindet Kleist das Dekorativ-Zeremonielle, das Anmutige aristokratischer Geselligkeitsformen[21] mit den Tugenden

---

[20] Ide: *Kleist im Niemandsland*, ebd., 41, bemerkt gleichfalls, daß es um diesen Menschentypus geht.

[21] Die kleine *Gesellschaft* etwa, die Fernando ritterlich zum Gottesdienst geleitet, gruppiert sich gemäß den Formen adliger Sitte (140). Das fällt auch Ellis (49) auf.

der Noblesse zu einem innerlich wie äußerlich schönen Verhalten von unbestrittener ethischer Verbindlichkeit.

Diese Verbindlichkeit wird von den Hauptfiguren die ganze Novelle hindurch vorgeführt. Sie allein bleibt siegreich übrig, nachdem die metaphysische Frage sich als verfehlt erledigte. Nicht ein religiöser Glaube, sondern allein das praktische moralische Verhalten macht die wahrhaft existentielle Dimension aus und die Qualität solchen Verhaltens den eigentlichen Wert des Menschen.

II.

Lebensform und Ethos der Noblesse sind freilich nicht für jedermann verbindlich, sondern nur für die Elite der Edlen. Fernando samt „seiner Gesellschaft" (143) steht gegen die vom Klerus beherrschte Stadt Santiago. Das entspricht dem thematischen Gegensatz zwischen Ethik, Sittlichkeit und metaphysisch-religiöser Ausrichtung. Diese zentrale Parallele hat man übersehen. Darum wurde der offenkundige „scharfe Hohn auf die Christenheit"[22] stets in seiner tieferen Bedeutsamkeit verkannt. Von Wiese (67f.) beispielsweise belegt ausführlich, daß die Kirche hier „durchaus unheiliger Ort, Ort einer sich religiös legitimiert glaubenden Ruchlosigkeit" ist. Daß Meister Pedrillo „in einer eindeutig vom Erzähler wertend gebrauchten Wendung der Fürst der satanischen Rotte" genannt wird, veranlaßt jedoch v. Wiese zu dem Schluß, das verfemte Paar werde allen Fürsten der Hölle „paradoxerweise tatsächlich übergeben," handle es sich doch „für Kleist" buchstäblich um „die höllischen Mächte der Finsternis, und zwar einer [...] in die Seele des Menschen eingedrungenen Finsternis."

Dieses Letztere trifft sicher zu. Aber wo sind die Fürsten der Hölle, denen die Unglücklichen ausgeliefert werden, „tatsächlich" und „unbildlich," wie Richter Adam sagen würde? Gebraucht Kleist jene Worte nicht gerade bildlich, gleichnishaft? Schließlich gibt es an der betreffenden Stelle (144) neben dem „Fürsten der satanischen Rotte" auch „blutdürstende Tiger, Bluthunde," einen „Löwen" – und doch haben wir es mit keiner Menagerie zu tun, sondern mit Menschen, die teils beseelt sind von der „göttlichen

---

22 Klein, 119.

Aufopferung," teils verführt und in ihrer fanatischen „Mordlust" entfesselt durch priesterliche Beredsamkeit; Menschen also, die das Gute wie das Böse in sich selber haben, die es von den anderen in sich wecken lassen, die dazu weder auf Gott noch auf die Hölle angewiesen sind und deren moralische Verantwortlichkeit nicht dorthin abgeschoben werden kann, wie von Wieses leichtfertige Formulierung nahelegt.

Das sind keine müßigen Unterscheidungen. Von Wieses Argumentation führt das Moralische relativierend zurück auf metaphysische Mächte als die eigentliche Hauptsache. Die Dichtung dagegen nimmt Moralität als autonom, als Hauptsache – und zwar unter gezielter Verabschiedung des Metaphysischen. Die Kritik, die an von Wieses Interpretation zu üben ist, findet sich übrigens bereits bei Kant und dürfte Kleist nicht unbeeinflußt gelassen haben:

> Der Idee vom Volke Gottes, das fleißig wäre zu guten Werken, [...] kann man die Idee einer Rotte des bösen Prinzips entgegensetzen, als Vereinigung derer, die seines Teils sind, zur Ausbreitung des Bösen [...]; wiewohl auch hier das die Tugendgesinnung anfechtende Prinzip gleichfalls in uns selbst liegt, und nur bildlich als äußere Macht vorgestellt wird.[23]

Den Schwierigkeiten, die von Wiese – und keineswegs er allein – mit der Unterscheidung zwischen Religion und Ethik hat, entspricht also eine mangelhafte Unterscheidung zwischen bildlicher und unbildlicher, indirekter und direkter Ausdrucksweise. Wir müssen zusehen, wie überhaupt hier erzählt wird. Von Wiese meint, die Aspekte von „Himmel und Hölle" seien „nicht nur subjektive Gesichtspunkte," sondern „der Erzähler selbst" schaffe „im Erzählvorgang dieses geheimnisvolle Zwielicht von Heil und Unheil" (67). Dabei meint v. Wiese offenbar, der Standpunkt des Erzählers sei derjenige Kleists und folglich von uns Lesern nachzuvollziehen. Woran aber lassen sich eigentlich die Standpunkte von Dichter und Erzähler ablesen?

Müller-Seidel geht aus vom scheinheiligen Denken des Kollektivs, genauer: vom ostentativ unpersönlichen Stil etwa des Satzes: „[...] **man** brachte die junge Sünderin, ohne Rücksicht auf ihren Zustand, sogleich in ein Gefängnis" (131). Dieser Stil beherrscht indes-

---

[23] Kant: *Die Religion innerhalb der Grenzen der bloßen Vernunft.* 1793, Inselausg., Bd. 4, 759.

sen auch die Mittelstelle, die auch nach Müller-Seidel Gültiges ausspricht ([…] erzählte *man*, […] Menschen, die *man* [...]), und fernerhin die Stelle, an der in Don Fernandos „Gesellschaft" die Frage aufgeworfen wird, ob *man* nicht am Gottesdienst teilnehmen solle (140). Man sieht, die Kollektivausdrücke verkünden weder hier noch anderswo ein „Verfallensein an das Man."[24] Sie enthalten überhaupt keinerlei Wertung. Sie besagen nur, daß „man" hier in gesellschaftlichen Vorstellungen spricht, handelt, wertet.

Fragen wir also: Welche Werturteile fällt der Erzähler selbst, und wie gibt er sie kund, etwa in jenem Satz „[...] man brachte die junge Sünderin, ohne Rücksicht auf ihren Zustand, sogleich in ein Gefängnis –"? Von Wiese meint, das Adjektiv „jung" verschiebe „unmerklich die wertende Beurteilung zu Gunsten Josephens" (56). „Junge Sünderin" ist jedoch ein konventioneller Ausdruck,[25] der es zunächst offenläßt, ob Josephe hier bemitleidet oder verurteilt wird. Und der Zusammenhang des Satzes erweist letzteres. Indem man rücksichtslos gegen Josephe vorgeht, aktualisiert sich in dem „jung" ein aburteilendes Moment ungefähr des Sinnes: „So jung und so verdorben!" Der Satz gibt seine Neutralität auf, um sich der herzlos strengen Denkweise der Gesellschaft zu unterwerfen. Deren Wertperspektive ist es, die der Erzähler getreu widergibt, ohne sich ausdrücklich von ihr abzusetzen.

Unausdrücklich, indirekt tut er das allerdings doch, und zwar mit den nachfolgenden Sätzen. Aus der Perspektive der christlich moralisierenden Gesellschaft schlagen sie jede Regung zu Josephes Gunsten mit ansteigender Härte nieder, bis die „Entrüstung der Matronen und Jungfrauen von St. Jago" und dann die Einladung der „frommen Töchter der Stadt" an ihre Freundinnen, „dem Schauspiel, das der göttlichen Rache gegeben wurde, an ihrer schwesterlichen Seite beizuwohnen," solche Frömmigkeit entlarven als bigotte Sanktionierung und Entfesselung grausamer Triebe.

Aber so unzweideutig dieser Als-ob-Frömmigkeit die Maske abgerissen wird, der Erzähler tut es eben nicht ausdrücklich. Er spricht weiter aus der Perspektive der Gesellschaft, genauer: der Gemeinde. Nur läßt er deren Denkweise sich übersteigern, überschlagen. Seine Maske wird gelüftet, gewissermaßen ohne eine

---

24 Müller-Seidel, ebd., 65.

25 So Ellis (19), der darin den Beweis für die Neutralität des ganzen Satzes sieht, und Müller-Seidel (65).

Miene zu verziehen. Auch er gebärdet sich scheinheilig. Er tut, als ob [...]. Spricht er ironisch?[26]

Ironie wäre nun offenbar nur möglich „von einem festen Standort außerhalb der Geschichte." Kayser hat dessen Vorhandensein bestritten (172). Von Wiese dagegen rechnet fest damit, teilt aber andererseits auch Kaysers Ansicht (175), Kleist erzähle „ganz im Banne des Geschehens" (54, 61f.). Das Ergebnis sind Kompromißlösungen wie diese: „[...] der Erzähler selbst scheint den Liebenden die Stunde des Glücks zu gönnen, zumal er ja genau vorausweiß, wie teuer sie bezahlt werden muß" (56). Das ist phantasievoll, dürfte indes dem Eindruck widersprechen. Immer wieder zeigt sich ja, daß der Erzähler den Ausgang nicht vorausweiß. Naiv teilt er die Hoffnungen und Illusionen der Figuren. Ja, er wiederholt seine Kritik an der Gemeinde zu Beginn der Domszene, um zuletzt das Werten völlig den Figuren zu überlassen bzw. selber eindeutig zu werten („göttlicher Held"). Er wahrt also weder seine Maske, noch sein Urteil, noch sonst einen festen Standpunkt. Er ist nicht durchweg allwissend. Ihm trauen wir nicht zu, daß er selber die Erzählung kunstvoll auf das Schlußurteil hin komponiert und daß er uns bis dahin irreführt. Wer aber tut all das?

Wir kommen offenbar nicht weiter, wenn wir nur **eine** erzählende Instanz annehmen und diese womöglich mit Kleist identifizieren. Das tun Kayser und von Wiese. Letzterer setzt sich zwar von Kayser kräftig ab, folgt ihm aber doch in einem schwerwiegenden Irrtum. Offenbar im Banne der *opinio communis,* Kleist sei vor allem anderen ein unbedingter Wahrheitssucher, spricht er ihm grundsätzlich die Ironie, das Salz des Erzählens ab (18) und wird sie daher auch nicht gewahr, wo er sie selbst beschreibt (vgl. die Zitate oben). Andererseits klingt es nach dem Gesagten zu gewagt, wenn Ellis dem Erzähler selbst zutraut, ironisch zu urteilen, sich hinter den Gedanken der Personen zu verstecken (20). Wem aber sollen wir dann diese und die dazugehörigen Funktionen zuerkennen?

Nun, wem anders als dem Dichter. Ellis besteht ja selbst auf solcher Unterscheidung zwischen Autor und Erzähler (30, 40). Freilich verkennt er den Sinn und darum auch den Bau der Novelle, die er

---

26 Das meinen Müller-Seidel (65) und Ellis (20).

für inkonsistent erklärt (42); er beurteilt die Personen meistens unzutreffend; und ich kann ihm auch darin nicht zustimmen, wie er die verschiedenen Funktionen verteilt auf den Erzähler und den Dichter. Allerdings kann ich selber keine strenge Grenze zwischen beiden ziehen. Vielleicht aber liegt das Verwirrende und liegt zugleich die Erklärung der Erzählstruktur gerade darin, daß der Erzähler den Standpunkt des Dichters teils vermittelt, teils verhüllt,[27] daß er teils sich irrt und teils scheinbar allwissend ist (Silz, 16), was Ellis übersieht (40); m.a.W. daß er sich das Urteil des Dichters nur vorübergehend - z.B. in der Domszene - aneignet und es vorher wie auch ganz zuletzt unbeabsichtigt hervor lugen läßt. Der Dichter blickt ihm da gleichsam über die Schulter und zieht für ihn die Karten.

So ist der Erzähler das Medium zwischen Dichter, Geschichte und Leser. Er informiert und führt uns irre, ohne es zu wollen noch zu wissen. Er ist naiv. Seine Perspektive ist beschränkt. Sie leitet Signale des Autors weiter und verhüllt auch wieder dessen Position. Dabei wird er selbst zuweilen Gegenstand der Ironie oder auch die ironische Maske, hinter der Kleist sich deutlich verbirgt und undeutlich zu erkennen gibt. Die Erzählstruktur der Novelle ist durch und durch ironisch.

Wird uns das Verständnis aber derartig erschwert, **so** mag uns manche heimliche Akzentsetzung entgehen. Betrachten wir einmal die umstrittene Klostergarten-Episode: die Vorgeschichte und den Anlaß des Geschehens. Josephens Vater hatte seine Tochter „in dem Karmeliterkloster unserer lieben Frauen vom Berge daselbst" untergebracht, um ihrem „zärtlichen Einverständnis" mit Jeronimo ein Ende zu setzen. „Durch einen glücklichen Zufall" aber hatte dieser „die Verbindung von neuem anzuknüpfen gewußt, und in einer verschwiegenen Nacht den Klostergarten zum Schauplatz seines vollen Glückes gemacht."

Ellis, der die entschiedene Parteinahme des Erzählers und des Dichters leugnet, findet, Jeronimo werde hier als Verführer, die Glückserfüllung als Entheiligung der geweihten Stätte gebrandmarkt. „This is not the usual kind of language we should expect of

---

[27] Das enthüllende Verhüllen und verhüllende Enthüllen der Kleistschen Ironie hat Fritz Martini herausgearbeitet in seiner Untersuchung: Kleists Der Zerbrochne Krug. Bauformen des Lustspiels. *Jahrbuch der deutschen Schillergesellschaft* (1965).

a description of young love thwarted by wicked authorities" (19). Wahrhaftig nicht. Und warum auch! Hier ist die Rede nicht bloß von Verfolgung. Es geht - wieder in konventionellen Wendungen - auch um die Liebeserfüllung, um ihre Verherrlichung, offenbar „ganz aus der Perspektive des Jeronimo," und mit Zustimmung des Erzählers, der aber keineswegs, wie v. Wiese meint, „genau vorausweiß, wie teuer" die Liebesstunde „bezahlt werden muß" (56). Deren positive Wertung und tiefere Bedeutung ergeben sich mehr ironisch indirekt *e contrario*.

Das Kloster „unserer lieben Frauen," in welchem man Josephe aus ganz weltlich-egoistischen, familiendynastischen, machtgierigen, lieblosen Motiven unterbrachte, erscheint kaum verschieden von dem „Gefängnis," in das man sie nach Beginn der Wehen bringt, wie man auch Jeronimo ins Gefängnis „eingesperrt" hat. Was im „Klostergarten" geschah, fordert demnach nicht als Notlösung oder als Vorausentschädigung unser sentimentales Mitgefühl ein, sondern es soll mit aufsässigem Beifall gefeiert werden als Triumph des Natürlichen, das von der aufpasserischen frömmelnden Gesellschaft ebenso unterdrückt, wie der „Garten" in „Kloster"-Mauern gepfercht wird.

Wenn Josephe ausgerechnet „am Fronleichnamsfest, bei dem Anklange der Glocken, in Mutterwehen auf den Stufen der Kathedrale niedersank," dann ist das eine kräftige „Provokation" der Kirche, und kräftiger, als Müller-Seidel (102) annimmt. Josephe wird ja Mutter am höchsten Fest des Jahres, das als Flurumgang und Wettersegen der Fruchtbarkeit gewidmet ist. Abstrakt mag ferner die „Josefitrag" assoziiert sein. Kannte Kleist vielleicht von seinem Schweizer Aufenthalt her den Brauch, daß bei der Fronleichnamsprozession sogenannte „Muttergottesträgerinnen" Bilder der Mutter Gottes, der Heiligen Familie oder Josefs und Marias auf der Herbergssuche trugen?

Wie dem auch sei, diese Modelle werden sämtlich beim glücklichen Zusammenfinden der Familie im Tal aus- und angesprochen. Josephe erkennend, ruft Jeronimo: „O Mutter Gottes, du Heilige!" (134) Im Tale läßt sich Jeronimo nieder und Josephe in seinem, der neugeborene Philipp in ihrem Schoß (136). Derartige symbolträchtige Bezüge heiligen das Dreigestirn.[28] Zugleich aber richtet sich

---

[28] Kayser sieht solche abstrakten Symbolbezüge nicht; und Ellis lehnt sie

solch geheiligte Familie polemisch gegen das herkömmlich und offiziell Geheiligte: gegen eine Religion, die unbarmherzig diejenigen verfolgt, die den Sinn ihrer eigenen Symbole gültig verwirklichen.

Mit den Verkannten und Verfolgten wird daher folgerichtig die Passion Christi assoziiert: Der verfolgte Jeronimo bekennt: „Wenn ihr den Jeronimo Rugera sucht: hier ist er!" Zweimal und jedesmal vergeblich wird die Formel ausgesprochen, die dem von der „satanischen Rotte" bedrängten „göttlichen Helden," Retter und Beschützer gilt, den niemand erkennt: „ich bin" bzw. „dieser junge Herr ist Don Fernando Ormez, Sohn des Kommandanten der Stadt, den ihr alle kennt!"[29] Solche Beobachtungen bestätigen Erich Kahlers Feststellung, das *Erdbeben in Chili* zeige „schon die intensive Symbolspannung und vielfältige Symbolverflochtenheit heutiger Werke.[30]

Ferner bestätigen sie den polemischen Charakter dieser säkularisierenden Symbolik. Die Kirche ist hier „durchaus unheiliger Ort." Kleist usurpiert die Symbole des durch sie repräsentierten Glaubens für eine natürliche sittliche Humanität, die sich unversöhnlich vom Treiben der Religion absetzt. Und diese Usurpierung läßt sich nicht wiederum usurpieren für eine vielleicht echtere, wahrere überkirchliche Religiosität.[31] Hier wird herausfordernd verlangt, das Irdisch-Menschliche zu heiligen bzw. zu verdammen, der autonomen Sittlichkeit bzw. Widersittlichkeit die Wertung einzuräumen, die der fromme Glaube parteiisch den folgsameren bzw. den widersetzlichen Figuren seiner religiösen Sphäre zuteilt.

---

vom Standpunkt eines psychologischen Realismus ab, vgl. S. 46 seine Kritik an Silz.

29 Vgl. z.B. *Johannes* 18, 4: `Wen suchet ihr?´ 17, 25: `Gerechter Vater, die Welt kennt dich nicht; ich aber kenne dich und diese erkennen, daß du mich gesandt hast.´ Ferner *Johannes* 7, 28: `Da rief Jesus im Tempel [...]: Ja, ihr kennet mich [...] Es ist ein Wahrhaftiger, der mich gesandt hat, welchen ihr nicht kennet.´ *Johannes* 1, 26: `[...] aber er ist mitten unter euch getreten, den ihr nicht kennet.´

30 Untergang und Übergang der epischen Kunstformen. *Die Neue Rundschau* (1953), 39.

31 Das tut z.B. Klein (10): Obwohl Fernando der „göttliche Held" genannt werde, sei er „keineswegs ein Gott; mit dem `Göttlichen´ in ihm" sei aber „die uralte Verwandtschaft in der Substanz berührt, von der die Mystik so viel wußte. [...] Die Häufigkeit des Gottesmotivs ist unüberhörbar. Das religiöse Anliegen ist dadurch gekennzeichnet."

Dieses weltlich-ethische Verlangen gibt sich entschieden als Eintreten für das Gute und Wahre gegen das Böse und Falsche überhaupt. Das usurpierte ehrwürdige Begriffsgut der religiösen Tradition unterstreicht den Geltungsanspruch des Neuen: So sollte jeder die neuen, alten Werte heilighalten. Das ist der Aufstand des Prometheus, das genaue Gegenteil also einer Säkularisierung, die Göttliches weiterwirken läßt im Irdischen, wenigstens als Abglanz.

Nun berufen sich die Interpreten, die das *Erdbeben* für die Religion in Anspruch nehmen, auf ein besonders auffälliges Merkmal der Erzählstruktur, auf das Als-ob. Man rechnet hierzu alle Wendungen wie „glauben," „meinen," „dünken," „scheinen," „nicht wissen," „ob," „als ob." Deutsche Gelehrte fanden sie vor allem in religiösen Vorstellungen des Mittelstücks. „Dieser ganze Abschnitt," sagt Müller-Seidel (138-40), „steht im Zeichen des Als-ob." „Fast durchweg sind religiöse Momente das eigentliche Charakteristikum dieser Sphäre des Als-ob." „Im sprachlichen Ausdruck wird faßbar, wie Göttliches ins irdische Dasein hineinwirkt" - also etwa in der andeutenden Enthüllung, daß Josephe und Jeronimo tatsächlich gerade „nicht die Seligkeit, nicht das Paradies und nicht das Tal von Eden" vor sich haben.

Aber, läßt sich nicht mit sehr viel besserem Recht sagen, und sagt Müller-Seidel nicht selbst zuletzt, daß da - gerade umgekehrt die Gegenwart des Göttlichen als Illusion entlarvt wird? Noch weniger verstehe ich seinen Kommentar zu den Sätzen, die sich auf die Erdbebenkatastrophe beziehen:

> [...] als plötzlich der größte Teil der Stadt, mit einem Gekrache, als ob das Firmament einstürzte, versank, und alles, was Leben atmete, unter seinen Trümmern begrub (132). Josephe stürzte sich, unerschrocken durch den Dampf, der ihr entgegenqualmte, in das von allen Seiten schon zusammenfallende Gebäude, und gleich, als ob alle Engel des Himmels sie umschirmten, trat sie mit ihm [dem gesuchten Baby] unbeschädigt aus dem Portal hervor," worauf die Äbtissin „mit fast allen Klosterfrauen" von einem herabfallenden Giebel des Hauses, auf eine schmähliche Art erschlagen ward (135).

Dazu erklärt Müller-Seidel: „In Augenblicken wie diesen sieht es aus, als ob die irdische Welt vollkommen wäre" (139). Diesen Eindruck vermag ich nicht zu teilen. Im ersten Beispiel wird das

Schreckliche nicht einmal gemildert durch die Assoziation des Firmaments, sondern umgekehrt verstärkt – wobei offen bleiben mag, ob sie überhaupt religiös gemeint ist. Im zweiten Fall betont das Gleichnis der schützenden Engel gewiß das Wunderbare an Josephes Rettung oder besser Davonkommen. Wird die metaphysische Implikation aber nicht vom Ausgang her wenigstens in Hinblick auf Josephe als illusorisch entlarvt und auch jetzt in ihrer Wunderbarkeit profaniert durch die allgemeine Vernichtung und zumal durch das schmähliche Ende der guten Äbtissin samt ihren Nonnen? Haben wir also nicht gerade auch in den genannten Fällen eine Welt vor uns, die Gott preisgegeben hat – eine Formulierung, die hier freilich schon anmaßende Spekulation wäre? Und man staunt nur über die Wendigkeit, mit der religiöses Deuten sich um alle Hindernisse herum mogelt.

Von Wiese sucht dieser Schwierigkeit zu begegnen mit dem Kompromiß, Kleists „Utopie des reinen Daseins" sei „Zeit in der Zeit und doch außerhalb der Zeit" (63). Reines Dasein in seiner Zeitlichkeit soll einen materialisierten ewigen Idealbereich offenbaren, den Heilsbereich Gottes. „Wirklichkeit der Welt beruht in ihrer Unvollkommenheit," sagt Müller-Seidel (139). „Gemessen an der Vollkommenheit des Paradieses fällt auf die irdische Welt allenfalls der Schein des Paradieses – als ob es das Tal von Eden gewesen wäre [...]." Schein ist hier also platonisch-objektiver „Abglanz" (v. Wiese, 63), konkret-reales Hereinwirken der Gottheit. Das Als-ob trügt nur, wenn man „mit einem endgültigen, ein für alle Male erreichten Heilszustand" rechnet. So v. Wiese (65) und sinngemäß auch Klein und Kunz. Oder Müller-Seidel: „Für die Dauer einer Nacht und eines halben Tages haben sich die Menschen der Seligkeit angenähert, so daß sie schon meinen, sich in ihr zu befinden" (139).

Hier überall wäre das Als-ob also keine oder nur eine halbe Täuschung. Sie beträfe höchstens den Grad und die Dauer göttlicher Gegenwart. Das Vorhanden- und Wirksamsein eines transzendenten Heilsbereiches würde durch das Als-ob geradezu erwiesen. Religiöse Skepsis wäre hier immer zugleich Glaube und gutes oder böses Handeln immer auch Eingreifen Gottes oder der Hölle.

Eine solche Konzeption wird man freilich fragen müssen: Kann sie gewisse Phänomene überhaupt gelten lassen – antireligiöse

Säkularisation christlicher Attribute; radikale Desillusionierung transzendenter Vorstellungen; Erweis völliger Gottverlassenheit der Welt? Genau in diesem skeptischen Sinne haben Silz und Ellis das Als-ob gedeutet. Sie sehen in der „Utopie des reinen Daseins" ein „Wunschbild," das jeder realen Grundlage entbehrt (Silz, 21). Ellis findet es „wrong," „too good to be true" (27); die Als-ob-Wendun-gen bezeichnen einen vorsichtigen Optimismus, der durch die vorangegangenen Ereignisse gewarnt ist und der durch die nachfolgenden fast völlig widerlegt wird (31f.).

Ellis erschüttert freilich diese angestrengt psychologisierende Abstufung des Nein, indem er zugibt, daß die allgemeine Hilfsbereitschaft ein Faktum ist und keine Illusion - trotz des Als-ob (30). Dasselbe stellten Müller-Seidel (138) und v. Wiese (65) fest. Sie alle meinen damit die Sätze (meine Hervorhebungen):

> *Und in der Tat schien*, mitten in diesen gräßlichen Augenblicken, in welchen alle irdischen der Menschen zu Grunde gingen, und die ganze Natur verschüttet zu werden *drohte*, der menschliche Geist selbst, *wie eine schöne Blume*, aufzugehen. Auf den Feldern, soweit das Auge reichte, sah man Menschen von allen Ständen durcheinanderliegen, Fürsten und Bettler, Matronen und Bäuerinnen, Staatsbeamte und Tagelöhner, Klosterherren und Klosterfrauen: einander bemitleiden, sich wechselseitig Hülfe reichen, von dem, was sie zur Erhaltung ihres Lebens gerettet haben mochten, freudig mitteilen, *als ob* das allgemeine Unglück alles, was ihm entronnen war, zu einer Familie gemacht *hätte*.

Zunächst: Diese Als-ob-Sätze machen nichts Göttliches sichtbar, es sei denn, man vereinnahme dafür das Rein-Menschliche. Auf jeden Fall läßt auch Müller-Seidel (139) ihren Inhalt als tatsächlich gelten. Dagegen besagt ihm der Satz „Es war, als ob die Gemüter [...] alle versöhnt wären" (137) „ausdrücklich," daß „nicht alle versöhnt" seien. Daraufhin versteht er rückwirkend das „schien" und das „als ob" der eben zitierten Stelle als Einschränkung, um sie dann wieder in einem Atem aufzuzählen mit der unangezweifelten „Bereitschaft zum Opfer des eigenen Lebens" - „als ob es, dem nichtswürdigsten Gute gleich, auf dem nächsten Schritte schon wiedergefunden würde." Es folgt die schon angeführte Erklärung über den religiösen Charakter der Als-ob im Mittelteil - und dabei gehört von den genannten Beispielen kein einziges der religiösen Sphäre an! - Anstatt uns über die Nähe oder Ferne eines metaphysischen Heilsbereichs den Kopf zu zerbrechen, fragen wir vielleicht erst einmal nach der sprachlichen Bedeutung der Sätze, nach dem Seinsmodus jener Fälle. Sind sie wirklich oder nicht, sind sie es mit oder ohne Einschränkung?

Unbestreitbare Tatsachen sind die Hilfs- und Opferbereitschaft; und um sie geht es in erster Linie. Die Als-ob-Sätze selbst dagegen sprechen unmittelbar keine Tatsachen aus, weder eingeschränkt noch uneingeschränkt. Es heißt keineswegs, tatsächlich oder halbwegs sei der menschliche Geist eine Blume, das Leben ein nichtswürdiges, sogleich wiederzugewinnendes Gut. Es wird auch nicht behauptet: Zwar nicht alle, aber doch einige hätten sich versöhnt. Es wird nicht einmal erklärt, daß sich auch nur zwei Personen wirklich versöhnt hätten. Es heißt vielmehr ausdrücklich: solche Eindrücke gesellten sich den Fakten nur als Anschein bei. Diese sähen so aus als ob [...]. Daß sie wirklich so beschaffen wären, wird keineswegs behauptet.

Die Als-ob-Wendungen präsentieren sich häufig als Bilder. Sie bezeichnen vergleichend, gleichnishaft den Eindruck, den der Beobachter von den fraglichen Ereignissen hat oder haben könnte. Und sie heben ausdrücklich hervor, daß der Eindruck, so suggestiv sie ihn nahelegen mögen, doch nur unter der Voraussetzung gilt: Es ist nicht sicher ob Eindrucks-Bild und Tatsache sich decken. Keinesfalls sind sie einfach gleichzusetzen.

Die Als-ob-Wendungen sind Chiffren. Sie spiegeln das objektiv Gegebene nicht rein, sondern perspektivisch abgewandelt. Sie betreffen direkt nicht das Sein, sondern eine Sicht darauf; das Verhältnis zwischen Subjekt, subjektivem Eindruck und Objekt. Und auch dieses Verhältnis bezeichnen sie nur indirekt, vergleichsweise. Als derartige Chiffren gehören sie in den Umkreis des Metaphorischen, des stilistischen Als-ob. Und wie man die Metaphern der Domszene als unbildliche direkte Angaben über die Seinsbeschaffenheit mißverstand, so hat man auch verkannt, daß die Als-ob-Wendungen nichts über das Sein aussagen, sondern ausschließlich die perspektivische Brechung menschlicher Apperzeption kennzeichnen.

Das zu verkennen: diesen Fehler pflegt die Forschung ihrerseits den Figuren der Novelle vorzuwerfen. Josephe und Jeronimo, so hören wir, versehen sich an der Als-ob-Struktur der Welt und verwechseln das reine Glück im Tale „mit einem endgültigen, ein für alle Mal erreichten Heilszustand."[32] – Prüfen wir den Text. Josephe findet Jeronimo „im Tale, und Seligkeit, als ob es das Tal von Eden gewesen wäre" (136). Sie „dünkt sich unter den Seligen" (138). Heißt das nun, sie glaubt wirklich im Tale Eden und unter den Seligen zu sein? Nicht im entferntesten. Sie und Jeronimo hören ja den Jammer der Armen um sich herum (136) und wollen nach La Conception gehen, „um von dort aus schriftlich das Versöhnungsgeschäft mit dem Vizekönig zu betreiben" (139).[33] Unter den Seligen oder im Tale Eden wäre dergleichen wohl nicht nötig. Auch hier also treten die Als-ob-Wendungen als Gleichnis auf; sie spiegeln einen Eindruck, eine Stimmung treffend wieder, erheben aber nicht den Anspruch, sich unbildlich mit der Sache selbst zu decken.

Josephe und Jeronimo tun, was sie tun, gerade weil sie sehr deutlich wissen, daß sie *nicht* im Paradiese sind. Wenn Josephe sich des Als-ob bedient, dann benutzt sie nicht bloß wissentlich ein Bild, sondern drückt damit zugleich aus, daß ihr die Unangemessenheit von Bild und Realität, die Lockerheit, Unverbindlichkeit, Verschiedenheit, ja Gegensätzlichkeit zwischen subjektivem Stimmungsbild und objektiver Realität bewußt sind.

Aber, mag man einwenden, ist es nicht gerade einem Mangel an kritischem Wirklichkeitsbewußtsein zuzuschreiben, wenn sie sich täuschen über die Gefahr, die ihnen von der Gemeinde droht? Darauf besteht im Anschluß an Klein (9) vor allem Kunz (156-63). Und in der Tat ist es eigentlich schwer zu begreifen, wie die Figuren jene Gefahr übersehen können. Kleist tut ja offenkundig alles, um zu zeigen, daß ihnen die Gefahr unübersehbar vor Augen gestellt wird.

Donna Elisabeth hatte eine Einladung zu dem fromm-grausamen „Schauspiel des gestrigen Morgens" ausgeschlagen und im Gedenken daran Josephe „zuweilen mit träumerischem Blicke angesehen" (137f.). Als man den Kirchgang erwägt, erinnert sie „mit

---

32 Müller-Seidel, 139; von Wiese, 65; ebenso Klein, 9; und Kunz, 159-161; sowie Friedrich Koch: *Heinrich von Kleist*. Stuttgart 1958, 77, 81.

33 Der Vizekönig hat sich der Sache des Paares nämlich „immer günstig gezeigt" (139). Daher ist es abwegig, wenn Ellis ihn nur als Repräsentanten der verdorbenen Gesellschaft betrachtet (25, 29). Kleist ironisiert an ihm die irdische Verwicklung der Gerechtigkeit. Dagegen mißversteht Ellis den Ausdruck „sehr würdige junge Damen" (137), der ihn an „die frommen Töchter der Stadt" (132) erinnert. Konventionell sind beide Wendungen, aber nur die letztere wird ironisch kritisiert.

einiger Beklemmung, was für ein Unheil gestern in der Kirche vorgefallen sei; daß solche Dankfeste [wie das bevorstehende] ja wiederholt werden würden, und daß man sich der Empfindung alsdann, weil die Gefahr schon mehr vorüber wäre, mit desto größerer Heiterkeit und Ruhe überlassen könnte." Beim Aufbruch gesteht sie eine „unglückliche Ahndung." Den Kirchgängern eilt sie, nun zugleich im Auftrag Donna Elvires, nach, um Fernando ihre Warnungen zuzuflüstern. Josephe und Jeronimo bekommen diese zwar nicht Wort für Wort zu hören, vernehmen aber ebenso wie wir, daß von möglichem „Unglück" und „Sichberuhigen" die Rede ist. Trotzdem reagieren sie darauf mit keiner Silbe oder Geste; und Fernando weist die düstere Prophetin schroff zurück.

Was hat die Episode zu bedeuten? Tragische Blindheit, tragische Schuld, wie Kunz behauptet? Das haben wir schon abgewiesen. Und wäre die schuldhafte Blindheit, um tragisch heißen zu können, hier nicht viel zu sehr das Ergebnis einer kaum glaublichen Leichtfertigkeit? Ellis (33-35) sieht die Stelle vom Erzähler her und meint, dieser sei zwar zuversichtlich gestimmt, drücke aber Zweifel über den guten Ausgang aus, nur um sie gleich wieder beiseitezuschieben. Tatsächlich äußert er sich aber nicht im mindesten zu den Warnungen oder zu dem Verhalten der Gewarnten. So handelt es sich vielmehr, wie Ellis außerdem annimmt, um erzählerische Vordeutungen. Indessen haben wir sie gerade nicht dem Ahnungsvermögen des Erzählers zuzuschreiben, sondern wieder dem allwissenden Autor, der jenem über die Schulter sieht, ihm spürbar die Feder führt und ihn anweist, sich als beobachtenden Berichterstatter zu gerieren.

Kleist hat mit der Stelle indessen mehr im Sinn. Ellis (34) betont den ungewöhnlich großen Umfang (ungefähr ein Zwölftel der Geschichte), den der Dichter einem scheinbar so trivialen Vorfall widmet. Wir sagten, daß den Merkmalen des Moralisch-Schönen, des Edlen, der Würde und der Anmut in der Warnerin ein Gegenbild ersteht, nämlich das ethisch und ästhetisch Unerfreuliche, die Einheit von mangelnder moralischer und äußerlicher Schönheit, die auch Alkmene bei ihrem Betrüger und Vergewaltiger voraussetzt). Nun ergibt sich uns die Parallele zu der Domszene. Dort, sagten wir, geht den edlen Reaktionen der Figuren stets eine Pause voran, die Zeit zum Überlegen läßt, so daß wir wissen, die Personen handeln nicht im überrumpelten Zustand selbstvergessender Unzurechnungsfähigkeit, sondern aus Überzeugung.

Hier nun finden wir ganz Ähnliches. Kleist macht mit Nachdruck deutlich, daß den Helden die ihnen drohende Gefahr zur Kenntnis gebracht wird. Und es kommt demnach alles darauf an, daß sie sie dennoch nicht eigentlich zur Kenntnis nehmen und ihr unbeeindruckt weiter entgegen schreiten.

Gewiß, sie machen einen Erkenntnisfehler. Aber sie wollen gar nicht erkennen. Sie suspendieren das Wirklichkeitserkennen sogar. Sie behaupten keineswegs, ihnen drohe keinerlei Gefahr. Aber mit welchen Gefahren auch zu rechnen sein mag: das spielt keine Rolle, wenn man dem edlen Drang, Gott zu danken, nachzugeben sich entschlossen hat. Das tat Josephe. Sie tat es mit der Begeisterung, mit der Entschiedenheit des edlen Menschen, der aus dem innersten Schwerpunkt heraus handelt, handeln kann und darf, weil Pflicht und Neigung sich in ihm widerspruchsfrei vereinen. Kein Wunder, daß die ganze „Würdigkeit und Anmut ihres Betragens" Don Fernando eben da auffallen und gefallen (140). Er, sie und der stillschweigend-selbstverständlich sich anschließende Jeronimo erhalten hier ähnlich wie in der Domszene die Gelegenheit, edle Moralität zu demonstrieren. Geht es dort um die selbstlose Opferbereitschaft in der akuten Gefahr, so hier um vornehmes Hinwegsehen über mögliche Gefahr. Alle drei bewähren diese Tugend im sinnfälligen Kontrast und im faktischen Widerspruch zu Donna Elisabeths Sicherheitsdenken, das gewiß sehr wirklichkeitsgerecht, verständig und wohlmeinend ist, aber eben nicht in erster Linie großherzig, nobel, edel.

Fernando und das Paar machen also sicher einen Erkenntnisfehler. Und sicher ist das tragische Blindheit. Aber es ist deshalb noch keine tragische Schuld. Es ist vielmehr der tragische Preis des Edlen, das sich gerade darin konstituiert, daß die Sicherheit des eigenen Lebens verachtet wird, „als ob es, dem nichtswürdigsten Gute gleich, auf dein nächsten Schritte schon wiedergefunden würde." Auch hier, beim Ethos der Noblesse, gilt das Als-ob!

Und wieder ist es ein Bild und wird als solches hingestellt. Keineswegs wird ja behauptet, das Leben sei tatsächlich ein nichtswürdiges Gut und könne umgehend zurückgewonnen werden. Das wäre Unsinn und setzte die Helden herab, die das eigene Leben tapfer in die Schanze schlagen, um fremdes Leben zu bewahren. Ja, das Noble, Heldische ergibt sich gerade daraus, daß in Wahrheit das Leben, einmal verloren, unwiderruflich dahin ist, daß aber nobel-selbstlos so gehandelt wird, als ob das Umgekehrte richtig wäre: als ob jedenfalls das eigene Leben wertlos wäre.

Dem Als-ob des Erkennens entspricht also ein Als-ob im Ethischen. Das Verhältnis zwischen dem Ethos des Subjekts und dem Bild der Umwelt ist ebenso wie jenes zwischen Subjekt, Bild und Umwelt ein lockeres, provisorisches,[34] dem Eingriff der Person geöffnet. Solche Eingriffe erfolgen jedoch auf jeweils ganz verschiedene Weise.

Dem Erkennenden kommt es darauf an, sich und anderen die Distanz zwischen Bild und Sache bewußt zu halten und das Bild nur als provisorischen Richtungsweiser auf die Sache hin zu nutzen. Der noble Mensch dagegen hebt diese Distanz gerade auf; er streicht die Wirklichkeit gewissermaßen provisorisch durch. Damit sichert er das Bild, das er seinem Ethos gemäß setzt und das es ihm möglich macht, sein Ethos zu verwirklichen. Er gewinnt gegen die Welt die unangefochtene Einheit mit sich selbst und seinem Ethos.

Beim Erkennen soll das Als-ob die äußere, objektive, im Ethischen soll es die innere, subjektive Wahrheit, die Würde, die Noblesse sichern und konstituieren. Ob dabei die äußere, objektive Wahrheit auf ihre Kosten kommt, spielt keine entscheidende Rolle; ja, die Noblesse entfaltet sich umso reiner, je entschiedener sie Gefahren ignoriert. Das tun Jeronimo, Josephe und Fernando. Sie tun es im schärfsten Unterschied zu Donna Elisabeth. Umso mehr hat ihnen diese auf dem Feld des Erkennens, des Sicherheitsdenkens voraus. Das in dieser Dichtung zentrale Gegenspiel von Ethos und Erkennen tritt also gerade auch am zentralen Stilprinzip des Als-ob zutage.

Darüber ist indessen mehr zu sagen. Betrachten wir nochmals die Als-ob-Wendungen in den Sätzen, die in dem Mittelteil und am Ende auf das Fazit der Novelle zielen.

Es lasse sich, so heißt es dort, nicht angeben, „ob die Summe des allgemeinen Wohlseins nicht von der einen Seite um ebenso viel

---

[34] Ellis benutzt diesen Terminus ebenfalls (21), meint damit aber nur das vorsichtig-behutsame Bemühen des Erzählers, seine eigene Geschichte zu verstehen und sich nicht allzu weit reichenden Erwartungen oder Überzeugungen zu überlassen.

gewachsen war, als sie von der anderen abgenommen hatte," ob der „Schmerz" über die Verluste aller Art nicht aufgewogen wurde von der „Lust" über die Beweise heldenhafter Tugend. Schmerz, Lust und ihre objektiven Anlässe werden hier nicht im geringsten angezweifelt, wohl hingegen die zuverlässige Bestimmbarkeit ihres wechselseitigen Gewichtsverhältnisses. Solches Abwägen, Aufrechnen ist ein Bild, mit dessen Hilfe der Mensch sich erkennend-wertend des Wirklichen zu vergewissern sucht. Indessen hat es wenig metaphorisches Eigengewicht, ist kaum noch Gleichnis, bloßer Hinweis auf die Sache, sondern schon fast die Sache selbst. Das Als-ob ist hier Gewißheit – nämlich negative.

Das Resultat, es lasse sich kein Mehr oder Weniger ausmachen, erscheint im Modus der verneinten Gewißheit. Das Als-ob, das die Ungewißheit anzeigt, kann hier, wo Ungewißheit entschiedene Gewißheit ist, ersetzt werden durch ein verneintes „daß." Das verneinte „ob" der indirekten Frage konserviert lediglich den gescheiterten subjektiven Frage-Ansatz: ob sich das Verhältnis klären lasse.

Inhaltlich wird da, wie Ellis meint (31), einem Leibnizschen Optimismus – mit größter Vorsicht – das Wort geredet, gleich als ob wie in dessen bester aller möglichen Welten das Übel den Zweck hätte, Tugend zu ermöglichen. Übel und Wohltaten werden teleologisch unverbunden in ihrem Eigengewicht vor uns hingestellt, summiert, abgemessen und kritisch in ihrem anscheinenden Gleichgewicht belassen; ein Resultat, dessen gesicherte Verbindlichkeit zwar ausdrücklich geleugnet wird, das gerade darum jedoch Vertrauen weckt.

Ähnlich und anders Fernandos Schlußwendung „[...] war es ihm fast, als müßt er sich freuen." Sie folgt einem vergleichenden Abwägen, ähnlich dem der Kernstelle, nur völlig bildlos. Das Als-ob drückt wieder die Subjektivität des Urteils aus und die Ungewißheit des letzten Resultats. Und wieder macht solch kritisch-redliche Reserve das Ergebnis, statt es zu beeinträchtigen, nur umso glaubwürdiger. Andererseits geht es hier nicht um Verneinung von Gewißheit, sondern um deren Möglichkeit. Das Als-ob hat positives Vorzeichen. Für Fernando sieht es so aus, als neige sich zwischen Schmerz und Freude zuweilen die Waagschale der Freude. Ihm scheint es, als ob und daß sie sich neigt, – obschon der Schmerz nur erlaubt, daß es gelegentlich und um ein Weniges geschieht. Und das geschieht ihm immer wieder; es trifft zu.

Damit bestätigt sich, was wir bisher in allen Fällen fanden. Das Als-ob zeigt nicht notwendig einen Irrtum an, sondern nur dessen Möglichkeit und andererseits die Möglichkeit von Wahrheit – im ganzen also die Unzuverlässigkeit, Begrenztheit menschlichen Erkennens und Bewertens sowie das Bewußtsein davon. Es unterscheidet zwischen Sachverhalt und Eindruck und verleiht damit dem Urteil gerade jene Zuverlässigkeit und Glaubwürdigkeit, die man ihm abgesprochen hat – verständlicherweise; beruht die subjektive Zuverlässigkeit des Urteils doch auf dem Eingeständnis, daß das objektive Resultat ohne letzte Gewißheit sei, insofern ungenau.

Das Als-ob repräsentiert also – und das ist das Entscheidende – keine radikale Erkenntnis-Skepsis. Das tut es nur, wenn man von der Forderung nach einer vollkommen sicheren Erkenntnis ausgeht. Die Denkweise des Als-ob setzt aber umgekehrt gerade das Bewußtsein mangelnder Gewißheit voraus und gibt deshalb Möglichkeitsgraden Raum, deren Skala sich erstreckt von gewisser Ungewißheit über geringere und größere Wahrscheinlichkeit zur hochgradigen Gewißheit. Solch kritisches Erkennen ist am ehesten gewährleistet, wo Muße bleibt zur Reflexion. Ganz anders, wenn der Mensch ohne Besinnung reagieren muß, wie am Anfang das Liebespaar.

Als Josephe verurteilt wurde, wollte Jeronimo „die Besinnung verlieren." Als sie hingerichtet werden sollte, schien das Leben ihm verhaßt, und er wollte sich erhängen. Als das Erdbeben ausbricht, klammert er sich fest „an dem Pfeiler, an welchem er hatte sterben wollen" (132), und er läuft um sein Leben, bis er vor der Stadt ohnmächtig niedersinkt. Als er erwacht, beschert ihn der milde Westwind „ein unsägliches Wonnegefühl." Er erinnert sich des Erdbebens und seiner Rettung; er dankt Gott und weint „vor Lust, daß er sich des lieblichen Lebens, voll bunter Erscheinungen, noch erfreue."

Dann aber erinnert er sich weiter des so gut wie sicheren Todes der Geliebten – und verfällt in Schwermut; sein Dankgebet „fing ihn zu reuen an, und fürchterlich schien ihm das Wesen, das über den Wolken waltet." Eine Frau bestätigt ihm Josephes Ende; und nun begreift er selber nicht, „warum er dem Tode, den seine jammervolle Seele suchte, in jenen Augenblicken, da er ihm freiwillig von allen Seiten rettend erschien, entflohen sei." Er nimmt sich „fest vor," einem etwa noch folgenden Erdstoß nicht wieder auszuweichen.

Trotzdem und ohne objektiven Anlaß erscheint ihm, „nachdem, er sich ausgeweint hatte, mitten unter den heißen Tränen die Hoffnung wieder." (Einen ähnlichen Stimmungswandel durchläuft Homburg in der Todesfurchtszene) Er sucht und findet Josephe – oder vielmehr, zunächst ist ihm, als ob er sie mit dem Kinde sähe; „das Herz hüpfte ihm bei diesem Anblick." Frohlockende Ahnung und deren Bestätigung machen sich gleichzeitig Luft: „O Mutter Gottes, du Heilige!" (133f.) Im Gefängnis nämlich warf er nahezu besinnungslos „sich vor dem Bildnisse der heiligen Mutter Gottes nieder, und betete mit unendlicher Inbrunst zu ihr, als der einzigen, von der ihm jetzt noch Rettung kommen konnte" (132).

Soweit Jeronimo unter dem atemberaubenden Andrang der Ereignisse handelt, orientiert er sich vordergründig und oft im schroffen Widerspruch zu den Urteilen, die er in den Augenblicken einer gewissen Sammlung fällt. Für diese ist das Auftreten der Wörter „Erscheinung, erscheinen, scheinen" charakteristisch. Sonst ist Jeronimo dem Eindruck, dem Schein bewußt- und kritiklos ausgeliefert, wie er einmal selbst in nachträglicher Reflexion bemerkt und beklagt. Wir dagegen finden sein Verhalten stets natürlich, verständlich und insofern legitim.

Nicht ganz dasselbe gilt für seinen Glauben an das Eingreifen religiöser Mächte. Dieser beansprucht, auf einer objektiv-wahren Erkenntnis höchster Ordnung zu basieren und eben darum das Als-ob, das Signum begrenzter menschlicher Erkenntnis und kritischen Erkennens zu erübrigen. Glaube kennt diesen Modus letztenendes nicht. Wie die Frau, die Jeronimo das Ende der Geliebten meldet, „als ob sie es selbst angesehen hätte," so urteilt der religiöse Glaube, als ob er hinreichend unterrichtet wäre. Er steht und fällt mit der Gewißheit seiner objektiven Richtigkeit. Schon seine bloße Nichtbestätigung tut ihm Abbruch.

Der Glaube, die Mutter Gottes habe Jeronimo gerettet, wird durch das Ende ausgewiesen als illusionäres Als-ob. Oder Jeronimo ersetzt den guten Gott durch ein fürchterliches Wesen – eine Vorstellung, die angesichts der durchgehend weltimmanenten Vorgänge ebenso gegenstandslos ist wie jene erste. Ja, schon ihr bloß vorübergehendes Auftauchen weist sie aus als willkürlich-unwillkürliche Spekulation. Und so erscheinen hier alle metaphysischen Aussagen, weil sie nicht im Modus des desillusionierenden Als-ob auftreten. Sie sind unbildlich gemeinte Bilder für Gewißheiten, die es nicht gibt..

Josephe nahm ihre bildlichen Vorstellungen von den Seligen im Tale Eden nur als Metaphern und nicht unbildlich als Fakten. Gott und Maria aber gelten ihr als faktische Gegebenheiten. Jeronimos „schien" bekundet kaum erkenntniskritische Vorbehalte, sondern ein Zögern angesichts der ungewohnten, widerstrebenden Vorstellung eines grausamen Gottes. Auch die besprochenen Fälle, in denen metaphysische Vorstellungen in den Bestand der Sprachbilder für weltimmanente Gegebenheiten eingingen und naiv in diesem bildlichen Sinn gebraucht wurden, bezeugen noch ein skeptisches Wissen um das illusionäre Als-ob aller metaphysischen Spekulation.

Dieses Wissen gibt es in der Novelle selber freilich nicht. Es drängt sich lediglich dem Leser auf, der kritisch liest. Dann eben erkennt er, daß die Menschen hier, sobald sie von Gott, Maria usw. reden, unwissentlich, unkritisch in einer Als-ob-Vorstellung steckenbleiben. Eben darum reden sie von jenen Größen unbildlich und nicht im Modus des Als-ob.

Gilt das von den Verfolgten, so gilt es erst recht von den Verfolgern, von den Klerikern und ihrer Gemeinde. Zugleich aber offenbart sich auch hier der Unterschied zwischen den Parteien. Er liegt nicht im Weltanschaulichen, sondern im Ethischen. Nicht darin, „daß" die Figuren die Grenzen der Erkenntnis unkritisch überschreiten - das tun sie alle -, sondern darin, „warum," aus welchen ethischen Motiven das geschieht.

Bei Jeronimo ist stets die Liebe zu Josephe mit im Spiel. Das Gewohnheitsmäßige und die inhaltliche Wandelbarkeit seiner `Weltanschauung´ beeinträchtigen nicht die tiefe Inbrunst seines Fühlens. Ähnliches findet sich bei Josephe. „Sie dünkte sich unter den Seeligen. Ein Gefühl, das sie nicht unterdrücken konnte, nannte den verflossnen Tag [...] eine Wohltat, wie der Himmel noch keine über sie verhängt hatte. Und in der Tat schien [...]." Dann, gleichsam als Antwort auf Donna Elisabeths besorgte Vorhaltungen, erklärt sie, „daß sie den Drang, ihr Antlitz vor dem Schöpfer in den

Staub zu legen, niemals lebhafter empfunden habe, als eben jetzt, wo er seine unbegreifliche und erhabene Macht so entwickle."

Die Dankbarkeit der Edlen setzt sich über faktisch gegründete Gegenvorstellungen hinweg. Die Wörter `dünkte, schien, unbegreiflich´ räumen ein, daß die Dinge nicht klar erkennbar, daß sie anders beschaffen sein mögen, obwohl Josephe das weder glaubt noch für möglich hält. Aber wie sie die Gefahren ignorierte, so ignoriert sie hier den durchaus wahrgenommenen Tatbestand des Als-ob, und gibt sich ihrem subjektiven Eindruck und Gefühl `unkritisch´ gefangen. Es geschieht aus Noblesse und wird sich als tödlich erweisen.

Ganz anders die Kleriker und ihre Gemeinde. Sie wollen mit Josephes Hinrichtung der göttlichen Rache ein Schauspiel geben. Von den Mönchen wird erzählt, daß sie „mit dem Kruzifix in der Hand herumgelaufen wären, und geschrieen hätten: das Ende der Welt sei da" (138). Der Priester im Dom nennt das Erdbeben dann „einen bloßen Vorboten" davon, behauptet aber gleichwohl, „das Weltgericht kann nicht entsetzlicher sein" als „was auf den Wink des Allmächtigen" jetzt geschehen sei. Nur „der unendlichen Langmut Gottes" sei es zuzuschreiben, daß die Stadt „noch nicht gänzlich vom Erdboden vertilgt worden sei:" eine Stadt „wie Sodom und Gomorrha," die den Frevel im Klostergarten mit „gottloser" Schonung behandelte und dem Vizekönig erlaubte, den von den Frommen verlangten Feuertod Josephes in eine Enthauptung umzuwandeln. Von solch „priesterlicher Beredsamkeit" wird die „Menge" der „fanatischen" Gläubigen endlich dazu gebracht, „diese gottlosen Menschen" zu erschlagen (141f.).

Die Art, wie hier die Ereignisse und Handlungen auf Gott bezogen werden, läßt an apodiktischer Bestimmtheit nichts zu wünschen. Gab es bei Josephe wenigstens noch einen Rest kritischen Als-ob-Bewußtseins und zögerte Jeronimo wenigstens bei seinen weltanschaulichen Inkonsequenzen, so werden hier die plumpsten Widersprüche hemmungslos in Kauf genommen und genossen. Sie offenbaren schlagend das Als-ob, das hier kritisch beachtet werden sollte, indessen grob willkürlich übergangen und deshalb gerade zur Schau gestellt wird als herrschend: rigorose Entschlossenheit, das ideologische Konzept den schnell wechselnden Ereignissen um jeden Preis überzustülpen, dadurch Macht über die Gemüter zu bewahren und Andersdenkende zu vernichten. Diese Theologie offenbart und entfesselt den Vernichtungstrieb der Wortführer und ihrer Anhänger. Die Theologie des Paares dagegen offenbart zwar dessen sittlich noble Denkweise, ist aber sachlich nicht minder abwegig und führt zur Vernichtung ihrer Anhänger.

In den Modus des kritisch bewußt gemachten Als-ob gehören, wie leicht einzusehen, nicht die. Gegenstände bloßer Sinneswahrnehmung, sondern nur solche Erscheinungen, die Schlußfolgerungen, Interpretationen, Bewertungen, kurz, die im lebenspraktischen Sinn den Durchstoß auf Kants „Ding an sich" verlangen.[35] Wie hier bei Ignorierung des Als-ob sehr leicht auch im irdischen Bereich geirrt wird, belegen ein paar Fälle, auf die Ellis (28f.) hinweist: Bei den Plünderungen wurde „ein Unschuldiger, der sich von hinten durch ein brennendes Haus gerettet, von dem Besitzer aus Übereilung ergriffen und sogleich aufgeknüpft" (138), eben weil es so aussah, als ob er ein Dieb wäre. Oder die Stelle, wo Don Fernando Josephe bat, sein Kind zu stillen, und „ihre Verwirrung falsch deutete" (137), nämlich so, als ob sie sich geniere oder vielleicht zweifle, daß für beide Säuglinge genug Nahrung vorhanden sei. Ellis nennt die Episode überpointiert eine Art Mikrokosmos der Novelle.

Weitere Aspekte des Als-ob bietet der Schlußteil. Fernando, der später seiner Gattin gegenüber mit „falschen Vorspiegelungen" ein trügerisches Als-ob hervorruft, sucht im Dom den falschen Anschein zu erwecken, als ob Donna Constanze ohnmächtig würde und als ob Jeronimo jemand anders wäre. Ähnlich reizt der Marineoffizier die Menge dadurch, daß er zögert, die richtig vermutete Identität Josephes zuzugeben. Da ferner niemand in Fernando den Sohn des Stadtkommandanten erkennt, kommt es zum Aufruhr, gleich als ob er irgendjemand anders wäre. Constanze endlich wird erschlagen, weil sie neben Jeronimo geht und daher den Anschein erweckt, als ob sie Josephe sei, die gesuchte „Klostermetze." Und

---

[35] Ein weiteres Beispiel ist die Stelle im Tale, wo die Liebenden nicht wissen, „was sie von der Vergangenheit halten sollten," und sich fragen, „ob sie bloß davon geträumt hätten" (137). Natürlich nicht; sie wissen, daß sie nicht geträumt haben. Ähnlich wie in der Kernstelle degeneriert das Als-ob zur indirekten Frage, nur daß deren rhetorischer Charakter hier einen stärkeren Überrest des Als-ob-Eindrucks konserviert. Gleichwohl wird es als Illusion entlarvt und auf das Faktum `nicht geträumt´ hin aufgelöst.

Fernando kommt mit dem kleinen Philipp nur davon, weil die „Mordlust“ der Angreifer gesättigt ist auf Grund der irrtümlichen Annahme, als ob sie Josephes Kind getötet hätten.

Das ist die Rettung. Wie das Gesamtgeschehen entspringt sie völlig profan-irdischen, weltimmanenten Ursachen, Zufällen, und zwar insbesondere der Als-ob-Struktur des menschlichen Erkennens. Die Menschen leben hier durchweg im Als-ob. Ihr Erkennen ist gewöhnlich ungenau; unzuverlässig. Und es ist das umso mehr, je weniger sie sich das Als-ob bewußt machen, das Erscheinungsbild von der Sache trennen und kritisch von jenem zu dieser vorzudringen suchen, um womöglich jenes subjektive Bild zu korrigieren. Immerhin sind sie dazu imstande; und sie können sogar vorsätzlich das Als-ob benutzen, um andere zu täuschen. Soweit sie ihr Handeln an Glaubensvorstellungen und sittlichen Kategorien orientieren, ignorieren sie abermals das Als-ob der Realerscheinungen, um sich unangefochten nach ihren Leitbildern zu richten – in religiöser Hinsicht war das fragwürdig, in sittlicher Hinsicht preiswürdig, in unmoralischer umgekehrt.

Nicht anders verfährt nun der Erzähler. Er macht ausgiebig Gebrauch von dem Als-ob. Hier dürfen wir ihm trauen. Wenn die Stadt zusammensinkt mit einem Gekrache, „als ob das Firmament einstürzte;“ wenn Jeronimo reagiert, „gleich als ob sein ganzes Bewußtsein zerschmettert worden wäre“ oder „gleich, als ob der eine entsetzliche Eindruck, der sich seinem Gemüt eingeprägt hatte, alle früheren daraus verdrängt hätte“ (132f.), – dann sind das Bilder, Gleichnisse. Sie besagen: so nahm es sich für den Beobachter aus, obwohl es vielleicht oder wahrscheinlich nicht wirklich so war. Weitere Beispiele hierzu: Die Versammlung in der Kirche schweigt, „als hätte keiner einen Laut in der Brust“ (141). Josephe verläßt das brennende Kloster „gleich als ob alle Engel des Himmels sie umschirmten“ (135). Das Bild trifft den Eindruck des Wunderbaren, beansprucht indessen keine unbildliche objektive Gültigkeit.

Diesen Bildern, die ausdrücklich als Gleichnisse auftreten, schließen sich die Wie-Vergleiche an. Die Nacht ist so schön, „wie nur ein Dichter davon träumen mag“ (136). Der menschliche Geist scheint, „wie eine schöne Blume, aufzugehn“ (138). Die Kirchenrose glüht „wie die Abendsonne selbst“ (141). Und „wie dem Dolche gleich“ fährt es durch die Herzen der Liebenden, als der Priester ihre

Namen nennt (142). Das alles gilt nicht objektiv, unbildlich, sondern nur als Bild, Metapher. So verhält es sich auch mit den Metaphern `Tiger, Löwe, Bluthund, Fürst der satanischen Rotte, göttlicher´ Held (144).

Wenn die Gedanken der Menschen kritisch-skeptisch den Modus des Als-ob wahren, dann gibt der Erzähler das treulich in erlebter Rede wieder. Es sind die erörterten Stellen, wo von der Erneuerung der Menschheit in Gleichnissen die Rede ist, die ebenso wenig beim Wort genommen werden dürfen wie die Reflexionen über das opferbereite Wegwerfen des Lebens, „als ob es auf dem nächsten Schritte schon wiedergefunden würde." Gleiches gilt in zwei anderen Fällen von dem berichtenden Erzähler selbst. Die flüchtende Frau meldet Jeronimo das Ende Josephes, „als ob sie es selbst gesehen hätte" (134). Und Donna Elisabeth bleibt stehen, „gleich als ob" sie auf Fernandos Entgegenkommen warte (140f.) Im ersten Fall werden wir später eines Besseren belehrt, im zweiten nicht, hier trifft der Eindruck zu. Der Erzähler verfährt beidemale gleich vorsichtig.

Können wir ihm und dem Dichter hier trauen, so wissen wir andererseits, daß wir das nicht immer dürfen. Und für alle solche Fälle ist bezeichnend, daß sie nie im Modus des kritischen Als-ob berichtet werden. „Die Unglücklichen, die ein Wunder des Himmels gerettet hatte!" (134) und: Josephes teurer Knabe, „den ihr der Himmel wieder geschenkt hatte" (135). Das wird so vorgebracht, als ob Eindruck und Sache unanzweifelbar identisch wären. Die Wahrheit und die Ereignisse aber strafen diesen Eindruck Lügen. Sie erweisen, daß er nicht der Sache, sondern irrtümlichen subjektiven Glaubens- und Phantasie-Vorstellungen entsprach und entsprang. Es sah nur so aus, als ob. Ob es sich indessen wirklich so verhielt, war damit nicht gesagt und verlangte skeptisch-kritische Prüfung, Bewußtmachung des Als-ob, kontrolliertes Unterscheiden zwischen subjektivem Vorstellen und objektivem Sachverhalt. Die Personen oder der Erzähler leisten hier dergleichen nicht. Zwar in der Perspektive des Dichters wird jene Als-ob-Hörigkeit zuletzt durch die Ereignisse *ad absurdum* geführt und von der ethischen Bewährung als dem allein verbindlichen Positivum abgelöst. Dem Leser mag das indessen leicht entgehen, eben weil der Erzähler diese Schwenkung nicht jedesmal mitvollzieht, sondern mal hier, mal dort Partei ergreift und sich im alles entscheidenden Schlußsatz begnügt mit objektivem Bericht der subjektiven Vorgänge in Fernando.

Der Dichter steht also hinter und über den Figuren und auch dem Erzähler. Das ist Ironie. Wenn wir Leser uns vertrauensselig der Führung des Erzählers überlassen, werden wir Opfer dieses ironischen Als-obs. Vermögen wir es von Fall zu Fall zu durchschauen, so genießen wir dessen kritische Dimension, die Distanz zwischen Eindruck und Sachverhalt, zwischen Irrtum und Wahrheit; wir können dem Dichter auf die Höhe folgen, von welcher er das menschliche Treiben und seine unkritische Verfallenheit an das täuschende Als-ob der subjektiven Eindrücke und Glaubensvorstellungen überschaut - dieses Treiben, das außer jenem ironischen Darüberstehen nur noch eine sichere Burg kennt, das Moralgesetz, das Ethische, hier das Ethos der Noblesse, in dem das trügerische Als-ob unkritischer Erkenntnis von vornherein „aufgehoben," nämlich angeeignet und der höchsten Aufgabe, der moralischen Bewährung, dienstbar gemacht ist.

Eine Konzeption, die ethisch und ästhetisch derart sich letztlich esoterisch-aristokratisch distanziert von der Menge der Mitmenschen, basiert hier spürbar auf Kant, dürfte aber auch der romantischen Ironielehre nicht ferne stehen; diese gibt sich womöglich zu erkennen mit dem Satz (eigentlich einem modischen Gemeinplatz) von der Nacht, „wie nur ein Dichter davon träumen mag" (136).

III.

Daß man die Bedeutung der Ethik und der Ironie im *Erdbeben* verkannte, dürfte zeitbedingte Gründe haben. Kleist gilt als unbedingter Wahrheits- und Gottsucher. Man sucht die existentielle Dimension im Weltanschaulich-Religiösen, im Erkennen und weniger in einer handelnden Selbstverwirklichung, die ein bestimmtes Ethos offenbart. Ja, die bloß irdische Angelegenheit des Ethischen wird von der ontologisch-metaphysisch ambitionierten Forschung wenig beachtet und geachtet. Die Folge ist, daß man sich auf diesem Gebiet mit bescheidenem Erfolg bewegt.

Conrady beispielsweise, dessen Untersuchung dem Moralischen in Kleists Erzählungen gilt, nennt gar nicht die Aufopferung des eigenen Lebens, die Krone Kleistscher Ethik. Er erwähnt nur das „Zusichselbstfinden“ (das Handeln aus dem eigenen Schwerpunkt) „und das Vertrauen zum Du.“ Sie gehören wie wir sahen, beide in den Umkreis der Noblesse, des mit sich selbst einigen, großherzigen Absehens von eigener Gefährdung. Conrady aber läßt nicht einmal sie als vorbildliche „Modelle für menschliches Verhalten“ gelten.

Denn „woher werden diesen Haltungen und Handlungen ihr Wert und ihre Würde mitgeteilt, vor allem wenn die gedichteten Vorgänge ein fast undurchdringliches Dunkel hinterlassen, am bedrückendstem im *Erdbeben*?“ „Wir vermögen nicht anzugeben, wie denn nun der Mensch, die Menschen sich hätten verhalten sollen, um zu bestehen, wenigstens nicht so, daß sich eine allgemeine Regel daraus ableiten ließe.“ Und ist es nicht gerade das „Vertrauen, gegen allen verwirrenden Schein der Welt gesetzt, das Jeronimo und Josephe nach dem Erdbeben ins endgültige Unheil treibt?“[36]

Derartige Vorbehalte sind uns vertraut aus zahlreichen metaphysisch-religiös gestimmten Interpretationen, wo danach gefragt wird, ob und wieweit ein Absolutes sich ins Irdische hinein erstrecke und dem Verhalten die Weihe höchster Autorität und vor allem! zuträgliche Folgen gewähre. Hier, im Nutzen, im Erfolg, sehen auch Silz und Ellis das entscheidende Kriterium, freilich kein Kriterium des Moralischen, sondern logisch richtig nur das, was auch für von Wiese, Klein, Müller-Seidel, Kunz am wichtigsten ist: das Kriterium für Gottes Eingreifen, für eine von Gott gewährte Rettung und Möglichkeit zum Neuanfang.

Allerdings verneinen die beiden Angelsachsen, wie neuerdings Conrady auch, ein Eingreifen Gottes. Nach Silz erweist die Novelle nur die blinde Zufälligkeit und Unberechenbarkeit alles wirklichen Geschehens; es bleibe ja sogar ungewiß, ob Fernando mit dem geretteten Kinde glücklich sein werde (23f.). Spätere wollten diese völlig unbegründete Spekulation bestätigen, indem sie hier die unglückselige Geschichte des Findlings anschlossen. Ellis bemängelt, daß Fernando genau wie das Paar im Hinblick auf die Sicherheit, das Überleben, Fehler mache (49). Am Ende richte man sich bewußt ein in der lebensnotwendigen Lebenslüge, als ob alles auf Erden einen höheren Zweck hätte (38).

---

[36] Conrady: *Notizen*, 74; *Das Moralische*, 60f., 79-82f.

So verschieden die Argumente im einzelnen sein mögen, es geht ihnen zuletzt doch allen um die Gewähr eines Weiterbestehens, um die Sicherung und den Genuß von Glück, Vorteil, Nutzen. Nun fanden wir bei Kleist, daß eine derartige Denkweise konsequent nur von Donna Elisabeth und den Klerikern verfolgt und daß sie negativ akzentuiert wird, nämlich als Kontrastfolie zum Ethos der Noblesse, das weitgehend absieht von der eigenen Sicherheit, vom eigenen Vorteil und überhaupt von den Folgen für die eigene Person.

Das war, wie man sich erinnert, überhaupt die Denkweise der Humanitätsepoche, wenigstens ihrer führenden Repräsentanten. Das Moralische war nicht nur gleichgültig gegen seinen eventuellen Nutzen; vielmehr war solche Gleichgültigkeit gerade sein entscheidendes Merkmal. Karl Philipp Moritz etwa führt am Beispiel des Römers Mutius Scaevola aus: Keine Tat wird durch den Erfolg edler, noch verliert sie durch den Mißerfolg etwas von ihrem Wert. Sie braucht „nicht nützlich zu sein, weil sie ihren Wert in sich selbst trägt. Das Edle und Große der Handlung“ liegt eben darin, daß einer das Äußerste wagt, ohne sich um Erfolg oder Mißerfolg zu sorgen; daß er die Tat also nicht um ihres Nutzens, sondern um ihrer selbst willen unternimmt – „wovon allein schon das große Bewußtsein ihn für jeden mißlungenen Versuch schadlos hält.“[37]

Das mag uns heute reichlich subjektiv und lebensfremd anmuten. Gesinnungsethik möchten wir ergänzt sehen durch Verantwortungsethik, durch besonnene Rücksichtnahme auf die Folgen allen Tuns, besonders auf das Wohl des Mitmenschen. Damals war die Konzeption indessen eine schlüssige und noble Antwort auf die Struktur der Welt, wie man sie sah. Die aufkommenden Naturwissenschaften weckten die Besorgnis, das Kausalgesetz könne jedes menschenwürdige Dasein illusorisch machen.

Kant drehte den Spieß um: Von der allezeit unbeständigen Wirklichkeit ist uns nur ihr äußerer Anschein, sie selbst also nur im Modus des Als-ob gegeben, nämlich in den Grenzen unserer Erkenntniskategorien. Es gibt hienieden weder im Erkennen noch im Leben Sicherheit. Erfolg und Mißerfolg unseres Tuns lassen sich nicht vollkommen vorausberechnen. Umso mehr liegt die ganze „Wür-

[37] Karl Philipp Moritz: *Schriften, zur Ästhetik und Poetik.* Hg. H. J. Schrimpf. Tübingen 1962, 68.

digkeit" des Menschen darin, daß er jenes Verhältnis einer erkenntnismäßig bedingten ontologischen Entfremdung akzeptiert, es zugleich von sich aus überhöht durch das Als-ob der Setzung, Erfolg sei möglich, und auf dieser Basis apriorisch gut handelt, ohne sich hauptsächlich um Erfolg und Mißerfolg zu kümmern. Schiller teilte Kants Ansicht, die „Glückseligkeit" der Aufklärung sei zu ersetzen durch die „Glückswürdigkeit:" es komme darauf an, Glück zu verdienen, ob es einem zuteilwird oder nicht. Die Hoffnung hauptsächlich auf Erfolg und auf Genuß sogar noch im Jenseits erschien ihm als Ausdruck menschlicher „Tierheit."

Genau das fanden wir bei Kleist. Er und seine Helden sind fast ganz auf ihre Subjektivität zurückgeworfen. Das Überwirkliche erkennen sie gar nicht, das Wirkliche nur bruchstückhaft. In der äußerst zugespitzten kritischen Situation verzichten sie großherzig darauf, die Chance des äußeren Erfolges erschöpfend gründlich abzuschätzen. Damit lockern sie ihr ohnehin unsicheres Weltverhältnis zusätzlich und räumen dem, was wir Zufall nennen, noch mehr Spielraum ein. Ihr Handeln wird „ein Wurf wie mit dem Würfel; aber es gibt nichts anderes."[38]

Und indem sie sich dabei überwiegend auf Gesinnung, Gefühl und Herz verlassen, gewinnen sie jene schöne Einheit mit sich selbst, um die es Kleist zu tun war und die seinen edlen Menschen kennzeichnet, den Menschen mit dem Adel des Herzens. Bei diesem sind – wie wir aus Schillers 23. der *Briefe* zur *ästhetischen Erziehung* bereits wissen – Neigung und Pflicht, Anmut und Würde keine Gegensätze mehr. Sein Betragen erfüllt das Moralgesetz nicht nur, sondern übertrifft es aus innerem Überfluß; und zwar fließt es „völlig zwanglos" aus der „Natur des Subjektes" hervor. Solche Bestimmungen treffen genau zu auf das monadenhafte Verhalten aus dem inneren Schwerpunkt heraus, das für Kleists Lieblings-Figuren charakteristisch ist. Hierhin gehört eben auch das Vertrauen gegen den Schein, das Wagnis, sich ohne Rückversicherung in die Hand des letztlich unerkannten Du zu liefern. Und beides gehört in den Umkreis des unbestritten vorbildlichen, musterhaften Edlen, des vornehmen Absehens von eigener Sicherheit, das im Wegwerfen des Lebens für andere gipfelt.

---

[38] 31. 8. 1806 an Rühle von Lilienstern.

Edel und uneigennützig, das sind damals geradezu synonyme Begriffe. Sie bleiben in der Literatur der Epoche bis tief ins 19. Jahrhundert hinein die unüberbietbaren Tugend-Attribute. In *Anmut und Würde* wird der „uneigennützige Affekt in der edelsten Brust" gefeiert. Die *Theosophie des Julius* preist die „Aufopferung" des Lebens für andere als die höchste Tugend; sie kommt ohne Unsterblichkeitsglauben aus. Niemand jedoch umwarb diese Krone des Moralischen eifersüchtiger, emphatischer und konsequenter als Kleist. Sein Tod bewährt die Fähigkeit, die er zeitlebens feierte und dichtend übte, nämlich die Fähigkeit, das eigene Leben „erhaben, leicht und freudig wegwerfen," es „opfern zu können" zu „großen Zwecken" und für andere.[39] „Uneigennützigkeit" ist die Tugend, der er sich schon 1801 verschreibt. „Es ist die Tugend,

> in jedem streitenden Falle nie sein eigenes, immer das fremde Interesse zu wählen und den eigenen Vorteil zu verachten. [Denn:] Was ist der Genuß eines Vorteils gegen die Entzückung eines freiwilligen Opfers! Auch in dem geringsten Falle erfülle diese schönste Pflicht, ja geize sogar begierig auf Gelegenheit, wo Du sie erfüllen kannst, selbst wenn das Opfer nicht anerkannt, verstanden wird: Dein Selbstgefühl möge Dich belohnen.[40] [Denn nur] das Anschauen der moralischen Schönheit unseres eigenen Wesens, nur diese Genüsse, diese Zufriedenheit unserer selbst, das Bewußtsein guter Handlungen, das Gefühl unserer [...] standhaft bewahrten Würde sind fähig, unter allen äußeren Umständen des Lebens, selbst unter den scheinbar traurigsten, ein sicheres tiefgefühltes und unzerstörbares Glück zu gründen," nämlich ausschließlich im Innern.

Dieses Gefühl bildet das Kernmotiv in dem frühen „Aufsatz, den sichern Weg des Glücks zu finden, und ungestört, auch unter den größten Drangsalen des Lebens, ihn zu genießen." Es prägt noch den Willen Homburgs, dem Kurfürsten, der so würdig vor ihm steht, nicht als „ein Unwürdger" zu begegnen (v. 1380f.); es gipfelt in seiner Triumphvorstellung, mit der Aufopferung seines Lebens „Unsterblichkeit" zu erringen;[41] es erfüllt im *Erdbeben* diejenigen,

[39] 21. 7. 1801 an Wilhelmine; 1. 5. 1802 an Ulrike von Kleist; 19. 11. 1811 an Marie von Kleist.
[40] 31. 1. 1801 an Wilhelmine.
[41] Vgl. W. Wittkowski: Absolutes Gefühl und absolute Kunst in Kleists *Prinz Friedrich von Homburg*, 50, 55-57.

die „etwas Großmütiges" getan oder erfahren haben (139); und es erfüllt Fernando, wenn er sich der selbstlosen Opferbereitschaft erinnert, mit welcher er das fremde Kind gerettet hat.

IV.

Man begnügte sich nun damals keineswegs damit, das Ethos der edlen Uneigennützigkeit preisend vorzuführen. Vielmehr tat man das zugleich im zornigen Widerspruch gegen den Eudämonismus und dessen subtilste Form, das allgemein dominierende Christentum. Die Antinomie zwischen Religion und Ethik beschäftigte damals die besten Köpfe. Die fundamentale Humanitätsidee der Toleranz hatte man der Kirche abzuringen und gegen sie zu verteidigen. Karl Philipp Moritz schilderte im *Anton Reiser* mit erbittertem Hohn die verderbliche Wirkung einer pietistischen Erziehung. Schillers Dramen brandmarkten die religiöse Weihe böser Mittel. Goethe griff als Minister in den Kampf gegen die Kirchenbuße ein, deren für das Empfinden der Zeit untragbar werdenden „bösen Geist" er schon in der Domszene des *Urfaust* angeprangert hatte.[42]

Daß Kleist das Christentum herausforderte, ist für die frühen Werke allgemein bekannt. Erst neuerdings hat man im *Kohlhaas* bemerkt, daß Luther, der Repräsentant der religiösen Autorität, vorübergehend ungünstiger dasteht als in der Quelle, während umgekehrt dem rebellischen Helden religiöse Attribute assoziiert werden.[43] Das ähnelt dem *Erdbeben*, das übrigens von Bonaventuras *Nachtwachen* (1805) Impulse empfangen haben mag. Da wird (10. Nachtwache) eine Ursuline, die Mutter wurde, lebendig im Kloster eingemauert und nur das Kind von gutmütigen Menschen gerettet. Die Boshaftigkeit, mit der Bonaventura hier wie am Ende die unbefleckte Empfängnis travestiert und fortwährend die Machenschaften

---

[42] Vgl. W. Wittkowski: „Gedenke zu leben!" Schuld und Sorge in Goethes *Faust. Publications of the English Goethe Society* (1967-68), 129-33. Ders.: Hexenjagd auf Goethe. November 1783. Hinrichtung einer Kindsmörderin und „Das Göttliche." *Oxford German Studies* 31 (2002), 63-102. Erweitert in meinem *Goethe* 2004.

[43] Heinz Demisch: *Heinrich von Kleist. Schicksal im Zeichen der Bewußtseinsseele.* Stuttgart 1964, 81-91. Vgl. auch Jürgen Schröder: *Das Bettelweib von Locarno* (s. Anm. 2), 202-207.

der religiösen Autorität attackiert, verweist auf *Amphitryon*, wo Kleist gegen die Verkehrung des Ethischen durch die religiöse Autorität Protest einlegt - ironisch und daher häufig mißverstanden von einer Kritik, der es vornehmlich zu tun war um göttlichen Segen.[44]

Er hat diesen seinen Kampf eben meist ähnlich wie im *Erdbeben* ironisch verschlüsselt - und wer weiß, ob er es in den Legenden *Die Heilige Cäcilie* und *Der Zweikampf* nicht bloß noch raffinierter tat![45] Man pflegt das Lustspiel und die zwei Legenden als Verherrlichung der Religiosität zu feiern. Darum sei es Kleist überhaupt zu tun gewesen, erklärt man seit Friedrich Braig und Gerhard Fricke.[46] Zum Beweis beruft man sich gerne auf zwei gleichlautende Briefstellen vom August 1806, also aus der mutmaßlichen Entstehungszeit des *Amphitryon* wie des *Erdbebens*.

„Es kann kein böser Geist sein, der an der Spitze der Welt steht; es ist ein bloß unbegriffener!" So schreibt Kleist dort. Und das klingt allerdings recht positiv. Andererseits steht in beiden Briefen aber auch die Klage:

> Ach, was ist dies für eine Welt! Wie kann ein edles Wesen, ein denkendes und empfindendes, wie der Mensch, hier glücklich sein! - Wer wollte auf dieser Welt glücklich sein. Pfui, schäme Dich, möcht ich fast sagen, wenn Du es willst! Welch eine Kurzsichtigkeit, o Du edler Mensch, gehört dazu, hier, wo alles mit dem Tode endigt, nach etwas zu streben. [Und doch nimmt Kleist hier einen Sinn, ja eine moralische Teleologie an:] Nur darum ist dieses Gewimmel von Erscheinungen angeordnet, damit der Mensch an keiner hafte. [Was diesem übrigbleibt, sind ausschließlich seine] guten Taten. [Daraus ergibt sich die Aufforderung an den Freund:] Komm, laß uns etwas Gutes tun, und dabei sterben! […] Es ist, als ob wir aus einem Zimmer in das andere gehen.

Das entspricht gewiß nicht zufällig den teleologisch-moralischen Gedanken in Kants *vorkritischen* Erdbeben-*Schriften*:

> Der Mensch ist nicht geboren, um auf dieser Schaubühne der Eitelkeit ewige Hütten zu erbauen. Weil sein ganzes Leben ein weit

---

[44] Vgl. W. Wittkowski: Der neue Prometheus. Kleists *Amphitryon* zwischen Molière und Giraudoux. In: *Kleist und Frankreich*. Berlin 1969.

[45] In der *Festschrift Werner Neuse* (1968) hat Werner Hoffmeister die Frage für die *Cäcilie* ziemlich eindeutig bejaht, unabhängig von den verwandten Argumenten meines Vortrags 1967 in Lexington, Kentucky.

[46] Friedrich Braig: *Heinrich von Kleist*. München 1925; Gerhard Fricke: *Gefühl und Schicksal bei Heinrich von Kleist*. Berlin 1929.

edleres Ziel hat, wie schön stimmen dazu nicht alle die Verheerungen, die der Unbestand der Welt selbst in denjenigen Dingen blicken läßt, die uns die größte und wichtigste zu sein scheinen, um uns zu erinnern, daß die Güter der Erde unserem Triebe zur Glückseligkeit keine Genugtuung verschaffen können! [Die Erzählung solcher Katastrophen] würde rührend sein, sie würde, weil sie eine Wirkung auf das Herz hat, vielleicht auch eine auf die Besserung desselben haben können. [So deutlich das Gewicht auf dem humanitär-sittlichen Aspekt liegt, so deutlich wahrt doch Kant den Anklang an die christliche Tradition, zum Beispiel auch in den Sätzen:] So ist der Mensch im Dunkeln, wenn er die Absichten erraten will, die Gott in der Regierung der Welt vor Augen hat. Allein, wir sind in keiner Ungewißheit, wenn es auf die Anwendung ankommt, wie wir diese Wege der Vorsehung dem Zweck derselben gemäß gebrauchen sollen.

Kleist hat, in den zitierten Briefen eine verwandte Sicht. Nur verzichtet er darauf, die Teleologie der Weltstruktur an Gott zu binden. Dadurch verlegt er Sinn und Wert des Sittlichen entschiedener in dieses selbst hinein - und beides entspricht allerdings genau der moralphilosophischen Position des kritizistischen Kant.

Kleist räumt zwar noch ein, die Erscheinungen - der Ausdruck findet sich ja auch im *Erdbeben* (133) - seien zu einem bestimmten Zwecke angeordnet. Doch er spricht in diesem Zusammenhange nicht von Gott als dem vermutlichen Urheber. Er macht - mit einer logischen Konsequenz, die heute keineswegs geläufig ist - durchaus Ernst mit Gottes Unerforschlichkeit und spricht von einem „unbegriffenen. Geist." Er vermeidet also die Modifizierung „Gott," die jenen unbegriffenen Geist ja zu einem schon begriffenen und vielfach umschriebenen machen würde. Indem v. Wiese und Conrady trotzdem diesen Begriff ohne Umstände dem Text konjizieren,[47] unterschieben sie Kleist, was er nicht sagt und vermutlich gerade nicht sagen wollte. Damit zeigte er sich auf der Höhe der zeitgenössischen Argumentation.[48] Aber nicht genug, daß er dem Wort

---

47 Conrady: Kleists *Erdbeben in Chili. GRM* 4 (1954), 193; v. Wiese, 60.

48 Vgl. Fichte: *Gerichtliche Verantwortungsschrift gegen die Anklage des Atheismus.* In: *Sämtliche Werke.* Bd. 5. Berlin 1845, 261-267): „Der Satz `Gott ist ein Geist´ bedeutet nur Negation der Körperlichkeit. Als positiver, zur Bestimmung des göttlichen Wesens dienender Satz ist er ganz unbrauchbar. Wir wissen nichts vom Wesen eines Geistes oder Gottes. Gott kann nicht begriffen und in Begriffen erfaßt werden. Dadurch, daß etwas begriffen wird, hört es auf, Gott zu sein; und jeder vorgebliche Begriff von Gott ist notwendig der eines Abgottes. Dagegen befinden

„Gott" ausweicht, es kostet ihn ja sogar Mühe, die Vorstellung „böser Geist" abzuweisen.[49] Das war in der europäischen Romantik immerhin eine geläufige Idee.[50] Die *Nachtwachen* des Bonaventura und später Büchner etwa rechnen mit einem Gott, der die Menschen quält und über ihre Leiden lächelt. Über diese „Gottes"-Vorstellung hinaus gelangt Kleist in jenen Briefen nur bis zur Vorstellung eines Wesens, das in außer- und übermenschlichen Kategorien existiert. Denn auf die Passage vom unbegriffenen Geist folgt jedesmal der erläuternde Satz: „Lächeln wir nicht auch, wenn die Kinder weinen?"

Kleists religiöse Position markiert demnach - selbst in den scheinbar `gläubigsten´ Äußerungen! - dem Christentum gegenüber einem tiefgreifenden Abstand. Dieser verschärft sich anderswo zu einer Polemik, die sich bewußt luziferisch-prometheisch gibt. Kleist bezeichnete sich als gefallenen Engel. und bespöttelte freundschaftliche Bekehrungsversuche.[51] Adam Müller, der mit seiner Vorrede zum *Amphitryon* das Zeichen gab für die nicht abreißenden Versuche, Kleist für das Christentum zu vereinnahmen, mußte, als er den Dichter persönlich kennenlernte, feststellen, daß er sich in ihm geirrt hatte. Dieser Mann verkörperte das Christentum keineswegs so rein wie er, Müller, verkündet hatte; vielmehr fand er ihn frei vom Zwang der „Autoritäten" aller Art: „gemütsfrei, prometheisch."[52]

Wie die Apotheose des vornehmen Ethos, so gehören auch Kleists ironisch verhüllter Protest gegen die religiöse Autorität und seine polemisch säkularisierenden Kontrafakturen ganz ins Koordinatensystem des Zeitalters. Gleiches gilt existentiell für den Vorrang des Ethischen vor dem Erkennen oder Glauben und strukturell für den Modus des Als-ob, dem Kleist die Seinserkenntnis unterwirft und den er artistisch für seine Erzählweise benutzt.

---

sich die Worte und das Verfahren der Theologen nicht selten im Widerspruch; und indem sie noch sagen, Gott sei unbegreiflich, stellen sie einen sehr genau bestimmten Begriff desselben auf.

49 Vgl. Silz, 24.

50 Karl S. Guthke: Der Mythos des Bösen in der westeuropäischen Romantik. *Colloquia Germanica* (1968), Heft 2.

51 7. 1. 1805 an Pfuel.

52 Adam Müller am 6. 2. 1808 an Friedrich Gentz: *Briefwechsel zwischen Friedrich Gentz und Adam Heinrich Müller 1800-1829.* Stuttgart 1857.

Überall hier berührt er sich mit der Kantischen Philosophie, vornehmlich mit deren Schriften zur Religion, die besonders heftig diskutiert und besonders häufig popularisiert wurden.

Kants eigene Schrift *Die Religion innerhalb der Grenzen der bloßen Vernunft* (1793) trug ihm das königliche Verbot weiterer derartiger Publikationen ein. Sie ist allgemeinverständlich geschrieben und mochte schon daher den interessierten Laien zur Lektüre einladen. Hier fanden wir schon die „satanische Rotte" des *Erdbebens*; ferner bezeichnen „Tempel und Priester" hier wie dort die verfälschte, institutionalisierte Religion samt ihren Repräsentanten.[53] An den *Zweikampf* und dessen im Schlußsatz erwähnte Statuten erinnert das ganze Buch hindurch der denunzierende Ausdruck „statutarische Religion."

Im Anschluß an Kant prangerte Fichte alles Streben nach Nutzen, Erfolg, Genuß bis hin zum Angehen Gottes um Hilfe und Gnade als „Eudämonismus" an. Er definierte das Sittliche mit zorniger Aggressivität als den genauen Gegensatz zum institutionalisierten Christentum. Gleichzeitig vereinnahmte er den Namen des Christentums für die reine Moralität: sie sei die wahre Religion, der wahre Gott, die wahre Lehre Jesu. „Die im Gewissen lebendige und wirkende moralische Ordnung ist selbst Gott; wir bedürfen keines anderen Gottes und können keinen anderen fassen."[54] Vom herrschenden Christentum her drohe „das Verderben des Zeitalters," denn es habe den Menschen „des wahren Bandes, das ihn halten sollte, der Moralität, entledigt."

Den Theologen, die ihn des Atheismus beschuldigen, wirft er vor, daß sie

> den, fleischlichen Sinn autorisieren und heiligen, und alles Gefühl für etwas Höheres unter den Menschen ausrotten.[55] Ihr Endzweck ist immer Genuß, ob sie denselben nun grob begehren, oder noch so fein ihn geläutert haben, Genuß in diesem Leben, und wenn sie eine Fortdauer über den irdischen Tod hinaus sich denken, auch dort Genuß: – sie kennen nichts anderes, als Genuß. – Ihr Gott ist der Geber alles Genusses, der Austeiler alles Glückes und Unglückes an die endlichen Wesen. Ein Gott aber, der der Begier dienen soll, ist

---

[53] Kant: *Die Religion* [...], 767.

[54] Johann Gottlieb Fichte: *Über den Grund unseres Glaubens an eine göttliche Weltregierung*. In: *Sämtliche Werke*. Bd. 5. Berlin 1845, 186.

[55] *Gerichtliche Verantwortungsschrift* [...], ebd., 226f., 271.

ein verächtliches Wesen. [...] Ein solcher Gott ist ein böses Wesen. Ein solcher Gott ist ganz eigentlich „Der Fürst der Welt." Der Dienst der Orthodoxen ist „Dienst dieses Fürsten. Sie sind die wahren Atheisten."[56] „Der wahre Atheismus [nämlich, so hatte Fichte in der den Atheismus-Streit 1799 auslösenden Schrift gesagt],[57] der eigentliche Unglaube und Gottlosigkeit besteht darin, daß man über die Folgen seiner Handlung klügelt, der Stimme seines Gewissens nicht eher gehorchen will, als bis man den guten Erfolg vorherzusehen glaubt, so seinen eigenen Rat über den Rat Gottes erhebt, und sich selbst zum Gott macht."

Fichte hatte 1798, unter Vorausschickung seines Aufsatzes „über den Grund unseres Glaubens an eine göttliche Weltregierung" Friedrich Carl Forbergs Beitrag „Entwicklung des Begriffs der Religion" im *Philosophischen Journal* veröffentlicht und damit den Atheismusstreit heraufbeschworen, der 1799 ganz Deutschland durchwogte und ihn selbst seinen Lehrstuhl in Jena kostete. In seinem Beitrag und ebenso in der *Apologie seines angeblichen Atheismus* (Gotha 1799) faßte Forberg die hier erörterten Fragen popularisierend zusammen und verwendete dabei treffend Kants Als-ob.[58]

Zunächst die Anfechtbarkeit der Religion im Sinne einer weltanschaulichen Überzeugung: Nichts spricht dafür, daß das Reich Gottes einmal komme. „Könnte es in der Welt [...] wohl ärger hergehen, als es hergeht, wenn ein böses, wenn ein feindseliges, wenn ein übelwollendes Wesen [ein böser Genius, 23] die Herrschaft der Welt führte, oder sich wenigstens darein mit einem guten Genius teilte?" (26) Gott ist eine uns „unbekannte Macht" (39). Immer nur „schüchtern und zweifelnd" kann man sagen: „hier ist Gottes Finger!" (23) Daß das Reich Gottes komme, „ist ungewiß, und, wenn man auf die bisherige Erfahrung bauen darf [...], sogar unwahrscheinlich" (45). Religion kann daher nicht Verehrung Gottes sein.

---

56 *Appellation an das Publikum über die [...] beigemessenen atheistischen Äußerungen*, ebd., 218f.

57 *Über den Grund* [...], 185.

58 Hans Vaihinger: *Die Philosophie des Als-ob*. Berlin 1913, 736. Die Zitate und Kommentare, die Vaihinger da zu Kant und Forberg bietet, führten mich zu dem Verständnis des Kleistischen Als-ob, das ich hier vorlege. Die Anregung zu dieser Lektüre danke ich meinem Kollegen in Columbus/Ohio, Oskar Seidlin. – Fichte versicherte später, „daß in dem Forbergschen Aufsatze der Kantische wahre skeptische Atheismus durchsehe, muß allerdings dem Kenner zugestanden werden. Aber daß das Kantische Als-ob ganz gegen mein System ist, ist wahr und klar. (22. 4. 1799 an K. L. Reinhold, zit. bei Vaihinger, 752).

„Gegen ein Wesen, dessen Existenz erweislich ungewiß ist, gilt es überall nichts zu tun. Wer das Mindeste [...] allein um Gottes willen tut, ist abergläubisch. (45) Wer die Gottheit außer sich, im Lauf der Dinge sucht, der wird sie niemals finden." (23)

Moralität als wahre Religion: „Die Religion ist [. . .] bloß und allein die Frucht eines moralisch guten Herzens." (26) Es ist „niemals zu erwarten, daß je ein Einverständnis aller Menschen in allen Urtheilen statt finden werde. Das Reich der Wahrheit wird zuverlässig niemals kommen" und ebensowenig das „Reich des Rechts" (29-31). Die Sprache „der Gerechtigkeit, der Redlichkeit, der Treue klingt noch immer in den Ohren der Welt wie Thorheit - noch immer ist die Erscheinung der Uneigennützigkeit, der Unbestechlichkeit, der Großmuth eine seltne, bewunderswürdige Erscheinung [....] und Dinge, die man [...] in Privatverhältnissen strafbar und schändlich findet, werden [...] in öffentlichen Verhältnissen und in Verbindungen, die zum Schutze des Rechts errichtet seyn wollen, und die sich eben deswegen heilig nennen lassen, [in Staaten] nicht nur geduldet, sondern bringen sogar Ehre und Ruhm!" (34)

Trotzdem bemühen sich alle Rechtschaffenen, den Sieg der „Gerechtigkeit über die Ungerechtigkeit endlich" herbeiführen zu helfen. Sie bilden die „Gemeine der Heiligen auf Erden. Es ist nur eine Kirche, und alle Rechtschaffenen gehören zu dieser Einen. Sie ist die alleinseligmachende, und außer ihr ist kein Heil zu finden." (31f.) Ihre Mitglieder aber sind keine Narren, die fest vom Sieg des Guten überzeugt wären.

Das Sittengesetz verlangt ja, so Fichte, nur das Trachten, „den Erfolg verheißt es nicht, und das Trachten fordert es schlechthin, ohne auf den Erfolg im mindesten zu rechnen." Selbst gesetzt den Fall, „daß sich die reale Unmöglichkeit eines Reiches Gottes [...] erweisen ließe, was wäre nun die Folge? Etwa daß alles Trachten nach dem Reich Gottes, d.i. alle Sittlichkeit, von Stund an aufhören müßte? Und warum das? Ist etwa das Trachten unmöglich geworden, seitdem, man den Erfolg als unmöglich erkannt hat?" (*Apologie*, 137ff.).

Gerade wenn man das Reich der Wahrheit und der Gerechtigkeit auf Erden für unmöglich hält und trotzdem moralisch handelt, ist dies wahre, echte moralische Gesinnung, „aber sie ist es nur darum, weil sie die Gesinnung eines Menschen ist, der nicht glaubt und doch tut. Also nicht das [theoretische] Glauben, daß ein Reich Gottes komme, ist Religion, sondern das Trachten danach, daß es komme, selbst wenn man glaubt, daß es niemals kommen werde, ist einzig und allein Religion" (*Apologie*, 161ff.).

Es ist demnach, so wiederum Forberg, „nicht Pflicht, zu glauben, daß eine moralische Weltordnung, oder ein Gott, als moralischer Weltregent, existiert, sondern es ist bloß und allein die Pflicht, zu handeln, als ob man es glaubte." (38) Und der moralische Wille erscheint „nirgends herrlicher und erhabener, als in der Maxime des religiösen Menschen: **Ich will, daß es besser werde, wenn auch die Natur nicht will!"** (40; WW) – Endlich Vorrang des moralischen Handelns (der wahren Religion) vor dem theoretischen Glauben:

> In dem Augenblicke des Nachdenkens oder Disputierens kann man es halten, wie man will, man kann sich für den Theismus oder für den Atheismus erklären, je nachdem man es vor dem Forum der spekulativen Vernunft verantworten zu können meint, denn hier ist nicht die Rede von Religion, sondern von Spekulation, nicht von Recht und Unrecht, sondern von Wahrheit und Irrtum. Nur im wirklichen Leben, wo gehandelt werden soll, ist es Pflicht, nicht so zu handeln, als setzte man voraus, es sei ohnehin vergeblich (38). Praktischer Glaube und theoretischer Unglaube auf der einen, so wie auf der andern Seite theoretischer Glaube, der aber dann Aberglaube ist, und praktischer Unglaube können ganz wohl zusammen bestehen (44).

Man sieht: Wie Kleist inthronisiert Forberg die autonome Moralität (mit der Haupttugend der Uneigennützigkeit) als wahre Religion. Kant und Fichte sahen hierin gleichfalls die Heiligkeit des Menschen,[59] bzw. Gott. Wie Kleist stellen sie die Sittlichkeit des

[59] Kant: *Die Religion* [...], 828. Gehen wir über zu Fichtes *Gerichtlicher Verantwortungsschrift* (1799), die den Primat des Handelns vor der Seinserkenntnis verficht, so stoßen wir auf das durch Kleist berühmt gewordene Gläsergleichnis: „[...] das Instrument, gleichsam das gefärbte Glas, durch welches hindurch wir unter gewissen Bedingungen es (das gebotene Handeln) erblicken können, ist die Einbildungskraft (die sinnliche Anschauung); und in diesem gefärbten Glase verändert es seine Gestalt" (260). In der *Kritik der Urteilskraft*, § 86, heißt es von der Bestimmung des Menschen: „Nicht, was ihn von der Natur [...], abhängig macht, nicht [...], was er empfängt und genießt [...], sondern der Wert, welchen er allein sich selbst geben kann, und welcher in dem besteht, was er tut, wie und nach welchen Prinzipien er, nicht als Naturglied, sondern in der Freiheit seines Begehrungsvermögens handelt; das heißt ein guter Wille ist dasjenige, wodurch sein Dasein allein einen absoluten

Handelns über jede weltanschauliche Überzeugung und jede gläubige Hoffnung auf eine Förderung durch den persönlichen Gott. Wenn die Kritik einen solchen Glauben oder das Ringen darum an Kleist herantrug, dann zwang sie ihm eine Position auf, die der Dichter theoretisch in Übereinstimmung mit führenden Köpfen seiner Zeit als amoralischen Eudämonismus abgelehnt haben dürfte.

Zugegeben, für die Philosophiegeschichte hat diesen Sachverhalt der Vulgär-Kantianismus einigermaßen verhüllt. Er meinte, „Kants moralischer Gottesbeweis" sei „ein theoretischer Schluß aus moralischen Tatsachen, während der echte Kritizismus den moralischen Gottesbeweis so versteht: Wer nach dem kategorischen Imperativ handelt, handelt so, als ob die Pflicht das Gebot eines Gottes wäre."[60] Verwirrend wirkte freilich schon, daß Kant und Forberg, wenn sie zugunsten des Moralischen argumentieren, dennoch durchgängig zurückgreifen auf die Größen, die sie damit überwinden wollen, auf Gott, Metaphysik, Teleologie; ja, zuweilen bezeichnen sie Gott als reale, wenn auch „übrigens unbekannte Macht."[61]

Ein derartiges Verfahren leistete allerdings der „Konservierung der alten Vorstellungen" Vorschub.[62] Andererseits spiegelt es nur konsequent die Tatsache, daß der neue Standpunkt sich aus jener überkommenen Position heraus und im Widerspruch gegen sie entwickelte. Darüber hinaus gewährte es dem Publikum und den Disziplinarkollegien die Chance, die metaphysische Irreligiosität der Lehre zu verkennen. Und eben unter dem Schutzschild eines solchen ironisch schillernden Als-ob mochten Kant und Forberg hoffen, ihre Sache einigermaßen unbehelligt führen zu können: den Kampf gegen den „Aberglauben," das „Vorurteil," die „Heteronomie" der „passiven Vernunft" und für „Aufklärung;" das heißt, gegen die Autorität der Religion und für die Autonomie der selbstdenkenden, sittlichen Vernunft.[63] Ganz ist ihnen das nicht gelungen. Kant wurde der Irreligiosität, aber auch umgekehrt der Religionshörigkeit bezichtigt. Forberg mußte sich vom Vorwurf des

---

Wert und in Beziehung auf welches das Dasein der Welt einen Endzweck haben kann."

60 Vaihinger, 742.

61 Forberg: *Entwicklung* [...], 39, 41, 45; Kant immer wieder.

62 Vaihinger, 748f.

63 *Kritik der Urteilskraft,* § 40.

Atheismus reinigen - und er tat es auf eine Weise, deren stolz herausfordernde Zweideutigkeit oder vielmehr schon Eindeutigkeit womöglich schon der Titel *Apologie seines angeblichen Atheismus* andeutet, wenn nämlich es erlaubt ist, ihn ironisch-zweideutig zu lesen: „Verteidigung gegen den Vorwurf des Atheismus und Verteidigung des Atheismus."

Daß eine solche Mutmaßung nicht aus der Luft gegriffen ist, scheint mir der zu verteidigende Aufsatz selbst zu zeigen. Abschließend rückt Forberg da nämlich dem heiklen Problem der polemischen Säkularisation zu Leibe. Er beansprucht für die neue Lehre nachdrücklich den Ausdruck „Religion" und verteidigt sein Verfahren, „an einen alten Ausdruck einen neuen Begriff zu binden, und dadurch diesen der Gefahr auszusetzen, von jenem wieder verschlungen zu werden," gegen die andere Möglichkeit, „den alten Ausdruck gänzlich beiseite zu legen, aber dann zugleich auch bei sehr vielen schwerer, oder gar nicht, Eingang zu finden." Und endlich fragt er herausfordernd, „ist nicht der Begriff eines praktischen Glaubens mehr ein spielender, als ein ernsthafter philosophischer Begriff? [...] die Antwort auf diese Frage überläßt man billig dem geneigten Leser, und damit zugleich das Urteil, ob der Verfasser des gegenwärtigen Aufsatzes am Ende auch wohl mit ihm nur habe spielen wollen!"

Ein zeitgenössischer Berichterstatter kommentiert:[64] „Jungen Leuten den Glauben an Gott verdächtig machen, und den Samen der Immoralität ausstreuen, ist wahrlich kein erlaubtes Spiel, es ist Grausamkeit." Damit wird Forbergs - freilich ironische - Nebenabsicht genauestens erfüllt: nämlich der Leserschaft Gelegenheit zu geben, durch Widerspruch und durch Verwechslung von Tempelreligion mit Ethik ihr Unverständnis und ihre unedelmütige Gesinnung kundzutun. So wurde die reine, autonome Sittlichkeit von ihren Verkündern trotz allem Aufklärungs-Universalismus eifersüchtig als esoterische Angelegenheit einer Elite vorbehalten. Zu dieser rechnete sich auch, wie vielleicht deutlich wurde, Kleist. Und er stand der konsequent humanistisch-antichristlichen Haltung Forbergs näher als Kants überlegener Konzilianz.

---

64 *Schreiben eines Vaters an seinen studierenden Sohn über den Fichteschen und Forbergschen Atheismus.* 1798, Beilage C zu Fichtes *Gerichtlicher Verantwortungsschrift,* ebd., 320.

Wo Kant immerhin der Ethik das positive Religionsgesetz als pragmatische Als-ob-Maxime nutz- und dienstbar macht, da formuliert der Dichter des *Erdbebens* ausschließlich das durch sich selbst verbindliche, autonome Ethos der Noblesse und verwandelt das Kantische Als-ob zu der hilfreichen Annahme, ein Erfolg sei möglich und das eigene Leben dafür einzusetzen. Mit Kant entlarvt er die Vorstellung einer göttlichen Teleologie als trügerisches Als-ob subjektiver Wünsche und willkürlicher Spekulation. Im *Erdbeben* geschieht das unausgesprochen, indirekt, im ironischen Modus eines Als-ob-nicht, nämlich durch bloße Konfrontierung der Ereignisse mit den meist gläubigen Urteilen der Figuren und des Erzählers. In den zitierten Briefen aus derselben Zeit geschieht es ausdrücklicher und zugleich auch wieder verhaltener, beträchtlich entschärft vor allem durch den Einschlag teleologischer Metaphysik im Hinblick auf den unbegriffenen Geist und auf die zweckbestimmte Anordnung der Erscheinungen. Hat er sich da noch nicht gelöst vom teleologischen Denken seiner Zeit? Oder macht er diesem Denken mit Rücksicht auf seine Leserin und Schülerin Konzessionen, handhabt er die teleologischen Kategorien nur als unverbindliche Chiffren, als pragmatisches Als-ob?

Es wäre unbillig, von dem Dichter zu verlangen, daß er deutlich unterscheidet, wo die Philosophen es nicht tun. Und könnte nicht gerade die Last der fortwirkenden Vorstellungen und Begriffe die Leidenschaft befeuern, mit welcher Kleist die alten Positionen, die Religion und die von ihr bewirkte Verfälschung des Moralischen bekämpft, um mit Kant, Schiller, Fichte, Forberg und anderen das reine, autonome Ethos der Noblesse auf den Thron der Religion zu heben? In der *Erdbeben*-Novelle freilich verschleiert er, der angebliche Unbedingte, sein prometheisches Unterfangen mit Hilfe des ironischen Als-ob. Mit dieser Maske wollte er profane und womöglich gefährliche Augen – Augen der Geistlichkeit – irreführen. Zugleich aber befindet er sich hier schon auf dem Wege in seine letzte Einsamkeit: er ist schon hier dabei, die Brücken abzubrechen zu der verständnislosen, unedelmütigen Masse Mensch, an der er zugleich hängt und von der er sich distanziert in schmerzlicher Resignation und stolzer Verachtung. Trotziges Aufstehen, Erstehen, Wiederauferstehen.

Der Zerbrochne Krug

Gaukelspiel der Autoritäten

I.

In meinen Studien zu *Amphitryon* interessierte mich, was ich nun auch für den *zerbrochnen Krug* nachweisen möchte: nämlich Kleists ironisch verschleierte Satire einmal auf die Autorität der Institutionen, Ideologien und ihrer Repräsentanten – zum andern eben auf die „Autorität der Autorität" überhaupt die Autoritätsgläubigkeit. Wie im Falle des *Lustspiels nach Molière* gerate ich dabei in Widerspruch zu anderen Interpretationen. Man hat nämlich in Rahmen christlicher Tradition gemeint, Jupiters Besuch bei der schönen Alkmene werde im Stück als Segenstat verherrlicht, die Autorität des Gottes und der mythischen Religion bekräftigt. Entsprechend meinte man, im *Krug* werde die Gerichtsautorität und damit sogar Gottes Autorität zwar von Richter Adam diskreditiert, zuletzt aber durch den Schreiber Licht und vor allem durch den Gerichtsrat Walter wiederhergestellt.

Andere Kritiker fanden, die Rechtsautorität gerate in Mißkredit auch durch Licht und sogar Walter. Hans M. Wolff aus den USA und Siegfried Streller aus der DDR hielten das jedoch für nebensächlich, gemessen an der Verherrlichung Eves und ihrer Frauenseele.[1] Das lag nahe, seitdem Gerhard Fricke Kleist als den Dichter des unbedingten Glaubens und unmittelbaren Gefühls gefeiert und damit in der Epoche der Existentialphilosophie großen Anklang gefunden hatte.[2] Streller bedauert zwar, daß Kleist die Gelegenheit versäumt, feudale und republikanische Gesellschaftsordnung kräftig voneinander abzuheben. Andererseits stellt er befriedigt fest, daß Licht und Walter „korrupt" sind nicht wie Adam aufgrund ihres Charakters, sondern erst dank ihrer gesellschaftlichen Stellung.

Aus *Sprachkunst* XII (1981), 110-130. Gleichzeitig erschien die sinnverwandte Interpretation von Dirk Grathoff: Der Fall des Krugs. Zum geschichtlichen Gehalt von Kleists Lustspiel. *Kleist-Jb.* (1981/82), 27-71.

1 Hans M. Wolff: *Heinrich von Kleist. Die Geschichte seines Schaffens.* Bern 1954. – Siegfried Streller: *Das dramatische Werk Heinrich von Kleists.* Berlin 1966.

2 Gerhard Fricke: *Gefühl und Schicksal bei Heinrich von Kleist.* Berlin 1929; Nachdruck: Darmstadt 1963.

Lassen wir das zunächst auf sich beruhen. Zugeben indessen wird man: Nur Gelegenheit macht Diebe. Ein Amt mißbrauchen kann nur der Inhaber eines solchen. Und er kann es umso besser, je mehr Respekt die Menschen vor der Autorität eines Amtes und seines Inhabers haben - das gilt von den Dorfbewohnern gegenüber Adam, Licht und zumal Walter.

Wo man wie Streller den Gerichtsrat mit Adam unter einer Decke sah, verging einem das Lachen, und übrig blieben Helmut Arntzens *Ernste Komödie,* 1968, nebst einer Reihe ähnlich gerichteter Fernsehsendungen. Im Laufe der siebziger Jahre schwang das Pendel wieder nach der anderen Seite. Ewald Rösch[3] und Jürgen Zenke[4] rückten im Gefolge Fritz Martinis,[5] Manfred Schunichts[6] und Karl Ludwig Schneiders[7] die gattungsgeschichtlich basierte, gesellschaftskritisch wenig verbindliche Komik von Sprache, Handlung und Figuren in den Vordergrund. Die gesellschaftskritisch orientierten Studien von Ernst Theodor Voss[8] und Lilian Hoverland[9] lassen den Gerichtsrat ungeschoren. Claus Reinert,[10] Ulrich Vohland[11] und Peter Michelsen[12] nehmen ihn gegen Streller und Arntzen sogar nach-

---

3 Ewald Rösch: Bett und Richterstuhl. Gattungsgeschichtliche Überlegungen zu Kleists Lustspiel „Der zerbrochne Krug." In: *Kritische Bewahrung. Festschrift für W. Schröder*. Hg. E.J. Schmidt. Berlin 1974, 434-475.

4 Jürgen Zenke: Heinrich von Kleist, "Der zerbrochne Krug." In: *Die deutsche Komödie.* Hg. W. Hinck. Düsseldorf 1977, 80-109.

5 Fritz Martini: Kleists „Der zerbrochne Krug." Bauformen des Lustspiels. *JDSG* (1965), 373-419. Jetzt in: Martini: *Lustspiele und das Lustspiel.* Stuttgart 1974, 150-197.

6 Manfred Schunicht: Heinrich von Kleist, "Der zerbrochne Krug." *ZfdPh* (1965), 550-562.

7 Karl Ludwig Schneider: Heinrich von Kleists „Der zerbrochne Krug." In: *Das deutsche Lustspiel.* Bd. I. Hg. H. Steffen. Göttingen 1968, 166-180.

8 Ernst Theodor Voss: Kleists „zerbrochner Krug" im Lichte alter und neuer Quellen. In: *Wissen aus Erfahrungen. Festschrift für H. Meyer.* Hg. A. v. Bormann. Tübingen 1976, 338-370.

9 Lilian Hoverland: Adam und Marthe: Polare Verfahrensweisen in Kleists „Der zerbrochne Krug." In: *Heinrich von Kleist Studies.* Hg. A. Ugrinsky. New York 1980, 59-68. Ebd. mein Aufsatz: „Der zerbrochne Krug." Juggleries of the Authority, 69-79. Vgl. Hoverland: *Heinrich von Kleist und das Prinzip der Gestaltung*. Königstein 1978.

10 Claus Reinert: *Detektivliteratur bei Sophokles, Schiller und Kleist.* Kronberg 1975.

11 Ulrich Vohland: *Bürgerliche Emanzipation in Heinrich von Kleists Dramen und theoretischen Schriften.* Bern 1976.

12 Peter Michelsen: Die Lügen Adams und Eves Fall. In: *Geist und Zeichen.*

drücklich in Schutz; zwar sei auch sein Erkennen menschlich begrenzt, doch stehe sein Wohlwollen außer Zweifel.

Den Sinn des Lustspiels sieht man hier zunehmend in der Herstellung und Wiederherstellung des Vertrauens der Bauern zur Autorität von Gericht und Staat. Hansgerd Delbrück[13] erblickt darin sogar die Wiederherstellung des religiösen Glaubens. Wenn die Dörfler zur Selbstjustiz greifen wollen, stellen sie sich dem Gericht und damit Gott gleich. Wie der „Krugverwüster" machen sie sich schuldig des Hochmuts und des Unglaubens. Walter bekehrt sie und endlich insbesondere Eve, das hilf- und gottlose rationale Denken auszuschalten und wieder vertrauensvoll an Gott und Obrigkeit zu glauben. Oskar Seidlin[14] spendet dieser Deutung Beifall, fällt ihr und sich selber freilich in den Rücken, indem er die dafür konstitutive Krise des Autoritätsvertrauens leugnet. Reißt ihn dazu seine eifernde Polemik gegen Arntzens marxistisch formulierten Argumente hin, so legt Michelsen nicht minder entrüstet „Verwahrung" ein gegen Strellers „Verleumdung," Walter sei es lediglich um „das Vertrauen in die Obrigkeit" zu tun, nicht um Adams schweren Amtsmißbrauch und sexuellen Erpressungsversuch. „Nicht die - nur als Möglichkeit angedeutete - Opposition von Untertan und Obrigkeit, sondern deren in dem Kuß zwischen Walter und Eve wiederhergestellte Harmonie ist das letzte Wort Kleists zu der Gesellschaftsthematik in diesem Lustspiel."[15]

Festschrift für A. Henkel. Hgg. H. Anton u.a. Heidelberg 1977, 268-304.

13 Hansgerd Delbrück: *Kleists Weg zur Komödie*. Tübingen 1974. Voraus ging ein Artikel in *DVjs* 45 (1971), 706-756.

14 Oskar Seidlin: What The Bell Tolls in Kleists „Der zerbrochne Krug." *DVjs* (1977), 78-97, hier 91, Anm. 15. Auch in: *Wege der Worte. Festschrift für Fleischhauer*. Hg. Donald Riechel. Köln 1978, 313-331.

15 Michelsen (zit. Anm. 12), 297. Michelsens Verhöhnung des „durch ideologische Verblendung verordneten Sehfehlers, den die damit Behafteten als dialektische Scharfsicht auszugeben pflegen," trifft hierauf Eingeschworene zwar zu Recht; und von bewußter „Korruptheit" oder sonstiger Böswilligkeit Walters gegen die Untertanen kann sicher keine Rede sein. Doch es gibt „unbewußt"-routineäßige Korruptheit. Und Walters Sorge um das „Ansehen des Gerichts" zusammen mit seiner Nachsicht gegen Adams schwere Vergehen als „menschliche Haltung" zu glorifizieren, bezeugt eine Voreingenommenheit zugunsten der Autorität, die den Text weit mehr verfehlt, als das von Streller gilt. Vgl. auch Norbert Miller in der Lützeler/Pan-Rezension am Ende des Buches

Heute teilt man allgemein die dort verfochtene Ansicht, der Revisor meine es subjektiv redlich, und die Regierung sorge gleichfalls für das „Wohl des Ganzen" „– in den Augen Walters jedenfalls," versichert Michelsen und weckt damit unvermeidlich unser Mißtrauen, zumindest unsere Neugierde, freilich ohne sie zu stillen. Seiner Erklärung, die zwischen dem Gerichtsrat und Eve besiegelte Harmonie stelle „das letzte Wort Kleists" zur Sache dar, widersprechen dagegen diejenigen, die das Schlußwort im Schlußdialog zwischen Walter und Frau Marthe erblicken: „Daß eine Gestalt wie dieser Schreiber Licht die Geschäfte übernimmt, bestätigt eher die gebrechliche Einrichtung der Welt," schreibt Walter Müller-Seidel;[16] „was dennoch über die Gebrechlichkeit hinausführt, bleibt verweisend in einem kaum ausdeutbaren Sinn. Das Verweisende liegt im Utrechter Gericht, dem hier als dem höchsten Wahrer des Rechts doch wohl Vertrauen gebührt." Arntzen sprach sogar entschlossen von einer Fortsetzung des Prozesses; und man ist ihm darin gefolgt, nur daß man den Prozeß zuweilen für unendlich hält.

Noch weiter geht Michelsen und nimmt zugleich Müller-Seidels geheimnisvolles Raunen auf. Sich selbst widersprechend, berücksichtigt er die Schlußszenen doch noch und erläutert Marthes Forderung nach Recht für den Krug als religiöses Insistieren „auf dem ihr hier nicht zu Gewährenden: der Wiederherstellung des reinen Zusammenhanges der Dinge." Daß „die wackere Frau Marthe [...] in all ihrer Naivität von" „der Unmöglichkeit des Geforderten" „weiß," ist dem Text indes m.E. nicht zu entnehmen. Vielmehr dürfte der Interpret in die Figur hineindeuten, was er selber angesichts der Szene – wie wir sehen und hoffentlich genauer begründen können werden – mit Recht empfindet: „Komik melancholischer Natur."[17]

Ähnlich gedämpfte Heiterkeit hat man durchweg empfunden, wo man das Stück auf religiös-metaphysischer Ebene verknüpfte mit dem Aufsatz *Über das Marionettentheater* und seiner Bewußtseins- oder Glaubensproblematik – es sei denn, man fand wie Delbrück, der volle wahre Glaube werde durch den Gerichtsrat repräsentiert und in die dörfliche Welt zurückgebracht.[18] Sonst glaubte

---

16 Walter Müller-Seidel: *Versehen und Erkennen*. Köln-Graz 1961, 213.
17 Michelsen (zit. Anm. 12), 304.
18 Als „Sachwalter der Vorsehung" sieht den Revisor Rolf Dürst: *Heinrich*

man umgekehrt auf jene „Unordnung" zu stoßen, die „das Bewußtsein anrichtet," „seitdem wir von dem Baum der Erkenntnis gegessen haben:" „das Paradies ist verriegelt [...]; wir müssen die Reise um die Welt machen, und sehen, ob es vielleicht von hinten irgendwo wieder offen ist."[19]

Und wie weit gelangen auf dieser Reise Kleists Figuren? Wenn in der vorletzten Szene das Vertrauen zur Autorität von Staat und Gericht sich wiederherstellt - bedeutet das, wie Ilse Graham meint,[20] den Anfang der zweiten Periode, also des erkennenden Bewußtseins, der Reflexion? Oder hat Seidlin recht, der hier die ganze Komödie ansiedelt? Oder soll man Arntzen beipflichten, der im heutigen Sinn von Bewußtseinserhellung spricht - und sie vermißt, nämlich bei den Dörflern die Erkenntnis, daß mit der Obrigkeit auch im Falle des Revisors keineswegs alles zum besten bestellt sei?

Bewußtseinskritik wäre da zugleich Sozial- und Autoritätskritik. Ich habe die Dinge ähnlich gesehen,[21] im Gegensatz zu Arntzen allerdings für Walters subjektive Redlichkeit plädiert, ohne wiederum wie andere diese Redlichkeit für objektiv vollkommen oder auch nur ausreichend zu erklären.[22] Die Satire auf die Autorität und deren Bewußtsein läßt sich meines Erachtens heute noch besser belegen, nämlich gerade mit dem *Variant* und mit den Argumenten, auf die sich die jüngsten Fürsprecher einer autoritätsfrommen Interpretation berufen. Bevor ich auf das alles eingehe, lege ich kurz die Autoritätssatire der Endfassung dar und gehe dabei auf die Verwandtschaft mit *Amphitryon* ein, die Arntzen übrigens nicht sieht. Er befragt nämlich auch Kleists *Lustspiel nach Molière* ausschließlich auf eine bestimmte Bewußtseinsproblematik hin. Es geht

---

von Kleist. Dichter zwischen Ursprung und Endzeit. Kleists Werk im Licht idealistischer Eschatologie. Bern 1965, 62.

[19] Kleist: *Über das Marionettentheater.*

[20] The Broken Pitcher: Hero of Kleist's Comedy. *MLQ* 16 (1955), 99-113; gleichsinnig und fast gleichlautend das Kapitel ihres Buches: *Heinrich von Kleist. Word into Flesh.* Berlin 1977. Der Aufsatz deutsch in: *Heinrich von Kleist. Aufsätze und Essays.* Hg. Walter Müller-Seidel. Darmstadt 1967, 272-295, hier 294.

[21] Vgl. meinen Aufsatz: Weltdialektik und Weltüberwindung: Zur Dramaturgie Kleists. In: *Deutsche Dramentheorien.* Hg. R. Grimm. Frankfurt 1972, 270-292, hier 278.

[22] Vgl. Anm. 9.

in beiden Komödien jedoch um mehr, nämlich um sozialethische **Gegenstände** und Einstellungen des Bewußtseins.

II.

Schon öfter hob man die komische Analogie hervor, daß Jupiter sich den Hals ins Eisen judiziert, wie das der Richter Adam tut (273). Das ist indessen nur die halbe Wahrheit. Die ganze besteht darin, daß es in beiden Fällen gerade nicht geschieht. Zwar moralisch verurteilt werden beide Sünder – das macht Kleist deutlich genug. Doch bestraft, wie sie's verdienen, werden beide nicht. Jupiter natürlich nicht. Denn was der Gott tut, das ist wohlgetan. Ein Gott darf eine Frau zum ehebrecherischen Beischlaf überlisten. Und der gehörnte Ehemann darf, ja muß es sich als Auszeichnung gefallen lassen. So will es der religiöse Mythos, die Ideologie der thebanischen Gesellschaft wie des Christentums.

Kleists Kritik trifft neben dem Gott die Ideologien, das heißt einerseits die Autoritäts-Institutionen in Gesellschaft und Religion, andererseits die Autoritätsgläubigkeit der Menschen. Ein hochbrisantes, stets aktuelles Thema. Man kann es tragisch nehmen; und es gibt die Tragik der Alkmene. Im *Krug* behandelt Kleist es jedoch vor allem komisch (ohne freilich die tragisch-trüben Konsequenzen zu vergessen). Uns amüsieren und frappieren die Kontraste und Umschläge im Zeichen des komisch Unangemessenen, Ungereimten, Unlogischen, Deplazierten, Paradoxen und Absurden.[23]

Offenkundig sind wir allzu befangen im religiösen Autoritätsdenken und -fühlen, um die Komik an den Göttern zu genießen: Sie nehmen Menschengestalt an und müssen sich in solcher Verkappung als die Spitzbuben beschimpfen lassen, die sie sind. Ja, selbst wenn ihre Untaten sich ausweisen als Taten der obersten Autoritäten, werden sie von Alkmene und dem kaum weniger maßgeblichen Sosias weiter abgelehnt – was Jupiter im Fall der Fürstin überrascht und kränkt. Komisch sind natürlich auch die Menschen: Sie verurteilen die geschehenen Untaten, solange sie die Urheber selbstverständlich für Menschen halten. Sobald sie die Götter als Urheber erkennen, sagen sie (oder jedenfalls der Titelheld) ihnen

---

23 Vgl. Martini und dort die „Überlegungen zur Poetik des Lustspiels," 9-36.

noch Dank für dieselben Taten, welche die unbestechliche Alkmene, Sosias und mit ihnen gewiß ein Teil des Publikums weiterhin als Untaten verurteilen.

Schließlich leistet sich der Göttervater ja den gleichen Fall, den der alte Adam tut oder vielmehr tun möchte und nicht zustande bringt. Im Gegensatz zum Gott wird ihm schon der Versuch, selbst der mißglückte, als Vergehen angekreidet. Er sucht der öffentlichen Anklage auszuweichen und sie auf einen anderen abzulenken. Dazu bedient er sich seiner Autorität und seiner Machtmittel als Richter abermals, nachdem er schon mit ihrer Hilfe Eve seiner Lust gefügig machen wollte.

Dem Gott gelingt es dank seiner Verwandlungskunst, Alkmene zu überlisten und den Verdacht zunächst auf einen anderen zu lenken, ihren Gatten. Er will freilich, daß sie ihm selber ihre Liebe schenkt, also zumindest nachträglich erkennt und billigt, wer hinter der Maske des zweiten Amphitryon steckt. Er möchte sich identifizieren. Und die Komödie besteht zum großen Teil darin, daß er sich die längste Zeit nicht identifizieren kann. Und auch, als er sich endlich als Gott offenbart, als höchste Autorität, da verschafft es ihm gerade nicht die Liebeshuldigung, die er von der Frau erwartete;[24] und doch muß er lächerlicherweise so tun, als habe er vollkommen in Amphitryons „Hause sich gefallen."

Adam dagegen möchte nicht identifiziert werden als Täter. Schließlich ist er kein Gott, ja, ist „König nicht von Mazedonien" (144). Immerhin herrscht er in seinem Huisum wie ein kleiner König, ja, wie ein kleiner Gott. „So'n Volk," sagt er und spricht aus Erfahrung mit den Frauen: „Im Finstern leiden sies, und wenn es Tag wird, so leugnen sies vor ihrem Richter ab" (1240ff.).

Kein Wunder. Kann er doch Eve einschärfen, beim Dorfrichter stehe sie vor „Gottes Richterstuhl" (1100). So nimmt er, als er jetzt in die Klemme gerät, Zuflucht bei seinem „Richteransehen." „Ohne der Perücke Beistand" (378) und auch sonst gelingt ihm die Verkappung zwar herzlich schlecht. Doch komischerweise hilft sie ihm überraschend lange, obwohl er sie sogar selbst lüftet: leichtsinnig, dumm, brutal und frech, aus Übermut und Spielfreude.[25] Was ihn

---

[24] Schwerlich lauteten sonst seine letzten Worte zu ihr: "O Fluch der Seligkeit, die du mir schenktest […]." Die Stelle ist ebenfalls umstritten.

[25] Vgl. wieder Martini (zit. Anm. 5).

dabei „schützt, ist einzig die Ehre des Gerichts" (1840f.). Doch sie schützt ihn. Die Komödie besteht eben zum guten Teil darin, daß einzig die Autorität des Amtes, der Gerichtsbarkeit, alle Personen – außer Eve, dem Gevatter Licht und dem Publikum natürlich, die alle besser informiert sind – lange Zeit verhindert, in dem Richter den gesuchten Spitzbuben zu erkennen. Und selbst als man ihn erkennt, sucht Walter die Leute im schuldigen Respekt vor ihm zu halten und läßt ihn endlich glimpflicher davonkommen, als wir erwarten.

Nur weil der Gerichtsrat Walter anwesend ist, kommt Adams Fallversuch zutage. Darüber hinaus erinnert sein Name an das Walten Gottes. Delbrück und Seidlin sehen deshalb wie Dürst und Müller-Seidel nach dem Vorgang Max Kommerells[26] in ihm eine Figur von gottähnlicher Überlegenheit und einen Verwalter göttlicher Gerechtigkeit. Auch Walter selbst scheint sich ziemlich so zu sehen. Jedenfalls rückt er in Analogie zu Jupiter, wenn man Alkmenes „Beschattung"[27] durch den Gott so fromm wie ihr Gemahl als gnadenreiche Auszeichnung ansieht, was neben und vor anderen wieder Müller-Seidel tat.[28]

Aber auch wenn man findet, daß die Sache im Stück gar nicht so heilig sein soll, ergibt sich die Analogie der zwei Figuren – ja, die

---

26 Max Kommerell: Die Sprache und das Unaussprechliche (1937). In: ders.: *Geist und Buchstabe der Dichtung.* 2. Aufl. Frankfurt/M. 1942, 243-317. Vor allem die Darstellung Müller-Seidels (zit. Anm. 16), 191f., wird auf den Kopf oder vielmehr die Füße gestellt durch Michelsens Korrektur (zit. Anm. 12): Walter besitzt durchaus keine gottgleiche Überlegenheit. Vielmehr trägt er mit seiner Begriffsstutzigkeit erheblich bei zu dem, was „das eigentlich Lächerliche und Groteske des Geschehens" ausmacht: daß es nämlich Adam „gelingt, die Aufdeckung des simplen Sachverhalts so erstaunlich lange aufzuhalten" (274f. und 281).

27 Biblischer Ausdruck. Goethe benutzt ihn im Tagebuch, 14. Juli 1807, als er „die Deutung der Fabel ins Christliche" rekapituliert, wie sie der *Amphitryon*-Herausgeber Adam Müller auf eine bis heute nachwirkende Weise vorgenommen hatte.

28 Walter Müller-Seidel: Die Vermischung des Komischen mit dem Tragischen in Kleists Lustspiel *Amphitryon. JDSG* 5 (1961), 118-135. Rettung der Obrigkeits-Autorität durch Ignorieren bzw. Beschönigen von Walters Schluß-Regelungen betr. Adam, Licht und Frau Marthe erstaunlicherweise immer noch und wieder trotz philologischer Anstrengungen bei Ulrich Fülleborn: Nach Kleists gescheiterter Tragödie das Gelingen der Komödien, *Kleist-Jahrbuch* (2004), 88-106. F.s Hinweis allerdings, wie leicht K. sich von dem Ödipus-Modell löste, dürfte auch für das Ende der *Verlobung* und das seines Lebens sowie ähnliche Fälle gelten.

Analogie sämtlicher Autoritätspersonen. Jupiter und Merkur mißbrauchen ihre Autorität und Machtmittel als Götter. Sie verletzen die sittliche Ordnung, als deren Hüter man sie verehrt. Doch sie wissen und bemerken das nicht einmal. Sie kennen die Kategorie des Sittlichen nur vom Hörensagen. Sie sind göttlich beschränkt und suchen das Volk in der gleichen mythischen Beschränkung zu erhalten, die allein ihre Herrschaft möglich macht. Deshalb und um seine Eitelkeit zu schonen, vertuscht Jupiter den Korb, welchen Alkmene ihm erteilt, vor sich und anderen, so gut es geht, und kommt damit auch davon.

Ähnlich mißbraucht nun Walter seine Autorität, ist sich dessen jedoch noch weniger bewußt. Den entlarvten Richter will er vor „Desertion“ bewahren, um ihn dem Staatsdienst „auf irgend einem Platz noch zu erhalten.“ So heißt es deutlicher im *Variant*. Walter setzt dabei kurzerhand voraus, „die Kassen stimmen,“ obwohl Adam ihn mehrmals und kaum verblümt auf das Gegenteil vorbereitete. Es ist dieselbe respektvolle Voreingenommenheit für die Autorität und ihre Träger, die ihn lange hindert, in dem Richter den gesuchten Übeltäter zu erkennen.

In gleicher Blickbehinderung bestellt er am Ende den Schreiber Licht, den man im Dorfe den „Herrn Schreiber“ und den „Würdgen“ nennt (1733f.), das nun verwaiste Amt vorläufig zu „verwalten.“ Der leuchtet dem Revisor und der Gerechtigkeit zwar auf den Weg (191); doch er tut es gleichfalls, um von sich abzulenken und weil er selbst „Dorfrichter“ werden will (130). Im verborgenen indes, im Finstern mißbraucht er sein Amt, um „Depositionen,“ gerichtlich hinterlegte Gelder, seinerseits weiter zu deponieren und daraus „Zinsen“ zu ziehen (149). Im Stück heißt dergleichen „Veruntreuung“ und wird vom „Gesetz [heißt es ...] nicht mehr verschont.“ So Walter selbst (343f.). Doch bei Licht besehen, entgeht ihm eben das. Denn er prüft gar nicht die Kassen, wie doch für seine Reise vorgesehen. Damit und indem er den Obergauner auch noch für die höchste Staatsautorität im Dorfe vorsieht, bestätigt er zuletzt, was Adam von Walter, prophezeite:

> Der Mann hat seinen Amtseid ja geschworen,
> Und praktisiert, wie wir, nach den
> Bestehenden Edikten und Gebräuchen (98ff.).

Das vollendet den Triumph des größten Spitzbuben. Denn Licht und nicht der Revisor war der überlegene Regisseur bei dem Prozeß: der Licht-Bringer, der Luzifer. Er bewirkt ja, daß der Zuschauer mehr als Walter weiß und daß er lächelt über den Rat, diesen höchsten Autoritätsrepräsentanten; er lächelt vor allem über dessen selbstgefällige Zufriedenheit am Schluß, er habe alles aufs beste geklärt und aufs humanste ausgeglichen. Es trifft vor allem Walter, wenn Licht im *Variant* scheinheilig murmelt: „Ja, wer scharfe Augen hätte –" (2408).

Daß die Figuren keine scharfen Augen haben, legte Ilse Graham dar. Sie haben sie auch nicht im *Amphitryon*. Sie und zahlreiche Gelehrte feiern den Besuch der Götter, obwohl sie sehen könnten, daß Alkmene die Ehre ihrer Heimsuchung schmerzgetroffen zurückweist, und obwohl sie vernehmen, daß Sosias die analoge Ehre der Götterprügel ablehnt. Der herkömmliche Glaube an die religiöse Weltordnung, der Respekt vor der religiösen und gesellschaftlichen Autorität ist zum Vorurteil geworden. Das Denken ist derart programmiert, daß man nicht sieht, was doch zu sehen ist, und daß man sich durch keine Fakten zu einer Änderung der Wertvorstellungen bewegen läßt. Das gleiche gilt vom *zerbrochnen Krug*. Ilse Graham fand, die Figuren glauben nur, was sie mit Händen greifen können. Aber mit Händen zu greifen scheint doch, daß der Richter der gesuchte Übeltäter ist. Trotzdem erleben wir die Komödie, daß die andern es lange nicht begreifen. Sie glauben, daß nicht sein kann, was nicht sein darf, daß folglich der Richter nicht der Übeltäter ist.

E i n e Person freilich weiß ganz genau, daß er es ist, genauer noch als Licht: Eve. Die ganze Untersuchung findet ja nur statt, weil sie schweigt, obwohl sie weiß. Und warum schweigt sie? Der Richter versprach ihr ein Attest, mit dessen Hilfe Ruprecht loskäme von der Konskription, die unfehlbar seine Verschickung nach Asien und dort seinen Tod bedeute. Er bewies ihr das mit einem Schreiben der Regierung. Und sie glaubt an diese oberste Autorität. Sie glaubt daran, obwohl er sie mit jenen Schriftstücken erpressen wollte; obwohl er bei der Verhandlung mit unverschämten Lügen und Gegenverdächtigungen jenen Erpressungsversuch und -besuch, der in der Krugverwüstung gipfelte, ableugnet; ja, obwohl er Ruprecht als den Schuldigen „und weil er ungebührlich sich gegen seinen

Richter hat betragen" (1877f.) ins Gefängnis werfen will - ihren Ruprecht, mit dessen Rettung er sie hat erpressen wollen!

Eve kann all das mit Händen greifen. Trotzdem glaubt sie weiter an jenes Schriftstück. Gewiß, sie sah es. Nur kann sie nicht lesen. Sie glaubte, was ihr der Richter vorlas. Sie glaubt an das Schreiben, nicht weil sie es sah, sondern weil sie an die Autorität des Mannes glaubt, der lesen kann, der „ihr Richter" ist (1390) und der sich berief auf die noch höhere Autorität der Regierung,, ja sogar Gottes. Ruprecht meint gleichfalls, daß man von seinem Richter abhängt und ihn sich nicht zum Feinde machen darf. Nüchterner kann man das Verhältnis schwerlich sehen. Und auch Eve macht sich, was die Moralität ihres Richters - ja jedes Richters angeht, keine Illusionen oder eher negative. Als Walter den Prozeß zur Farce entarten läßt, da schreit das gute Kind ihn an: „Seid Ihr auch Richter?" (1889). Das heißt doch wohl: Seid Ihr auch so ein Gauner, der seine Autorität und Macht mißbraucht? Es ist nicht einmal eine Unterstellung sondern wieder ein Vorurteil; diesmal die Bereitschaft, der Regierung alles Böse zuzutrauen.

Dieses Mißtrauen verbindet sich mit dem vertrauensseligen Respekt vor der Autorität durchaus lebensgetreu zu einer einzigen irrationalen Bereitschaft zur Voreingenommenheit. Wie von einem Vater erwartet man von der Regierung die größten Wohltaten und die rücksichtsloseste Ausbeutung. Adam macht sich das zunutze. Und so groß sind Eves Furcht vor der Regierung und ihre Ehrfurcht vor der Macht und Lesekunst des Dorfrichters, daß sie diesem trotz allem übrigen den ganzen Prozeß hindurch vertraut genau in jenem einen Punkt, dem Mißtrauen gegen die Integrität der doch so hoch geachteten Regierung. Gegen Ende spricht sie es offen aus. Walter kann, unterstützt von Licht, die Angelegenheit mit wenig Worten klären und - weiterschreiten zu seiner glorreichen End- und Fehlregelung der Amtsvertretung.

III.

Anders war das im *Variant,* der Erstfassung des Schlusses. Kleist ersetzte ihn, veröffentlichte ihn aber zusammen mit der Endfassung, damit jeder entscheiden könne, ob am Mißerfolg der Erstaufführung in Weimar er schuld gewesen sei oder Goethe, der den Einakter durch eine Pause unterbrach. Der *Variant* erhebt zum Thema die Wiederherstellung des Glaubens an die Regierungsautorität. Er dehnt deshalb den Streit um die Konskription beträchtlich aus. Das zähe, offenbar eingefleischte Mißtrauen der kleinen Leute gegen die Regierung, auch wo es nicht am Platze ist, harmoniert aufs schönste mit ihrem ebenso unangebrachten blinden Glauben an den Dorfrichter vorher und an die Unfehlbarkeit und Allmacht des Gerichtsrats nachher.

Das heißt - so gleich verteilen sich die Gewichte auch wieder nicht. Das Mißtrauen gegen die Konskriptions-Praxis der Regierung ist mehr berechtigt, als man anzunehmen pflegt. Es geht um die Frage: Werden die Rekruten im Interesse der Haager Krämer nach den niederländischen Kolonien in Asien verschickt, wo sie mit Sicherheit krank werden und sterben? Walter erklärt das für ein Märchen. Doch er hat den Einwurf Ruprechts, vor sieben Jahren habe man Truppen nach Asien verschickt, nichts entgegenzusetzen als die fadenscheinige Ausflucht:

> Wenn die Regierung
> Ihn hinterginge, wärs das erstemal.
> So oft sie Truppen noch nach Asien schickte,
> Hat sies den Truppen noch gewagt, zu sagen. (2329-33)

Erstens also setzt man doch Soldaten für kaufmännische Interessen ein. Daß man sie dafür 'verheizt,' bestreitet Walter nicht; ja, zynisch informiert man sie sogar über das Reiseziel. Ein aktueller Bezug kommt durch in dem Namen „Batavia," „wo von jedweden Schiffes Mannschaft [...] die eine Hälfte stets die andere begräbt" (2081-2084). Batavia war ein zweiter Name nicht bloß für „,Jakarta" (2060), sondern auch für Holland. Ein Teil wurde 1796 nach der Eroberung durch Frankreich zur batavischen Republik und 1806 zum französischen Königreich Holland. Wichtig in unserem Zusammenhang des Vertrauens zur Obrigkeit ist indessen, daß den „Soldaten, die der Befehlsgewalt unterworfen sind, diese Information," es geht nach Asien, „nichts nützt."[29] Folge: „die Landessöhne reißen

[29] Siegfried Bartels: *Vermittlung der Gegensätze in der Dichtung Heinrich von Kleists. Bürgerliche Subjektivität im Konflikt mit höfischen Machtverhältnissen*. Diss. Frankfurt/M. 1972, 60. Ausführlicher dazu H.H.J. De Leeuwe: Heinrich von Kleist und die Niederlande. *Duitse Kroniek* 13 (1961), 123-

aus" (1310) - und Walter, der auf die Information der Truppen pocht, findet keinen Glauben.

Das alles ist jedoch vergessen und soll wohl vergessen sein - Kleist schrieb unter französischer Besatzung und Zensur! - am Ende der Auseinandersetzung, dieser Prüfung von Wahrheit und Wahrhaftigkeit, Erkennen, Vertrauen und Vertrauenswürdigkeit, und zwar zwischen Mensch und Mensch, Bürgerin und Gerichtsrat, im Zeichen des patriarchalischen Patriotismus: Ein Themenkomplex, der dem Dichter der *Hermannsschlacht* am Herzen lag. Behandelt er ihn - von den angeführten satirischen Elementen abgesehen - lustspielhaft versöhnlich, wie man überwiegend meint?

Die Konskriptionsdebatte des *Variant* setzt überraschend ein mit einem halb komischen, halb rührenden, volltönend feierlichen Appell Eves an die Menschlichkeit des Regierungsvertreters. Walter sichert ebenso hochfeierlich sein menschliches Verhalten zu und kettet es vertrauensvoll an Eves Unschuld, die sie freilich noch zu beweisen habe, sicher aber werde. Beide sind zuversichtlich. Sie stützen ihr Vertrauen auf Sichtbares, auf das Antlitz des anderen. Eve wirft sich zu Füßen des Gerichtsrats und will aufstehen ....

> Nicht eher, Herr, als bis Ihr Eure Züge,
> Die menschlichen, die Euch vom Antlitz strahlen,
> Wahr macht durch eine Tat der Menschlichkeit.
>
> Walter: Mein liebenswertes Kind! Wenn du mir deine
> Unschuldigen bewährst, wie ich nicht zweifle,
> Bewähr ich dir auch meine menschlichen. (1952ff.)

Walter spricht von Eves unschuldigen und seinen menschlichen Zügen, läßt das Nomen aber aus. Er darf es; denn seine Worte sind ebenso spannungsvoll intensiv und fordern ebenso hochgespannte Aufmerksamkeit wie Eves. Ja, die Worte sollen sich uns Lesern so tief einprägen, daß wir sie ohne weiteres wiedererkennen, wenn sie 400 Verse später wieder auftreten. Und sie treten da wieder auf, weil es komischerweise trotz jenen feierlich-innigen Wortakkorden eben noch immer zu keinem Akkord der Herzen oder in der Sache kam. Walter glaubte zwar sogleich an Eves Unschuld, und inzwischen bestätigte die sich auch. Eve indessen glaubt ihm in der Konskriptionsfrage so wenig wie am Anfang, ja weniger. Damals

---

145, hier 140-143.

hoffte sie noch, jetzt nicht mehr. Stattdessen glaubt sie immer noch dem Schreiben der Regierung, mit dem Adam sie erpressen wollte. Diesem hartnäckig ungläubigen Glauben sucht Walter nun mit einem rhetorischen Gewaltstreich endlich beizukommen. Er nimmt – 400 Verse später! – die feierlich rührenden Worte des Anfangs wieder auf:

> Mein Versprechen will ich lösen.
> Du hast mir deines Angesichtes Züge
> Bewährt, ich will die meinen dir bewähren,
> Müßt ich auf andre Art dir den Beweis
> Auch führen, als du mir.

Eve darf sich mit glaubwürdigen Worten und einem ehrlichen, unschuldigen Gesicht begnügen. Walter muß bei ihr dagegen zu einem handfesteren Mittel greifen. Er bietet ihr 20 Gulden. Damit kann sie Ruprecht loskaufen vom Wehrdienst, falls er nach Asien soll. Andernfalls muß sie das Geld zurückzahlen mit 4% Zinsen als Strafe für ihr Mißtrauen. Das Motiv des *bösen Mißtrauns* wird hervorgehoben, wenn Eve es zusammen mit dem Zweck und dem Verfahren der Transaktion nahezu wörtlich wiederholt.

Die Stelle ähnelt einer umstrittenen Passage zwischen Jupiter und Alkmene. Alkmene läßt sich dort nicht bestechen von Jupiters Hinweis (freilich in Amphitryons Gestalt, 1561-1568) auf seine Göttlichkeit. Ebenso weist Eve Walters Geld ab, wenigstens zunächst. Sie scheint zwar in der ersten Überrumpelung zuzugreifen, fleht aber sechsmal, er solle es zurücknehmen, und läßt ein „O Herr Gott!" nachfolgen. Das klingt schon fast verzweifelt. Und Eve könnte schwanken: Soll sie weiter an das Zeugnis Adams glauben oder an das solide Zeugnis dieses Herren? Im Unterschied zu Adam will er ja nichts von ihr und setzt im Gegenteil selbstlos sogar sein Geld aufs Spiel. Doch weder wir hören noch Walter hört, ob sie so denkt. Er hört nur, sie will das Geld nicht nehmen und es gegebenenfalls zurückgeben. Sie leistet Widerstand. Widerstand weckt aber Widerstand und fördert, wie Kleist meinte, \`die Verfertigung der Gedanken beim Reden.´ Walter öffnet den Beutel, den wir uns in Eves Hand zu denken haben,[30] und zeigt auf die Münzen:

---

[30] Das ist hervorzuheben gegen Michelsen (Anm. 12), der Delbrücks These teilt, Adam verführe Eve zum Sündenfall des Mißtrauens gegen die Obrigkeit, und Walter erlöse sie davon (286-289). Zwar hält er Delbrücks

Vollwichtig, neugeprägte Gulden sinds,
Sieh her, das Antlitz hier des Spanierkönigs:
Meinst du, daß dich der König wird betrügen? (2368ff.)

Der Zweck des Geldes scheint vergessen. Eve sollte das Geld ja nehmen, solange sie der Regierung mißtraut. Nun soll sie es nehmen zum Zeichen, daß sie der Regierung traut. Eine komische Verkehrung, die komischerweise niemand bemerkt. Noch komischer ist indessen eine andere Verschiebung. Walter redet gar nicht von der abstrakten, anonymen Regierung in Den Haag. Er gelangt vielmehr unmittelbar vom Geld auf die konkreten Züge des Gesichtes, das man auf den Münzen sieht. Er überträgt das Motiv der eigenen Gesichtszüge auf einen Höheren. Und für Eve gehen Walter und der König nun offenkundig ineinander über. Der König rückt ihr durch sein Abbild auf dem Gelde und durch Walters Züge nahe, wird konkret. Was sie da sieht, beweist natürlich nichts. Doch Eve überläßt sich ganz der irrationalen Suggestion, die von der Autorität Walters, des Königs und des öffentlichen Geldes ausgeht. Sie ist besiegt, und sie bereut, daß sie dem falschen Richter glaubte, der guten Regierung jedoch nicht. Sie fühlt es und spricht es gefühlvoll aus:

O lieber, guter, edler Herr, verzeiht mir.
O der verwünschte Richter!

Walter siegte. Das feuert ihn an, weiter Gedanken zu verfertigen; und er fügt seinen Worten ein gewichtiges hinzu, das am Anfang dieser Auseinandersetzung eine zentrale Rolle spielte:

Argumente für gezwungen. Doch mindestens ebenso gezwungen ist es, wenn er selbst im Widerspruch zu Graham und Delbrück idealisierend annimmt, Eve habe den Beutel an Walter ja „zurückgegeben" (296). Darauf aber deutet nichts. Im Gegenteil. „Das Geld? Warum das?" wehrt Walter, v. 2368; und auch in der Kurzfassung nimmt er seinen materiellen „Beweis," Ruprecht notfalls loszukaufen, v. 1936, nicht zurück. Eve weist den Beutel ab, will ihn zurückgeben, solange sie Walter nicht traut, und behält ihn endlich zum Zeichen, daß sie ihm vertraut, sowie als Pfand. Wie Walter ihr Mißtrauen damit zuerst bloß äußerlich beschwichtigt und dann in gefühlvollen Vertrauensüberschwang verwandelt, gehört zu der komischen Ironie über beiden Figuren – und über den Betrachtern, die, ohne jene Ironie zu spüren, dem Vorgang so gerührt-vertrauensselig folgen wie Eve selbst. Eine ähnliche Gleichsetzung der Perspektiven beanstandeten wir bei Michelsen gegenüber Marthe in der Schlußszene, siehe oben zu Anm. 17.

So glaubst du jetzt, daß ich dir Wahrheit gab?

Die Frage ist bereits überflüssig. Dadurch wird sie nicht weniger absurd. Doch nichts liegt Eve ferner als ein rationaler Einwand. Wie kurz vorher (und wie Alkmene, die sich indessen nicht herumkriegen läßt), wiederholt sie Walters Worte – die Motive der Wahrheit, der Gesichtszüge, des Geldes – und steigert alle hinauf zur höchsten Sinnebene:

Ob Ihr mir Wahrheit gabt? O scharfgeprägte,
Und Gottes leuchtend Antlitz drauf. O Jesus!
Daß ich nicht solche Münze mehr erkenne! (2375ff.)

Eve setzt die Verfertigung der Gedanken und also die Ausdeutung der Münze fort. Sie tut es im Überschwang ihres Gefühls, und der macht sich bei ihr immer Luft in religiösen Ausrufen. Eben noch: „O Herr Gott!" Jetzt: „O Jesus!" Von Walters Zügen über die des Königs gelangt sie zu „Gottes leuchtend Antlitz."[31]

Was geht hier vor? Geben Geld und Geldeswert den Ausschlag? Eve hätte dann die Wahrheit buchstäblich als bare Münze, als handgreifliche, vertrauenswürdige Basis für die hohen Güter, die sie komischerweise damit verbindet.[32] Ilse Graham basiert darauf Eves Wahrheitserkenntnis. Sie betont deren letztes Wort „erkenne" und meint, hier beginne eben das Bewußtsein. Nie freilich entwickle es sich weiter „in einen reinen, von äußeren Zeichen und Indizien ungestützten Glauben an eine letzte Wahrheit des Gefuhles."[33]

---

[31] Michelsen (S. 296) zählt dergleichen (siehe Anm. 30) zu den „schweren Fehlurteilen." Er selbst versichert: „Das menschliche Gesicht als Gottes, als Ebenbild [...] wahrnehmen heißt Offenbarheit (Aletheia), Wahrheit erkennen." Abermals idealisierend, schließt er von Walters Gottesebenbildlichkeit auf das konkret auf die Münze „drauf"-geprägte „Antlitz" des Spanierkönigs mit allen zweifelhaften Implikationen (siehe unten).

[32] Nach Bartels (zit. Anm. 29) ist „Eves Glauben an die bestehenden Machtverhältnisse als der Inbegriff des Guten in dem Moment wieder hergestellt, in dem sie zu denen gehört, die zwanzig Gulden aufbringen können" (61).

[33] Graham (zit. Anm. 20), 290 u. 293. Dagegen spricht Jochen Schmidt (*Heinrich von Kleist. Studien zu seiner poetischen Verfahrensweise.* Tübingen 1974) in Annäherung an Arntzen von Eves Bewußtseinserhellung: Sie erkenne, daß ihre Forderung nach Ruprechts unbedingtem Vertrauen unmöglich sei, da sie an sich selbst nun diese Erfahrung mache (158f.). Von solcher Einsicht – auch laut Michelsen (zit. Anm. 12, 296) „erkennt" sie „ihre Verfehlung in ihrem Verhältnis zu Walter" – legen die Verse

Indessen, was wir hier haben, ist doch wohl genau ein solcher Glaube. Eves Vertrauen zur Regierung wird von Walter und der Münze angeregt, jedoch in keiner Weise davon logisch begründet und bestimmt. Wie sie von Walter, seinem Angebot, dem Geld mit dem Bild des Königs zum lieben Gott hinauf gelangt und wie sie ihr Gottvertrauen nun wieder abwärts auf König, Gerichtsrat und Regierung ausdehnt – das ist ihre eigene phantasievolle Überinterpretation,[34] entsprungen aus der Generosität des überschwänglichen Vertrauens-Gefühls, das wieder Vertrauen schenken will und erhaben ist über Indizien und Zeichen, sofern sie logisch-sachliche Beweise bieten. Doch bereitwillig deutet sie so, wie es ihr vorgeschrieben wird vom Gefühlsglauben an Menschengüte, Gott und Obrigkeit. – Was Graham vermißt, ist also mehr als genug vorhanden. Delbrück und sinngemäß Michelsen können befriedigt konstatieren, der irrationale Glaube an Gott und Obrigkeit sei wiederhergestellt. Eve stützt ihren Glauben tatsächlich auf Gründe, die um nichts verläßlicher sind als Adams Schriftstücke. Sie vertauscht nur Glauben mit Glauben, Vorurteil mit Vorurteil. Daß sie diesmal nicht beschwindelt wird, ist ihr Glück, mehr nicht.[35]

2375ff. aber so wenig Zeugnis ab, wie es die von Schmidt behauptete erneute Liebeserklärung Eves an Ruprecht gibt. Ihre kniefällige Bitte um Hilfe am Anfang der Szene zeigt, daß sie nie aufhörte, Ruprecht zu lieben.

34 Vgl. dagegen Michelsen (Anm. 31). De Leeuwe (Anm. 29, 140) erklärt Walters Geldargument für „in jeder Hinsicht unangebracht." Die Stelle rückt in skeptische Beleuchtung auch als ironisch-selbstparodistisches Gegenstück zu Lessings *Nathan*, der III, 6 Saladins Vorstellung ablehnt, man könne „Wahrheit" einstreichen „wie Geld in Sack," wie „Münze, die nur der Stempel macht" – und zu Schillers Posa: Er lehnt die „Glückseligkeit" und die „Wahrheit" ab, die König Philipps „Stempel" „prägen" (III, 10). Um denselben König aber geht es bei Kleist! Vgl. den Schluß dieser Abhandlung sowie: Hans-Jürgen Schlütter, „[...] als ob die Wahrheit Münze wäre." Zu *Nathan der Weise* III, 6, in: *Lessing Yearbook* 10 (1978), 65-74.

35 Delbrück (Anm. 13) behandelt die Stelle ausführlich. Er meint, Eve begreife im Spanierkönig „Gottes zugehörigen und wesensgleichen Gegenpart," zugleich damit auch ihre „Sünde," die die Sünde aller außer Walter sei: den „Unglauben" gegen Gott und Obrigkeit. Sie denke, v. 2375ff., an Jesu Obrigkeitsgleichnis vom Zinsgroschen „Gebet dem Kaiser, was des Kaisers, und Gott, was Gottes ist" (96 u. 186). Eve wirft aber gerade Gott und Obrigkeit zusammen. (Vgl. die Kritik Schmidts [Anm. 33], 155f., der Delbrück freilich noch immer nahe bleibt.) Außerdem geht es gar nicht darum, daß sie der Regierung etwas gebe (ihren Rup-

IV.

Von ihrem verzückten, religiösen Glauben an die Regierungsautorität läßt Eve sich tragen bis zum Ende des *Variant.* Denn es ist ihr Bedürfnis zu vertrauen oder zu mißtrauen, im Gefühl zu schwimmen, irrational so oder so. Am besten gelingt ihr das, indem sie Gott und Jenseits mit ins Spiel zieht. Während der Gerichtsverhandlung meint sie, sie müsse die Wahrheit verschweigen im Interesse Ruprechts; und sie vertröstet ihren Schatz aufs Jenseits, auf die Auferstehung. Ihm „dauert" das „zu lange" (1175). Seine vernünftige Nüchternheit akzentuiert komisch Eves komisch-absurde religiöse Weltferne. Sie zeigt sich auch, wenn sie ihre gewiß bedrängte Situation feierlich „des Himmels wunderbare Fügung" nennt (1258), wo sie doch ganz konkret zu schaffen hat mit dem lüsternen Adam und der scheinbar heimtückischen Regierung. All das aber tritt in den Schatten, wenn sie im *Variant* den auf Geld geprägten Kopf des Spanierkönigs zur Quelle ihres Vertrauens zur holländischen Regierung macht.

Wenige Zeilen vorher nämlich erstand sie als Patriotin. Sie verkündete pathetisch: Der „Hispanier versöhnt sich mit dem Niederländer nicht, und die Tyrannenrute will er wieder, die zerbrochene [!], zusammenbinden" (1962ff.). Man befindet sich im Krieg mit ihm, weil „wir was Heiliges, jeglicher, wir freien Niederländer, in der Brust, des Streites wert, bewahren" (1968ff.). Das Publikum des *Krugs* mochte an Napoleon denken. Eve aber erhebt wie so mancher Deutsche und für Kleist zu viele – zum Inbegriff des Heiligen ausgerechnet den, gegen den man es verteidigt. Im Zeichen Gottes wird ihr der Spanierkönig identisch mit derselben holländischen Regierung, die den Krieg gegen ihn organisiert. Sie vergißt jetzt auch: „Die jungen Landessöhne reißen aus" vor der Konskription (1310). Ihr Glaube an die Obrigkeit ist so blind, daß sie damit ihrem ebenso blind-frommen Patriotismus in den Rücken fällt. Sie spricht vom Erkennen gerade, als das Erkennen und das Erkennbare ihr abhandenkommen, weggeschmolzen werden von einem Glauben, der in absurdem Grade die Fakten ignoriert, ja auf den Kopf stellt.

---

recht gibt sie ihr gerne als Soldaten), sondern darum, daß die Regierung ihr nichts nimmt und daß Eve ihr das glaubt. Dem Lustspiel zufolge ist es Glückssache, wenn ihr Glaube diesmal recht behält.

Hauptgrund und Hauptausdruck ihres emotionalen Irrationalismus ist ihr religiöser Drang nach etwas Höherem und Höchstem, Heiligen - nach unbedingter Autorität.

Daß religiöser Überschwang unser Erkennen irreführt, war Kleists Thema immer wieder, in den *Schroffensteinern* und *Amphitryon* und noch zuletzt in der *heiligen Cäcilie* und im *Zweikampf*.[36] Vielleicht ließ er deshalb im selben Jahre 1811 wie letztere den *Variant* zusammen mit der Endfassung des *zerbrochnen Krugs* erscheinen. Dazu kamen ästhetische Gründe. Eves Bekehrung und Patriotismus sind ein hochkomischer Exzeß von Subjektivität, der so nur hier im *Variant* erscheint. Ihr Duett mit Walter entwickelt sich musikartig aus Worten und Motiven, die lange vorher auftreten. Dazwischen schiebt sich die viel zu lange Nacherzählung dessen, was vorgefallen und uns bereits fast ganz bekannt ist. All das macht die entscheidenden Passagen teils langweilig, teils undurchsichtig, schwächt damit ihre Komik, vor allem im Theater, und man begreift, warum das Stück mit dem *Variant* als Schluß in Weimar scheiterte.

Die kurze Fassung verzichtet auf die sozialen Themen der Konskription, des Patriotismus und des religiösen Glaubens an Gott und Obrigkeit. Sie reduziert all das auf dessen sozialpolitisch relevante anthropologische Basis, auf unsere menschlich-allzumenschliche Neigung, blind im Guten wie im Bösen an eine Autorität zu glauben und diesen Glauben, falls er an den Tatsachen zerbricht, eilfertig wiederherzustellen - falls wir nicht in das andere Extrem verfallen und der Autorität nun gar nichts Gutes mehr und nur noch alles Böse zutrauen.

Der Wiederherstellung des Glaubens hier und im *Variant* stimmt der Dichter nur an der Oberfläche wohlwollend-heiter-zu; damit verhüllt er ironisch seine wahre Position, die traurig lächelnde Kritik und Skepsis dem Menschen gegenüber: den Figuren und uns, dem Publikum, das vermutlich weitgehend wie die Hauptfiguren fühlt. Der hohe Grad der Ironie basiert allerdings auf der Voraussetzung, daß (abgesehen von Adam und Licht, den zwei niedrigsten Autoritätsträgern) nirgends böser Wille mit im Spiele, gerade

---

36 Vgl. Wittkowski: *Die heilige Cäcilie* und *Der Zweikampf*. Kleists Legenden und die romantische Ironie. *Colloquia Germanica* (1972), 17-58.

deshalb aber die Condition humaine gesellschaftlich-geschichtlich und politisch eine hoffnungslose ist.

V.

„Dem zerbrochenen Krug fehlt nur ein Moment, ihm fehlt nur die Weiterleitung der Spiegelung bis in die höheren und höchsten Sphären hinauf, und er wäre eine vollendete Komödie." Dieser Kritik Friedrich Hebbels pflichtet Ernst Fischer[37] bei; und er erläutert: „Es ist der Gerichtsrat Walter, musterhafte Korrektheit, Gesetzbuch in Rock und Hose, Stellvertreter Gottes auf Erden, [...] der (nicht ganz, doch zum Teil) die gesellschaftlichen Sphären verdeckt, in welche die Spiegelung weiterzuleiten die Komödie unterläßt." Das also stimmt nicht. Der Gerichtsrat leitet die Spiegelung durchaus weiter, wenn auch „verdeckt." Ja, das Stück im ganzen leitet die Spiegelung über die Gesellschaft hinaus in die der menschlichen Natur und damit der Gebrechlichkeit der Welt, und zwar leistet es das auch zusätzlich durch ironische Symbolik des Dialogs, des Kruges und von Zahlen.

Daß Eves Vertrauen zur Obrigkeit wieder „ganz" ist, drückt sie im *Variant* so aus: Wenn Ruprecht in Utrecht dient, wird sie ihn besuchen und ihm regelmäßig „von frischgekernter Butter" mitbringen, und zwar „im kühlen Topf."[38] Kleist hätte die wenigen Zeilen stehenlassen können. Indem er sie und das Topfsymbol ausschied und indem er die Episode von der mißverstandenen, guten Regierung tilgte, machte er die Satire eindeutig. Denn was bleibt? Walters Fehlregelung im Hinblick auf Licht und Adam; endlich seine ironisch herablassende Empfehlung, Frau Marthe möge dem Krug sein Recht verschaffen „Am großen Markt" zu Utrecht, „und Dienstag ist, und Freitag, Session." Das ist der Töpfermarkt. Die Forschung glaubt, Walter meine das Gericht; Arntzen erklärt sogar pathetisch, es handle sich um den Prozeß, der weitergehen müsse.[39] In

---

[37] Ernst Fischer: Heinrich von Kleist. *Sinn und Form* 13 (1961), 759-844. Zit. nach *Heinrich von Kleist. Aufsätze und Essays*. Hg. Walter Müller-Seidel. Darmstadt 1967, 459-552, hier 498.

[38] Delbrück (zit. Anm. 13) deutet den Vorgang als Symbol dafür, daß Ruprecht und Eve gläubige Gerechte seien (59 u. 94).

[39] Zit. im Text, 111, hier 196. Hier wirkt sich aus, daß Arntzen wie die

diese massiv lehrhafte Richtung eines Fortschritts deutet die Komödie aber gerade nicht.

Wie bei Alkmene darf man vielmehr fragen – und mit mehr Aussicht auf ein leidlich zuverlässiges Ergebnis: Was wird geschehen? Auf dem Töpfermarkt, der in Utrecht durchaus keinem Gericht vorgelagert ist, wird Marthe einen neuen Krug erstehen, ebenso schön bebildert und glasiert. Damit würde zwar dem zerbrochnen keine Gerechtigkeit widerfahren. Der müßte ersetzt werden eigentlich von Adam. Ja, erst Adams volle Bestrafung schüfe Gerechtigkeit. Die aber unterbleibt; und überdies wird sein Nachfolger der Obergauer Licht. Recht und Ordnung werden also mit Gewißheit **nicht** wiederhergestellt. Sie bleiben zerbrochen wie der Krug. Und der voraussichtliche Kauf eines neuen signalisiert das Ergebnis der Komödie: Wohl scheinhaft, äußerlich stellen sich Recht und Ordnung wieder her, nämlich im fortgesetzten blinden, gewohnten wahnhaften Glauben an die Obrigkeit und deren Vertrauenswürdigkeit. \`Wiederauferstehung´ also im Modus ihres Gegenteils und ihrer Karikatur.

Letzten Endes bedeutete der Krug demnach: Vertrauen, daß die Ordnung in Ordnung sei und die Autorität Autorität verdiene. Kurz, er bedeutet Glauben an die Obrigkeit. Sehen wir uns daraufhin das (wie Marthe versichert) unersetzliche Produkt und was ihm zustößt näher an. Auf dem Krug sind – oder vielmehr waren –

---

meisten Interpreten über der ernsten Seite der Komödie dieser selber nicht gerecht wird. Das ist auch Michelsens (Anm. 12) Problem, der ja dem *Variant* den Vorzug vor der Endfassung gibt, weil „er die ernste Verknüpfung der zwei Hauptpersonen thematisch werden läßt" (285). Wie Arntzen rechnet er damit, „daß der Prozeß in der zweiten Instanz vor dem Appellationsgericht in Utrecht wieder aufgenommen" werde. Immerhin vermerkt er, daß man das nur „ganz beiläufig" erfährt und daß Walters Antwort auf Frau Marthes Frage den mißverständlichen Eindruck erweckt, „als sei hier von einem separaten Vorgehen der Frau Marthe die Rede [...] unabhängig von der von Ruprecht vorzubringenden Appellation" (271). Letztere scheint sich indessen gleichfalls zu erübrigen. Walter hat das Urteil durch Anweisung der Appellation zwar durchaus nicht aufgehoben, wie Vohland (Anm. 11, 310) meint; im Gegenteil. Seine Gegenfrage „Weshalb, Frau Marthe?" scheint indessen anzuzeigen, daß er doch beschlossen hat, die ganze Sache niederzuschlagen, was nötig sein dürfte, um Adam vor schwerer Bestrafung und „Desertion" (Verlassen des Staatsdienstes) zu bewahren. Daß sich am Utrechter Markt kein Oberlandesgericht befindet, wird von De Leeuwe (128) angemerkt.

lauter hohe Obrigkeitspersonen abgebildet, die soeben eine Rechtshandlung vornehmen - oder vielmehr, wie Marthes streng korrekte Beschreibung suggestiv macht, gerade nicht vornehmen. Dieses Bild, der abgebildete Rechtsakt, wird durch einen untergeordneten Repräsentanten der Obrigkeit zerstört. Und Marthe verkündet schon bei ihrem Auftreten, die Obrigkeit werde den Krug unersetzt, den Schaden unbehoben, den Krug zerbrochen lassen (117-438). Damit behält sie mehr recht, als das Publikum zu begreifen pflegt. Daneben versteht sie den Krug bildlich in ihrem privaten Horizont 1. als Hochzeit, die sie da selbst zerstören will wie einen Krug (445-453), und 2. als Eves Ehre, als deren Ansehen vor der Welt, welches sie umgekehrt wiederherstellen will wie einen Krug (487-497).

Wenn Walter ihr am Schluß indirekt nahelegt, einen neuen Krug zu kaufen, ist dies 1. Besiegelung von Eves Ehre und ihrer geplanten Hochzeit und 2. wie die angekündigte Behandlung der dörflichen Gerichtspersonen Übertünchung des Falls, den Adam, aber auch Licht und besonders der Gerichtsrat tun. Darauf zielen, ohne daß Marthe es weiß und will, ihre tollpatschigen Eingangsworte: „Ihr krugzertrümmerndes Gesindel ihr! Ihr sollt mir büßen, ihr!" Delbrück[40] verwies auf Jehovas Drohung, er werde Israel wie einen Krug zerstoßen, wenn es weiter seinen falschen Richtern und Propheten folge (*Jeremia* 19, 10-11). Marthe fordert für die Krugverwüster sogar mit spanisch-religiöser Grausamkeit „Peitschenhiebe" und den „Scheiterhaufen" (493-495).

An die Obrigkeit denkt sie dabei natürlich nicht. Das ist ja das Problem des Werkes. Und sie sah ja den Schaden in Recht und Obrigkeit auch weder auf dem heil gewesenen Krug noch auf dem zerbrochnen. Da nämlich haben wir wieder den Spanierkönig, und zwar den Philipp, mit dem die Rechtsbrüche begannen. Er oder sein Nachfolger - wir hörten es - will die „zerbrochene" Tyrannenrute jetzt wieder zusammenbinden. Wenn man die dargestellte Übergabe Hollands an Philipp (oder Napoleon) als den idealen Rechtsakt betrachtet, das Bild als Paradies, Einheit und Harmonie der Welt und der Geschichte, dann ist die Geschichtskunde der Betrachter kaum weniger vertrauensselig als die der Frau Marthe.[41]

---

40 Delbrück, 52-54.

41 Graham, 292; Seidlin, 88; Arntzen, 111, 188; der indessen den beginnenden Verfall erwähnt. Das tut auch Hoverland (zit. Anm. 9), 11. Sie verwickelt sich daher in einen Widerspruch, wenn sie Marthes Eintreten

Diese schöpft natürlich keinen Verdacht. Überhaupt liebt sie das Bild, weil der Krug es ihr durch eine lange Tradition geheiligt hat. Durch Tradition im Wortsinn, durch Übergabe von einer Generation zur anderen. Daß die Geschichte dieser abenteuerlichen Übergaben wie alle zuletzt von Siegern geschriebene Geschichte von Ungereimtheiten strotzt, bemerkt weder Frau Marthe noch irgendjemand, und man bemerkt ja auch die Ungereimtheiten im Tun und herkömmlichen Ansehen der Obrigkeiten erst spät und mehr als dürftig.

Adams Krug von Unverschämtheiten also geht hier zwar, wie das Sprichwort besagt,[42] zu Wasser. Doch er bricht durchaus nicht, wie er sollte und wie das Schicksal des Titelhelden, eben des Krugs, es anzuzeigen scheint. Walter, dessen „Geschäft auf dieser Reise [...] noch [...] nicht strafen" ist (301f.), bewahrt vielmehr umgekehrt den Amtsmißbrauch vor der verdienten Strafe. Dadurch und indem er Licht einsetzt, läßt er, in einem andern Bild, den Krug der Gerechtigkeit, den er zum Teil flickt, und kümmerlich genug, vollends in Stücke gehen. Doch weder er noch irgendjemand zweifelt sein Verfahren und die darin waltende Autorität der Regierung an. Die Autoritätsgläubigkeit dauert ungebrochen, unzerbrechlich fort, ebenso unzerbrechlich, unverwüstlich offenbar, wie das Recht zerbrochen und verwüstet bleibt. Und biblisch gesprochen, macht der Himmel keinerlei Anstalt, die Menschen, die der Obrigkeit viel mehr Autorität zubilligen, als sie verdient, zu zerstoßen wie einen Krug. Die Tragödie *Penthesilea* offenbart die Welt als „die gebrechliche, auf die nur fern die Götter niederschaun."[43] Nicht anders die Komödie. Soweit ein Bruch geschah und sichtbar wurde, vertuscht sie ihn – freilich so, daß er wahrnehmbar bleibt. Den zerbrochnen Krug ersetzt ein neuer, als wäre nichts geschehen. So empfiehlt es der Gerichtsrat. Die Götter sind genauso fern wie in der Tragödie,

---

für den Krug zum Eintreten für „den früheren Zustand der Einheit, Ganzheit und Vollkommenheit" erhebt, „dessen Verlust das Drama beklagt" (66). Nein, Kleist war nicht wehleidig rückwärtsgewandt. Schon gar nicht wollte er die Scheineinheit durch scheinrechtliche Unterdrückung einer Nation.

42 Nach Richard F. Wilkie (*Germanic Review*, 1948) entnahm Kleist einige Motive und Situationen aus Christian Felix Weises Einakter „Der Krug geht so lange zu Wasser, bis er zerbricht, oder der Amtmann," 1786. Anmerkung Sembdners, dtv, 287.

43 24. Auftritt, v. 2855f.

ja noch ferner; denn dort gibt es wenigstens die Nemesis und die Auflösung des Un-Staates.

VI.

Eine Vielfalt an Bedeutungen also überlädt den Krug bis zum Zerbrechen aller Deutlichkeit. Der Humor mag sich da mit romantischer Ironie immer wieder und nochmals überschlagen und auch dialektisch ins sehr Ernste hinüber- und zurückspringen. Zu so viel poetischer Hinterhältigkeit sollte Seidlins Zahlenmystik passen. Sie führt indessen nicht hinaus über die konventionelle Feststellung, Adams Sündenfall habe die Welt entzweit. Außerdem erscheint mir mehr als fraglich, daß solche Zahlenorakel sich überhaupt im Text vorfinden. Da kommen viel mehr Zahlen vor, als Seidlin für seinen sehr begrenzten Zweck heranzieht. Berücksichtigt man sie indessen alle, so ergeben sie tatsächlich Sinn, freilich einen völlig anderen. Wieder greifen Objektives und Subjektives ineinander, Unbildliches und Bildliches. Und wieder will mir scheinen, dahinter stecken sprichwörtliche Wendungen und Vorstellungskonventionen, die ja den Sprachleib des Ganzen in hohem Grad ausmachen.

Wenn das Maß voll ist, der lange zu Wasser gegangene Krug endlich bricht, wenn derart sich die Zeit erfüllt, dann verbinden wir das mit der Uhrzeit 12. Im Faustbuch holt der Teufel Faust um Mitternacht. In Schillers *Räubern* (V, 1) träumt Franz Moor sogar „zur Stunde des Mittags" vom Jüngsten Gericht; und sein Gericht ereilt ihn in der „Mitternachtsstunde" - so heißt es, obwohl eine ganze Weile vorher „der Nachtwächter zwei" gerufen hat. Wallensteins Wort „Mitternacht ist da" (*Tod* V, 3) stimmt nicht zur Uhrzeit. Es bedeutet: die „Erfüllung der Zeiten" ist für ihn gekommen. Seine letzte Stunde hat geschlagen, wie die Erzählung *Der Verbrecher aus verlorener Ehre* es ausspricht: „Die Uhr seines Schicksals ist abgelaufen, die unerbittliche Nemesis hält ihren Schuldner an.[44]

---

[44] Alfons Glück: *Wallenstein*. München 1976, 89. In Schillers *Wallenstein* findet sich bereits der Einfall, Rechtssymbole auf einem Krug abzubilden (*Die Piccolomini* IV, 5), nebst zahlreichen anderen Motiven, die in Kleists Lustspiel wiederkehren: die „Gaukelkunst" der Autorität (*Die Piccolomini* III, 1); Zahlenmystik (ebd. II, 1); Konskription; Wortspiele (des Kapuziners); das schlimme Walten einer niederen „Obrigkeit" im

Die gleichen Unterschiede zwischen „bildlicher" und „unbildlicher" Zeit - Adams Terminologie bereits der ersten Szene - finden sich im ganzen Lustspiel, worauf Seidlin hinwies. Es gibt aber auch Übereinstimmungen der beiden Ebenen. Wie sich Prinz Homburgs mitternächtlicher Traum „um Mitternacht" erfüllt (Ende IV), so wird im *Krug* 12 Uhr mittags die Stunde der Entdeckung, des „Gerichts." Sie wird es faktisch und im Vorgefühl des Täters. 11 Uhr abends war die Stunde, als Adam sich zu Eve drängte. Die Entdeckung rückt ihn also näher, sobald man während der Verhandlung faktisch oder redend in die Nähe dieser Zeit gelangt. Besonders von der 11 ist oft die Rede. Adam mag sie gar nicht. Viel lieber hört und redet er von einer früheren Tageszeit, von „Glock halb sechs [...] am morgen früh" zum Beispiel (1460), lieber von 11 Uhr morgens als von 11 Uhr abends (743f.), viel lieber natürlich von „halb [...] Auf elf" als gar von „halb [...] auf zwölfe" (1398).

Halb 12 schlägt es in der 9. Szene. Hier beschuldigt Eve ihn erstmals offen (1208-1214), und Walter schöpft - endlich - Verdacht. Adam möchte die Sitzung auf „morgen früh, Glock neun" vertagen. Der „Kelch" geht auch noch einmal vorüber. Doch 400 Verse später, das heißt ziemlich genau 12 Uhr Mittag gespielter Zeit, wird Adam öffentlich ertappt, schlägt es also offenbar auch bildlich 12. Von der verhängnisvollen Mittagsstunde des Erkennens

Dorf; Geld mit dem Bild der problematischen Obrigkeit; Klage über den Verfall der öffentlichen Gerechtigkeit (alles in *Wallensteins Lager*). E. Theodor Voss (Anm. 8) verweist ebenfalls auf Schiller, geht aber kaum über F. Braigs Feststellung (*Heinrich von Kleist*. München 1925) hinaus und erwägt keinerlei Konsequenzen, geschweige die von mir vorgeschlagenen. Stattdessen entnimmt er dem überaus aufschlußreichen Bildmaterial, das er zusammenstellt: Der Sinn des Werkes sei „nichts Geringeres als ein die ganze Menschheit betreffender Prozeß" „um \`Lust´ und um \`Glück´ und \`Schuld´;" „nichts Geringeres als die Frage [...]: War der Mensch zur Lust erschaffen oder zur Pflicht, war er dazu erschaffen, hienieden glücklich zu sein oder zu gehorchen?" Eve sei „jedenfalls fest davon überzeugt, daß Gott den Ruprecht ihr \`zur Lust erschaffen hat´," und komme „ja nur deshalb vor das Gericht [...], weil sie ihren Ruprecht vor der Pflicht, Soldat zu werden und vielleicht zu sterben bewahren wollte" (367-369). Diese offenkundig aktualisierende Bestimmung des Problems basiert auf einer erfundenen Alternative. Eve will zwar Ruprecht vor der Verschickung nach Indonesien bewahren; doch sein Militärdienst in der Heimat erscheint ihr durchaus vereinbar mit ihrer „Lust;" ja, ihr Patriotismus im *Variant* legt nahe, daß sie stolz ist auf ihren Soldaten-Bräutigam in seiner schmucken Uniform.

ist die Rede schon im ersten Auftritt (127f.). Adam wird da von Licht und dem Zuschauer erkannt; und der Richter fleht seinen Schreiber an: „Heut laßt Ihr noch den Kelch vorübergehn.“ 12 Uhr Mittag oder Mitternacht dagegen, die Stunde des Gerichts, schlägt dann in Eves Erzählung (1683), die um 12 Uhr Mittag den Richter überführt.

Leider geschieht das nun nicht auch in Szene 12, sondern in Nr. 11. Das aber hat seinen guten Grund. Als es unbildlich 12 schlägt – Mitternacht in der Erzählung, Mittag im Zeitablauf des Werkes (freilich wird dieser Zeitpunkt nicht genau angegeben, es schlägt nicht hörbar 12; dennoch könnte das und könnte eine Uhr gute Bühnenwirkung tun) –, da schlägt es eben doch nicht, wie es sollte, bildlich 12. Der Schwerenöter wird zwar ertappt, indessen eben doch nicht bestraft, wie er's verdient. Ja, im 12. Auftritt läßt der Revisor ihn sogar zurückholen, um ihn dem Staatsdienst zu erhalten, und er bestellt den Obergauner Licht zum Nachfolger – das Gegenteil von gerechtem Gericht. Es schlägt also 13, und das erst recht im „Letzten Auftritt“ – ohne dessen Nummer 13.

Doch hier schlägt es eben wirklich – vielmehr nochmals bildlich – 13. Walter quittiert Marthes unwissentlich inhaltsschwere Frage nach dem Recht des Kruges mit der objektiv zynischen, subjektiv wohlwollend-herablassenden Empfehlung, sie möge den Krug einfach ersetzen durch einen neugekauften. Sie wird es tun, obwohl sie die Unersetzbarkeit des Krugs beteuerte.

Das wissen wir zwar nicht; doch dürfen wir es nach allem Vorangegangenen erwarten. Außerdem sprechen dafür nun die Zahlen. Ihr symbolischer Zusammenhang signalisiert zunächst eine objektive Weltordnung, eine universal waltende Gerechtigkeit, wie sie es tut in der Nemesistragödie Schillers und im parodierten Muster der Komödie, im *Ödipus*. Aber eben, Kleist kehrt das parodistisch um. Die Menschen führen die Ordnungserwartungen, die sich an die Struktur des Zahlenhorizontes knüpfen, ad absurdum.

Das Realgeschehen weicht von den Zahlenpostulaten ab. Ja, deren Reihe endet mit der 12 und stürzt dann gleichsam ab in die 13, das Symbol des Unglücks und der extravaganten Abweichung vom rechten Maß und Maß des Rechts. Und wie der 13. Auftritt sich verkappt als „Letzter,“ so vollzieht sich die entscheidende Rechtsabweichung, die Schlußregelung durch Walter, auf so verhüllte

Weise, daß sie leicht die Illusion einer Erfüllung und Wiederherstellung von Recht und Ordnung schafft, wie sie im 12. Auftritt am Platze wäre.[45] Der „Letzte" und 13. Auftritt, die bloß äußerliche Wiederherstellung und fatale Vorspiegelung von Ordnung und sogar des Rechts, das doch zerbrochen wird, verbildlicht die Essenz der Komödie.

Vielleicht stimmen dazu noch einige weitere Kombinationen von Zahlen und sprichwörtlichen Wendungen, allerdings bin ich hier meiner Sache nicht ganz sicher. Im Auftritt 10 hat Adam es mit der Drei. „Eins ist der Herr. Zwei ist das finstre Chaos. Drei ist die Welt." Bedeutet diese pythagoreische Zahlenmystik:[46] Walter verwandelt das Chaos der Huisumer Gerechtigkeit in ein geordnetes Universum – dann wird der Gerichtsrat diese Vorstellung selbst widerlegen. Auffällig aber paßt die Folge „1 – 2 – 3" zur Situation. Einerseits steht Walter im Begriff, den Übeltäter nach langem Herumtappen endlich zu erwischen: 1 – 2 – 3. Andererseits beruht das eben darauf, daß er die ganze Zeit über zwei Wunden sah und nun auch von zwei Schlägen hörte. Sie sind unbildlich und sollten gerade deshalb die bildliche 3 des Entdeckens herbeiführen. Sucht Adam sich zu helfen, indem er jene unbildlichen Zweien und diese unbehagliche bildliche Drei übertönt durch seinen Toast auf „die gute Zahl" Drei?

Deren Sinn ist: zum Ende kommen oder zum Anfang, zur Erfüllung. Auf praktischer Ebene ist das auch der Sinn des volkstümlichen Zählens „1 – 2 – 3." Zugleich aber stimmt zu jenem pompösen Toast letztlich auch das Sprichwort: „Aller guten Dinge sind drei." Adam hofft derart zu triumphieren. Als Walter Ruprecht fragt,

---

[45] Es sei angemerkt, daß Kleist die Szeneneinteilung und Nummerierung erst für die Druckfassung 1810 vornahm. In dem Schauspiel *Prinz Friedrich von Homburg*, das er damals vollendete, „schlägt die Stunde" mehrfach beinahe; die 12. Stunde ist „Mitternacht" in Akt I, 1 und – am selben Ort – Akt V, 11. Das Schema Verheißung und Erfüllung erleidet freilich eine Dissonanz: Das Drama endet mit einem 11. Auftritt – wie *Amphitryon*. Und wie Alkmene, nach dem Stück zu schließen, innerlich eine Zukunft bevorsteht, die von der offiziellen Erfüllung und Verherrlichung des Auftritts III, 11 beträchtlich abweicht, so hat man für den Prinzen ähnliche Zweifel geäußert. Zu *12. Stunde* und *Mitternacht* vgl. Mary Garland: *Kleist's „Prinz Friedrich von Homburg."* The Hague-Paris 1968, 48-54.

[46] Vgl. Delbrück und Seidlin.

„Wie oft traf er dem Sünder denn den Kopf?" erhebt der Schlingel ablenkend prompt auch jenes letztgenannte Sprichwort auf die höhere Ebene der „Pythagoräer-Regel" - halb metaphysisch, halb irdisch oder vielmehr recht flüssig: „Eins ist der Herr, Zwei das finstre Chaos. Drei Gläser lobe ich mir. Im dritten trinkt man mit den Tropfen Sonnen, und Firmamente mit den übrigen" (1529ff.). Tatsächlich wird Adam noch viele Gläser leeren - zu viele, zu viel des Guten, zu viele über die guten 3 hinaus, wie die 13 über die 12.

Das würde den Sinn des Toasts auf düstere Weise umkehren: Unauffällig, unaufhaltsam erfaßt das finstre Chaos die ganze Welt, zuletzt den „Herrn" und Schöpfer, den Anfang: alles. Genau das signalisierte der ganze Horizont der Zahlen: Die Nemesis, die Göttin des rechten Maßes und der strafenden Gerechtigkeit, greift gerade nicht ein - nicht hier und jetzt, und schwerlich jemals. Die Götter blicken von sehr ferne auf die Erde. Und ob wir alle Zahlen richtig lasen oder nicht: Kleists Komödie offenbart jenen erschreckenden Befund in voller Blüte.

Daß es dabei bleibt, dafür sorgen Autoritäten wie Adam, Licht und vor allem Walter. Wie so viele hochgebildete und -gestellte Personen, die ihm in *Wilhelm Meisters Lehrjahren*, den *Wahlverwandtschaften* vorangehen, in der deutschen Literatur des 19. Jahrhunderts folgen und in der Wirklichkeit aller Zeiten begleiten, weiß er nichts von seinen Mängeln und von den Schäden, die er anrichtet und die er gerade darum anrichtet, weil er sich erhaben dünkt über dergleichen.[47] Er glaubt an seine eigene Autorität; und nicht zuletzt darum glauben auch die anderen an sie - im Stück und außerhalb - wo sich nicht wenige eben den Rat als Identitätsfigur aussuchen, sogar als ***die** Kleistische* Identitätsfigur.

Darum lächelt die Komödie, lächelt diese menschliche Komödie oder Komödie des Menschlichen auch über uns. Doch ihr Lächeln über ihre Welt und über uns mischt sich mit Trauer, Resignation und Sorge, Pessimismus, Spott. Das Gaukelspiel, das der Richter

---

[47] Vgl. den Überblick am Schluß meiner Abhandlung: „daß er als Kleinod gehütet werde." Stifters *Nachsommer*. Eine Revision. *Literaturwissenschaftliches Jahrbuch der Görres-Gesellschaft* (1975), 73-132, sowie meinen Beitrag: Handeln, Reden und Erkennen im Zusammenhang der Dinge. Raabes *Horn von Wanza* und Fontanes *Irrungen Wirrungen* - ethisch betrachtet. In: *Wege der Worte. Festschrift für Wolfgang Fleischhauer*. Hg. Donald Riechel. Köln 1978, 347-376.

Adam auf Biegen und Brechen wagt, glückt fast, und es mißglückt nur halb. Und in der Rührung des Happy-Endings entgeht allzu oft, daß Walter, ohne es zu wissen noch zu wollen, mit überlegener Regie ein viel weiterreichendes Gaukelspiel einleitet. Unabsehbar viele gingen voraus und werden folgen. Man mag solche Assoziationen trübe oder weise finden oder beides. Zu ihnen lud jedenfalls schon der pompöse Staatsakt ein, den Kleist auf seinem Krug abbildete und dessen Schilderung er entnahm aus Schillers *Geschichte des Abfalls der Vereinigten Niederlande von der Spanischen Regierung*. Die letzten Sätze dort lauten ironisch-lakonisch: „Es weinte alles, was herumstand. Es war eine unvergeßliche Stunde. Diesem rührenden Gaukelspiel folgte bald ein andres.“

Amphitryon

Die Verschleierung der Wahrheit in und über Kleists *Amphitryon.* Zur dialektischen Aufhebung eines Lustspiels oder "Über den neuen mystischen *Amphitryon* und dergleichen Zeichen der Zeit" (Goethe, Tagebuch, 15. Juli 1807)

Die Wahrheit wird verschleiert auch über den *zerbrochnen Krug* und vor allem in der Komödie selbst. So durchschauen einige Figuren (Rat Walter, Marthe) Adams Lügen später als Eve, Licht und wir, das ahnungsweise informierte Publikum. Und das, obwohl Adam nicht einmal durchweg versucht, sich zu verstecken. Vielmehr begrüßt bzw. verwünscht er die günstigen und ungünstigen Wendungen des „Prozesses" mehr oder weniger offen und treibt sogar mit seinen begriffsstutzigen Hörern und Verhörern sein mutwilliges Spiel.[1] So gewinnt das Komische eine weitere Dimension - und zwar mit Hilfe der sprachdialektischen Möglichkeit, daß gerade Aufklärung Wahrheit verschleiern kann.

Etwas anders liegen die Dinge bei Walter Müller-Seidel.[2] Ausgehend von hierarchischen Rangunterschiedsvorstellungen theokratisch-aristokratischer Provenienz, leitet er die Komik von der Überlegenheit des Gerichtsrats ab, - während Walter tatsächlich, trotz Namen und Rang, ähnlich wie die Dorfbewohner aus herkömmlichem Respekt vor der Autorität des Amtsträgers die offenbare Wahrheit lange nicht erkennt und damit selbst zum Gegenstand der Komik wird. Zumal er den Prozeß um der äußeren Würde des Gerichtes willen verkommen läßt zu einer Farce, den ertappten Sünder schützt und dessen Posten mit einem mehr als ebenbürtigen Schwerenöter besetzt - denn er verzichtet fahrlässig darauf, die Kassen und also das Treiben dieses Spitzbuben unter die Lupe zu

---

1 Vgl. Fritz Martini: Kleists *Der zerbrochne Krug. Jb. d. dts. Schillergesellschaft* 9 (1965), 373-419.

2 *Versehen und Erkennen.* 1961. Vgl. dagegen Martini, 403.

nehmen (was Aufgabe eines Revisors ist). Wohl in seiner eingebildeten Selbsteinschätzung, doch weder erkennend noch moralisch ist er überlegen.

Helmut Arntzen[3] warf daher ihm und den übrigen Figuren Mangel an richtigem gesellschaftlichem Bewußtsein vor. Was daran zutrifft, wird leider ruiniert durch Arntzens Methode, die frisch entstaubte historische Bewußtseinsdialektik. Die absoluten Kategorien (richtig und falsch) dieser Ideologie erzwingen einen dogmatisch-doktrinären Moralismus, dessen notorische Humorlosigkeit der Freiheit des Komischen notwendig den Garaus macht.

Arntzens „ernste" Komödiendeutung verkennt, daß von Kunst und Lebens wegen das In-Frage-Stellen der geltenden Moral und Autorität den Zuschauer amüsiert - erst recht natürlich das Nichterkennen solchen In-Frage-Stellens durch die Figuren und durch den Teil des Publikums, der mit ihnen gläubig festhält an der Überlegenheit der institutionalisierten Autorität. Es nützt Arntzen daher wenig, daß er die Fragwürdigkeit der scheinbar überlegenen Figur durchschaut, so wichtig dies schon ist. Kleist hat seine Interpreten ja allzu oft dadurch genasführt, daß er die wahre Nicht-Überlegenheit seiner scheinbar überlegenen Figuren und Instanzen mit eben diesem Schein von Überlegenheit verschleierte. Das Komische daran wird naturgemäß gesteigert, wenn die Figuren - und besonders, wenn die Kritiker solchem Schein zum Opfer fallen und ihn dadurch verstärken. Nicht zuletzt gilt das nun von *Amphitryon*, wie dessen Kritikgeschichte zeigt. Immerhin dürfte ähnlich wie im *Krug* die Wahrheit durchaus zu erkennen sein.

* * *

Die offizielle Verherrlichung, die der Heimsuchung Alkmenes durch Jupiter im Stück zuteilwird, ist transparent für die satirisch-komische Kritik an dem Besuch samt seiner erbaulichen Verherrlichung. Diese ironisch entschleiernde Verschleierung der Wahrheit[4]

---

3 *Die ernste Komödie*. 1968, 178-199.

4 Zur ironischen Transparenz vgl. Beda Allemann: Ironie als Literarisches Prinzip. In: *Ironie und Dichtung*. Hg. Albert Schaefer. München 1970, 11-33.

behandle ich im Folgenden nicht so ausführlich wie schon andernorts. Die dort erzielten Resultate möchte ich ergänzen von dem Reflex her, den Kleists Verfahren im Publikum, und das heißt notwendig im gelehrten Publikum, in der Kritik fand. Denn wie im *Krug* führte die ironische Entschleierung der Wahrheit in *Amphitryon* im Bunde mit der Autorität ehrwürdiger Vorurteile gerade zur Verschleierung der Wahrheit über das Werk: über seine dramatische Dialektik, seine Charaktere, seine Komik, seine Rebellion.

Giraudoux und Molière

Warum eigentlich sprechen so viele Interpreten Jupiter den „Sieg" zu? Im selben Bande *Kleist und Frankreich* 1969 wie meine Untersuchung „Der neue Prometheus. Kleists *Amphitryon* zwischen Molière und Giraudoux" erschien die von Lawrence Ryan und setzt sich da bereits mit meiner auseinander. Zu diesem Zweck gab der Herausgeber Müller-Seidel mit meiner Zustimmung dem Kollegen meinen Text zu lesen, mir freilich nicht seinen. Das Folgende mag daher in dem Dialog der beiden Lager, wie immer er sich fortsetzen mag, als einstweilige Zwischenbilanz dienen, „um das Gedeutete in seinen methodischen Prämissen und Evidenzen zu erörtern." So Müller-Seidel, freilich nur über Ryans Beitrag, der den meinen zumindest neutralisieren sollte. Solcherart ermutigt, treibt Ryan seine Argumente, diejenigen Müller-Seidels und ähnlich gerichteter Untersuchungen allerdings dermaßen auf die Spitze, daß er deren Problematik schonungslos entschleiert.

Dazu verführte offenbar eben die apologetisch-aggressive Absicht seiner Arbeit. Sie dokumentiert sich nicht zuletzt im verschärften Zurückgeben kritischer Hinweise meinerseits auf Fälle, wo Ryan in einer früheren Studie und andere Interpreten m.E. am Text vorbeireden, Struktur und Intention des Werks verkennen und sich dadurch selber mit zum Gegenstand der ironischen Satire machen.

Ferner ist da meine These, Molières und Giraudoux' Amphitryon-Dramen gehörten mit Kleists in eine Linie, da alle drei den Übergriff des Gottes mit prometheischer Aufsässigkeit ablehnen und verhöhnen. Ryan stimmt dem zwar zu, indessen nur, um alle drei Dichtungen umgekehrt aufzurufen als Zeugen für Triumph und Überlegenheit des Göttlichen. Zu Schaden kommt dabei die schöne Frau. Sie, die seit Plautus als Ideal von Weiblichkeit verherrlicht wurde, zeichnet sich nun aus durch Beschränktheit.

Ihr Eigensinn bleibe dem Gott zuletzt freilich verschlossen und rechtfertige Jupiters Bild, sie sei der „wahre Prometheus" - so viel räumt Ryan ein. Allerdings leugnet er, daß bei diesem unbeugsamen gefesselten Prometheus die Rede sei von dem Feuerraub-Motiv und einer prometheischen Rebellion (117). Kann aber der Widerspruch in den *Amphitryon*-Dramen, in denen die Menschen äußerlich notwendig unterliegen, etwas anderes sein als selbst in der Fesselung das ungebrochene Beharren auf der eigenen Position, die sich mythisch ausdrückt im Feuerraub? Mir scheint das selbstverständlich. Und mich beeindruckte bei Giraudoux der szenische Zusammenhang, in dem Jupiter Alcmène anredet als „wahren Prometheus," nämlich wenn er widerwillig zugeben muß, daß seine Göttermacht zuschanden wird vor ihren eigenständig menschlichen Tugenden der Treue, Sanftmut, Hingabe. Das sieht mir aus wie ein Triumph der scheinbaren Verliererin, und ebenso das weitere Zugeständnis Jupiters, daß die höheren Menschen wie Alcmène und Amphitryon ihn samt seinem Mythos ablehnen.

Dieser relativiert sich damit zur überholten Stütze gesellschaftlicher Stabilität. Nur die primitive Masse verehrt ihn als verbindlich. Diese Niederlage der Götter und der Religion vollzieht sich bei dem Franzosen des 20. Jahrhundert völlig unverschleiert. Ihre Darstellung verliert dadurch viel an Komik und am Rang eines prometheischen Aufbegehrens. Dieses aber wird wohl gerade deshalb von Jupiter höchstselbst als solches formuliert.

Bei Molière gibt Ryan dies schon eher zu. Das ist ebenso anerkennenswert wie sachlich aufschlußreich. Eigentlich möchte er ja, daß es seine Richtigkeit behalte mit der doppelten Moral, wonach der Gott als Gott „gleichsam außer Konkurrenz steht" und Amphitryon ehrenvoll ausgezeichnet wird durch seine „Rivalität" mit Gott. Zu Ryans Enttäuschung dringt Jupiter damit jedoch bei Molière nicht durch. Der Diener Sosie widerspricht am Schluß sarkastisch. Und Molière scheint das göttliche Eingreifen „nur als Willkürhaltung zu verstehen" (Ryan, 111). In der Tat, wie sollte es anders sein, erklärt doch Merkur programmatisch schon im Prolog:

> Wer hohen Stands sich glücklich preist,
> Bei dem ist, was man tut, stets schön und gut;

Und je nachdem, für was man gilt,
Sieht sich die Sache anders an.

Das Stück richtet sich genau gegen diese Denkweise, die Ryan retten will. Es ist ein satirischer, ist der prometheische Protest Molières gegen die relativierende Neutralisierung sittlicher Werte durch den Standesunterschied, besonders durch die institutionalisierte Autorität der Religion. Ryan verschleiert das und damit den Kern des Stückes, indem er die Immoralität des Gottes moralisch zu retten sucht: Jupiter gesteht mit unverhohlener Eifersucht, er habe Alcmène nur in Gestalt des Gatten besuchen und sie diesem daher nicht abspenstig machen können. Das beweist laut Ryan die „Unantastbarkeit eines Eheverhältnisses" durch einen derartigen göttlichen Willkürakt; ergo wollte der Gott gar nicht „zwischen [die] Ehegatten einen Keil treiben."

Die Logik der Dichtung besagt freilich das Gegenteil: Die Ehe blieb unangetastet nur, weil Jupiter nicht erreichte, was er erreichen wollte. Das ist seine Niederlage und Blamage. Er kann sie zugeben, weil seine Autorität so groß ist, daß sie dadurch nicht erschüttert wird. Wenigstens nicht öffentlich, dem Anschein nach. Im Bewußtsein der „höheren" Menschen freilich sieht es anders aus. Sie weisen die Zumutung, den Ehebruch als Ehrung zu begrüßen, erbittert ab: Sosie tut das ebenfalls, er rät zum Schweigen. Und Amphitryon tut es, indem er zu seiner Auszeichnung durch die Geburt des Halbgottes Herkules – tatsächlich schweigt.

Die Stoßrichtung der dramatischen Dialektik ist – dem prometheischen Wagnis gemäß – verschleiert, aber klar erkennbar. Trotzdem leugnet Ryan sie und beteuert sogar, daß der Gott Alcmène „ein Bekenntnis zu ihm ablistet, das zwar für sie ihrem Gemahl gilt, aber näher besehen eben nicht im Verhältnis zum Gemahl aufgeht, sondern eine über dieses hinausgehende Spontaneität der Liebe enthält." – Nur, „näher besehen," werde das von Molière selber „nicht ganz ernstgenommen," bleibe bei ihm im Ansatz stecken und schaffe eben damit „einen Übergang zu der Bearbeitung Kleists" – oder besser einen Übergang von Ryans mißglückter Bemühung um Molière zu seiner Kleist-Deutung.

Erst bei Kleist nämlich ist er in seinem Element. Transponiere der Deutsche doch jene Konzeption eines Gottes, der die schöne Frau zu spontaner Liebe führe, „in einen Zusammenhang, der nur von spekulativen Gedankengängen her aufzuschließen ist und durchaus die Aufhebung der herrschenden Gegensätzlichkeit in einer neuen, höheren Entwicklungsstufe vorsieht" (111f.), wie denn Kleist überhaupt geprägt sei von der Denkweise des dialektischen Idealismus (90).

Dialektik als spekulative Ideenlogik mit dem Ziel einer synthetischen Aufhebung von Gegensätzen: Ryan kennzeichnet damit ein Interpretationsverfahren, das im Falle des Kleistischen *Amphitryon* schon immer beliebt gewesen ist und von der progressiven Germanistik mit Vorliebe restauriert wurde. Methodisch und weltanschaulich steht man damit einem so konservativen Ideologen wie Adam Müller näher, als man vermutlich weiß.

Kleist

Müller, der erste Herausgeber und damals mit dem Dichter unbekannt, deutete das Werk als Analogie zur unbefleckten Empfängnis Jesu und als Sieg von Gottesliebe über Gattenliebe; Jupiter gewinnt Alkmenes Herz. Das ist und bleibt bis heute der *mystische Amphitryon,* den Goethe mit Verdruß notiert. Andere machen den Gott ebenfalls zum Sieger, meinen indes, sein Scheiden sei tragisch – gewiß für Alkmene, die an den irdischen Gemahl gefesselt bleibe, vielleicht indessen sogar für den Gott, dem die Seligkeit irdischer Frauenliebe nur vorübergehend und irrtümlich zuteilwerde.[5] Gehören manche *Amphitryon*-Interpretationen ins Kapitel der Männer-Phantasien?

1961 vermittelte hier Müller-Seidel.[6] Durch die Erfahrung göttlicher Liebe werde Alkmenes Liebe vertieft, zugleich in sehnsüchtige Trauer getaucht und so ihre Seelennot „`aufgehoben´ im gleichsam

[5] Z.B. Werner Milch: Das zweifache Ach der Alkmene. *Kleine Schriften.* 1957, 156-159. Elida Maria Szarota: Antikes und Modernes in Kleists *Amphitryon. Kwartalnik Neofilologiczny* 8 (1961), 389-410. Marianne Thalmann: Das Jupiterspiel in Kleists *Amphitryon. Maske und Kothurn* 9 (1963), 56-67. Siegfried Streller: *Das dramatische Werk Heinrich von Kleists.* Berlin 1966. Dieser eine Punkt trennt Streller von der Komödien– wie von der Prometheus-Konzeption, die er im Übrigen nachdrücklich vertritt.

[6] Die Vermischung des Komischen mit dem Tragischen in Kleists Lustspiel *Amphitryon. Jb. d. dts. Schillergesellschaft* 5 (1961), 118-135.

Hegelschen Sinn" (129f.). Die Himmlischen verhelfen den Menschen zur Erkenntnis der Götter wie ihrer selbst und machen damit „auch Gesellschaft anders möglich als zuvor" (135) - wie? das wird uns freilich vorenthalten. Genug, Abstand und Alternative zwischen Göttlichem und Menschlichem versöhnen sich. - Früher und später zogen andere Interpreten jene Synthese sogar zur Identität zusammen. Alkmene hat danach nicht zu wählen zwischen Gott und Mensch; sie soll nicht beide lieben und erkennen, sondern den einen, der beides ist: Jupiter-Amphitryon.

Jupiter-Amphitryon, das ist die Identitätsthese, der zufolge der Gott und Amphitryon, der Geliebte, unter Ein- oder auch Ausschluß des Feldherrn-Gemahls Einer sind Demgemäß bevorzugt Alkmene anfangs den Geliebten - was man lobt[7] und auch tadelt, je nachdem, wie viel „Gott" jeweils darin enthalten ist;[8] oder sie hat umgekehrt, wie Ryan neuerdings behauptet, schon in ihrer jungen Ehe die spontane Liebe abgeschaltet zugunsten der „pflichtmäßigen Gattenliebe" (87). Den Geliebten kann sie schuldhaft vom Feldherrn-Gemahl nicht unterscheiden, während Peter Szondi und andere ihr umgekehrt gerade vorwerfen, daß sie diese Unterscheidung trifft. Kurz, was sie auch anstellt, es ist verkehrt.

Da das Verhältnis zwischen Göttlichem und Menschlichem am Ende richtig werden soll, muß es am Anfang falsch sein, so oder so. Daher bringt nichts ärger in Verlegenheit als eine Alkmene, die gleich zu Beginn (I, 4) der Unterscheidung Jupiters zwischen Geliebtem und Gemahl „entgegenzukommen scheint" - was den Gott entzückt, wunderbarerweise aber auch seine Besorgnis weckt. Warum? Gerhard Jancke erklärt hier wie überall in solchen Fällen, Alkmenes Unterscheidungen und Synthesen seien unrichtig und bedürften der Berichtigung. Diese dialektische Gewalt- und Allerweltslösung verhüllt nur schlecht die Hilflosigkeit, in welche das dialektische Schema sich selber, einen simplen Sachverhalt und diese Interpreten manövriert.

---

7 Außer M. Thalmann, Peter Szondi: *Amphitryon.* Kleists Lustspiel nach Molière (1961). In P.S.: *Satz und Gegensatz.* Frankfurt/M. 1964, 44-57, und Hans-Georg Gadamer: Der Gott des innersten Gefühls (1961). In: *Kleine Schriften* II. Tübingen 1967, 161-169.

8 Neben Arntzen besonders Gerhard Jancke: Zum Problem des identischen Selbst in Kleists Lustspiel *Amphitryon. Colloquia Germanica* (1969), 87-110.

Denn was steht im Text? Gewiß unterscheidet Alkmene den Geliebten vom Gatten und Feldherrn. Alle drei bilden ihr aber nur verschiedene Seiten einer identischen Ganzheit: für Janckes „dialektische Einheit von Identität und Differenz" ein willkommenes Musterbeispiel, dessen natürlich-einfacher Sinn den auf dergleichen spezialisierten Interpreten offenbar entging, sie waren auf Höheres aus. Alkmene nämlich verwünscht den Beruf des Mannes so, wie das von einer Soldatenfrau bei einem solchen Abschied Jungverheirateter kaum anders zu erwarten steht. Damit eben bekräftigt sie, daß sie in Amphitryon, dem Feldherrn, zugleich den Gemahl und den Geliebten liebt. Kam Jupiter, wie man ihm unterstellt, um sie die wahre Amphitryon-Liebe zu lehren, so konnte er die Mühe sparen. Tatsächlich ist er entzückt, weil sie ihn liebreich anspricht, und betreten, weil sie damit gar nicht ihn meint, sondern den, dessen Gestalt er annahm, um sie für sich zu gewinnen.

Die Komik, daß die *Seligkeit,* die er genoß, eben deshalb dem andern galt und gelten mußte, hatte der Allwissende nicht vorbedacht. Es überrascht ihn und steigert den Neid, welcher ihn herlockte, zur Eifersucht. Fortan müht er sich ab, unterschieden zu werden als der Geliebte vom Gemahl,[9] dann als der Gott vom Menschen. In Amphitryons Gestalt mißlingt das dem Allmächtigen jedoch. Vor Alkmene wirkt er absurd und vor dem allwissenden Zuschauer lächerlich. Und es ist ebenso komisch wie bedeutsam, daß er sogar scheitert, nachdem er der Frau in der Gestalt Amphitryons plausibel machte, ihr Besucher sei der Gott gewesen. Seinen letzten Versuch in Szene II, 5, ihre Liebe auf Kosten des Gatten sich selber zuzuwenden, dem Gott, pariert sie so – und glaubt Amphitryon anzureden:

> Wenn du, der Gott, mich hier, umschlungen hieltest
> Und jetzo sich Amphitryon mir zeigte,
> Ja, dann so traurig würd ich sein, und wünschen,
> Daß er der Gott mir wäre, und daß du
> Amphitryon mir bliebst, wie du es bist.

Das heißt: Traurig wäre ich, wenn du in Wirklichkeit nicht Amphitryon wärst, sondern der Gott, wie du behauptest, und der

---

[9] Bei Molière ein Parademotiv der preziösen Liebeskasuistik. Vgl. Jürgen Grimm: Molières *Amphitryon* oder die ambigue Funktion des Mythos. In: *Amphitryon „Das fasst kein Sterblicher."* Hgg. Günther Emig und Peter Staengle. Heilbronn 2004, 51-63, 55.

richtige Amphitryon daneben stünde. Dann wünschte ich, die angenommene Konfiguration kehrte sich so um, daß du nicht mehr der Gott, sondern Amphitryon wärst, *wie du es bist,* und jener andere der Gott. Ein hypothetisches Entweder-Oder, vor dem Alkmene sich unzweideutig für den menschlichen Amphitryon entscheidet, der nicht zugleich der Gott ist, und gegen den Amphitryon, der zugleich Gott ist – also gegen den Gott in Menschengestalt, gegen jenen Jupiter-Amphitryon, der ihre Liebe wünscht und ihren Liebeserweis bereits erschlichen hat.

Die mystisch-dialektische Interpretation will das natürlich nicht; sie will, daß Alkmene sich für den Jupiter-Amphitryon erklärt. Hören wir Ryan: „*Traurig* wäre Alkmene, weil der hinzukommende Amphitryon[10] eben kein göttlicher wäre, im Gegensatz zu dem sie umschlungen haltenden; sie würde aber wünschen, daß ihr der Gott als Amphitryon bleiben [sic], daß der andere (irdische) Amphitryon ihr *der Gott* wäre. Zwischen dem Amphitryon gewordenen Gott und dem Gott gewordenen Amphitryon entscheidet sie eigentlich nicht, sie wünscht sich die Einheit beider und wählt damit `indirekt´ den Jupiter, der zugleich Amphitryon ist" (95).

Szondi erklärt: „Sie entscheidet sich also weder für Amphitryon, noch für Jupiter, die nur in ihrer Vorstellung existieren, und für jenen, der ihr gegenwärtig ist:" für „Jupiter-Amphitryon, der nicht der Gott ist, sondern der göttliche Mensch, der Mensch in der Göttlichkeit seines Gefühls" (56). Auch dieser freilich wäre nur in ihrer Vorstellung vorhanden. Wählte sie ihn, dann wählte sie „die imaginäre Welt ihres Gefühls." Marianne Thalmann konstatiert eben das enthusiastisch (65), Arntzen dasselbe kritisch: „Alkmene liebt weder den realen Menschen Amphitryon noch glaubt sie den Gott, zu dem sie betet, sie bekennt sich zu ihrem Idol" von Anfang an (225); und Jupiter versucht, sie davon abzubringen, allerdings vergeblich (244). Ryan, Szondi, Thalmann usw. fanden umgekehrt, daß er sie

---

[10] Ryans Wendung vom hinzukommenden Amphitryon paßt zu meiner Formulierung, er stehe „daneben;" desgleichen das Zugeständnis, es wäre „zur Not verständlich, daß Alkmene [wie sie tatsächlich später will!] lieber die täuschende Verwirrung *rückgängig* [WW] machen möchte, damit der wirkliche und unbezweifelbare Amphitryon sie umschlungen hielte," zu meinem Ausdruck „verwandeln." Ryan beanstandet meine Worte trotzdem und obwohl man sie vergeblich in meiner von ihm zitierten Studie sucht; ich ließ sie während der Drucklegung fallen und informierte ihn gleichzeitig davon.

zur Bejahung des Jupiter-Amphitryon bewegen will; das war richtig, nur täuschten sie sich über den Erfolg. Arntzen zwar sieht richtig den Mißerfolg, sucht aber den Fehler bei Alkmene. Auf seine Weise rechtfertigt auch er den Gott. Auch er verwandelt die Alternative `Gott oder Mensch´ in die Synthese `Gott-Mensch,´ und diese erhält auch bei ihm, nur kritisch, den Modus einer subjektiven Bewußtseins-Illusion.[11]

Daraufhin versuchte Jancke, ähnlich wie vorher und gleichzeitig Ryan,[12] die mystischen und subjektivistischen Auslegungstendenzen auf einer objektiveren Ebene dialektisch zu vereinen. Er beurteilt Alkmenes Entscheidung Ende II, 5 wie folgt: „so wird der Gott bejaht - aber als der, der er nicht ist - als Amphitryon [...] und so wird umgekehrt Amphitryon verneint als der, der er nicht ist - der Gott [...]. So werden beide [...] ineins und zugleich bejaht und verneint. [...] Damit spricht Alkmene unbewußt aus, was am Schluß des Stückes als Erkenntnis ins Bewußtsein dringen soll: nicht die falsche und tautologische Identifizierung von Amphitryon und Jupiter und ebensowenig ihre völlige Isolierung, sondern ihre dialektische Identität als einer Einheit, die die Differenz in sich enthält" (99).

Ich fürchte, da werden Begriffe bemüht, die allzu viel verkraften, nämlich was immer dem angestrebten Resultat zuwiderlaufen mag. Daß tatsächlich die Alternative `Gott oder Mensch´ entschieden

---

11 Arntzens Kategorien der Idolbildung, der Reflexionsgrade, der Bewußtseinserhellung, der Identität, des Zu-sich-selbst-Findens usw. entstammen der dialektischen Soziologie und dem Existentialismus. Sie erfassen die individuellen Erkenntnisvorgänge im Zeichen eines monadenhaften Fichteschen Solipsismus und im Rahmen eines allgemeinen Bewußtseinsprozesses, also mit Hilfe eines Schemas, das über Marx und Hegel auf Leibniz zurückgehend, das Verhältnis zwischen Bewußtsein und Welt mehr spekulativ konstruiert als phänomenologisch beschreibt. Sein Buch enthält wertvolle allgemeine Einsichten und treffende Einzelbeobachtungen - trotz jener Methode, die zu so monströsen Abstraktionen führt wie der: in *Amphitryon* seien die Götter „dramatisches Substrat der totalen, überempirischen „Irritation," die „jeder im Stück" „je nach Art seines Bewußtseins verschieden erfährt" (220f.), oder auch zu der moralistischen Fehldeutung: Niemand habe Alkmene „hintergangen als sie sich selbst, die weder den wirklichen Amphitryon noch auch den Gott oder Göttlichen liebt, sondern ein Idol" (230).

12 Die Marionette und das `unendliche Bewußtsein´ bei Heinrich von Kleist. In: *Kleists Aufsatz über das Marionettentheater*. Hgg. H. Sembdner u. W. Müller-Seidel. Berlin 1967, 171-95.

wird, daß Alkmene dabei Jupiter mit Amphitryon verwechselt und völlig anders denkt, als Jupiter es will: solche Antithetik in der dramatischen Dialektik braucht von jener synthetischen Dialektik nicht einmal geleugnet zu werden. Sie wird von deren tyrannischem Universalanspruch kurzerhand vereinnahmt für die eigene Sicht. Indem die synthetische Dialektik alle störenden Unterscheidungen verdunstet, verschleiert sie die simple Wahrheit, die der theoretisch weniger befangene Leser dem Text ohne dialektische Manöver durchaus entnehmen kann.

Müller-Seidel beschreibt Alkmenes Alternative und Wahl Ende II, 5 zunächst richtig, richtiger als Jancke und alle anderen Ausleger seiner Richtung:

> Alkmene hätte antworten können [was sie nach Ansicht jener Interpreten wirklich tut], daß zwischen Jupiter und Amphitryon kein Unterschied sein möge. Dann hätte sie gerade das bestätigt, wovon Jupiter sie abbringen will. Aber die Antwort hätte auch so ausfallen können, daß der Fragende ihr der Gott wäre, und jener, der sich zeigte, Amphitryon. Sie wäre damit wohl dem Wunsch Jupiters entgegengekommen. Aber da es für Alkmene noch immer Amphitryon ist, der so spricht, hätte sie ihre Liebe zum Gatten verraten. So wünschte sie, daß jener, der sich zeigte, der Gott wäre und dieser, der sie fragt, Amphitryon – *wie du es bist.* Womit nun [und da beginnt die Tyrannei auch dieser Interpretation:] Jupiter dennoch erreicht hat, was in dieser über die Maßen schwierigen Denkoperation einzig zu erreichen möglich war. Alkmene ist ihrem Gefühl treu geblieben und hat doch [...] die Unterscheidung vorgenommen, auf die hin das Spiel komponiert ist (129).

Gewiß: Alkmene unterscheidet so, wie hier beschrieben, damit aber gerade nicht in dem von Müller-Seidel und Jupiter gewollten Sinn, noch bedarf es dazu einer „über die Maßen schwierigen Denkoperation." Vielmehr wird eine solche erst veranstaltet und unterstellt in der doch ganz simplen hypothetischen Annahme zweier Amphitryonen, deren freilich ununterscheidbare Verschiedenheit als Gott und Gatte vorausgesetzt ist; und es geht einzig um Alkmenes Stellungnahme zu jener vorausgesetzten Hypothese:

> Wenn ich, der Gott, dich hier umschlungen hielte,
> Und jetzo dein Amphitryon sich zeigte,
> Wie würd' dein Herz sich wohl erklären?

Das heißt im Sinne des vorangegangenen Disputs: Wem würdest du deine Liebe schenken, dem göttlichen Amphitryon hier oder dem menschlichen dort? An Müller-Seidels Sätzen kann man beispielhaft sehen, wie in den hier erörterten Interpretationen die sittliche Entscheidungsfrage verschlungen wird von der metaphysisch-religiös beschwerten Erkenntnisfrage. Deren Lösung wird im Text jedoch bereits vorausgesetzt und ist gar nicht mehr Thema. Erkennend geht Alkmene fehl. Sie verwechselt den Jupiter-Amphitryon mit ihrem Mann, der ja genauso aussieht. Nur darum kann sie vor die Wahl gestellt werden. Und für den Fall, daß sie unterscheiden könnte, wählt sie den Gatten; ihre Wahl gilt unabhängig von ihrem Erkenntnis-Irrtum und läuft „dem Wunsche Jupiters" genau zuwider.

Wie kann man das verkennen und wortreich verschleiern? Was ist das für ein intellektuelles Klima, in dem dergleichen möglich und verbreitet ist? Liegt es an der dialektischen Methode, die offenbar nur allzu geeignet ist, Unterscheidungen aufzuheben und aus einem Ja ein Nein zu machen? Oder hat insbesondere die Verschleierung der menschlich-sittlichen Thematik damit zu tun, daß die deutsche Germanistik sich im Zeichen von Soziologie und Existenzphilosophie bzw. -theologie für profan-ethische Probleme seit längerem weniger interessiert als für metaphysische und Seins-Erkenntnis? Jedenfalls muß sich hier die Sprache jedem höheren, religiösen Wunsch prostituieren.

Sicher leistet Kleists Dichtung der in Deutschland herkömmlichen Parteinahme für die religiöse Autorität teilweise Vorschub. Alkmene drückt den Korb, den sie dem Gott erteilt, nur indirekt, verschleiert aus. Sie muß ja fürchten, sie werde den Gott, von dem die Rede ist und der ihre Worte hören könnte, kränken. Darum kleidet sie ihre Wahl in eine Weiterverwandlung des zu beurteilenden, hypostasierten Falles, so daß er sich ihrer Wahl-Entscheidung fügt und Ausdruck gibt: nämlich, daß sie in einer weiteren hypothetischen Situation statt des göttlichen den menschlichen Amphitryon im Arme halte. So durchsichtig das ist, viele Interpreten ließen sich täuschen. Dazu trug nicht wenig bei der Gott.

Mit Vorliebe beruft man sich gerade auf seine in der Tat überraschende Reaktion: auf seinen überschwänglichen Preis der schönen Frau als „süßes, angebetetes Geschöpf / So urgemäß, dem göttlichen

Gedanken [...]" - dem Gedanken nämlich, so erläutert Ryan (91f.), dem „Gott seine ganze Forderung an die Schöpfung durch ihre Liebe auszuzahlen" (v. 1530f.): Ihm, weil er der Gott ist und Liebe fordern darf. Man meint zunächst, nicht recht zu hören. Bei Amphitryon verurteilt Ryan nämlich die „Forderung der Liebe" (v. 838) als „Widerspruch in sich: Liebe erhebt keine `Forderungen´" (102). Dementsprechend moniert er, daß Alkmene, wie er meint, Amphitryon nur eheliche Pflichtliebe entgegenbringt. Die Pflichtforderung der Gottesliebe - siehe da! - läßt er dagegen gelten. Indessen, flugs setzt er sie gleich mit der Aufforderung zu spontaner außer- und überehelicher Liebe und verschleiert damit halbwegs die doppelte Moral, die er hier im Einklang mit Jupiter propagiert - die Kleist indes genauso angreift wie Molière.[13] Man möchte hier Goethes Mephisto parodieren: „Du übersinnlicher sinnlicher Freier, Gott Jupiter nasführet dich!"

In seiner Parteinahme für Jupiter als ehebrecherischen Liebhaber stellt Ryan es nun als „große interpretatorische Freiheit" hin, wenn man wie ich jenen zitierten Jubelruf des Gottes als gute Miene zu bösem Spiel versteht, als schauspielerische Verschleierung des Ärgers über die erlittenen Niederlage. Dazu nötigt indes der Text, wenn man Jupiters Verhalten von dem langen vorangehenden Gespräch und nicht dieses umgekehrt von der Reaktion des Gottes her liest. Dessen Wort vom göttlichen Gedanken dürfte da hauptsächlich die Funktion rhetorischer Verschleierung erfüllen - Verdrängung der erlittenen Abfuhr nämlich und Majestätsbeleidigung.

Gemeinhin mimt der Erfolggewohnte und Chef des Universums ja in all den Abweisungen, die er erfährt, bis kurz vor Schluß den Sieger. Z.B. quittiert er einen eklatanten Korb mit dem forcierten Vorgeben, er sei „gerührt durch so viel Besserung" (v. 1491). Und sogar nach seiner endgültigen und von ihm zähneknirschend zugegebenen Niederlage posiert er öffentlich als der gönnerhafte große Herr, der in Amphitryons „Hause sich gefallen habe" (v. 2316).

Freilich: wurde er da, in der letzten Szene, überhaupt tatsächlich wieder abgewiesen? Wie die meisten hier genannten Kritiker bestreitet es auch Hans-Georg Gadamer. Sein Beitrag repräsentiert auf

---

[13] Es ist auch so, daß Amphitryon nur inquiriert, ob dem anderen Amphitryon die Forderung der Liebe erfüllt wurde oder nicht, während Jupiter die Forderung tatsächlich stellt.

besonders krasse Weise die Fragwürdigkeit der methodischen und theoretischen Verfahren der bisher berührten Arbeiten. Der angesehene Verfasser der unter dem Titel *Wahrheit und Methode* (1960) erschienenen philosophischen Hermeneutik[14] will an *Amphitryon* exemplarisch „[...] dokumentieren, daß seine Theorie aus einer ausgebreiteten hermeneutischen Erfahrung erwachsen ist," und will „vor allem [...] etwas zu selbständiger Anerkennung bringen, was meist hinter den philologisch-historischen Methoden der Wissenschaft zurücktritt und doch in ihnen allen unkontrollierterweise wirksam ist: das `Sachverständnis.´ Wo es sich nicht um spezielle Sachbereiche handelt, sondern um Kunst, werden an die Auslegung der Sachen freilich besondere Ansprüche gestellt, die die Philosophie am ehesten einzulösen berufen ist. Die hermeneutische Praxis [...] will eine Theorie ergänzen, die nicht Vorschriften machen will, sondern sagen, was ist."

Was also *ist*? Amphitryon, der Geliebte. Er ist „der einzige, der für Alkmene existiert." Denn ***alles, was sich dir nahet, ist Amphitryon,*** sagt Jupiter - der es allerdings zu ihrer Irreführung kunstvoll so eingerichtet hat. Laut Gadamer sind in ihm deshalb - wir kennen das bereits - Gott, Gemahl, Geliebter „einer." Ich fasse weiter zusammen: Alkmene verleugnet den „wahren Gatten" und rechnet nicht damit, daß der Gott gegenwärtig sein könnte. Sie nimmt den für gegenwärtig, der es gar nicht ist. Darum ist sie „urgemäß dem göttlichen Gedanken." Ihr Irrtum „ist kein Irrtum," sondern „angefochtene und wiedergewonnene, eine höhere Gewißheit." Sie unterscheidet nicht, und damit wird „auch die mögliche Verwechslung [...] hinfällig."

Wer da nicht mitkommt, hat ganz Recht. Dem Text zufolge unterscheidet sie den Geliebten vom Gatten nämlich deshalb nicht, weil ihr das gar nicht möglich ist, weil sie ihren Gatten liebt und den gegenwärtigen Liebhaber, der ein anderer ist, mit ihm gleichsetzt, den einen mit dem anderen verwechselt, verwechseln muß. Gadamers „Sachverständnis" setzt Nicht-Unterscheiden und Verwechseln gleich mit Identifikation, Irrtum mit Wahrheit - und keineswegs nur mit der subjektiven Wahrheitsgewißheit der Frau. Deren Nichtwissen, Nichterkennen, Nichtunterscheidenkönnen von

[14] Vgl. Anm. 7: *Kleine Schriften,* Vorwort.

Gott und Gatte soll nämlich „dem Gatten und dem Gotte" erst je ihr „Sein" verleihen. Und zwar so:

In Alkmenes Gefühl erscheint „die Göttlichkeit der Liebe;" der Gott aber ist eben „der Gott des innersten Gefühls," daher mit dem Geliebten und dem Gatten „einer" „im zustimmenden Herzen der Frau" - und dennoch keineswegs völlig subjektiviert! Vielmehr ist er das „All des Seienden," identisch mit allem (also sogar mit Alkmene, wie Heinrich Meyer-Benfey schon 1911 der Pantheismus-These Jupiters spöttisch entgegenhielt[15]). Und der Gott führt das Philosophem selbst ad absurdum, indem er erklärt: er sei alles: Amphitryon, der miles gloriosus „und Photidas, die Kadmusburg und Griechenland" usw. (v. 2296ff.) - und besteht dennoch auf Unterscheidung, Nicht-Verwechslung.

Gadamers „bleibende Wahrheit des menschlichen Herzens," daß die „Verwechslung die Verwechslung mit einem Gott und daher keine Verwechslung war," transponiert die doppelte Moral, derzufolge der Besuch des Gottes Ehre bringt, auf die Ebene von Erkenntnis und Metaphysik. Alkmene zwar würde davon nichts bewußt; sie verwechselt ja die Erscheinungen Jupiters und Amphitryons. Trotzdem stempelt Gadamer die subjektive Gewißheit ihres Irrtums zur Wahrheit - wo sie nämlich zu der Wahrheit paßt, welche er will. Wo hingegen Alkmene auf Jupiters Drängen hin doch unterscheidet zwischen ihm und Amphitryon und dabei den Gatten vorzieht, da soll die „Sicherheit" solch ethischer Wahl „in Wahrheit der Gipfel der Verwirrung, ja der Verleugnung ihres Gefühls" sein. Ist sie dann wieder zärtlich zu dem Gott, den sie mit Amphitryon verwechselt, genügt schon ihre subjektive Sicherheit vollauf als Beweis der Wahrheit. Irrtümliches Wählen wird objektiv richtiges Erkennen und zur Tugend. Sein hängt ab von Erkanntoder auch Nichterkanntwerden, Wahrheit nur von Gewißheit und von der Wahrheit, die der Kritiker wünscht und setzt. Sie bleibt als einziges beharrendes Kriterium; alle übrigen wechseln nach Belieben und Bedarf. Wahrheit wird manipuliert und die absolute, hemmungslose Willkür des Verstehens als „Methode" sanktioniert.

Die spekulative Dialektik und mystische Scholastik, welcher sich Gadamer bedient, um „die \`theologische´ Auszeichnung Alkmenes mit der Gewißheit ihres innersten Gefühls zu versöhnen," findet

[15] *Das Drama Heinrich von Kleists*. Bd. 1, 126f.

sich auch in den jüngsten Interpretationen, und setzt damit die existenztheologische Dialektik Gerhard Frickes fort.[16] Die religiöse Deutung des *Amphitryon* herrschte von Anfang an. Ryan hat meine Arbeit diesen älteren zugeordnet. Ich bin damit gern einverstanden, sofern Fricke, von Wiese und übrigens auch Thomas Mann[17] Jupiters Niederlage in II, 5 zutreffend schildern. Mit diesen Analysen hätte man sich auseinandersetzen sollen, zumal bereits Fricke (60-96) sich über den „seltsamen Anblick" mokiert, wie in jener Szene der gesteigerten Versuchungen „zwar nicht Alkmene, aber zum größten Teil die Kleistinterpretation diesen Versuchungen zum Opfer gefallen ist, indem sie das Stück jeweils von Jupiter her interpretiert."

Fricke verurteilt in der Tat jede Deutung, derzufolge Alkmene sich von Amphitryon ab- und Jupiter zuwendet, dem idealen oder dem pantheistischen Jupiter-Amphitryon. Dennoch vereint seine eigene Interpretation ebenso wie die von Thomas Mann und von Wiese zuletzt alle jene Auffassungen. Der „Widerspruch des als unfehlbar und heilig bewiesenen Gefühls mit der Wirklichkeit" - so heißt es einigermaßen tollkühn - bestätigt nur die Wahrheit. Indem Alkmene in Jupiter immer nur ihren Amphitryon sieht und liebt, offenbart sie „die Einheit der Treue gegen sich selbst und des absoluten Gefühls mit dem Gehorsam gegen die göttliche Bestimmung."

Eine „Scheidung des Subjektiven und Objektiven [...] in dem Sinne, daß Alkmene subjektiv rein und Amphitryon treu blieb, wenn sie auch objektiv der Täuschung zum Opfer fiel," komme nicht in Betracht. Denn „hat sie objektiv geirrt, während sie subjektiv völlig gewiß und aus reinem Gefühl handelte, so ist das eben der Beweis der Unzulänglichkeit des letzten, unfehlbar Gewissen in ihrer Brust." Das aber darf nicht sein und ist deshalb auch nicht. Vielmehr ist Jupiter „kraft seiner göttlichen Allmacht der Alkmene

---

[16] G. Fricke: *Gefühl und Schicksal bei Heinrich von Kleist*. Berlin 1929, Darmstadt ²1963, 76.

[17] *Die deutsche Tragödie von Lessing bis Hebbel*. 1948 und öfter. Th. Mann: *Amphitryon*. Eine Wiedereroberung. *Die Neue Rundschau* 39 (1928), 574-608. Gadamer nennt keinen seiner zahlreichen Vorgänger und behauptet, daß man diese Dichtung „überhaupt nicht auf ihre religiöse Bedeutung hin zu befragen pflegt" (161). Im gleichen Jahr konnte jedoch (von Henri Plard) ein ganzer Forschungsbericht erscheinen: „Gottes Ehebruch?" Sur l'arrière-plan religieux de l'*Amphitryon* de Kleist. *Études Germaniques* 16 (1961), 335-74.

[d.h., für sie] wirklich - nicht etwa nur äußerlich - Amphitryon." Denn einzig dem Gotte, der darüber hinaus „selber alles in allem ist" - und das ist „nicht irgendein Pantheismus" - „war es möglich, eine Täuschung durchzuführen, die doch nun keine Täuschung mehr ist, die das Gefühl bestätigt und die Schuld aufhebt."

Diese Deutung ist prinzipiell diejenige Gadamers, Ryans und ihrer Richtung. Die Jüngeren präsentieren die theologischen Schnitzer der Älteren zwar nicht so leichtfertig und grell, befestigen sie dadurch aber auf subtile und dauerhafte Weise. Einige von ihnen systematisieren die mystische Seite der Interpretation, indem sie alles Gewicht auf Jupiters objektive Identität mit Amphitryon und auf die Identität beider im Herzen Alkmenes legen, ein Zustand, dessen Beginn sie schon Ende II, 5 oder noch früher ansetzen.

Die Willkür des Verfahrens - die ich akademisch skandalös finde und über den Unterricht verhängnisvoll für die geistig-intellektuelle Kultur - offenbart sich schon in der Verschiedenheit der jeweiligen Vorgehensweisen, die dann doch alle auf das gleiche Ergebnis hinauslaufen; und ferner darin, daß man Jupiter und Amphitryon trotz ihrer vorgeblichen Identität durchweg als zwei verschiedene Figuren behandelt, wie das der Text ja auch erzwingt. Im Schlußakt treten sich beide sogar gegenüber und machen klar: es handelt sich nicht um Identität, sondern um Verdoppelung - mancher Dialektik sind solche Gegensatz-Begriffe freilich Synonyme und nur Faktoren einer umfassenden Synthese.

* * *

Im Übrigen behalf man sich genau wie Fricke, Th. Mann und von Wiese: man betrachtete die *Elfte,* die Schluß-Szene einfach nicht näher - bei dem Stand der Argumentation und bei einem Dramenschluß von solchem Gewicht eine Unterlassungssünde erster Ordnung.

Szondi stieß sich immerhin daran, daß in Alkmenes Scheltrede gegen den vermeintlichen Besucher „auf verwirrende Weise" ihre angebliche Bevorzugung des Liebhabers von II, 4 „zurückgenommen" werde. Tatsächlich jedoch nahm sie gar nichts zurück; eindeutig und wiederholt erklärte sie, der Besuch des Göttergleichen wäre ihr - trotz dessen Göttlichkeit! - ein unerträglicher „Schmerzgedanke“ (v. 1225, 1378), falls der Besucher nicht der geliebte Gatte war. II, 5 hat sie diese prinzipielle Bevorzugung Amphitryons vor dem Gott lediglich bekräftigt.

Wenn sie jetzt, konfrontiert mit zwei Amphitryonen, den vermeintlichen Betrüger häßlich nennt, ist das kein objektiver Befund. Alle bezeugen, die beiden gleichen einander wie „zwei Wassertropfen,“ so daß „ein menschlich Auge“ sie nicht unterscheiden kann (v. 2120, 2186). Nicht weil sie ihn häßlich findet, nennt sie Amphitryon häßlich, sondern weil sie ihn für den Betrüger und deshalb für ein „Ungeheuer“ hält. Und daß Betrüger seines Stils häßliche Ungeheuer sind, „Teufel,“ gab Jupiter selbst zu (v. 1282-84). Er muß die Beschimpfung ja ohnehin auf sich beziehen. An Alkmene verwickelt sich der Vorrang der sittlich richtigen Wahl vor der richtigen Erkenntnis tragisch und komisch zur Paradoxie. Der Gott aber verdankt seine scheinbare Bevorzugung jedesmal komischerweise nur dem Umstand, daß Alkmene ihn für Amphitryon halten muß.

Ja, schlimmer. Solange er in der Rolle des von ihm selbst Betrogenen für den Ehebruch mit Jupiter plädierte, genoß er, obgleich seine Bemühungen vergeblich waren, doch wenigstens Alkmenes erregte Aufmerksamkeit und Zärtlichkeit, wenn sie auch ihrem Manne galten. Jetzt, da er scheinbar wieder einmal dasteht als der „Gemahl“ und Hahnrei, läßt sie ihn unbeachtet. Denn sie ist nach all dem verwirrenden und offenbar betrügerischen Durcheinander nicht erfüllt primär von ihrer Liebe, sondern von der Empörung über das, was der Betrüger, wer immer er sei, ihr antat, und meint jetzt diesen: ein neuer Schlag für Jupiter. Prompt preist der sie: „Du Göttliche! Glanzvoller als die Sonne!“ und verheißt ihr einen einzigartigen „Triumph.“

Er will die erneute Abfuhr, ja Verurteilung nicht wahrhaben; er setzt noch immer - unvollkommener Kenner des menschlichen Herzens, der er ist - auf eine Umkehrung ihres Urteils, sobald er sich enthülle als der Gott, der Unwiderstehliche. Wieder macht er gute Miene zu bösem Spiel. Nur wir Zuschauer wissen bzw. können wissen, wie peinlich, lächerlich und also komisch seine Lage ist.

Doch auch Alkmenes Leiden, so sehr es unsere Teilnahme erzwingt oder erzwingen sollte, rückt dank der vorliegenden Verwechslung von Sein und Schein in komische Beleuchtung. Diese zerstört man ebenfalls, wenn man die Perspektiven nicht beachtet und behauptet, Alkmene treffe eine erneute „Entscheidung für den Gott," da nun „der Unterschied zwischen Gott und Gemahl ganz hervortritt" (Jancke, 100). Von beidem gilt das Gegenteil, insofern der Besucher abgewiesen wird, die Theophanie erst erfolgt, als Alkmene dem Gott zum letztemal Rede stehen muß und sie sogar da wiederum gegen ihn entscheidet, allerdings wiederum verblümt, ahnt die in der Religion Erzogene doch, zu wem sie spricht:

JUPITER:	Meinst du, dir sei Amphitryon erschienen?
ALKMENE:	Laß ewig in dem Irrtum mich, soll mir Dein Licht die Seele ewig nicht umnachten.
JUPITER:	O Fluch der Seligkeit, die du mir schenktest, Müßt ich dir ewig nicht vorhanden sein.

Alkmene bezeugt endgültig, daß es ihr nicht um Erkenntnis-Wahrheit geht, sondern allein um deren sittliche Relevanz. Darum zöge sie erneut den Irrtum vor, falls die Wahrheit lautet: der Besucher war nicht Amphitryon - es war der Gott („Dein Licht!"). Das ist ein kaum noch verschleiertes Nein zu Jupiters Ansinnen. Und der Gott gibt zu, daß er auf „ewig" scheiterte mit seinem letzten Anlauf - und der allein beweist schon, daß er bisher niemals, wie allgemein behauptet, den erstrebten Sieg errang. Deshalb bekräftigt er den Fluch, den er in ähnlicher Situation nicht ganz unterdrücken konnte:

Verflucht der Wahn, der mich hiehergelockt! (1512)

Damals fand ihn Alkmene zornig-gekränkt. Jetzt haben wir ihn uns ähnlich vorzustellen und außerdem niedergeschlagen. Man kann zwar darüber streiten, ob er tatsächlich sein Unternehmen verflucht und wünscht, der Frau „ewig nicht vorhanden" zu sein, in Vergangenheit und in Zukunft, oder ob er - für ihn noch schlimmer! - den Fluch bloß zurückhält, weil er ihr ewig vorhanden bleiben muß - als göttlicher Verlierer, Blamierter, ja Gedemütigter und überführter Sünder.[18] So oder so flucht er der Seligkeit,

---

[18] Nach der ersten Version wären Jupiters Zeilen zwei Ausrufe. Ryan wendet ein (99), es fehlten die erforderlichen Ausrufezeichen, mit denen Kleist im Folgenden nicht spare. Doch Alkmenes unmittelbar vorangehender Ausruf hat ebenfalls kein Ausrufezeichen.

die er Alkmene ablistete, die sie ihm nachträglich verweigert und also zurücknimmt soweit möglich.

Laut Ryan freilich wünscht sie umgekehrt, wie schon früher, die Identität von Gott und Gatte, und sie wäre vernichtet, wenn es doch „nur der Gott und nicht auch Amphitryon gewesen wäre." Nicht anders aber sieht es aus. Daran müßte sie zwar eigentlich zweifeln, „da nun ein zweiter Amphitryon vor ihr steht" und da „es" doch bloß einer war. Sie kann die Identität beider deshalb schlechterdings nur wünschen oder auch fingieren. Laut Arntzen tut sie das in der Tat – freilich zum Kummer Jupiters, womit immerhin dessen Scheitern akzentuiert wird, wenn auch aus falschen Gründen. Nach Ryan dagegen fordert Jupiter die Frau zu solcher fiktiv-subjektiven Identifizierung gerade auf. Statt sie und sein Unternehmen zu verwünschen, „mahnt" er sie, daß die Seligkeit, die sie ihm schenkte, fortan „keinen Sinn hätte, ja seinem Fluch verfallen müßte, wenn sie im alltäglichen Liebesleben aufginge," „wenn demnach in Amphitryon Jupiter selbst nicht *ewig [...] vorhanden* wäre," wenn es nichts wäre mit der ehelich-überehelichen Liebe, mit dem „Mysterium der gottmenschlichen Identität."

Solch „ekstatische Einigkeit des Zeitlichen mit dem Ewigen ist [wenn sie gelingt] prekär." Hierüber „wird demnach das Einverständnis Jupiters und Alkmenes noch einmal geprüft und bei aller Unsicherheit, die sich aus seiner [des Einverständnisses] Offenheit für die Zukunft ergibt, auch bestätigt" (99). Damit wird der Triumph des Gottes lautstark beteuert – gleichzeitig aber auch relativiert auf Alkmenes Ablehnung und auf die Zukunft. Ja, wenn letztlich erst die künftige Geburt des Herkules die Synthese von Göttlichem und Menschlichem vollendet, dann erreicht die „gleichsam Hegelsche" „Kleistsche Dialektik"[19] im Stück noch nicht, noch lange nicht ihr Ziel. Jupiters Sieg fällt selbst in der Apologie seines jüngsten und glühendsten Fürsprechers durchaus nicht so glatt und vollkommen aus, wie Müller-Seidel und Gadamer noch glaubten.

---

[19] Ryan: Die Marionette und das 'unendliche Bewußtsein' bei Heinrich von Kleist, 189; gleichartig Szondi, 57 und Jancke, 101.

Was du, in mir, dir selbst getan

Wir sagten, der Text zwinge alle Interpreten, Jupiter und Amphitryon als deutlich unterschiedene Individuen zu unterscheiden, die zudem miteinander rivalisieren und kämpfen. Daß man trotzdem beide für identisch erklärt, bezeugt demnach einen spekulativen Dogmatismus, dessen hybride Tyrannei sich um faktische Evidenz nicht schert. Nach Jancke haben sogar erst die Interpreten die beiden, „die in dem Drama dialektisch vereinigt sind, zu zwei Personen vereinzelt" (87). Und Ryan meint, „es läßt sich sehr wohl fragen, ob Alkmene überhaupt Ehebruch begeht [...]. Mit wem verkehrt sie denn, wenn nicht mit dem ihr anvertrauten [sic] Ehemann? Nicht mit einem Fremden, sondern mit einem Amphitryon, der [...] ihr aus der Spontaneität des nur Liebenden naht. [...] die Vorstellung des Ehebruchs entspringt einer Selbsttäuschung Alkmenes und Amphitryons und wird durch den übergreifenden Handlungszusammenhang stark relativiert" (86). Ryan wagt nicht zu sagen „wird eindeutig widerlegt" und besteht darauf, daß Jupiter mit Amphitryon identisch ist, ja daß Alkmene damals überhaupt nicht an eines Fremden, „sondern an *Amphitryons geliebter Brust* (v. 1291f.) geruht habe." „Jupiter sagt ja selbst: *alles was sich dir nahet, ist Amphitryon*" (v. 1262f.). Er sei Amphitryon und außerdem

Argatiphontidas und Photidas,
Die Kadmosburg und Griechenland usw. (2297ff.)

Die zwei zitierten Äußerungen stießen kaum auf Unglauben, stimmen aber weder untereinander noch mit der dramatischen Wirklichkeit zusammen. Ist Jupiter *alles* Unterscheidbare, dann kann Alkmene ihren Gatten von anderen Männern unterscheiden. Daß sie es im Falle des Gottes nicht vermag, ist ja auch nur Ergebnis eines vorsätzlichen Täuschungs- und Maskierungs-Manövers.

Der Gott benutzt jenes überspitzte, überspannte, ja irrwitzige Argument auch nur, um die entsetzte Frau ihrer subjektiven Unsträflichkeit zu versichern. Seine Eifersucht, daß sie tatsächlich nur Amphitryon erlebte, mag ihn verleiten zu ärgerlicher Übertreibung. Und erst als sie seinen Sophismus nicht akzeptiert, trumpft er in einer Art Flucht nach vorn und „Verfertigung der Gedanken beim Reden" pompös mit der pantheistischen Identitätsthese auf:

„wer wäre außer mir, Geliebte?“ (v. 1268). Auf sie beruft er sich noch einmal und auch am Schluß, als er zum bösen Spiel seiner endgültigen Zurückweisung endlich entschlossen gute Miene macht und zuversichtlich-trotzig den durchschlagenden Erfolg seiner bevorstehenden Epiphanie verkündet.

Freilich, in II, 5 versteht ihn Alkmene nicht; und mit seiner Schlußfrage an sie führt er die pompöse These selber ad absurdum: „Meinst du, Amphitryon sei dir erschienen?“ Er hofft natürlich auf die Antwort „Nein,“ erwartet also, daß der Gott vom Menschen unterschieden werde. Damit entlarvt er seine Pantheismusthese selbst als ideologische Spekulation, Fiktion, als Falschspiel. Daß sie das ist, wissen wir ohnehin, da Jupiter sich von anderen Individuen deutlich unterscheidet und zumal mit Amphitryon, ob an- oder abwesend, ringt und rivalisiert. Und wir müssen es belächeln, daß der Gott sich im Übereifer sogar mit dem miles gloriosus Argatiphontidas identifiziert. Wem nicht deutlich ist, wie Kleist das meint, der lese Büchners *Danton,* wo Thomas Paine zum Thema Pantheismus anmerkt, „daß es gerade nicht viel um die himmlische Majestät ist, wenn der liebe Herrgott in jedem von uns Zahnweh kriegen“ usw. kann. Kleist dürfte mit ähnlichem Hohn Ideologie-Entlarvung treiben, auch in den Worten, vor deren mythischer Mystik ein Thomas Mann seinen kritischen Verstand und seinen Sinn für Ironie verabschiedete:[20]

Was du, in mir, dir selbst getan, wird dir,
Bei mir, dem, was ich ewig bin, nicht schaden.

Erstens ist das vermutlich eine Parodie auf Schellings Identitätsphilosophie, wie der fromme Hinweis auf die Gottnatur in II, 5 entsprechende Partien in Falks *Amphitruon* und letztlich Fausts Credo, die Parallele zu Jupiters Verführungsrede, parodiert. Zweitens unterstellt der Gott Amphitryon die Initiative und Verantwortung für alles, was einzig er selbst getan hat. „Was der Gott getan hat,“ stimmt Amtzen bei (242), „ist nun Amphitryons Leistung.“ Das aber paßt schlecht zum Ganzen und insbesondere zu Jupiters Eingeständnis einer *Schuld* für die an Stelle des Gemahls genossene Liebesnacht.

---

[20] „radikale Verdeutschung und Romantisierung,“ „ein verwandelndes, echt erhabenes und metaphysisch versöhnliches Licht.“

Und wie es ihm mißfällt, daß Alkmene ihn mit Amphitryon verwechselt, so erbittert es ihn ja gerade, wenn er und „Amphitryon, der Geliebte“ in ihrem Herzen einer werden (v. 1447-57): fatal für die mystisch-dialektische Interpretation, die hier auf die von ihr gewünschte Synthese stößt und sie von Jupiter zurückgewiesen sieht. Der nämlich beschwört und zerstört aus Eifersucht den Pantheismusgedanken hier ebenso wie anschließend den der Strafe für Vernachlässigung, auf den Müller-Seidel alles Gewicht legt.

Alkmene soll ihn überall in der Natur anbeten, so verlangt er – nur nicht in Amphitryon. Auf der Identität mit Letzterem muß er, komischerweise, jedoch offiziell am Schluß bestehen, um Alkmene moralisch reinzuwaschen. Sein eifersüchtiges Eingeständnis bei Molière, er habe ihr nur in Gestalt des Gatten nahen können, wird nun als Pantheismus zurecht-theologisiert. Die Satire richtet sich zusätzlich gegen solche Verbrämung des autoritären Übergriffs und macht sie lächerlich. Die Komik aber entfaltet sich erst voll in dialektischer Beziehung auf die Leute, die auf und vor der Bühne (sorry!) unerschüttert in andächtig-gläubiger Verehrung des herkömmlich Geheiligten verharren.

* * *

Bei Alkmene allerdings verschlägt Jupiters Weltanschauungs-propaganda nicht. Sie will ihn nicht empfangen haben – nicht weil, wie Ryan das verstünde, der Ehevertrag ihr wichtiger wäre als die Liebe, sondern weil sie Jupiters Betrug und Anspruch abweist als Eingriff in die Autonomie ihrer Menschenwürde und freigetroffenen Liebeswahl, womit sie eben beides und zumal letztere bewährt. Ryan meint, mit dieser Ansicht verenge ich als kunstlesender Sittenrichter das wahre hohe Thema: Jupiter erziehe Alkmene erst dazu, den Ehemann wahrhaft zu lieben. Ryan nennt das die „schauervolle Freiheit einer nicht mehr [...] gesetzlich fixierten Liebe“ (100), eine Vereinigung des Menschlichen mit dem Göttlichen, ein Mysterium. Ob die Attribute angemessen sind oder nicht: etwas Derartiges ist indessen, wie wir sahen, keineswegs das Ziel des Dramas, sondern sogar bereits bei dessen Beginn verwirklicht; es löst sogar die Handlung aus, es weckt Jupiters Eifersucht und Neid: er schickt sich an, es zu zerstören, da es, wie man es in der Politik ausdrückt, seinen Interessen zuwiderläuft.

Trotzdem ist es wahr: Alkmene schwingt sich – beklommen-zaghaft zwar, doch sie kann einfach nicht anders – zu einer schauervollen Freiheit oberhalb gesetzlicher Bestimmungen und Sicherungen auf; sie vereint das Menschliche mit dem Göttlichen. Sie tut das allerdings ganz anders, als der Gott und seine Advokaten annehmen möchten. Sie tut es auf eine existentielle Weise, wie ihr Sohn Herkules sie mit seinem Aufstieg in den Olymp in Schillers *Ideal und das Leben* symbolisiert, was hier bei Kleist dagegen von Jupiter bloß äußerlich-mythisch-ideologisch prophezeit wird (v. 2343f.). Anders Alkmene. Sie vergöttlicht sich selbst – durchaus in jenem Sinne Schillers – schon hier und jetzt und wird das weitaus Göttlichste im ganzen Werk, indem sie als auferstandener „wahrer neuer Prometheus" ihre freie Liebesentscheidung selbst gegen Jupiters tyrannische Liebes-*Forderung* behauptet, obwohl sie nach Überzeugung der Gesellschaft und des Gottes zur Zustimmung nicht bloß freudig-befugt, sondern von Frömmigkeit wegen sogar verpflichtet wäre.

Amphitryon in seiner undankbaren Rolle als Hahnrei und mit seiner Unterwerfung unter die Religion hat dennoch einen (Adam Müller:) „Himmelfahrts"-Moment, der ihn neben seine Frau auf deren Höhe menschlicher Vergöttlichung erhebt. In schroffstem Gegensatz zu Jupiters Egoismus erklärt er, als Alkmene diesen für ihren Gatten hält, in ihrer Situation halten muß und entsprechend ihn selbst, Amphitryon, als den allerinfamsten Betrüger beschimpft, der in Wahrheit der Gott ist – da erklärt er selbstlos-aufopferungsbereit (Kleists höchste Tugend) und seine innigen Verse legen ihren Augen das Attribut des Göttlichen bei: Licht:

> Alkmene! Meine Braut! Erkläre dich!
> Schenk mir noch einmal deiner Augen Licht!
> Sag, daß du jenen anerkennst als Gatten,
> Und so urschnell, als der Gedanke zuckt,
> Befreit dies Schwert von meinem Anblick dich. (2208-12)

Daß Jupiter die Frau in ihrer inneren Freiheit, wennschon nicht bricht, so doch tückisch und tyrannisch hintergeht, macht ihr Los tragisch, zumal ausgerechnet der Nutznießer ihrer Entscheidung, Amphitryon, zuletzt anders denkt als sie. Am Ende ruft er sie vermutlich freudig an: „Alkmene!," erwartet von ihr freudige Antwort, und mag ihr „Ach!" so deuten. Doch es besagt, falls man ihr zuhörte, etwas ganz anderes für die Zukunft und damit auch rückwirkend für das ganze Drama. – Und das nicht bloß, weil sie in ihrer Ohnmacht und bis dahin keinen Anlaß zur Freude sieht, im Gegenteil, und am Wenigsten jetzt sehen könnte, da ihr geliebter Amphitryon fromm-stolz sie freudig dem Gott zur Verfügung ausliefert.

Das ist von wahrhaft herzzerreißender Tragik – und nicht zuletzt, weil es zugleich auch komisch ist. Die Komik liegt, wie man im Falle dieses Lustspiels häufig unterschieden hat, nicht oder nicht nur in den Figuren, sondern hauptsächlich in den Situationen, nämlich in der Divergenz der Perspektiven. Das ist der für Kleist charakteristische Hauptzug an der Struktur des Werkes. Man raubt dem Stück den Nerv, wenn man Amphitryon für identisch mit Jupiter erklärt und Alkmenes Abweichen von solcher Ansicht für irrtümlich erklärt; oder wenn man annimmt, Alkmene erkenne Jupiter mehr oder weniger, früher oder später, trotz seiner Maskierung als Amphitryon.

Dagegen enthüllt sich, wie man in Wahrheit zum Tun der Götter steht, nur solange deren Identität zunächst hinter ihren Masken versteckt bleibt und unerkannt. Nur dadurch erhält das unmittelbare, ursprüngliche Wertgefühl der Menschen die Gelegenheit, sich kritisch auszusprechen – und sich dann angesichts der Theophanie entweder „prometheisch" zu behaupten oder sklavisch zu unterwerfen – wie es, den Göttern sei`s geklagt, die Kritiker in überwältigender Mehrzahl von Anfang bis heute taten.

Der prometheische Funke behauptet sich vor allem in Sosias und Alkmene. Für diese ist das tragisch, im Hinblick auf den überraschten und enttäuscht-gekränkten Jupiter im Kontext der Situation indessen komisch. Komisch sind die Götter oder ist deren Situation, solange man sie nicht erkennt und für ihr Tun beschimpft – sowie erst recht, wo man ihnen, als sie sich offenbaren, trotzdem den Respekt bezeugt, den man ihnen herkömmlich stets gezollt hat. Es ist diese von göttlicher Willkür veranstaltete Aufhebung und Wiedereinsetzung und insofern restlose Relativierung der konventionellen Werthierarchie, was den Zuschauer von dieser befreit, ihn amüsiert und jedenfalls zur Einsicht in die wahre Wertordnung ebenso befreit wie zur skeptisch deprimierten Einsicht in Kleists Gebrechlichkeit der Welt, der Menschheit.

Dadurch also, daß die Figuren einander teilweise nicht erkennen, kommt heraus, daß sie überhaupt verschieden denken. Die Verschiedenheit geht auf Kosten der Götter - aber auch auf Kosten derjenigen Menschen, die zu der Position der Götter halten. So ist Jupiter z.B. komisch, weil er beharrlich erwartet, Alkmene werde ihn dem Gatten vorziehen, wenn nicht jetzt, wo sie ihn nicht erkennt, so doch nachher, nach der Epiphanie. Er kann sich in solcher Hoffnung nur wiegen, weil und solange sie ihn nicht erkennt, ihn mit Amphitryon verwechselt und ihm deshalb mit doppeltem Eifer versichert, daß sie den Gatten vorzieht.[21] Komisch ist diese Situation und in ihr zugleich Alkmene; doch an Respekt verliert dadurch allein der Gott. Er ist auch lächerlich, was von Alkmene niemals gilt. Komisch-lächerlich ist ebenfalls Amphitryon, als er sich dem Mythos fügt und sogar auf dessen vollständige Erfüllung dringt, auf den Göttersprößling: ein Gedanke, den Jupiter notgedrungen und geistesgegenwärtig aufgreift, um damit sein Renommé zu retten, sein fehlgeschlagenes Abenteuer pompös auszustatten mit dem gar nicht intendierten ruhmreichsten Götter-Sohn und damit seine Niederlage zu verschleiern und umzufunktionieren in Triumph.

* * *

Nur wenn man diese Dialektik nicht bemerkt, kann es geschehen, daß man dem Gott den Sieg zuspricht, den segensreichen und notwendigen, da die Menschen es sittlich wie erkennend fehlen ließen. Den Gipfel dieser moralpädagogischen Tendenz bildet folgerichtig die Apotheose Amphitryons. Anders als Alkmene bekennt er sich

---

21 Vgl. H. W. Nordmeyer: Kleists *Amphitryon.* Zur Deutung der Komödie. *Monatshefte* (Madison) 38 (1946), 1-19, 165-175, 268-283, 349-359, und 39 (1947), 89-125. Eine viel zu wenig beachtete, freilich auch unübersichtlich ausgedehnte Arbeit, die Vorzügliches über Ideologiekritik und Komik enthält, zuletzt aber doch am Ernstnehmen des Mythos scheitert. Karl S. Guthke (*Geschichte und Poetik der deutschen Tragikomödie.* Göttingen 1961), macht dagegen m.E. den Fehler, seinen fruchtbaren Ausgangspunkt, das Ineinander von Komik und Tragik, zu verlassen und beide säuberlich zu scheiden für die Beurteilung Jupiters, der von seiner menschlichen Seite her komisch, von der göttlichen tragisch sein soll. Er ist aber nur und gerade deshalb komisch, weil er der Gott, die höchste Autorität, und trotzdem, mit Kleist zu reden, so gebrechlich ist.

zur Konvention des Mythos, zur überkommenen Autorität, zur ideologischen Umwertung seiner erlittenen Beleidigung in Auszeichnung und Wohltat. Er ist der Erzreaktionär mit dem rückschrittlichen, unerhellten Bewußtsein, um es im Ton der neuesten, gesellschaftsorientierten Interpretationen auszudrücken. Gerade sie indessen machen ihn zum Träger des Fortschritts und werfen damit Licht auf solche Progressivität.

Nicht Alkmene, heißt es, sondern ihr gehörnter Gatte erreicht „Gottesebenbürtigkeit," nämlich die „Autonomie des im Menschen selbst liegenden höchsten Gesetzesbewußtseins;" und damit gelangt in ihm der Dichter vollends „zum vollen Selbstbewußtsein des Geistes," obwohl Hegel das der Kunst eigentlich nicht zutraute. Außer Kleist leistete es denn auch nur Kafka mittels „Aufhebung aller außerpersonalen, objektiven Eigengesetzlichkeiten, die in Natur, Geschichte und menschlicher Gesellschaft walten" - Aufhebung, versteht sich, ins absolute Selbstbewußtsein der Person, die damit zur „Gesetzgeberin und Formerin des Daseins" wird.

Mir scheint, von solch demiurgischer Selbstherrlichkeit macht Wilhelm Emrich[22] hier selbst Gebrauch gegenüber den Text-Gesetzen und -gegebenheiten. Denn worin soll jenes epochemachende Ereignis sich konkretisieren? In Amphitryons Eingeständnis, Alkmene halte den Fremden für ihren Gemahl! Das aber bezweifelt da notgedrungen niemand. Gewiß, sein gelassenes „Ich bins!" raubt der Erklärung Jupiters „Du bist Amphitryon," den Gnaden-Schein einer Rückerstattung von Identität. Die „Selbstgewißheit," die er damit bewährt, verlor er aber nie; und nie brüstete er sich mit einer „stolzen Selbstbehauptung des Menschen Gott gegenüber" (17). Jetzt hält er sein Gegenüber für einen furchtbaren Geist; und als er Jupiter erkennt, behauptet er nur mannhaft den Platz, den Jupiter ihm in der mythischen Hierarchie ohnehin freihält - freilich auf Kosten seiner Frau und ihrer beider Liebesehe.

Emrichs Kollegen und Nachfolger in Berlin wie außerhalb erblicken Amphitryons Verdienst in der freudig-dankbaren Annahme der ihm widerfahrenen „Ehre," also in dem, was weder Molière noch Giraudoux ihm zumuten und was Goethe „klatrig" fand. Der „Bewußtseinsprozeß," der sich da in dem Fürsten abspielt und

---

[22] Kleist und die moderne Literatur. In: *H. v. Kleist. Vier Reden*. Hg. W. Müller-Seidel. Berlin 1962, 17-25.

„von dessen Erkenntnis und Bewältigung" laut Emrich „mehr als nur das Schicksal unserer Dichtung abhängen wird" (12, 18), erscheint danach als „Mysterium der gottmenschlichen Identität" (Ryan, 99): „Was der Gott getan hat, ist nun Amphitryons Leistung," hieß es einigermaßen lächerlich - etwas, „in dem Subjektives und Allgemeines als Wahres, als Menschliches und Göttliches zugleich, übereinkommen" (Arntzen, 242); und indem Alkmene an der Identität Jupiters mit Amphitryon festhalte, werde eine nahezu vollendete eheliche Liebe zum Ereignis (Ryan).

Freilich, der Kern solcher Vollendung, die Identität von Gott und Mensch, wäre, wie wir sahen, eine Fiktion der Betrachter, ermöglicht durch das Zusammenwerfen der subjektiven und der objektiven Perspektiven zu einer dialektisch-synthetischen Pseudo– und Un-„Wahrheit." Publikums-Fiktion und –Täuschung wäre darum auch die Komik, wo man sie dem Spiel abgewinnen will, das wahrhaft überlegene Götter mit den Menschen trieben. Der Zuschauer lächelte dann mit den Olympiern herab auf Seinesgleichen und genösse, daß er sich auf das Göttliche so viel besser versteht als andere. Solche göttliche Heiterkeit (Müller-Seidel, Jancke, Ryan), die schon Th. Mann bemühte, hätte m.E. für Kleist zu viel Affektiertes, Forciertes, Snobistisches und zu wenig Humor. Da erscheint es schon folgerichtiger, wenn man das Übergewicht dem religiösen und gesellschaftlichen Ernst des Weihespiels zuweist (Szondi, Arntzen). Doch, ob Ernst, ob Komik: beides steht und fällt mit der wahren Überlegenheit der Götter. Das heißt aber, beides fällt.

Jupiter erringt selbst da, wo er sich am meisten Mühe gibt, bei Alkmene, nur einen Dreiviertelsieg, soviel gibt man zu. Vollends der Anschein, er raube Amphitryon die Identität und gebe sie ihm zurück, bricht in sich zusammen. Noch krasser scheitert Merkur. Er vermag Sosias weder für unerkannte noch für erkannte Götterprügel zu erwärmen. Obwohl der Diener bereit ist, aus Feigheit und Respekt vor der unverstandenen Logik-Theorie die Argumente Merkurs gegen seine Identität zu honorieren, nennt er sich unbeirrbar weiterhin Sosias, läßt sich also sein elementares Identitätsgefühl weder ausreden noch ausprügeln.

Auch den Ehebruch lehnt er ab, sowohl den mit Menschen als auch besonders den mit Göttern. Der prügelgewaltige, geistig schwerfällige Merkur erfährt deshalb durch Sosias eine totale Niederlage, wenn es äußerlich auch anders scheint. Sosias ist gewiß kein Held und wenig empfänglich für Höheres. Aber seine Unempfänglichkeit für die höhere Weisheit und die Weihen der doppelten Moral, der ehrenden Entehrung durch einen Hochgestellten, wirkt solide und befreiend.[23] Die geltenden Vorstellungskonventionen enthüllen plötzlich ihre Hohlheit, freilich auch ihre Gefährlichkeit; noch mehr die Gefährlichkeit derer, die dergleichen im Interesse der Macht aufrechtzuerhalten suchen, sowie endlich die Lächerlichkeit und Gefährlichkeit auch derer, die sich ihnen unterwerfen aus Autoritätshörigkeit, Furcht, Gewohnheit, Bequemlichkeit, Beschränktheit.

Wenn man also den Mythos in *Amphitryon* als mystisch-pantheistischen oder gar ethisch revolutionären Menschheitsfortschritt preist, dann verschleiert man damit seinen wahren Charakter, die mit ihm verbundene Problematik und Komik. Dann kann man Sosias tadeln wegen fehlendem gesellschaftlichem Selbstbewußtsein (Arntzen) oder (Ryan, 108, ganz ernsthaft) weil er unempfänglich sei „für das, was er, in Merkur, sich selbst getan hat," also für des Gottes „besingungswürdge Schläg" und „die ihm dadurch angetane Ehre," im „Kontrast zur Verherrlichung des Amphitryon, der das Besingenswürdge durchaus zu schätzen weiß." Würdig zur Seite stünde ihm dann Charis, die mit einem Gott zu einem Seitensprung bereit wäre im Unterschied zu ihrer Herrin, mit der auf seiner Ebene Sosias übereinstimmt.

Die mystisch-dialektischen Ausleger lassen diese kreuzweise Konfiguration nicht gelten. Zu ihrem Konzept eines revolutionären Fortschritts paßt am besten die konventionelle Hierarchie der Positionen: überlegen sind die Götter; unzulänglich, aber bildungsfähig die Herrschaft; grob-primitiv die Diener. Auf den Text reimt sich dergleichen schlecht. Merkur zu loben, den Mut findet nur Ryan. Arntzen, der Alkmene in Analogie zu Charis deutet und schärfstens herabsetzt, muß sich am Schluß daran erinnern, daß eben dennoch „an der Größe der Alkmene-Gestalt bei Kleist kein Zweifel" sei (244).

[23] Trifft das zu, so ergäbe sich die befreiende Wirkung der komischen Person in manchen Fällen eben auch aus ihrer Freiheit gegenüber der im Werk offiziell geltenden Wertordnung, nicht nur aus ihrer „Freiheit von allen Funktionen." So Eckehard Catholy: Komische Figur und dramatische Wirklichkeit. *Festschrift Helmut de Boor*. Tübingen 1966, 193-208.

Ryan erblickt in der geistigen „Unbeweglichkeit" der Herrschaft deren Hauptmangel und die Hauptkomik des Werkes. Beides werde profiliert „durch die Elastizität und Anpassungsfähigkeit" der Diener, die ihm demzufolge „in mancher Hinsicht fast als dem Fürstenpaar ebenbürtig" erscheinen, „der komischen Wirkung nach" (108). Absurd ist die Konsequenz, die jene vage Formulierung freilich schamhaft zu ziehen vermeidet: daß nämlich die elastisch sich anpassenden Diener ihrer Herrschaft sogar überlegen sein müßten. Indessen zeigt nur Charis echte Bereitschaft, im Falle eines Gottes eine Ausnahme zu machen, was zudem der herkömmlichen, offiziellen Ideologie durchaus entspricht. Ebenso starr hängt Amphitryon am Herkommen, wenn er sich der gewandelten Situation mit komischer Selbstverständlichkeit und Schnelligkeit anpaßt.

Sosias dagegen paßt sich zwar äußerlich-taktisch an; innerlich und im Entscheidenden jedoch beharrt er wie Alkmene auf einer Wertordnung, die ihrer Deformierung durch die gesellschaftlich-konventionelle Ideologie vorausliegt und an der sich alle orientieren, solange sie die Götter nicht erkennen. So richtet sich die Satire der Komödie gegen die Götter sowie gegen Amphitryon und Charis, sofern beide den Göttern hörig sind. Und profiliert wird das durch die Figuren, die sich komisch oder tragisch immun zeigen gegen die Verletzung, ja Schändung echter Werte durch die religiöse Autorität und die Autorität des Religiösen. Es sind dies die Figuren, die unser Lachen bzw. unsere Anteilnahme stets auf ihrer Seite haben: Sosias und Alkmene.

Der Zuschauer, der sich in dem Spiel zurechtfindet, genießt es von einem Platz noch über den Göttern. An Alkmene amüsiert ihn, wie sie die Situation zu einer lächerlich peinlichen macht für den Gott, der sie infam täuschte. Und er hat Mitleid mit ihrer Tragik. Das Lustspiel bedarf seit alters nicht des einheitlich heiteren Charakters, auf welchen Ryan pocht (85).[24] Im Gegenteil, der Standpunkt des Zuschauers wird umso höher und freier, je mehr Tragik die Komödie mit bewältigt.[25] Zugleich aber wird dieser Zuschauer

---

[24] Ryan schießt mit der totalen Austreibung der Tragik übers Ziel. Doch zurückzuweisen ist gewiß auch andererseits die ehrfürchtige Vorstellung von Jupiters Tragik (Guthke, Streller) und vom Überwiegen der Tragödie Alkmenes im Gesamtgefüge des Werkes (Walter Silz: *Heinrich von Kleist*. 1961, eine Arbeit, die sich frei hält von jeder Mystifizierung).

[25] Das arbeitet Guthke treffend heraus.

und Leser mit Bewunderung aufschauen zu der ethisch autonomen Gegenspielerin, die dem Gott ersteht in Alkmene, dem wahren neuen Prometheus.

Merkur und die Diener sind rein komisch-lächerlich. Ihre Komik potenziert sich darüber hinaus dort, wo die der Herrschaften und Jupiters sich ausschließlich entfaltet, in der Divergenz der Perspektiven, den Täuschungen, Verwechslungen. In diesem Lustspiel verfehlt man daher mit der Thematik auch die Komik, wenn man die Perspektiven durcheinanderwirft, wenn man Subjektiv und Objektiv vermischt und überdies mit dialektischer Sophistik die Wertung des Ganzen jeder Vorentscheidung unterwerfbar macht. Daß die Vorentscheidungen konservativer Natur sind, obwohl sie Anspruch erheben auf modern-fortschrittliche Selbstbewußtheit, vermerken wir als dialektisches Kuriosum.

Nach Gadamer, der seine textimmune dialektische Spekulation als Methodik der Wahrheitsfindung präsentiert, überschreitet diese, gemäß Hegels Wort von des Erkennenden „Gewißheit seiner selbst" (*Hermeneutik*, 337), „den Begriff des Objekts und der Objektivität des Verstehens in der Richtung auf die Zusammengehörigkeit des Subjektiven und Objektiven" (437). Der geschätzte Philosoph fordert zwar dazu auf, man solle, wie es sich wissenschaftlich ja gehört, eigene Vorurteile und Sinnerwartungen kritisch ausschalten. Aber wie das zu geschehen habe, beschäftigt ihn nicht weiter; und in seinem *Amphitryon*-Exempel führt er eindringlich vor, daß er nicht die geringste Vorstellung hat, wie man das anstellt. Stattdessen überläßt er sich im Hinblick auf das, „was ist"– wir lasen es – der fromm-gelehrt-naiven Zuversicht: „Was ist, ist seinem Wesen nach wahr, das heißt: in der Gegenwart eines unendlichen Geistes anwesend" und deshalb prinzipiell dem menschlich-endlichen Denken zugänglich (434). „Verstehen" muß und darf daher „immer so etwas wie eine Anwendung des zu verstehenden Textes auf die gegenwärtige Situation des Interpreten" sein (291). Das Bedenkliche an dieser Art von „Sachverständnis" illustrieren die hier summarisch abgehandelten Amphitryon-Interpretationen, an der Spitze seine eigene. Es ist die Ermutigung, zu tun, was wir ohnehin zu tun versucht sind: ich- und gegenwartsbezogen zu verstehen – und nicht sachbezogen.

Gefördert haben diese Tendenz bekanntlich Gadamers Lehrer Heidegger, und vor ihm Kierkegaard. Zugunsten der Passion zum

Unendlichen, wo allein entweder-oder entschieden werden kann, und zwar ausschließlich subjektiv, erklärt der Ahnherr der dialektischen Existenztheologie und -philosophie es für objektiv angemessen, den Unterschied zwischen subjektiver Gewißheit und objektivem Sachverhalt zu liquidieren, ebenso den zwischen Gut und Böse, zwischen Wahr und Falsch, schließlich den Satz des Widerspruchs.[26] Wie immer das gemeint war, die Anwendung auf die Wissenschaft des dichterischen Wortes wirkte sich dort nicht eben zum Segen für die Wahrheitsfindung aus und hat die dialektische Methode vermutlich mehr zerschlissen, als sie verdient.

Nicolai Hartmann, der die Dialektik als philosophisches Verfahren äußerst schätzt, sieht sie gefährdet, wo man sie vornehmlich spekulativ ohne ausreichende Korrektive anwendet und wo sich ihrer Köpfe bedienen, die keine Meister sind.[27] Doch schon in der Hand von Hegel und Marx, schreibt Robert Heiss,[28] ist Dialektik „das schlechthin universale Instrument;" es macht Wahrheit „manipulierbar" vom vorausgesetzten Ganzen her, das schon „als Dogma feststeht."[29] Sie ist dogmatisch gehandhabtes „Instrument eines großen und konstruktiven Denkens," aber kein „Verfahren, das imstande ist, differenziert zu arbeiten." Eine kritische Dialektik im Sinne „eines deskriptiven kritischen Verfahrens" bliebe erst noch zu entwickeln. Um 1960 bewege sich dialektisches Denken „in den Bahnen eines konstruktiven und universalen Denkens, welches es mit der Wahrheit nicht allzu genau nimmt."

Von der Hegelschen und „gleichsam Hegelschen Dialektik," deren sich auch die hier besprochenen *Amphitryon*-Interpreten bedienen, sagt Walter Kaufmann, Germanist und Philosoph (157): „In the hands of many dialectical materialists and dialectical theologians

---

[26] Vgl. die Zitate bei Walter Kaufmann: *The Owl and the Nightingale*. London 1959, bes. 178, 181f. Eine *Amphitryon*-Interpretation, die sich ausdrücklich auf Kierkegaards „Suspension des Ethischen" beruft, lieferte Ludwig W. Kahn: Goethes *Iphigenie,* Kleists *Amphitryon* und Kierkegaard. *Monatshefte* 39 (1947), 234-37.

[27] Nicolai Hartmann: *G. W. Fr. Hegel*. Berlin 1929, bes. 159, 185.

[28] *Wesen und Formen der Dialektik*. Köln 1959, 179-183.

[29] Instrumental manipulierenden Charakter trägt die dialektische Terminologie unverhüllt bei Arntzen und besonders bei Jancke. Letzterer distanziert sich – nicht ohne Berechtigung, aber mit aufschlußreicher Schärfe – von der häufigen „Emotionalisierung der Sprache" des Interpretierens (87).

[...] the dialectic has become a mere jugglery of big words – a lack of insight that pretends to be profound and frequently deceives the writer into thinking that his prose is deep merely because it is abysmal." Abgründig, mystisch [...] Wir sind nicht sehr weit fortgeschritten, seitdem Goethe unter dem Eindruck von Adam Müllers Exegese verdrießlich notierte:

> [...] über den neuen mystischen Amphitryon und dergleichen Zeichen der Zeit.

Ferner haben wir das Zeugnis der Korrespondenz zwischen Friedrich Gentz und Adam Müller. Gentz, ein Mann von urbaner Humanität, beschwerte sich zwar über Goethes „bittern, tückischen Haß gegen das Christentum."[30] Aber noch heftiger – „auf Tod und Leben" – wehrte er sich gegen den Versuch des Konvertiten Müller, mit „bedenkenloser Sophisterei" das absolute Moralgesetz zu leugnen.[31] Müller trug kein Bedenken, Kleists *Amphitryon* zu vereinnahmen für das Christentum und für die Aufhebung des Ethischen.

Seine Vorrede zur Erstausgabe 1807 behauptet, Kleist habe in Alkmene und im Volk die Liebe zu Gott über die Liebe zum irdischen Gemahl und Herrn triumphieren lassen wollen, wenn er es auch zugegebenermaßen, wenigstens im Fall des Volkes, „nicht ausgedrückt" habe. Von Müller stammt außerdem die These, das Stück behandle die unbefleckte Empfängnis.[32] Das Autoritäts-*Decorum* des Authentischen, das sein Herausgebertum seinen Spekulationen verlieh, konnte, anscheinend[33] über Gentz, der Goethe in Teplitz besuchte, diesen zu seinem vielzitierten Fehlurteil verleiten: „Das Stück Amphitryon von Kleist enthält nichts Geringeres als eine Deutung der Fabel ins Christliche, in die Überschattung der Maria

---

30 13. Juli 1805 an Müller; 21. März 1807 an Müller.

31 21. März 1807 an Müller.

32 25. Mai 1807 an Gentz. Der Brief ist charakteristisch: „Der Amphitryon handelt ja wohl ebensogut von der unbefleckten Empfängnis der heiligen Jungfrau, als von dem Geheimnis der Liebe überhaupt, und so ist er gerade aus der hohen, schönen Zeit entsprungen, in der sich endlich die Einheit alles Glaubens, aller Liebe und die große, innere Gemeinschaft aller Religionen aufgetan, aus der Zeit, zu deren echten Genossen Sie und ich gehören. Protestieren Sie nicht länger, mein Freund, gegen – ich will nicht gerade sagen das neue Zeitalter der Kunst – aber gegen die Zukunft des Herrn in Wissenschaft, Leben und Kunst!"

33 Ernst Kayka: H. v. Kleists *Amphitryon*. *Zs. f. vgl. Lit.gesch.* N. F. 16 (1906).

vom Heiligen Geist," schrieb er am 14. Juli 1807 an Riemer und am nächsten Tag ins Tagebuch ganz richtig über Müller: „Über den neuen mystischen Amphitryon und dergleichen Zeichen der Zeit."

Müllers Ansichten gingen offenkundig ganz aus seiner raschen, tyrannischen Autoritäts-Anmaßung des Konvertiten hervor.[34] Er hatte Kleist kurzerhand zum christlichen Allegoriker gemacht; und er hatte es nur tun können, weil er ihn gar nicht näher kannte und weil es ihm offenkundig nicht gegeben war, einen Text zu respektieren. Als Kleist dann aus französischer Haft entlassen und in Dresden ansässig geworden war, kam es, wie zu erwarten, zu Auseinandersetzungen und Klarstellungen. Müller berichtet darüber an Gentz scharfblickend, übrigens unter Wahrung des *Decorums,* im Falle des *Amphitryon* und auch sonst - trotz allem - wie immer Recht zu haben:[35]

> „Hierauf ist zwischen mir und Kleist eine nähere Verständigung erfolgt, und ich fühle jetzt, wie seine Werke jene antike Bestimmtheit auch nur an sich tragen um der Reaktion willen, zu welcher die Zeit ihn aufruft, um der neuen Aufklärung willen, die nun im *Phöbus* dem Zeitalter geboten werden soll, welches sich nur allzu sehr, durch Unglück bestärkt, zu einer falschen Mystik hinüberneigt. So wird er [der *Phoebus*] zu seiner Zeit auch das ächte Christentum vollständiger ausdrücken als Kleist." „Kleist ist gemütsfrei," frei vom Zwang der „Autoritäten" aller Art. „Ich [...] habe oft darüber geklagt, daß sein Gemüt allzu antik, allzu prometheisch sei."

[34] Gentz an Müller, 11. Mai 1808; 14. März 1812.
[35] 6. Februar 1808.

Die Marquise von O...

Erotik und Sexualität gewannen im Jahrhundert der Aufklärung und Naturverherrlichung öffentlich an Wertschätzung und provozierten damit die noch immer kirchlich bestimmte Gesellschaftsmoral. 1809 demonstrierten Goethes *Wahlverwandtschaften* mit dem doppelten Ehebruch im Ehebett auf schockierende Weise, wie unbändig Eros und Sexus selbst wohlgesittete Menschen aus dem Geleise werfen können, und vor allem, zu was für ethischen Problemen, Ansprüchen, Formen des ethischen Versagens, Ausweichens, aber auch zu was für Bewährung es dabei kommen mag.

Kaum geringere Zumutungen boten Kleists Novellen *Der Findling* (1811) und *Die Marquise von O...* (1808). Frei von zeitgebundenen Wunderelementen, die wie an den *Wahlverwandtschaften* auch am *Kohlhaas* und am *Käthchen* stören mögen, wirken sie noch heute lebensnah. Man kann sie betrachten wie reale Fälle und die Figuren wie wirkliche Personen. Das ist legitim, solange man darüber nicht vergißt, daß man zu tun hat mit Kunstwerken, die nicht notwendig unser Welt- und Wertsystem kopieren. Unser Thema verschärft die Schwierigkeiten des Verstehens. Seit Freud und mancher `Sexwelle´ fordern wir Offenheit über Sexualität als Phänomen und als Erklärungsfeld unverstandener Phänomene.

Kleist gestaltete extrem wie kaum jemand zuvor Subjektivität als konstitutiv für Individuen und Gruppen, und zugleich als Trennungswände zwischen Familien, Kulturen, den Geschlechtern, immer wieder zwischen Individuen und, grundlegend, zwischen Mensch und Welt, Umwelt überhaupt. Deshalb eben sind ihm guter Wille, Vertrauen zu Menschen und Werten und die nie nachlassende Anstrengung des gesunden Menschenverstandes unentbehrlich. Christian Thomasius nannte das die vernünftige Menschenliebe. Die Lehrfächer der Ethik und Rhetorik übten darin ein. Solches Denken und Dichten ist angewiesen auf menschenfreundliches Vertrauen und Verstehenwollen. Mißtrauen dagegen tötet beides. Kleist erfuhr es reichlich und ging nicht zuletzt daran zugrunde.

Nicht anders heute immer wieder seine Dichtungen. Hans-Jochen Marquardt,[1] damals Sachwalter Kleists in Frankfurt an der

---

Leicht überarbeitet aus: *Die Marquise von O...* und *Der Findling*. Zur ethischen Funktion von Erotik und Sexualität im Werk Kleists. In *Erotik und*

Oder, fand in der Kleistforschung statt Wohlwollens und Vertrauens „die schwarze Sucht" des Mißtrauens der *Familie Schroffenstein*:

> Und alles, auch das Schuldlos-Reine, zieht
> Fürs kranke Aug die Tracht der Hölle an.
> Das Nichtbedeutende, Gemeine, ganz
> Alltägliche, spitzfündig, wie zerstreute
> Zwirnfäden, wirds zu einem Bild geknüpft,
> Das uns mit gräßlichen Gestalten schreckt (v. 515-521)

bzw. auch nur zu Bildern, die auf befremdliche Weise wenig oder nichts zu tun haben mit den Dichtungen und ihnen sogar diametral entgegengesetzt sind. Das heißt – und auf der hier dokumentierten Konferenz sprach man das aus: sie stellen sich zwischen Publikum und Texte. Wer derart „dekonstruiert," mißachtet, ja ignoriert den vom Dichter gemeinten „Verweisungszusammenhang" des Textes und kann dann verkünden: „Die Ethik des Lesens läuft auf die Unlesbarkeit des Texts hinaus."[2] Das klingt zwar ehrlich. Aber was für eine 'Ethik' ist das?

Die Werke der Goethezeit und über sie hinaus ahmten überwiegend einen lebensähnlichen Zusammenhang nach. Diesen haben sie zwar jeweils ausgewählt, begrenzt, akzentuiert und insofern schon gedeutet, „repräsentiert," schwerlich jedoch schlechthin erschöpfend gemäß Theorien ihrer oder gar unserer Epoche. Jedenfalls bevor man sie den oft ganz andersartigen Forderungen heutiger Bedürfnisse und Perspektiven unterwirft, müßte literarhistorisches Forschen doch wohl erst einläßlich prüfen, womit man phänomenologisch und historisch überhaupt zu tun hat. Man sollte nicht vergessen, daß die Bedeutung von Wort und Wendung zuletzt vom jeweiligen Text-Zusammenhang bestimmt wird, und weiter, daß der Ironiker Kleist seine Perspektive verhüllen, verunklären mag, so daß die Leser manchmal mehr als bei anderen Dichtern ihr Sensorium erproben und bewähren müssen.

Sexualität im Werk Heinrich von Kleists. Heilbronner Kleist-Kolloquien II. Heilbronn 2000, 192-231.

1 Hans-Jochen Marquand: Des Prinzen Fassung. Heinrich von Kleists Imperativ des Wahren, Guten und Schönen. Typoskript zum Richard-Samuel-Kolloquium über Kleist in Melbourne 1997.

2 Thomas Wägenbaur: Narrative Ethik. Das Paradox der Ethik als "KybernEthik" der Literatur. In: *Im Bann der Zeichen. Die Angst vor Verantwortung in Literatur und Literaturwissenschaft.* Hgg. Markus Heilmann u. Thomas. Wägenbaur. Würzburg 1998, 229-256, hier 238.

Das Letzte habe ich mit entdecken und erklären helfen.[3] Von der *Marquise von O...* gilt es freilich weniger als von anderen Novellen und weniger, als man neuerdings behauptet, anscheinend häufig, um sich zu emanzipieren. von der Autorität der Texte. Mehr als sonst bei ihm darf man dem weithin allwissenden Erzähler und seinen oft emphatischen Urteilen vertrauen. Umso größere Schwierigkeiten stellten sich freilich ein, wo er mit Urteilen zurückhält und den Leser sich selbst und seiner Weisheit überläßt und damit dessen Lese- und ethische Urteilsfähigkeit erprobt.

Ein Konferenzteilnehmer nannte meine Interpretationen abschätzig „schöne Geschichten," eine weibliche Stimme aus dem Publikum dagegen die Darstellung von „Dichtung guten Willens." Kleist wollte seine Novellen „Moralische Erzählungen" nennen, dürfte den Titel freilich gleichzeitig ironisch-provokativ gemeint haben. Daß seine Dichtungen dennoch im Geist der Humanitätsepoche entschieden ethischer Natur sind und anders gar nicht zu begreifen sind, vertrete ich seit meiner ersten Studie vor 40 Jahren und im Widerspruch zur Forschung, die den ethischen Aspekt m.E. oft verfehlte oder ihm nicht voll gerecht wurde. Niklas Luhmann klagt, daß „die Ethik den Bezug zur gesellschaftlichen Realität verloren" habe,[4] und fordert eine „Soziologie der Ethik," macht also um die Ethik selbst wieder den üblichen Bogen und sucht den Umweg über eine andere Disziplin und Theorie.

In *Findling* und *Marquise* fungieren als Katalysatoren der Handlung Erotik und Sexualität. Beide Themen sind Mode. Die Forschung engagiert sich weniger mit den Dichtungen als mit *der*

---

3 Wittkowski: Skepsis, Noblesse, Ironie. Formen des Als-ob in Kleists *Erdbeben*. *Euphorion* 63 (1969), 247-283.

4 Zitiert von Thomas Wägenbaur (wie Anm. 2), 245. Wägenbaurs Aufsatz bestätigt schon im Titel „Narrative Ethik" („Ethik des Lesens" statt Ethik in der Literatur) meine seit Jahrzehnten vorgetragene Diagnose. Die allenthalben zitierten Theoretiker und Philosophen haben sich Wägenbaur zufolge sämtlich einmal mit Ethik eingelassen, allerdings so anfängerhaft und äußerlich, wie das in der Praxis üblich wurde. Ja, man merkt dort, daß sie lange Zeit sogar diesen Kern menschlichen Zusammenlebens vergaßen und erst wieder daran erinnert wurden durch den Mauerfall und Paul de Mans antisemitische Aussagen: jenes ein Spektakel, das sie in ihrer Weltabgeschiedenheit an die hochmütig vernachlässigte, mit ethischen Phänomenen vollgepackte Wirklichkeit erinnerte; diese ein neuer, obschon peinlicher Anstoß zu ihrer Hauptbeschäftigung: mit Theorie und Theoretikern.

Sexualität und mit *der* Frau.[5] Dem Geheimnis weiblichen Begehrens galt und gilt das Hauptinteresse der meisten Interpreten beiderlei Geschlechts. Solche Kriminalgeschichten, die zu genauem Lesen und textgetreuem Kombinieren auffordern, sollen uns mit uns selbst besser bekannt machen, heißt es,[6] und sogar besser bekannt mit ihren Interpreten als mit Kleist[7] und dadurch mit Tendenzen unserer Zeit.

In beiden Novellen bilden Erotik und Sexualität das Zentrum der Ereignisse, müssen die Figuren sich mit ihnen auseinandersetzen zu Glück und Unglück und hierbei ihr Ethos bewähren und herausbilden als Tugend, Schwäche, Laster oder Bosheit. Zum Bild der Frau nicht nur jener Zeit und nicht nur dieses Dichters gehört ihre Sexualität. Ihre Selbsthingabe in Liebe ist das größte Geschenk, das der Mann von ihr ersehnt; in Kleists Begriffen ein Akt großzügig-wehrlosen Sich-Anvertrauens. Wird er mißachtet und mißbraucht, ist die Frau im innersten gedemütigt, verwundet. Die hohe Verletzbarkeit Kleistscher Menschen gipfelt in der erotisch-sexuellen Verletzbarkeit der Frau. Mehr als anderswo vielleicht werden hier die Frau und noch viel mehr der Mann ethisch gefordert und erprobt.

Und mehr als Psychoanalyse, Sozialpsychologie oder Kants Lehren vom absoluten Bösen und dem kategorischen Imperativ empfiehlt sich mir ein Begriffspaar Kants, das die Spannweite der Humanitätsepoche ausdrückt und das Schiller übernahm, denn sein Gehalt war längst verinnerlicht: „Glückseligkeit" und „Glückswürdigkeit." Der höchste Wert der Aufklärung, Glückseligkeit, seit der Goethezeit gipfelnd in Liebe, Eros, Sex – und der ethische Idealismus, der über die Glückserfüllung hinaus fordert, ihrer würdig zu sein, sie zu verdienen, gleichgültig, ob man sie erringe oder nicht.

---

5 Sigrid Weigel: *Topographien der Geschlechter. Kulturgeschichtliche Studien zur Literatur.* Reinbek 1990, 245. (*Rowohlts Enzyklopädie*, 514).

6 Jochen Schmidt: "Die Marquise von O…." In: *Kleists Erzählungen.* Hg. v. Walter Hinderer. Stuttgart 1998, 67-84, hier 69.

7 Ruth Klüger-Angress: Kleists Abkehr von der Aufklärung. *Kleist-Jahrbuch* (1987), 98-114, hier 113f.

Die Marquise und Graf F...

Nur eine detailliertere Kritik könnte den Untersuchungen gerecht werden, die im Folgenden genannt werden, oft willkürlich genug an Stelle anderer. Daß ich von allen irgendetwas lernte, versteht sich. Ihre Hauptargumente lassen sich bündeln zu Trends. Marjorie Gelus formulierte 1982 den einen zentralen, der auch für die Lessing- und Klassikforschung gilt: Man relativiert, dekonstruiert, man macht die `guten´ Figuren schlechter und die `schlechten´ besser.[8] Lessing schon beklagte diesen Trend als Hauptkrankheit des Literaturbetriebs; Schiller und Kleist schrieben ihn einer allgemeinmenschlichen Neigung zum Niederziehen alles Bedeutenden und Guten zu (s.o.).

Der Trend setzte erneut ein um die Umbruchszeit von 1970. Ihr einsamer Vorläufer für Kleist, Günter Blöcker,[9] überschrieb 1960 sein *Marquise*-Kapitel schon „Graf F…" Der komme als rettender Engel und „auf eine jeden Einwand ausschließende Weise als Mann" daher. Die Frau erwache „in diesem unfaßlichen Augenblick zu ihrer verleugneten Weiblichkeit. [...] Sie sinkt in Ohnmacht. Ihr Unbewußtes gewährt, was ihr Bewußtsein verbieten würde."

> Dieser Roman ist nicht für dich, meine Tochter. In Ohnmacht! Schamlose Posse! Sie hielt, weiß ich, die Augen bloß zu.

Kleist meint sein Epigramm ironisch, auch „selbstironisch;" er „spricht im Kern" aber für viele Interpreten nur die „Wahrheit aus." Als die Frau erkennt, Graf F… übte an ihr „Gewalt" (Blöcker), tun sich ihr

> Bereiche der Natur auf (der eigenen Natur!), in denen sie ihrer Person nicht mehr sicher ist; und solche Offenbarungen unseres Ichs pflegen wir – in wildem Protest gegen uns selbst – allerdings teuflisch zu nennen. [Schon des Grafen Traum-Schwan], Vogel des Lichts, Inbegriff hoheitsvoller Reinheit, spricht den Schuldigen frei; und Kleist verlieh seinem mit der abscheulichen Untat belasteten Helden eine moralische Hoheit [ja, einen] Schimmer der Unschuld [...], der aus der doppelten Rechtfertigung durch das Gefühl – seines

[8] Marjorie Gelus: Displacement of meaning: Kleist's *Der Findling*. *German Quarterly* 55 (1982), 541-553, hier 540f., 550.

[9] Günter Blöcker: *Heinrich von Kleist oder das absolute Ich*. Berlin 1960, 177-179.

wie ihres – kommt, aus einer Schicht, in der das unbegreifliche Leben selbst seine stummen Entscheidungen fällt.

Verzogen Blöcker und andere sich gelegentlich derart im Schutz edel-suggestiver Vokabeln in die uneinnehmbare Festung des Irrationalen, die man späterhin ersetzte durch Theorien der Irrationalität, so wurde man um 1970 erst einmal handfester. Z.B. die Soldaten, die sich anschicken, sich einer nach dem andern an der Marquise zu vergehen, und untereinander um die Reihenfolge kämpfen: sie stimulieren, heißt es, die Libido der Frau[10] oder die ihres ritterlichen Retters und tatsächlichen Vergewaltigers.[11] Wir erfahren darüber aber nichts und ebenso wenig, ob der Überfallenen jetzt überhaupt etwas abscheulicher (eine Vokabel des Erzählers) wäre als Sex. Mußte man durch jene Fragen etwa diese Frage ausschalten – und die Frage nach der Libido der Interpreten beiderlei Geschlechts, die sich ihren Lustphantasien überließen?

Der Filmemacher Hans Jürgen Syberberg füllt den berühmtesten Gedankenstrich vielleicht nicht nur der deutschen Literatur mit spätem Beethoven, Kammermusik, sieben Minuten; so lange etwa dauert so was, sagt er im Fernseh-Interview. Ohnehin habe der Liebesakt, sinniert er, etwas Gewaltsames. Kein großer Unterschied also zum Vergewaltigen. Entschiedener (und beängstigender, weil potentiell folgenreicher) füllt ein Strafrechtler die Lücke mit seiner Männerphantasie: Graf F… umfaßt die Wankende, „um sie nicht fallen zu lassen, sie klammert sich noch fester an ihn, und er sinkt mit ihr nieder. Wie anders sollte es gewesen sein?" Unfehlbar muß F… dieses „rettungssuchende Anklammern als liebende Umarmung" erleben und späterhin meinen, Julietta werfe sich ihre würdelos rasche, widerstandslose Hingabe vor. Umso mehr habe man den „ethisch sensiblen Charakter" des Helden zu preisen, als er dann demütig sühnt, „was er *so* [gar] nicht getan hatte," wie man ihm Schuld gibt.[12]

10 Heinz Politzer: Der Fall der Frau Marquise. Beobachtungen zu Kleists „Die Marquise von O…" *DVjs* 51 (1977), 98-128, hier 109.

11 James M. McGlathery: *Desire's sway. The plays and stories of Heinrich von Kleist.* Detroit 1983, 81-85. Gerhard Gönner: Von „zerspalteten Herzen" und der „gebrechlichen Einrichtung der Welt." In: *Versuch einer Phänomenologie der Gewalt bei Kleist.* Stuttgart 1989, 45.

12 Eberhard Schmidhäuser: Das Verbrechen in Kleists *Marquise von O…* Eine nur am Rande strafrechtliche Untersuchung. *Kleist-Jahrbuch* (1986), 156-175.

Und was schrieb eigentlich der Dichter? Nur, daß sie „von all solchen Auftritten“ (einschließlich der blutigen Zerstreuung der Rotte durch ihren Retter) „sprachlos […und] völlig bewußtlos niedersank“ (105f.).[13] Auch späterhin bleibt allen lüstern-gelehrten Spekulationen, ob und wieweit sie un- oder unterbewußt dem sexuellen Akt zustimme, ihn mitmache, um ihn wisse oder nicht, der Riegel vorgeschoben. Man hat Erfindungen dieser Art neuerdings gerügt: Solche „selbstgefällige Identifikation mit dem Grafen als dem siegreichen Liebhaber, der der Frau endlich zu geben vermag, was sie will und braucht,“ ersetze das Unbekannte einfach durch das, was heute als wahrscheinlich gilt, durch den öden „Gemeinplatz“ der Sexualität, deren Geheimnis man „immer schon zu kennen“ vermeine.

Das hier zitierte Interpretenpaar[14] zielt seinerseits auf Höheres, auf eine zur Religiosität befreite Erotik. Wie Alkmene scheue Julietta die Enttäuschung, daß, der sie „übergöttert“ hat, „kein Gott“ war, sondern „*nur* ein Mann.“ – Da schlägt das Pendel nach dem anderen, dem Extrem religiöser Autoritätsseeligkeit zurück in Nachwirkung der Theologen-Germanistik der Adenauerzeit. Erotisches „Begehren“ aus religiöser Phantasie zielt auf den Gott, das höchste metaphysische Gut.

Derartiges wird in der *Marquise* nirgends bestätigt und im *Amphitryon* aufs entschiedenste verneint.[15] In der *Marquise* ruft man Engel und Teufel an; doch das sind Metaphern nur für Menschliches. Der unverhoffte Retter, der Bewahrer vor sexueller Folter, ist ein Mensch; und er ist es gerade auch und mehr denn je im guten Sinn, als er ihr erscheint als Teufel: fähig endlich des Schuldgefühls, der Reue, Sühne, Wiedergutmachung, der Besserung und Kultivierung.

---

13 Zitate und Seitenzahlen in Klammern aus: *Heinrich von Kleist: Sämtliche Werke und Briefe*. Bd. 2. Hg. v. Helmut Sembdner. 7., erg. u. rev. Aufl. München 1984.

14 Barbara Vinken u. Anselm Haverkamp: Die zurechtgelegte Frau. Gottesbegehren und transzendentale Familie in Kleists *Marquise von O…* In: *Heinrich von Kleist. Kriegsfall – Rechtsfall – Sündenfall*. Hg. Gerhard Neumann. Freiburg i.Br. 1994, 127-148. Natürlich gibt es Ausnahmen in diesem Punkt. Statt aller nenne ich Jochen Schmidt, Ilse Graham, Gesa Dane.

15 Siehe dieses Buch sowie Vf.: *Heinrich von Kleists „Amphitryon.“ Materialien zur Rezeption und Interpretation*. Berlin, New York 1978.

Klaus Müller-Salget bringt es unter Berufung auf mich auf den Punkt: „ethische Bewährung.“[16]

Dieses Vermögen, sich zu ändern, unterscheidet ihn, so sieht es aus, von den Soldaten. Die erhalten freilich gar keine Chance. Ihre Erschießung wird, weil sie „den Namen des Kaisers brandmarkten“ - ihr Opfer ist schließlich von Adel -, kurzweg „abgemacht“ - freilich zur Gewissens-Beklemmung dessen, der die Untat, die sie begannen, vollendet hat (108). Vor dem da fälligen Schuldbekenntnis aber drückt er sich - das ist in der Situation verständlich. Und er drückt sich mit einem unglaubhaften Vorwand davor, selber seine Leute dem Tode auszuliefern, den er ebenso und juristisch noch mehr selbst verdiente. Aber stimmt das überhaupt? Schwerlich beginge er die Untat gegen den Willen und Widerstand der Frau. Er übt keine Brachialgewalt, sondern nutzt die Bewußt- und Willenlosigkeit seines Opfers aus, seinerseits verführt von der Gelegenheit.

Sabine H. Smith[17] meint, anders als Gesa Dane,[18] genau dieser Tatbestand entlaste laut dem *Allgemeinen Preußischen Landrecht* von 1794 den Grafen F…[19] von der Anklage der Vergewaltigung. In Anlehnung an Dorrit Cohns Spekulationen über das zustimmende

---

[16] Klaus Müller-Salget: Das Prinzip der Doppeldeutigkeit in Kleists Erzählungen (1973). In: *Kleists Aktualität: Neue Aufsätze und Essays 1966-1978.* Hg. Walter Müller-Seidel. Darmstadt 1981, 166-199, hier 179 (Wege der Forschung, 586). Der Hinweis auf mich (wie Anm. 3) ist getilgt im Kommentar zu Band 3 der Kleist-Ausgabe des Deutschen Klassiker Verlags. Frankfurt a.M. 1990. Müller-Salget folgt dort der Forschergruppe um Blöcker und Politzer.

[17] Sabine H. Smith: *Sexual violence in German culture. Rereading and rewriting the tradition*. Frankfurt/M. 1998, 129-141.

[18] Gesa Dane: Die „einzige nichtswürdige Handlung“ des Grafen F - ein Verbrechen nach Paragraph 1052 ALR II. Teil, Titel 20, 12. Abschnitt. *Recht und Gerechtigkeit bei Heinrich von Kleist.* Hg. v. Hans-Jochen Marquardt. Frankfurter Kleist-Kolloquium 17.-18. Oktober 1997, 2002, 139-150.

[19] Daß F. Chiffre sei für *Fecit* = machte, spekuliert Dirk Grathoff: Die Zeichen der Marquise. Das Schweigen, die Sprache und die Schriften. Drei Annäherungsversuche an eine komplexe Textstruktur. In: *Heinrich von Kleist. Studien zu Werk und Wirkung*. Hg. v. Dirk Grathoff. Opladen 1988, 204-239, hier 210. Die Arbeit demonstriert beispielhaft, daß es schwer ist, sich von diesen und vielen anderen Assoziationen, die in der Umschreibung pornographisch, allzumenschlich wirken, wieder zu befreien zu gesitteten Aspekten, die deshalb nicht prüde sein müssen.

Wissen der Marquise um den „erotischen Akt“[20] nimmt sie (ohne Metaphysik) die Deutungen Blöckers und Schmidthäusers (die sie beide nicht nennt) wieder auf, freilich mit feministischen Schlußfolgerungen: Im Einklang mit den legalen und medizinischen Diskursen der Zeit erleide die Marquise nur eine Verführung, habe sie zwar nicht verdient, sei daran aber nicht unschuldig, ja könne sich überhaupt nicht rechtfertigen. Ihre Vorwürfe seien deshalb als hysterisch übertrieben abzuweisen. Der Graf dagegen sei bloß Verführer, ja geradezu selbst ein Verführter, biete überreichliche Sühne an und habe zuletzt gar keinen Schaden angerichtet. Die Heirat füge die Frau wieder ein in das Patriarchat, das eine unehelich Geschwängerte nicht verkrafte, dulde. Kleist schreibe demnach nicht progressiv, sondern bestätige nur den Zeitgeist.[21]

Doch welchen?! Die Möglichkeit, daß es anders sei, wird zwar zugegeben, die derzeit modische Allerweltskategorie der Ambivalenz aber hauptsächlich zur Legitimation willkürlicher Spekulation beschworen und mit deren Hilfe zuletzt wieder fallengelassen: mit Hilfe nämlich eines trist eindimensionalen Menschenbildes ohne Wandlungsvermögen sowie zahlreicher Anklage-Argumente gegen die Frau, soweit der Text sie vorbringt oder auch nicht vorbringt. Daß umgekehrt Kleist indessen eben doch `progressiv´ gegen die offizielle Denkweise seiner Zeit naturrechtlich für seine Heldin eintritt und ihren Beleidiger mit dem Mut zum Wagnis existentiell-moralischer Umkehr und gesellschaftlicher Ächtung ausstattet, nimmt die Feministin gar nicht wahr. In ihrer Sicht beraubt das völlig aus der Luft (und Lust) gegriffene Mißverständnis einer sexuell-erotischen Mitbeteiligung und Mitverantwortung die Frau ihres Opferstatus, trivialisiert damit Vergebung und Versöhnung.

Gibt man jenes deplatzierte Mißverständnis einer sogar wechselseitigen Verführung preis, ändert sich das Bild und öffnet die bisher

---

[20] Dorrit Cohn: Kleist's *Marquise von O…* The Problem of Knowledge. *Monatshefte* 67 (1975), 129-144.

[21] Das nimmt auch an Theodore Ziolkowski: Kleists Werk im Lichte der zeitgenössischen Rechtskontroverse. *Kleist-Jahrbuch* (1987), 28-51. Diese Annahme einer Bekräftigung des positiven Gesetzes findet sich ausführlicher und verstärkt in Ziolkowski: *The mirror of justice. Literary reflections of legal crises*. Princeton 1997, Kap. 10: The attractions of codifications, 187-214.

verschlossene Dimension des Ethischen. Es **ist** Vergewaltigung; und sie zu verzeihen, wird zusätzlich erschwert dadurch, daß F… sie lange Zeit ableugnet und verschweigt, womit er die Schwangerschaft verrätselt und die Marquise samt ihrer Familie in eine schwere Krise stürzt.

Bei seiner Untat motivieren ihn Sexdrang und vielleicht schon Eros (so möchte man von später her wohlwollend schließen), motivieren ihn gleichsam im Sichtschutz des Gedankenstrichs, der fiktiv realen Zeugenlosigkeit, zu impulsiver, heimlicher Dieberei, zum geistesgegenwärtig raschen, frechen Zugriff. Dann aber dehnt sein hinterhältiger Betrug sich aus zu vorsätzlicher Verheimlichung bzw. Verhehlung von Schuld, zu Täuschung, Unaufrichtigkeit. Unedelmütig nannte Kleist dergleichen. Einstweilen freilich schiebt er einen Erzähler vor, der seine Kommentarlosigkeit durch den Gedankenstrich entschuldigt, dafür allerdings „entschädigt" durch obszöne Anspielungen und im Weiteren die Perspektive der ahnungslos genasführten vertrauensseligen Familie teilt.

Deren Mitglieder sind, wie fast alle Figuren Kleists einmal, geschlagen mit einer sonderbaren Begriffsstutzigkeit, so daß die Leser, die im Bilde sind, sich des Lachens kaum enthalten können. Darüber vergißt man leicht Empörung, Zorn, Sorge und Kritik. Des Grafen edelmütig-ritterliche Rettungstat am Anfang und sein forsches Auftreten machen die hingerissene Familie blind und taub für seine Anspielungen auf seine „einzige nichtswürdige Handlung," die „er schon im Begriff sei wieder gut zu machen," die indes, so wiegelt er schamlos ab, „der Welt unbekannt" und weswegen er, „mit einem Wort, ein ehrlicher Mann sei, und die Versicherung anzunehmen bitte, daß diese Versicherung wahrhaftig sei" (112).

Der Kommandant und Vater unterschreibt das und lächelt – „obschon ohne Ironie," denn er kann diese alberne Versicherung nicht für unwahr halten; sie wäre allzu frech. So schlägt sie umso deftiger zu. Sie trifft den Kommandanten und die Leser, falls sie F…s Unverschämtheit ebenso wenig registrieren. Der Graf, „schön, wie ein junger Gott, ein wenig bleich im Gesicht" (110) von der Verwundung her vielleicht, nutzt die Ahnungslosigkeit der Familie entschlossen aus. Sicher will er die Marquise vor Peinlichkeit und Schande schützen – doch nicht minder seinen eigenen Ruf als „ehrlicher" und zumal als Edelmann und Offizier. Zu diesem Zwecke potenziert er seine Untat und deren betrügerisches Nichtgestehen, statt beides zu bekennen, zu dem weiteren Betrugsversuch, die Familie zu überrumpeln, überlisten, überreden zu einer überstürzten Heirat, die den Schleier schonender Täuschung bis auf weiteres über das Geschehene decken soll und zugleich über das Gaukelspiel, das er eben jetzt vollführt.

Und mehr: fortwährend läßt er sehr deutlich durchblicken, was geschah, was auf dem Spiele steht, und also auch, was jetzt geschieht. Das heißt, gleichsam augenzwinkernd lädt er die Familie ein, sein Spielchen mitzuspielen, Komplizen zu werden bei seinem Versuch, sie und die „Welt“ zu täuschen. Er fängt sich indes wie Jupiter in der eigenen Schlinge: Er redet nicht deutlich genug für seine Hörer, die er damit vielmehr nur immer weiter irreführt. Er wagt nicht, sein Retterbild, an das sie glauben und das ihr Verstehen hemmt, aufs Spiel zu setzen. Je länger je mehr wird sein Manöver zu einem fortgesetzten infam-grausamen Mißbrauch dankbarsten Vertrauens. An dessen Anfang stand bereits die Untat selbst, falls nämlich die Ohnmacht der Marquise auch als Folge entspannender Erleichterung über die offenbare Rettung gelten darf.

Wir Leser werden, wie gesagt, das Bedenkliche nicht recht gewahr. Wir dürfen uns sogar köstlich amüsieren über die „übermütig“[22] frechen Zwei- und Eindeutigkeiten, die F… sich ähnlich wie Jupiter und Richter Adam leisten kann, ohne verstanden und durchschaut zu werden als der „Teufel,“ zu dem ihn vollends erst diese seine bewußte Betrügerei macht. Wer aber die Lacher auf seiner Seite hat, der vorenthält denen, die dafür zahlen, das verdiente Mitgefühl. Das heißt, der Graf führt unsere ethische Reaktion auf Abwege, wenn wir nicht gegenhalten können. In der Forschung bestand dazu wenig Neigung.

Daß seine Leidenschaft auch Eros ist, sei eingeräumt. Aber daß er sofort wisse, was zu tun sei, nämlich sich allen Vorwürfen zu stellen, und daß er damit seine „im tiefsten ethisch gegründete Persönlichkeit“ offenbare, solche Wunschphantasien offenbaren nur, daß ausgerechnet unser germanistischer Strafrechtler ähnlich wie Blöcker im genauen Widerspruch zu den Sach-Befunden blindlings

[22] Michael Moering: *Witz und Ironie der Prosa Heinrich von Kleists*. München 1972.

Partei nimmt für den Mann.[23] Denn F…s Behauptung, er sei schon im Begriff, „die einzige nichtswürdige Handlung" seines Lebens „wieder gut zu machen," ist ja, abgesehen von allem andern, bis jetzt nicht mehr als Absicht und potenziert sein Gaukelspiel; potenziert die Untat, die er unerkannt beging, durch seine fortgesetzten Anstrengungen, sie so zu bekennen, daß sie so gut wie unkenntlich bleibt und man sie deshalb stillschweigend akzeptiere. Und er hat auch noch die Stirn, vor allem auf seine Ehrlichkeit, Wahrhaftigkeit zu pochen![24] Das ist ironischer und durchweg verkannter Hinweis darauf, daß er genau hiergegen verstößt und damit alle seine guten Absichten entwertet.

Als der Präsident der Kleist-Gesellschaft die ethische, sagen wir, Enthaltsamkeit der Forschung postmodern zuspitzte zu der Behauptung, in Kleists Schriften dienten ethische Werte machiavellistisch nur zur Tarnung egoistischen Verlangens, zielte die Provokation auf mich. Ich erhob Einspruch (als „eher fragwürdig" klassifiziert in einem Pressebericht) und setzte mich damit unter Zugzwang. Nehmen wir also umgekehrt die Ethik, die Thomasius dem 18. Jahrhundert mit auf den Weg gab. Er faßte sie zusammen in seiner dreifachen Goldenen Regel. Deren oberster Wert, ohne den alle anderen zunichtewerden, war – eben „Ehrlichkeit" („Honestum"),[25]

---

[23] Eberhard Schmidthäuser (wie Anm. 12), 171.

[24] Ohne den letzten Punkt ebenso stark zu betonen – die erreichte „Grenze eines erneuten Mißbrauchs der Person der Marquise" –, verweist auf F…s zweideutiges Verfahren vor allem Ditmar Skrotzki: Kleists *Marquise von O…* Vom Ärgernis radikaler Wahrheiten und den Schwierigkeiten, damit umzugehen. *Beiträge zu Kleist-Forschung*. Frankfurt (Oder) 1992, 49-62, 57.

[25] Vgl. Wolfgang Wittkowski: Aufklärung, Ethik, Religion. Die Goldene Regel des Thomasius und Lessings *Nathan*. In: *Christian Thomasius (1655-1728). Neue Forschungen im Kontext der Frühaufklärung*. Hg. Friedrich Vollhardt. Tübingen 1997, 445-463. Wägenbaurs Umschreibung der Goldenen Regel nennt nichts Konkretes wie den Höchstwert Ehrlichkeit. Sein Herantasten an das verschlossene fremde Reich des Ethischen liefert die gewichtige Fehlanzeige der Theorie, gelangt über lexikalisches Wissen nicht hinaus und nährt keinerlei Hoffnung auf ernstliche Anerkennung und Entwicklung „ethischen Lesens" im Sinne von Würdigung ethischer Phänomene in der Literatur. – Was übrigens verständlich ist. Wir werten tagtäglich ethisch und weit besser als in der Wissenschaft, wo es uns trivial oder verstiegen vorkommt, von so etwas überhaupt zu reden. Das rächt sich. Denn wo der Gegenhalt des Reichtums ethischer Phänomene fehlt, stellt sich allzu leicht der plumpe Moralismus der Beschränktheit ein.

gefolgt von „Anständigkeit“ oder Großmut, Edelmut („Decorum“), und endlich Rechtlichkeit, Billigkeit, „Gerechtigkeit“ („Iustum“). „Was du nicht willst, daß man dir tu, das füg auch keinem andern zu.“ Und „was du willst, daß andere dir tun, das tue du selbst anderen.“ Also Gegenseitigkeit; sich in die Sicht anderer versetzen: das ist hier Grundgesetz. Und Graf F… verstößt gegen jede Regel dieser Ethik, von der Kleist zumindest die verinnerlichte Kenntnis des Zeitalters besaß.

Das Gaukelspiel, mit dem F... sein Werben begleitet, ist bei ihm keine flüchtige Anwandlung, sondern System. Nicht anders, nur kühner, unverschämter, fast im offenen Handstreich sucht er Monate später noch einmal und groteskerweise nun die schon Hochschwangere zu überrumpeln. Dem alles gelingt und alles nach Wunsch abläuft, stellten sich nämlich unvorhergesehene Hindernisse (Kleists berühmte Zufälle) in den Weg und verzögerten seine angekündigte, „rechtzeitige“ Rückkunft. Gegen die jetzt verspätete sichert die Marquise sich durch Auftrag an den Türhüter aus Scham wegen ihrer vielsagenden Veränderung.

Er aber (nach lügenhafter Täuschung des Türhüters, 128) schiebt ihre Einwände beiseite mit dem Dreiviertel-Bekenntnis: er sei „von ihrer Unschuld völlig überzeugt,“ als ob er „allwissend wäre“ (wie Jupiter!). Da platzt er schon fast mit der ganzen Wahrheit heraus. Unangefochtener denn je von Schuldgefühl und einfühlender Anteilnahme an dem, was sie durchlitten hat, ganz nur siegessicherer Eroberer, prahlt er einigermaßen kindisch: „Der Welt zum Trotz“ will er sie heiraten „und Ihrer Familie zum Trotz,“ und weiter und schon fast überflüssig: „dieser lieblichen Erscheinung sogar zum Trotz; wobei er einen glühenden Kuß auf ihre Brust drückte“ (129). Das verspätete Bekenntnis wird zum Dolch.

Die infam Getäuschte hat sich seinerzeit aus Dankespflicht und beeindruckt von der zudringlichen Lebhaftigkeit seiner Wünsche (117) für ihren edlen, engelhaften Retter erwärmt und will sich eben diese ihre Illusion nicht rauben lassen: Sie „*will nichts* wissen“ (129) von dem unfaßbaren teuflischen Paradox, das er übermütig ihr enthüllen will. Leichtfertig wenig um die hier anhängige Delikatesse von Geheimhaltung besorgt, völlig gewissenlos und unbesorgt darum, wie die Frau es nehmen mag, will er sie ziemlich unverblümt erneut zur Komplizin machen: Sie soll gutheißen, soll Ja und Amen sagen dazu, daß er das noch immer Unaussprechliche tat und es außerdem verheimlichte - und daß er damit sie in größte Qualen stürzte und ihre geliebte Familie zerstörte. Als er soeben Letzteres erfuhr, quittierte er es lediglich mit der verletzend ichbezogenen und lächerlich-albernen Gegenbeschuldigung: „Warum legte man mir so viele Hindernisse in den Weg!" (127f.). Und die Kritik nahm es kaum anders, ließ sich von ihm nasführen.

Die Marquise ihrerseits schämt sich vor ihm, dem Rettungsengel. Der rätselhafte Übeltäter dagegen schwebt ihr, auch nachdem die Mutter ihr den Jäger Leopardo vorhielt, schemenhaft als Ausgeburt einmal menschlichen Schlammes, ein andermal des Himmels vor (was manch erbaut-andächtigen Augenaufschlag der Kritik auslöste). Ihr „Verstand" hat Mühe, „in ihrer sonderbaren Lage nicht zu reißen;" er möchte kapitulieren. Ihrerseits andächtig-erbaut gibt die Ärmste „sich ganz unter der großen, heiligen und unerklärlichen Einrichtung der Welt gefangen" (126). Sie schaltet willkürlich mit nahezu beliebig wechselnden Ideen: Hauptsache, sie bieten eine gedanklich-emotionale Aus- und Zuflucht an.

Sie landet bei dem Paradox, mit dem sie abermals die Augen vor der Wirklichkeit und ihren Möglichkeiten schließt (die sie immerhin, sobald es ernst wird und der Gesuchte seinen Auftritt ankündigt, mit Hilfe der Familie zu sortieren sucht): Sie will sich auf ihr Innerstes zurückziehen, ihren Frieden mit Familie und Gesellschaft schließen, sich unabhängig und immun gegen die „Anfälle der Welt" machen; und alle solche sich überkreuzenden Absichten vereinen - ausgerechnet, indem sie dem Kind jenen Mann zum Vater gibt, von dem sie nichts weiß, als daß er sie *„so hintergangen"* hat [WW]. Sein Vergehen mache ihn „ohne alle Rettung" zu einem moralisch ganz Verlorenen (126f.).

Und dennoch will sie ihn heiraten. Der Tabubruch ihrer Annonce am Anfang der Novelle reizt den „Spott der Welt" (104/127) gerade wegen des Paradoxons der zur Schau getragenen „Selbständigkeit" und „Sicherheit" dieser unbescholtenen Frau. Benommen, mit dem Mute einer mühsam gebändigten Verzweiflung, eines gerade noch niedergehaltenen Wahnsinns, der sie zum klaren Nachdenken nicht kommen läßt über das Widersinnige ihrer Flucht nach vorn, handelt sie drauflos ins Ungewisse, leichtsinnig - fast wie der

Graf.[26] Nur setzt der alles daran, ihren wie seinen gesellschaftlichen Ruf zu retten. Sie dagegen, die ihr Elternhaus in Schmach verlassen mußte, greift verzweifelt zu einem Paradoxon nach dem anderen: Sie setzt selbst- und bedenkenlos ihren Ruf aufs Spiel – für den Ruf des Kindes, dem sie damit aber gar nicht hülfe, wenn dessen Erzeuger, wie sie vorübergehend annimmt, den allerübelsten Ruf verdient.

Die unfaßbare Häme des ihr angetanen Verbrechens verwirrt und offenbart ihr Innerstes. Die unfreiwillige Komik ihrer Ausbruchsversuche verstärkt nur unsere Rührung: Im genauen Gegensatz zu F… gibt sie nobel unbekümmert um ihr eigenes Wohl, wehrlos, sich der Unbarmherzigkeit der Welt und erneut derjenigen des Übeltäters preis. Der aber wird – endlich – durch das erstaunliche Vorbild, das sie damit setzt, entwaffnet, mitgerissen. Ihr Edelmut belebt auch sein Potential zum Edelmut.

Nach dem Scheitern seines erneuten Überrumpelungsversuches sah er sich „erbittert" und höchst übelgelaunt „verdammt" zu einem Brief, ähnlich demjenigen, zu dem er nach seiner Genesung mehrfach ansetzte, um seinem Gewissen, „seinem Herzen Luft zu machen." Er schob das freilich immer wieder auf aus Feigheit, Scheu und weil er, ohne die Entwicklung im Haus des Kommandanten zu verfolgen, festhielt an seiner Gaukelspiel-Strategie, am Weg des geringsten Widerstandes (110f., 129f.). Jetzt liest er die Annonce, und ihm geht ein Licht auf.

> Er durchlief, indem ihm das Blut ins Gesicht schoß, die Schrift. Ein Wechsel von Gefühlen durchkreuzte ihn [...], indessen er mit ganzer Seele über dem Papier lag und den Sinn desselben gierig verschlang. (130)

Ein Augenblick Sammlung – und: „nun ist es gut! nun weiß ich, was ich zu tun habe!" Wie Homburg sich faßt in schreibender Reaktion auf das Schreiben des Kurfürsten, so der Graf in Reaktion auf die Annonce. Dabei berichtigt er Denken und Gefühl. Wie Homburg könnte er sagen: „Schuld liegt, bedeutende, mir auf der Brust." Und er will ihr, die „so würdig vor" ihm „steht, nicht, ein

---

[26] Vgl. die leichtfertigen, verfehlten Attacken weniger Prinz Homburgs als des Kurfürsten.

Unwürdger, gegenüber stehn." Sie handle, wie sie „darf;" „mir ziemts hier zu verfahren, wie ich soll!" (v. 1375f.; 1380ff.).

Beide Fälle liegen ganz verschieden. Allenfalls vergleichbar aber ist, wie Homburg alle durchaus vorhandenen faktisch-moralischen Argumente außer Acht läßt und wie F… im Gefolge der Marquise keinerlei legalistische Verteidigungsmanöver auch nur bedenkt und im Zeichen von Ehrlichkeit, Gerechtigkeit, Groß- und Edelmut verfährt, freilich ohne darin, wie Homburg mit dem Kurfürsten, zu wetteifern mit der Frau, mit welcher er nicht konkurrieren will noch kann. Vor allem verfährt er jetzt ohne Maske und Verstellung, offen und ehrlich, ja ebenso öffentlich,[27] wie die Marquise ihren Ruf riskiert, ohne sich um die Reaktion „der Welt" zu kümmern; sie tut es sogar, ohne sich über das an ihr begangene Verbrechen zu beklagen, ja ohne es auch nur entfernt anzudeuten. Sie gibt lediglich bekannt (und damit sich selber dem Gelächter preis), „daß sie, ohne ihr Wissen, in andre Umstände gekommen sei."

Sexus und dann Eros zusammen mit der Kriegssituation setzten die Ereignisse zwar in Gang, wurden aber unverzüglich von den ethischen Folgen in den Hintergrund gedrängt. Vollends jetzt wird das Steuer übernommen von den ethischen Willensentschlüssen der Betroffenen. F… läßt alle Sicherungen fahren, ist bereit zu sühnen und wiedergutmachen mit allem, was er hat, und ist eben wegen dieser seiner gleichfalls völlig rückhaltlosen Selbstpreisgabe „völlig ausgesöhnt mit seinem Schicksal" (130), das heißt, mit allem, was man ihm auferlegen mag. Er hat das Schlimmste verdient,

---

[27] Dieser Hauptpunkt wird erwähnt von Josef Kunz: *Die deutsche Novelle zwischen Klassik und Romantik.* Berlin 1966, 139, dann aber verkürzt durch die charakteristische Behauptung, die Begriffe „Teufel" und vor allem „Engel" enthielten die Vorstellung einer Vollkommenheit, die aus der „Sphäre des nur [!] Ethischen […] ins Metaphysische hinüber" weise (140). Dagegen erhebt Einspruch Peter Horn: *Heinrich von Kleists Erzählungen. Eine Einführung.* Königstein 1978, 95. Horn beklagt umgekehrt, Kleists allzu private Geschichte vermöge nicht, die gebrochene Ethik des Bürgertums zu überwinden (194). Sie tut es indessen durchaus und triumphal. Absurde Sicherheitsgarantien gegen die Gebrechlichkeit von Mensch und Welt wurden in der Phase utopischen Schwärmens oft gefordert, daher entsprechend die Universalskepsis z.B. bei Erika Swales: The beleaguered citadel. A study of Kleist's *Die Marquise von O… DVjs.* 51 (1977), 129-147, hier 147: „no guarantee," denn „all moral and metaphysical categories are relentlessly undermined."

und ist einig mit sich selbst; denn er will sühnend alles auf sich nehmen, was er soll.

Es wird nicht ausdrücklich gesagt, doch es läßt sich folgern: Endlich dürfte ihm einigermaßen aufgehen, was er bis dahin so wenig bedachte wie die überwiegend amüsierten Kritiker: Wie unendlich eine Frau, die so weit geht, hat leiden müssen und noch leidet. Und er, der sie davor hätte bewahren sollen, sie nie hätte diesen Qualen überliefern dürfen: er machte stattdessen durch seine Verweigerung von Aufrichtigkeit und Redlichkeit sie und die Familie unglücklich, zum Gespött der Leser und jetzt vollends zum Gespött der Welt. Mit seiner totalen Umkehr und Kapitulation folgt er dem Beispiel ihrer, wie man sagen könnte, bis zur Selbstvergessenheit selbstlosen Selbstprostitution. Wie man damals sagte, ahmt er „ihr" nach – auf Gedeih und Verderb. Das heißt immerhin: er macht sich ernstlich auf die Reise um die Welt, um vielleicht „von hinten irgendwo" wieder in das Paradies gelangen zu können (342). Frage: Werden die Leser, die sich bis dahin über die Marquise moquierten, nun seinem Beispiel folgen und mitfühlend begreifen, was sie und die Familie ausstanden?

Zu seinem Heile bedarf F... der anderen, ihres Gerichts: seiner Verurteilung oder vielleicht des Vergebens, des vielfach verhöhnten; und doch gilt es laut christlich-abendländischem Herkommen zusammen mit vorangegangener aufrichtiger Reue und Wiedergutmachung als unentbehrlich, sollen die Wunden heilen und das Leben lebenswert weitergehen, hier humoristisch in Gestalt der Reihe kleiner Russen, vor allem aber durch die „zweite Hochzeit." Sie markiert der ersten, pflichtmäßigen, gegenüber einen bedeutsamen Schritt. Sie versucht keineswegs „die bestehenden Verhältnisse zu stabilisieren,"[28] sondern leitet hinüber in eine bessere Zukunft. Die „alte Ordnung der Dinge" (109) wird erneuert von innen wie von außen. Obwohl der Kommandant „das Landleben nicht liebte" (109), ziehen alle auf den Landsitz der Marquise, die demnach in mehr als gleichberechtigter Partnerschaft mit ihrem reichen russischen Grafen Haus hält und „ihrer Eltern Pflege" (104) wieder aufnimmt, so wie die Eltern sich ihrer in der Krise angenommen haben.

---

[28] Roland Reuß: *Berliner Kleist-Blätter* 2 (1989), 15. Ähnlich schon Peter Horn (wie Anm. 27).

Die Familie

Aber taten die Eltern das überhaupt? Man bestritt es, sprach eindringlich von einer Rivalität der Männer, der Entthronung und Entmannung des Kommandanten,[29] von Kleists „Dekonstruktion der männlichen Institution." Die Wiedereinsetzung des *pater familias* am Ende lösche die „moralische Erzählung" samt „ihrem ethischen Anspruch" aus, mache den lustspielhaften Schluß lächerlich und zur resignativ-bösen Parodie auf Komödie und Familienstück (Bernd Fischer[30]).

Der „unwürdigen Farce" des Schlusses wegen kann Roland Reuß, Mitherausgeber der Berliner Kleist-Ausgabe, den Figuren der Novelle nichts Positives abgewinnen.[31] Allenthalben stößt er auf die Risse zwischen Person und Gesellschaft; Risse, die Gerhard Neumann weiter vertieft und totalisiert zu Rissen innerhalb der christlichen Sexualethik, „zwischen Zeichenkonvention und Körperwunsch," ja zum tödlichen Riß, „der die existentielle Identität von Liebe und Aggression, von Verschmelzung und Zerstörung offenbart." Übrig bleiben die „Lücke des Rätsels des weiblichen Begehrens und die Unmöglichkeit der Liebesformel zwischen Mann und Frau in einer heillosen Welt."[32] – „Unmöglichkeit" trotz der zweiten Hochzeit? Dieser zum Trotz gelangte ähnlich schon Peter Horn (wie Anm. 27, 88-95) zur Annahme eines universalen Mißtrauens, das jedes Gesellschaftsleben unmöglich mache und nie überwunden werde von der Heldin. Nie wieder könne sie dem Engel/Teufel trauen noch, in christlicher Selbstquälerei, ihrer eigenen Sexualität, Integrität, Identität.

---

[29] John M. Ellis: *Heinrich von Kleist. Studies in the character and meaning of his writings.* Chapel Hill 1979, 21-35. Lilian Hoverland: *Heinrich von Kleist und das Prinzip der Gestaltung.* Königstein 1979, 139-153.

[30] Bernd Fischer: *Ironische Metaphysik. Die Erzählungen Heinrich von Kleists.* München: Fink 1988, 55f.

[31] Roland Reuß (wie Anm. 28), 15-19.

[32] Gerhard Neumann: Skandalon. Geschlechterrolle und soziale Identität in Kleists *Marquise von O…* und in Cervantes' Novelle *La fuerza de la sabgre.* In: Heinrich von Kleist. Kriegsfall – Rechtsfall – Sündenfall. Hg. v. G.N., 149-192, hier 164-169. Es tut weh, eine derart erschöpfend tiefschürfende Abhandlung mit größtem Respekt sich zu erarbeiten und sie dann doch als verfehlt zu den Akten legen zu müssen.

Und was erzählt Kleist? Offenbar etwas ganz anderes. Er fixiert die Ereignisse keineswegs undialektisch-ontologisch auf Welt und Menschen überhaupt, sondern entwickelt sie aus bestimmten Umständen, Ereignissen, aus dem infamen Gaukelspiel des Grafen, vor allem aus den Charakteren und deren Potential. Daß die Familie den Retter dankbar verehrt, ihm arglos vertraut und ihn - nach langem Ringen! - am Ende trotz seines Doppelvergehens der Untat und ihrer betrügerischen Verheimlichung vergebend aufnimmt, spricht Bände für ihr ethisches Vermögen, Gemeinschaft zu stiften und Gesellschaft zu erhalten durch tätiges Vertrauen zum Guten im Menschen und seiner Wandlungsfähigkeit. Es ist die Stärke zumal der Mutter. Dennoch werden ihre Toleranz, pragmatische Flexibilität und Lebensklugheit bei unerschütterlicher Liebe zu den Ihren von hyper-moralistischer Warte abgetan als Kuppelei[33] und von einem empfindsamen Analytiker sogar erlitten als abstoßende Härte.[34] Alle \`Wiederauferstehung´ wird der Familie abgesprochen. Und Gleiches widerfuhr der Marquise in ihrer exemplarischen Episode.

Das gewiß allzu lange isoliert gepriesene Bewußtsein neugewonnener Selbständigkeit, wenn die Heldin ihre Kinder dem Vater gegenüber behauptet als ihre „liebe Beute," enthüllt laut Reuß\`, „daß der Feind, dem" sie sich „entronnen wähnt, längst okkupiert hat, worin sie sich in ihrem Eigensten glaubt: den Horizont ihrer Vorstellungen." Ihre wie die „Vorstellung Aller" werde eben beherrscht von Motiven „des Besitzenwollens;" ja die Kinder-„Beute" sei nur eine andere - „Vergewaltigungsphantasie"! (14). Am Geist der Buchstaben vorbei entlarvt da m.E der Interpret seinen gedankenlosen Gleichschritt mit jenem Moralismus, den haßerfüllter sozialkritischer Fanatismus unwissend, blind pervertiert zu einer unmenschlichen Hartherzigkeit, die man dann, den Spieß umkehrend, den Klassikern und hier Kleist samt seinen Figuren unterstellt.

Reuß umrahmt und krönt seine Bemerkungen mit dem interessanten Hinweis, der Vater erscheine im Druck als „Kommandant" nur dreimal - beim Austausch aristokratisch-militärischer Höflichkeiten mit dem siegreichen russischen General (107). Sonst heißt er

[33] Politzer (wie Anm. 10), 15-19.
[34] Peter Dettmering: *Heinrich von Kleist. Zur Psychodynamik in seiner Dichtung*. München 1975, 69f.

„Commendant:“ einer, dem Dinge und vor allem Personen anzuvertrauen seien, damit er sie gut behandle, fördere, schütze. Nicht so indessen dieser Familienchef. Regelmäßig falle er zurück („Regreß“) ins Kommandieren, in den Befehlston, der andere zu Sachen degradiert (10-13, 18f.).

Wieder geht das meilenweit am Text vorbei. Immer nämlich, wenn der „Commendant“ mit dem Grafen handelt und verhandelt, beweist er, daß er „das Gefühl seiner Tochter ehrte“ (107). Wohl fordert er die Familie einmal auf, in seiner Gegenwart nicht mehr von F… zu sprechen; das bringt die Frauen und den Bruder jedoch keineswegs zum Schweigen; und er lauscht ihrem Austausch, ja beteiligt sich daran mit drastischen Einwürfen und endlich unter Lächeln und allgemeiner Heiterkeit (115-118). Auch als die Katastrophe da ist und er gewiß „auf eine Art, die einem Befehle gleich sah,“ um Schweigen bittet, muß er das gleichwohl „immer wieder“ tun; offenbar weil seine Frau trotzdem uneingeschüchtert die Sache „immer wieder“ aufbringt (131).

Gewiß reagiert er heftig, als er von dem Unglück hört. Doch als typischer Hausvater er ist heftig mehr aus Hilflosigkeit und Panik und auch nicht in erster Linie wegen der unehelichen Schwangerschaft, wie von Reuß, Smith und wohl allgemein als selbstverständlich angenommen wird. So altmodisch aber ist man hier nicht mehr oder noch nicht wieder. Was den Vater unmäßig erbittert, ist fast allein die „Gewalt“ der vermuteten „Betrügerei“ und Fabelei, der „Schamlosigkeit“ und „List“ - nicht des Übeltäters, sondern der Marquise, der „Heuchlerin.“ „Solch eine Miene! Zwei solche Augen! Ein Cherub hat sie nicht treuer! - und jammerte und konnte sich nicht beruhigen“ (132). Auch die Mutter würde einen „Fehltritt“ wohl verzeihen, nie aber Unaufrichtigkeit; das, was sie für Leugnen, lügenhafte Erfindung halten müßte (122). Was da weitergeistert, ist eben das Hauptvergehen des Grafen F…; und auch nach heutiger Vorstellung die schwerste Belastung jedes Vertrauensverhältnisses.

Ferner ist die Obristin zwar „über die zerstörende Heftigkeit ihres Gatten,“ über seinen „hartnäckigen Eigensinn, der alle Möglichkeit der Aufklärung vernichtete, heimlich erbittert,“ aber ebenso über ihre eigene „Schwäche, mit welcher sie sich, bei der tyrannischen Verstoßung der Tochter, hatte unterjochen lassen“ (130). Offenbar ist das nicht ihr übliches Verhalten; und sie beläßt es nicht dabei. In heimlicher Intrige und Rebellion erbringt sie den Nachweis, daß die Tochter keine Komplizin ist des Unbekannten, der auf ihre Annonce reagierte. Das schafft den Durchbruch, nachdem der Commendant schon „in seiner Empfindung irre" gemacht wurde durch die Tochter, deren Brief großmütig keine Ansprüche an sein großmütiges Vergeben stellt. Die Parodie des Familienstücks, die er mit bitterem Hohn erwartete (130-133) und die die Forschung tatsächlich inszeniert sieht, findet ausdrücklich gerade nicht statt, eher eine ethisch-heitere Überbietung.

Kleists liebe- und humorvolle Komik, daß der Vater inmitten seiner Ausbrüche gegen die Tochter „jammerte und [...] sich nicht beruhigen" konnte (132), schlägt die psychologische Brücke zu der Episode, die Anlaß gab zu Befremden, Abscheu und Spekulationen: Julietta bringe ihre un- oder halbbewußte Hingabe an F... bewußt und willens oder (Smith) widerwillig zu Ende; die heuchlerische Familienmoral werde entlarvt durch die besitzerisch-inzestuöse Zärtlichkeit des versöhnten Vaters. Indes, die Mutter, keine unkritische Zeugin, rückt die Szene ins Zeichen wohlwollender Komik. Sie findet sie erstaunlich, nicht aber bedenklich, ist sogar beglückt und mehr besorgt, der übermäßige Gefühlsumschwung möchte den alten Herrn zu sehr angreifen.

Das ist eine erste klare Leserlenkung, wie wir die Sache nehmen sollen. Ferner weist Kleist darauf hin mit Hilfe mindestens zweier literarischer Modelle. Beide durchbrechen den „feinen Weltton," den der erste Rezensent der *Erzählungen* an der Novelle pries und dabei wohl an *Clarissa* und andere sentimentale britische Romane dachte. Hermann F. Weiss erinnert an die „Töne-Rhetorik" des 18. Jahrhunderts und wieder des Biedermeiers.[35] Damit trifft sich Peter Ensbergs Illustration, wie die Ethik der Rhetorik die Schreibkultur durchdrang und wie Unkenntnis dieses Sachverhalts im naiven Bund mit traditioneller Ausdruckspoetologie und -psychologie den postmodernen Dekonstrukteuren den Zugang zu Kleist verstellen mag.[36]

---

[35] Hermann F. Weiss: Eine unbeachtete Rezension zum ersten Band der *Erzählungen* (1810) Heinrich von Kleists. *Neophilologus* 81 (1997), 423-431, hier 424f.

[36] Peter Ensberg: Ethos und Pathos. Zur Frage der Selbstdarstellung in den Briefen Heinrich von Kleists an Wilhelmine von Zenge. *Beiträge zur*

Das rhetorisch-ethische Verfahren dürfte freilich strapaziert, wenn nicht überholt werden durch die älteren Töne, die Kleist hier zum Klingen bringt. Ihre urtümliche unüberbietbare Wucht durchbricht die mäßigende Decke der adlig-bürgerlichen Sittenkultur. Wie der Vater vor Reue „heulte, daß die Wände schallten," in „unsäglicher Lust" der „himmelfrohen Versöhnung" „wie ein Verliebter" „mit Fingern und Lippen über den Mund seiner Tochter beschäftigt" ist (137f.), das soll offenbar unsere heuchlerisch domestizierten Gemüter aufschrecken doch und zu lächelnder Rührung bewegen. Zugleich nämlich erinnert es damals an die Versöhnung zwischen Shakespeares Lear und seiner verstoßenen Tochter. Als man sie am Ende vor seinen Augen tötet, heult er so wahnsinnig, daß sein Jammern des Himmels Wölbung sprengen könnte. Sterbend hält er die Tote in den Armen[37] und erhebt laut Klage. Die Umstehenden sollen ihre Reize im Einzelnen bewundern:

> [...] knöpft hier auf! [...]
> Seht ihr dies? Seht sie an! – Seht ihre Lippen,
> Seht hier, – seht hier! – (V, 3)

Inzestuös? Herzerschütternder Jammer der Vergänglichkeit, Gebrechlichkeit des Lebens, seiner Schönheit – alles mit einer poetischen Gewalt, die Kleist abschwächen darf: er nimmt davon je nur den Preis des Schönen oder vielmehr dessen, was liebens- und ver-

Kleist-Forschung (1988; wie Anm. 24), 22-58. Aber wird der Nachweis rhetorischer Verankerung von Ethik der Kritik an den Jugendbriefen und gar der Dekonstruktion der Ethik in den Dichtungen ein Ende setzen oder nicht vielmehr Auftrieb geben?

37 Entsprechend setzten sich Töchter, die ihre Väter trösten wollen, gern auf deren Schoß, vgl. Tharsia und ihren Vater Apollonius bei Regina Dieterle: *Vater und Tochter. Erkundung einer erotisierten Beziehung in Leben und Werk Fontanes*. Bern 1966, 36; die Lear-Episode, 42. Zeit- und trendtypisch verwischt Dieterle den Unterschied zwischen dem unterstellten latenten Inzestwunsch und realem Inzest (danach wäre Kleists imaginierte Tätlichkeit im Schlußzitat dieser Arbeit wirkliches Tun). So neigt Vfn. auch zu der dekonstruierend-denunzierenden Doktrin, abweisendes väterliches Verhalten sei zumindest verdrängter Inzestwunsch. Zustimmend zitiert sie (36) Judith Herman: „[Realer Inzest ist einfach] die extremste Form eines traditionellen Familienmodels, […] der Endpunkt eines Kontinuums – eine Überspitzung patriarchalischer Familiennormen, nicht aber eine Abweichung von diesen Normen." Da landet man, wenn man das reale Leben mit seinen ethisch/unethischen Gestaltungen ignoriert.

ehrenswert ist. Da schließt das zweite Modell an. Nachdem die Mutter den Commendanten eine Stunde lang bearbeitet und schließlich von der Unschuld, dem reinen Bewußtsein der Tochter überzeugt hat, murmelt sie „mit heimlich vergnügter Seele:" „Nein, solch ein Thomas! [...] solch ein ungläubiger Thomas!" (137).

> Thomas aber, der Zwölfe einer, [will nicht an die Auferstehung Jesu glauben; es sei denn, sagt er, ich] lege meinen Finger in die Nägelmale und lege meine Hand in seine Seite. [Acht Tage später tritt Jesus zu ihm und sagt]: Reiche deinen Finger her und siehe meine Hände und reiche deine Hand her und lege sie in meine Seite und sei nicht ungläubig, sondern gläubig! (*Joh.* 20, 24-28).

Hierauf wies Ilse Graham hin.[38] Und weiter heißt es:

> Thomas antwortete und sprach zu ihm: Mein Herr und mein Gott! Spricht Jesus zu ihm: Weil du mich gesehen hast, Thomas, so glaubst du. [Aber] Selig sind, die nicht sehen und doch glauben (*Joh.* 20, 28f.)

Kleist hat diese Art des gläubigen Vertrauens, zusammen mit der Wahrhaftigkeit immer besonders hoch geschätzt, freilich beide nie bis zu verblendeter Ausschließlichkeit. Auch das gehörte zum Rhetorik-Ethos. In Abwandlung der zwei Modelle geht es zwischen Vater und Tochter um physisch-sinnliche Beglaubigung der Wiederauferstehung der verlorengeglaubten Tochter, ihrer Wahrhaftigkeit, Unschuld und Güte, sowie um die Bekehrung des reuig-schuldbewußten, einst ungläubigen Vaters, vor allem um das Glück wechselseitigen Vergebens, also um Liebe, die von Kant nicht sonderlich geschätzte Tugend der Ethik Kleists wie der christlich-antiken Ethik- und Rhetoriktradition: Nächsten- und Feindesliebe, selbstverständlich auch unter Verwandten. Statt Ausschau zu halten, wer denn unser Nächster sei, was notwendig vergeblich ist, solle man selbst jederzeit ein möglichst guter Nächster sein, das heißt, immer selbstlos, groß- und edelmütig, also auch vergebungswillig: dieses pädagogisch genial praktische Gebot Jesu (im Samariter-Gleichnis)

---

[38] Ilse Graham: *Heinrich von Kleist. Word into flesh: A poet's quest for the symbol.* Berlin, New York 1977, 149.

vereint sich bei Thomasius mit der antik-rhetorischen *magnitudo animi,*[39] das ist Kleists Groß– und Edelmut, seine Noblesse.

Kleists Hymnus auf Brokes' *„Uneigennützigkeit,"* „in jedem streitenden Falle *nie sein eignes, immer das fremde Interesse*" zu wählen (621),[40] antwortete auf seine eigene Frage an Ulrike Mai 1799 (491):

> Der Staat fordert von uns beiden nichts als daß wir die Zehn Gebote nicht übertreten. Wer gebietet uns aber die Tugenden der Menschenliebe, der Duldung, der Bescheidenheit, der Sittsamkeit zu üben, wenn es nicht die Vernunft tut?

Die vernünftige Menschenliebe nämlich, zu welcher Thomasius die Nächstenliebe säkularisierte und totalisierte für Menschen aller Weltanschauungen: F… und die Familie praktizieren sie am Ende und am schönsten durchweg die Titelheldin Julietta.

Die andern tun es nicht in jedem Augenblick und nicht stets vollkommen. Die Humanitätsepoche bewährte ihre Humanität ja nicht zuletzt in dem, was man ihr heute abspricht, aber selber wünscht: daß keine Vollkommenheit verlangt wird, die sei übermenschlich. Im Unterschied zu heute erwartete man damals aber unentwegte, weil immer wieder nötige, redliche Anstrengung, an sich und anderen die gebrechliche „Einrichtung der Welt" (143), d.h. der Gesellschaft und zuvörderst der menschlichen Natur, nach Möglichkeit zu korrigieren.[41] „Alle menschlichen Gebrechen sühnet reine Menschlichkeit," schrieb Goethe 1827: Orest wird Versöhnung zuteil, weil er bereut und sühnt und weil in *Iphigenie auf Tauris* (1779 bzw. 1787) Iphigenie ihm den Muttermord und dann Thoas ihm und ihr den versuchten Diebstahl des Kultbildes gleichsam um der „gebrechlichen Einrichtung der Welt" willen vergeben – ohne das damals abgenutzte Wort „Vergeben" überhaupt zu gebrauchen!

---

39 Zitat Klaus Dockhorns bei Peter Ensberg: Ethos und Pathos. Zur Frage der Selbsdarstellung in den Briefen Heinrich von Kleists an Wilhelmine von Zenge. In: Beiträge zur Kleist-Forschung (1998), 22-58, hier 56.

40 Kleists Hervorhebungen. Dem Brockes-Brief vom 31. Januar 1801 hat die Forschung nicht ganz so wenig Aufmerksamkeit geschenkt, wie Peter Ensberg (41) im Anschluß an Hermann F. Weiss (1996) erklärt. Vgl. Wolfgang Wittkowski (wie Anm. 3), 274.

41 Schon Ditmar Skrotzki (wie Anm. 24), 58-61, hebt die ästhetisch-ethische Glaubwürdigkeit des Schlusses hervor und daß die Kritik ihn zu Unrecht nachlässig und abschätzig behandelt.

Auch Kleist verwendet es auffallend unauffällig: Keine salbungsvolle Erklärung, sondern das Verhalten der Familie gibt dem Grafen das Gefühl, „daß ihm, von allen Seiten, um der gebrechlichen Einrichtung der Welt willen, verziehen sei."

Gleiches lassen vorher die Marquise und die Familie einander zuteilwerden. Der zeternde Eifer der Familienkritik übersieht nämlich starrsinnig, daß diese Familie stellt: ihre `Auferstehung´ sich noch vor Aufklärung der Untat, also aus eigener Kraft wiederher! Der Vater als Wahrer des Rechts im Haus gibt dann durch den Heiratskontrakt des Leistens und Entsagens dem reuigen Übeltäter Gelegenheit zu Sühne und Wiedergutmachung, zu einem wahren Spießrutenlaufen des Büßens – die tiefernsthafte Erzählung ist ja so rührend, weil sie zugleich halbkomisch ist! Zu ihr paßt durchaus eine kleine Rache des Commendanten für seine zweimalige Kapitulation vor dem Russen, einmal im Krieg, dann in sogenannter Friedenszeit. Manche Kritiker können jene Rache sich nur vorstellen als einziges und Hauptmotiv eines bösen Hausvaters; doch das ist ihr Problem, nicht seins.

Die Mutter, deren übliche Abwesenheit der Sexualforschung die väterliche Inzestneigung beweist,[42] ist hier mittendrin, nicht selten buchstäblich im Handlungszentrum. Menschenfreundlich und weltklug vollendet sie die Brücke zu der Versöhnung, die die Marquise am Ende einer gewissenhaften Entwicklung dem Grafen F... gewährt; und zwar keineswegs, wie man mißtrauisch spekuliert, weil sie resigniert einsehe, F... sei eben nur Mensch und weder Engel noch Teufel oder beides. Deren Kontrastierung bezieht sich im Text ausdrücklich auf die Psychologie des Augenblicks, als der Rettungsengel sich entpuppt nicht nur als Urheber, sondern vor allem auch als Verheimlichter der Untat. Vielmehr vergibt sie, Teufel hin und Engel her, weil er seine Doppelverfehlung glaubwürdig bereut, demütig abbüßt und ebenso ehrlich wie reichlich wiedergutmacht. Auch er erlebt, wie die Familie, seine `Auferstehung.´ So weltlich wie in Fausts Osterspaziergang, doch ethisch dem biblischen Sinn weitnäher, sind sie alle „auferstanden." Und natürlich, weil dieser langwierige Prozeß sie beide gelehrt hat, einander ehrlich zu lieben. So macht sie ihn und er sich selbst zu einem anderen, wirklich zu

---

42 Z.B. Regina Dieterle (wie Anm. 37).

einem „ehrlichen Mann." Mit ihm in Gemeinschaft zu treten, bedeutet für die Marquise nicht mehr „Entwürdigung" (122).

Julietta selber aber zeigt sich durchgehend wie – ja mehr noch als die Mutter menschenfreundlich, zum Vergeben geneigt. Demütig und gütig, d.h. vom anderen her, an dessen Wohl und Wehe denkend, handelt sie meist gehorsam, aber mit klarem sittlichem Urteil und ohne Unterwürfigkeit. Dem Vater hält sie „ein wenig unwillig" vor, dem Grafen zu wenig „lebhafte und eindringliche Vorstellungen" gemacht zu haben, als F... seiner „auf Kurierpferden gehenden Bewerbung" zuliebe seine Kuriermission kündigt und die Mutter ahnungslos seinen wahren Wandel vorwegnimmt mit ihrer Hoffnung, er werde „seine leichtsinnige Tat bereuen, und wieder gut machen" (115f.). Daran denkt er jedoch noch lange nicht und nutzt es aus, daß er sich die Familie verband nicht bloß zu Dank und Anteilnahme, sondern nun auch zur Sorge, die Rücksendung der Depeschen ziehe ihm „Unannehmlichkeiten" zu wie „Festungshaft," „Kassation," Ruin der Karriere (113f.). Interessierte Anteilnahme schärft den psychologischen Blick der Marquise, wenn sie bemerkt, daß „er lieber werde unglücklich werden, als sich eine Blöße geben wollen" (114). Zum Glück wird er sich und sie eines besseren belehren.

Menschenkenntnis und Selbständigkeit hindern sie indessen nicht im mindesten, vertrauensvoll, bescheiden, ja fußfällig zu werben um das Vertrauen der geliebten Eltern. Demütig, ehrfürchtig und liebevoll wie immer, frei von Selbstgerechtigkeit, grüßt sie beide bei der Wiederannäherung und Versöhnung. Als die Mutter herausbekommt, die Tochter ist unschuldig und reinen Bewußtseins, sinkt sie mit Worten maßloser Selbstanschuldigung und anbetungsartiger Verehrung („o du Reinere als Engel sind") „auf Knien vor ihr nieder" wie Lear vor seiner unschuldig verstoßenen Cordelia.

Und wie diese vor ihm gleichfalls kniet, wenn sie nun um seinen Segen bittet (IV, 7), so auch die Marquise vor der knienden Mutter. Die Wucht Shakespearescher Affekte, potenziert vom öffentlichen Halbwahnsinn des Königs, rührt in Kleists privater Szene zu fast unerträglicher Innigkeit zwischen Weinen und Lachen. Es ist gleichfalls eine Szene wechselseitiger Liebe, Verehrung, Vergebung. Ja, ausdrücklicher als bei Shakespeare verwehrt die Tochter der

Mutter und dann dem Vater nicht etwa Verzeihung, wohl aber jede Bitte um Verzeihung. Selber zu verzeihen, kommt ihr gar nicht in den Sinn; so sehr versteht es sich für sie von selbst, keinerlei Anklage zu erheben: „Wer konnte mir, unter so unerhörten Umständen, Vertrauen schenken?" (135f.). Und den Arzt, den die Mutter wegen seiner Hiobsbotschaft ohne Umstände parteiisch als „einen Unverschämten und Niederträchtigen" beschimpft, verteidigt sie mit größter Billigkeit:

> Was kann dieser Mann, der uns bis auf den heutigen Tag schätzenswürdig erschien, für Gründe haben, mich auf eine so mutwillige und niederträchtige Art zu kränken? Mich, die ihn nie beleidigt hatte? Die ihn mit Vertrauen, mit dem Vorgefühl zukünftiger Dankbarkeit, empfing? Bei der er, wie seine ersten Worte zeugten, mit dem reinen und unverfälschten Willen erschien, zu helfen, nicht Schmerzen, grimmigere, als ich empfand, erst zu erregen? (121)

Das tat und tut da immer noch ein anderer, der Graf F… Politzer meint sogar, in Wahrheit denke sie an ihn. Gebraucht sie nicht das Wort „empfing" (und „zeugten," was er übersieht!)?[43] Den vom Textzusammenhang ganz anders festgelegten Wortsinn derart aufzusprengen, um ihn mit subjektiven und gar subversiven Sexualphantasien zu verstümmeln, ist heute anerkannte literarwissenschaftliche Praxis. Sie lenkt ab vom Text, von seinem Sinn und hier von der Ethik, die ohnehin weitgehend aus dem Blick geriet, auf die es aber gerade ankommt: Die Marquise denkt vom andern her, verstehend, vertrauend und gerecht. Damit und mit ihrer unerschütterlichen Aufrichtigkeit erfüllt sie die Goldene Regel – im Stil einer wahren `Auferstehung.´

Ähnlich belehrt den alten Lear das eigene Unglück: „Ich stürb' vor Mitleid, erblickt' ich andre so" (V, 3). Rousseau meinte, es sei die einzige Regung, die den Schuft vielleicht an einer Untat hindere. Die Stärke unserer Zeit scheint es eben nicht zu sein. Die Wahnsinnsqualen der Betrogenen und ihre Verstoßung aus dem Elternhause sollen und müßten trotz und gerade wegen der tragiknahen

[43] Heinz Politzer (wie Anm. 10), 120. Gleichzeitig schrieb Erika Swales: The beleaguered citadel. A Study of Kleist's „Die Marquise von O…" *DVjs* 51 (1977), 129-147, hier 142, die Marquise verdamme („condemns") den Doktor, um sich in ihrer zweifelhaft gewordenen Unschuld zu bestätigen!

Komik der zugrundeliegenden Täuschung, tiefe mitleidige Anteilnahme hervorrufen. Stattdessen entlockten sie, wie übrigens die ausgedehnte Aussöhnung mit der Mutter, obwohl Kleist alle Register rührender Wirkungskunst zieht, den Kritikern neuerdings meist nur kalt rationales Amüsement über die grausame Tragikomik der lächerlich düpierten Familie.

Wie schon der erste Rezensent des *Phöbus*, meinte dagegen Wilhelm Grimm in seiner Besprechung des ersten Bandes der *Erzählungen*, die Novelle entwickle „die hohe Charakterwürde der unglücklichen Marquise in ihrer ganzen Herrlichkeit." Selbst vielfältig verwirrt und schwer erschüttert, bewährt sie dennoch jederzeit mitleidige Anteilnahme, die Grundlage ethischer Humanität. Am schönsten tut sie es gerade in jenem schrecklichsten Augenblick ihrer Verstoßung. Ihr stürzt „der Schmerz aus den Augen," und nicht einmal der Schmerz über das ihr Angetane, sondern – „über den Irrtum ihrer Eltern [...] und über die Ungerechtigkeit, zu welcher diese trefflichen Menschen verführt wurden!" (125)

Erst und nur wenn wir unsererseits solchen Regungen volle Gerechtigkeit widerfahren lassen können, wenn also unser Gefühl und Urteil derart „in Ordnung" gebracht sind,[44] sehen wir legitimerweise wie aus der Vogelperspektive oder götterähnlich, nämlich übermenschlich amüsiert und zugleich von Herzen anteilnehmend auf die Ereignisse herab. Goethe, *Dichtung und Wahrheit*, 13. Buch:

> Die wahre Poesie kündigt sich dadurch an, daß sie, ein weltliches Evangelium, durch innere Heiterkeit, durch äußeres Behagen, uns von den irdischen Lasten zu befreien weiß, die auf uns drücken. Wie ein Luftballon hebt sie uns mit dem Ballast, der uns anhängt, in höhere Regionen, und läßt die verwirrten Irrgänge der Erde in Vogelperspektive vor uns entwickelt daliegen. Die muntersten wie die ernstesten Werke haben den gleichen Zweck, durch eine glücklich geistreiche Darstellung so Lust als Schmerz zu mäßigen.

Man muß, sagt Schiller, dergleichen natürlich erst einmal empfinden können. Wie in den *Marquise*-Lesern sich Lust und Schmerz die Waage halten sollen, dürfte Goethe, Schiller, Shakespeare und

---

[44] Ich beziehe mich metaphorisch auf Kleists schöne Wendung, die Obristin küßte das krause Gesicht des von der Versöhnung erschütterten Commendanten „in Ordnung" (139), zumal ich mich zu erinnern meine, daß Brecht und Uwe Johnson diese Metapher Kleists irgendwo übernommen haben.

Molière abgesehen und von den Theorien Schillers, Schlegels und Adam Müllers angeregt, bekräftigt worden sein. Sexus und Eros, die F… bei seinem Auftritt in der Laube noch einmal jupiterhaft beschwört, fungieren da wie meist in der Novelle nur als Auslöser und überlassen das Feld umgehend dem Thema ethischen Versagens und Bewährens, und zwar der Figuren wie der Leser, zumal angesichts der Leiden, in die das Spiel des Grafen die Familie und die Marquise bis an die Grenze geistiger Zerrüttung stürzt. Zweitens wird am Ende die gebrechliche Welt eingerenkt und sittlich eingerichtet, der Sexus domestiziert, und das gleichsam als schöne Zugabe; wurde das Zerstörungswerk doch vorher schon gemeistert durch die Liebe zwischen der Heldin und den Eltern. Leid und Heimholung Juliettas: diesen beiden Episoden entspringt die Hauptrührung der Novelle. Die Wiederherstellung und Weideraufrstehung der Familie und die des Grafen F… aus eigener Kraft garantieren zwar nicht das ewige Glück, wohl aber auch in Zukunft die sittlichen Anstrengungen, die den glücklichen Erfolg fast garantieren.[45]

[45] Vgl. Ditmar Skrotzki (wie Anm. 24). Das hier waltende Strukturprinzip der „Kontingenz“ (deren Risiko die Anzeige der Marquise illustriert) wird dargelegt lediglich an Kleists theoretischen Schriften und daher unter Vernachlässigung des wichtigsten Antriebes dazu, der Ethik, von David E. Wellberry: Contingency. In: *Neverending stories. Toward a critical narratology*. Ed. by Ann Fehn u.a. Princeton 1992, 237-257. Das Phänomen ist für Kleist und sein Werk besonders charakteristisch. Er teilt Zschokke Verse an einem Schweizer Hause mit, die ihm „ungemein“ gefielen; „ich kann nicht ohne Freude an sie denken, wenn ich spazieren gehe“ (717): „Ich bin, ich weiß nicht, was? / Ich fahre, ich weiß nicht, wohin? / Mich wundert, daß ich so fröhlich bin.“ Die Briefstelle wird zitiert in der sich durch vernünftiges Urteil auszeichnenden Arbeit von Joseph O. Baker: *The ethics of life and death with Heinrich von Kleist*. New York 1992. – Im selben Brief vom 1. Februar 1802 schreibt Kleist über das kontingente Vertrauen zur Redlichkeit: „zuletzt muß man doch in der Welt an Rechtschaffenheit glauben, und alles Fragen um Meinung und Rat kann uns davon nicht erlösen, weil wir doch wenigstens an die Rechtschaffenheit dessen glauben müssen, den wir um Rat fragen“ (716). Eine Interpretation der *Marquise von O…*, der ich in fast allen konkreten Punkten zustimme, bietet Gregor Ciemnyjewski: *Kampf um Sinn. Theodizee in Kleists Erzählungen*. Herdecke 1999. Auf einem anderen Blatt stehen freilich die Schlußfolgerungen, zumal für eine Theodizee. Vgl. meine Besprechung in *Heilbronner Kleist-Blätter* 10 (2001).

Die Hermannsschlacht

und die Nazi-Echos ihrer neuen Zensoren

Wenn unser Verhältnis zu Kleist belastet wird, dann durch seine antifranzösischen Kriegsgedichte und vor allem durch *Die Hermannsschlacht.* Priesen die Nazis sie nicht wegen der „echt völkischen Kriegerethik," die „keine Sentimentalitäten, keine allgemeinen Menschengefühle und keine bürgerlichen Kulturbedenken" kenne?[1] „Wir sind - hier gewiß - an der Grenze unseres Verstehens" angelangt, bekennt Walter Müller-Seidel.[2] Hannelore Schlaffer klagt, das Drama ersetze die „klassische Geschichtsphilosophie" durch den biologischen Nationalismus der Rasse.[3] Peter Michelsen schreibt, das „Freiheitsprinzip Hermanns" vertrage sich offenkundig bloß mit Gewalt und unter keinen Umständen mit Achtung vor der Freiheit „des *anderen.*"[4]

Im Anschluß daran entdeckt Gerhard Gönner hinter den „Chauvinismen" von Hermanns „Befreiungsideologie" und seinem böswillig verzerrenden Feindbild den heute aktuellen Haß auf fremdes Blut, das Verfügen über Besitz und Frauenreinheit sowie eine „immanente Neigung zur Gewalt," was alles er der „kleinbürgerlich-militanten Herkunft" Kleists anlastet.[5] Was Wunder, daß Raimar Zons[6] warnt vor der im *Spiegel* gefeierten „Wiederkehr des Kleist

---

Überarbeitet aus: Terror der Politik oder Politik des Terrors? *Hermannsschlacht* und *Verlobung in St. Domingo.* In: *Beiträge zur Kleist-Forschung.* Frankfurt/Oder 1994, 93-108.

1 Walter Linden: *Heinrich von Kleist, der Dichter der völkischen Gemeinschaft.* Leipzig 1935, 61. Zitiert nach Richard Samuel: Goethe – Napoleon – Heinrich von Kleist. In R.S.: *Selected Writings.* Assen/Holland 1965, 60-84, hier 80.

2 Walter Müller-Seidel: *Versehen und Erkennen, Eine Studie über Heinrich von Kleist.* Köln/Wien 1961. 3. Aufl. 1971, 222.

3 Hannelore Schlaffer: *Dramenform und Klassenstruktur. Eine Analyse der dramatis persona „Volk."* Stuttgart 1972, 83.

4 Peter Michelsen: „Wehe, mein Vaterland, dir!" Heinrichs [sic] von Kleist *Die Hermannsschlacht. Kleist-Jahrbuch* (1987), 115-136, hier 135f.

5 Gerhard Gönner: *Von „zerspaltenen Herzen" und der „gebrechlichen Einrichtung der Welt." Versuch einer Phänomenologie der Gewalt bei Kleist.* Stuttgart 1989, 71-76.

6 Raimar Zons: Von der „Not der Welt" zur absoluten Feindschaft. Kleists *Hermannsschlacht. Deutsche Vierteljahrsschrift* 109 (1990), 175-199.

der *Hermannsschlacht*" samt den „nationalen und kriegerischen Traditionen, für die er stand."

Zons selber potenziert solche Hitler-Echos zu einer modernisierten Existentialgermanistik. Danach überbietet „Kleists Ästhetik des Schreckens" den „Schrecken der Welt," um existentiell „den wirklichen Ausnahmezustand herzustellen" und „das Eschaton zu beschleunigen." Nicht „an Seelen, sondern an Nerven und Körper adressiert" Kleist/Hermann „seine Melodie von `Aufruhr´ und `Freiheit´," vom „absoluten Haß" und der „absoluten Feindschaft." Sinnlose Befehle erzeugen das verinnerlichte „Sittengesetz" des totalen Staatsgehorsams und einer Heimat, die notfalls erfunden wird, damit man sie verteidigen könne.

> In Verbindung mit einer ausgefeilten Propaganda- und Nachrichtentechnik blitzt so, über die Kämpfer der Befreiungskriege und die acherontische Figur des Partisanen hinaus, aus dem Geist des Idealismus und der poetischen Herzenserhebung eine neue Möglichkeit auf, die sich weltgeschichtlich ein Jahrhundert später realisieren wird: die der totalen Mobilmachung.

Der historische Rückblick projiziert hier in Kleists Drama Vorstufen der Hitlerzeit und formt den ganzen Text in diesem Sinne um. So heißt es, Kleist/Hermanns „Heimatverteidigung" gehe über in den „Angriffskrieg." Der geplante Romzug hat indessen keine andere Funktion, als dem notorischen Störenfried das Handwerk ein für allemal zu legen. Heute eine beliebte Praxis des Westens. Und gar, ob „Kleists Droge" und „Halluzinogen Hally [...] von den Römern oder von Hermanns eigenen agents provocateurs" vergewaltigt wird, bleibt keineswegs so „dunkel und unklar,"[7] wie das auch Gerhard Schulz in dem ähnlich gestimmten Kapitel seiner großen Literaturgeschichte möchte.[8] Warum verschweigen beide

---

[7] Ebd., 176, 179f., 182, 184, 188, 191f.

[8] Gerhard Schulz: *Die deutsche Literatur zwischen Französischer Revolution und Restauration.* II. Teil: *Das Zeitalter der napoleonischen Kriege 1806-1830.* München 1989, 655. Neuerdings hat Schulz das zwar nicht widerrufen in seiner *Kleist-Biographie,* München 2007, 418; doch den Aufsatz Was gilt es in diesem Kriege? mit seinen „kosmopolitischen und universalistischen Ideen" (die sich sogar in der *Hermannsschlacht* finden!) rückt er dem „Ausgang des 18. Jahrhunderts näher" als den „schrillen Äußerungen über die Besonderheit der Deutschen bei Fichte oder Arndt." Ja, sogar Kleists viel kritisierte politische Lyrik nennt er „geradezu maßvoll gegenüber dem blutsäuferischen Chauvinismus" Theodor Körners und

Interpreten den jungen Römerhauptmann, der „Drei'n dieser geilen appenin'schen Hunden, / Als man die Tat ihm meldete, / [...] das Herz gleich mit dem Schwert durchbohrt" (IV, 4)? Im Text natürlich fehlt selbst die geringste Andeutung, es könnte sich stattdessen um Hermanns Leute handeln. Was sich hier schamlos präsentiert im Wissenschafts-Gewand, ist nichts als die geifernde Haß- und Hetz-Propaganda, die von der politischen Korrektheitspsychose legitimiert, entfesselt und eingefordert wird. Können heutige Kleist-Interpreten sich nicht wie der Dichter in Menschen versetzen, die unter dem Unrecht brutaler Mißachtung, Unterdrückung und Vergewaltigung zu leiden haben?

Natürlich mobilisiert Hermann Sonderkommandos. Doch sie haben keinen Auftrag, zu vergewaltigen, wie jene Kritiker, einmal in Fahrt, unterstellen, sondern sollen auf des Varus Spuren „in Römerkleidern" „sengen, brennen, plündern," und zwar in der Teutoburg, die der Kampf gegen die Besatzung dann ohnehin verwüsten wird (III, 2). Gewiß kann das an den Trick erinnern, wie Hitler angeblich den Zweiten Weltkrieg auslöste - übrigens gegen römerartig aggressive Polen, deren Terror gegen die deutsche Minderheit zuweilen sogar dem auch zu diesem Kriege treibenden England zu weit ging. KZ-Insassen in polnischen Uniformen griffen, heißt es (mag aber bloß Propaganda sein), den Sender Gleiwitz an. Statt der versprochenen Freiheit erhielten sie dafür die Kugel. Ganz anders Hermann. Er setzt zuverlässige Leute ein und wird sie, so muß man schließen, sicher so belohnen, wie er es verspricht. Vor allem schürt er damit Stimmung eben nicht zur Aggression, wie man im Gleiwitz-Fall natürlich annimmt, sondern umgekehrt zum Widerstand *gegen* eine Invasion, die sich zynisch ausgibt als freundschaftlichen Einmarsch.

Und als er von Hallys Vergewaltigung hört, reagiert er ganz anders, als die „Forschung" erwarten läßt, nämlich „mit *Wehmut halblaut* Hally? Was sagst du mir! Die junge Hally?" Er schweigt, offenbar ergriffen. Erst als man ihn feierlich auffordert, Konsequenzen zu ziehen aus der Untat, ergreift er das Wort wieder. Den unglücklichen Vater, der das eigene Kind mordete, redet er spontan mit „Rabenvater" an, aber beauftragt ihn gleichwohl, die Leiche der

anderer Zeitgenossen. Schulz: Von der Verfassung der Deutschen. Kleist und der literarische Patriotismus nach 1806. *Kleist-Jb* (1993), 56-74; hier 70, 73.

Tochter zu zerhacken, um die Stücke an alle Stämme zu verschicken. Die alttestamentliche Maßnahme (IV, 6) soll die Germanen endlich aus ihrer „Langmut" wecken, so daß sie die in ihrem Land verübten Greuel nicht länger untätig hinnehmen (V, 23). Das propagandistische Aufbauschen der Schreckensnachrichten und das Treiben jener Kommandos vermögen das nämlich noch keineswegs. Gleichwohl dienen sie als Demonstrationen zugleich für das Publikum. Dazu gleich mehr. Bekannter für ihre Effizienz sind freilich die Propaganda und die Feldzüge der Römer und der neuzeitlichen Imperien. Hermann:

> Ein Land ist heillos preis gestellt,
> Das einen Heereszug erdulden muß.
> [und hier ist von einem friedlichen Römer-Durchzug die Rede!]
> Da finden Raub und Mord und Brand sich,
> Der höllentstiegene Geschwisterreigen, ein,
> Und selbst das Beil oft hält sie nicht zurück.

Im Stück weiß das jeder. Deshalb erhebt Hermann diese Klage im voraus gegenüber Roms Botschafter (II, 1). Und nachträglich spricht Varus bestätigend von „außerordentlichen Unordnungen," von „Feuer, Raub und Mord, [...] / Von einer Aufführung, mit einem Wort, / Nicht eben, leider! sehr geschickt, / Den Römer in Cheruska zu empfehlen" (III, 5). Interpreten wie Michelsen und Zons (191f.) indessen wollen „die Formen klassischer Humanität [...] weit eher im Lager des Varus finden als in dem der Cherusker."

In der Tat entschuldigt Varus sich umständlich, freilich auch recht lahm, ja mit hochmütigem Zynismus: Leider unterließ er es, die durchziehenden Legionen zu begleiten (III, 5). Offenkundig sah er keinen Grund, es in Feindesland mit seiner Verantwortung für Disziplin sonderlich genau zu nehmen. Er steht nicht an, den zu erwartenden Übergriffen leichtfertig Vorschub zu leisten. Die Liquidierung einzelner Übeltäter bleibt Geste, Form, brutales Mittel zum höheren Zweck und Ruhm imperialistischer Kolonisierung.

Überhaupt kontrastiert das Stück gerade die inhumane Bändigung des Heeres durch das Richtbeil der Liktoren (III, 6) mit der gewaltlosen Landesvater-Herrschaft Hermanns. Er kann sich einen fast brüderlichen Umgang mit seinen Leuten leisten und sogar ihren offenen Widerspruch, z.B. gegen seinen angeblich geplanten Feldzug gegen Marbod. Ja, gegen die Verräter aus den eigenen

Reihen, obwohl sie zum Teil schlimmer hausten als die Fremden, besteht er, da hier Reue, Umkehr, Wiedergutmachung anstehen, auf Vergeben statt auf römerartig kaltblütigen Straforgien, wie Brecht sie verordnet in der *Maßnahme* - und deren nazi- und kommunistenartige Eiseskälte Ruth Angress empfiehlt[9] - oder wie Becher und Heiner Müller in ihren Weltkriegsstücken gleichfalls das Liquidieren eigener Leute auf den Spuren Hitlers und besonders Stalins üben - und das als Hitler-Feinde moralisch-tragisch zu legitimieren suchen. In diesem Punkt stellt Helmut Kreuzer sie neben einen Nazi-Schriftsteller, der heute weiter wirkt im deutschen Fernsehen.[10]

Als ich zur Schule ging während des II. Weltkriegs, feierte der Deutsch- und Geschichtslehrer im Geist Michelsens, Zons' und andere die *Hermannsschlacht* als Modell der Kriegführung Hitlers. Uns ziemlich abgebrühten Hitlerjungen leuchtete das ein; Beifall spendeten wir aber nicht. Im Gegenteil. Bei anderer Gelegenheit fragte derselbe Lehrer unseren Sprecher und höchsten Jungvolkführer, was er täte, wenn er direkt vom Führer einen Befehl bekäme, den sein Gewissen ablehne. Die Antwort war zu unser aller Erstaunen, und sogar nach einem patriotisch-pädagogischen Donnerwetter, zum zweitenmal ein klares „Ich würde den Befehl nicht ausführen."

Als sich mein späterer Lehrer Kurt May in der *Zeitschrift für Deutschkunde* 1937 gegen Hermanns Maximen und Methoden wandte,[11] verweigerte er nicht bloß dem braunen Zeitgeist oder vielmehr -Ungeist die Gefolgschaft, sondern auch zwei deutschen

---

9 Ruth Angress: Kleist's Treatment of Imperialism. *Die Hermannsschlacht* and *Die Verlobung in St. Domingo. Monatshefte* 69 (1977), 17-33. Ich zitiere nach der Übersetzung „Kleist über Sklaverei und imperialistische Herrschaft [...]." In: *Schauspielhaus Bochum. Programmbuch* 38 (1982/83). Regie: Claus Peymann, 213-176, hier 167.

10 Helmut Kreuzer: „Ostfront" 1941. Ein dramatisches Thema in drei Variationen von Herbert Reinecker, Johannes R. Becher und Heiner Müller. In: *Geschichte als Literatur. Formen und Grenzen der Repräsentation von Vergangenheit.* Hgg. Hartmut Eggert u.a. Stuttgart 1992, 330-352. Das Folgende überarbeitet zuletzt aus: Arminius aktuell. Kleists *Hermannsschlacht* und Goethes Hermann. In: R. Wiegels und W. Woesler: *Arminius und die Varusschlacht. Geschichte, Mythos, Literatur.* Paderborn 1995, 367-387.

11 Kurt May: Kleists *Hermannsschlacht* oder die reine Form des aktivistischen Dramas. *Zeitschrift für Deutschkunde* 51 (1937), 294-300. Überarbeitet: Kleists *Hermannsschlacht.* Eine Strukturanalyse. In K.M.: *Form und Bedeutung.* Stuttgart 1957, 1972, 254-262.

Traditionen. Die eine war volkstümlich. Nach dem Sieg über den Erbfeind Frankreich und der zweiten Reichsgründung genoß die Generation Fontanes die *Hermannsschlacht* als „im besten Sinne nationales Tendenzstück."[12] Die andere Tradition war eine intellektuell-gelehrte. Nach dem I. Weltkrieg beklagte Gerhard Fricke, daß er bei Hermann noch auf moralische Anfechtungen stieß. Indessen überwinde der Held solche „verwirrende Dialektik des Endlichen," sobald er vollkommen einig sei mit dem unendlichen Gefühl und also mit Gott.[13] Durch religiöses Gefühl zu immunisieren gegen den Einspruch des Gewissens: das sei die Absicht Kleists bei seinem Publikum gewesen - und das war allerdings, wenn nicht unbedingt die Absicht, so doch weithin die Folge und Begleiterscheinung jener theologisch-philosophischen Existentialgermanistik, die von Fricke eingeläutet wurde und nach dem II. Weltkrieg in der Adenauer-Germanistik herrschte. Die Unsicherheit, die sie und andere Trends mit ihrer zeitweiligen Nähe zum Nazismus dem akademischen Umgang mit Ethik vererbten, ist bis heute spürbar.

Was Kleists *Hermannsschlacht* speziell betraf, so hat man sich natürlich wegen ihrer vorgeblichen Hitlernähe gleich nach dem Kriege von ihr distanziert - ausgenommen die französische Résistance; wir werden leicht einsehen, warum.

Auch Siegfried Streller sah, daß Hermann in Notwehr übertreibt und berief sich auf ein Zitat von Engels:

> Es ist allen erobernden Völkern gemein, ihre Gegner auf jede Art zu überlisten; und dies finden sie ganz in der Ordnung; sobald sich die Gegner jedoch dasselbe erlauben, nennen jene es Treubruch und Verrat. Die Mittel aber, die man zur Unterjochung anwendet, müssen auch gestattet sein zur Abwerfung des Jochs.[14]

Strellers Kommentar löst sich zwar teilweise vom Schatten Hitlers. „Die Anwendung der List gegenüber den Römern als Eroberern und Unterdrückern läßt sich also sittlich rechtfertigen. Dagegen ist die Anwendung der List gegenüber den eigenen Landsleuten, ja gegenüber der eigenen Frau äußerst fragwürdig, weil sie das

---

[12] Theodor Fontane: *Sämtliche Werke*. Bd. 22/1. München 1964, 396.

[13] Gerhard Fricke: *Gefühl und Schicksal bei Heinrich von Kleist*. Berlin 1929, 167f.

[14] Friedrich Engels: Die ersten Kämpfe mit den Römern. In: Marx/Engels/Lenin/Stalin: *Zur deutschen Geschichte*. Berlin 1953. Bd. I, 57.

Vertrauen untergraben muß."[15] Das zweite ist indessen Usus in der heutigen Welt- und Kriegspolitik und ist auch legitim in der Situation der *Hermannsschlacht*. Ihr wurde auch nicht Thomas Mann gerecht. Größtes Entsetzen erregt ihm, ebenfalls vornehm und zeitgeistgemäß, „der berserkerhafte, gegen `Rom,´ das ist: gegen Frankreich und Napoleon rasende Nationalismus seiner *Hermannsschlacht,* deren blauäugiger Held - und das ist nun wieder sehr realistische, vorm deutschen Charakter eher warnende als ihn idealisierende Psychologie - falscher und tückischer ist als ein Punier" (19. 1. 1949 an Hans M. Wolff).

Ähnlich eingeschüchtert von der empfindsamen Betroffenheit, „wie die Faschisten solchen Amoralismus zur Eroberung mißbrauchten" (Streller, 280), und als hätte man nie von Stalin und seinen Waffenbrüdern gehört, befindet Hans Mayer, Hermann sei undurchsichtig, bedenkenlos in der Wahl der Mittel zum angeblich guten Ziel. Niemals stand Kleist der Aufklärung und der klassischen Humanität ferner als hier. Der Feind ist für ihn kein Mensch mehr.[16]

Solche Urteile verwirren, verwischen und verkehren den klaren Unterschied, auf den alles ankommt und um den man hier herumredet: den zwischen Angreifern und Verteidigern. Die alliierten Sieger in WWI und WWII wußten das so gut wie die Buben, die in der Sandkiste in Streit geraten. In Nürnberg regelten sie gegen besseres Wissen die Kriegsschuldfrage genau so willkürlich-parteiisch wie in Versailles und wie Machiavelli das bei allen Siegern voraussetzte als Prinzip: Sie bestimmen die Geschichtsschreibung, legitimieren ihre eigene Rolle und ruinieren den Ruf des Verlierers, um ihn ausbeuten, demütigen und dauerhaft beherrschen zu können.

Der vorlaufende Gehorsam deutscher Kritiker schlägt dazu possierliche Purzelbäume. Normalerweise ist es der Partisan, der grausam und mit allen Mitteln seine Heimat verteidigt gegen den Eroberer und Unterdrücker. Offenbar hat man nicht bedacht, nicht „reflektiert," welchen Einfluß die, ausgesprochen oder nicht, überall herangezogene Hitler-Analogie übt. Liest man das Drama konsequent, gehören an Hitlers Seite, wie man ihn sieht, natürlich die

---

[15] Siegfried Streller: *Das dramatische Werk Heinrich von Kleists.* Berlin 1966, 182.

[16] Hans Mayer: *Heinrich von Kleist. Der geschichtliche Augenblick.* Pfullingen 1962, 47.

Römer und Hermann an die Seite von Hitlers Opfern. Denunziert man Hermanns Verfahren unter Berufung auf Hitler, denunziert man per Analogie - gewiß unwissentlich, unbeabsichtigt, „unreflektiert" (wenn das ein Trost ist) - den Widerstand gegen den Nazi-Terror.

Zu lehrreichen Schlußfolgerungen gelangte jenseits des Hitler-Schattens Ruth Angress in ihrem bahnbrechenden Aufsatz von 1977. Im Zeichen der damaligen Guerilla- und Befreiungskriege in der dritten Welt nahm sie - wie ich fünf Jahre vorher unter dem Eindruck des Vietnamkrieges[17] (ich hatte seit meiner Schulzeit Einiges gelernt) - Partei für die Unterdrückten, also für Hermann und für die Farbigen in der *Verlobung*.

Die Schlüsselszene unter diesem Aspekt bildet die Hinrichtung des edlen Septimius. Dieser kultivierte, exemplarisch `gute´ Römer beruft sich auf Gerechtigkeit, auf sein Recht als Gefangener in einem „gehegten" Krieg (Schmitt) und auf Hermanns Rechtsgefühl. Dennoch oder vielmehr gerade deshalb läßt der Cherusker ihn mit einer „Keule doppelten Gewichts" erschlagen: „Du weißt, was Recht ist, [...] / Und kamst nach Deutschland, unbeleidigt, / Um uns zu unterdrücken?" (V, 13) Danach wiegen alle Edeltaten der Römer - freilich sind sie Ausnahmen - nicht das Unrecht auf, das man seit der Aufklärung besonders ernst nahm: das Vergehen an fremder individueller und kollektiver Freiheit, an der Autonomie *des anderen*.

Das bringt uns zu der zentralen Frage: Stimmt es, daß Kleist eine brutale „Gegenrechnung zum Diskurs der Aufklärung" aufmacht (Zons, 196) und daß er (Mayer ablehnend /Angress beifällig) die „ewigen" Humanitätswerte der Aufklärungs- und der jüdisch-christlichen Tradition über Bord wirft? Heruntergespielt wird diese Frage in den politik- und militärgeschichtlichen Untersuchungen.[18]

---

17 Weltdialektik und Weltüberwindung. Zur Dramaturgie Kleists. In: *Deutsche Dramentheorien*. Wiesbaden 1972, 2. A. 1980, 243-261, hier 248f.

18 Lawrence Ryan: Die `vaterländische´ Umkehr in der *Hermannsschlacht*. In: *Kleists Dramen. Neue Interpretationen*. Hg. Walter Hinderer. Stuttgart 1981, 188-212. Beiträge zum *Kleist-Jb.* (1988/89) von Johannes Kunisch und Gonthier-Louis Fink. Dort S. 242-252: Hinrich C. Seeba: „Historia in absentia." Zur Aussparung von Hermanns Schlacht bei Kleist. Kritik dieses Aufsatzes und des Nachworts zur Klassiker-Ausgabe bei Wittkowski: Kleists *Hermannsschlacht*. In: *Akten des VIII. Internationalen Ger-*

Anders der Staatsrechtsphilosoph Carl Schmitt. In seiner *Theorie des Partisanen. Zwischenbemerkung zum Begriff des Politischen* (Berlin 1963, 15) nannte er *Die Hermannsschlacht* „die größte Partisanendichtung aller Zeiten." Das stimmt für Hermanns Gesinnung, wie er sie gegen Septimius äußert, nicht jedoch für seinen Kampfstil im geschlossenen Verband; als Partisanen kämpfen dagegen die Farbigen in der *Verlobung*.

Die Entwicklung der internationalen Gesetzgebung, so legt Schmitt dar, spiegelt und bewirkt, daß man dem illegal-legitimen Widerstandskämpfer, Partisan und Terroristen gegenüber unsicher wird und toleranter (kaum freilich in der „verspäteten Nation" der USA, die sich gemeinhin für exzeptionell gut und ihre Feinde für exzeptionell übel deklariert).

Kleist stand den preußischen Reformern nahe. 1813 setzten sie, bis der König um seine eigene Sicherheit bangte, wenigstens für drei Monate das Landsturmedikt durch, die staatliche Legalisierung und „Magna Charta des Partisanentums" (Schmitt, 48). Wie bei dessen Modell, dem spanischen Guerillakrieg gegen Napoleon und der begleitenden Literatur, der Kleist seinen *Katechismus der Deutschen* nachbildete, heiligt da der Zweck die Mittel, rechtfertigt die Grausamkeit der Eroberer den Gegenterror der Unterjochten. Schmitt, die militärhistorischen Autoren und Lawrence Ryan[19], lassen denn auch gelten, was das zuvor zitierte puristische Gegenlager mit Abscheu abweist. Allerdings setzt sich keine Seite mit der anderen auseinander. Ich möchte das hier nachholen.

Kleist zog selbst die politische Parallele (24. Oktober 1806 an Ulrike): „Wir sind die unterjochten Völker der Römer. Es ist auf eine Ausplünderung von Europa abgesehen, um Frankreich reich zu machen." Ruth Angress und, ihr folgend, Bernd Fischer in seinem

---

manisten-Kongresses Tokyo 1990. München 1992. Bd. II, 222-230. Wolf Kittler: *Die Geburt des Partisanen aus dem Geist der Poesie. Heinrich von Kleist und die Strategie der Befreiungskriege*. Freiburg i.B. 1987.

19 Lawrence Ryan: Die `vaterländische´ Umkehr [...] – Die „Vorstellung einer geschichtsfreien Humanität [erweist sich] entweder als Selbsttäuschung oder als Betrug"(197). „Tugend" wird „außer Kraft gesetzt" von Hermann im „Hervortreten dieses seines `politischen´ Wesens," allerdings nur – und hier berührt sich wie auch sonst häufig Ryans Deutung mit der meinen –, „solange" die Römer mit ihren „Anmaßungen eines universalen Herrschaftsanspruchs" eine Notlage schaffen, „in der die Menschlichkeit der Politik untergeordnet werden muß" (198, 205).

Aufsatz über die *Verlobung*[20] machen die „politische Dimension der Ethik" ausdrücklich im Gegenzug zur Humanität zu ihrem Thema. Angress (158, 176) gelangt dabei zu der Schlußfolgerung:

> Wo die „Befreiungspolitik Vorrang" hat, kommt es zur „absoluten Politik." Die objektive „totale Bindung an eine Sache" diktiert den absoluten Haß gegen den absoluten Feind. Sie läßt nur gelten, was pragmatischen Erfolg beschert. Sie relativiert die subjektiven Werte der christlich-aufklärerischen Ethik, welche den „falschen Status ewiger Wahrheiten" und Werte haben, verwandelt „menschliche Gefühle aus der Privatheit hübsch angelegter Gärten in mächtige anonyme Bewegungen" und verabschiedet eine „Moral, die solche Gefühle" auch nur „respektiert."

Absage an eine „Moral, die solche Gefühle" auch nur „respektiert." Starke Worte. Sie erinnern mich an eine TV-Dokumentation der jüdischen Gerechtigkeits- und Rache-Bewegung, die nach WWII deutsche Frauen und Kinder durch vergiftetes Wasser, und deutsche Kriegsgefangene durch vergiftete Lagerbrote wahllos zu liquidieren suchte und wenigstens mit der zweiten Methode auch ein paar tausend Leichen erzielte. Es ging um Vergeltung für den Holocaust, nicht mehr um dessen Bekämpfung. Es war Terror als Vergeltung für Terror, der geschehen und nicht mehr zu verhindern war. Man arbeitete im Dienst eines Lebens in Freiheit und Humanität, indes mit Mitteln, die die Rächer den Terroristen gleich und das Leben dem Leben unter Terror an die Seite stellten – und daher nach einiger Zeit eingestellt wurde. Gleiches dürfte gelten von der Verunglimpfungs- und Hetz-Kampagne gegen alles, was mit dem 3. Reich zusammenhängt und ihm voranging, obwohl kompetente US-Zeugen in Nürnberg der deutschen Kriegsführung mehr Anständigkeit attestierten als der eigenen.

Kleists Position ist eindeutig in seinen politischen Gedichten, der *Hermannsschlacht* und der *Verlobung*. Wenn er da unsere herkömmliche Wertordnung verabschiedet, geschieht es nur, um sie zu verteidigen, ihre Verletzung zu rächen, aber eben auch, um ihrer weiteren Verletzung Einhalt zu gebieten.

Dazu freilich müssen diejenigen, deren System geradezu darin besteht, jene Werte gegenüber *anderen* zu pervertieren, unschädlich

---

20 Bernd Fischer: Zur politischen Dimension der Ethik in Kleists *Die Verlobung in St. Domingo*. In: *Heinrich von Kleist. Studien zu Werk und Wirkung*. Hg. Dirk Grathoff. Opladen 1988, 248-262. Zu Fischers Deutung der *Hermannsschlacht* vgl. meine Rezension von Lützeler und Pan im Anhang.

gemacht werden. Das zu tun unter Verletzung eben jener Werte, deren Geltung wiederhergestellt werden soll,[21] ist für die Betroffenen eine moralisch-tragische Notwendigkeit, die ihnen gegen ihren Willen aufgezwungen wird und die alle politischen Dramen der Goethezeit seit Lessings *Emilia Galotti* der Gegenseite, den Urhebern des Konflikts als Schuld zur Last legen.

Die Römer werden - siehe Engels - besiegt nach ihrer eigenen Methode: Das entspricht dem Gesetz der im 18. Jahrhundert erneuerten antiken Tragödie mit ihrem ethisch-ästhetischen Prinzip der rächenden Nemesis. Damit wird hier unterstrichen: Hermann tritt für Gerechtigkeit und für die ethische Humanität so entschieden ein, daß man sagen muß: niemand tut es entschiedener und unter so viel persönlicher Aufopferung.

Richard Samuel hat das gespürt. In mehreren Studien reihte er *Die Hermannsschlacht* ein in die politischen Erfahrungen und Reaktionen Preußens und Österreichs. Noch 1939 verteidigte er Hermanns Haltung; sie sei ihm „aufgezwungen durch die einmaligen Zeitumstände."[22] 1961, als das geistig-politische Klima umgeschlagen war, erklärte er freilich unvermittelt umgekehrt: „Die Grausamkeit und moralische Indifferenz Hermanns in menschlichen Dingen, soweit es seine Feinde betrifft (also umgekehrt wie Streller), können in keiner Weise entschuldigt werden."[23] Am Schluß des Aufsatzes zitiert er in diesem Sinne, aber kommentarlos, die Kritik an einem Gedicht von Süvern, das den österreichischen Kaiser aufruft, sich an die Spitze des Widerstands gegen Napoleon zu stellen, ganz ähnlich wie das Bardenlied an Hermann appelliert. Und tatsächlich ließ Süvern dessen zweite Strophe mit abdrucken. Dieses Bardenlied wurde in den Interpretationen selten berücksichtigt und niemals angemessen gewürdigt. Dabei enthält es den Schlüssel zu Hermanns Verhalten und Charakter. V, 14 singen die Barden:

---

21 Hier besonders weiche ich ab von Eva Horn: Hermanns „Lektionen." Strategische Führung in Kleists *Hermannsschlacht. K.Jb* (2010), 66-90. Die brillant geschriebene Studie verläßt Text und Kontext - Kleist/Hermanns Einschätzung Deutschlands unter der Nationen. Horns Verständnis von Theorien über Krieg und Politik macht die *Hermannsschlacht* stattdessen zum „Lehrstück" künftiger Kriege, ihrer Totalität und „Bestialität."

22 Richard Samuel (wie Anm. 1), 80.

23 Richard Samuel: Kleists *Hermannsschlacht* und der Freiherr vom Stein. *Jahrbuch der deutschen Schillergesellschaft* 5 (1961), 64-101, hier 67 u. 100f.

Wir litten menschlich seit dem Tage,
Da jener Fremdling eingerückt;
Wir rächten nicht die erste Plage,
Mit Hohn auf uns herabgeschickt;
Wir übten, nach der Götter Lehre,
Uns durch viel Jahre im Verzeihn:
Doch endlich drückt des Joches Schwere,
Und abgeschüttelt will es sein!

Das ist Selbstmäßigung wie im *Wilhelm Tell,* dem Musterbeispiel vom Jahr vorher. Hermann wird von den Forderungen des Gesangs derart erschüttert, daß er sich an einer Eiche halten muß und außerstande ist, den Schlachtplan selber zu verkünden. Ja, die Barden schließen:

Du bist so mild, o Sohn der Götter,
Der Frühling kann nicht milder sein:
Sei schrecklich heut, ein Schloßenwetter,
Und Blitze laß dein Antlitz spein!

Hermann ist von Natur milde, weich. Er muß sich zwingen zum Gebrauch unethischer Mittel, wie gesagt, als Opfer, um die beleidigte Humanität zu rächen und wieder zu ermöglichen. Seine Sache ist nicht der ideologische Terror einer absoluten Politik, die grundsätzlich jedes Mittel gutheißt, sondern die Politik eines aufgenötigten, opfervollen Terrors.

Wie fern der Natur Hermanns die absolute Feindschaft der absoluten Politik liegt, demonstriert er gerade mit seinen angestrengt-vorsätzlichen Verzerrungen des Feindbildes sowie mit zahlreichen Verzichten auf Ruhm- und Machtgewinn. Er gewährt dem an seine Seite zurückgekehrten Fust den brüderlichen Zweikampf um das Vorrecht, Varus zu erledigen und dem Eroberer damit demonstrativ die verdiente Strafe und Demütigung zuzufügen; er gibt Marbod die Chance, die Schlacht zu gewinnen, bietet ihm die Oberherrschaft in Germanien an und will ihm sogar den früher verweigerten Tribut zahlen. Ende des I. Akts sagt er sich los von den Fürsten, die sich weigern, ihr und ihrer Völker irdisches Gut und Leben gleich ihm notfalls zu opfern für ein Leben in Freiheit.

Diese radikale Untergangsbereitschaft erinnert Zons (187) an diejenige Stalins und Hitlers, falls die Eroberung der Welt mißlinge. Beides kontrastiert jedoch mit Hermanns Wahl heroischen Untergehens, wenn der Versuch scheitert, ein freiheitliches Dasein in

„Tugend und Sittlichkeit“ zurückzugewinnen: das Dasein einer „Gemeinschaft, die unbekannt mit dem Geist der Herrschsucht und der Eroberung,“ stattdessen sogar von „Unterwerfung unter eine Weltregierung“ träumt, „die, in freier Wahl, von der Gesamtheit aller Brüdernationen, gesetzt wäre.“

Das wird – in Kleists Aufsatz *Was gilt es ist diesem Kriege?* – von deutschen „Dichtern und Weisen“ vertreten und ebenso von Hermann, der angeblich die Freiheit anderer nicht gelten lassen kann. Angehörigen aller Nationen, sagt er, könne man ein solches Zepter anvertrauen, nur keinem Römer; denn es sei allein der Römer, „Der keine andre Volksnatur / Verstehen kann und ehren, als nur seine“ (I, 3). Ausdrücklich also wird Nationalismus, Chauvinismus den Römern, damals Franzosen, zugeschrieben im Gegensatz zu den Germanen, Deutschen. Die genau umgekehrten Unterstellungen der Forschung sollten zu denken geben.

Auf den Krieg, welchen die Römer bringen, läßt Hermann sich zugleich ein in Übereinstimmung mit den preußischen Reformern „zur Besserung einer höchst gesunkenen und entarteten Nation,“ der es um nichts als um materielle Werte, um „ein ruhiges und sorgenfreies Leben“ geht. Der Krieg soll sie lehren, wieder an Gott, Vaterland, Kaiser, Freiheit, Liebe und Treue, Schönheit, Wissenschaft und Kunst zu glauben und sich für sie einzusetzen. Das sind – in *Über die Rettung von Österreich,* Nr. 5; *Katechismus der Deutschen,* Kap. 8 – weltbürgerliche Werte und Begriffe, schlagwortartig für das Publikum vereinfacht. Was Kleist konkret im Sinne hat, zeigt seine Dichtung: Erziehung seiner Landsleute nicht zur Unmenschlichkeit (Michelsen), sondern im Gegenteil zur Humanität, zur Einsicht, daß die Eroberer ihnen ihre naturrechtlichen Ansprüche auf Menschlichkeit verweigern; und allerdings Erziehung auch zur Bereitschaft, sich diese humane Lebensform wieder zu erkämpfen – und dazu jene Werte vorübergehend zu verletzen, so hart zu sein wie nötig (nicht: wie möglich). Er strebt ihre Auferstehung an, wie er selber ihnen als ein Auferstandener ersteht.

Die Methoden der Erziehung und der Führung des Kampfes, sind sicher rauh, doch eben nötig in der auferlegten Notlage und vor allem dank der Dickfelligkeit der gutmütigen Deutschen und ihrer peinlichen Unempfindlichkeit in Sachen der Ehre. Auch Thusnelda wird gerade nicht „zum absoluten Haß und zur absoluten Feindschaft“ erzogen (Zons, 188), sondern zu Haß und Feindschaft einzig gegen den einen, der die Humanität anderer mißachtet, verachtet und der glaubt, er dürfe sie, die verheiratete Frau, ohne weiteres beleidigen oder vielmehr sogar glaubt, er beleidige sie gar nicht; schließlich handle es sich um Menschen zweiter Ordnung, um Angehörige einer niederen Kultur und Rasse. Dafür ist das Gefühl damals wie heute in Deutschland und in der Germanistik offenkundig noch immer nicht sehr ausgeprägt, wenn man hört, in der *Hermannsschlacht* hätten die Römer die „Formen der klassischen Humanität" auf ihrer Seite, und wenn man damit damals in der Tat kaum mehr meint als des Varus zweifelhaftes Gehabe mit der ramponierten Disziplin seiner Armee (Zons, 192). Hören wir nur hin, wie der fremde Feldherr mit dem einheimischen Stammesoberhaupt und König umspringt:

Ventidius hat dir gesagt,
Wie ich den Plan für diesen Krieg entworfen?

(Hermann bejaht mit einem Kompliment.)

Ich breche morgen mit dem Römerheer
Aus diesem Lager auf, und übermorgen
Rückst du mit dem Cheruskervolk mir nach.
Jenseits der Weser, in des Feindes Antlitz,
Hörst du das Weitre [natürlich Anweisungen,
Vorschriften, Befehle]. – Wünschest du vielleicht,
Daß ein geschickter Römerfeldherr,
Für diesen Feldzug, sich in dein Gefolge mische?
Sag's dreist mir an. Du hast nur zu befehlen.

(Das mußte mir auffallen zu einer Zeit, als amerikanische „Advisors," Berater, Südvietnam zum Sieg führen sollten.) Hermann tut beglückt über das Angebot. Drauf Varus, pompösoffiziös:

Wohlan, Septimius, schick dich an,
Dem Kriegsbefehl des Königs zu gehorchen. –

Ohne diesen weiter zu befragen, wendet er sich an einen anderen Unterfeldherrn:

Und daß die Teutoburg gesichert sei,
Indessen wir entfernt sind, laß ich, Crassus,
Mit drei Kohorten, dich darin zurück.
[Gedankenstrich – und abschließend zum König:]
– Weißt du noch sonst was anzumerken, Freund?

Von klassischer Humanität hat das nicht einmal die äußerlichste „Form." Die gepriesenen Manieren sind weder gut noch verschieden von denjenigen einer Herren-Nation, deren Vertreter sich zum brav-unterwürfigen Angehörigen einer niederen Kultur und Rasse herabläßt und seiner Überlegenheit nicht ganz ohne Wohlwollen selbstzufrieden Ausdruck gibt (ein heute vertrautes Kapitel und schon ein Lieblingsthema Kleists, dessen `überlegene Figuren´ stets stolpern über eben ihre Überlegenheit: Jupiter, Rat Walter, der Große Kurfürst). Ebenso handeln Ventidius und in der *Verlobung* Gustav im Bewußtsein ihrer Überlegenheit als römische bzw. weiße Männer gegenüber Thusnelda und Toni, diesen Angehörigen eines im Doppelsinne niederen Geschlechts.

Abschließend und zusammenfassend mag all das verdeutlichen die Hinrichtung Aristans. Hermann muß sich dazu überwinden: „Weh mir! Womit muß ich mein Amt beginnen?" Dann aber herrscht er den hartnäckig eigennützigsten der deutschen Fürsten an: Er kenne seine „Denkart." „Du bist imstand und [...] / Fragst, wo und wann Germanien gewesen?" Und er belehrt ihn umgehend, indem er ihn enthaupten läßt. „Die Lektion ist gut," bemerkt Marbod, findet die Prozedur also erzieherisch. Hermann spielt hier auf zwei Xenien der Weimarer Klassiker an:

Deutscher Nationalcharakter

Zur Nation euch zu bilden, ihr hoffet es, Deutsche, vergebens;
Bildet, ihr könnt es, dafür freier zu Menschen euch aus.

Das deutsche Reich

Deutschland? aber wo liegt es? Ich weiß das Land nicht zu finden.
Wo das gelehrte beginnt, hört das politische auf.

Kleist denunziert die „Denkart" dieser Epigramme - aber nicht, weil die Klassiker vaterlandslose Gesellen gewesen wären. Schließlich gaben sie der Welt den *Götz* und *Egmont*, den *Abfall der Niederlande*, *Die Jungfrau von Orleans* und *Wilhelm Teil.* Ohne den *Fiesco* gäbe es keine *Hermannsschlacht.* Und in der monumentalen Schlußrede des von Kleist gründlich geplünderten Epos *Hermann und Dorothea* wächst gar ein bäuerlicher Kleinstädter beinahe auf zum neuen Arminius und fordert gegen die eindringenden Franzosen den solidarischen Widerstand aller („Dächte jeder wie ich"), und zwar notfalls bis zum Untergang![24]

Umso schlimmer mußte es Kleist finden, wenn Intellektuelle sich auf Weimar beriefen, um sich herauszuhalten aus einer riskanten und opfervollen Auflehnung gegen die Fremdherrschaft. Wer die weltbürgerliche Humanität der Klassiker bewahren wollte, mußte sich in den Staaten des deutschen Reichs zusammenschließen zur Aktion. Wie aber das praktisch zu geschehen habe und wie es zu organisieren, zu propagieren sei, das eben **demonstriert** *Die Hermannsschlacht.* Diese ihre Methode des manchmal drastischen Demonstrierens macht sie primär zu einem Lehrstück für Gebildete (Angress, 167). Trotzdem ist sie zugleich ein Propagandastück fürs ganze Volk. Kleist schenkte sie für die Wiener Bühne immerhin den „Deutschen" (20. April 1809 an Heinrich Joseph von Collin) – die er offenbar als Partisanen wollte, als hart-entschiedene Vorkämpfe der Humanität gegen die Inhumanität imperialistischer Kolonisatoren. Er lieferte damit das Muster, nach dem die preußischen Militär-Reformer eine Volkserhebung planten. Den Krieg und die propagandistische Vorbereitung auf ihn betrachteten sie als „moralische Anstalt"[25] und „Umschulung" der unpatriotischen Bevölkerung zur Nation[26]: Und da die Leute lasen und ins Theater gingen, suchte man sie über Literatur und Bühne zu erreichen und bezahlte die Autoren auch.[27] Kleist schrieb in jenem Geist eines kämpferischen Klassik-Erbes. Die Lesarten, an denen manche Interpreten politisch-korrekt ihre deutschfeindliche Umerzogenheit prostituieren, wurden zu diesem Zwecke erst erfunden.

---

[24] Vgl. Wittkowski: *Hermann und Dorothea.* Theodizee: Glück aus Unglück. In: *Goethe. Homo homini lupus. Homo homini deus.* Frankfurt usw. 2004, 299-342; ders.: Arminius aktuell. Kleists *Hermannsschlacht* und Goethes Hermann. In: *Arminius und die Hermannsschlacht. Geschichte, Mythos, Literatur.* Hg. W. Woesler. Paderborn 1994, 367-388.

[25] Johannes Kunisch: Von der gezähmten zur entfesselten Bellona. Die Umwertung des Krieges im Zeitalter der Revolutions- und Freiheitskriege. *Kleistjahrbuch* (1988/89), S. 44-63.

[26] Gonthier-Louis Fink: Das Motiv der Rebellion in Kleists Werk im Spannungsfeld der Französischen Revolution und der Napoleonischen Kriege. *Kleistjahrbuch* (1988/89), S. 64-88.

[27] Im Anschluß an Richard Samuel: Kleists Hermannsschlacht und der Freiherr vom Stein. *Jahrbuch der Deutschen Schillergesellschaft* 5 (1961), S. 64-202, macht diese These wahrscheinlich Otto W. Johnston: *The Myth of a Nation – Literature and Politics in Prussia under Napoleon.* Columbia/South Carolina 1989.

Prinz Friedrich von Homburg

Absolutes Gefühl und absolute Kunst

Entstehung wie Rezeption des Werkes sind nicht zu denken ohne die Tradition, die Kleists Freund Adam Müller entscheidend mitbegründete, als er vom Staat als der einzig menschlichen Daseinsmöglichkeit und also dem „gemeinsamen Interesse" aller handelte. Dieses Interesse *am* Staat blieb freilich vermengt mit dem *des* Staates. Das Grundgesetz der BRD erlaubt Widerstand nur gegen Personen, die es unternehmen, die bestehende Ordnung abzuschaffen - gerade nicht also, wie der Bürger erwartet, gegen Amtsträger, die ihre Macht mißbrauchen. Der wirtschaftlich-militärische Standort Deutschland produziert sogar die Obrigkeitsansicht, Widerstandskämpfer gegen Hitler bedürften der juristischen Rehabilitierung; Regimeträger der kommunistischen DDR dagegen erhalten auskömmliche Pensionen, dort verfolgte Dissidenten keine Entschädigung. Treibt solch obrigkeitsstaatlicher „Legalitätsfetischismus" - Hans Mommsen zufolge durchgängiges „Grundmuster der deutschen Tradition"[1] - auch die Germanisten, die ja stets innig involviert waren und die derzeit zunehmend verkennen, daß Kleists Dichtung den äußeren Triumph der Autoritäten von Gesetz und Staat kritisch ironisiert, gerade auch in seinem schönsten Drama?

Nicht minder gilt das von den zahlreichen Juristen in den Kleist-Jahrbüchern der 80er Jahre. Deren Beiträge ebenso wie diejenigen der dort sorgfältig verarbeiteten Kleistforschung zeichnen das Verhältnis zwischen dem Einzelnen und den staatlichen Instanzen weit harmonischer als Kleist. Die neunziger Jahre erlebten sogar einen Kleist, der den Sieg des bestehenden Rechtssystems gutheißt, ja selbst den „Militarismus des totalen Krieges," des „Vernichtungskrieges," bis „es nichts Feindliches mehr zu töten gibt," etwa im *Homburg*[2] und in der *Hermannsschlacht*, und all das gekrönt vom

---

[1] Hans Mommsen: (Zum 9. November). *Kulturchronik* 1 (1999), 33; Vortrag an der Universität Heidelberg, Kurzfassung der *Süddeuts. Zeitg*.

[2] Bernhard Greiner: *Grazie des unendlichen Bewußtseins. Prinz Friedrich von Homburgs Initiation in den Vernichtungskrieg.* Heilbronn 1999, 25, 22f. Wolf Kittler: *Die Geburt des Partisanen aus dem Geist der Poesie. Heinrich von Kleist und die Strategie der Befreiungskriege.* Freiburg 1987. Siehe auch Grathoff Anm. 4).

Einverständnis der versöhnten Rebellen Homburg und Kohlhaas mit ihren Fürsten, die sie für Staat und Gesetz hinrichten lassen wollten bzw. das auch tun.[3]

Nur eine sehr kleine Minderheit distanzierte sich von diesem Kleist und betonte umgekehrt seine subversiv-ironische Kritik an Autoritätsfiguren wie Jupiter, Rat Walter, der Oberpriesterin in *Penthesilea*, der Äbtissin der *Cäcilie*, endlich an dem angeblich exemplarischen Wohlwollen der beiden Brandenburger Kurfürsten. Deren Rechtsentscheidungen würden, heißt es da, nur äußerlich als richtig, ja als legal bemäntelt durch die Überlegenheits-Attitüde dieser tyrannischen Amtsträger.[4]

Die zwei Angriffe und die musikalische Struktur

Die brandenburg-preußische Anekdote meldet: Der Prinz greift vorzeitig in die Schlacht ein und gefährdet den Sieg. Den rettet der Kurfürst und schenkt dem Reitergeneral sein verwirktes Leben. – Kleists Kurfürst dagegen will Homburgs Tod, obwohl dessen eigenmächtiges Eingreifen den Sieg rettete, welchen umgekehrt der Fürst gefährdet hatte (was allerdings nie ausdrücklich gesagt wird). Kurfürst Friedrich will Homburgs Tod außerdem, weil dessen befehlswidriges Eingreifen die Vernichtung des Feindes vereitelte. Kottwitz, der dabei war, widerspricht – und korrigiert, spricht nicht von verhinderter Vernichtung, sondern nur vom geretteten Sieg: „Nimmermehr hättst du den Sieg erkämpft," hätte nicht im rechten Augenblick der Prinz Fanfare blasen lassen (V. 1536). Ja, als Friedrich auf unbedingter Wahrung der gewohnten Disziplin besteht, die allein ihm seine Siege garantiere, schmäht Kottwitz diese „schlechte,

> Kurzsichtge Staatskunst, die, um eines Falles,
> Da die Empfindung sich verderblich zeigt,
> Zehn andere vergißt, im Lauf der Dinge,
> Da die Empfindung einzig retten kann! (V. 1580ff).

---

[3] Karl Eibl: Lehrstück vom Einverständnis. Kleists *Prinz Friedrich von Homburg* und Brechts *Maßnahme*. *JFDH* (1995), 238-269.

[4] Dirk Grathoff: Der Fall des Krugs. Zum geschichtlichen Gehalt von Kleists Lustspiel. *Kleist-Jb.* (1981/82), 27-71.

Homburgs eigenmächtiger Angriff entschied und rettete demnach den Sieg, gilt andererseits aber zugleich als „Vereiteln des Vernichtsungsschlags, welcher erreichbar gewesen wäre,“[5] sowie als strafbarer Verstoß gegen die „Kriegsartikel.“ Letzteres bleibt im Stück die offizielle Sicht. Die Forschung übernahm sie; keine der Figuren widerspricht ihr außer Natalie und Kottwitz – und auch der nur halb. Alle aber lehnen eine Hinrichtung entschieden und leidenschaftlich ab. Homburg zunächst natürlich ebenfalls, hofft indessen gegen Ende einigermaßen zweideutig, der Kriegsherr werde ihm vergeben, „wenn“ er „mit übereiltem Eifer“ ihm gedient (V. 1769). Und Natalie gibt dem Oheim – ebenso zweideutig – gleichfalls zu bedenken (IV, 1): „Wars Eifer nicht, […]/Für deines Namens Ruhm, der ihn verführt,/Die Schranke des Gesetzes zu durchbrechen?“

Eigenmächtigkeit also als strafbares Verbrechen und zugleich als Rettung des Sieges. Man hat sich nicht bemüht, den Knoten aufzulösen, ja ihn offenbar gar nicht bemerkt. Und Kleist selber hat ihn nur aufgelöst, um ihn wieder hoffnungslos zu verknäueln – und um damit frei schalten zu können und mal die Perspektive des Fürsten und mal die des Prinzen einzunehmen.

Was also ist die Basis des Verwirrspiels? Mit einer Ausnahme[6] beachtete niemand, was ich seinerzeit offenbar nicht eindringlich genug hervorhob: Homburg reitet nicht einen unautorisierten Angriff, sondern zwei, und zwei sehr verschiedene. Der erste, aus Sorge, zu spät zum Sieg zu kommen, bricht unter schweren Verlusten zusammen; der Prinz muß Halt machen, „um sein zerstreutes Reiterkorps zu sammeln“ (II, 5).

Zum zweiten Angriff kommt es, als vor den Augen beider Heere den Kurfürsten scheinbar die Todeskugel trifft. Der sich anbahnende Sieg wird in „diesem schreckensvollen Augenblick“ fraglich, ja mag sich zu den Schweden neigen. Von dem scheinbar gefallenen Fürsten ist kein Befehl mehr zu erwarten. Doch an Befehle denkt der Prinz jetzt so wenig wie vorhin. Wieder folgt er einer Ordre

---

[5] Greiner, 13. Akt, Szene, Verse nach der dtv-Gesamtausgabe.

[6] Johannes Harnischfeger: Der Traum vom Heroismus. Zu Kleists *Prinz Friedrich von Homburg*. *Jb. d. Fr. Dts. Hochstifts* (1989), 245-280, hier 266. Vorher gleichzeitig mit mir Helmut Rabe: *Der Prinz von Homburg*. Versuch einer Analyse des Konflikts und der durchgehenden Handlung. *Theater der Zeit* 16 (1961), Nr. 6, 52-62.

seines Herzens, nur diesmal einer selbstlos-uneigennützigen, aufopferungsvollen:

> Schmerz, unermeßlicher, [erfaßt sein] Herz;
> Dem Bären gleich, von Wut gespornt und Rache,
> Bricht er mit uns auf die Verschanzung los:
> Der Graben wird, der Erdwall, der sie deckt,
> Im Anlauf überflogen, die Besatzung
> Geworfen, auf das Feld zerstreut, vernichtet,
> Kanonen, Fahnen, Pauken und Standarten,
> Der Schweden ganzes Kriegsgepäck erbeutet. (II, 5)

Das ist der Sieg, errungen von „Liebe," von der „Empfindung," mit der das Heer und als Vor- und Leitbild allen voran Homburg „glühend" an dem Fürsten hängen (Kottwitz, V. 1379).[7] Möglich, jetzt können die Schweden nicht mehr vernichtet, der Krieg nicht siegreich beendet werden (V. 550ff.). Doch wer hat das vermasselt, ja erzwungen? Keineswegs der Prinz! Und sogar schon dessen ersten Angriff, der verlustreich und wirkungslos verpufft, provozierte der Kurfürst, nämlich in der Nacht zuvor durch seine neckische Pantomime. Darauf kommt Graf Hohenzollern am Schluß zurück.

Den zweiten Angriff, der die Feindvernichtung offenbar verhinderte, löste der Fürst mit seinem scheinbar tödlichen Ritt im Kugelregen aus. Freilich, Frobens Stellvertretertod, die „rührendste Begebenheit, die je ein Ohr vernommen" (II, 5) und die noch rührendere Meldung, „Der Kurfürst lebt!" (II, 7): beides lenkt ab von der Unverantwortlichkeit des veralteten bizarren Feldherrn-Brauchs, sich derart leichtfertig zu exponieren.[8] Zugleich weist beides aber

---

[7] Wolf Kittler, gefolgt von Greiner, sieht hier nur die „Schuld am Scheitern des Vernichtungssieges." Der Prinz suche sie wiedergutzumachen mit seiner Forderung am Schluß, der Kurfürst möge den Krieg fortsetzen; diese Forderung beweise, daß er den Vernichtungsplan da „besser" begreift „als alle seine Kameraden" Nur, die Vernichtung wird da gar nicht mehr diskutiert; sie spielt eine Rolle nur vorher im Kopf des Fürsten und dieser Kritiker. Kittler: Die Revolution der Revolution oder Was gilt es in diesem Kriege, den Kleists *Prinz von Homburg* kämpft? In: *Heinrich von Kleist. Kriegsfall – Rechtsfall – Sündenfall.* Hg. Gerhard Neumann. Freiburg i.B. 1994, 61-84, hier 79-81. – Kittler verfehlt den Text und die militärische Situation ähnlich schon mit seiner früheren These: Militärisches Kommando und tragisches Geschick. Zur Funktion der Schrift im Werk des preußischen Dichters Heinrich von Kleist. In: *Heinrich von Kleist. Studien zu Werk und Wirkung.* Hg. Dirk Grathoff. Opladen 1988, 56-68.

[8] Vgl. Kittler, 74f.

versteckt eben darauf hin und daß allein das heldenmütige Eingreifen des Prinzen die womöglich drohende Niederlage doch noch in einen Sieg verwandelte, den der Kurfürst selber „glänzend" nennen muß (V. 729). Wichtiger sei ihm indessen der gewohnte Befehlsgehorsam. Der allein garantiere ihm seine gewohnten Siege. So erklärt er jetzt und später - Kottwitz nennt es die Einstellung „der Stümper" (V. 1547). Und es bleibt auch nicht dabei.

Am Ende signalisiert die Reaktion des Fürsten, daß die Lektion des Haudegens ihn überzeugt hat: Ohne die Liebe der Armee verhülfe die gewohnte Disziplin ihm kaum zu seinen Siegen. Zumal Homburgs Eifer ist nicht zu lösen von verehrungsvoller Liebe zur Person des Fürsten. Einzig diese Liebe entfesselte die Energie, welche den Sieg errang.

Der Fürst freilich redet davon nicht, wie hier denn manches Wichtige ungesagt bleibt. Leser und Interpreten müssen Lücken füllen und sich dabei vor Willkür hüten. So will spekulierende Kritik z.B. wissen, daß Homburg mit dem Onkel um Natalie rivalisiere, ihm sogar den Tod wünsche oder zumindest von seiner „Wiederauferstehung" nicht erbaut sei.[9] Derartige moralisch dekonstruierende Text-Eingriffe verfehlen den Schwer- und Angelpunkt des Werkes, die „vernünftige Liebe." Chistian Thomasius gab sie dem 18. Jahrhundert als den Begriff umfassender kreativer Lebens- und Schaffenskraft samt ihrem Prinzip der Wechselseitigkeit mit auf den Weg,[10] hin zu Empfindsamkeit und vaterländischer

---

[9] So nach Ernst Politzer und John Ellis neuerdings noch Jürgen Schröder: *Geschichtsdramen. Die „deutsche Misere."* Tübingen 1994, 133: „Nun, da der Mann, der seinem Glück im Wege stand, beseitigt scheint, kann er nur deshalb um ihn trauern, weil er innerlich triumphiert." Erika Fischer-Lichte: *Heinrich von Kleist, Prinz Friedrich von Homburg*. Frankfurt a.M. 1985, 40 u. 43, sieht im Tod des je einen die Vorbedingung für die Existenz des je anderen. Ähnlich Greiner 15, 17. Alle widerlegen dergleichen selber, wenn und wie sie dann auf die Versöhnung und Unentbehrlichkeit von Homburgs Liebe für den Kurfürsten zu sprechen kommen. - Um die letzte Klarheit jener Passagen zu beseitigen, denunziert, dekonstruiert auch Bernd Hamacher in seinem Überblick: 25 Jahre *Homburg*-Forschung zwischen Rehistorisierung und Dekonstruktion (1973-1998). *Heilbronner Kleist-Blätter* 6 (1999), 9-67, hier 52. Er bringt viele der zahlreichen Signale einfachster menschlicher Sittlichkeit um ihren Sinn.

[10] Vgl. Wittkowski: Aufklärung, Ethik, Religion. Die Goldene Regel des Thomasius und Lessings *Nathan*. In: *Christian Thomasius (1655-1728). Neue Forschungen im Kontext der Frühaufklärung*. Hg. Friedrich. Tübingen

Romantik. Liebe heißt hier auch Empfindung. Kleist hat sie zusammen mit dem Herzen durchweg polarisiert gegen den Verstand, den er deswegen freilich nicht verwarf, im Gegenteil, er wünschte der Welt natürlich mehr davon.

Wem sich die Frage aufdrängt: Warum verunklärte Kleist die Zweiheit der Angriffe und ihrer Qualität? – dem bietet sich als eine erste Antwort vielleicht Folgendes an: Der Fürst (der für Kleists ersehntes und schmerzlich vermißtes Ideal eines preußischen Staatschefs stehen dürfte), tut dem Helden (gewiß einem alter ego des Dichters) bitter Unrecht und verkennt dessen aufopferungsvolle Liebe zum „Vaterland," dem „Heiligtum" (1120f.), und besonders zu einem Landesvater, der zumindest das Kaliber des Kurfürsten besäße – samt dessen Fähigkeit zu lernen.

Dem Fürsten scheint die Zweiheit der Angriffe des Prinzen nie bewußt zu werden. Beide aber liefern ihm Veranlassung zu seinem Verdikt – zu Recht weder völlig der erste, den er höchst selber provozierte in der Nacht zuvor; und sogar völlig zu Unrecht der zweite, den er gleichfalls provozierte mit seiner unverantwortlichen, törichten Allüre in der Schlacht. Die beiden Offiziere, die ihm sein doppeltes Unrecht vorhalten, beschimpft er als Toren – und läßt sich jedenfalls nicht merken, falls er ahnt, daß er wohl selbst als Tor gehandelt hat.

Ich verfolge die Stationen des Geschehens, wie die \`Erziehung´ Homburgs mit der des Fürsten kollidiert und sich vereint und was alles Kleist dabei mit unterbringt, und greife unter einer Reihe von Abhandlungen zurück auf meine erste Kleist-Arbeit.[11]

Das Schauspiel

Kleists letztes Drama gilt wohl nach wie vor als Krönung seines Schaffens. Und auch den Kernvorgang des Schauspiels, den inneren Aufstieg des Helden, versteht man gern als dialektischen Dreischritt, gipfelnd in der versöhnenden Synthese ursprünglicher

1997, 445-463. Dieser Sinn von Liebe steckt noch in Fausts „immer strebend sich bemühn."

11 Absolutes Gefühl und absolute Kunst in Kleists *Prinz Friedrich von Homburg. Der Deutschunterricht* (1961), 27-71

Gegensätze: Der Prinz in seinem radikalen Freiheitsstreben stoße auf den Widerspruch des Gesetzes, erkenne seine Schuld, überwinde seine Selbstsucht und unterwerfe sich der Gemeinschaft, dem Gesetz. Entsprechend wandle sich der Kurfürst, sofern er nicht gottgleich über dem Ganzen schwebe, vom strengen Hüter des Gesetzes zum Schutzherrn auch der „lieblichen Gefühle," wie Natalie verlangt – Versöhnung zwischen Staat und Individuum, Synthese von Gesetz und Freiheit.

Spätestens seit Gerhard Fricke kennt man daneben eine andere Sicht.[12] Da ist die Rede nicht von Umkehr, Unterwerfung, sondern von existentieller Selbstwerdung des Prinzen rein in seiner Subjektivität. Staat und Gesetz erscheinen ohne eigenes Gewicht und empfangen allen Glanz vom Ich des Helden, welcher sie trägt und heiligt. Sein Aufstieg vollzieht sich gemäß den Reflexionen *Über das Marionettentheater* als Dreischritt vom paradiesisch reinen Gefühl über das verwirrte, endliche zum unendlichen Gefühl.

Die meisten Interpreten verbinden heute mehr oder weniger beide Versionen, umgehen dabei allerdings die Frage, wie Homburgs Schuldbekenntnis zu vereinen sei mit der angeblichen Gewissenlosigkeit kleistischer Figuren[13] oder jedenfalls seines existentiellen Subjektivismus. Eine andere Lösung bieten dagegen, auch im Hinblick auf Fragen der Struktur, Adam Müllers *Elemente der Staatskunst* (1808/09).[14] Ihnen entstammen bekanntlich wichtige Gedanken des Homburg-Dramas wie z.B. folgende:

> Der zartere, schönere Teil der Menschheit, d.h. nicht bloß das weibliche Geschlecht, sondern die verborgenen, unsichtbaren Mächte im Innern jedes Menschen, mit all ihrer Gewalt und ihrem unaufhörlichen Einfluß auf Handeln und Leben – sie bieten dem Staat, was er vornehmlich braucht: Neigung und Liebe der Bürger. [Sobald man diesen] Mächten wieder ihren alten natürlichen Einfluß zugesteht, gewinnt aller Buchstabe im Staate wieder eine lebendige Gestalt [...].

---

12 G. Fricke: *Gefühl und Schicksal bei Heinrich von Kleist.* Berlin 1929. – Im Einzelnen anzugeben, inwiefern die hier vorgelegte Arbeit mit der bisherigen Forschung übereinstimmt oder von ihr abweicht, führte zu weit. Allen genannten Autoren verdanke ich sehr viel und mehr, als der jeweilige Bezug andeutet.

13 Diese Frage stellt Walter Müller-Seidel: Kleist *Prinz Friedrich von Homburg.* In: *Das Deutsche Drama.* Hg. Benno von Wiese. Düsseldorf 1958, Bd. 1, 399ff.

14 Zit. nach der Ausgabe von O. Spann und J. Baxa. Bd. I. 1922.

> Die beiden Elemente des Staates, deren jedes in seiner Eigenständigkeit bestehen und verteidigt werden muß, [sind] die sichtbare und die unsichtbare Macht, die Gewalt und die Liebe, die Strenge und die Milde, welche vermittelnd zu vereinigen, die Aufgabe sowohl des Staatskünstlers als aller andern Künstler ist (106f.). Der Dienst der einen Gottheit schließt den Dienst der andern nicht aus, weil sie sich untereinander fügen, weil sie Ideen sind, welche allenthalben in einer höheren Idee vereinigt werden können (115).

Es geht um eine Harmonie des Gegensätzlichen, um die „Idee einer notwendigen Gegenseitigkeit" (108). Sie ist bereits das Anliegen der *Lehre vom Gegensatze* (1804).[15] Jedes Ding ist danach „Antiding" eines anderen, Notwendigkeit z.B. „Antifreiheit" (50), der Hörer „Antiredner" (47). Unlöslich aufeinander angewiesen sind die jeweiligen Pole, schön und sinnvoll ihre Beziehung, die freilich nur besteht, sofern die Pole bleiben. Es geht also um Verwandlung mehr im Sinne von Versöhnung, von Toleranz und schöner Zuordnung der Gegensätze, die wesentlich in sich beharren. Allerdings ist ihre Harmonie vielfach nicht konkret-real, sondern nur gedanklich-ideell. – Die *Elemente* geben der Dynamik historischen Werdens zwar mehr Raum, bewahren aber jene Konzeption. Über das Verhältnis zwischen Staat und Individuum sagt Müller da z.B.:

> Krieg ohne Gegenkrieg, Freiheit ohne Gegenfreiheit ist nichts. [Der Staat bedarf] der höchsten Freiheit aller einzelnen, [...] des lebhaftesten Streits der Freiheit mit der Freiheit (134). [Das] erste unter allen Besitztümern des Bürgers [ist] die Freiheit, [...] seine Kraft und sein eigentümliches Wesen geltend zu machen, zu wachsen, sich zu regen, zu streiten (133). [Die] Freiheit des Menschen [ist] die Behauptung seiner persönlichen Eigenheit, seiner Verschiedenartigkeit (156). [...] Der Staat verstatte dem Menschen, das zu sein und ohne Ende immer mehr zu werden, was er, seiner eigentümlichen Natur und seinem individuellen Wachstum nach, sein kann (149). [...] Je lebendiger und allseitiger die Freiheit der einzelnen ist, um so gewaltiger, inniger und sichtbarer ist ihr gemeinschaftliches Interesse, oder das Recht, oder das Gesetz: das ist die große [...] Idee meiner Rechtslehre [und ebenso der Grundgedanke] des Lebens (209).

Müller weiß: Muß der Mensch sich entscheiden zwischen Freiheit, Augenblick, Jugend und Gesetz, Dauer, Alter, so gibt es nur das Entweder-Oder. Tritt dann der Einzelne von seinem Ichstand-

[15] Zit. nach: *Deutsche Literatur in Entwicklungs-Reihen. Lebenslehre und Weltanschauung der Jüngeren Romantik.*

punkt hinüber zur Gemeinschaft, wird ihm konkret-reale Harmonie mit ihr zuteil. Beharrt er dagegen auf seinem Ichstandpunkt, so herrscht konkret-reale Dissonanz, zugleich aber doch ästhetisch-ideelle Harmonie im Ganzen.

Hier lag wohl das Verführerische für Kleist, den Realisten des Unwirklichen, dem jedes Gedachte zur physischen Gegenwart wurde (Blöcker[16]). Das Verhältnis zwischen Staat und Individuum, wie es der Freund darstellte, mochte ihm ideell als konkretisierbare Harmonie von Gegensätzlichem erscheinen. Ein schönes Bild. Wenn andere es teilten, mochte es ihm die Hoffnung suggerieren, er könne sich mit der Gesellschaft einigen - und zugleich bleiben, der er war, sein mußte und sein wollte.

Dem entspräche die Ambivalenz der oben genannten Deutungstypen, die mit guten Gründen einerseits des Helden Unterwerfung unter das Gesetz, andererseits die unerschütterte Bewahrung seiner Subjektivität betonen. Kleist hätte dann zwei real-existentiell schwer vereinbare Positionen zu einer Einheit und Harmonie gezwungen, die wesentlich schein- und zeichenhaft bestünde - musikartig, \`absolut,´ gelöst vom Stoff, der gleichwohl sein Recht behauptete. Wenn etwas Derartiges eindrucksstark gelang, so womöglich, weil die Logik des Kausal-Pragmatischen weitergehend als etwa in klassischer Dichtung, hochgradig „frei" und „absolut," überflogen wurde von den ästhetischen Zu-Ordnungen der Phantasie, seelisch und moralisch: „Ein Traum, was sonst?"

Tatsächlich versuchte Kleist - zumal gegen Ende seines kurzen Lebens -, den Weltstoff in hohem Grade unabhängig vom empirischen Zusammenhang der Dinge, nach eigenen, nur-künstlerischen Formgesetzen, in solchem Sinne musikartig oder \`absolut´ zu formen und zu ordnen. Über die Prinzipien des Architektonisch-Musikalischen bei Kleist sagt einfühlsam schon Gundolf:[17]

> Die Charaktere sind hier nur Träger von seelischen Spannungen [...] und Träger einer symmetrischen Architektur. [Sie sind] kontrapunktisch gegeneinander geordnet und empfangen ihr Gewicht erst von der Stelle an der sie stehen. [Sie] sind nicht unmittelbare

---

[16] G. Blöcker: Heinrich von Kleist oder das absolute Ich. Berlin 1960, 26f.

[17] Friedrich Gundolf: *Heinrich von Kleist.* Berlin 1922, 25f., 31, 33, 36, 41. Vgl. Blöcker, 265ff., sowie F. Hafner: Heinrich von Kleists *Prinz Friedrich von Homburg. Zürcher Beiträge zur Literatur und Geistesgeschichte* 4 (1952), 87-91.

> Gesichte aus Seele, Leib, Raum und Sprache, sondern Medien von Schwingungen, Maßen und Schweren seines Innern. [Kleist] behandelt die menschlichen Figuren und Vorgänge mit derselben verwegenen Stofffreiheit und schwebenden Heftigkeit wie ein Musiker die Töne, ohne Rücksicht auf ihren Einklang mit den äußeren Tatsachen [...] und als Musiker geht er immer bis ans äußerste Ende der Ausdrucksmittel, d.h. eben der Vorgänge und Charaktere worin er musiziert, weil er nicht so wie der Abbildner oder Lehrer sich bedingt fühlt durch den Ähnlichkeits- oder Nutzwert des Ausgedrückten.

Lockert sich derart das Verhältnis zu den Gegenständen und den Gesetzen zwischen ihnen, so könnte sich im Drama dessen Zug zur Strenge, zur richtenden Beurteilung des Lebens[18] leicht auflösen ins Spielerisch-Verspielte, Unverbindliche, wohl auch in traumhaft märchenhafte Harmonie. Man denkt da an den zwischen Lust- und Trauerspiel schwebenden Charakter der Homburg-Dichtung und an späte Worte Kleists wie folgende: Voraussetzung künstlerischen Schaffens sei die „Lust" am Spiel, am „Spiel der Seligen," am Spiel der „Einbildungskraft," der „Phantasie," nämlich an der „Erfindung nach eigentümlichen Gesetzen," und das zugleich mit dem Ziel, des Künstlers „Eigenstes und Innerstes" zur Anschauung zu bringen.[19] Ein halbes Jahr vor seinem Tode hofft Kleist, er könne die beängstigende Verstimmung seines Gemütes „vielleicht ganz leicht harmonisch auflösen," wäre ihm einmal vergönnt, sich längere Zeit „mit nichts als der Musik" zu beschäftigen. Betrachte er diese Kunst doch als „die Wurzel, oder vielmehr, um [es] schulgerecht auszudrücken, als die algebraische Formel aller übrigen." Seit jeher habe er alles Allgemeine, was er über Dichtung dachte, auf Töne beziehen müssen: „Ich glaube, daß im Generalbaß die wichtigsten Aufschlüsse über die Dichtkunst enthalten sind."[20]

Das erinnert an Müller und an seine *Lehre vom Gegensatze*. Deren Kernbegriff ist die Symmetrie der Pole; mehrfach spricht der Autor von der „Kraft- und Glieder-Symmetrie" des Kunstwerks, vom Gleichgewicht und Entgegenstehen der Teile darin: „[...] alle Mollakkorde mit ihren Melodien und Gegensätzen schimmern aus dem wahren Trauerspiel hervor; alle kalten Farben mit ihren Kontrasten

---

18 Emil Staiger: *Grundbegriffe der Poetik*. Zürich 1946, 190ff.
19 „Brief eines Malers an seinen Sohn;" „Brief eines jungen Dichters an einen jungen Maler."
20 Mai 1811 an Marie von Kleist.

und Gegensätzen klingen durch das wahre Lustspiel durch" (69). Zur Ergänzung siehe auch im Kapitel „*Die heilige Cäcilie* und *Der Zweikampf*. Kleists Legenden und die romantische Ironie" die Ideen Friedrich Schlegels, die von Einfluß gewesen sein mögen.

Wenn Kleists letztes Drama als sein „polyphonstes und zugleich harmonischstes" gilt, als „Meisterstück des poetischen Generalbasses,"[21] so hat hier der Dichter vielleicht noch einmal mit aller Kraft das Architektonisch-Musikalische beschworen, um dem Wunschtraum seines Lebens die überschwänglichste Gestalt zu geben - im Reich der Phantasie und, so mochte er hoffen, dann in der Wirklichkeit; denn wie der Prinz im Traum vorwegnimmt, was er erst erringen will, so nimmt das ganze Spiel vorweg, was Kleist damit erreichen wollte: Duldung seiner Eigenart, Anerkennung seiner Verdienste, ehrenvolle Wiederaufnahme in die Familie, Rückkehr zum angestammten Königshaus und damit an den Platz, den die Nation einem Kleist zuwies.

Das alles konnte er kaum erreichen ohne Reverenz vor der Gesellschaft, ohne Selbstkritik, ohne Beteuerung seines Gesinnungswandels - Übungen, in denen er sich wiederholt versucht hatte, freilich nie mit ganzem Herzen und niemals mit nachhaltigem Erfolg. Am 3. September 1811 übermittelte seine treue angeheiratete Kusine Marie von Kleist das Werk in Schreiber-Schönschrift der Prinzessin Wilhelm von Preußen - nur um abschlägig beschieden zu werden.

Den Anstoß zu dem Schauspiel hatte Adam Müller gegeben, der in der 17. Vorlesung der *Elemente* eine Kabinettsorder befürwortete, wonach die Dichter Gegenstände der älteren vaterländischen Geschichte behandeln und vor allem des Großen Kurfürsten gedenken sollten. Damals entlieh Kleist die Bücher, denen er den Stoff zu seinem Werk entnahm. Dessen Umrisse müssen ihm schon ziemlich klar gewesen sein, als er im Sommer 1809 von Prag aus in die Geschicke Deutschlands einzugreifen suchte: „Was gilt es in diesem Kriege?" fragte er. „Gilt es den Ruhm eines jungen und unternehmenden Fürsten, der, in dem Duft einer lieblichen Sommernacht, von Lorbeern geträumt hat?" Nein! lautete die Antwort, es gelte Ruhm und Fortbestand der Gemeinschaft! So antwortet, scheint es, auch das Drama; und so antwortet offenbar der Große Kurfürst auf

---

21 Gundolf, 149; Blöcker, 274.

das sonderbare Verhalten des Prinzen in der Sommernacht der 1. Szene.

Akt I

Entgegen dem Befehl, „hier länger nicht, als nur drei Füttrungsstunden zu verweilen," sitzt der Kommandeur der Reiterei – so läßt Hohenzollern den Fürsten wissen –

> – Als ein Nachtwandler, schau', auf jener Bank,
> Wohin, im Schlaf, wie du nie glauben wolltest,
> Der Mondschein ihn gelockt, beschäftiget,
> Sich träumend, seiner eignen Nachwelt gleich,
> Den prächt'gen Kranz des Ruhmes einzuwinden.
> – Der Lorbeer ist's,
> Wie er's gesehn hat, an der Helden Bildern,
> Die zu Berlin im Rüstsaal aufgehängt.
>
> – Schade, ewig schade,
> Daß hier kein Spiegel in der Nähe ist!
> Er würd' ihm eitel, wie ein Mädchen, nahn,
> Und sich den Kranz bald so, und wieder so,
> Wie eine florne Haube aufprobieren.

Ein bezaubernd märchenhafter Anblick, der fragwürdige Züge nur schwach zur Geltung kommen läßt. Nicht die bevorstehende Schlacht, wie Hohenzollern meint, bewegt den Jüngling, nicht Land und Leute, für welche sie geschlagen werden soll, sondern nur das, was er davon für sich selbst erwartet: sein Ruhm. Er genießt im Voraus schon den Anblick seines ruhmbekränzten Hauptes: eine Wunschvorstellung, die er Gemälden nachbildet. In seiner Reflexivität und Eigenliebe gleicht er Narziß und Kleists Jüngling vor dem Spiegel. Er befindet sich jedoch im Traum. Seine Regungen sind der Kontrolle durch das Ich entzogen und damit der moralischen Selbstzensur. Zudem äußert er nichts Böses, sondern nimmt nur erhofftes Zukünftiges vorweg. Ja, er zeigt sich dabei so naiv wie Käthchen, wie ein Mensch also, auf den die positive Symbolik des „Marionettentheaters" zutrifft.

Wenn nun, allerdings nicht träumend, sondern mutwillig, der Kurfürst ebenfalls das konventionell Normale überspielt, so bewegt er sich mit Homburg auf verwandter Ebene, die die beiden fortan verbindet und gegeneinander führt, beide von den übrigen Personen abhebt. – Fürst, Fürstin und Natalie dringen in den Bereich des Träumers ein, dem sie rührend innige Töne tiefster Sehnsucht nach menschlicher Nähe entlocken. Der Fürst verfährt denn auch mit ihm recht glimpflich. Zwar herrscht er ihn an:

> Ins Nichts mit dir zurück, Herr Prinz von Homburg
> Ins Nichts, ins Nichts! In dem Gefild der Schlacht
> Sehn wir, wenn's dir gefällig ist, uns wieder!
> Im Traum erringt man solche Dinge nicht!

Damit wird dem Traumwandler aber eben auch bestätigt, morgen in der Schlacht seien „solche Dinge" sehr wohl zu erringen – Natalie nämlich und der Siegesruhm. Daß er beides begehrt, wird ihm keineswegs verargt, sondern nur, daß er von ihnen im Traum vorweg Besitz ergreifen will. Ein erstaunliches Zugeständnis, bedenkt man, wie schroff der Fürst des Prinzen Traum vom Ruhm und Kleist das persönliche Ruhmverlangen jenes jungen Fürsten kritisierte – und wie leidenschaftlich Kleist selbst auf Ruhm aus gewesen war! Wollte er mit der Gestalt des Prinzen eine Art Selbstbezichtigung üben, so kreuzte sich das, wie zu erwarten, mit der Tendenz, Homburgs und seine, des Dichters, eigenwillige, phantasiebestimmte Subjektivität in günstiges Licht zu rücken. Er meint es gut mit seinem Helden. Die Verletzung des Marschbefehls wird nicht geahndet. Ja, der Kurfürst schickt zu Hohenzollern:

> Dem Prinz möchtet Ihr, wenn er erwacht,
> Kein Wort, befiehlt er, von dem Scherz entdecken,
> Den er sich eben jetzt mit ihm erlaubt!

Der Fürst tat etwas Unerlaubtes! Die Exposition, die Begegnung zwischen dem phantasie-beschwingten Spieler und dem verspielten Träumer, fällt überwiegend zu des letzteren Gunsten aus. Schon die Fürstin wandte sich dagegen, des Wehrlosen zu spotten. Und wahrhaftig: Gibt Homburg nur unbewußt und unwillkürlich sein innerstes Verlangen kund, so folgt der Fürst wissentlich und so frivol, daß es ihn selber reut, der Lust, das Wirkliche spielerisch zu modeln, gedrängt von seiner kleistischen Phantasie, die ihn „zu jeder Miene den Gedanken, zu jedem Worte den Sinn, zu jeder Handlung den Grund" ahnen läßt.[22] Beiden eignet eine Art mimischer

---

[22] 5. Februar 1801 an Ulrike v. Kleist.

Imagination. Doch der Fürst bedient sich ihrer lustvoll, triebhaft, überlegen bis zur Frivolität, während der Prinz ihr ohnmächtig ausgeliefert ist. Zwei Haltungen, die der Dichter oft gestaltete und die er hier konkret und kontrapunktisch kontrastiert.

Zugleich trennt beide Männer eine tiefe Kluft. Weder des Fürsten souveränes Zugreifen noch das kluge Verständnis Hohenzollerns und das Mitgefühl der Frauen erreichen den in Traumphantasie Befangenen. Dessen fremdartig isolierte Stellung wird besonders deutlich am Melodisch-Gestischen. Das kommt wie aus einer andern Welt: die pantomimische Gebärde, dann die Stimme, nicht als Rede, sondern als Gefühlslaut, zart, süß. Dazu der Kontrast der Gegenmelodie mit ihrem „Höll' und Teufel!"

Dieses Melodienpaar durchzieht, sich abwandelnd, den ganzen I. Akt. In der handlungsarmen 4. Szene ist es der Freund, der mit dem Prinzen spielt. Erwachend will Homburg sich gar nicht in die Welt der Tatsachen zurückfinden und wendet sich, dies leidlich abgetan, wieder seiner Traumwelt zu, die die kurfürstliche Pantomime der Erfüllung seiner Wünsche sicht- und greifbar nahe als „Bild" (73) vor ihm erscheinen ließ. Wie er die unerkannt-vertraute Traumgestalt Nataliens vergeblich umkreist und den Namen der Ersehnten am Ende unwillkürlich, vor sich niederträumend findet, das ist ein liebliches Spiel hinweg über die Grenzen von Tag- und Traumwelt. Auch ein gefährliches Spiel; ist der Prinz seinen Wunschbildern doch umso wehrloser verfallen, als Nataliens Handschuh ihnen Wirklichkeit verleiht und so die Grenze zwischen Realität und Traum verwischen hilft. Das Ganze ein höchst virtuoses Spiel, Spiel einer Dichterphantasie, die sich \`absolut´ macht, loslöst von der Wirklichkeit und deren Elemente neu gestaltet.

Das zeigen neben dem unwahrscheinlichen Gesamtvorgang mehrere kleine Widersprüche und eine verblüffende Großzügigkeit in moralisch relevanten Dingen. Dem Prinzen ist zwar wichtig, daß der Fürst angeblich nichts von seinem eingangs erwähnten Verbleiben weiß; doch er nennt es nicht befehlswidrig, sondern nur unplanmäßig, ja sogar praktisch (134ff.), und das sogar zu recht. Der oberste Kriegsherr (I, 5), dem es „um Mindres nicht, als Thron und Reich" geht, kümmert sich nicht um das Schlafbedürfnis seiner Truppen, ja nicht einmal um die Bekanntgabe des Schlachtplans, sondern widmet sich den Damen. Wieder ist das leichtfertig, bizarr, wirkt indessen ungemein souverän. Dramaturgisch wird dadurch ermöglicht, daß dem Prinzen die Welt „geteilt" erscheint (420): hier die soldatische Forderung des Tages, dort die Wunschwelt, die ihm nachträglich als Traum galt, deren Gestalten aber, bezeugt von Nataliens Handschuh, nun leibhaft vor ihm stehen.

Beide Welten, beide Melodien spielen verwirrend durcheinander, bis ihre Zeichen, der Handschuh und der Satz „Dann wird er die Fanfare blasen lassen!" kunstvoll sich verschränken als Vorzeichen herrlichster Erfüllung. Homburg freilich nimmt sie nicht als Verheißung, sondern schon als Unterpfand, als handgreiflichen Zipfel tatsächlicher Erfüllung. Beide löst er aus ihrem jeweiligen Zusammenhang und deutet sie ungestüm in seine Wunschwelt, die er von der Wirklichkeit bereits bestätigt wähnt. Seine Phantasie verschmilzt das lockere Gefüge der zwei Bereiche, der zwei Melodien, zu einer einzigen Stimme – zu einem Bild, das indessen nur einen schmalen und verfälschten Ausschnitt der gesamten Situation abspiegelt. Wie die Verschmelzung der zwei Angriffe in der Sicht der meisten und zumal des Fürsten.

Auf dieses Mißverhältnis zwischen Bewußtsein und Realität wird höchst ernüchternd hingewiesen, wenn der Marschall an der Verläßlichkeit des offenbar zerstreuten Prinzen zweifelt und wenn der Fürst, sogar ohne Homburgs sonderbare Reaktionen zu bemerken und bloß auf Grund trüber Erfahrungen, ihn (den sein Marschbefehl unnötigerweise um die nötige Nachtruhe brachte) abkanzelt mit der groben Mahnung:

> Herr Prinz von Homburg, dir empfehl' ich Ruhe!
> Du hast am Ufer, weißt du, mir des Rheins
> Zwei Siege jüngst verscherzt; regier' dich wohl,
> Und laß mich heut den dritten nicht entbehren [...]! (I, 5)

Diese Demütigung auch dank der halb formellen, halb intimen Anrede, kontrastiert aufs schärfste mit dem Umstand, daß der Fürst dem Prinzen „wiederum die Führung ruhmvoll, wie bei Rathenow, der ganzen märk'schen Reuterei vertraut." Dieser Widerspruch verstärkt und verunsichert zugleich unsere Parteinahme für den Helden.

Ferner wirken beide Äußerungen, eine wie die andere, übersteigert, ja dank ihrem grellen Widerspruch geradezu desorientiert. Demonstrieren sie die impulsiv draufgängerische, wuchtige Souveränität und Unberechenbarkeit des Fürsten? Zugleich nimmt sich dessen bleibendes Vertrauen zu seinem Neffen als liebenswürdige und doch leichtfertige, unverantwortliche Großmutsgeste aus; ist es doch Glaube nicht bloß gegen den Schein, sondern gegen besseres Wissen; wozu sonst die Mahnung?

Sie allerdings erreicht, das zeigt der Monolog I, 6, den Prinzen nicht, sowenig wie irgendeine andre Weisung, ausgenommen die Erwähnung der Fanfare. Traum und Wirklichkeit sind für den Verzückten so gut wie eins geworden, verheißen, nein, garantieren gleicherweise die Erfüllung seiner Wünsche und geben seiner Seele jene Einheit und geballte Schnellkraft, die manche Menschen Kleists pfeilgerade auf das sie lockende Ziel losschießen lassen. Nicht zufrieden, daß das Glück sich ihm so gütig zuzuneigen scheint, sieht er es im Bilde der wankelmütigen Fortuna als „Ungeheures," Unvertrautes, das mit Gewalt bezwungen, ja vergewaltigt werden muß! Das verstärkt die Kontrapunktik. Tatsächlich stürmt er einem Gipfel zu, von dem er alsbald wieder herunterstürzt. Zunächst aber scheint seine Energie, einmal entfesselt, sich wie von selber aufzuladen, gemäß dem Ziel, dem `Ungeheuren,´ daß er sich zu meistern traut, zumal es ja nicht entschieden widerstrebt.

Der I. Akt hat die einleitend geäußerten Vermutungen weithin bestätigt. Die Prinzipien, nach denen hier die dichterische Welt sich aufbaut, bleiben zwar den Dingen nahe, verfahren jedoch erstaunlich frei gegenüber den empirischen Gesetzen zwischen ihnen.

Das in solchem Sinne Autonome, Absolute dieser Kunst kehrt überdies an den Gestalten wieder. Die Wechselwirkung zwischen Ich und Welt, Bewußtsein und Realität ist intensiv, oft aber unangemessen. Der Mensch täuscht sich über sich und seine Umwelt und löst andre Wirkungen aus, als er beabsichtigt. Ermöglicht und erhöht wird die ebenso bedrohliche wie zugleich anmutige Lokkerheit dieses Verhältnisses dadurch, daß die subjektiven Regungen, die Gefühle, sich über den intendierten Gegenstand hinaus und unabhängig von ihm in sich selbst verstärken. Auch sie sind hochgradig gegenstandslos, absolut.

Gerade darum können sie wiederum kunstvoll aufeinander abgestimmt werden. So variieren Wirklichkeit und Traum, Soldatenpflicht und Glück samt ihren subjektiven Spiegelungen nach dem Prinzip der Polarität musikalisch-kontrapunktisch gleichsam in der Vertikalen. Und das äußere Geschehen gliedert sich horizontalsymmetrisch. An den bewegungsarmen Mittelauftritt zwischen Hohenzollern und Homburg grenzen dessen Begegnungen mit der fürstlichen Familie und seinem Pflichtbereich. Ganz außen steht jeweils allein der Held, in schöner Einheit mit sich selbst, seinem Gefühl: zunächst eingesponnen in seine Wunschträume, nachher mit hellstem Wachbewußtsein der Realisierung seines Wunschbildes entgegendrängend, das er schon teilweise verwirklicht wähnt.

Dazwischen, solange Wirklichkeit und Traumbewußtsein sich berühren, sich aber noch nicht schlüssig decken, ist sein Gefühl nur leicht verunsichert, verwirrt - und der Wahrheit näher als zuletzt, wo er ganz einig mit sich selbst, jedoch befangen in einem hybriden Wunschbild seines Wollens, voreilig seine Phantasie ausgreifen läßt nach dem Sieg. Dahin beförderten ihn seine gefühls- und willensbestimmte, tyrannisch vor- und fehlgreifende Phantasie, seine moralische Leichtfertigkeit - und allem voran jene Vermischung von Wirklichkeit und Traum, die das frivole Spiel des Fürsten schuf.

Akt II

Die beiden ersten Szenen führen zu Homburgs Angriff hin. Das Gebet in der Kapelle galt, wie die Anrufung Fortunas, dem „Werk"- doch lediglich, sofern es dem persönlichen Glück zugutekommt. Darüber täuschen sich Kottwitz und vorher Hohenzollern. Während der „Alte" dem Gottesmorgen huldigt, hängt der Prinz der wunderbaren Handschuhgeschichte nach und überhört auf unwahrscheinlichste Weise Hohenzollerns Auskunft, er solle den Befehl zum Angriff abwarten, unbedingt und unter allen Umständen.

Eingesperrt in seine Wunschwelt, weiß er von seinem Auftrage so wenig wie von der Anlage der Schlacht. Der Widerspruch zwischen Bewußtsein und Realität, im I. Akt entfaltet, treibt sichtbar einer Kollision zu. Der nächtliche Sturz mit dem Rappen, der Arm in schwarzer Binde künden Unheil an, obschon der Reiter, dessen Gefühl über die gegebene Situation hinausfiebert, blitzschnell reagierend, „leichthin zur Seite niedergleitend," ohne ernsten Schaden auf die Füße kam: gelungene Chiffre dessen, was mit ihm geschieht.

Die Schlacht beginnt. Glanz und Gefährdung des absoluten Gefühls explodieren in der Kollision von Bewußtsein und Realität. Bereits errungen scheint der Sieg, und Homburg kennt kein Halten mehr. *Er* soll doch und will der Sieger sein! Gemäß der Lehre *Von der Überlegung* handelt er, indem er sich in Bewegung setzt: er steigt vom Hügel herab, läßt die Fanfare blasen und schiebt jede Überlegung beiseite mit dem Hinweis auf die Ordre seines Herzens, auf die Vorschrift seines Innern. Eine marionettenhaft schöne körperlich-seelische Gesamtbewegung aus dem Schwerpunkt dieses Ichs heraus.

Sogleich aber gerät das Ich, das sich nicht umsichtig am Ganzen der gegebenen Situation orientiert, mit ihr in Konflikt: zunächst mit dem Kriegsgesetz des soldatischen Gehorsams. Man schickt sich an, ihn zu verhaften. Er setzt sich zur Wehr – und ahnt nicht, welche Verantwortung er auf sich lädt: „Ich nehm's auf meine Kappe." Wie im I. Aufzug angedeutet, mißt er den Pflichten, die ihn binden, wenig ernsthaftes Gewicht bei. Er fragte Hohenzollern:

> Was ich dir sagen wollte, Heinrich –
> Was war's schon, was der Dörfling, mich betreffend,
> Bei der Parol' hat gestern vorgebracht?

Mag das Trugbild der realen Lage ihm nicht voll zuzurechnen sein – sein mehrfach kritisiertes Trugbild vom Gewicht des Moralischen macht den befehlswidrigen Angriff zu einer Schuld. Er ist ein substantieller Makel wie bei Penthesilea, die vor dem Angriff im 5. Auftritt gleichfalls gegen das Gesetz verstößt und Prothoe ebenso brutal herausfordert wie Homburg den Offizier und Kottwitz. Eine grelle Verurteilung des absoluten Gefühls – musikalisch kontrapunktisch zugespitzt, jetzt indessen keineswegs über das psychologisch Glaubwürdige hinaus, sondern folgerichtig in der Konsequenz dieses Charakters, so wie er angetreten ist.

Diese Linie oder Melodie wird – nach dem hier noch ausgesparten zentralen `Zwischenspiel´ des zweiten Angriffs – von einer anderen gekreuzt und neutralisiert. Der Komplex der Mittelszenen 3-8 mit den einander widersprechenden Berichten über Friedrich Wilhelm bremst das Geschehen. Schmerzliche Rührung wechselt opernhaft mit höchster Seligkeit. Die Achse bildet der 6. Auftritt zwischen Natalie und Homburg. Man glaubt, der Kurfürst sei gefallen.

Der Prinz trug bereits Sorge für die Leichen-Bergung. Nun will er Nataliens Sache übernehmen, die er zum Vermächtnis des verehrten Toten macht: eine selbstherrlich-großzügige Vereinnahmung des Verhältnisses, zugleich freilich Ausdruck seiner Liebe zum Fürsten und – jetzt endlich zur bisher nur von ferne angebeteten Natalie.

Spontan nimmt er sich der neu Verwaisten an. Symbolisch legt er „ihre Hand gerührt an sein Herz." Natalie vollführt am Schluß umgekehrt die gleiche Geste. Es ist die einzige, die hinzukommt zu der dort wiederholten Pantomime des Eingangs. Sie bedeutet: Natalie nimmt und nahm sich seiner an, wie er sich vorher ihrer wollte; er hat es um sie verdient. Vielmehr natürlich: sie ist ihm zugetan so wie er ihr. Sein Edelmut jetzt – bewährt bereits in seinem zweiten Angriff – mag sein unrühmliches Verhalten von vorhin wettmachen – bevor eine „Läuterung" sich auch nur ankündigt. Beginnt eine Art Bildungs- und Erziehungsprozeß wie in *Wilhelm Meisters Lehrjahren*, denen der Name und die Funktion einer Natalie ja wohl entstammen dürften?

`Gegensätzisch´ ist auch die Beleuchtung, in die die 5. Szene den Prinzen rückt, der erste der zwei Berichte, die den Mittelauftritt rahmen. Da wird, als Gegenmelodie zum angeblichen Tod des Fürsten und zu dessen Schilderung, und wieder symmetrisch umfangend, Homburgs Angriff mit der Reiterei berichtet. Er begann in aussichtsloser Lage und brach schnell zusammen. Das marionettenhafte Handeln aus dem absoluten Gefühl heraus verfehlte die Umwelt und scheiterte am ungeprüften Widerstand des Wirklichen. Ruhmsucht und die Verkennung der taktischen Situation führten das Korps an den Rand der Vernichtung.

Da brachte der scheinbare Tod des Kurfürsten die Wende. Bei jenem schreckensvollen Anblick packte „Schmerz, unermeßlicher, des Prinzen Herz; dem Bären gleich, von Wut gespornt und Rache," brach er auf die Verschanzung los, „halb Furie, halb Grazie" – wieder wie Penthesilea[23] – und riß die Schwadronen unwiderstehlich

[23] *Penthesilea*, 2457. Dort heißt es analog im schon erwähnten 5. Auftritt, P. sei in ihrer Leidenschaft unfähig, das Amazonenheer zu führen, das denn auch zunächst geschlagen wird, dann aber, angefeuert von der Losung „Penthesilea," siegt (16. Auftr.). Analog dem Einsatz Homburgs für Natalie und den Fürsten will P. den Amazonen die verlorenen Gefangenen zurückgewinnen (2346ff., 2397). Ebenso tritt die Marquise von

mit zum Sieg. Dieser zweite Angriff bedeutet höchstes ethisches, soldatisches und taktisches Verdienst, zumal der scheinbare Tod des Fürsten den Ausgang der Schlacht mehr als ungewiß machte und von ihm keine Befehle mehr zu erwarten waren. Das absolute Gefühl bewies nach seiner bedenklichen Fehlbarkeit kontrapunktisch nun auch seine allein rettende Kraft.

Die Brücke vom II. Akt zum „Heil dir und Segen, denn du bist es wert!" am Ende bildet nicht nur Homburgs Einsatz für Natalie, sondern mehr noch sein Einsatz für den Fürsten und das Land. Deshalb wird er am Schluß gefeiert als der „Sieger in der Schlacht bei Fehrbellin."

Und jetzt schon lächelt ihm der Lohn. Mit der frohen Botschaft „Der Kurfürst lebt!" erhebt sich eine Woge höchster Seligkeit: „O Gott, wie herrlich klärt sich alles auf!" Es wird Raum für eine heitere Arabeske, für Homburgs kecke Werbung um Natalie, die ihm schalkhaft Schützenhilfe leistet. Das entfesselte Gefühl greift stürmisch nach dem Gipfel des Triumphs: „O Cäsar Divus! Die Leiter setz' ich an, an deinen Stern!" – Da bringt der 9. Auftritt jäh den Gegenschlag:

DER KURFÜRST Wer immer auch die Reuterei geführt,
Am Tag der Schlacht, und, eh' der Obrist Hennings
Des Feindes Brücken hat zerstören können,
Damit ist aufgebrochen, eigenmächtig,
Zur Flucht, bevor ich Ordre gab, ihn zwingend,
Der ist des Todes schuldig, das erklär' ich,
Und vor ein Kriegsgericht bestell' ich ihn.

Fließen und Stocken der Verse spiegeln die Erregung des Sprechers. Aber: der Prinz des Todes schuldig? Der Prinz, dessen Opfermut die Schlacht entschied, nachdem des Kurfürsten Torheit den schon greifbaren Sieg mehr als in Frage stellte? Eben (II, 8) lauschte Homburg der Erzählung von Frobens Opfertod und sagte: „Wenn ich zehn Leben hätte, könnt' ich sie besser brauchen nicht, als so!" Das gilt! Er hat soeben gleichfalls die höchste Tugend, die Kleist

---

O... für ihre Kinder ein, will Kohlhaas seine Mitbürger gegen Kränkungen sichern, befreit Hermann Germanien (und verzichtet großherzig auf die Führerschaft, die man ihm als dem einzig Würdigen dann doch zuspricht). Derartige Zielsetzungen dienen als Stoff und Mittel zur Entfaltung edler sozialethischer Regungen. Hier überall erstehen Retter, das Erstehen verbunden oft mit „auf-„ und „wieder-."

kennt, die Selbstaufopferung, bewährt. Daß die Empfindung einzig siegte, weil eine Täuschung stattfand – der Kurfürst fiel ja nicht –, ändert nichts an dem Geschehen, wie alle es erleben, auch der Feind. Wenn die Schweden neue Siegeszuversicht beschwingte, hat Homburg das gründlich beendet. Sein Sieg ist kein märchenhaft-phantastisches Geschenk Fortunas, sondern die solide Frucht höchster praktischer Bewährung.

Deshalb und schon, wie es in der *Marquise von O...* heißt, „um der gebrechlichen Einrichtung der Welt willen," mag Homburgs erster, voreiliger Angriff wenn nicht völlige Vergebung, so doch nicht mehr als einen ernstlichen Verweis verdienen, schwerlich jedoch den Tod. So denken alle Offiziere, nicht indes der Fürst. Immerhin „stutzt er betroffen," als er hört, der Übeltäter war, anders als er vermutet hatte, doch der Prinz. Teilnehmend erkundigt er sich nach dessen angeblicher Verletzung – wieder eine der Täuschungen, die immer mehr Wände zwischen beide Gegenspieler schieben. Er muß sich sammeln, bevor er den Verhaftsbefehl ausspricht. Und nur gezwungen ignoriert er sämtliche Vermittlungsversuche.

Er tritt für das Gesetz mit einem Nachdruck ein, der keine Widerrede duldet – auch nicht im eignen Innern. Er ist durchaus nicht einig mit sich selbst, weist jedoch alle widerstreitenden Gefühle ab und übergeht den hemmenden Aspekt der Sache. Nachträglich und angestrengt bewährt er da eine Kraft, die vor allem Kraft zur Einseitigkeit und bei ihm sonst selbstverständlich ist. Sie verleiht allem, was er tut, das großartig Impulsive, Resolute, das schlechthin Souveräne, äußert sich aber auch als großzügig-voreilige Vereinfachung der jeweiligen Situation, als grandios-naiver Unfehlbarkeitswahn – unverkennbar eine fürstlich-autoritäre Spielart des 'absoluten Gefühls.' Zu dieser Kraft gehört, daß sie sich mit geringen Schwankungen überwiegend auf voller Höhe zeigt, als habituelle Qualität, die selbst gegen besseres Gefühl und Wissen behauptet und damit leicht zur gespielten Rolle wird, zur Attitüde, Pose.

Schon mehrfach hat der Kurfürst sich mit Schwung vergaloppiert. Diesmal spürt er es selbst. Er meint keineswegs die überholte Mode seines törichten Rittes vor die Front. Doch er traf sein Urteil jetzt, ohne den Schuldigen und dessen Motive zu kennen oder auch nur untersucht zu haben. Er handelte aus dem Stegreif, aus dem

Zornaffekt heraus, der die oben zitierten Worte, sich steigernd, zur äußersten Entscheidung hetzt. Besinnungslos mutet gleich der Anfang an: „Wer immer auch die Reuterei geführt [...].“ Das heißt ja auch: 'Aus welchen Gründen immer gegen den Befehl verstoßen wurde [...].'

Die Frage: „Der Prinz von Homburg hat sie nicht geführt?“ ist durch Gedankenstrich vom Vorigen getrennt, klingt vorsichtiger, ja besorgt. Es ist die erste Frage nach dem Sachverhalt. Doch sie erfolgt erst, nachdem der Fürst sein Urteil fällte. Er mag sich erregt haben beim ersten Gedanken an den Heißsporn, der ihn wiederholt aufbrachte durch seine Voreiligkeit und jetzt erneut seine nachsichtige Güte mißbraucht, sein großherziges Vertrauen enttäuscht hätte. Als er dann hörte, der Prinz sei nicht der Schuldige, büßte sein Zorn den konkreten Gegenstand ein und steigerte sich ungehemmt, riß ihn hin zu einer Maßnahme, die ihn nun doch reut (so wie seine nächtliche Pantomime), wenigstens den Großen Kurfürsten als Onkel der bevorzugten Person. Er versicherte zwar, gegebenenfalls „Gleichviel!“ auch eine solche dranzugeben; aber nachher legen sein Verhalten und die Bemerkungen der Offiziere nahe, daß er wohl nicht so weit gegangen wäre, hätte er Bescheid gewußt.

Andererseits und gleichzeitig ist ihm die Person des Prinzen offenkundig wieder nicht so wichtig wie die äußere Behauptung seiner einmal kundgetanen Entscheidung. Deswegen, nicht etwa aus Gerechtigkeit, tritt er so scharf ein für das Gesetz. Er will oder kann nicht zugeben, daß er willkürlich, unüberlegt, aus dem Affekt, dem absoluten Gefühl heraus gehandelt, damit das Wirkliche und wenn nicht das Gesetz, so doch dessen Geist der Gerechtigkeit verfehlt hat – ähnlich wie der Prinz, der inzwischen freilich mehr als wiedergutmachte.

Des Fürsten übereilter Vorstoß in der vorletzten Szene des Aktes ist eine Parallele zu Homburgs Angriff in der zweiten. Die Symmetrie des Aufbaus spiegelt die Symmetrie der Hauptfiguren. Beide folgen den voreiligen Bildern ihrer affektbestimmten Phantasie und manövrieren einander in die paradoxe Lage, wo der Sieger bestraft wird und der Mann der souveränen Willkür sich als Hüter von Kriegsrecht und -gesetz aufspielen muß. Das ist wunderbar musikalisch und zum Teil komisch, offenbart jedoch zugleich das Bedrohliche einer Welt, in der das Bewußtsein die Realität selbstherrlich überfliegt, dadurch Täuschungen schafft und ihnen verfällt, falsch reagiert und sich dem Zufall ausliefert.

Dieser Kontrast verschiebt sich im folgenden perspektivisch, indem das absolute Gefühl des Prinzen sich entwürdigt und den Kurfürsten wie das Gesetz weitgehend verkennt und denunziert. Freilich ist dafür gesorgt, daß der Held nicht ganz im Unrecht ist. Offen dargelegt, schwächte das aber den Kontrast zur Gegenseite ebenso wie den zwischen dem noch bevorstehenden Absturz und der endlichen Wiederauferstehung. Eben dem Kontrast, dem Prinzip des Kontrapunkts zuliebe läßt der Dichter – \`absolute´ Kunst – den Kurfürsten und seinen Aspekt des Gesetzes zunächst ganz im Recht erscheinen: als den Gegenpol, zu dem das Versagen Homburgs bis ins Extrem akzentuiert – und vorangetrieben wird sogar zu einer wenig schönen Phase.

Das bereitet sich am Schluß des II. Aktes vor. Wir teilen Homburgs Widerstreben gegen die Verhaftung. Seine Einsichtslosigkeit indessen geht zu weit, und seine kindische Überheblichkeit ist peinlich. Das Bild von Ruhm und Glück, das ihm im Halbschlaf wie im Wachen vor der Seele schwebte, weicht dem genauso schiefen Bilde einer Welt, die ihn bloß böswillig um den verdienten Lohn betrügt. War der Kurfürst eingangs Zeuge, wie der Prinz nach einem Vor-Bild von Gemälden sich selber ruhmbekränzt zu sehen wünschte, so meint Homburg nun ähnlich zu erkennen, daß der Fürst sich selbst bewundere als Brutus „mit Kreid' auf Leinewand verzeichnet." Das ist nicht ganz unzutreffend, soll hier aber höchst ungerecht erscheinen und dartun, wie sehr Homburg eingesperrt ist in die Bilderwelt seiner ichbezogenen Phantasie. Er setzt sich damit teilweise ins Unrecht, und man vergißt, wenigstens vorübergehend, daß auch der Fürst und das Gesetz durchaus nicht ganz im Recht sind.

Akt III

So will offenbar der III. Akt gesehen werden. Hier, im Mittelteil des Werkes, steht wie in den Mittelstücken der beiden ersten Aufzüge die äußere Handlung fast still. Umso stürmischer bewegt sich Homburgs Seele. Der Prinz erscheint zunächst besonnen, ruhiger.

Er sieht ein: „Der Kurfürst hat getan, was Pflicht erheischte." „Das Kriegsrecht mußte auf den Tod erkennen; so lautet das Gesetz, nach dem es richtet." Freilich spürt man, er sieht das Gesetz als ein System, das seine eigenen Regeln hat, die für die Richter bindend sind. Den bitterernsten kriegsrechtlichen Aufwand will er dagegen nur als Theater gelten lassen, das der Fürst zu seiner eigenen Genugtuung inszeniert – „Und diese Lust, fürwahr, kann ich ihm gönnen!" Das ist anmaßend, ist Krampf. Überhaupt entlarvt die Beredsamkeit des Prinzen seine zur Schau getragene Zuversicht als krampfhaften Versuch, um jeden Preis ein hoffnungsvolles Bild der Dinge zu bewahren. Bezeichnend seine angestrengt abwehrende Antwort auf Hohenzollerns Frage, worauf seine Zuversicht sich stütze:

> Auf mein Gefühl von ihm!
> (*Er steht auf*) Ich bitte, laß mich!
> Was soll ich mich mit falschen Zweifeln quälen?
> (*Er besinnt sich und läßt sich wieder nieder. – Pause*)

Die Sicherheit seines Gefühls, die Einheit mit sich selber, ist erschüttert. Sie wird nur äußerlich, gewaltsam festgehalten: als die allein rettende Einseitigkeit, ähnlich wie sie dem Fürsten zu Gebote steht, während der Jüngling um sie ringen muß. Mit dem eigensinnigen „Ich denk's mir so!" und dem immer wiederkehrenden „Gleichviel!" schiebt er beiseite, was seine Illusion zerstören könnte. Er will das Wirkliche nicht sehen, wie es ist, sondern deuten, wie es ihm „gefällt" (711). Er macht sich etwas vor und flieht die Wahrheit, bis sie umso schrecklicher sich offenbart. – Doch selbst als er einräumen muß, es könnte vielleicht Ernst werden, versteift er sich nur um so entschiedener darauf, daß der Kurfürst sich dann anschicke, einen Akt geradezu unvorstellbarer Grausamkeit und Willkür zu begehen:

> Eine Tat,
> Die weiß den Dey von Algier brennt, mit Flügeln,
> Nach Art der Cherubime, silberglänzig,
> Den Sardanapel ziert, und die gesamte
> Altrömische Tyrannenreihe, schuldlos,
> Wie Kinder, die am Mutterbusen sterben,
> Auf Gottes rechter Seit' hinüberwirft?
> [...] Er könnte – nein, so ungeheuere
> Entschließungen in seinem Busen wälzen?
> Um eines Fehls, der Brille kaum bemerkbar,

In dem Demanten, den er jüngst empfing,
In Staub den Geber treten?

Eine wilde Phantasie türmt atemlos die Bilder und zerstört damit das Bild. Der Aufruhr des Gefühls übertreibt über jedes Maß hinaus, hat aber in seiner Perspektive nicht ganz Unrecht. Der Prinz weiß, warum er seinen zweiten Angriff ritt und mit welchem Resultat, das auch der Kurfürst anerkennt. Nur pocht der nahezu ausschließlich und paradox auf dessen Befehlswidrigkeit. Homburg ist darüber so empört und so enttäuscht, daß sein Gefühl ihn hinreißt zu der schnöden Annahme, die Hohenzollern nahelegt: Der Fürst verweigere die Begnadigung, um politisch frei über Natalie verfügen zu können. Und tatsächlich trifft der Fürst Anstalt, das Urteil rechtskräftig zu machen.

Des Prinzen Unsicherheit steigert sich zur Verwirrung, wo – Wendepunkt der polar aufgebauten Szene – die Einwände Hohenzollerns siegen: „Das Urteil – Nein! die Schrift –?" Und die Verwirrung überschreitet ihren Höhepunkt mit dem Ausruf: „O Himmel! Meine Hoffnung!" Das ist neue, umgekehrte Erkenntnissicherheit. Abermals beruht sie weitgehend auf einem Trugschluß, gegen den das überwältigte Gefühl sich diesmal in Verzweiflung wehrt. Zur Einheit mit sich selbst kann Homburg nur gelangen, wenn er sein Schicksal, obwohl er sich nicht damit versöhnen kann, dennoch wenigstens annimmt, und das heißt für ihn, daß er es in ein Bild faßt, mit dem er leben – und notfalls sterben kann. Bis dahin muß er haltlos dahinstürzen, getrieben von fürchterlicher „blinder Unruhe"[24] und Angst, nichts denkend als „Hilf, rette mich, ich bin verloren!"

In Panik verläßt er sein Gefängnis, bricht damit sein Ehrenwort, häuft neue Schuld auf seine alte (968), verstößt erneut gegen die märkischen Artikel und darüber hinaus gegen ein Prinzip, das niemand ohne Not verletzt, der als ehrenhaft, vertrauenswürdig gelten will. Daran aber scheint ihm nicht im mindesten zu liegen. Sogar der Freund stützt ihn: „Auch gut! Gleichviel!"

Vollends nun die berüchtigte Todesfurchtszene (III, 5) zeigt ihn als einen Menschen, dem jedes Gefühl für Ehre, für geziemende Haltung abgeht. Als er zur Fürstin, „unterm Schutz der Dämmerung, geschlichen [kommt], verstört und schüchtern, heimlich, ganz

---

[24] 29. Juli 1804 an Henriette v. Schlieben.

unwürdig" (Natalie 1164f.), hat er unterwegs sein Grab erblickt. Dostojewski befand sich in gleicher Lage und hat dazu gesagt:[25]

> Führen Sie einen Soldaten in der Schlacht geradewegs vor die Kanonen und lassen Sie auf ihn Feuern, er wird doch immer noch hoffen, mit dem Leben davonzukommen; aber lesen Sie demselben sein Todesurteil vor, das unfehlbar an ihm vollstreckt wird, so wird er entweder irrsinnig werden oder in Tränen ausbrechen. [Es ist] das Bewußtsein der unfehlbaren Vollstreckung [...], was die größte Qual verursacht – eine größere Qual kann es in der Welt gar nicht geben.

Das ist die Situation Homburgs. Wenn er darüberhinaus jede Haltung preisgibt, so deshalb, weil ihm weder das Gesetz, dessen Spruch er ja für abseitig und grausam hält, noch auch sein Sieg, von dem er sich Dank und Ehrung durch die Gemeinschaft und den Kurfürsten erhoffen konnte, den Tod, wenn der schon sein muß, sinnvoll und damit erträglich machen. Dieser Tod liegt vielmehr völlig außerhalb all dessen, was seinem Leben bisher Sinn und Inhalt gab. So begegnet er ihm „bildlos."[26] Und wie für ihn alles darauf ankäme, daß er sich seinen Tod im Bild aneignet, so bleibt er ohne Bild distanzlos, wehrlos dem grauenhaften Anblick eines Todes ausgeliefert, der sich in nichts unterscheidet von der Liquidierung eines Ungeziefers (Kafka!). Eine äußerste Situation – und der Mensch darin ein „unerfreulich jammernswürd'ger Anblick" (Natalie 1166). Das entspricht Erfahrungen, die Kleist selbst nach stürmischer Rheinfahrt niederschrieb:[27]

> Ein jeder klammerte sich alle Andern vergessend an einen Balken an, ich selbst, mich zu halten – Ach, es ist nichts ekelhafter, als diese Furcht vor dem Tode. Das Leben ist das einzige Eigentum, das nur dann etwas wert ist, wenn wir es nicht achten. Verächtlich ist es, wenn wir es nicht leicht fallen lassen können, und nur der kann es zu großen Zwecken nutzen, der es leicht und freudig wegwerfen könnte. Wer es mit Sorgfalt liebt, tot ist er schon, denn seine höchste Lebenskraft, nämlich es opfern zu können, modert, indessen er es pflegt. Und doch [...,] sind wir nicht durch ein Naturgesetz gezwungen, es zu lieben?

Kleist sieht beide Seiten, Homburg jetzt aber nur die eine. Dennoch ist das Peinliche damit nicht hinreichend erklärt. Es beruht

---

[25] *Der Idiot*, I, 2; Hans M. Wolff: *Heinrich von Kleist*. Berkeley 1954, 231.
[26] Max Kommerell: Die Sprache und das Unaussprechliche. In ders.: *Geist und Buchstabe der Dichtung*. Frankfurt/M. 1956, 280.
[27] 21. Juli 1801 an Wilhelmine v. Zenge.

eben auch darauf, daß Kleist hier das Subjektive wieder `absolut´ setzt, es bis zum Extrem zu Ende denkt und ausdrückt. Die radikale Offenheit, mit welcher Homburg sich erniedrigt, grenzt schon an Selbstprostitution: „Nataliens, das vergiß nicht, ihm zu melden, begehr' ich gar nicht mehr" – vollends moralisch vernichtend und erschütternd der Kontrast dazu, des Mädchens Ausruf: „ich, in den Tod dir treu." Auch die Länge dieser Selbstentblößung überschreitet eigentlich das Zumutbare. Damit aber hat es seine eigene Bewandtnis.[28]

Homburgs Partien schließen hier jeweils mit Wendungen von auffallender inhaltlich-rhythmischer Prägnanz. Die persönlichen Elemente sind kräftig, besonders am Anfang: „mir," „ich." Aber der Sprechende sieht sich auch mit den Augen anderer, als Dritten: „er war." Er deutet von außen auf seinen Leib: diese „Augen," „diesen Busen." Er hat geradezu Freude an Antithesen: „heut" – „morgen;" ja an Bildvergleichen: „wie ein Feenreich," „zu jenen schwarzen Schatten niedersteigen," „wie das Reh auf Heiden;" endlich an schmückenden Details: „in zwei engen Brettern duftend," „daß mir der Schweiß herabtrieft," „bestellt sind auf dem Markte schon die Fenster, die auf das öde Schauspiel niedergehn."

Er vergegenwärtigt in Rede und Gegenrede, wie die Mutter ihn der Fürstin-Tante anvertraute und wie daher diese für ihn bitten wird. Ja, er beschwört die rhythmisch schließende Vision, wie er, um alles zu vergessen, was sein Leben bisher wertvoll machte, auf seine Güter gehen werde „und in den Kreis herum das Leben jagen, bis es am Abend niedersinkt und stirbt."

In großer Lyrik schildert er den Prozeß, den er in seiner Phantasie hier und jetzt durchläuft. Er schildert Dinge, die nicht vorhanden sind und die er fortlaufend erfindet. Er schreit sein Entsetzen nicht elementar heraus, er erlebt und er gestaltet es zugleich. Ja, seine Aufmerksamkeit verlagert sich von seiner Not auf deren aus- und eindrucksvolle Darstellung, ja auf die poetische Schilderung von Situationen in Vergangenheit und Zukunft. Ein zweiter Tasso, gab ihm ein Gott, zu sagen, wie er leide. Er bezeugt die letzte, allein rettende Kraft, die Kleist dem Leben wie dem Tod abrang: die Kraft, das eigene Gefühl zum Gegenstand zu machen, es zu gestalten, zu

[28] Zum Folgenden vgl. E. M. Wilkinson: Goethe – *Tasso*. In: *Das Deutsche Drama,* I.

steigern, zu verwandeln - und damit das Ich von allem Äußeren zu befreien: es `absolut´ zu machen.

Homburgs Reflexion auf seinen Zustand rückt diesen zunehmend in Distanz, faßt ihn in Bilder, nimmt ihm die unmittelbar andringende Wucht, läßt ihn und uns zunehmend die Furcht vergessen - und das Furchtbare. Zunächst stoßen die Worte noch atemlos übereinander stürzen vorwärts (970ff.). Später geraten sie immer mehr in Fluß. Und als alles gesagt, das Bild vollendet ist, als - in die Zukunft projiziert, aber rhythmisch gegenwärtig - die wütend sich aufbäumende Lebenskraft „am Abend niedersinkt und stirbt," da löst sich zugleich Homburgs Seele, „einer Kleistischen Flasche gleich," die „sich entladen" hat und „nun wieder neutral" geworden ist:[29]

Er, der bisher vor der Fürstin kniete, *„steht auf und wendet sich zur Prinzessin."* Er tut es ebenso geschmacklos und herablassend überheblich, wie es uns an vielen Briefen Kleists an seine Braut abstößt. Dergleichen entspringt einer Phantasie, die phasenweise nichts Irdisches in seinem Eigenrecht und Eigenwert erkennt und anerkennt, sondern alles tyrannisch als Material benutzt für Bilder, die eigentlich das Ich, dessen Gefühl, zum Gegenstande haben. Das Ich gestaltet sich selber, sein Gefühl, und lebt dieses Gefühl aus, absolut, gelöst vom äußeren Gegenstand, vom Partner, von der Situation. Phantasierende Reflexion erzeugt Distanz, befreit, erhebt und richtet hier den Helden wieder auf: Homburg wird den Tod bestehen kraft seines Vermögens, Bilder zwischen sich und ihn zu schieben.

Horizontal bewegt seine Seele sich im III. Akt gleich einer Kugel, die angestoßen, zu Tale schießt und vom eigenen Schwung die Gegenseite noch ein Stück hinaufgetragen wird, um langsam auszurollen. Den Tief- und Wendepunkt des Vorgangs wie des Aktes und des ganzen Werkes bildet die erzählte Begegnung mit dem Grab. So geben die angrenzenden Szenengruppen mit dem Freund bzw. mit den Damen auch diesem Akt den schon vertrauten polarsymmetrischen Aufbau.[30] Hatte hier der Prinz die Hauptstimme,

---

[29] *Über die allmähliche Verfertigung der Gedanken beim Reden.*

[30] Die Symmetrie des Aufbaus bestätigt zunächst scheinbar die gern hervorgehobene Ähnlichkeit mit Wolframs *Parzival.* Von allem anderen abgesehen, herrschen aber bei der Symmetrie des Epos die Dreizahl und die Mitte vor, während bei Kleist die Pole handlungsmäßig schwerer

von den Stimmen Hohenzollerns und der Damen kontrapunktisch untermalt, so durchzieht den ganzen IV. Akt die Stimme der Helferin Natalie, die Stimme der „lieblichen Gefühle." Ihr antworten in symmetrischer Umkehrurig zum II. Akt zunächst der Kurfürst, dann der Prinz. Und wie dort, so rückt auch jetzt die Diskrepanz zwischen Bewußtsein und Realität alle Aktion und Reaktion in das wundersame und beängstigende Zwielicht von draufgängerischer Willkür, Irrtum, Illusion und Zufall.

Akt IV und V. Kleist, seine Figuren, seine Kunst

Natalie bekämpft die Stimme des Gesetzes, nimmt jedoch selber dessen Klänge auf; und es erklingt von Anfang an zugleich im Tone des Gefühls. Aussöhnung und Synthese kündigen sich an im Wechselspiel der Melodien - und ebenso in der Neuordnung der Positionen. Homburgs Angriffe rücken, wenigstens für ihn und manchen anderen, hinfort in neues Licht. Natalie pocht auf den schließlichen Erfolg des zweiten; das tat auch der Prinz (848ff.), und Kottwitz wird es tun (1529ff.). Allein der rückhaltlose Einsatz für den Fürsten trug die zweite befehlswidrige, aber siegreiche Attacke, fließt jedoch mit der ersten, dem bloßen, übereilten Ungehorsam, fortan zusammen zu „übereiltem Eifer." So der Prinz schon 849ff. und später 1769; so jetzt Natalie. Die beiden gegensätzlichen Phasen und Melodien verschmelzen, ohne daß eine fortan die andere ausschlösse - sodaß beide erhalten bleiben. Das Verwirrspiel, das derart entsteht, zielt musikartig auf die Versöhnung - bedarf indessen vorher der Klärung.

Die Erniedrigung des Helden wurde im Kontrast zur späteren Erhöhung aufs äußerste getrieben. Solchem kontrapunktischen Effekt zuliebe hob sich die Position des Fürsten, des Gesetzes. Sie könnte jetzt, zumal die Rechtfertigung des Prinzen wieder einsetzt, sinngemäß so fragwürdig erscheinen wie im II. Akt. Stattdessen

---

wiegen als die Mitte, die zugleich Tiefpunkt ist (Hafner, 89). Ferner wandelt sich Kleists Held aus eigener Kraft, ohne Gnade, läuternde Begegnung, höhere Einsicht - wie sie Parzival im Mittel- Höhe-, Wendepunkt zuteilwerden. (H. Eggers: Strukturprobleme mittelalterlicher Epik; W. Mohr: Parallelen zwischen deutscher Dichtung des Mittelalters und der Neuzeit. *Euphorion* [1953 bzw. 1956].)

tritt der Fürst, auch den faktischen Voraussetzungen zum Trotz, genau wie in der Perspektive des III. Aktes, ja, noch eindrucksvoller, als würdiger Vertreter des Gesetzes auf, als streng gerecht, zugleich indessen „gegensätzisch" milde: gleichfalls Grundlage und Vorklang der schließlichen Versöhnung.

Derentwegen verlassen die Positionen Homburgs wie des Fürsten zunehmend den ethischen Gegensatz vom III. Akt, um den Konflikt zwischen dem einzelnen und dem Gesetz fortan auf der (`Müllerschen´) Ebene einer schönen Symmetrie gleichwertiger Pole auszutragen.

Friedrich-Wilhelm verhaftete seinen Neffen unter dem Druck seiner affektbestimmten Vorentscheidung. Seine Kraft zur Einseitigkeit überspielte damals den inneren Zwiespalt nicht ganz ohne Mühe. Diese ist auch jetzt spürbar, obwohl der Fürst auf dem Standpunkt des Gesetzes ohne Vorbehalt beharrt. Es hat ihm juristisch Recht gegeben, und ein Gleiches setzt er voraus bei seinem General. Er schreibt ihm: „Auf Euren eig´nen Beifall rechnet´ ich." (1310) Das rührt wahrhaft an die „Grenzen der Menschheit." Als Natalie für den Verurteilten um Gnade fleht, fragt er erstaunt:

Mein Töchterchen! Was für ein Wort entfiel dir?
Weißt du, was Vetter Homburg jüngst verbrach?

Und Natalie versichert dem Prinzen:

[...] er faßt sich dir
Erhaben, wie die Sache steht, und läßt
Den Spruch mitleidsvoll morgen dir vollstrecken! (1371ff.)

Wie sich da Milde vereint mit Strenge, das schafft den Eindruck weiter, kraftvoll-überlegener Menschlichkeit, ist aber nicht ohne unheimlichen, ja beängstigenden Beiklang. Was Schiller das Erhabene der Fassung nennt, darüber wird derart souverän verfügt, daß der innere Protest vollkommen schweigt. Der Fürst leidet anscheinend nicht im mindesten. Der Nachdruck, mit dem er für das Gesetz eintritt, wirkt allerdings im sachlichen Zusammenhang und in sich selber übertrieben, angestrengt. Seine Kraft zur Einseitigkeit verleiht den persönlichen Wendungen „Vetter Homburg," „dir," „mitleidsvoll" bei allem Anflug von Wärme etwas Maskenhaftes, eine `forcierte Humanität.´ Es sind Töne, die vom Fürsten leicht und intensiv zugleich gehandhabt werden. – Was schmerzliche

Selbstüberwindung sein sollte, vollzieht sich hier so selbstverständlich, daß man es mit Natalie „fast unmenschlich nennen könnte." Was zuinnerst, substantiell, höchstens disharmonisch, schmerzvoll zu vereinen wäre, erscheint – psychologisch und von musikartiger Gesetzlichkeit beschwingt? – in einer Harmonie, die mehr äußerlich, mehr mimisch anmutet: schwungvolle Gebärde, gewinnend, imponierend – und beklemmend.

In dieser Haltung nimmt der Fürst entschieden den Standpunkt des Gesetzes ein. Komischerweise kann er davon um so weniger abgehen, als Natalie, wie früher Homburg, das Vergehen bagatellisiert und schmeichelnd den Gnadenakt, die Mitherrschaft der lieblichen Gefühle als schönste Ordnung preist; die könne man sich durchaus leisten angesichts der Kraft und Pracht des Vaterlandes, das deswegen „nicht gleich" zerschellen werde. Dem Fürsten mögen die Bitten seines „süßen Kindes" nahegehen; gewiß wäre er froh, vernähme er triftige Gründe zu Homburgs Gunsten. Jene Argumente aber, die ihn blenden, überrumpeln sollen, sie müssen, glaubt er, wie ein Kartenhaus zusammenstürzen vor der Frage:

> Denkt Vetter Homburg auch so? [...]
> Meint er, dem Vaterlande gelt' es gleich,
> Ob Willkür drinn, ob drinn die Satzung herrsche?

Tatsächlich entzieht er damit Nataliens Bitte jede Grundlage, freilich in anderer Weise, als er meint. Selbstherrlich verblendet gegenüber seiner eigenen Vorliebe für willkürliche Machtsprüche und dem Empfinden, das er selbst und die Armee (II, 10 sowie V, 1-5) bekunden, erwartet er, ein Offizier müsse in diesem Fall so denken wie eben jetzt er selbst und nicht wie sein „Töchterchen." Komischer Umschlag: Stattdessen kehren sich die Fronten um. Das Mädchen denkt wie er; der Prinz jedoch –

> – Der denkt jetzt nichts, als nur dies Eine: Rettung! [...]
> Der könnte, unter Blitz und Donnerschlag,
> Das ganze Reich der Mark versinken sehn,
> Daß er nicht fragen würde: was geschieht?

Damit gibt Natalie zu, daß sie vorhin einen Standpunkt vertrat, der ihrem Wissen und Gefühl nicht voll entsprach. Sie muß glauben, ihr Unternehmen sei gescheitert. Wenn tatsächlich – nochmaliger Umschlag! – das Gegenteil geschieht, so liegt das nicht an ihr, sondern am Fürsten. Der steht vor einem Rätsel. Zwar fragt er „in äußerstem Erstaunen," was geschehen sei; doch er forscht gar nicht nach den Motiven Homburgs und – **er erfährt sie niemals! Diese Scheidung bleibt!** Und er bleibt in schöner, aber trügerischer, selbstbetrügerischer Selbstsicherheit überzeugt, daß Homburgs Gründe nur edel sein können. Eben darum ist ihm, was er von des Prinzen Auftritt hört, völlig unverständlich, und nötigt ihn *verwirrt* zu seinem erstaunlichen Ausruf:

> Nun denn, beim Gott des Himmels und der Erde,
> So fasse Mut, mein Kind, so ist er frei!
>
> Er ist begnadigt! –
> Ich will sogleich das Nöt'g' an ihn erlassen.
>
> Bei meinem Eid! Ich schwör's dir zu! Wo werd' ich
> Mich gegen solchen Kriegers Meinung setzen?
> Die höchste Achtung, wie dir wohlbekannt,
> Trag' ich im Innersten für sein Gefühl:
> Wenn er den Spruch für ungerecht kann halten,
> Kassier' ich die Artikel: er ist frei! –

Man meint gewöhnlich, der Fürst verlasse da verwirrt mit einem Sprung die Insel des Gesetzes, rette sich aber, beim Reden seine Gedanken weiter verfertigend, gerade noch dorthin zurück; die Schlußwendung sei eine geniale pädagogische Finesse, eine weise Bedingung, geeignet, den Prinzen zur Räson zu bringen und dem Gesetz Genugtuung. Er rechne also damit, daß Homburg nunmehr das beschlossene Todesurteil annähme. Das aber widerspricht dem Wortlaut diametral. Wieder fragt der Fürst nicht nach den Gründen oder überhaupt nach Einzelheiten. Blind vertrauend trotz des Rätsels, glaubt er, er werde das Urteil zu kassieren haben. Wie sonst übergäbe er Natalie sein Schreiben an den Verurteilten mit den Worten:

> Fürwahr, mein Töchterchen, mein Nichtchen, weinte!
> Und ich, dem ihre Freude anvertraut,
> Mußt' ihrer holden Augen Himmel trüben!
> (*Er legt den Arm uni ihren Leib*)
> Willst du den Brief ihm selber überbringen? –
>
> So kann er, für sein Leben, gleich dir danken!
> (*Er umarmt sie*)
> Mein liebes Kind, bist du mir wieder gut?

Wort und Geste strahlen herzinnig vom Glück zu beglücken, von der Überzeugung, Homburg werde die dargebotene Rettung annehmen. Rechnete der Kurfürst nicht damit, so triebe er ein grausam-ungeheuerliches Spiel (das gar nicht harmonierte mit dem Spiel der Melodien). Natalie empfindet das, steht ihrerseits vor einem Rätsel und flüchtet ihrerseits in blindes Vertrauen:

(*nach einer Pause*)
Was deine Huld, o Herr, so rasch erweckt,
Ich weiß es nicht und untersuch' es nicht.
Das aber, sieh, das fühl' ich in der Brust,
Unedel meiner spotten wirst du nicht:
Der Brief enthalte, was es immer sei,
Ich glaube Rettung - und ich danke dir!

Des Fürsten Antwort „Gewiß, mein Töchterchen, gewiß! So sicher, als sie in Vetter Homburgs Wünschen liegt!" vertieft die Illusion, strahlt indes von froher Zuversicht, der Prinz werde frei werden, weil er den Spruch als ungerecht betrachtet, und zwar aus triftigen Gründen - denn wer wird sich „gegen solchen Kriegers Meinung setzen?" So erstaunlich das ist, es ist dem Fürsten sofort klar. Darum spricht er das „frei" nicht erst am Ende, sondern schon gleich am Anfang aus.

Dazwischen entwickeln sich seine Gedanken nicht. Ihr Kern, sein Vertrauen, wird zudem als „wohlbekannt" und unerschütterlich vorausgesetzt. Der Fürst verfertigt seine Gedanken nicht beim Reden, sondern bewährt, wie Kleist im selben Aufsatz sagt, die Fertigkeit, „dasjenige, was wir gleichzeitig gedacht haben, und doch nicht gleichzeitig von uns geben können, wenigstens so schnell, als möglich, aufeinander folgen zu lassen." Die Worte „Wenn er den Spruch für ungerecht kann halten [...]" fallen ihm nicht erst nachträglich als kluger Ausweg ein, als pädagogisch zweckmäßige Bedingung, sondern sind Basis schon des ersten „frei." Sie werden später ausgesprochen, weil sie gegenüber dieser Entscheidung sekundär sind, ihr nur ihre Begründung hinterherschicken.

Ob der Angriff strafwürdig war oder nicht, das muß der Prinz also am besten wissen. Er muß es genauer fühlen als die Richter, die ja nicht dabei waren, die ihr Urteil wohl redlich errechneten aus dem Mitgeteilten; das Ungesagte und vielleicht Unsagbare aber vermochten sie nicht zu berücksichtigen. Dies ist einem Gefühl wie dem des Prinzen aber sehr wohl faßbar, darum soll sein Urteil den Ausschlag geben. Um Begnadigung handelt es sich dabei nicht oder nur insofern, als der absolute Monarch die Gerichtsentscheidung ohne weitere Überprüfung mit seinem Machtspruch ebenso souverän willkürlich aufhöbe, wie er sie verhängte. Das aber wäre, darauf vertraut er offenbar, Akt einer Gerechtigkeit, die sich wie Homburgs Gefühl an einer höheren Richtschnur orientiert, als es Juristen können.

Außerordentliche Hochschätzung des Prinzen und Vertrauen zu seiner Integrität und Tüchtigkeit sogar gegen manchen Anschein: das beobachteten wir bereits Ende des I. Aktes an Friedrich-Wilhelm – eine hochherzig bewahrte Zuneigung, die jetzt erprobt wird und in Reaktion darauf sich um ihrer selber willen über das sachlich Gegebene und streng Verantwortbare hinaus steigerte. Seine Hochachtung jetzt vor dem „Gefühl" eines „solchen Kriegers" klingt geradezu grotesk nach allem, was wir früher hörten, und wirkt wie musikartiger Überschuß.

In seinem noblen Vertrauen verlangt der Fürst von Homburg lediglich, daß der das Urteil umgehend „mit zwei Worten" ablehnt – ohne Gründe anzugeben (wie er selbst bei der Verurteilung):

> Mein Prinz von Homburg, als ich Euch gefangen setzte,
> Um Eures Angriffs, allzufrüh vollbracht,
> Da glaubt' ich nichts, als meine Pflicht zu tun;
> Auf Euren eig'nen Beifall rechnet' ich.
> Meint Ihr, ein Unrecht sei Euch widerfahren,
> So bitt' ich, sagt's mir mit zwei Worten –
> Und gleich den Degen schick' ich Euch zurück. (IV, 4)

Nur weil er sich über Homburg täuscht und sich von Natalie nicht vollständig unterrichten läßt, kommt es zu den zwei Sätzen. Diese retten und versöhnen – freilich auf ganz andere Weise als erwartet, und auch das nur, weil der Fürst sie der Überbringerin Natalie nicht zeigt. Die erkennt dann freilich das Problem sofort. Täuschung, impulsive Willkür, Zufall regieren zusammen mit der ritterlichen Noblesse – der eigenen und der nobel vorausgesetzten, die eben dadurch erst geweckt wird. Die zwei Kontrahenten sollen dadurch zusammenkommen. Und zugleich vertieft sich ihre Isolierung, Distanzierung voneinander.

Was sich bezwingend und bezaubernd mitteilt, ist am Kurfürsten die souveräne Schnellkraft seiner intensiven Reaktionen, seien sie streng oder milde, und vor allem sein treues Vertrauen, dessen Ausmaß man bisher verkannte. Das ist kein Wunder. Es ist bewegend, berückend schön, phantastisch, eine Botschaft aus dem Reich der Seligen, zugleich komischerweise freilich haarsträubend riskant, unverantwortlich, ja lächerlich. Parallelen dazu liefern sogleich Homburg und Natalie und boten bereits die Marquise von O... und Hermann.[31] Wie nämlich Natalie dem Onkel glaubt, ohne ihn zu begreifen, so liefert auch dieser sich und seine Krone wehrlos in die Hand des Prinzen – nicht ganz. Er rechtfertigt, entschuldigt sich. Statt des Du wie bisher bedient er sich der förmlichen Höflichkeitsanrede. Die alte Intimität ist nicht wiederhergestellt.

Umso erstaunlicher und nobler – und zugleich auch sehr erklärlich, daß die Frage nach Recht und Unrecht nicht genannt wird als besondere Bedingung, sondern umgekehrt als die schon erledigte Voraussetzung, von der in solcher Sache auszugehen ist und von der selbstverständlich auch der Prinz ausgeht. Der tut das, doch sehr anders, als der Fürst und auch Natalie erwarten. Die Versöhnungs-Harmonie ergibt sich aus zwei Melodien, die kontrapunktisch kontrastieren, als Kontrast erhalten bleiben. Doch eins nach dem andern.

Der Mittelauftritt (3) ist wieder ohne äußerliche Handlung. Er enthält einen weiteren Monolog des Prinzen, der sich inzwischen

---

[31] Er „berechnet" alle Wege, die zum Siege führen, vollendet sich aber erst, indem er den Sieg, der ja nie ganz vorausberechnet werden kann, wieder aufs Spiel setzt, sogar auf Vorsichtsmaßregeln verzichtet, den Ausgang den Göttern anvertraut und heroisch auch das Scheitern tragen will (II, 10) – ein Geschick, das er leichtfertig genug herausfordert, offenkundig weniger am Los des Vaterlandes und des Volkes interessiert als an den Tugenden, die man im Kampf bewähren kann. Ruhmreicher Untergang wäre ihm (fast) ebenso willkommen wie die Befreiung (I, 3). Die gleiche Einstellung bezeugen Kleists patriotische Gedichte. Sie stellen den heroischen und doch unangefochten-„leichtherzigen" Kampf über das Ziel, den Erfolg:

Aber leicht, o Herr, gleich deinem Leben,
Wage du das heil'ge Vaterland!
Nicht der Sieg ist's, den der Deutsche fordert,
[...]
Hülflos, wie er schon am Abgrund steht;
Wenn der Kampf nur, fackelgleich, entlodert,
Wert der Leiche, die zu Grabe geht. (*An den Erzherzog Karl*)

weiter wegbewegt hat von seiner Halt- und Würdelosigkeit. Er zeigt sich bitter, resigniert, aber gesammelt, ruhig. Das Lässige, das er in Wort und Gebärde zur Schau trägt, spiegelt eine gewisse Kraft und überlegene Distanz gegenüber Tod und Leben. Er spricht von ihnen in allgemeinen Wendungen und Bildern, in deren Welt er, auf halbem Weg sich niederlassend, eintritt. Phantasie und Wirklichkeit mischen sich, das Leben wird zum Bild - und auch der Tod. Als Natalie (4. Auftritt) mit der Gruft droht, winkt Homburg „lächelnd" ab mit dem Bilde: „wie ein Panther." Er kann sich dem Brief des Fürsten und seiner Antwort darauf widmen.

Sein erster Entwurf wird noch „eines Schuftes Fassung." Von Ablenkungsmanövern der erschrockenen Natalie immer aufmerksamer gemacht, denkt er sich „eine andre Wendung" aus. Die kontrapunktische Komposition beider Stimmen liefert ein Musterbeispiel allmählicher Verfertigung der Gedanken beim Reden, zumal gegen Hindernisse, Widerspruch im Dialog. Des Prinzen dichterische Art, mit den Dingen umzugehen, tritt noch offener zutage als im III. Akt. Sein Interesse zielt scheinbar weniger denn je auf die Sache (und doch genau aufs Wesentliche!) und vielmehr darauf, in welchem Tone er dem Fürsten antworten soll; und dessen Botschaft findet er:

> Recht wacker, in der Tat, recht würdig!
> Recht, wie ein großes Herz sich fassen muß!

Der Fürst schreibt als ein Mann, dessen „Großmut" - so Natalie - „ohne Grenzen" ist. Und Großmut, Größe, Würde und Noblesse wählt auch Homburg zum Maßstab für die „Wendung," die es jetzt zu finden gilt. Wir bekommen sie nicht zu hören. Doch dürfte sie wie alles, was er jetzt und fortan (V, 7) sagt (mit einer gewichtigen Ausnahme), diktiert werden von dem kontrapunktischen Leitsatz:

> Ich will ihm, der so würdig vor mir steht,
> Nicht, ein Unwürd'ger, gegenüber stehn.

Unwürdig wäre es, darum zu streiten, ob das Urteil gerecht sei oder ungerecht. Nicht, daß der Prinz den Fall jetzt anders sähe. Er gab zu (III, 1), daß das Urteil juristisch unanfechtbar sei, lehnte die Vollstreckung indessen ab als grausam, ungerecht und undankbar. Bei aller Großmut geht der Kurfürst doch weiterhin von nichts anderem aus als vom juristischen Prinzip des Kriegsrechts, Homburg dagegen meint offenkundig nach wie vor, dergleichen sei in solcher Einseitigkeit nicht vereinbar mit „Edelmut und Liebe“ (785). Auf sie hatte er gerechnet. Und er hatte sie selbst in höchstem Grad bewährt als Retter und Sieger in der Schlacht. Gleichzeitig setzt der Monarch aber voraus, der Prinz denke wie er selber soldatisch streng dem Gesetz gemäß und bettle nicht um Nachsicht. Ja, er will ihm eben deshalb Leben und Freiheit schenken, Wiederherstellung – und das ungeprüft, nur auf „zwei Worte“ hin.

Sein Angebot ist großherzig, edel und, weil er sich in Homburg täuscht, für diesen beschämend, unannehmbar. Nicht weil er sich unedle Motive oder Haltung vorzuwerfen hätte. Überhaupt nicht. Nur denken beide ganz verschieden. Annahme des Angebotes hieße, des Kurfürsten nobles Vertrauen schmählich mißbrauchen, erbärmlichen Betrug üben. Und Homburg hat jetzt zu viel Distanz zu sich und allem gewonnen; und vollends des Fürsten großmütig vertrauensvolle Botschaft macht ihm zu deutlich bewußt, welche Rolle man von ihm und er nun selbst von sich erwartet. Vor nichts scheut er jetzt heftiger zurück als vor Selbstentwürdigung. Und er will sein Bild herausrücken aus dem Schatten, den des Fürsten Großmut darauf wirft. Er setzt Würde gegen Würde, Großmut gegen Großmut, freilich auch Beschämung gegen Beschämung – doch er rückt damit so wenig heraus wie der Fürst mit einer ausdrücklichen Kränkung. Beide erstehen für einander als Gegenspieler.

Kommerell (283) hat den Unterton der Erbitterung gespürt. Homburg verzichtet auf seinen in seiner Sicht verdienten Anspruch an Liebe, wahre Gerechtigkeit und daher „Vergebung.“ Er zieht sich zurück von Friedrich-Wilhelm, „der einen süßeren Namen dereinst mir führte, leider jetzt verscherzt“ (1765f.). Nicht als Sohn und Neffe soll und will er ihm fortan gegenüber stehen, sondern als Mann und General, autonom und ebenbürtig, selbständig und allein.

Zwischen ihm und seinem Kriegsherrn geht es nicht wie sonst um „Edelmut und Liebe“ – das ist vorbei, die Enttäuschung ist zu groß –, sondern fast wie dem Roßhändler mit seiner Rache um kaltes „Geschäft,“ um das Geschäft der Ehre – fast, denn sein Herz ist nahezu gebrochen wie auch das des Kohlhaas. Bei diesem Geschäft der Ehre läßt Homburg es fortan bewenden und sucht keine nähere

Verständigung mehr. Damit beansprucht er - indes nicht ohne den Stolz und Enthusiasmus einer ganz neuen Erfahrung - ethisch einen Rang sogar über dem Fürsten. Der quittiert ihm sein überreiches Geschenk, das Rettung und glänzenden Sieg bescherte, mit Disziplin, Gesetz, Korrektheit, Tod - und nötigt ihm damit nochmalige Selbstaufopferung und diesmal Selbstverleugnung ab.

Er fühlt sich verlassen, vollkommen allein. Er ergreift seine neue Haltung mit Überzeugung, indes bei allem Stolz doch gegen die innerste Neigung seines Herzens; und anders als der Kurfürst leidet er darunter und zutiefst. Seine Haltung ist insofern nicht ganz „wahr," nicht „ohne geschraubte Tugend" (13. November 1800 an Wilhelmine). Sein Bekenntnis

> Schuld ruht, bedeutende, mir auf der Brust,
> Wie ich es wohl erkenne, [...]

wiederholt mit Nachdruck und prägnant, was er schon zugab - und er kann das jetzt leicht zugeben, insofern das Verwerfliche des ersten vorzeitigen Angriffs in seinen Augen mehr als aufgewogen wurde durch den siegrettenden zweiten (den die Allüre des Fürsten provozierte; dessen nächtliche Mitschuld an dem ersten wird dem Prinzen im Drama nie bekannt - so wenig wie dem Fürsten die Motive für die Todesfurcht seines Generals). Vollends die juristische Fixierung und negative Eingrenzung des zweiten Angriffs auf dessen Befehlswidrigkeit - sie muß ihm dank seinem tatsächlichen Verdienst als unfaire, ja unwürdige und lächerliche Kleinlichkeit erscheinen, als bürokratischer Fehlgriff der Juristen wie des Fürsten. - Umso hochherziger, daß er diese lachhafte Schuld nun auf sich nimmt - und umso beschämender für die Gegenseite, daß er sich damit auf deren pedantische, ja kleinkarierte Ebene herab bequemt von seiner Position ethisch positiver Tugenden wie „Edelmut und Liebe."

Der Nachdruck seiner Antwort, die man sich ganz schlicht denken möchte und deren Substanz sich ergibt aus seinen Worten V, 7, liegt deshalb keineswegs auf seinem Schuld-Bekenntnis noch auf seinem immerhin überraschenden Umschwung, sondern allein auf seiner überwältigenden Entschiedenheit, auf der ethisch-ästhetisch eindrucksstarken „Fassung" solchen Signums edelmütiger Noblesse, die nicht feilscht, nicht rechtet und die deshalb selbst der

Andersdenkende respektieren, ja bewundern mag. Homburg „faßt" sieh denn auch bereits jetzt, IV,4, zunehmend mit solcher Perfektion, daß die Gegenstimme, Nataliens liebevoller Einspruch, in Beifall umschlägt und dem Prinzen einen wahrhaft triumphalen Szenen-Schluß beschert:

> Nimm diesen Kuß! – und bohrten gleich zwölf Kugeln
> Dich jetzt in Staub, nicht halten könnt' ich mich,
> Und jauchzt' und weint' und spräche: du gefällst mir!

Indessen ist das wieder nicht ihr letztes Wort. Seine trotzige Erklärung „So mag ich nichts von seiner Gnade wissen," klingt wie ein unheilbarer Riß. Sie aber will heilen, schreibt den Ausspruch samt allem anderen seinem edlen „Herzen" zu, folgt wie er der Ordre ihres eigenen und – bricht nun ihrerseits die Ordre des Gesetzes: Nach dem Kurfürsten und Homburg ist jetzt sie diejenige, die ordnungswidrige Attacke reitet. Die Regimentschefin beordert Kottwitz nach Fehrbellin, um die Reiterei und womöglich das gesamte Heer für seine Bittschrift zugunsten Homburgs zu gewinnen.

Diesen rebellischen Mißbrauch ihrer Vollmacht gleich nach der Besprechung mit dem Delinquenten hat sie schon nach ihrer Unterredung mit dem Fürsten vorbereitet (IV, 2); er erscheint insofern zweimal und fügt sich in den symmetrisch-polaren Aufbau ein. Ferner zeigt sich, daß Natalie hierin von verwandtem Schlag ist wie die beiden Männer, zwischen denen sie vermittelt. Und endlich leitet ihr Tun hinüber zum V. Aufzug, wo die Bitte des Heeres um „seinen Helden" (1460) sich breit entfaltet – ein Unternehmen freilich, das mehr komisch als tragisch genau wie Nataliens Attacke geradewegs der bezweckten Begnadigung in die Quere zu laufen droht.

Erfolgte ein Freispruch, den der Fürst sich als Akt höherer Gerechtigkeit vorstellt, nämlich jetzt, da Kottwitzens Einmarsch, die Offiziersversammlung und der Einschüchterungsversuch des Marschalls Druck ausüben, sähe das nach Erpressung aus. Homburg würde zwar befreit, doch nicht rehabilitiert; der Monarch wäre blamiert, seine Autorität erschüttert. Kurz, die Begnadigung darf nicht erfolgen, solange man versucht, sie zu erzwingen.

Da trifft Anfang des V. Aktes Homburgs schriftliche Antwort ein. Der Fürst sieht seine ursprünglichen Erwartungen bestätigt.

Sachlich müßte ihn verblüffen, daß Homburg den Urteils-Spruch, gegen den er sich doch so drastisch wehrte und damit über Nataliens Bericht bereits den fürstlichen Freispruch provozierte, - nun doch billigt. Diese Kehrtwendung, die ihn fast komisch anmuten könnte, legt er indessen ohne weiteres zugunsten seiner Sache aus und schickt nach dem Todesurteil, um es aufzuheben, sobald der Augenblick gekommen scheint.

Will er damit Homburg belohnen für den offenbaren Sinneswandel? Wahrscheinlicher indessen hält er einfach fest an seinem Natalie gegebenen Versprechen - obschon die damalige Voraussetzung entfällt, Homburgs Bitte um Pardon. Das bringt Vor- und Nachteile mit sich: Der Freispruch bräuchte nicht mehr als höhere Gerechtigkeit gerechtfertigt zu werden, wohl aber als echter Gnadenakt gegen das Rechtsurteil.

Bei Licht besehen, könnten Verwirrung und Verworrenheit kaum größer sein. Indessen merkt man nicht viel dergleichen. Wie bei seinen impulsiven Verurteilungs- und Begnadigungs-Machtsprüchen ignoriert, übergeht oder unterschlägt der Kurfürst weiterhin Homburgs Verdienst, von jetzt an aber auch weithin den für ihn springenden Punkt, die Insubordination. Den Fokus verschiebt er auf Gesetz, Gehorsam und deren Anerkennung. Das muß er freilich auch, soll es zu dem guten Ende kommen, das er jetzt selber will - sein Gegenspieler freilich keineswegs. Diese tragikomische Paradoxie folgt aus dem Wettstreit um die Palme der Noblesse, zu dem beide die Auseinandersetzung adelten.

Geht der Dichter darauf aus, das gute Ende nunmehr gegen den Stoff zu erzwingen mit Hilfe des Kontrapunkts, dann spielt er, scheint es, übermütig erst einmal alle denkbaren Turbulenzen durch. Gleichfalls kontrapunktisch beläßt er es jedoch zunächst bei der Kluft zwischen den Gegenspielern. Sie bleibt, indes nicht nur um des Kontrapunktes willen, peinlich lange unausgetragen und wird erst am Ende überbrückt und aufgelöst. Scheinbar ...

Der Salto mortale der künstlich-kunstvollen, operettenhaften Schluß-Akkorde suggeriert den harmonischen Zusammenklang zwischen der Autonomie des einzelnen und der Autorität von Ganzem und Gesetz; zwischen den beiden gefühls- und phantasiebestimmten Ausnahmenaturen und Spielern: dem leichtfertig-impulsiven Monarchen und Machtmenschen, der das Gesetz verficht und aus privaten, zufälligen Gründen sowie in Unkenntnis der Wahrheit auf der versprochenen Begnadigung besteht, und seinem Neffen und Reitergeneral, der ihm zum Trotz erschüttert - und beinahe komisch auf seiner Hinrichtung besteht.

Homburg träumte von Ruhmesbildern in einer Nacht, „wie nur ein Dichter davon träumen mag" (*Erdbeben* 136) und erklimmt - eine ethische Synthese von Würde, Stolz, Ehrgefühl und nochmaliger Selbstaufopferung (diesmal freilich nicht aus Liebe). Er gelangt dahin „per aspera ad astra." Der Kurfürst verneinte einmal ausdrücklich die Geltung dieses Diktums für Homburgs Eingreifen in die Schlacht bei Fehrbellin (II, 10). Jetzt läßt er sie gelten, nachträglich und weil Homburgs Umkehr das Heer verbindet mit dem Kriegsherrn. Keineswegs indessen gilt sie, wie es den Anschein haben soll und für die Kritik auch lange hatte, dem Ganzen und dessen Kriegsartikeln. Sie gilt der Wiederauferstehung Homburgs; und diese zieht alles mit sich hin-auf.

* * *

Der erste Teil des V. Aktes demonstriert des Regenten Überlegenheit, sein würdevolles Eintreten für das Gesetz, seine unerschütterliche Autorität und auch Menschenfreundlichkeit, die der Zauber Nataliens entzündet hat. Die Lage ist freilich verzwickt und voll tückischer Fallen, die potentiell tragisch sind und faktisch komisch.

Die von allen außer dem Prinzen gewünschte Gnade kann, wie gesagt, nur walten, sofern man sie nicht erzwingen will und alle die Gerechtigkeit des Urteils anerkennen. Darum geht es in der handlungsarmen Mittelszene (5). Komische Umschläge stürzen Friedrich-Wilhelm da von einer Überraschung in die andere. Er vermag seine souveräne Sicherheit zunehmend nur noch äußerlich und angestrengt zu wahren - keine ganz „wahre," sondern „geschraubte Tugend,"[32] wie man sie einem Herrscher in Aktion freilich zubilligen mag.

Eine Besorgnis wird zwar schnell entkräftet. Kottwitz denkt so wenig wie irgendein anderer daran, zu rebellieren und die Begnadigung zu erzwingen. Die Lage war nur scheinbar kritisch zugespitzt, ein prickelndes Spiel, in dem der Kurfürst seine wuchtige

32 13. Nov. 1800 an Wilhelmine. Anhang „Geschraubte Tugend."

Überlegenheit spielen lassen kann – kontrapunktischer Kontrast zu dem nun Folgenden:

Zunächst atmet der Fürst erleichtert auf; „ein Wort" kann alles lösen. Seine versöhnte, großmütig-wohlwollende Stimmung erlaubt erstaunlicherweise schon, Nataliens Eigenmächtigkeit nicht mehr zu rügen – immerhin im Kleinen ein Vergehen analog demjenigen des Prinzen! Verstieß das „liebe Kind" mutig und mutwillig gegen das Gesetz, so wird dieses von dem Obristen aufs strikteste befolgt. Jovial wendet der Kurfürst sich dem vorschriftsmäßig eingereichten Bittgesuch der Offiziere zu, nicht ahnend, was ihm da bevorsteht.

Kottwitz als Sprecher fordert wie Natalie Anerkennung der Empfindung. Beide entlarven durch ihr übriges Verhalten ihre Worte weithin als Überrumpelungsversuch und vermehren so die Serie der Attacken des Gefühls. Andererseits stellt der Haudegen „die lieblichen Gefühle" aber auch nicht als bloß schöne Ergänzung zum Gesetz hin, sondern vielmehr als die wahre Grundlage dieses Staates: Übersteigerter Ausdruck der Staatsauffassung Adam Müllers und hier überschwängliches Bekenntnis verehrungsvoller Liebe zum Regenten. Dem mag das zu Herzen gehen. Andererseits kann er nicht dulden, daß der Obrist wenig höflich Staat und Gesetz verächtlich macht: „Der ärmste Geist," „Die schlechte, kurzsicht'ge Staatskunst." Ja, er versichert, er werde die Tat des Prinzen munter wiederholen, träfe er –

> – morgen, gleichfalls unberufen,
> Den Sieg wo irgend zwischen Wald und Felsen,
> Mit den Schwadronen, wie ein Schäfer, an.
> [...]
> Und sprächst du, das Gesetzbuch in der Hand:
> „Kottwitz, du hast den Kopf verwirkt!" so sagt' ich:
> Das wußt' ich, Herr; da nimm ihn hin, hier ist er [...].

Womit der „Alte" genau seinem Zweck zuwider nur unterstreicht: So dachte der Prinz gerade nicht. Andererseits hat der Kurfürst es schwarz auf weiß, daß Homburg jetzt, da alle ihn entschuldigen, für seine Tat den Kopf hinhält. So bringt Kottwitz es, vereinfachend „wie ein Knabe," „mit arglist'ger Rednerkunst" dahin, daß er das Urteil, das er anficht, juristisch gerade rechtfertigt. Dennoch, der Geist seiner Rede spricht laut gegen die Hinrichtung.

Der Berufung auf die Liebe der Armee, die spürbar an die Grundlagen des Urteils wie des Staates rührt, kann der Kurfürst seinerseits nicht anders als mit Liebe (und Humor) antworten – gesichert durch des Prinzen Unterwerfung:

> Mit dir, du wunderlicher alter Herr,
> Werd ich nicht fertig! Es besticht dein Wort
> Mich, mit arglist´ger Rednerkunst gesetzt,
> Mich, der, du weißt, dir zugetan, und einen
> Sachwalter ruf ich mir, den Streit zu enden,
> Der meine Sache führt!

Die aber triumphiert nun keineswegs. Mit der Behauptung des Obristen, Homburg habe aus taktischen Gründen vorzeitig angegriffen, wurde der Kurfürst nur scheinbar ohne Mühe fertig; daher der Rüffel „du Tor;" seine eigenen Gegenargumente entstammen ausschließlich dem Schlachtplan und treffen bloß den ersten Angriff. Den zweiten, siegentscheidenden übergeht er wie stets bzw. wirft ihn einfach mit dem ersten in einen Topf; und niemand erhebt Einspruch.

Dafür aber wird er sogleich peinlich auf eben diesen ersten Angriff festgenagelt. Noch bevor Homburg eintrifft, bestreitet Hohenzollern die eben glücklich gesicherte juristische Rechtlichkeit des Urteils mit seinem mutigen „Beweis, daß Kurfürst Friedrich des Prinzen Tat" selber mit verschuldete durch seine neckische Pantomime vor der Schlacht.

Das erledigt zwar scheinbar vollends Kottwitzens Versuch, den vorzeitigen ersten Angriff taktisch zu rechtfertigen, erledigt jedoch noch gründlicher des Kurfürsten Kritik. „Geschraubt" sucht er sich hinwegzuhelfen über die Verschärfung der Verdikte: (Kottwitz:) „nicht schuldig" der Prinz – (Hohenzollern:) „der Schuldge ich!" Nannte er Kottwitz einen Toren, als er mit ihm nicht recht fertig wurde, so reagiert er nun vollends gereizt und grob: „Tor, der du bist, Blödsinniger!" Betroffen hört er Hohenzollern zu, weiß dessen Eröffnungen nichts Stichhaltiges zu entgegnen und muß ihm in der Führung des Gesprächs eine Überlegenheit einräumen, die für ihn selbst geradezu vernichtend ist. Man vergleiche die Verse 1628, 1652, 1721f. und des Grafen erstaunlichen Schlußsatz:

> Es ist genug, mein Kurfürst! Ich bin sicher,
> Mein Wort fiel, ein Gewicht, in deine Brust!

Die beiden Fürsprecher haben viel erreicht. Auch die Eingabe, vorhin bezeichnet als „Bittschrift, die allerhöchste Gnad' erflehend," ändert unversehens ihren Ton und besagt jetzt klipp und klar, das „Heer billige den Spruch des Kriegsrechts nicht." Wahrhaftig, nachdem des Fürsten Miturheberschaft an Homburgs Tat, an dessen Insubordination beim ersten Angriff, entlarvt ist (er wünschte sie ja selbst geheim gehalten!), wird niemand mehr das Urteil billigen.

Das will schlecht passen zu des Monarchen Imperatorenpose. Kleist läßt ihn, ohne den zweiten Angriff ausdrücklich wieder zu erwähnen, schon mit dem ersten in eine Klemme geraten, aus der – man denkt an Jupiter (wenn nicht an Richter Adam) – ihn nichts retten kann als ein Befreiungsschlag oder ein Wunder. Und das beschert ihm ausgerechnet Homburg. Ihm übergibt er die Bittschrift mit Worten, deren Jovialität unweigerlich „geschraubt" klingt: „Mein junger Prinz, Euch ruf' ich mir zu Hilfe!" Die braucht er dringend. Trotzdem gibt er sich ironisch-kordial und überlegen; er hat ja Homburgs Antwort. Und der übermittelt sie nun mündlich, in Person.

Er ist ganz Noblesse. Kein Berufen auf seinen siegentscheidenden zweiten Angriff oder sonst mildernde Umstände. Die gewichtigen und eben vorgebrachten Vorkommnisse der Gartenszene sind und bleiben ihm ja unbewußt. Kein abschätziges Murren über das Gesetz; im Gegenteil: „das heilige Gesetz." Kein Hadern mit dem Schicksal; sondern, wie Kleist schrieb, „Leicht und frei" wirft er das Leben weg. Sieht er also die Bedeutung des Gesetzes ein und seine Schuld?

„Trotz" und „Übermut," die er mit seinem Tod besiegen werde, legten es vielen Lesern nahe. Er nennt beide Untugenden indessen durchaus nicht als speziell seine eigenen Mängel, sondern als die „verderblichsten der Feind' in **uns**," in allen Sterblichen, nicht ausgeschlossen demnach Fürsten! Homburgs Triumph, „errungen glorreich morgen," wird demnach durchaus nicht reuevolle Sühne sein für strafwürdigen Ungehorsam, sondern im Gegenteil exemplarische Überwindung allgemeinmenschlicher Gebrechlichkeit und damit irdisch-menschliche Vollendung. Homburg „unterwirft" sich zwar dem „Rechtsspruch" - aber nicht, weil er als Soldat selbstverständlich seinen Ungehorsam büßte. Vielmehr will er etwas Außerordentliches tun für das Gesetz, das ihn verurteilt und vernichtet, ja schlechtweg mordet, dem Fürsten indes das Allerwichtigste zu sein scheint:

> Ich will das heilige Gesetz des Kriegs,
> Das ich verletzt' im Angesicht des Heers,
> Durch einen freien Tod verherrlichen!

Aller Ton liegt, wie man existentialphilosophisch anmerkte, auf dem Freiwilligen, dem Willentlichen, jedenfalls dem Subjektiv-Persönlichen. So besonders auch bei der saloppen Wendung „[...] ich hab's mir überlegt." Sie läßt ebenso wie seine Versicherung, „versöhnt" zu sterben, durchblicken, daß eine andere Entscheidung ebenso gut - wir wissen: weit legitimer! - zu vertreten wäre; doch er hat seine Wahl getroffen.

„Es ist für das Verständnis des ganzen Vorgangs schlechterdings entscheidend, daß der Prinz auch hier, gerade hier nicht dem \`Gesetz,´ sondern sich selber, seinem Gefühl, seinem Herzen folgt." Alles sogenannte „Objektive" „verschwindet vor der einen und einzigen persönlichen Kraft des Herzens, die alles Wert- und Wesenhafte hervorbringt."[33]

Heilig ist in Wahrheit nicht das so bezeichnete Gesetz, in dessen Namen ja höchst anfechtbare Auflagen verordnet werden. Heilig wird es allenfalls trotzdem, und zwar durch die Art, wie Homburg sich ihm opfert. Reicht sich der Held doch dem mörderischen Spruch so „heiter" dar, nicht weil es ihm heiliger Zweck wäre, sondern umgekehrt, „weil es ihm Mittel ist zu seiner Selbsterfüllung jenseits dieses und jeden Gesetzes" - unabhängig von der Sache, \`absolut,´ im Zeichen nobler Großmut, Selbstaufopferung.

In deren Zeichen feiert er den Tod als „reifste und süßeste" Frucht des Lebens, „genießt" er „sich selbst,"[34] seine eigene Verherrlichung, Verklärung. Im vorweggenommenen faustischen „Vorgefühl von solch hohem Glück" genießt Homburg jetzt und wird er morgen noch einmal „den höchsten Augenblick" genießen (*Faust*

---

[33] G. Fricke: Kleists *Prinz von Homburg*. *Germ.-rom. Mon.schr.* (1952), 198, hier 203.
[34] Kommerell, 280-84, 200. – Anhang „Geschraubte Tugend."

II). Er weiß sich erhöht über die Mitmenschen. Und er tritt unter seine „Brüder," wennschon als großmütig Sühnender, so doch nicht als Schuld-Bereuender und –Büßender, sondern als Heilsbringer, nicht unähnlich dem Erlöser und einer überirdischen Erscheinung. So erleben es die anderen –

KOTTWITZ	*(gerührt)* Mein Sohn! Mein liebster Freund! Wie nenn' ich dich?
GRAF TRUCHSS	O Gott der Welt!
KOTTWITZ	Laß deine Hand mich küssen! *(Sie drängen sich um ihn)*

Er empfängt die Huldigung, ja `Anbetung,´ gelassen und wie selbstverständlich. Von Anfang an beherrscht er souverän die Szene. Er nimmt das Blatt, das ihm der Kurfürst reicht. *Nachdem er einen Blick hineingetan, wendet er sich, und sieht sich im Kreis der Offiziere um* – große Geste wirkungssicherer Überlegenheit. Er räumt ein, Kottwitz während der Schlacht nicht eben fein behandelt zu haben; doch das ist gönnerhafte Herablassung. Sogleich weist er den Älteren, als wäre der irgendein untergeordneter Offizier und er, der Verurteilte, noch sein Vorgesetzter, zurück nach Arnstein. Würdevoll-unnahbar und lässig-leichthin zugleich eröffnet er seinen Beschluß:

[…] ich hab's mir überlegt,
Ich will den Tod, der mir erkannt, erdulden!
Ruhig! Es ist mein unbeugsamer Wille!

Wieder die Möglichkeit eines anderen Urteils. Sein Sterben ist seine Sache, absolut, und nicht die irgendeiner Instanz und Autorität. Er schließt mit einem deklamatorischen Vivat auf die Vaterlandsgemeinschaft. Die gehört zur Vollendung seiner Existenz, freilich weniger als Forum oder Miteinander denn als verehrende Gemeinde, als beschenktes, dankbar bewunderung- und beifallspendendes Publikum.

Nachdem er derart triumphal und pathetisch sich erhöht hat zum Helden der Nation, weiß er sich befugt, sein Vermächtnis in Form von Wünschen vorzutragen – deren Erfüllung nicht verweigert wird noch werden kann – zumal sie mit Friedrich Wilhelms Wünschen harmonieren. Kleist choreographiert:

Natalie wird den Schweden nicht geopfert für den Frieden und der Krieg fortgesetzt. Der Kurfürst hat das bereits eingeleitet (1480). Und „in der Abschiedsstunde“ ertönt das in seiner Sehnsucht nach Menschennähe wohl Rührendste des Dramas – und es fehlt dem Schauspiel wahrlich nicht an herzbewegenden Passagen:

Doch dir, mein Fürst, der einen süßern Namen
Dereinst mir führte, leider jetzt verscherzt:
Dir leg ich tiefbewegt zu Füßen mich!
Vergib, wenn ich am Tage der Entscheidung
Mit übereiltem Eifer dir gedient:
Der Tod wäscht jetzt von jeder Schuld mich rein.
Laß meinem Herzen, das versöhnt und heiter
Sich deinem Rechtsspruch unterwirft, den Trost,
Daß deine Brust auch jedem Groll entsagt.

Deutet der Mittelsatz auf den zweiten, siegbringenden Angriff aus Liebe und in Selbstaufopferung? Davon und von der Brandenburger Dankesschuld ist jedoch nicht ausdrücklich die Rede. Übrig bleiben Homburgs und des Fürsten Einzelstimmen in der Staats-Aktion nationaler Helden-Feier und Heldentod-Verklärung.

Dem die Vergebung, auf die er hoffte, nicht gewährt wurde, und dem man bloß nicht verweigert die geringere Vergebung, die er sich jetzt wünscht und die nicht mehr ist als schmerzlicher Liebes-Ersatz – er gewährt seinerseits Vergebung von der Höhe seines Entbehrens herab: zuförderst sich selber – und auch den anderen, die seinen Tod doch dulden (eine Jesus-Assoziation, indes strikt weltlich). Er stirbt, versichert er entschlossen, „versöhnt und heiter.“ „Der Tod wäscht jetzt von aller Schuld mich rein.“ Ich-Absolutheit bis zur Selbst-Absolution! Und der sich selbst so ehrt, überbietet das wie eine empfangene Gabe mit noblem Dank: „Nun [!] fleh' ich jeden Segen dir herab.“ Das ist Segen von gleich zu gleich, ja sogar von höherer Warte: „denn du bist's wert!“ (V, 7).

Die musikartige Harmonie und die Symmetrie besonders auch der Gartenszenen am Anfang und Schluß: dieses Gleichgewicht der Pole wahrt die musikartige Choreographie, indem Kleist gleichfalls den Prinzen auszeichnen läßt mit dem Prädikat „Denn du bist's wert!“ Das geschieht unmittelbar bevor ihn alle feiern als den „Sieger in der Schlacht von Fehrbellin!“ (V, 11) und obwohl unmittelbar vorher V,9 der Fürst nur von den Siegen sprach, die Homburg ihm ganz oder teilweise verpatzte; ja von der „Schule,“ die er „dieser

Tage durchgegangen," und ihm in jovial vergebender Laune vor den Offizieren „Trotz und Leichtsinn" attestierte - dieselben, die Homburg (7) mit feierlichem Ernst vor gleichem Publikum sich selbst, „uns" allen und also auch dem Kurfürsten zuschrieb. Dieser hebt anders als sein Vorgänger im *Kohlhaas* das unhaltbare Urteil auf und erfährt daraufhin wie vorher Homburg anbetungsartige Huldigung: „Wie, mein vergöttert - angebeteter - ?"

Die „geschraubte Tugend," in welcher Homburg V, 7 den Kurfürsten bei weitem übertrifft - freilich unter weit größerem Druck -, gibt angesichts seiner hochgradigen Immunität gegen die hier geübte Gesetz-Anwendung Anlaß, an folgende Bemerkung Adam Müllers in den *Elementen der Staatskunst* (92ff.) zu erinnern:

> Ein junger Staatsmann oder Feldherr, der sich ausschließlich für die Jugendpartei erklärt und jene Schranken, welche die Vorzeit errichtet hat und welche die Partei der Alten in Schutz nimmt, durchbricht oder umwirft; der die Gewalt des Augenblickes, dieses Erbteil der Jugend, nun allein in sein Interesse zieht; der so agiert, als gäbe es nur diese Seite der Welt -: dem steht ein gefahrvoller, schrecklicher Augenblick bevor, wo er die unvermeidliche Schwelle in das andre Alter, in die andre Seite der Welt betritt. [Er übernimmt] die Rolle des Welterhalters [...], mischt aus beiden Altern Feindseliges, nie zu Vereinigendes, untereinander [und muß seine Zuflucht zu] Zauberkünsten [nehmen]. Die Formen des neuen Alters, das er betreten hat, ahmt er nach: aber der Geist desselben läßt sich nicht bannen; Gebet und Schminke vertragen sich ewig nicht.

Oder Gesicht und Geist, sagt Hemingway, werden letztendlich eins mit der vorgeschützten Maske. Den geschilderten Kontrast empfinden wir peinlich wohl eher bei Müller selbst, wie wir ihn kennen, als bei Homburg. Zu hingerissen und hinreißend spielt oder vielmehr lebt er seine Rolle. Trotzdem, sein Gebaren ist „geschraubt," quillt nicht aus seiner gesamten sittlichen Substanz. Das erweist die 8. Szene, die von den meisten Interpreten übergangen wird.[35] - Vor seinem großen Auftritt (7) stellte sich der Held, um

[35] Das gilt auch von Joachim Bumke: Der inszenierte Tod. Anmerkungen zu *Prinz Friedroch von Homburg*. *Kleist-Jahrbuch* (2011), 91-109. Bumkes Lesart ist der Tradition verpflichtet sowie dem geschichtlichen Umfeld; sie berührt sich mit meiner in den Begriffen der „Verstellung" und der Todes-Inszenierung, die allerdings nur dem Kurfürsten zugewiesen wird, während es m.E. vornehmlich der Prinz ist, der seinen Tod inszeniert.

seine Sicherheit zu prüfen und zu festigen, erneut dem Anblick seiner Gruft, und er bestand die Probe. Jetzt aber tritt ihm, souverän die „Sitte“ abschüttelnd, Natalie entgegen, das Leben und die Liebe – ein Anblick, der ihn völlig aus der Fassung bringt, ihn aus dem Gleis wirft:

> *(reißt sich los)* Tyrannen, wollt ihr
> Hinaus an Ketten mich zum Richtplatz schleifen?
> Fort! – Mit der Welt schloß ich die Rechnung ab!

Das eben ist nicht wahr. Jedenfalls stimmt die Rechnung nicht. Darüber täuschte sich auch Hebbel, der die sittliche Vollendung und künftige Verläßlichkeit des Prinzen daran zu erkennen glaubte, daß er sich „in Anwesenheit seiner Geliebten,“ also im Bewußtsein dessen, was er aufgab, zum Äußersten entschlossen habe. Wir sehen, umgekehrt erkennt der Held, daß er sich dessen gerade nicht bewußt war, daß er es verdrängte. Der unterschlagene Rest-Aspekt seiner Sterbe-Situation überfällt ihn wahrhaft wie „ein Panther.“ Um die erschütterte Einheit mit sich selbst so rasch wie möglich wiederzugewinnen, schaltet er erneut, was stört, mit `unbeugsamem Willen´ aus.

In der Todesfurchtszene verleugnete er seine Liebe, um unheroisch um sein Leben flehen zu können – „ein ganz unwürdig, unerfreulich, jammernswürdger Anblick!“ (so Natalie). Umgekehrt wirkt sein jetziger Heroismus gewollt, forciert, gespielt, sogar „geschraubt;“ stilisiert zur Pose, Attitüde, wie es in Müllers zitierten Schlußsätzen gemeint ist. Man wird freilich zugeben, daß dergleichen durchaus legitimes, ja konstitutives Element von Heroismus sein kann und ihn keineswegs beeinträchtigen muß, im Gegenteil. Und so oder so heißt alles Leben nun einmal, wie H.O. Burger schreibt, „eine Rolle Spielen.“ Kleist öffnet zumal hier den Blick darauf wie kaum ein anderer.

IV, 4 erkannten wir Homburgs Verfertigung von Gedanken in seinen Dialogen mit dem Brief des Kurfürsten und mit den Einwürfen Nataliens. Eben, V, 8, wahrte er seine dort „verfertigte,“ erworbene Position mit leidenschaftlicher Anstrengung unter dem „panther“-artigen Ansprung der Liebe. V, 10 nun erleben wir, wie perfekt er sein Denken und Fühlen zu dirigieren weiß, durch Redekunst im unangefochtenen Monolog.

Als wäre weiter nichts zu überwinden gewesen, stimmt seine Seele den Triumphgesang der Ruhm– und Todesfeier an und erhebt sich, von sich selbst berauscht, um wie Kleist in seinem imaginierten Sterben als „Luftschiffer" „dämmernd alles Leben" unter sich zurück zu lassen - so weit, daß dieser General mit dem kindlichen Dichter-Herzen seines gleichwohl unbestechlich beobachtenden Schöpf, wie Tasso aus seiner unerträglichen Spannung ausscherend, ausgerechnet die eine kritische Brücke zu seinem Ziel für einen Augenblick vergißt, eben seine Hinrichtung. Er will eine Blume zuhause in Wasser setzen: Signum un-„geschraubt" vollendeten Friedens mit sich selbst. Das Vorgefühl des hohen Glücks seiner Vergöttlichung verflüchtigt ausgerechnet diesen höchsten Augenblick des Sterbens und Unsterblich-Werdens - oder vielmehr: gleichsam löst es sich los, kreist in sich selber, absolut. Und hat dennoch nicht ganz das Reise-Ziel vergessen:

Der als Narziß begann, vollendet auch als solcher. Der in der Phantasie seine Ruhmbekränzung vorwegnahm, Kleists höchstes Lebensziel, schwelgt in seiner ruhmvollen Verewigung: „Nun, o Unsterblichkeit, bist du ganz mein!" Selbst ergriffen von seiner eigenen erlöserartigen Selbst-Verklärung, kostet er die feierliche Frage aus: „Schlug meiner Leiden letzte Stunde?"

Die Antwort „Ja!" entpuppt sich dazu als mehrfacher Kontrast, so „panther"-artig, daß er in Ohnmacht fällt: Fest-Jubel, trockenkomisch-grobe Antiklimax, grausam desillusionierender Sturz zurück und herunter auf die Erde und in die Zeitlichkeit. Die mächtig wogenden Schlußakkorde überschwemmen die traumhafte Erfüllung nicht, sondern tragen sie, auch wenn des Helden rituelle Selbst-Aufopferung für Staat und Kriegsartikel keineswegs gedacht war für die Rückkehr in die Routine des Gamaschendienstes.

Man hat gezweifelt, ob und wie der Held in seiner bisher vorgeführten Art sich im Weiterleben und Diensttun wird bewähren können.[36] Dabei geruht man zu ignorieren, daß das Schauspiel den

---

[36] A. Schlagdenhauffen (*L'Univers Existentiel de Kleist dans Le Prince Hombourg*. 1953, zit. nach Blöcker, 211) schreibt: „Auf die Erde niedersteigen, sich einfügen in die tägliche Aufgabe, einen Herd gründen, ein Regiment kommandieren [...] diese Wiederanpassung an das Leben, die Freunde unterstellen sie blindlings" – für Homburg sei sie jedoch unmöglich. Das ist müßige Spekulation. – Wenn Kleist die Versöhnung zuletzt hinüberspielt ins Leben, ohne das freilich noch zu gestalten, so

Helden einer extremen Sonder- und Grenzsituation aussetzt, daß beide Gegenspieler voneinander nur unvollkommen Kenntnis haben und bei aller Annäherung eine Kluft sie trennt. Darauf deutet wohl auch die vielumrätselte Annäherung der Pferdefarben von Rappen und Schimmel, die glücklos sind, zu Homburgs, Goldfuchs und dem Fuchs, mit dem der aufopferungsvolle Stallmeister den Fürsten vor dem Tod bewahrt.

Unter dessen Regie finden sich zur geräuschvollen Huldigung ans Vaterland erleichtert, beglückt und dankbar sämtliche Personen ein. Diese komödien- und operettenhafte Schlußversammlung spiegelt den „eklektischen Charakter" der Versöhnung ebenso treffend wie Nataliens keckes und weises, kleistisch paradoxes Wort: „Das Kriegsgesetz soll herrschen, allein die lieblichen Gefühle auch."[37]

Das sieht der Kurfürst offenkundig ein. Und es war ein Hauptanliegen der preußischen Reformer wie ihres Dichters. Gewiß sind da die verpatzten Siege. Doch Homburg hat bei Fehrbellin den Sieg gerettet. Bewährt aber haben er und der Fürst - so doch wohl der Eindruck - das Vermögen, wie Kleist sagt, „sich dessen, was in dem Verfahren fehlerhaft und gebrechlich war, bewußt zu werden, und das Gefühl für andere künftige Fälle zu regulieren."[38]

Seinen Triumph beschert dem Helden freilich nicht zuletzt die irrtümliche Annahme der meisten anderen - auch da die Fremdheit des Menschen in der Welt -, er habe einen Gesinnungs-Wandel zur Gesetzes-Treue durchgemacht. Ein Irrtum, den Kottwitz unwillig verhöhnt, wenn er den triumphierenden Fürsten aufzieht mit der scherzhaften Drohung, die nun wie aus dem Zaubersack gegriffen Bezug nimmt auf den unterbelichteten zweiten Angriff und diesem endlich voll Gerechtigkeit verschafft:

> Bei dem lebend'gen Gott,
> Du könntest an Verderbens Abgrund stehn,
> Daß er, um dir zu helfen, dich zu retten,
> Auch nicht das Schwert mehr rührte, ungerufen!

---

wohl auch deshalb, weil er das gute Ende, das Leben einfach wollte, weil er noch hoffte - obwohl er sich wie Hermann zugleich einstellte auf den Untergang.

[37] Georg Lukács: *Deutsche Realisten des 19. Jahrhunderts.* Berlin 1952, 36.

[38] *Von der Überlegung.*

Denn ähnlich fern und fremd dürfte Kleist ja sein Verhältnis gesehen haben zur preußischen Hof- und Offiziersgesellschaft. Mit seiner prätendierten Selbstbezichtigung und -rechtfertigung samt der Verherrlichung Preußens probte er in Wahrheit für sich selbst zugleich den Schlußakt, daß er die Asche der Tanais zumindest provisorisch in die Luft streute,[39] nämlich - ähnlich Hermann - für den Fall, der dann prompt eintrat: daß sein Wunsch nach ruhmreicher Wiederaufnahme in die Nation auf Zurückweisung stieß. Bei allem Prätendieren ging er in seiner Ehrlichkeit mehrfach zu weit. Darum ahnte er bereits: Es war „Ein Traum, was sonst?" Zu schön, um wahr zu werden.

- „Ein Traum, was sonst?" Dies Wort heißt für den Prinzen: unwirklich-überschwängliche Erfüllung seines Wunschtraums. Für den Schaffensprozeß mag es bedeuten: unwirklich-überschwänglicher Triumph der „Einbildungskraft" über die Härte, die Ansprüche, die Feindseligkeit des Realen - sowie dessen „Auflösung ins Schwerelose" (Blöcker, 284), in eine Sphäre, „wo ihm niemand widersprechen, niemand ihn vor unwillkommene Tatsachen stellen kann, wo er alle seine Zweifel beheben und die Verhältnisse nach Gutdünken zurechtrücken kann" (Wilkinson über Tasso, 204f.); endlich erlangte Freiheit der „Phantasie," die die Eigengesetzlichkeit der Dinge überfliegt und ungebunden, „absolut" mit ihnen schaltet: souveränes, weithin gelöstes Spiel der „Erfindung nach eigentümlichen Gesetzen;" ein Spiel, schön wie ein Traum, ein „Spiel der Seligen."[40]

Und eben: „Ein Traum, was sonst?" Man ist freilich versucht, darin auch skeptische Resignation zu hören, wenn nicht gar verzweiflungsvolle Selbstverhöhnung; unüberwundenes und unüberwindbares Hadern mit einem Dasein, das sich solchen Wunschbildern der Phantasie nicht fügen will. Tatsache ist, daß die Auflösung des Wirklichen durch die Phantasie, der Rückzug vor der Welt auf die Subjektivität des Ichs für Kleist mit diesem Traum noch nicht vollendet ist, sondern erst, als, „zum Tode ganz reif," Kleists und der Gefährtin „Seelen sich, wie zwei fröhliche Luftschiffer über die Welt erheben." Sie machen Ernst mit der Vision des Prinzen und

---

[39] K. Schultze-Jahde: Zur Interpretation von Kleists Schauspiel *Prinz Friedrich von Homburg*. *JbKG* (1927/28), 137; vgl. oben Anm. 36.

[40] *Brief eines jungen Dichters an einen jungen Maler.*

überbieten sie; sie „träumen lauter himmlische Fluren und Sonnen, in deren Schimmer“ sie, „mit langen Flügeln an den Schultern, umherwandeln werden.“ So vollzieht Kleist „den wollüstigsten aller Tode“[41] vollkommen frei, absolut und autonom, heiter und tapfer, so „leicht und freudig,“ wie es ihm vorschwebte. Er verwirklicht alle Komponenten einer Wieder-Auf-Erstehung. Er verwirklicht *sein* Modell vom Sterben und formt seine Existenz zu Ende nach dem Bilde, das er selber schuf. Der Wille, die äußerste Konsequenz zu ziehen und gerade dabei Stil zu wahren, prägt noch den jambischen Kernsatz seines letzten, des aufrichtigen Versöhnungs-Briefes an Ulrike, den er datiert wie sein nie genanntes Vorbild, die große Künstlerin des Sterbens, die historische Maria Stuart: „Am Morgen meines Todes:“

> Die Wahrheit ist,
> Daß mir auf Erden nicht zu helfen war.

[41] 9., 12. November 1811 an Marie v. K.; 20. November 1811 an Sophie Haza-Müller.

Ein neuer Fund zu Kleists ironischer Fehde mit Iffland, Hardenberg und Müller in den *Berliner Abendblättern*

Diese Studie läuft hinaus auf die Empfehlung, Kleists Beiträge in seinen *Berliner Abendblättern* zu lesen nicht bloß als Exempel für Gattungen, wie die Werkausgaben sie gruppieren und oft mit Arbeiten vereinen, die in ganz anderem Zusammenhang entstanden. Reinhold Steig erzielte 1901 - zieht man den damaligen Stand der Informationen in Betracht - weit ergiebigere Resultate als seine Nachfolger u.a., weil er den Kontext der gesamten *Abendblätter* und der Tagespolitik stets mit im Blick behielt.[1] Auch heute erschließen viele Texte ihren Sinn erst, wenn man die Verweisungsbeziehungen zwischen ihnen mit berücksichtigt. Es empfiehlt sich, die Texte zur Hand zu haben. Die behandelten Beiträge findet man am Ende des Kapitels.

Die Lektüre der *Abendblätter* war und ist kompliziert, weil ihre Beiträger und zumal ihr Herausgeber ihre Gedanken meist entstellten, teils um ihre mächtigen Gegner samt der Zensur zu täuschen, teils um ihre Angriffe auf sie zu verschärfen durch Hohn und Ironie. Ferner bieten die Verknüpfungen und Vergleiche der Beiträge eine zusätzliche Hilfe beim Ermitteln von Kleists Verfasserschaft. Helmut Sembdner war hier so erfolgreich, weil er jene Gesichtspunkte als Selbstverständlichkeit voraussetzte. Die derart in die engere Wahl für Kleist rückenden Texte reklamierte er aber hauptsächlich auf Grund sprachlicher Indizien,[2] während er den Sinn einiger richtig identifizierter Schriften bis zur Umkehrung verzeichnete. Das gilt besonders von den Stücken, die hier heranzuziehen sind. Und ihm entging das eine, für das hier erstmals Kleist als Verfasser nachgewiesen werden soll.

Es handelt sich um den m.E. von Kleist fingierten Leserbrief *Aus einem Schreiben von Dresden den 25. Octob. 1810*, gedruckt auf den

---

Überarbeitung von: Ein neuer Fund zur Kleists ironischer Fehde mit Hardenberg und Iffland in den *Berliner Abendblättern. Kleist-Jahrbuch* (1981/82), 117-129.

1 Reinhold Steig: *Kleists Berliner Kämpfe*. Berlin und Stuttgart 1901.

2 Helmut Sembdner: *Die Berliner Abendblätter Heinrich von Kleists.* Berlin 1939. Neudruck Amsterdam 1970.

ersten drei Seiten des Abendblatts Nr. 33 vom 7. Nov. 1810, und gezeichnet „Gr. v. S.“[3] Der Verfasser wurde bisher nicht ermittelt. Auf Kleist deuten nur wenige äußere Stilmerkmale. Der Stil nämlich ist, wie in den meisten fingierten Briefen, eben fingiert. Immerhin erinnern die weitausladenden Satzperioden, ihre Rhythmen und vor allem ihre Kadenzen durchaus an Kleist. Typisch kleistisch ist im ersten Satz die Wendung „aus mancherlei Gründen.“ Dazu findet sich die Variante „auf mancherlei Weise“ in dem von Kleist fingierten *Brief eines redlichen Berliners, das hiesige Theater betreffend, an einen Freund im Ausland* (*BA* 47, 23. Nov. 1810).[4]

Dieser *Brief* wendet seine durchgehende höhnische Ironie - die Sembdner erstaunlich unterschätzte - am Schluß gegen das „Nationaltheater.“ Ironische Verhöhnung des Nationaltheaters durchzieht auch das oben genannte frühere *Schreiben*. Und dessen Schluß ähnelt bis in den Wortlaut (s.u.) dem Schluß dieses *Briefes*. Eigentlicher Gegenstand des Angriffs ist beidemale Iffland. Vorangegangen war der Skandal um Ifflands Ablehnung des *Käthchens*. Kleist reagierte brieflich am 12. August 1810, indem er auf Ifflands Homosexualität anspielte: „Es tut mir leid, die Wahrheit zu sagen, daß es ein Mädchen ist; wenn es ein Junge gewesen wäre, so würde es Ew. Wohlgeboren wahrscheinlich besser gefallen haben.“ Jetzt nimmt er den Intendanten zweifach aufs Korn - im *Brief* ihn persönlich und im *Schreiben* in der lächerlichen Rolle eines *Maitre de spectacle.*

„Spektakel“ wiederum assoziierte mit dem Nationaltheater schon die *Unmaßgebliche Bemerkung*, gezeichnet „H. v. K.“ (*BA* 15, 17. Okt. 1810) - gleichfalls voll höhnischer, diesmal ungetarnter Ironie. In getarnter Form ließ Kleist ihr bereits in der 3. Nummer vom 3. Oktober freien Lauf mit dem vorgeblichen Preisgedicht *An unsern Iffland*: Es heißt den von seinen allzu häufigen auswärtigen Auftritten zurückgekehrten Maestro willkommen in Berlin, wo er (hoffentlich etwas länger) verweilen werde:

Stets auf geweihten Brettern
Wird Er, ein Heros, stehn

---

[3] Vgl. Helmut Moering: *Witz und Ironie in der Prosa Heinrich von Kleists.* München 1972, 205f.

[4] „Schreiben“ heißt es im Titel, „Brief“ in der redaktionellen Vorbemerkung und abkürzend im Folgenden. „Schreiben“ steht für das „von Dresden.“

Wird dort als Fürst regieren
Mit kunstgeübter Hand,
Und unsre Bühne zieren
Und unser Vaterland.

Von einem vaterländischen Dichter

Der *Schreiber* \`von Dresden´ bezieht sich ausdrücklich auf die *Unmaßgebliche Bemerkung*. Sie habe ihm gefallen, eben „aus mancherlei Gründen." Aus welchen, sagt er nicht. Auf die Erwähnung des Adam Smith und seiner ökonomischen Theorie in der *Bemerkung* spielt er nur an, um sie ausdrücklich auf sich beruhen zu lassen. Im Kontext der *Abendblätter* und der damaligen Tagespolitik genügte das jedoch, um sofort zu erinnern an die Kraus-Fehde, die die *Abendblätter* jener Wochen füllte. Vom Zaune brach sie Adam Müller in Opposition zu dem Finanzedikt, das am 27. Oktober erschien und von dem man im Voraus wußte, daß Hardenberg damit die von Professor Kraus vermittelte Lehre des Adam Smith auf Preußen anwenden wollte. Kleist verbindet also seine Kritik am Theater und an Iffland mit Anspielungen auf die Debatte um Hardenbergs Reformen.

Später griff er mit drei Artikeln ausdrücklich in die Debatte ein. Sembdners Ausgaben nennen sie die \`Reihe der regierungsfreundlichen Leitartikel´ (vgl. die entsprechenden Anmerkungen); und man folgt ihm darin allgemein. Dirk Grathoff neigt zwar mehr zur Vorsicht, verurteilt jedoch mit Sembdner die Versuche Steigs, Aufsätze dieser Gruppe in oppositionelle „umzuinterpretieren."[5] Den gleichen Standpunkt nehmen Helmut Rogge und Eberhard Scheibner ein.[6] Dagegen rücken zwei von dessen DDR-Kollegen Kleist wiederum ins Lager der Reformgegner, also der konservativen Adelspartei.[7] Hans-Günther Thalheim endlich und ihm folgend

---

5 Dirk Grathoff: Die Zensurkonflikte der *Berliner Abendblätter*. In: *Ideologiekritische Studien zur Literatur*. Hg. Volkmar Sander. Frankfurt a. M. 1972, 35-168, bes. 70, 120, 126f.

6 Helmut Rogge: *Fingierte Briefe als Mittel politischer Satire*. München 1966, bes. 135. – Eberhard Scheibner: Zu Kleists politischen Ansichten zur Zeit der *Berliner Abendblätter*. *Weimarer Beiträge* (1977), 144-165.

7 Heinz Härtl: Unbekannte Äußerungen Arnims über Kleist. *Weimarer Beiträge* (1977), 178-181. Günther Rudolph: Adam Müller und Kleist. Über die sozialökonomische Ausprägung der deutschen Romantik in ihren Bezügen zur spezifisch literarischen Form der Romantik. *Weimarer*

Siegfried Streller sehen Kleist zwischen allen Stühlen, als Kritiker der Regierung und des Adels.[8] Das ist gleichfalls meine Sicht. Aber während die vier DDR-Kollegen dabei Kleists politische Artikel aus dem Spiel lassen, stütze ich mich auch auf sie[9] - und auch auf die Artikel gegen den Direktor des Nationaltheaters. Ich vereinige hier zwei meiner Arbeiten und bitte Wiederholungen zu entschuldigen.

Gegen Hardenbergs (und Ifflands) autoritäre Machtpolitik

Im 27. Abendblatt vom 31. Oktober schloß Achim von Arnim sein *Wort der Billigkeit über Christ. Jacob Kraus,* eine Verteidigung Adam Müllers gegen anonyme Angriffe vermutlich von Regierungsbeamten, mit der „Frage,"

> was wohl Kraus, der jede wohltuende Freiheit des Lebens und der Untersuchung, die England so hoch beglückt, auch bei uns zu fördern suchte, zu einem Vertheidiger gesagt haben mögte, der, an Gründen schwach, den Anders meinenden der Regierung als gefährlich darzustellen sucht? Wir wollen in seinem Namen antworten: Bessert euch selbst, ehe ihr Staaten verbessern wollt, werdet erst selbst frei, das heißt edel in Gedanken und Charakter, um zu wissen, was Freiheit eines Volkes sei, und wie sie zu erreichen.

Zwei Tage später, am 2. November, meldete Arnim den Brüdern Grimm, er schreibe für die *Abendblätter,* „bloß um hin und wieder meine Gesinnung über *allerlei Minister* zu sagen." Für Steigs (60) Annahme, das ziele vor allem auch auf Hardenberg, sprechen die Wendung „Staaten verbessern" und Adam Müllers Aufsatz *Vom Nationalcredit,* der am 16. November im 41. Blatt die Verschärfung der Zensur durch königliche Kabinettsordre herbeiführte vor allem wegen der auf Hardenberg gemünzten Wendung: „Verschlagenheit irgend eines noch so genialischen Administrators."

Beiträge (1978), 121-135.

[8] Hans-Günther Thalheim: Kleists *Prinz Friedrich von Homburg. Weimarer Beiträge* (1965), 483-550, bes. 538. Siegfried Streller in der „Einleitung" zu: *Heinrich von Kleist. Werke und Briefe.* Hg. S. Streller [...]. Bd. 1. Berlin und Weimar 1978, 39.

[9] Vgl. W. Wittkowski: Schrieb Kleist regierungsfreundliche Artikel? Über den Umgang mit politischen Texten. *Lit. wiss. Jb. d. Görresges.* (1982), 96-115. Erweiterte Fassung eines Vortrags, Kentucky Foreign Language Conference. Lexington, KY 1979.

Arnim und Müller attackierten also beim Kanzler, wie Kleist bei Iffland, nicht nur ihre autokratische Politik, sondern darüber hinaus die moralisch zweifelhafte Weise, wie sie durchgesetzt und besonders gegnerische Meinungsäußerungen unterdrückt wurden. Das betraf niemanden mehr als Kleist, den Redakteur. Es leuchtet ein, daß er seine Invektiven gegen beide richtete und zugleich mehr oder weniger tarnte; ferner, daß mancher Pfeil, der Iffland trifft, mit auf den gefährlicheren Hardenberg abzielt.

Was in den *Abendblättern* fortgesetzt heiß diskutiert wurde, drehte sich durchweg um jene beiden Männer und den Adel, der übel abschnitt in den bürgerlichen Rührstücken des Theaters und dem die Reformen seine herkömmlichen Vorrechte empfindlich zu beschneiden drohten. Ein Beitrag ging oft auf den anderen ein oder spielte - unter dem Druck der Zensur - lediglich auf ihn und die heiklen Punkte an. „Hundertfach sind die Beziehungen," schreibt Steig (223), und die „Spiele mit den Worten, die Kleists eigentliche Absichten teils enthüllen oder verhüllen" - seine Ironie.

Man hat die Ironie Kleists in seinen *Berliner Abendblättern* später nicht mehr so klar gesehen wie einst Steig. Man interessierte sich nicht mehr für Politik und für die „Beziehungen" zwischen den Texten. Man interpretierte existenzphilosophisch, ja, -theologisch auf einen existentiellen Ernst hin, der sich schlecht mit Ironie vertrug, nicht jedenfalls mit jener höhnischen Ironie, die zum Gaudium des Publikums ihr Opfer offen oder versteckt auf den Arm nimmt, um es lächerlich und schlecht zu machen. Ferner maskiert - und potenziert - Kleist seine Satire, indem er selber in die Rolle des lächerlich beschränkten Zeitgenossen schlüpft, der seiner eigenen Argumentation fortwährend in den Rücken stolpert, sich also selber mit zum Gegenstand der Ironie macht.[10] So in diesem neuen Fund aus seiner Feder, bei dessen Lektüre man guttut, sich von den *Räubern* und von Weimar her zu erinnern an Ifflands ruhmreiche Karriere als Schauspieler:

---

10 Kleist hat die Mehrzahl seiner Figuren, ja seiner Helden so gestaltet, zumal in den Komödien. Auch Eve durchschaut keineswegs die „Beliebigkeit" der Regelung im *Zerbrochnen Krug* und ihre Konsequenzen, wie es Grathoff annimmt. Sonst nähert seine Interpretation sich mehr als die bisherigen der meinen, die am pessimistischsten ausfällt.

Theater.
Aus einem Schreiben von Dresden den 25. Octob. 1810.

- -

Der Aufsatz in Ihrem 15ten Blatt, worin gezeigt wird, wie gefährlich der Grundsatz sei, allein für die Füllung der Theaterkasse zu sorgen, und wie leicht eben dadurch das Schauspiel selbst abhanden kommen und verloren gehen könnte; dieser Aufsatz, mein Herr, hat mir, aus mancherlei Gründen, sehr gefallen. Derselbe hat eine Ansicht bei mir aufs Neue erregt, die ich niederzuschreiben versuchen will; und da ich der Hoffnung bin, daß Sie einem alten Manne seine schlichten Gedanken nicht mißdeuten werden, so spare ich den Eingang. - - - - - - - - - - - - - - - Ob mehrere Theater in einer großen Stadt; ob die Mühe, welche sich jeder der verschiedenen Directoren geben müßte, um das Publikum von Whist- und l'Hombre, von Thee- Wein- und Biertischen in ihr Schauspielhaus zu locken, der Kunst und den Einwohnern ersprießlich seyn mögten; ob die Pachtgelder, welche diese Bühnen geben würden, dem Staate Nutzen verschaffen könnten, will ich hier ununtersucht lassen. Leute, die von Paris und London, von Wien ect. kommen, rühmen dergleichen gar sehr. – Es mag sein! Ich aber bin, wie gesagt, ein alter Mann und lobe mir alten Brauch und Weise. Mit Einem Worte: mir ist ein Hoftheater die liebste Bühne, gerade wie eine monarchische Regierung mir der liebste Staat ist; und ist ein Hoftheater nur ein ächtes Hoftheater, so wird es schon ganz von selbst auch ein Nationaltheater sein. Was aber National-Regierungen, Versammlungen u.dgl. betrifft, so haben wir in unsrer Zeit unter diesem lockenden Titel große Tyranneien ausüben sehen. – Das Wort Hoftheater bezeichnet die Verbindung des Hofs mit dem Theater, also nichts Geringeres, als den seegenbringenden Einfluß der besten vornehmsten Gesellschaft auf Vervollkommnung der Bühne und des ihr gegenübersitzenden Volks. Der Antheil des Hofes an dem Theater adelt die Sitte des Schauspielers; mildert die Zügellosigkeit des Dichters; verbreitet Würde, Anstand, Feinheit, Anmuth über das Ganze, und erhebt so eine leicht ausartende Spielerei zu einer Kunstanstalt, die das Volk erfreuet und bildet. – Daher entstand auch in alter, edler Zeit das schöne ehrenwerthe, hohe Hofamt eines Maitre de spectacle welcher der Repräsentant ist und das Organ jenes Antheils, den der Fürst und seine Großen, den zartsinnige und vornehme Frauen nehmen an den lebendig gewordnen Werken dramatischer Kunst. Seine Aufgabe ist nicht allein die äußere Würde der Anstalt durch den Glanz seines hohen Standes zu erhalten, dem Fürsten voran in die Loge zu treten und den Wink zum Beginnen des Schauspiels zu geben, nein, auch das Innere dieser Anstalt [alles Folgende ist Invektive gegen Iffland, WW] muß sein vornehmes Wesen sowohl, als sein geprüfter Geschmack, sein Kunstsinn, seine Partheilosigkeit bedingen und beseelen. *Er* muß die Wahl der aufzuführenden Stücke leiten, *Er* die schicklichen Subjecte für die Bühne suchen; *Er* bestimmen wo auf äußre Pracht der Darstellung Etwas verwendet werden soll, oder wo sie überflüssig, wo sie ausschweifend, wo sie verführerisch und schädlich wird. Denn nur *Er*

der Sinnige, der Vornehm-Partheilose, der nicht *in,* der *über* dem Ganzen stehet, nur Er kann es unbefangen übersehn und regieren. Dieser Dichter an seiner Stelle würde nur mistisch-phantastische Tragödien und Burlesken; Jener nur haidnische Stücke; ein Andrer uns nur häusliche Familienscenen auftischen, während ein Musiker nur einzig und allein und auch wiederum nur *seinem* Geschmacke nach, einseitig für die Oper sorgen würde. Ein Schauspieler aber dürfte, entweder jedes Machwerk aufführen, sobald er nur eine Rolle darin fände, in der er sich schön zum voraus beklatscht sähe, oder doch wenigstens so ausschließend für den hergebrachten Theatereffect sorgen, daß darüber manch wahrhaftiges Meisterwerk zu Grunde ginge; – abgerechnet die Vorliebe und den Haß zu einzelnen Subjecten der Bühne; abgerechnet, daß, wenn der Schauspieler seine Rollen fleißig und redlich lernen und studiren will, ihm durchaus keine Zeit übrig bleibt, die anderweitigen Theatergeschäfte *treu* und *prompt* zu besorgen; abgerechnet, daß er mitten innen in dem Werk stehet und daher durchaus keine Uebersicht des Ganzen haben kann. Welche Fühlhörner – wenn ich mich so ausdrücken darf – stehen ihm zu Gebote, sich diese Uebersicht zu verschaffen? Wieder ein Schauspieler, den er zu Rathe ziehet? oder wieder ein einseitiger Dichter; oder, wenn es aufs Höchste kommt ein technisch-gebildeter Theatermeister oder Soufleur, u.dgl.? Welche Gesellschaften sieht er und hat er die Zeit zu sehen; und in welcher Gesellschaft wird er *die Wahrheit* hören? - -
Diese nothwendige Umsicht aber, diese Uebersicht des Ganzen hat der vornehme Maitre de spectacle, der über all den kleinen Verhältnissen schwebt, der kaum ein Individuum zu nennen ist, der, indem er die beste Gesellschaft sieht, ihr Urtheil hört und sich danach richtet und modelt, so zu sagen eine Gesammtperson wird, würdig einer Anstalt vorzustehn, die in alter und neuer Zeit, alle gesitteten Völker, als die Blüthe ihrer Bildung ansahen und verehrten. - - - - - -

Ihr ergebenster
Gr. v. S.

Diese ausführliche ironische Invektive gegen Iffland gibt sich als Auszug. Für Anrede und Schlußformel stehen Gedankenstriche. Nichts ist da zu ergänzen; und nichts könnte besser abgerundet sein als dieses *Schreiben*. Dessen vorgeblicher Auszugs-Charakter verrät es gerade als Fiktion. Gleiches gilt für die Rolle des Schreibers. Er nennt sich einen alten Mann, beruft sich darauf später noch einmal („wie gesagt") und fällt ins Haus („Mit Einem Worte") mit dem Gedanken, den er eingangs schlicht nannte und nicht zu mißdeuten bat: „der liebste Staat" sei ihm „eine monarchische Regierung." So sorgfältig vorbereitet, klingt die Erklärung wie ein Signal. Und wie die Anspielung auf Adam Smith ist es ein politisches Signal in einer

Reihe ähnlicher Signale, die sich auf Hardenberg beziehen. „Lange lebe der König!" Mit diesem Ruf schließt Müller sein *Schreiben aus Berlin* (*BA* 67 vom 17. Dez. 1810), in dem er kritisch-versöhnlich von Hardenberg und den Reformen schreibt. Kurz vor dem Schluß fällt eigens das Wort „Monarchie."

Ähnlich wiederum die wichtige redaktionelle Anmerkung Kleists, die in den Werkausgaben leider fehlt – ausgerechnet zum letzten politischen Artikel der *Abendblätter: Ständische Commission* (*BA* 16 vom 19. Jan. 1811):

> [...] eine *ächte* ständische Verfassung, eine solche, als hoffentlich das Resultat der neuen Einrichtungen seyn wird, überträgt die Gesetzgebung dem Souverän, als dem allgegenwärtigen Mittelpunkt des ganzen Staates, den Ständen dagegen, als den gebornen und gewählten Repräsentanten der Staatskräfte, das Geschäft, die Wünsche und Bedürfnisse der Nation, ihr Interesse und ihr Verlangen dem Gesetzgeber immer gegenwärtig zu erhalten.

Als ob es den Kanzler gar nicht gäbe! Unmißverständlich hatte Müllers verhängnisvoller Aufsatz *Vom Nationalcredit* vor allem festgestellt:

> [...] daß die Gesetzgebung eines bedeutenden Staates niemals die Sache des einzelnen guten Kopfes seyn könne, sondern daß sie nur aus dem Conflikt und der Berathung der bei der Existenz dieses Staates am meisten interessirten Stände hervor gehen, auch nur auf diesem Wege erhalten und erweitert werden könne.

Müller kennzeichnete den Passus innerhalb seines Textes durch Anführungszeichen als Grundprinzip und –forderung. Der Aufsatz *Ständische Commission* (von Beckedorff) geht unausgesprochen darauf ein:

> Der Staat wächst anjetzt nicht mehr, wie in vorigen Zeiten, aus dem Widerstreite einseitiger Herrn- und Stände-Interessen, gleich einem Wunderwerke bewußtlos empor: sondern er will mit Vorbedacht und Absicht gestaltet seyn, als ein Kunstwerk nach dem Resultate eines ruhigen und besonnenen Selbstgespräches.

Tatsächlich ist das „Selbstgespräch" da längst im Gange. Zunächst scheinen diese Sätze Müller zu widersprechen. In Wahrheit aber präzisieren sie seine Worte und verteidigen damit den Kern seiner Staatslehre gegen das Mißverständnis, das sich – nicht ohne Verschulden Hardenbergs – in der von diesem verfaßten Kabinettsordre des Königs findet. Sie unterwarf am 18. Nov. 1810 die *Abendblätter* „der strengsten Censur" nicht zuletzt deshalb, weil der Nationalcredit-Artikel „den Wunsch nach einer allgemeinen Versammlung von Ständen" auszusprechen schien, „der in erhitzten Köpfen vorherrschend sein soll und der auf jeden Fall einer großen Modification bedarf." (Abgedruckt bei Steig, 75)

Das war Grund genug für Kleist, sich mit seiner redaktionellen Anmerkung in das `Selbstgespräch´ des Staates einzuschalten und der Ablehnung einer allgemeinen „ständischen Versammlung mit *gesetzgebender Gewalt*" beflissen beizupflichten. Grund dazu genug hatte er allerdings. Sein dem Kaiser Franz in den Mund gelegter Aufruf *Über die Rettung Österreichs* gipfelte in dem, was er jetzt ausdrücklich verwirft: in der Forderung nach einem verfassunggebenden Reichstag der Stände, in der ersten Fassung sogar mit Mehrheitsprinzip. Der Aufruf war nicht gedruckt, wohl aber einem ansehnlichen Kreis von Patrioten und dank deren Verbindungen sicher auch in Berlin bekannt geworden, zumindest seiner Tendenz nach.

Dafür spricht nun auch der Umstand, daß das *Schreiben von Dresden* gleichfalls die Gelegenheit zu einer derartigen Erklärung mit Widerrufscharakter (zur Gewährleistung der unrevolutionären Tendenz der *Abendblätter*) vom Zaune bricht – worauf schon der unvermittelte Einsatz deutet samt der eingeschobenen Passage:

> Was aber National-Regierungen, Versammlungen u. dgl. betrifft, so haben wir in unsrer Zeit unter diesem lockenden Titel große Tyranneien ausüben sehen.

Gewiß, Kleist spricht hier nicht in eigenem Namen; und noch hatte der Nationalcredit-Artikel die *Abendblätter* nicht hoffnungslos diskreditiert. Deshalb kann Kleist weitergehen und auf parodistische Manier den monarchistisch Gesinnten mimen. Nicht, daß er die Monarchie ablehnte. Gewiß aber lehnte er wie Müller und der Adel jene Spielart ab, die der jetzige König mit Hardenberg praktizierte. Auf diesen nämlich zielt das *Schreiben* mindestens ebenso sehr wie auf Iffland. Nachträglich wirft darauf Licht das erwähnte *Schreiben aus Berlin*. Es sollte den Schaden, den der Nationalcredit-Artikel angerichtet hatte, nach Möglichkeit begrenzen.

Daß Müller dessen Verfasser war, ließ Kleist Friedrich von Raumer wissen, Hardenbergs Vertrauensmann. Umso leichter konnte (und sollte wohl) Raumer die Heuchelei durchschauen,[11] mit der Müller da versichert, „daß über die Vereinigung der Administrationszweige in *eine* Hand, und zwar in diese bestimmte Hand, nur *eine* Stimme des Beifalls und des Segens ist." Dem ähnelt nun bloß allzu sehr, was der *Schreiber von Dresden* als logischen Analogiefall und gleichsam als Krönung der monarchischen Staatsform empfiehlt: das „Hoftheater," das - vgl. Kleists *„ächte* ständische Verfassung" - „nur ein ächtes Hoftheater" zu sein braucht, um „schon ganz von selbst auch ein Nationaltheater" zu sein, nämlich unter Leitung eines *Maitre de spectacle,* „welcher der Repräsentant ist und das Organ" für „nichts Geringeres, als den seegenbringenden Einfluß der besten vornehmsten Gesellschaft auf Vervollkommnung der Bühne und des ihr gegenübersitzenden Volks." -

Die ironisch-lächerliche Stilisierung des *Maitre de spectacle* („Spektakel" sollten, wie gesagt, laut Empfehlung der *Unmaßgeblichen Bemerkung* die Kasse des Nationaltheaters füllen!) zu einer „Gesammtperson" „so zu sagen," setzt sich im *„Brief eines redlichen Berliners"* fort, wo Kleist auch sich und seine fiktive Rolle ironisiert - oder vielmehr die Kritik, die seine Gegner an ihm üben:

> Excentrische Köpfe, Kraftgenies und poetische Revolutionairs aller Art machen sich [...], in witzigen und unwitzigen Aeußerungen, über [...] den neuesten 'Theaterpapst' sehr lustig; [...] wenn es der Kirche, nach der sublimen Divination dieser Herren, (welches Gott verhüten wolle!) bestimmt wäre, im Strom der Zeiten unterzugehen, [so wüßte der redliche Berliner so wenig wie der altmodische Graf aus Dresden,] was geschickter wäre, an ihre Stelle gesetzt zu werden, als ein Nationaltheater, ein Institut, dem das Geschäft der Nationalbildung und Entwickelung und Entfaltung aller ihrer höhern und niedern Anlagen, Eigenthümlichkeiten und Tugenden, vorzugsweise vor allen andern Anstalten, übertragen ist.

Die Schlußsätze ähneln bis in den Wortlaut dem eben zitierten Schluß des *Schreibens.*[12] Beide denken gleich von der Kritik. Der Ber-

---

11 Vgl. Sembdners Anmerkung zu Kleists Brief vom 15. Dez. 1810. Raumer registriert übrigens nur die offensichtlichen „Schmeicheleien," nicht aber die damit verknüpfte Kritik an Hardenberg!

12 Absichtlich routinemäßig und daher ironisch wirkt die Doppelformel jeweils gegen Ende der Stücke: „höhern und niedern Anlagen" (*Schreiben*), „in alter und neuer Zeit" (*Brief*), „Maßregeln, groß und klein" (*Über die Finanzmaßregeln der Regierung*).

liner schätzt sie, sofern sie, wenn auch nicht ohne „pekuniäres Interesse“ (dessen moralische Verwerflichkeit die *Abendblätter* anderswo ausbeuten), „auf Seiten des Theaters ist.“ Er lehnt jede wirkliche Kritik ab, nicht bloß die quertreiberische, sondern überhaupt alles „Raisonniren und Rezensiren, das doch niemals aus dem Standpunkt geschieht, der einmal, auf unabänderliche Weise, nach einer bestimmten Wahl des Besseren, angenommen ist.“ Die Forderung, das „Allerheiligste“ zu schützen vor der „Fackel der Untersuchung,“ stimmt zu dem unfehlbaren Urteil des *Maitre de spectacle.* Sein von der Kritik unbehelligtes Walten soll, hofft der Berliner, „Vollendung“ garantieren, „Totalität der Wirkungen, ästhetischer sowohl als moralischer und philantropischer.“

Demgemäß erwähnt der Dresdener Kritik überhaupt nicht – im genauen Gegensatz zur *Unmaßgeblichen Bemerkung,* die ihm angeblich doch, „aus mancherlei Gründen, sehr gefallen“ hatte und der es um nichts als gerade die Beachtung der Kritik gegangen war. Stattdessen befaßt das *Schreiben* sich ausschließlich mit Kleists dortiger Empfehlung, das Theater „einer höhern Aufsicht des Staats“ zu unterstellen. Gemeint war damit indes kein Kritik-Verbot, sondern im Gegenteil vermutlich die Gewähr, daß die Kritik Einfluß üben könne. Kleist und Müller verlangten das ja auch auf politischem Gebiet. Nichts anderes meint Beckedorffs Artikel *Ständische Commission* mit dem „Selbstgespräch“ des Staates. Das Ergebnis sei „ – die *öffentliche Meinung,* welche daher ein weiser Staatsmann keineswegs leiten oder beherrschen zu wollen unternimmt, sondern mit welcher er sich möglichst zu vereinbaren und zu verständigen bemüht seyn wird.“

Entsprechend schlug Müller, seiner *Lehre vom Gegensatze* gemäß, allen Ernstes dem Kanzler 1809 die Gründung eines Regierungsblattes vor, das auch die Opposition zu Worte kommen lasse „oder selbst eine Opposition fingiert, die dann mit Kraft, Vorsicht und Überlegenheit des Urteils niedergeschlagen würde: kurz, alles, um die *Opposition vorwegzunehmen* und aller gründlichen Kritik auf eine gründliche und ostensible Weise im voraus zu begegnen.“ Als daraus natürlich nichts wurde, teilte er Friedrich Gentz 1810 den Entwurf zu `Staatsanzeigen´ mit, den dann die *Berliner Abendblätter* durchführten.[13]

[13] Joseph Baxa: *Adam Müller. Ein Lebensbild.* Jena 1930, 127, 144.

Jedesmal ging es darum, die Opposition – und damit die Bildung einer öffentlichen Meinung – als Institution zu etablieren. Wenn der *„redliche Berliner"* meldet, „für die Unschädlichkeit" der Kritik sei, „auf mancherlei Weise, bei uns gesorgt," dann denkt Kleist schwerlich bloß an Theater; statt „Kritik" sagt er deshalb „Intriguen" – aus der Sicht Ifflands und gewiß Hardenbergs und voll schmerzlicher Selbstironie hinsichtlich seiner eigenen Rolle, wie man sie ihm auslegt.

Wenn der *„Dresdener"* weiter schreibt, dem *Maitre de spectacle* bleibe Zeit, alle „Theatergeschäfte *treu* und *prompt* zu besorgen," bezieht sich das zwar nur allzu deutlich auf Iffland und die *Käthchen*-Affäre (Steig).[14] Kleist und manche seiner Leser mögen dabei aber auch an Hardenberg gedacht haben, dem Müller im *Nationalcredit*-Artikel in beleidigender Weise nichts so sehr vorwarf wie „Verschlagenheit" und Mangel an „Treue gegen die Institutionen und Gesetze der Vergangenheit." Ja, Kleist fordert mit der Hofgesellschaft noch eine weitere Macht heraus: die Klassik.

Gegen Hofgesellschaft und Weimarer Klassik

Am 6. November, einen Tag, bevor das *Schreiben von Dresden* den *Maitre de spectacle* beauftragt, das Vorbild der besten Gesellschaft in alle Kreise zu verbreiten, rät der *Brief eines jungen Dichters an einen jungen Mahler* genau das Umgekehrte. Nicht durch den Meister, das erwählte Vorbild, soll man „hindurch," sondern sich „ganz und gar umkehren, mit dem Rücken gegen ihn stellen, und, in diametralentgegengesetzter Richtung" marschieren. Das bewegt sich zwar auf anderer und nichtironischer Ebene. Sollte dagegen „die Forderung eines Hoftheaters" im Dresdener *Schreiben* Kleists Freunden „wie aus dem Herzen gesprochen" gewesen sein (so sonderbarer-

[14] Steig, 197: „Man empfindet, wie diese Sätze, in Berlin abgedruckt, Wort für Wort die Beziehung zu Iffland geradezu herausforderten und herausfordern sollten. Das `Treu´ und `prompt´ hat Kleist selber unterstrichen, wie wenn er andeuten wollte, er habe das Gegenteil davon erfahren müssen. Und überhaupt die Forderung eines `Hoftheaters´ war den Freunden der Abendblätter wie aus der Seele gesprochen. Es scheint mir nicht unmöglich [!], daß Kleist in das Dresdener Schreiben die Beziehungen auf die Berliner Zustände hineinredigiert, oder doch verschärft habe."

weise Steig, 197) – „der besten vornehmsten Gesellschaft“ und ihrem „seegenbringenden Einfluß [...] auf Vervollkommnung der Bühne und des ihr gegenübersitzenden Volks“ konnte man ja kaum beredter huldigen – so war dieser Beredsamkeit schwerlich zu trauen. Ein „ächtes Hoftheater“ (wenn es „nur ein ächtes ist“), „wird [...] schon ganz von selbst auch ein Nationaltheater sein“? Und das vermöge des „Antheils, den der Fürst und seine Großen, den zartsinnige und vornehme Frauen nehmen an den lebendig gewordnen Werken dramatischer Kunst?“

Welchen Anteil nehmen sie denn – ganz abgesehen davon, wie „lebendig“ eigentlich die Dramen, und welche Dramen, auf dem Theater werden können, wenn es von der Wirkung jenes Anteilnehmens heißt: sie „adelt die Sitte des Schauspielers; mildert die Zügellosigkeit des Dichters; verbreitet Würde, Anstand, Feinheit, Anmut [...], und erhebt so eine leicht ausartende Spielerei zu einer Kunstanstalt, die das Volk erfreuet und bildet?“

Die Definition des höfischen Einflusses mag Rache sein für die Kritik des Weimarer Hoftheater-Direktors Goethe an Kleists *Penthesilea*-Brief: Statt „auf ein Theater [zu] warten, welches da kommen soll,“ sollten es junge Männer von Talent wagen, „auf Bohlen, über Fässer geschichtet, mit Calderons Stücken, mutatis mutandis, der gebildeten und ungebildeten Masse das höchste Vergnügen zu machen“ (2. Feb. 1808). Der „redliche Berliner“ soll sich lächerlich machen durch ähnlich indirekte Kleist-Kritik: „obscure Blätter,“ „poetische Revolutionairs.“ Schon im *Phoebus* straften sich in den Epigrammen Goethe (zu Unrecht) und andere Kleist-Kritiker mit Lächerlichkeit.

Der Schreiber *von Dresden* rechtfertigt Müllers Affront gegen die *Horen*, gegen Weimars „schlaffe Ansicht des Lebens“ und „Trennung der sogenannten heitern Kunst von dem ernsten Leben“ (6. Feb. 1808 an Gentz). Die Schlußzeilen unseres Zitats parodieren Schillers „moralische Anstalt,“ *Anmut und Würde*; die Aufgabe des Künstlers, durch Spiel „Freude,“ „ästhetische Erziehung,“ Bildung zu vermitteln; sowie im „Einverständnis mit den Vortrefflichsten“ „das Vollkommene“ hervorzubringen an sich selbst und es über „den ungeheuren Abstand“ hinweg der Masse zukommen zu lassen (*Über Bürgers Gedichte*).

Die Idee, „daß vermittelst der Kunst endlich das Volk auf die höchste Stufe menschlicher *Cultur* hinaufgeführt werden würde,“

verspottete Kleist, wie später Büchner, wenige Wochen vorher in den satirischen *Betrachtungen über den Weltlauf* (*BA* 8 vom 9. Okt. 1810) als wunderlichen Irrtum. Das Schillersche „Einverständnis mit den Vortrefflichsten" scheint wiederzukehren in der *Unmaßgeblichen Bemerkung*, wo der hypothetische Theaterunternehmer „unterstützt" wird „von dem Kunstsinn des besseren Theils der Nation." Das rückt jedoch in parodistische Beleuchtung, wenn im *Schreiben von Dresden* die Veredelung des Volks geschieht durch den „Einfluß der besten vornehmsten Gesellschaft." Vollends absurd aber klingt das im Kontext jener Tage – und zugleich erhellend. Wir kommen damit auch zu unserem letzten Indiz dafür, daß es Kleist war, der das *Schreiben von Dresden* fingierte:

Als Prinz Lichnowsky die *Anekdote aus dem letzten Kriege* zu derb findet, tut Kleist „das Unschickliche" im Verhalten des Tambours „ganz und gar" ab und preist es sogar als „herrliche und göttliche Erscheinung," wert, „in Erz gegraben [zu] werden." „Gleichwohl," versichert er in diesem Antwort-Brief vom 23. Oktober 1810, „kann man auch des Guten zu viel tun; und" im *Abendblatt* solle „wenigstens vorderhand nichts dem Ähnliches erfolgen." Stattdessen erfolgt – datiert am 25. Oktober, gleichsam als öffentliche Antwort an den Fürsten – unser *Schreiben von Dresden* mit seiner frechironischen Verbeugung vor der „besten vornehmsten Gesellschaft" mit dem „Fürsten" an der Spitze und ihrem „seegenbringenden Anteil."

Im Brief an Durchlaucht vom 30. Oktober 1810 beteuert Kleist im Ton des Dresdeners: „Durch die Teilnahme, die Sie dem Abendblatt schenken, fühle ich mich zu gleicher Zeit aufs lebhafteste geschmeichelt und gerührt." Und: „mit der *guten* Gesellschaft möcht ich es keineswegs gern verderben." Der wirkliche und der fingierte Brief dürften ihre versteckte Ironie wechselseitig deutlich machen. Wenn der fingierte Schreiber fragt, „in welcher Gesellschaft wird er [der Künstler] *die Wahrheit* hören? - -," dann signalisieren die Gedankenstriche: in der *„guten"* Hofgesellschaft jedenfalls nicht.

Kleists Gegnerschaft zu Hardenberg und Iffland bedeutet, wie gesagt, durchaus nicht, daß der Dichter völlig die Partei Müllers und des Adels nahm. Ebensosehr ließ sein Einvernehmen mit dem König und dem Hof zu wünschen. Seine 1809 gedichtete *Ode auf den Wiedereinzug des Königs im Winter 1809* (*BA* 5 vom 5. Okt. 1810) trägt in der Reinschrift den vorwurfsvollen Untertitel „zur Feier seines Einzugs in Berlin im Frühjahr 1809 (wenn sie stattgehabt hätte)." Der König war nämlich erst am 23. Dezember 1809 und auf Befehl Napoleons zurückgekehrt.

* * *

Oben sahen wir, daß Kleist womöglich spöttisch anspielte auf Müllers *Nationalcredit*-Artikel, der der Regierung und besonders Hardenberg opponierte. Und man hat drei seiner politischen Artikel sogar als regierungsfreundliche gelesen.[15] Wie kam es dazu?

Das Kleist-Gedenkjahr 1977 verlief in der deutschen Germanistik auffallend still. Ganz anders hatte das im Gedenkjahr 1961 ausgesehen, als Kleist neben Kafka noch bevorzugter Gegenstand existentialistischer Literaturbetrachtung war. Dazwischen fiel um 1970 der politische Klimawechsel in der Bundesrepublik. Wieder einmal lautete, wie in der DDR von Anfang an, die Gretchenfrage an den Schriftsteller: „Wie hälst du's mit der Politik?" Und da schnitt Kleist ungünstig ab.

Die große Ausnahme bildete in diesem Zusammenhang Kurt Gerlach: *Heinrich von Kleist. Sein Leben und Schaffen in neuer Sicht,* eine Veröffentlichung der ostdeutschen Forschungsstelle im Lande Nordrhein-Westfalen, Dortmund, Bd. 1 (1971), 2 (1972), 3 (1977). Die „neue" Sicht ist freilich so neu nicht. Es ist diejenige von Reinhold Steig. Dessen Buch *Kleists Berliner Kämpfe* (1901; neu bei Lang, Bern 1971) ordnete Kleist mit patriotischem Nachdruck dem märkischen Junkertum zu. Gerlach legt den Akzent auf das Märkische, womit er seine kaum beachtete Publikation nicht attraktiver machte.

Die marxistische Literaturkritik (Mehring, Lukács) folgte lange Steig, allerdings mit negativem Vorzeichen. Ihre Fragestellung, ob Literatur „progressiv" sei oder „regressiv," war auch von der Frankfurter Schule der zwanziger Jahre propagiert worden und abermals seit ihrer Erneuerung in den fünfziger Jahren. Die „Erbe"-Diskussion der sechziger Jahre in der DDR traf sich mit den Nachklängen der westdeutschen Kleist-Verehrung in dem Wunsch, den Dichter auch politisch als „progressiv" auszuweisen. Dabei ruhten die

---

[15] Vgl. Anm. 9.

Hoffnungen, Kleist nicht als völlig reaktionär einstufen zu müssen, nahezu ausschließlich auf drei Artikeln, in denen der Redakteur der *Berliner Abendblätter* die progressiven Reformen der Regierung Hardenberg gegen seine adligen Standesgenossen zu unterstützen scheint: *Über die Luxussteuern, Über die Aufhebung des laßbäuerlichen Verhältnisses, Über die Finanzmaßregeln der Regierung (BA* 20./29. Dez. 1810, 18. Jan. 1811).

Das lange erwartete Finanzedikt vom 27. Oktober 1810 kündigte das Ende der Leibeigenschaft und der Steuerprivilegien des Adels an. Es hieß, nur so sei die gewaltige Kriegsschuld an das siegreiche Frankreich abzutragen. Zugleich sollte die gesetzliche und soziale Sonderstellung des bisher von Steuern ausgenommenen Adels gebrochen werden, um so eine nationale Gemeingesinnung zu ermöglichen. Diese Grundeinstellung teilten und halfen formulieren Männer wie der Baron Stein zu Altenstein, unter welchem Kleist 1805/06 in Königsberg diente, und Gneiseau, dem er noch 1811 nahetrat.[16]

Jetzt, 1810, war er freilich befreundet mit Adam Müller, mit dem er 1808/09 in Dresden den *Phoebus* herausgegeben hatte und den er nun in seiner Zeitung - der ersten Tageszeitung Norddeutschlands - in historisch hochkritischer Stunde zur Verteidigung des Adels das Wort ergreifen ließ. Müller tat das aufs schärfste und wurde zumal in dem Artikel *Vom Nationalcredit* am 15./16. November 1810 so ausfallend gegen Hardenberg, daß, wie gesagt, der König am 18. November die strengste Zensur der *Abendblätter* anordnete. Kleist mußte froh sein, daß er von Hardenberg und dessen damals 29-jährigem Sekretär von Raumer persönlich die Erlaubnis erhandeln konnte, wenigstens halbamtliche Regierungsäußerungen und regierungsfreundliche Beiträge zu drucken. Die anderen Berliner Zeitungen gruben ihm dann noch dieses letzte Wasser ab. Bis zu ihrem Eingehen Ende März 1811 brachten die *Abendblätter* nur noch 6 politische Artikel, darunter drei von Kleist. Alle machen Verbeugungen vor der Regierung.

---

16 Vgl. Richard Samuel: Heinrich von Kleist und Karl Baron von Altenstein. *Euphorion* 49 (1955), 713-76; Heinrich von Kleist und Neidhardt von Gneisenau. *JDSG* 7 (1963), 352-370. Beides auch in R.S.: *Selected Writings.* Melbourne 1965, 85-111.

Gerlach hält dergleichen und alles, was Kleist zugunsten Hardenbergs und gegen den Adel sagt, für Heuchelei.[17] Im selben Jahr 1972 erklärt Dirk Grathoff vorsichtiger, hier könne man keine Schlüsse auf die Gesinnung der Verfasser ziehen. Zugleich versichert er jedoch, die Autoren stellten ihre Gedanken keineswegs einfach auf den Kopf, auch Kleist nicht in den drei Aufsätzen, „in denen er Hardenbergs Wirtschaftsreformen verteidigte." Unannehmbar sei deshalb „Steigs Versuch, Kleists Aufsatz über die Finanzmaßregeln [...], der für die preußischen Reformen eintritt, in einen `im Kern oppositionellen Artikel´ umzuinterpretieren."[18]

Den gleichen Vorwurf erhob schon 1937 Helmut Sembdner im Fall des Luxussteuer-Aufsatzes.[19] Das heißt aber, wie Eberhard Scheibner in den *Weimarer Beiträgen* 1977 mit Entschiedenheit erklärt: beide Artikel „sind sichere Belege für Kleists reformbejahende Haltung."[20] Das gleiche Urteil findet sich bei Helmut Rogge[21] sowie - unter Einschluß des von Scheibner ohne nähere Begründung ignorierten Beitrags *Über die Aufhebung des laßbäuerlichen Verhältnisses* (der Leibeigenschaft) - in den zur Zeit maßgeblichen Ausgaben. Der Aufbau-Verlag vereinigt die drei Aufsätze im Unterschied zu Sembdner, dem er sonst weitgehend folgt, als Sondergruppe derjenigen Artikel, mit denen Kleist „zwischen dem 20. Dezember 1810 und dem 18. Januar 1811 [...] die Hardenbergsche Innenpolitik" unterstützte.[22] Sembdner nennt die drei Aufsätze die „Reihe der regierungsfreundlichen Leitartikel."[23]

---

17 Gerlach, Bd. 2, 26.

18 Dirk Grathoff: Die Zensurkonflikte der *Berliner Abendblätter.* In: *Ideologiekritische Studien zur Literatur. Essays I.* Hg. Volkmar Sander. Frankfurt/M. 1972, 35-168, bes. 126f., 120, 70.

19 Helmut Sembdner: *Die Berliner Abendblätter Heinrich von Kleists.* 1939, Neudruck Amsterdam 1970, 113f.

20 Eberhard Scheibner: Zu Kleists politischen Ansichten zur Zeit der *Berliner Abendblätter. WB* 23 (1977), 144-165, hier 161f.

21 Helmut Rogge: *Fingierte Briefe als Mittel politischer Satire.* München 1966, 135. Ebenso über den Luxussteuer-Aufsatz Ulrich Vohland: *Bürgerliche Emanzipation in Heinrich von Kleists Dramen und theoretischen Schriften.* Bern/Frankfurt 1977, 452-454.

22 Peter Goldammer, S. 717 der Anmerkungen zum Band *Erzählungen, Gedichte, Anekdoten, Schriften* der vierbändigen Ausgabe *Heinrich von Kleist: Werke und Briefe.* Berlin/Weimar 1978.

23 Anmerkung zu *Über die Aufhebung des laßbäuerlichen* Verhältnisses. dtv Gesamtausgabe Bd. 5, 225.

Umgekehrt behaupten zwei Stimmen aus der DDR, Kleist habe die Reformen kritisiert. „Unbekannte Äußerungen Arnims über Kleist“[24] sollen die „Position eines adligen Frondeurs“ bestätigen, die Hans-Günther Thalheim dem Dichter zugewiesen hat (s.u.). Und stand Kleist dem Adel und seinem Sprecher Adam Müller nicht sogar recht nahe? Dahin rückt ihn Günther Rudolph.[25] Mit der Erbitterung des ideologischen Gegners stellt er fest: Müllers und Franz von Baaders [...]

> [...] Smith-Kritik war zugleich eine feudalsozialistische Kapitalismuskritik, die zwecks Belastung des bourgeoisen Klassengegners die frühkapitalistischen Fabrikzustände denunzierte und für die elende Lage des Proletariats Anteilnahme heuchelte. Typisch für den Charakter dieser schlauen Argumentation war, daß gerade die reaktionärsten Vertreter feudaler Positionen sich besonders offen und 'unbefangen' über die miserable Lage der Arbeiterklasse äußerten. Mit dem hellsichtigen Haß des feudalen Klassengegners erblickten Müller und Baader die eben erst aufkeimenden Widersprüche der noch aufsteigenden kapitalistischen Welt. Sie wurden nicht müde, die grellen Dissonanzen des Bourgeoissystems mit der angeblich heilen Welt des Feudalismus zu konfrontieren. Die zu eitel Wohlleben und Humanität hochstilisierte Leibeigenschaft verglichen sie hierbei demagogisch mit dem grausamen und elenden Los des Frühproletariats.

Rudolph erwähnt nicht die fraglichen Aufsätze Kleists und stellt lediglich die Nähe mancher Dichtungen zu Müllers Katholizismus fest. Auf ein Werk, *Die Heilige Cäcilie,* wird kurz einzugehen sein.

Als Steig die *Berliner Kämpfe* schrieb, wußte er noch nicht, daß Kleist der Verfasser der drei fraglichen Artikel war. Das ermittelte er für den einen später selbst, für die zwei anderen tat das erst Sembdner. Er wies auch nach, daß ein Begrüßungs- und Preisgedicht auf Iffland nicht, wie Steig annahm, von einem aufrichtigen Verehrer des Theaterdirektors stammt, sondern eine ironische Sottise aus Kleists Feder ist.[26] Dagegen hält Sembdner erstaunlicherweise das von Kleist fingierte *Schreiben eines redlichen Berliners, das hiesige*

---

[24] Heinz Härtl in *WB* 23 (1977), 178-181, hier 178.

[25] Adam Müller und Kleist. Über die sozialökonomische Ausprägung der deutschen Romantik in ihren Bezügen zur spezifisch literarischen Form der Romantik. *WB* 24 (1978), 121-135.

[26] Steig (Anm. 1), 189. Sembdner: Neuentdeckte Schriften H. v. Kleists. *Euphorion* 53 (1959), 175-194. Zit. nach Sembdner: *In Sachen Kleist.* München 1974, 129-131.

Theater betreffend, das seinen ironisch-satirischen Charakter im Titel schon enthüllt, für „ganz vernünftig;" „allein durch die Nachschrift" werde es „entkräftet und ins Lächerliche gezogen."[27] Sie lautet:

> N.S. Gestern sahen wir hier *Pachter Feldkümmel*; in kurzem werden wir wieder *Vetter Kuckuck* und vielleicht auch *Rochus Pumpernickel* sehen.

„Erst die Nachschrift [...] läßt die satirische Tendenz erkennen," versichert auf Sembdners Spur auch Grathoff (107) - während im gleichen Jahr Michael Moering Sembdners Ansicht feierte als Triumph für Kleists Kunst der (nur wenig verhüllten) Ironie.[28] Sembdner wußte seinerzeit nichts anzufangen mit Steigs Analyse des *Schreibens*: „Die Augenverblendung," „die vollendete Verhöhnung Ifflands in Formen, die das Gegentheil davon zu besagen scheinen," beginne gleich mit der „Vorbemerkung." „Völlig neutral," „ohne Lob und Tadel" gelange in den ersten Sätzen dennoch Kleists „Gegnerschaft grell zum Ausdruck" (220-223).

Eine nähere Erläuterung hielt Steig 1901 offenbar für überflüssig. Unseren Zwecken kann sie indessen dienen. Beispielsweise erwartet der redliche Berliner, daß Iffland dem Nationaltheater einen bestimmten Charakter einprägen soll. Er erwartet das aber mit einer auffällig verwickelten Syntax so: „daß er dem Theater (was ihm, zu besitzen, das erste Bedürfnis ist), [...] einprägen werde: nämlich einen Charakter." Die Parenthese erhält dabei zwei Bedeutungen: erstens will Iffland vor allem Besitzer des Theaters sein; und zweitens ist er vor allem eines Charakters bedürftig. Hierauf und auf andere Teile des *Briefes* kommen wir zurück.

Drei Tage nach Erscheinen dieses fingierten Briefes vom 23. November 1810 kam es am 26. zu einem Theaterskandal, bei dem laut ministerieller Aktennotiz ein „von Kleist, Major," den Offizieren vorher die Plätze angewiesen und dann „den meisten Lärm gemacht haben soll" (Grathoff, 114, 159). Während die Polizei behauptete, vergeblich nach dem Übeltäter zu fahnden, den der Berliner

---

27 Sembdner, *Die Berliner Abendblätter* (Anm. 2), 113; dtv Bd. 5 (Anm. 8), 228: „Die Ironie wird erst durch die Nachschrift offenbar." Ebenso *In Sachen Kleist*. 1974 (Anm. 26), 215.

28 Michael Moering: *Witz und Ironie in der Prosa Heinrich von Kleists*. München 1972, 205f.

Polizeipräsident persönlich unter seiner besonderen Zensur-Ob-hut hielt, erweiterte Kleist die Wirkung eben durch seine Zeitung. Mit scheinheiligem Kopfschütteln über das unbotmäßige Publikum berichtet er unschuldig nur: beim Auftreten der Mslle. Herbst habe ein „heftiges und ziemlich allgemeines Klatschen" begonnen, „welches durch den Umstand, daß man, bevor sie noch einen Laut von sich gegeben hatte, da capo rief, sehr zweideutig ward." Das druckten die *Abendblätter* am 27. November. Am 1. Dezember erhielten sie auf Betreiben Ifflands Druckverbot für Theaterkritiken. Uns geht es hier darum, zu illustrieren, mit welcher Unschuldsmiene Kleist seine Kritik ironisch-witzig anzubringen und zugleich halb zu verhüllen wußte. Wir prüfen daraufhin die drei politischen Artikel.

Was die in der redaktionellen Anmerkung zu Beckedorffs Artikel gemeinten ständischen Repräsentanten angeht, so dürfte das Attribut *geborenen* erweisen, daß eine Versammlung gemeint ist, in der der Adel den Vorrang vor den anderen Ständen hatte. So war es üblich, und so meinten es Müller und Beckedorff.[29] Damit aber bezieht der Artikel - wie allein Steig feststellte, während die übrige Forschung den Artikel und Steigs Kommentar so gut wie völlig überging - schärfste Opposition gegen die Ziele Hardenbergs und der Reformpartei!

Das wurde von den Zeitgenossen auch bemerkt, wie Steig (150) belegt: Am 24. Januar 1811 meldet Freiherr Ludwig von Ompteda brieflich seinem Bruder „einige neuerliche Aufloderungen" in den *Abendblättern.* Daß Hardenberg begriff, versteht sich. Dies eben blieb der letzte tapfere Streich der ihrem Ende zutreibenden *Abendblätter.* Wenn er die Zensur überstand, verdankte er es deren Milde angesichts der tagenden Notabelnversammlung, vor allem aber der Technik des Verfassers, die Autoritäten irrezuführen durch die Angriffe auf Müller - und sie durch unausgesprochene Rehabilitierung Müllers versteckt zu verhöhnen. Ironische Satire also.

Man fand dergleichen - freilich ohne ironische Verhüllung - in Kleists Briefen für die nicht zustande gekommene *Germania* und für die *Abendblätter,* z.B. auch im ersten der angeblich „regierungs-

---

29 „Beckedorff hatte unter dem 8. Dezember 1810 dem Staatskanzler ein Promemoria überreicht, das den Plan entwickelte, wie der preußische Adel wieder zu beleben sei," und das Hardenberg „natürlich spurlos `zu den Akten´ schrieb: 3. Jan. 1811." (Steig, 148). Sembdner (mdl. Mittlg.) schreibt die Anmerkung Beckedorff zu, nicht Kleist.

freundlichen Artikel," *Über die Luxussteuern*. Wir besprechen jedoch zunächst den zweiten.

Über die Aufhebung des laßbäuerlichen Verhältnisses (29. 12. 1810)

Es ist der nüchternste, unscheinbarste, scheinbar eindeutigste und wohl deshalb meist übergangene der drei Artikel, von denen hier die Rede ist. Steig und Sembdner sind, was die Regierungsfreundlichkeit des Beitrags angeht, hier unter sich und mit der Forschung einig. Sembdner, der Kleists Verfasserschaft ermittelte (*Euphorion* 1959), nimmt an, er lege hier „die Weisheit" der von Hardenberg „ergriffenen Maßregeln gründlich und vollständig dem Publiko auseinander" (dtv 5, 225). Mit diesen Worten hatte Kleist den Kanzler um „Andeutungen oder Befehle" ersucht, und sie waren ihm durch Raumer zugekommen (3. Dez. 1810 an Hardenberg; 20. an Prinz Wilhelm). Steig vermutet sogar einen Beamten als Verfasser.

Es geht um die verantwortliche Sorge für den Untergebenen, wie sie etwa Kohlhaas für seinen Knecht Herse bewährt und dabei soweit geht, selber ihn zu waschen und seine Wunden zu pflegen. Menschen, die über Nacht eine Freiheit erhalten sollen, auf deren Gebrauch sie gar nicht vorbereitet sind, geraten unvermeidlich in Schwierigkeiten. Eine Zeitlang bleiben sie angewiesen auf die „Unterstützung" ihrer Herren. Das sind Erwägungen aus der Adelsperspektive, wie sie sein soll. Kleist unterstellt sie der Regierung und schreibt die Verzögerung des Edikts ihrer Fürsorge zu. Der Zensor konnte zufrieden sein.

Indessen behauptet Kleist durchaus nicht, er wisse, daß die Regierung aus so löblichen Motiven handle. Vielmehr deutet er bloß an, hier könne der Grund für die Verzögerung liegen. Nachdrücklich erklärt er indessen eingangs, bei all ihrer offenkundigen „Wohltätigkeit" für den Einzelnen und für die Landwirtschaft dürfe besagte „Maßregel [...] doch nicht [...] plötzlich und mit einem Schlage [...] ins Leben gerufen werden." Dann folgen die humanitären und adelsgemäßen Argumente, als Erläuterung endlich der Schlußabsatz:

> Diese Betrachtungen sind ohne Zweifel von der Regierung in Erwägung gezogen worden und wir führen sie hier nur an, um der

> Ungeduld derjenigen zu begegnen, welche die Publication der Edicte über diesen Gegenstand nicht erwarten können.

Handelte es sich in der Tat um Ideen der Regierung, könnte und müßte Kleist sich bestimmter ausdrücken. So, wie er seine Worte wählt, sind sie ein Hinweis auf das humanitäre Problem der Bauernbefreiung; eine Warnung, die schwerlich half, das erwartete Edikt populär zu machen. Vermutlich wußte man sogar, daß das Edikt sich keineswegs aus humanitären, sondern aus taktischen Gründen verzögerte.[30] Dann freilich ließ das beflissene „ohne Zweifel“ ebenso wie das „Ein Unding!“ der oben erörterten redaktionellen Anmerkung hinter einer Unschuldsmiene den Hohn auf die Regierung und die Ablehnung ihres Edikts umso deutlicher hervor lugen. Und umso besser wird man in den beiden anderen Artikeln das Regierungslob als Ironie verstanden haben, gerade weil es da weit weniger gedämpft ertönt, ja sogar überschwänglich. Beide befassen sich mit den Steuergesetzen gegen den Adel.

Über die Luxussteuer (20. 12. 1810)

Der Artikel, der sich mit dem Luxussteueredict vom 28. Oktober 1810 befaßt, gibt einen dem Verfasser angeblich bekannt gewordenen Brief wieder, eingefaßt von einer Vorbemerkung und einer Nachschrift, die eine Antwort Kleists als „Anonymus“ enthält.

Der fingierte Brief stellt das Muster einer Steuerhinterziehung dar, offenkundig eine Satire auf den Adel. Einzig Steig hielt das nicht für die wahre Grundtendenz und erhielt dafür von Sembdner die Rüge: er habe „nicht nur den satirischen Sinn des ganzen Artikels völlig mißverstanden, sondern auch Kleists nationales Verantwortungsgefühl in nicht mehr rechtzufertigender [!] Weise unterschätzt.“ Sembdner vermischt sogar die Absichten Kleists und des fingierten Briefschreibers, um Steig vorzuwerfen, er wolle „den Aufsatz [...] als praktischen Vorschlag, den Luxussteuern zu entschlüpfen, gewertet wissen.“[31] So bewertete Steig (116) aber natür-

---

[30] Steig wertet sie (120) als „diplomatische Konzession, vielleicht nur Schein-Konzession, des Staatskanzlers an den lauter widersprechenden, Grund besitzenden Adel.“

[31] Sembdner (Anm. 2), 114.

lich nur die Absicht des fingierten Briefschreibers. Die Fiktion als solche dagegen „lief" seiner Ansicht nach „auf eine Verspottung des Gesetzes hinaus" (117).

Steig meinte noch, Einleitung, Zwischenbemerkung und abschließende Antwort zu dem Brief stammten nicht von Kleist, sondern von Regierungsseite, womöglich von Raumer. Dem unterbreitete Kleist diesen Artikel ja (Steig meinte, bloß den Brief, was allerdings wenig wahrscheinlich ist) zur Begutachtung, bevor er ihn druckte. Darin erblickt man noch heute die selbstverständliche Garantie für die regierungsfreundliche Tendenz des Ganzen. Scheibner beruft sich außerdem auf den Appell des Gesetzes, und wertet Kleists Appell an „den Edelmut und Gemeinsinn der Nation," die Luxussteuern zu erstatten „als eine Art von patriotischem Beitrag [...] zur Rettung des Staats." Ein solcher Appell könne seine Wirkung nicht verfehlen, gebe es doch, wie Kleist versichert, genug Leute, die *„die Zweckmäßigkeit der Luxussteuern begreifen"* (Hervorhebung bei Rogge 135 und Scheibner 162). Und Kleist versichere ja, „obiger Brief" sei nur „die Verirrung einer einzelnen, isolierten Schlechtigkeit" - vielmehr das allein könne sie sein. - Wozu dann aber der Appell, die lächerlich ausführliche Darlegung, wie man die Steuer umgehen könne? Die Tendenz muß sich logischerweise doch „gegen die egoistisch-restaurative Rolle bestimmter Adelskreise" richten, wie Scheibner feststellt, ohne indes den Widerspruch zu dem zitierten Wortlaut zu erörtern.

Daß hier etwas nicht stimmt, bemerkte wieder allein Steig. Die Antwort an den Schreiber spricht sogleich von dessen „Genossenschaft" und fügt erst nachträglich hinzu: „falls Sie dergleichen haben." Steig sah darin eine Hindeutung auf den ganzen besitzenden Adel, der die Steuer angreife und das auch schon in Delegationen, wie dann in der bekannten Stolper tat. Den immanenten Widerspruch beachtete er freilich nicht; und „die fiskalische Drohung mit einer Steuererhöhung, als Ausfluß der Huld und Güte der Regierung, steht" für sein Empfinden nur „wie an unrechter Stelle da." „Sehr geschickt" erscheint ihm deshalb „diese Antwort nicht" (118f.) - natürlich nicht, wenn sie den Standpunkt der Regierung einleuchtend machen soll.

In der Tat: wenn die Regierung zum Eintreiben der Steuer ein Beamtenheer mobilisiert, hat sie zunächst ganz eindeutig nicht mit einer „einzelnen, isolierten Schlechtigkeit" zu tun. Weil sie dazu aber, wie Kleist im einzelnen vorrechnet, die Steuer weiter erhöhen muß, fragt sich, ob der zusätzliche Aufwand sich nicht selbst verzehrt, und umgekehrt, ob selbst ein bescheidener bürokratischer Aufwand überhaupt lohnt, wenn derart viele Ausweichmöglichkeiten bestehen.

Zu der Satire auf den Egoismus der adligen Besitzenden käme also hinzu die Satire auf die Rechenkunst der Regierung. Diese durfte Kleist nicht offen kritisieren, und er brauchte es nicht; sie wurde damals immer wieder öffentlich bezweifelt. Er erreicht seinen Zweck vielmehr durch jene Widersprüche, die zum Aufhorchen und Nachdenken anhalten sollen, und durch das übertrieben enthusiastische Vertrauen in die Weisheit der Regierung. Zu diesen, uns schon bekannten Mitteln gesellt sich die verhüllte Komik einer lächerlich moralisierenden Argumentation.

Nach allem, was wir von Kleist wissen, ist es ihm ernst mit der Zwischenbemerkung: „ob ein Staat, der aus solchen Bürgern zusammengesetzt ist, besteht, oder ob er, von den Stürmen der Zeit, in alle Lüfte verweht wird: das gilt völlig gleichviel." Was aber soll man davon halten, wenn er als drakonische Strafe des einzelnen Missetäters – Steuererlaß empfiehlt und die Anprangerung des Namens mit dem entehrenden Verdikt: „dieser ist von der Steuer frei"? Und wenn er, daran gemessen, die Alternative der Steuererhöhung und Beamtenvermehrung feiert als ein weiteres Beispiel – nicht der Einfalt, sondern – der „Huld und Güte," die „seit undenklichen Zeiten, die Eigenschaft aller unserer Landesregierungen gewesen ist"? Der hypothetische Charakter dieser Alternative wird noch in den prosaisch abschließenden Zahlenvergleichen gegenwärtig gehalten („vielleicht") und mochte sich bei vielen Lesern erstrecken auf „Huld und Güte [...] aller unserer Landesregierungen."

Und sollte gerade jenes letzte Zitat nicht auch heute noch Anspruch erheben dürfen auf ein wenig Mißtrauen? Aber nein, auf einen ganz ähnlichen Ausruf gründet z.B. Scheibner (162) sein Vertrauen zur Regierungsfreundlichkeit des dritten Aufsatzes:

Über die Finanzmaßregeln der Regierung (18. 1. 1811)

Der Himmel bewahre mich davor, der Regierung bei so viel preiswürdigen und gesegneten Schritten, die sie zum Aufbau einer

> besseren Zukunft tat, nichts als eine Absicht dieser sekundären Art unterzulegen; es gilt hoffentlich ganz andere Dinge, als die bloße Tilgung einer, momentan auf uns lastenden Kriegsschuld.

Was Scheibner und andere Kommentatoren nicht bemerkten, ist, daß dieser Ausruf zu Beginn des Schlußabschnitts das scheinbare Ergebnis des Artikels entwertet und in sein Gegenteil verkehrt. Wir haben wieder einen fingierten Brief mit der Anrede: „Mein theurer Freund" und unterzeichnet „xy." Dem angeschriebenen Partner legt Kleist die Frage in den Mund, die damals im Zentrum der Reform-Debatten stand: Warum verlangte man vom Adel nicht eine einmalige Kriegskontribution, die nichts an der Verfassung und an den Privilegien des Standes änderte? Der Briefschreiber antwortet: Als davon die Rede war, erklärte sich der Adel außerstande zu einer so außerordentlichen „Kraftäußerung."

Jetzt freilich, da er „das Drückende [...] der Alternative" sieht, ist er plötzlich einverstanden und imstande. Der „Buchstabe" „der erlassenen Verordnungen" mußte allerdings „auf ganz notwendige Weise" diese „Reaktion" herbeiführen, den „Geist" dieses patriotischen Opfersinns erwecken. – Darf man daher annehmen, sie seien auf diesen Endzweck hin berechnet? Daß der „Gedanke, diese Kraft im Schoße der Nation zu erwecken und zu reifen, mit in die Waageschale gefallen wäre?"

Mit der „Kraft" ist hier, ähnlich wie im Aufsatz über die Luxussteuer, neben der materiellen zugleich „die Kraft der Hingebung und Aufopferung für das Gemeinwesen" gemeint. Im vorletzten Absatz befindet sich die Anekdote von dem Gelähmten, dem ein Feuer plötzlich Beine macht. Damit lenkt Kleist jäh von jener höheren „Kraft" ab und zurück auf ihre materielle Motivierung.

Tatsächlich erschien im drittletzten Absatz die materialistische Reaktion auf den materiellen Druck der Verordnung allein als deren unanzweifelbare und auch beabsichtigte Folge, die Erweckung des höheren Vermögens dagegen nur als hypothetische Zusatzabsicht. Der Schlußabsatz versichert dann eigentlich nur, der Regierung wenigstens nicht ausschließlich die Tilgung der Nationalschuld als Ziel zu unterstellen. Vollends die Wendung „hoffentlich ganz andre Dinge" läßt – nach der vorangegangenen klaren Definition überraschend – wieder offen, was die ganz andren Dinge sein mögen.

Dem entspricht im drittletzten Absatz der Ausdruck „Inbegriff jener erlassenen Verordnungen." Er dürfte ebenfalls andeuten, daß es um mehr geht als um die Kriegsschuld, eben – und das wußten viele Leser – um den Umsturz „der alten Ordnung der Dinge," um die Entmachtung des Adels, um die Abschaffung seiner Steuerprivilegien, einer wichtigen ökonomischen Grundlage für seine Standesprivilegien.

Davon war die Rede – freilich in unverfänglichen Andeutungen – am Anfang, bei Rekapitulation des Standpunktes, auf welchen der Brief antwortend eingeht. Am Ende kehrt Kleist – über die unanzweifelbare Absicht, die Nationalschuld zu tilgen, und die nur hypothetisch unterstellte Absicht, den nationalen Opfergeist zu wecken – in ebenso verhüllter Form dorthin zurück. Der Satz: „Ich gehe hier bloß in eine Ansicht der Dinge ein, die Sie mir in Ihrem Brief aufgestellt haben," verweist den Leser auf den Anfang und – über die Wendung „hoffentlich ganz andre Dinge" – auf die dort in Frage gestellte „Erhaltung der alten Ordnung der Dinge."

Vielleicht möchte man einwenden, so genau habe Kleist in einem derartigen Artikel das Wortnetz nicht flechten können. Der Aufsatz muß indessen (so Sembdner, dtv, 225) „schon Ende Dezember 1810 verfaßt sein, blieb aber zunächst liegen, da zum Quartalswechsel alle politischen Artikel in den *Abendblättern* untersagt wurden." Kleist konnte ihn also noch bearbeiten. Vielleicht hatte er ihn aber schon damals so gründlich ausgefeilt, wie wir es gleich noch genauer sehen werden.

Die Begeisterung für den Gedanken, die Regierung habe den Opfergeist des Adels wecken wollen, verliert sich im Schlußabsatz noch weiter. Das Lob, das der Regierung auf Grund ihrer bisherigen Leistungen und trotzdem nur blind vertrauend („hoffentlich") im Hinblick auf die anstehende Frage unter Anrufung des Himmels vorgeschossen wurde, bestand, genau besehen, nur in dem hochmoralischen Entschluß, der Regierung nicht bloß materialistische Gedankengänge zuzuschreiben – was, schlimm genug, auf gesellschaftspolitische schließen ließ. Dann sinkt auch dieser bloße gute Wille noch eine Stufe tiefer: der Schreiber mahnt, man solle das Reformwerk wenigstens nicht ablehnen, bevor es ganz bekannt sei. Das freilich hieße, man solle auf die im vollen Gang befindliche Debatte der Reform verzichten – bis die Tatsachen vollendet und nicht mehr zu ändern wären.

In der damaligen Situation einem konservativen Adligen gegenüber eine paradoxe Zumutung. Und steckte nicht ein ähnliches Paradox in dem Zentralthema des Aufsatzes, die Regierung wolle den Adel zur Opferbereitschaft erziehen durch dieselbe Steuergesetzgebung, die ihm die Freiheit zum materiellen Opfer gerade rauben, ja ihn als Adel weitgehend vernichten würde? Tatsächlich dispensiert der Schlußteil des Schlußsatzes jede Aktivität seitens des Staatsbürgers. Scheinbar verstärkt sich in gleichem Maße wieder das Lob der Regierung. Doch hören wir genauer hin:

> [Ich] möchte Ihr Vertrauen schärfen zu einer Regierung, die es lebhaft, wie je eine, verdient, und, in einer so verhängnisvollen Zeit, wie die jetzige, mehr als irgend eine andere, falls die Wolken, die uns umringen, zerstreut werden sollen, in ihren Maßregeln, groß und klein, die sie zu ergreifen für gut befindet, bedarf.

Das klingt wohlwollend, harmlos, sogar lächerlich einfältig: „Maßregeln, groß und klein." Immerhin verdient die Regierung Vertrauen, und sie „bedarf" dessen. Bedarf? Im Falle Ifflands hatte `bedürfen´ vor allem die Bedeutung: `nicht oder nötighaben.´ Dann käme in den Satz ein Sinn etwa wie: `Wenn alles gut gehen soll, [...] (findet) die Regierung (besser) kein Vertrauen. Nur Mißtrauen ihr gegenüber kann in dieser Krise Rettung bringen.´ Dieser hintergründigen Bedeutung trägt auch der Satzanfang Rechnung: der Schreiber will das Vertrauen, das die Regierung verdient, „schärfen." Man schärft indessen nicht Vertrauen, sondern Mißtrauen. Und mehr Mißtrauen als Vertrauen wird geweckt gegen Maßregeln, welche die Regierung „zu ergreifen für gut befindet." Die Wendung „Maßregeln, groß und klein," mag unsere Aufmerksamkeit, unser Mißtrauen in die Worte so ausreichend wecken, daß wir die anschließende Empfehlung, zu mißtrauen, mitbekommen. Die gleiche Wirkung sollte offenbar ausgehen von dem treuherzigen Beginn des Absatzes: „Der Himmel bewahre mich davor usw."

Einzig Steig erkannte im Zusammenhang mit der Eingabe der Stolper Stände vom 18. Dezember 1810: „Mit der allergrößten Schlauheit hat" der Verfasser „auch hier einem im Kerne oppositionellen Artikel das harmlose Aussehen einer nicht-regierungsfeindlichen Aussprache über einen öffentlichen Vorgang zu geben gewußt." Man vergleiche dazu den eingangs zitierten Vorwurf Grathoffs: daß Steig den Artikel derart „umzuinterpretieren" versuche.

Und Rogge schließt den Brief aus seiner geschichtlichen Übersicht *Fingierte Briefe als Mittel politischer Satire* (135) ausdrücklich aus. Hier werbe Kleist „um Vertrauen auf die `Kraft der Hingebung´ und Aufopferung für das Gemeinwesen und um Verständnis für die Maßnahmen der Regierung. Zweck der Fiktion war in diesem Falle nicht Satire, sondern Beruhigung und Aufklärung." (Das Kleist-Zitat ist nicht ganz korrekt.) Im Hinblick auf den satirischen und den angeblich nicht satirischen Teil des Artikels *Über die Luxussteuern* erklärt Rogge: „Es versteht sich bei Kleist von selbst, daß er den verschiedenen Schriftstücken die jeweils angemessene Tonart zu geben und dadurch auch sprachlich die mit ihnen beabsichtigte politische Satire zum Ausdruck zu bringen verstanden hat."

Man sieht indessen, diese Gelehrten lassen die Satire gelten, nur wo sie unverschleiert auftritt. So konnte sie natürlich die Zensur einzig in regierungsfreundlichen Beiträgen passieren. Gar nicht erwogen wird der Gedanke, die Satire könnte sich gegen die Regierung richten und dabei ironisch die Maske schlicht regierungsfreundlicher Artikel oder gar satirischer Ausfälle gegen Regierungsgegner tragen.

Steig dagegen hatte den Blick für solche Komplikationen und für mehr. Übrigens hielt er für den Verfasser des Briefes *Über die Finanzmaßregeln* abermals nicht Kleist, sondern Müller. Stil und Anlage des Briefes erinnerten ihn an Müllers *Schreiben aus Berlin* (Nr. 67, 17. Dez. 1810). Zusammen mit seinem Artikel *Über die Luxussteuern* (Nr. 70, 20. Dez. 1810) hatte Kleist es Raumer am 15. Dezember mit einem treuherzigen Brief zur Begutachtung unterbreitet und die Druckerlaubnis erhalten. Deshalb war außer Steig jedermann sicher, beide Beiträge müßten regierungsfreundlich sein.

Tatsächlich muß Raumer selber diesen Eindruck gehabt haben. Allerdings hielt er Müllers „Schreiben" offenbar für Heuchelei. Er notierte nämlich spöttisch, es enthalte „so große Schmeicheleien und Lobpreisungen des Kanzlers, als ein anderer wenige Tage zuvor Angriffe und Schmähungen enthielt." Gemeint ist Müllers Aufsatz *Vom Nationalcredit* (Nr. 41, 16. Nov. 1810). Diesen schärfsten Angriff auf Hardenberg hat Raumer sich vermutlich nicht noch einmal angesehen. Abonnenten, die die *Abendblätter* aufhoben, um sie später einbinden zu lassen – zu diesem Zweck waren die Seiten der beiden Jahrgänge durchnumeriert – konnten das leicht tun.

Und das lohnte sich besonders zu einem Vergleich beider Artikel Müllers mit Kleists Aufsatz *Über die Finanzmaßregeln*, der seinerseits unmittelbar dem Aufsatz *Ständische Commission* mit Kleists redaktioneller Anmerkung voranging (Nr. 15/16, 18./19. Jan. 1811). Man spürt das stoßweise Einfallen Kleists und seiner Freunde in jeweils geöffnete Breschen der Zensur.

Müllers *Schreiben aus Berlin* besteht, wie wieder Steig feststellt, durchaus nicht nur aus Komplimenten für den Kanzler. Der Schlußruf „Lange lebe der König!" entspricht dem Schluß von *Ständische Commission*. Und die unmittelbar vorangehende Erklärung, Hardenberg insbesondere habe „uns bis jetzt niemals getäuscht," dürfte die Leser gerade an Täuschungsmanöver des Kanzlers und an Beschwerden darüber erinnert haben. Ähnlich mußte es wirken, wenn Müller zunächst Hardenbergs „Resignation über das persönliche, angeborne und lang angewöhnte Interesse seines Standes" lobt, später jedoch höflich anmerkt, daß er „zu weit gehn könne [...] in der Strenge gegen die angeborne und angewohnte Denkungsart dieses Standes, weil er selbst zu ihm gehört und eine besondre Zierde desselben ist." Denn: „Wer sich zuerst dem Allgemeinen aufopferte, war der erste Adlige."

Die Frage „Wird der Mann [...] vergessen, daß auch die Zukunft solcher Opfer bedarf?" konnte die Sorgen und die Einstellung des Adels gegenüber Hardenberg kaum bündiger ausdrücken. Dem Sinne nach tut das, wie wir sahen, auch der Artikel Kleists. Auf ihn deutet es auch voraus, wenn Müller sein „bescheidenes Urteil" über die „Gesetzgebung," „die doch nur teilweise erst sichtbar ist," erst „nach Publikation der gesamten Gesetze" fällen will, und wenn er zugibt, „das Vaterland" sei „in einem so kritischen Moment nur durch außerordentliche Maßregeln [...] zu retten," „welche nicht sowohl die Erfahrung als vielmehr ein reiner und göttlicher Wille bewähren muß."

Diese letzte Bemerkung trifft Hardenberg mit verletzender Verachtung. Und sie leuchtet sofort ein, wenn man annimmt, Müller wolle umgekehrt verstanden sein und den reinen, göttlichen Willen gerade fest an die Erfahrung binden. Genau das nämlich verlangte er kategorisch in dem Aufsatz *Vom Nationalcredit*. Die „Zukunft" der Nation – und auf die „Zukunft" will auch das *Schreiben* das Augenmerk des Kanzlers wie der Leser richten – ist nur zu sichern bei „Respekt," „Aufrechterhaltung," „Heilighaltung" (= „reiner und göttlicher Wille") der „Vergangenheit," nämlich der vorhandenen „Gesetzgebung." Mögen „es auch die Umstände unmöglich gemacht haben, den Buchstaben zu erfüllen," und seine Veränderung erzwingen, so kann und muß man dennoch die Verfassung „unter allen Veränderungen *heilig-halten*" jedenfalls dem „Geist" nach.

Die 3. Vorlesung der *Elemente der Staatskunst* übertrug diese Aufgabe dem Souverän. Kleists Kottwitz verkündet sie in *Prinz Friedrich von Homburg* V, 5:

> Herr, das Gesetz, das höchste, oberste,
> Das wirken soll, in deiner Feldherrn Brust,
> Das ist der Buchstab deines Willens nicht.
> Das ist das Vaterland, das ist die Krone,
> Das bist du selber, dessen Haupt sie trägt. (V. 1570ff.)

Der Aufsatz *Über die Finanzmaßregeln* läßt travestierend umgekehrt den Buchstaben Geist produzieren, freilich nach der „gegensätzischen" Methode des ironisch-paradoxen Aufsatzes *Allerneuester Erziehungsplan* (*BA* 29./30. Okt., 1./10. Nov. 1810). Kleist unterstellt jenen „Verordnungen," ob „nicht sowohl der Buchstabe derselben, als vielmehr der Geist, den sie infolge jener natürlichen Reaktion [„lieber die ganze Quote der Kontribution [...] bar innerhalb [...] sechs Monaten entrichten zu wollen"] annehmen würden, die Absicht und der Zweck der Regierung gewesen wäre?" Wir wissen, Kleist verneint diese Absicht gerade.

Keineswegs indessen leugnet er die Wirkung. Damit aber ironisiert er Herkunft und Substanz des plötzlichen Opfergeistes von Seiten des Adels. Der Sinn, in dem Kleist die Ausbalancierung des Gesetzes durch den „Geist," wie Müller sie postulierte, versteckt wieder zur Geltung bringt, verhöhnt die Zensur samt der Regierung. Die travestierende Umkehrung des Verhältnisses richtet sich gegen Hardenberg und den Adel, vielleicht sogar auch gegen Müller. Darauf deuten, ohne Sicherheit zu garantieren, gewisse Indizien.

Eines liefert der Umgang mit der Achse von Vergangenheit, Gegenwart und Zukunft, um welche Müllers Aufsätze kreisen, vor allem der *Vom Nationalcredit*. Daß Kleist sie zitiert im Hinblick auf „Gemeingeist und Patriotismus," als seien diese dank den Reformen nicht über jeden Zweifel erhaben, bedeutet abermals eine Herausforderung an Regierung und Zensur. Zugleich aber zieht er Müllers Konzeption ins Lächerliche. Diese macht die Zukunft davon abhängig, daß die Gegenwart sich auf die Vergangenheit stütze. Kleist übernimmt die Begriffe bis in Einzelwendungen hinein (Müller: „Zukunft ins Auge zu fassen"), gebraucht sie jedoch in leichtfertiger, spielerischer Weise, fast als käme es mehr auf die ästhetische Symmetrie der Perspektive an:

> Wer Vergangenheit und Zukunft ins Auge faßt, der ist mit der Gegenwart, als dem Mittelglied derselben, ausgesöhnt; und wenn ein beträchtlicher Zeitraum von Jahren verflossen ist, ohne daß die Kraft der Hingebung und Aufopferung für das Gemeinwesen erprobt und geübt worden, so ist dies nur ein Grund mehr für mich, zu glauben, daß wir dem Zeitpunkt ganz nahe sind, wo ihm die größesten und herrlichsten Opfer, würdig der schönsten Beispiele der Vorzeit, werden gebracht werden.

Das sei, versichert er – und man vernimmt wieder den leichtfertig spielerischen Ton der Iffland-Invektiven –, *seine* Art von Klage über den Mangel solcher Tugenden, nämlich „die bessere Tat." Sie besteht darin, sorglos der Zukunft zu vertrauen und sich einfach („gegensätzisch") zu verlassen auf die Taten der Zeitgenossen (denen man sie allerdings gerade nicht zutraut). Ein merkwürdiger Appell. Seine Unlogik könnte eine wichtige Funktion haben: nämlich das Reden über Vergangenheit, Gegenwart und Zukunft ad absurdum zu führen und damit diesen Streit um Privilegien und materiellen Vorteil loszulösen von dem Appell, auf den allein es ankommt, von dem Appell an die „Kraft der Hingebung und Aufopferung für das Gemeinwesen" hier und jetzt.

Kleists allseitige Satire

Trifft dies zu, dann richtete sich Kleists satirische Ironie hier und in den anderen Briefen durchaus gegen die Regierung, was Steig erkannte und seine Nachfolger bestritten. Sie richtete sich aber auch gegen den Adel, was Steig verkannte, seine Nachfolger dagegen überschätzten, weil sie hier ihre zeitgeistgemäßen Erwartungen, ja Hoffnungen erfüllt sahen. Ihnen und eben auch Steig entging der entscheidende Umstand, daß Kleist die Argumente Müllers zwar einerseits zur Geltung bringt, andererseits indes zumindest teilweise ironisiert. In jedem Falle, so oder so, wandte er sich gegen das Interesse an den materiellen Vorteilen, die Müller dem Adel erhalten sehen wollte und welche die Stein/Hardenbergsche Reform den anderen Ständen verschaffen wollte als Grundlage für einen patriotischen Gemeingeist der Nation. „Kleist vertrat" im Gegensatz zu beiden Lagern, wie Hans-Günther Thalheim und jüngst Siegfried Streller feststellten, „die Ansicht, daß materielle Interessen den ideellen Einsatz nur hindern können."[32]

Hinzu kommt ein Zweites. Der Artikel *Über die Finanzmaßregeln* sprach abschließend von den „Maßregeln, groß und klein," die die Regierung „zu ergreifen für gut befindet" – zu ergänzen wäre sinngemäß: `ohne die Informationen und Vorschläge der adligen Provinzvertreter angemessen zu berücksichtigen.´ Kleists redaktionelle Anmerkung am nächsten Tag zum Artikel *Ständische Commission* und dessen Schluß erinnern Hardenberg offen an das, worauf die drei Aufsätze versteckt anspielen und woran Kleists *Unmaßgebliche Bemerkung* (*BA*, 17. Okt. 1810) Iffland offen erinnerte: an die „Verpflichtung, sich mit der Kritik zu befassen." Wie wir sahen, unterstützte das *Schreiben eines redlichen Berliners* unter ironisch vorgeschobener Abweisung „exzentrischer Köpfe, Kraftgenies und poetischer Revolutionärs" genau deren Forderung, man müsse „die Fackel der Untersuchung" auch ins „Allerheiligste" der „Theaterheiligkeit" hineintragen, wovor der Schreiber selber freilich „die Tür unseres kleinen freundlichen Tempels" geschlossen halten will. Wie Iffland ein „Theaterpapst," so war für Kleist auch Hardenberg ein Papst, den er ähnlich ironisch in Schutz nahm gegen Kritik, nur war die Satire da mehr versteckt.

Päpstlich, autoritär war indes Müller ebenfalls, und niemand wußte das besser als sein Freund und Mitarbeiter Kleist, der in allen seinen Dichtungen die Autorität, ihre Natur und ihre Wirkung, satirisch ironisiert. Noch bevor sie sich persönlich trafen, hatte Müller Kleists *Amphitryon* herausgegeben und in der Vorrede mit einer religiösen Interpretation versehen, die die autoritätsfeindliche Stoßrichtung des Lustspiels umkehrt und über Goethes Verwunderung

---

[32] Hans-Günther Thalheim: Kleists *Prinz Friedrich von Homburg*. *WB* 11 (1965), 483-550, hier 538; Streller: Einleitung zur Aufbau-Ausgabe (Anm. 8), 39.

bis heute die Gelehrten irreführte. Die Liquidation des eingehenden *Phoebus* schloß Müller, „ohne daß er sich mit Kleist beraten und ihn auch nur verständigt hätte, zu Bedingungen ab, die für Kleist den finanziellen Ruin bedeuteten" (Streller, 54). Daß Müller mit seinen Angriffen auf die Regierung die *Abendblätter,* die Kleist als Lebensbasis brauchte, schwer gefährdete, hat dieser ihm anscheinend nicht weiter verübelt. Wohl aber dürfte er die Argumentationsweise des Freundes mit Kopfschütteln betrachtet haben.

Mit seiner Lehre vom Gegensatze und der Ironie sanktionierte Müller jeden Positionswechsel, auch den extremsten. Treue und Verläßlichkeit, auf denen die Verbindlichkeit ethischer Werte ruht, waren das genaue Gegenteil all seines Theoretisierens - so sehr, daß selbst sein Freund Friedrich Gentz sich dagegen voll „Abscheu" und „auf Tod und Leben" wehrte (21. März 1807 an Müller). Und dann in den staatsphilosophischen Vorlesungen vor den fürstlichen und adligen Honoratioren Dresdens und in den Berliner Kämpfen für den Adel diese Wendung zu Beständigkeit und Treue zur Tradition! Und all das mit der Attitüde eines Geschäftsführers des Weltgeists!

In drei Folgen der *Abendblätter* (15./16./17. Nov. 1810) - die erste enthielt Fragmente Müllers, die zweite seinen Nationalcredit-Aufsatz - druckte Kleist seine „Legende" *Die heilige Cäcilie oder die Gewalt der Musik.* Die zweite Folge bringt die Erzählung des natürlichen „Wunders:" Die sterbende Schwester Antonia liegt bewußtlos in ihrer Zelle, erscheint aber gleichzeitig auf der Empore, dirigiert Orchester und Chor und rettet damit das Kloster, bis man es am Ende des dreißigjährigen Krieges, „vermöge eines Artikels im westfälischen Frieden, gleichwohl säkularisierte."

Steig (532) vermutet darin eine deutliche Anspielung auf die am 30. Oktober 1810 im Zusammenhang mit den Finanzmaßnahmen verkündete „Säkularisation aller geistlichen Güter und die Aufhebung der Klöster." Werner Hoffmeister und ich deuteten unabhängig voneinander die Novelle als Verspottung des Wunder- und Legendenglaubens,[33] ich außerdem als ironisch verhüllten Spott auf

---

33 Werner Hoffmeister: Die Doppeldeutigkeit der Erzählweise in H. v. Kleists *Die Heilige Cäcilie oder die Gewalt der Musik.* In: *Festschrift Werner Neuse.* Berlin 1968, 44-57. Wittkowski: *Die Heilige Cäcilie* und *Der Zweikampf.* Kleists Legenden und die romantische Ironie. *Colloquia Germanica* (1972), 17-58.

Müller. Nach seiner Konversion im Interesse einer Wiener Karriere hatte der Vielgewandte eine geschiedene Protestantin geheiratet; und nun, am 15. November, mußte er seine Tochter Cäcilie (Kleist präsentierte die „Legende" als „Taufangebinde," betonte also das kirchliche Element) gemäß dem einschlägigen Paragraphen des preußischen Landrechts - protestantisch taufen lassen.

Kleist verspottet also - wie reagierte Müller? - dessen in religiösen Dingen höchst wechselhaftes Verhältnis zur Vergangenheit, deren treue Heilighaltung er doch schon auf der nächsten Seite des Abendblattes predigte; weiter seine Abhängigkeit vom Buchstaben des Gesetzes, während er den Geist unabhängig davon wissen wollte - kurz, Widersprüche seiner Theorie, vor allem aber zwischen Theorie und Praxis; endlich die Gewandtheit, mit der er sich - ganz anders als Kleist - in allem Wechsel der Verhältnisse zurechtfand und behauptete. Und das alles, wie gesagt, in derselben Nummer, die Müllers programmatischen Aufsatz *Vom Nationalcredit* enthielt!

Die dritte Nummer bringt den später erweiterten Schluß der „Legende" noch in seiner kurzen Form, den „Triumph der Religion:" erstens daß die Heilige Cäcilie selbst die wunderbare Musik dirigiert haben muß, so daß diejenigen, die das Kloster zerstören wollten, wahnsinnig wurden oder vielmehr der böse Geist in sie fuhr. Steig bezieht das auf Hardenberg und seine Leute (532). Der Spott könnte indessen auch zurückfallen auf die Benutzer solcher frommen Argumente. Und das trifft sicher zu, wenn zweitens die Vorgänge um Antonia - die sich damals, etwa mit G. H. Schuberts Theorie von den *Nachtseiten der Natur*, „natürlich" erklären ließen - zum „Wunder" erhoben werden, und zwar auf dem Instanzenweg der Kirchenbürokratie bis hinauf zum Papst. Die abschließende Erinnerung, Gott selbst habe damit allerdings das Kloster nicht bewahrt vor der Säkularisation, richtet sich, wenn nicht gegen diese Maßnahme, so gegen die Macht des Buchstabens, zu zerstören bzw. kraft päpstlichen Machtspruchs festzusetzen, was Wahrheit sei - also gegen die Autoritäts-Anmaßung von seiten der Institutionen Staat und Kirche sowie von seiten päpstlich auftretender Figuren wie Iffland, Hardenberg und Müller.

Man hat diese anti-autoritäre Haltung, die neben der Kritik am materiellen Opportunismus aller Parteien die Position Kleists in den *Abendblättern* ausmacht, als Liberalismus (Grathoff, 152), als anachronistische Aufklärungsidee (Scheibner, 156f.) und psychologisch-individuelles Problem (Lindsay[34]) klassifiziert, also historisch und psychologisch relativiert. Damit hat man die überzeitliche und eben darum stets aktuelle Substanz in Kleists Position verdeckt: den damals „Republikanismus“ genannten Widerstand gegen Tyrannei in Theorie und Praxis, gegen den absoluten Wahrheits-, Geltungs- und Herrschaftsanspruch von Staat und Kirche, von Einzelnen oder einer Ideologie sowie die Verwerfung materieller oder besser materialistischer Motive. Hat man sich hier in der Tat geirrt, so handelt es sich um schwerwiegende Mißverständnisse; und dann fragt sich, wie sie zu erklären und unter Umständen zu vermeiden wären.

Schwierigkeiten der politischen Fragestellung

Läßt sich, wie so häufig, der Fehler zurückführen auf die Fragestellung? Schwerlich direkt auf die Gretchenfrage nach Kleists politischer Einstellung. Wohl aber ist ein indirekter Zusammenhang wahrscheinlich. Bei der religiösen und existenz-theologischen Fragestellung der Adenauer-Germanistik schloß die interessierte Alternative „Glaube oder Unglaube“ von vornherein bestimmte und zentrale Möglichkeiten aus. Gleiches gilt für das Interesse der politischen Befragung. Die Alternative „progressiv oder konservativ? Regierungs- oder adelsfreundlich?“ schien das Gewünschte im Falle Kleists, wenn überhaupt, nur bei seinen drei politischen Artikeln herzugeben. Ein enttäuschendes Resultat. Denn in jedem Fall blieb „zu bezweifeln, daß Kleist eindeutige klassenkämpferische Ziele `von unten´ (zur Mobilisierung des Bürgertums) anstrebte.“ Sicher habe er nicht voll erkannt, „daß Müller klassenkämpferische Ziele `von oben´ (für die Junker) verfolgte“ und daß sein eigener Kampf „um das Recht der freien Meinungsäußerung [...] nur einige Aussicht auf Erfolg haben könnte, wenn er klassenspezifischer geführt wurde.“

Die derart „manifesten Widersprüche“ seiner „Liberalität“ (Grathoff, 152f.) und die Möglichkeit, ob er sie überwand, ja „ob Kleist überhaupt je in der Lage war, ästhetische oder staatstheoretische

[34] J. M. Lindsay: Figures of Authority in the Works of Heinrich von Kleist. *Forum of Modern Language Studies* 8 (1972), 107-119.

Grundpositionen uneingeschränkt zu übernehmen," je eine „klare Perspektive" zu gewinnen, macht Grathoff später[35] davon abhängig, ob Kleist seine „erkenntnistheoretische" „Krise" meistert; „denn solange das Problem der Wirklichkeitserkenntnis nicht gelöst ist, kann auch keine Perspektive für ein wirklichkeitsbeherrschendes Handeln eröffnet werden."

Wirklichkeitserkenntnis und -beherrschung unmöglich ohne Erkenntnistheorie? Solche und andere Formulierungen belegen zur Genüge, daß der Dichter hier prüfend befragt wurde von einem Interpreten, der im genauen Gegensatz zu Kleists „Liberalität" grundsätzlich, obschon „links," zu Hardenbergs und Müllers Überschätzung von Theorie, Autorität und Herrschaft neigt, zu ideologischem Dogma. Es ist auch ein Interesse mehr an Politik und an Geschichte denn an literarischer Kunst sowie am Menschen Kleist. Das Wichtigste für Grathoff ist das Fazit: „den desolaten Zustand und die Perspektivelosigkeit seiner [Kleists] politischen Theoriebildung" habe man zu bewerten als Ausdruck und Widerspiegelung „der geschichtlichen Situation des deutschen Bürgertums am Anfang des 19. Jahrhunderts."[36]

Aus gleichem Politik-Interesse, indes differenzierter, machte mir kürzlich im Zusammenhang mit Kleists letzten Erzählungen Peter Horn[37] den Vorwurf, ich hielte die „Verhüllung seiner revolutionären Ideen in die scheinbar harmlose Sklavensprache für entscheidender [...] als das, was Kleist da notgedrungen verhüllen mußte." „Die ironische Verhüllung der eigenen Absicht bei Kleist" sei indessen nur „insofern von Bedeutung, als sie uns zeigt, gegen welche Gegenkräfte Kleist mit seinen Auffassungen kämpfen mußte."

Es sei daher „ein Ablenkungsmanöver von dem Gehalt eines Kunstwerks," also von jenen politischen Kräften samt ihren Wirkungen, und ferner eine „Heroisierung" auf Grund meiner falschen

---

35 Dirk Grathoff: Beerben oder Enterben? Probleme einer gegenwärtigen Aneignung von Kleists *Käthchen von Heilbronn*. In: *Lesen 2. Der alte Kanon neu*. Hg. Walter Raitz. Opladen 1976, 136-175, hier 166-168.

36 Ebd., 166f. So weit Grathoffs und mein Standpunkt hier auseinandergehen, so nahe sind wir uns neuerdings im Fall des *Zerbrochnen Krugs*.

37 Peter Horn: *Heinrich von Kleists Erzählungen*. Kronberg 1978, 212f. Dort 29 ähnlich wie bei Grathoff die Klage, Kleist habe, zwischen Adel und Bürgertum stehend, „für keine" „Klasse" „aus vollem Herzen Partei ergreifen [...] können" (29). M. E. sah er Stärken und Schwächen auf beiden Seiten.

Auffassung vom Künstler, wenn ich dem „Stil" eine so „übergroße Aufmerksamkeit" widmete, daß ich Kleists Selbstisolation, anstatt sie ihrer Ursachen wegen gebührend zu beklagen, beschriebe als menschlich tapfere und kunstvoll raffinierte Leistung, teils getragen von der „Heiterkeit beseligender Spiele," teils erfüllt vom „Zorn einer hoffnungslosen Resignation," und stets im „Exil einer Ironie, deren letzte Konsequenz der Selbstmord ist."[38]

Horn, der meiner Darstellung weitgehend folgt, wirft mir nicht Ignorierung der Außenkräfte vor, sondern Konzentration auf den Menschen und dessen Antwort. Allerdings: m.E. hat hier die Literaturwissenschaft in einem Falle wie dem vorliegenden ihre Hauptaufgabe. Daß man sie nur erfüllen kann, wenn man die Außenkräfte mitberücksichtigt, auf die der Dichter reagiert, erscheint mir selbstverständlich, doch ebenso, daß sie dabei die Basis und nicht die Hauptsache abgeben.

Die Interessen sind verschieden und die Fähigkeiten ebenso. Ich begnüge mich hier mit dem Hinweis, daß die von mir geteilte Ablehnung der ausschließlich immanenten Interpretation in der literaturwissenschaftlichen Theorie und Praxis zu einer Überbetonung außerliterarischer Positionen und Interessen führte und im Zusammenhang damit zu einer Unterschätzung großer Dichtung sowie zu einer Überschätzung der Zugänglichkeit der Texte.

Die Rezeptionstheorie hat vielfach die Vorstellung erweckt, es gebe gar keine Fehlrezeption, kein falsches Lesen. Das schmeichelt dem schlechten Leser und beruhigt den, der das Werk lieber vor sein richterliches Forum ruft als sich einzulassen auf die Provokation seines Standpunktes durch das Werk.[39] Vielleicht wird man indessen zugeben: vor Texten, die es gerade auf die partielle Fehlrezeption durch Zensur, Masse und Gegner absehen, gerät man damit in Schwierigkeiten, ja womöglich in die Rezeptionssituation eben der Zensoren und all derer, die getäuscht werden sollen nach dem Motto des *Abendblatts* vom 31. Oktober 1810:

---

[38] Wittkowski: „Die heilige Cäcilie" und „Der Zweikampf." Kleists Legenden und die romantische Ironie. *Colloquia Germanica* (1972), 17-58, hier 54.

[39] Vgl. Wittkowski: Unbehagen eines Praktikers an der Theorie. Zur Rezeptionsästhetik von Hans Robert Jauß. *Colloquia Germanica* (1979), 1-27.

NOTWEHR

Wahrheit gegen den Feind? Vergib mir! Ich lege zuweilen
Seine Binde um den Hals, um in sein Lager zu gehn.

Seit Sembdner ließ sich jede Untersuchung zu Kleists politischen Artikeln hierdurch täuschen – und das in der Überzeugung, methodisch sich auf unanfechtbarem Boden zu bewegen und Steig schon wegen seiner reaktionären politischen Voreingenommenheit nicht weiter ernstnehmen zu finden müssen.

Falls man nun doch einsieht, daß Steig die komplexen Texte manchmal verständnisvoller las und die verfügbaren Informationen zuweilen umsichtiger nutzte, verschärft sich das Dilemma der politisch engagierten Interpretation: wenn die letzten krampfhaften Versuche, Kleist teilweise für die Progressivität zu retten, als gescheitert gelten müssen, wird man das Interesse an ihm noch mehr verlieren, nachdem die fortschrittlichen deutschen Bühnen ihn bereits auf „uninteressant" spielen in der treuherzig reflektierten Überzeugung, mit der Zerstörung anerkannt großer Literatur zumal patriotisch-konservativer Couleur dem Publikum besonders gute Aufklärungs- und Bildungsdienste zu erweisen.

Oder aber, man ändert seine Einstellung zu dem einsam-tapferen und kunstvoll-raffinierten Kampf, welchen ein hoffnungslos Vereinzelter aus edelsten Motiven aufnahm gegen die in seinen Augen fragwürdig motivierten Worte und Taten **aller** Parteien, ob Freund, ob Feind. Vielleicht ist dergleichen unsere Sache nicht. In Kleists *Betrachtung über den Weltlauf* (*BA* 16. Okt. 1810) heißt es im Anschluß an Fichte: mit „Helden" der „menschlichen und [staats-] bürgerlichen Tugend" sei es vorbei. Das stimmte gerade nicht. Alkmeme und sogar Amphitryon, die Marquise, Hermann, Toni und die junge Schwarze, Homburg und Natalie, Trota, und besonders Kohlhaas (der seinem Autor geähnelt haben soll) sind solche Helden. Und sie sind es gerade nicht oder nicht in erster Linie dank einer religiösen oder politisch-ideologischen Gesinnung und Position im Koordinatensystem parteiischer Perspektiven auf Geschichte und Politik. Vielmehr sind sie es, weil sie gegen die Verletzung ethischer Werte rebellieren und in ihrem Widerstand und Kampf ethische Tugenden bewähren, nicht zuletzt in Form des Wieder-auf-er-stehens.

Dem zitierten Beitrag Achim von Arnims am 31. Oktober folgte jenes streitlustige Notwehr-Epigramm, das Kleists hier dargelegte ironische Methode formuliert und rechtfertigt. Deren hier neu mitgeteiltes Musterbeispiel, das *Schreiben von Dresden* (*BA* 33, 7. Nov.), ist dagegen gleichsam umrahmt von den Folgen der ironischen Satire *Allerneuester Erziehungsplan* (*BA* 25-27 und 35-36) mit dem resignierten Fazit: „Hilft es nichts, so schadet es nichts." Ohnehin wird alles in der Welt bleiben, wie es ist" – trotz den ausgefallensten Versuchen, die Dinge wieder einzurenken.

Dem Aufsatz Müllers *Vom Nationalcredit* (16. Nov.) folgt am 17. November außer dem Beschluß der *Heiligen Cäcilie* die groteske *Uralte Reichstagsfeierlichkeit, oder Kampf der Blinden mit dem Schweine.* Dieser verrückte „Kampf" hat neben seinem Wert als Unterhaltung ähnlichen Symbolgehalt wie die Anekdote von den beiden Boxern. Sie folgt nach je einem weiteren Beitrag zum *Nationalcredit* und zur Kraus-Fehde am 22. November, sowie einen Tag vor dem *Schreiben eines redlichen Berliners*: Der „Portsmouther" und der „Plymouther" bekämpfen einander so hartnäckig, daß die Gleichartigkeit ihrer Namen und ihres Tuns sich lächerlicherweise auf das Resultat erstreckt: der eine schlägt den anderen tot, nur um selbst anderntags zu sterben. Man könnte obige Sentenz halbumkehren und travestieren: „Schadet es auch, so hilft es doch nichts." Die Sorge, alle Anstrengung möchte zuletzt vergebens sein, begleitete die Kämpfe Kleists in deutlich zunehmendem Maße. Am Tag vor dem *Schreiben von Dresden* schließt der zitierte *Brief eines jungen Dichters an einen jungen Mahler*:

> So! sagt ihr und seht mich an: was der Herr uns da Neues sagt! und lächelt und zuckt die Achseln. Demnach, ihr Herren, Gott befohlen! Denn da Copernicus schon vor dreihundert Jahren gesagt hat, daß die Erde rund sei, so sehe ich nicht ein, was es helfen könnte, wenn ich es hier wiederholte. Lebet wohl!

Zitierte Texte:

An unsern Iffland (3. Okt. 1810)
1809 gedichtete *Ode auf den Wiedereinzug des Königs im Winter 1809* (5. Okt. 1810)
Betrachtungen über den Weltlauf (9. Okt. 1810)
Unmaßgebliche Bemerkung (17. Okt. 1810)
Achim von Arnim: *Wort der Billigkeit über Christ. Jacob Kraus* (31. Okt 1810)
Brief eines jungen Dichters an einen jungen Mahler (6. Nov. 1810)
Theater. Aus einem Schreiben von Dresden den 25. Octob. 1810 (7. Nov. 1810)
Adam Müller: *Vom Nationalcredit* (16. Nov. 1810)
Kabinettsordre des Königs (18. Nov. 1810)
Brief eines redlichen Berliners, das hiesige Theater betreffend, an einen Freund im Ausland (23. Nov. 1810)
Theaterskandal (27. Nov. 1810)
Müller: *Schreiben aus Berlin* (17. Dez. 1810)
Über die Luxussteuer (20. Dez. 1810)
Über die Aufhebung des laßbäuerlichen Verhältnisses (29. Dez. 1810)
Über die Finanzmaßregeln der Regierung (18. Jan. 1811)
Beckedorff: *Ständische Commission* (19. Jan. 1811)
Anmerkung der Redaktion dazu

Fiat Potestas et Pereat Iustitia
Michael Kohlhaas, Luther und die preußische Rechtsreform

Auf eine Umfrage der *Zeit* vom 21. und 23. Mai 1997, „Was sollen Schüler lesen?" antwortete Egon Schwarz: *Michael Kohlhaas,* weil „die Novelle [...] dem Leser die Entscheidung abverlangt, wo die Suche nach sozialer Gerechtigkeit aufhört und das destruktive `fiat iustitia, et pereat mundus´ anfängt. Das ist immer noch schrecklich aktuell." Also Kohlhaas, der sein Recht erkämpft und seinen Terrorismus sühnt durch den „ehrenvollen" und von ihm „triumphierend anerkannten Tod" „auf Grund rechtmäßiger Verurteilung durch rechtmäßiges Gericht?" - laut Gerhard Fricke „ferner Abglanz göttlicher Gnade und Güte."[1]

Diese opinio communis, die einer genaueren Lektüre zwar nicht standhielt, behauptet sich trotzdem weitgehend weiterhin in der modischen Patentformel einer Ambivalenz und letzten Unentschiedenheit. Oder verwechselt und vermengt solche Kompromißbereitschaft etwa Hegels harmonisierende Synthese-Dialektik mit Kleists ironischer Verschleierung seiner (oft gewiß dialektischen) Wahrheit, mit der er den Leser in der Tat einer Prüfung und Bewährungsprobe unterzieht? In solchem Falle entschärfte die opinio communis Kleists aufklärerische Kritik an Autoritäts-Macht und Autoritäts-Gläubigkeit samt deren traurig-höhnischer Verkappung, durch satirische Ironie und würde grundsätzlich gleichfalls mit zu deren Gegenstand, nämlich zum Apologeten der Unentschiedenheit oder gar harmonischen Versöhnung des Konfliktes zwischen Einzelnem und Staat und damit des Bestehenden. Dieses Kapitalvergehen unserer Fortschrittszeit schreibt man dann unausgesprochen dem Dichter-Junker zu; der es ja legitimiere.[2]

Überarbeiteter Beitrag zu *Recht und Gerechtigkeit bei Heinrich von Kleist.* II. Frankfurter Kleist-Kolloquium 17.-18 Oktober 1997, Hgg. Peter Ensberg und Hans-Joachim Marquardt. Stuttgart 2002, 87-114. Englische Kurzfassung: Is Kleist's Michael Kohlhaas a Terrorist? Luther, Prussian Law Reforms and the Accountability of Government. In: *Historical Reflections/Reflexions Historiques* (26) 2000, 471-486.

1 Gerhard Fricke: Michael Kohlhaas (1951). In: Ders.: *Studien und Interpretationen.* Frankfurt/M. 1956, 214-238, hier 238.

2 Peter Horn (1973): *Heinrich von Kleists Erzählungen.* Königstein 1978.

Aber, legitimiert er es? Was tut er denn? Zum wahren Anliegen des Dichters macht Erika Fischer-Lichte[3] ausweichend des Helden Autonomie mehr als deren Bewährungsfeld, seine Rechts- und Rache-Aktionen, die uns ja zuweilen nerven. Ihre feministische Emanzipations-Tendenz schärft der Verfasserin den Blick für die systemkonformen Anwandlungen des Erzählers, die man nicht für bare Dichter-Münze nehmen darf; für die lange verkannten Ungerechtigkeiten des Kurfürsten von Brandenburg[4] und dafür, daß Kohlhaas keineswegs, wie meist behauptet, seine Hinrichtung akzeptiere als Sühne für seinen Rache-Feldzug (46, 54, 56).

Gleichwohl seien dessen „Gewalttaten [...] gegen unbeteiligte Dritte“ eben ungerechtfertigt (53); und seine Hinrichtung dafür gerecht, zumal der Rechtsstaat Brandenburg das Recht seines Bürgers in Dresden wahrnehme (56). Womit wir doch wieder landen bei der Symmetrie von „Ambiguität, Widersprüchlichkeit, ja Paradoxie.“ Sie seien nun einmal „für Kleist charakteristisch“ und entstünden „immer dann, wenn Oppositionen äquivalent gesetzt werden“ (28). Oder - tut das erst die Interpretin, der Text dagegen nur ironisch, scheinbar, so, als ob es so wäre, und mit einer traurig-spöttischen Verbeugung vor der unerschütterlichen Über-Macht von Autorität und Konvention?

Adolf Fink schrieb 1976: Zwangsläufig saßen die Interpreten nicht nur über den Roßhändler, sondern „immer auch über sich und ihre Zeit zu Gericht.“[5] Das geschieht indessen ebenfalls, wenn auch er auf dem gelehrten Konsensus insistiert: „So entschieden der *Michael Kohlhaas* zur definitiven Urteilsbildung herausfordert, so hartnäckig erschwert, ja verweigert er sie.“ Dieses paradoxe „Zugleich des Widersprüchlichen“ (Klaus Müller-Salget[6]) weckt laut

---

[3] Erika Fischer-Lichte: *Heinrich von Kleist, „Michael Kohlhaas.“* Frankfurt/M. 1991.

[4] Letztere erkannten schon Richard Matthias Müller: Kleists „Michael Kohlhaas.“ *Deutsche Vierteljahrsschrift für Literaturwissenschaft und Geistesgeschichte* 44 (1970), 101-119, und Wolfgang Barthel: *Michael Kohlhaas.* Beobachtungen zum Erzählverfahren Kleists. *Beiträge zur Kleist-Forschung* (1974), 3-24.

[5] Adolf Fink: Michael Kohlhaas - ein noch anhängiger Prozeß. Geschichte und Kritik der bisher ergangenen Urteile. In: *Rechtsgeschichte als Kulturgeschichte. Festschrift für Adalbert Erler*. Hgg. Hans-Jürgen Becker u.a. Aalen 1976, 37-108, hier 105ff.

[6] Klaus Müller-Salget: Das Prinzip der Doppeldeutigkeit in Kleists Erzählungen. *Zeitschrift für Deutsche Philologie* 92 (1973), 185-211, hier 190.

Clemens Heselhaus zwar „Neugier auf die Lösung des Widerspruches."[7] Doch bevor Fink zeitüblich-volkspädagogisch schließt mit utopischer Hoffnung auf künftigen Ausgleich von Gefühl und Verstand, Gerechtigkeit und Glück, versichert er: „Es bleibt [...] bei einer letzten unübersteigbaren Zweideutigkeit," beim „ungeschlichteten Widerspruch der Welt." Nun, das stimmt wohl meist. Fink meint aber ganz speziell eben jenes ausgewogene Gleichgewicht von Recht und Unrecht.

Geht es nicht anders? Oder hält man pseudo-heroisch aus im Ungewissen nach vorzeitiger intellektueller Kapitulation, wie die existenztheologische Germanistik Benno von Wieses es in Mode brachte? Und war das dann nicht Kapitulation vor der Über-Macht einer Staats-Autorität, zwar keiner NS-Autorität mehr, nichtsdestotrotz aber Kapitulation vor der Übermacht des Staates – diesmal in der „Postmoderne?"

Steht hier etwa das Ambiguitäts-Denken sich und der Wahrheit selbst im Wege, indem es das zeitübliche Mißtrauen gelernt hat gegen politisch simplifizierend klare Scheidungen von Recht und Unrecht und unermüdlich hinterfragend prompt in der Suppe stets das gesuchte Haar findet?[8]

Ähnlich John Ellis: *Heinrich von Kleist. Studies in the Character and Meaning of his Writings.* Chapel Hill 1979, 81: Tragischerweise sei die Welt zu verworren (inconsistent) für des Helden allzu grandioses Sendungsbewußtsein. Anthony Stephens: *Heinrich von Kleist. The Dramas and the Stories.* Oxford 1994, 258: Der Text erlaube kein schlüssiges (consistent) Urteil; dem Kritiker bleibe nur, die Organisation der Widersprüche zu beschreiben.

7 Clemens Heselhaus: Das Kleistsche Paradox. In: *Kleists Aufsatz über das Marionettentheater.* Hg. Walter Müller-Seidel. Berlin 1967, 112-131, hier 115f.

8 Um 2000 behauptet es sich global als Variante der Postmoderne. Als Folge des „everything goes" lähmen „confused thinking," ethisch-intellektuelle Unverbindlichkeit, Beliebigkeitsprinzip" (Klaus Müller-Salget, Bd. 3 des Deutschen Klassikerverlags, 721) und „Ungewißheitsuniversalisierung" (Dirk Grathoff: *Recht und Gerechtigkeit,* s. Anfang, 101) jedes politisch handelnde Bemühen um Verbesserung und bringen die „Humanwissenschaften" noch mehr in Verruf. Noam Chomsky sagte es ebenso unmißverständlich wie vergeblich. Unlängst tat es der Physiker Alan D. Sokal mit einer geradezu Kleistschen Parodie, nämlich ironisch so verhüllt, daß man ihn mißverstand und gläubig druckte. Daraufhin attestierte er in einer klärenden Analyse den linksliberalen antikonservativen Postmodernen unzweideutig, sie seien – horribile dictu – unreflektierte Türhüter des Bestehenden. Alan D. Sokal: Transgressing

Sehen wir uns so ein Haar an: die Beschwerde, dem Helden gehe es einzig um sein privates Recht, nicht um das aller. Mehrfach aber betont der Text, Kohlhaas fühle sich seinen Nachkommen (86) und überhaupt „der Welt in der Pflicht verfallen," „sich Genugtuung für die erlittene Kränkung, und [damit] Sicherheit für zukünftige seinen Mitbürgern zu verschaffen" (11).[9] Mehr kann man schwerlich verlangen.

Die Staatsautoritäten verweigern ihm aus privatem wie aus Machtinteresse, Vetternwirtschaft, Korruption willkürlich und wiederholt sein Recht, zu dessen Garantie und Wahrnehmung sie bestellt sind. Dadurch fühlt der rechtlich denkende Kohlhaas sich zur Selbsthilfe genötigt - und die wird ihm zuletzt mit seiner Hinrichtung quittiert. Denn Unrecht wird durch Unrecht nicht behoben, sagen die einen; „Justizmord," die „Todsünde des Rechts," sagte Rudolf von Ihering.

Seine Schrift *Der Kampf um's Recht* pries im Geiste Anselm Feuerbachs (s.u.) den Roßhändler als Muster von Empfindlichkeit für Rechtsverletzungen und von Energie zur Rechtsbehauptung. Beides versteht sich keineswegs von selbst, sei indes „moralische Existenzbedingung der Person" wie der Nation und jedes Justizsystems in Wechselwirkung. Schon damals, 1872, konstatierte der Rechtshistoriker das Abstumpfen solch entschiedenen „Rechtsgefühls" und Willens zu „moralischer Selbsterhaltung" in den obrigkeitsfrommen Ländern Deutschland/Österreich (im Unterschied zu England) und stellte unter Hinweis auf die Folgen des Rechtsverfalls im alten Rom düstere Prognosen. Wo wir heute in der Schuldkolonie Deutschland angelangt sind, belegt im *Kleist-Jahrbuch 2003,* David Ratmoko: Das Vorbild im Nachbild des Terrors. Eine Untersuchung des gespenstischen Nachlebens von Michael Kohlhaas, 218-230. Seite 225 bezeichnet er Tronkas Terror (ohne dessen entscheidende Verschärfung durch die beleidigenden und mit Strafe drohenden obrigkeitlichen Rechtsverweigerungen zu erwähnen) als „das verschmerzbare Unrecht." So etwas gibt es natürlich; und Kohlhaas bedenkt es auch. Doch in seiner Situation, wie die Obrigkeit sie zuspitzt? Und in der Nachbarschaft der *Verlobung* und des *Findlings*?

---

the Bounderies. An Afterword. *Dissent* (1996), 93-99, mit Hinweis auf Chomsky.

[9] Seitenzahlen im Text nach *Heinrich von Kleist. Erzählungen.* München: Deutscher Taschenbuch Verlag, 1964 (= dtv-Gesamtausgabe, Bd. 4.

Schon Iherings hauptsächlich in Osteuropa übersetzte Mahnung hatte zu Hause wenig Wirkung. Nationalismus und Existentialismus priesen den bedingungslosen Kämpfer für sein Ich wie für sein Volk statt, ich- und nation-übergreifend, für sein und das Recht überhaupt. Heute, wo der Terrorismus-Schrecken umgeht, verwerfen wir den Griff zur Waffe an dem Helden Kleists wohl überwiegend als unbequeme Störung von Ordnung und Verbraucher-Frieden. Konstruiert man das Einverständnis des `Terroristen´ mit seiner Hinrichtung als die ideale, die Versöhnungs-Lösung, als den Wunschtraum der saturiert-quietistischen Mediokrität nach der Maxime: Sein Kampf mag damals verständlich oder sogar nötig gewesen sein; heute ist er es nicht. Er ist vorbei und gottseidank verboten? Es gibt zwar Rufe nach den „Wutbürgern" - und sie melden sich tatsächlich als „Besatzer" und Protestler. Und sie mögen Bewegung und Verbesserung bewirken.

Doch gemach: Zeichnet nicht Kleist selber seinen Helden durchaus kritisch? Der vermeide zwar manche Exzesse seines historischen Urbildes. „Gleichwohl" sei er „nicht schlechtweg positiv" (Müller-Salget, 713). Es sei „Hybris," Gott und der Obrigkeit die Zügel abzunehmen. Unversöhnlich grausam akzeptiere er seinen Tod vor allem um der Rache am Kurfürsten von Sachsen willen: „Auch der sterbende Kohlhaas ist keine Idealfigur" (von Wiese[10]). Wäre er es, wenn er auf diese letzte Genugtuung verzichtete und womöglich seinem Verderber vergäbe? Man hat das m.W. nicht einmal erwogen.

Es wäre in seinem Fall wohl auch etwas viel verlangt. Doch greifen wir nicht vor. Andererseits müßte er wenigstens ein bißchen ideal sein, wenn er in diesem dichterischen Experiment der Held des Rechts sein soll. Die Crux des Lesens hier, das Changieren des Erzählers zwischen philiströs-gesellschaftlichem Konformismus einerseits, andererseits gottgleicher Allwissenheit und Ironie - mag schuld sein, daß den Interpreten eine Kleinigkeit entgeht, die keine ist: Die Exzesse des Selbsthelfers werden wenig kritisch geschildert, sogar mit wachsendem Beifall und zuletzt, am Ende der Novelle, sogar abgesegnet von Luther, der ihn anfangs scharf kritisierte, sowie von der romantisch als Zigeunerin wiedergekehrten Lisbeth. Ja,

---

10 Benno von Wiese: *Die deutsche Novelle von Goethe bis Kafka.* Düsseldorf 1959, 47-63, hier 60f.

wir werden sehen, zu Pfingsten, Palmsonntag und Palmmontag rückt Kleist mit Hilfe der Liturgie den „Terroristen" untergründig neben Christus, der die trägen, tauben, abgestumpften Gemüter aufscheucht. Mit Worten Jesajas verhängt er - Jesus! - Gericht und Rachequal über seine Peiniger, die ihm an sein Recht und Leben wollen!

Das entspricht gewiß nicht dem, was die Konvention in und außerhalb der Kirchen vorschreibt und erlaubt gegenüber Kreuzigern und Leuten, die uns Unrecht tun. Sehr wohl indessen, falls wir ehrlich sein können, entspricht es zuweilen unseren unmittelbaren Herzensreaktionen - und manchmal eben auch der Bibel und der Liturgie. Kleists Dichtungen erinnern an jene unmittelbaren Regungen. Wer kennt nicht die Erbitterung, die den Vergewaltigern von Menschen, Wahrheit, Recht spontan die härteste Vergeltung wünscht, womöglich unter Anrufung des Richtergottes und vorbei am oft undurchdringlichen Labyrinth des ordentlichen und beschwichtigenden Rechtsweges?

Das strenge Jesuswort „Fiat iustitia et pereat mundus," das man dem Roßhändler als tadelnden Spiegel seiner terroristischen Maßlosigkeit und Anmaßung vorhält, kehrt sich in krassen Fällen staatlicher Verweigerung von Recht und Wahrheit um und gegen die Autoritätsgewalt. Deren Handlungsmaxime „Fiat potestas et pereat iustitia" verfiele dem neu- wie alttestamentlichen Verdikt, das Schillers *Verbrecher aus verlorener Ehre* dem Fürsten am Schluß ausrichten läßt: nämlich „daß Gott ihm einst so gnädig sein werde, wie er jetzt mir es sein wird."

Ähnlich mahnte der historische Kohlhase den Kurfürsten von Sachsen an seine Verantwortung vor Gott und Menschen für die Unschuldigen, die er als angebliche Sympathisanten des Selbsthelfers zu Tode foltern ließ. Galt ihm seine Rache für ihre wie für die Hinrichtung wirklicher Anhänger als „Werk Gottes?" So bezeichnet Lisbeth, später Botin aus dem Jenseits, schon früh ihres Mannes Kampf ums Recht (16) - freilich **vor** dem „Geschäft" der Selbstrache.

Wir sind heute humaner. Die Westdeutsche Elisabeth Plessen, die Kleist marxistisch liest („Staatsfrömmelei, daß er die Kurfürsten in Schutz nahm"[11]), erfindet in ihrem Roman von 1979, der historische Kohlhase wolle den Greueln beider Seiten ein Ende setzen. Solche Moralfrömmelei bedient eine zeitgemäß der terroristischen RAF abgelesene Selbstfeier mild-edler Opfer und Märtyrer. Hätte Kleist solche mordbereite Weinerlichkeit zur Glorifizierung seines Mordbrenners goutiert? Sean Allan[12] stimmt Plessen grundsätzlich bei. Keineswegs lechze der Held wie Piachi im *Findling* endlos nach Rache. Er akzeptiere seinen Tod, indessen keineswegs, um durch Verschlucken der Kapsel sich an seinem Vernichter zu rächen, am Kurfürsten von Sachsen: er tue es einzig, um demonstrativ das Leben dranzugeben für Gerechtigkeit, Staat, Ordnung, Gesetz und Gott. Ich fürchte, solch schwärmerisch-idealistischer Edel- und Opfermut ist nun doch die Sache von Kleists Kohlhaas nicht.

Was ist zu tun angesichts solcher Verworrenheit und vielleicht Hilflosigkeit, die durch weitere Beispiele zu belegen sein werden und die von Bestandsaufnahmen der Literaturwissenschaft wohl nicht ganz freiwillig zugegeben wird?[13] Ich prüfe hier einige Situationen, die die Rechtsfrage verunklären und den Befunden von Ambiguität, universaler Beliebigkeit, Zufälligkeit und Ungewißheit tatsächlich Vorschub leisten können. Ferner ist zumal in solchen Situationen zu fragen nach dem jeweiligen Verhalten der Parteien; nach der Legalität der Selbsthilfe und Selbstrache - historisch sowie zu Kleists und unserer Zeit. Ich greife auf weitere Forschungen zurück, auf den historischen Luther und erstmals auf die Debatte um die preußischen Rechtsreformen. Hier nämlich fand Kleist die Bausteine zur Rechts-Debatte der Novelle. Dieses neue Material ist weitgehend aufgenommen in Bernd Hamachers *Erläuterungen und Dokumente*, 2003.

---

11 Elisabeth Plessen: Über Schwierigkeiten, einen historischen Roman zu schreiben (am Beispiel des Kohlhaas). In: *Deutsche Literatur in der Bundesrepublik seit 1965.* Hgg. P. M. Lützeler und E. Schwarz. Königstein i.T. 1980, 195-201, hier 197.

12 Seán Allan: \`Der Herr aber, dessen Leib du begehrst, vergab seinem Feind:´ The Problem of Revenge in Kleist's *Michael Kohlhaas. The Modern Language Review* 92 (1997), 630-642.

13 Z.B. Markus Heilmann u. Thomas Wägenbaur (Hgg.): *Im Bann der Zeichen. Die Angst vor Verantwortung in Literatur und Literaturwissenschaft.* Würzburg 1998.

Die Amnestie und die Verurteilung

Ich teile die Ansicht, Kleist meine mit dem Kaiser und den beiden Kurfürsten letztlich die *eine* Obrigkeit oder typische Eigenheiten aller Obrigkeiten überhaupt, obschon er sie realistisch und historisch individualisiert. Diese Partei wird, wie Kleists Autoritäten stets, ironisiert, und zwar gerade auch am Kurfürsten von Brandenburg, der sich mit Tönen obrigkeitlicher Rechtschaffenheit geräuschvoll in den Konflikt einschaltet, bei näherem Hinsehen indessen offenbar einfach mitmischen und seine Vorherrschaft gegenüber Sachsen zementieren will. Er wird dabei zum Komplizen des Stärksten, des Kaisers, aber auch des Schwächsten, des Sachsen, der den Kaiser einschaltet und ihn wegen des prophetischen Zettels vergeblich wieder auszuladen sucht.

Er läßt Kohlhaas über die Autorität von Kaiser und Reich hinrichten für Taten, die die sächsische Obrigkeit amnestierte, nachdem sie selbst zu ihnen nötigte durch Verweigerung desselben Rechtes, das sie ihm jetzt bestätigen muß unter dem Druck des Brandenburgers. Dieser nutzt dabei die Spannungen zwischen Sachsen und Polen – vornehmlich mit Hilfe des neuen Erzkanzlers Geusau, „der in solchen Dingen nicht ungeschickt war" (68), sich aber unfähig zeigte, Kohlhaas wie versprochen in Berlin zu seinem Rechte zu verhelfen. Immerhin brachte er seinen Herrn dazu, diese Rechts-Niederschlagung seines Vorgängers Graf Kallheim im Bund mit den verschwägerten Tronkas in Dresden als eine persönliche „Schuld" zu akzeptieren – um daraufhin mit dem Fall Kohlhaas den Rivalen Sachsen in seine Schranken zu weisen.

Und er nutzt den Kohlhaas-Prozeß, zu dem er Dresden zwingt, um zu posieren als getreuer Landesvater und um die Berliner, deren „Rechtsgefühl" Begnadigung erwartet und die wie die sächsische Bevölkerung mit staatsbedrohender Anteilnahme hinter Kohlhaas stehen – davon ist mehrfach in dringender Form die Rede –, dennoch bei regierbarer Stimmung und seine eigene Autorität intakt zu erhalten. Was die Kritik im allgemeinen übersah: Nicht nur um Recht und Unrecht des Helden, das Hauptthema der Analysen, geht es, sondern ebenso und mehr um Recht und Unrecht, Winkelzüge und Interessenwahrnehmung der Obrigkeit: Fiat Potestas Et Pereat Iustitia.

Daß Kohlhaas „sich, ganz überwältigt von Gefühlen, mit kreuzweis auf die Brust gelegten Händen, vor dem Kurfürsten" niederläßt, signalisiert ebenso wenig wie die „herrliche [...] Geste des zur Erde geschleuderten Hutes" sein vollkommenes Einverständnis mit seiner Hinrichtung.[14] Jene letzte Geste ist ein trotzig-zornig-resigniertes „Gleichviel!" wenn denn keine Obrigkeit die vertraglich zugesicherte Amnestie einzuhalten gedenkt; die erste Geste ist dagegen Ausdruck seiner Genugtuung, daß „sein höchster Wunsch" erfüllt ist: zwei Jahre „Gefängnisstrafe" für seinen adligen Kontrahenten Tronka! Freilich nimmt er das erst lesend zur Kenntnis. Der Kurfürst nämlich zog staatsklug vor, es bei der Urteilsverkündung zu verschweigen, damit das Volk nicht übermütig werde! Ein m.W. bisher übersehener satirisch-ironischer Hieb.

Niemals indessen geht Kohlhaas davon ab, daß er wegen seines bewaffneten Einfalls in Sachsen und der dabei verübten Gewalttätigkeiten rechtens gar nicht belangt werden könne kraft des mit dem Kurfürsten von Sachsen zu Lützen abgeschlossenen Amnestie-Vergleichs (83).[15] Ließ der sächsische Kurfürst damit vage genug „Gnade vor Recht" ergehen und die Tür offen zu einer Endlösung, so hatte der Roßkamm im handfesten Kontrast seinen schlagkräftigen Haufen aufgelöst, die Waffen und alle Beute niedergelegt im Vertrauen auf das fürstliche Wort und sich wehrlos der Gewalt Sachsens ausgeliefert. Das bedauert er dann als voreiliges, allzu großzügiges Entgegenkommen - das ihn übrigens jederzeit auszeichnet im krassen Gegensatz zu seinen Gegenspielern. Kann solch ethisches Element ein Faktor sein bei Beantwortung der Frage, wer hier Recht hat und wer Unrecht?

Die Amnestie wurde im kurfürstlichen Dekret abhängig gemacht vom guten Ausgang seiner Klage, der da als sehr wahrscheinlich in Aussicht gestellt wird, damit indessen eine Bedingung eingeführt, die das Recht kompromittiert, durchlöchert. Luther sah sie nicht vor. Sie bringt die Argumentation ins Gleiten und schafft Zeitgewinn, Raum für die zahllosen Unwägbarkeiten, die die Arglist der Gegner ins Spiel zu bringen weiß, um das Bild der Rechtslage

---

[14] So mit Fricke und den meisten Paul Michael Lützeler: Heinrich von Kleist, *Michael Kohlhaas*. In: Ders.: *Geschichte in der Literatur*. München 1987. Dagegen Fischer-Lichte (wie Anm. 3), 54-56.

[15] dtv-Gesamtausgabe, Bd. 4, 83.

zu verändern. Kohlhaas dagegen will konsequent niemand etwas schuldig bleiben, lieber geben als empfangen, sich selbst um keinen Preis ins Unrecht setzen. Daher z.B. das inquisitorische Verhör seines Knechtes Herse über dessen Mißhandlung auf der Tronkenburg.

Diese strenge Rechtlichkeit, die dem Gegner eher als sich selber Recht einräumt, verbindet sich von Anfang an mit einer gutmütigen Neigung zum Durch-die-Finger-Sehen, etwa wenn er seinen Verdacht bestätigt findet, daß der Paßschein eine erpresserische Erfindung ist: er lächelt „über den Witz des dürren Junkers" und empfindet Bitterkeit nur über „die allgemeine Not der Welt" (9).

Aber weicht er von seiner strengen Rechtlichkeit nicht doch ab, als er nach mehrfachen Absagen des Dresdener Tribunals, der beleidigenden Drohung des berlinischen und dem Verlust seiner Frau dem Junker Fehde ansagt, den Straf- und Rache-Zug gegen die Tronkenburg durchführt und, als der Junker flüchtet, gegen dessen vermutete Zufluchtsstätten, eine nach der anderen vorgeht? Seine Aktion schädigt neben wenigen Mitschuldigen zahlreiche Unschuldige. Unrecht aber wird durch neues Unrecht nicht aufgehoben, sondern vermehrt. Der Übeltäter Tronka wird zwar verflucht vom Volk, findet aber Unterstützung von Städten und vom Staat. Die Lage verwirrt sich mehr und mehr.

Da schaltet sich Luther ein und beschimpft den Roßkamm öffentlich. Und mehr „als dieser wenigen Worte bedurfte es nicht, um ihn [...] zu entwaffnen," nämlich ihn erkennen zu lassen, in welcher „Verderblichkeit" ihn die Welt sieht und sehen muß - solange sie nicht um seine Gründe weiß. Die breite Masse bejubelt zwar seinen Krieg gegen die adligen Ausbeuter; doch daß der verehrte Luther ihn der „Ungerechtigkeit" zeiht, läßt er nicht auf sich sitzen. Er überzeugt ihn; und Luther verschafft ihm Amnestie seiner in Sachsen verübten Gewalttätigkeiten und Freies Geleit nach Dresden, wo er seine gerechte Sache vor Gericht bringen soll. Die moralisch-religiöse Autorität der Epoche und des Werkes tritt also wie dann die beiden Gerechten im Dresdener Staatsrat für Bereinigung des zuerst begangenen Unrechts ein, das die Kette alles übrigen auslöste. So wird denn auch zunächst verfahren, nicht zuletzt freilich, weil die „öffentliche Meinung auf eine höchst gefährliche Weise, auf dieses Mannes Seite" ist, sogar in dem von ihm „dreimal eingeäscherten Wittenberg" (41f).

In Dresden bemüht sich die Tronka-Clique, seine Rechtssache nach Kräften zu verunklären, indem man den Prozeß mit allen möglichen Ausflüchten und Einwänden immer weiter in die Länge zieht, Schritt für Schritt die Vereinbarungen der gewährten Amnestie verletzt, bis Kohlhaas die Regierung, der er den falschen Schein von Gerechtigkeit nicht durchgehen lassen will, testet. Dabei fängt er sich in einer tückisch gestellten Falle und wird als Amnestie-Brecher für seine Gewalttaten zu Folter und Tod verurteilt.

In diesem Augenblick greift Brandenburg ein. Doch bevor wir fortfahren, sollten wir die Rahmen-Bedingungen des Konflikts näher bestimmen. Tadeusz Namowicz[16] geht zurück auf Thomas Hobbes, dessen Staatslehre im 18. Jahrhundert schon wegen ihrer Antikirchlichkeit und Weltimmanenz viel Beifall und in der preußischen Staatsverwaltung, der Kleist jahrelang angehörte, starke Beachtung fand.

Danach verleiht der Staatsvertrag, der den Naturstand des Kriegs aller gegen alle beendet, dem Souverän absolute Gewalt. Er bestimmt, welcher Glaube, welche Gesetze gelten. „Auctoritas, non veritas, facit legem." Zugleich garantiert er jedem Untertan, der seine moralischen Pflichten erfüllt und redlich seinem Geschäft nachgeht, Schutz gegen Übergriffe aller Art. Versagt er dabei oder verweigert gar dem Untertan sein Recht, ist dieser befugt, gegen ihn vorzugehen wie gegen einen anderen Vertragsbrüchigen. Diese potentielle Dialektik lebte weiter bei Rousseau und in der Französischen Revolution. Die Debatte kam nicht zur Ruhe und spielte eine zentrale Rolle in Kleists Reibungen mit den Autoritäten, die sich auf den Kameralismus beriefen, der die Rechte des einzelnen dem Allgemeinwohl unterordnete.

Der Kurfürst von Brandenburg also schaltet sich ein und demütigt das bedrängte Sachsen mit seinem majestätischen Anspruch, auf allseitige Gerechtigkeit: in Dresden für die Klage gegen Tronka, sowie auf Auslieferung des Klägers nach Berlin, um ihn, „falls ihn eine Schuld drücke, nach brandenburgischen Gesetzen, auf Klageartikel, die der sächsische Hof deshalb durch einen Anwalt in Berlin anhängig machen könne, zu richten" (68).

---

[16] Tadeusz Namowicz: Ablehnung und Affirmation des Staates in den Erzählungen Heinrich von Kleists. *Recht und Gerechtigkeit* (s.o.), 15-48.

Berlin klagt in Dresden, und Sachsen (über den Kaiser) in Berlin. Das klingt leicht komisch und so verrückt wie die Fülle nebensächlicher Namen, der Stationen der Rappen, der kleinen Dinge in öffentlichen Fragen: alles doch wohl Satire auf die Bürokratie. Ebenso „[...] falls ihn eine Schuld drücke:" Liegt überhaupt eine Schuld vor? Vielleicht, vielleicht auch nicht. Mag Sachsen klagen! Das letzte Wort behält der Brandenburger. Der „Erzkanzler, Herr Geusau," wie er jedesmal genannt wird, fordert die Auslieferung hochpathetisch „wegen gänzlich willkürlichen, Gott und Menschen mißgefälligen Verfahrens" in Dresden gegen Kohlhaas - mit dem vergleichsweise einschränkenden, ja keineswegs widerspruchsfreien Ziel, dem Roßkamm Recht zu verschaffen, „koste es was wolle, [... freilich] ohne die Ruhe des Ganzen auf eine mißlichere Art, als die Rücksicht auf einen einzelnen erlaubt, aufs Spiel zu setzen." Derartige Vorbehalte fehlen dagegen bei der von Berlin angestrengten Klage in Dresden „wegen der auf sächsischem Grund und Boden abgenommenen Rappen und weiterer himmelschreiender Mißhandlungen" (68) gegen Tronka und Konsorten.

Der Kurfürst von Brandenburg, der Kohlhaas in seine Gewalt bringt, läßt der vom Reich verhängten Hinrichtung dann ihren Lauf und leistet sich den Luxus, Sachsen, wie gesagt, zu demütigen durch Verurteilung Tronkas zugunsten seines Untertans und damit sein Image als Landesvater zu erhöhen. Kohlhaas sieht keinen Ausweg - man läßt ihm keinen - und findet sich knirschend ab mit der Genugtuung, wenigstens dem Kurfürsten von Sachsen, seinem Verderber, der ihm die Amnestie versprach und brach, dies einigermaßen heimzuzahlen, seinen adligen Peiniger Tronka zu Gefängnis verurteilt und seine Rappen wiederhergestellt zu sehen. Damit aber - diesen Punkt dürfte Fischer-Lichte (54) nicht verschweigen - erhält er „völlige Genugtuung" „in seiner Sache gegen den Junker Wenzel von Tronka" (83), d.h. die rechtliche Bekräftigung des für ihn alles Entscheidenden, nämlich daß seine Frau und er selber „in keinem ungerechten Handel" umgebracht wurden: sondern allerdings in einem gerechten. Ist das Iherings „Justizmord?"

„Denn nichts mißgönnte er der Regierung, mit der er zu tun hatte, mehr als den Schein der Gerechtigkeit, während sie in der Tat die Amnestie („seiner in Sachsen ausgeübten Gewalttätigkeiten,"

44), die sie [... ihm] feierlich, vor den Augen der ganzen Welt" „angelobt hatte, an ihm brach." Zwang er ihr in Dresden „die bestimmte und unumwundene Erklärung" (62, 64) dieses Vertragsbruchs ab, so in Berlin dasselbe Eingeständnis unausgesprochen allen Obrigkeiten: Sachsen, Brandenburg, Kaiser und Reich. Man tut ja, was Hinz von Tronka riet, indem er „den Finger an die Nase legte" – Signal offenbar einer Entgleisung gedanklich, juristisch, moralisch; er riet nämlich, „gleichviel wie das Erkenntnis der Rappen wegen" ausfalle, den Kohlhaas auf den Grund seiner Mordbrennereien und Räubereien einzustecken." Eine „staatskluge Wendung," „des Beifalls der Welt und Nachwelt gewiß" (44). Auf diese Lösung verfällt der Kaiser auf Sachsens Antrag hin, für den Luthers Verknüpfung von Klage und Amnestie nicht verbindlich ist. Und der Brandenburger Kurfürst macht sich das zunutze, um ein Exempel zu statuieren, daß er nicht nur gütiger Landesvater sei, sondern vor allem auch absoluter Fürst mit unbeschränkter Gewalt und Autorität.

Der falsche „Schein der Gerechtigkeit," den weniger Kohlhaas als vielmehr seine Gegenspieler selbst zerstören durch Winkelzüge, die der Antrag bei Kaiser und Reich bezeichnenderweise unerwähnt läßt, kommt durch die Arglist und intrigante Verzögerungstaktik der Gegenseite, durch Zufälle wie das Unglück des Kämmerers zustande sowie durch die immer komplizierter und unübersichtlicher werdenden Umstände.

Kleist hat diese Situation, die der Kritik das Hauptargument für deren Ambivalenz und damit für die Hinrichtung liefert, voll und als ausschlaggebend in Rechnung gestellt. Man vernahm nicht oder zu selten, daß das Unglück des Kämmerers den Willen des Helden bricht und er nur auf das Angebot einer finanziellen Entschädigung für die Rappen wartet, es von den stolzen Aristokraten aber nicht erhält. Und man vernahm zu selten die Einwände der zwei Gerechten im Dresdener Staatsrat. Sie nämlich quittieren die unselige Hinz-Empfehlung, die Vorwegnahme der Schluß-Entscheidung, mit einem „bloßen Blick" abgründiger Verachtung (43-45) und stimmen Luther bei, indem sie die Niederschlagung der gerechten Klage des Roßhändlers einen „Fehltritt," nennen, den man sich zu Schulden kommen lassen" und der durch die Dresdener Regierung, „wieder gut" zu machen (so Graf Wrede) bzw. (so der Prinz von Meißen) sogar zu ahnden sei mit Anklage auf Tod und Leben des Kämmerers, des Verantwortlichen dieser „ersten" Untat, die die unabsehbaren „Freveltaten" auslöste, die ihr folgten und immer mehr Verunklärung schufen - ein zweiter entscheidender Punkt, den nicht nur Fischer-Lichte (39) überhört und auf den zurückzukommen sein wird.

Das Ende im Geist der Hinz-Empfehlung gibt sich milde und human; und dieser „Schein" fand in der Tat weithin den Beifall der gelehrten Nachwelt: Kohlhaas solle - „Genugtuung" gegen „Genugtuung" (91) - „die Welt [versöhnen] wegen des allzuraschen Versuchs, sich selbst in ihr Recht verschaffen zu wollen" (89). Das nachsichtig klingende „Allzurasch" ist eine groteske Entstellung; es entkoppelt das Unterfangen des Roßhändlers von der auslösenden Rechtsverweigerung und stellt überhaupt die Wahrheit auf den Kopf: die gründliche Widerlegung jenes „Allzurasch" nimmt ja das gesamte erste Viertel der Novelle ein. Man erinnere sich:

Kohlhaas klagt auf dem Rechtsweg gegen seine Terrorisierung durch Tronka; vielmehr, er versucht es jahrelang geduldig durch seinen Rechtsanwalt, über den Berliner Stadthauptmann von Geusau beim Berliner Tribunal, endlich beim Brandenburger Kurfürsten durch Lisbeth, deren unersetzlichen Verlust er freilich niemandem zur Last legen kann - außer der ersten Unterschlagung, aus der alles weitere folgte. Er dringt nirgends durch, wird von Berlin abgewiesen und beschimpft, ja mit Gefängnis bedroht, demnach er als der kriminelle Übeltäter hingestellt. Daraufhin erklärt *er* dem Junker Fehde, eine Form legaler Streitregelung im 16. Jahrhundert.

Diese seine Selbstrache trifft indessen fast nur Unschuldige und provoziert damit das Eingreifen sächsischer Truppen und Städte, die Tronka Schutz gewähren. Das verstößt gegen das Dekret des Roßkamms und erweitert dessen Privatfehde zum Krieg gegen Sachsen, ja zum Strafgericht über die Menschheit. Wie der deutsche „obrigkeitsstaatliche Legalitätsfetischismus"[17] und das traditionelle Lutherbild erwarten lassen, spricht der Reformator nach dreimaliger Einäscherung Wittenbergs auf seinem Plakat von Rebellion „gegen den Thron;" doch man übersieht meist, daß er das schon am Schluß seines Schreibens an den sächsischen Kurfürsten ausdrücklich zurücknimmt (42).

---

[17] Hans Mommsen: Kurzfassung eines Vortrags zum Datum des 9. November in der *Süddeutschen Zeitung*, zit. nach *Kulturchronik* 1 (1999), 33.

Nachdem ihm nämlich Kohlhaas seine Sache auseinandersetzt, vermittelt er ihm zur Verfolgung seiner gerechten Klage in Dresden freies Geleit und Amnestie. Beide fallen praktisch zusammen und sind engstens verknüpft. Man tut die Amnestie gewöhnlich ab als Nebensache und, wie das Regierungsdekret pompös verkündet, als „Gnade für Recht" (45). Luther meint mit denselben Begriffen aber bedingungslose Vergebung, rechtskräftige Aussetzung der Strafverfolgung. Dagegen macht der Kurfürst die Amnestie abhängig vom Ausgang der Klage – eine harmlos klingende, aber willkürliche und verfängliche Lockerung der Verbindung mit freiem Geleit, die der Hinz-Empfehlung vorarbeitet und die Luther offenkundig nicht vergißt. Er verweigert Berlin jede Unterstützung. Beim Prozeß besteht Kohlhaas zwar darauf,

> daß er wegen seines bewaffneten Einfalls in Sachsen, und der dabei verübten Gewalttätigkeiten, kraft des mit dem Kurfürsten von Sachsen zu Lützen abgeschlossenen Vergleichs, nicht belangt werden könne.

Er „erfuhr" aber „zu seiner Belehrung, daß des Kaisers Majestät, deren Anwalt hier die Beschwerde führe, darauf keine Rücksicht nehmen könne" (83) oder wolle: „keine Rücksicht" auf Umstände wie eine rechtskräftige Amnestie und deren Gründe sowie auf die rechtswidrigen Gründe für deren Bruch, die man in Wien schamhaft verschweigen muß, und endlich auf den kurfürstlichen Rückzieher, über den kaiserliche Majestät höchst selber sich verwundert. Was soll da ein gerader Mann vorbringen, der, als man ihn in der tückisch gestellten Falle fing, nichts antworten konnte als „ja" und „nein"?

In seiner hoffnungslosen Lage gab er seine Rechtssache sogar verloren. Erst Brandenburg belebt sie und seinen Willen neu und verengt sein Verlangen nach Genugtuung für seine Erbitterung nun auf das Feld, wo er sich rächen, praktische Vergeltung üben kann: auf Tronkas Verurteilung, die ihm zugesichert wird, und auf den Kurfürsten von Sachsen. Dessen Amnestie-Bruch, der den Tod des Helden bedeutet, orchestrierten zwar Untergebene über des Fürsten Kopf hinweg; der hat ihn indessen trotzdem zu verantworten. Der Verurteilte richtet seinen Verderber seelisch zugrunde, indem er den prophetischen Zettel, um den es jenem ausschließlich zu tun ist (statt um gerechtes Gericht), buchstäblich erst in seinem letzten

Augenblick verschluckt. Und das, obwohl der Unglückliche um des Zettels willen die Amnestie re-aktivieren und sogar den Verurteilten durch einen Handstreich in Freiheit setzen will - ein lebensrettendes Anerbieten, daß der Gefangene indessen ablehnt: Dem Wortbrüchigen traut er nicht noch einmal. Nur - und das zeigt seine zugleich undogmatisch-menschliche und ebenso vertrauenswürdige und vertrauensfähige Natur - nur Lisbeth, dem so hilfreichen „Mütterchen," würde er den Zettel ausliefern, wenn sie ihn fordere, „bestimmt und unzweideutig." Die aber tut das nicht, sondern ermutigt ihn, zu verfahren, wie er wolle (87).

Umso mehr, scheint es, empfand man Mitleid und wenigstens Unwillen über die Gnadenlosigkeit und Grausamkeit des Selbsthelfers. Es ist eben schwer, jederzeit beide Seiten und die Dialektik zwischen ihnen im Auge zu behalten. Kleist vergaß offenkundig nicht, daß an Mitleid, Anteilnahme, Bereitschaft zum Vergeben, ja schon an bürokratischer Korrektheit dieser Fürst, trotz seiner Weichlichkeit, und seine hartgesottenen Freunde es gründlich fehlen ließen, als sie an dem Roßhändler zu Schelmen wurden.

Dabei wurden nicht nur die „Mordbrennereien und Räubereien," die man dem Helden vorwirft, ihm von den Obrigkeiten aufgenötigt, indem sie ihm den Rechtsschutz verweigerten, zu dem sie verpflichtet waren. Darüber hinaus lösten ihre Rechtsbrüche und arglistigen Winkelzüge im weiteren Verlauf so viele Unwägbarkeiten aus, daß Recht und Unrecht an der Oberfläche verhältnisgemäß kaum noch auseinander gerechnet werden konnten. Aus solcher „Ungewißheitsuniversalisierung" (Dirk Grathoff[18] zufolge sogar „Ziel" des Werkes) schloß man gelehrterseits, dann gehe die Hinrichtung in Ordnung; das sei eben - so hieß es pompös - die „Aporie der Macht."[19] Kleist aber bestreitet das ausdrücklich. Den Prinzen von Meißen läßt er sagen:

---

[18] D.G.: Kleists *Michael Kohlhaas*. In: *Politik. Öffentlichkeit. Moral. Kleist und die Folgen.* Hgg. P. Ensberg u. H.-J. Marquardt. Stuttgart 2002, 85-102, bes. 99ff.

[19] So besonders Raymond Lucas: Die Aporie der Macht. Zum Problem der Amnestie in Kleists *Michael Kohlhaas*. *Kleist-Jahrbuch* (1992), 140-151. In einer späteren Kehrtwendung (*Recht und Gerechtigkeit,* 2002, 79-85), vermißt er dagegen die Bestrafung des Kämmerers, die der Prinz von Meißen fordert. M.E. gehört das freilich ebenfalls zur „Aporie der Macht."

> Denn wenn Notwendigkeit erfordere, den Schleier vor dem Thron der Gerechtigkeit niederzulassen, über eine Reihe von Freveltaten, die unabsehbar wie sie sich forterzeugt, vor den Schranken desselben zu erscheinen, nicht mehr Raum fänden, so gälte das nicht von der ersten, die sie veranlaßt. (44)

Die abgezirkelte Kanzleisprache entzog die Stelle offenbar der verdienten Aufmerksamkeit. „Thron der Gerechtigkeit:" das ist einmal diese selbst. Nicht einmal vor ihr erscheint es menschenmöglich, alle Freveltaten, die aus der ersten folgten, übersichtlich auszubreiten, zu unterscheiden und zu ordnen. Zum andern ist dieser Thron der Kurfürst, der für Gerechtigkeit zu sorgen hat, den aber auch sein „absoluter" Status immun macht gegen Anklagen, wenn er seine Pflichten nicht erfüllt.

Aus beiden Gründen trifft in diesem Fall alle Verantwortung denjenigen, der die erste böse Tat verübte und damit deren Fluch auslöste, „daß sie, fortzeugend, immer Böses muß gebären" (*Die Piccolomini*, V, 1). Auf der Tronkenburg ist das der Junker Wenzel, in Dresden dessen Vetter, der Kämmerer Kunz; in Berlin der mit ihnen verschwägerte Graf Kallheim. Die beiden letzteren schlagen die Klage des Roßhändlers nieder. Der Kurfürst von Brandenburg empfindet oder äußert wenigstens eine Verantwortung und „Schuld" an der Unterschlagung durch seinen Rat, entläßt diesen, anstatt ihn einzustecken, aber nur in Ungnaden. Und die Wiedergutmachung, zu der er Kohlhaas in Dresden verhilft, gerät diesem zur Katastrophe, weil er, der Fürst, sich an den Dresdener Amnestie-Bruch hält, den er zunächst schärfstens kritisierte und vor dessen Folgen er den Roßhändler retten zu wollen vorgab.

Was nämlich geschieht? Der Fall ist zwar total verfahren und unübersichtlich geworden, weil man ihn vornehm-fahrlässig oder sogar vorsätzlich hat dazu werden lassen. Andererseits aber ist er eindeutig zu verantworten zunächst von dem Junker und auf Regierungsebene von dessen Vettern in beiden Staaten sowie letztlich von den beiden Kurfürsten. Insofern entlastet der von Luther empfohlene Schlußstrich der Amnestie hauptsächlich die wahren Sünder, die Machthaber, die indessen prompt beanspruchen, sie ließen „Gnade für Recht" ergehen.

Der Bruch der Amnestie enthemmt vollends die gestaute Aggression der Staatsgewalten und leugnet deren Schuld, die der

Brandenburger zwar dem Sachsen zuschiebt, in Wahrheit aber selber häuft. Luther, der die Amnestie vermittelte, ergreift am Ende denn auch offiziös Partei für Kohlhaas und gegen das Urteil. Er tut das mit seinem „ohne Zweifel sehr merkwürdigen Brief, der aber verloren gegangen ist," und mit dem nunmehr gewährten Abendmahl, obwohl Kohlhaas sich weiterhin weigert, dem Junker zu vergeben (77), und sogar grausam Rache am Kurfürsten von Sachsen übt (wovon Luther allerdings nichts weiß).

Luther

Während der Kaiser den Katholizismus stützte, wurde Brandenburg 1539, ein Jahr vor der Hinrichtung Hans Kohlhasens, lutherisch. Daß Luther bei Kleist nicht persönlich nach Berlin kommt, läßt sich daher ebenfalls seinem Protest gegen das Urteil zurechnen. In Sachsen und allgemein durch seine Schriften setzte er sich immer wieder für ungerecht behandelte Untertanen ein, oft unter scharfer geistlicher Zurechtweisung der Fürsten. Als Strafe Gottes hielt er ihnen auch den Bauernaufstand vor, den er seiner Chaotik wegen freilich selbst nicht tolerierte. Deutsche Schulbuchweisheit präsentiert ihn als Fürsprecher der Obrigkeit.[20] Kleist indessen setzt Luthers Freimut gegen die Oberherren als bekannt voraus (41) und weiß auch sonst mehr über ihn.

Zum Beispiel, daß der historische Luther das Recht und sogar die Pflicht kennt zum Widerstand gegen die Obrigkeit, zu gewaltsamer Wiederherstellung von Ordnung und Staatsvertrag – allerdings nur bei Unterdrückung der Glaubensfreiheit. Die der Gedankenfreiheit rechtfertigte für Kant den aktiven Widerstand schon nicht mehr! Luther behandelte das Thema indessen so, daß eine Anwendung auf die Bauernkriege[21] und, wie wir sehen werden, auf die preußische Rechtsreform sich anbot.

Er hält bei Kleist der Dresdener Regierung z.B. vor, ihre Rechtsverweigerung habe Kohlhaas, wie dieser befindet, „auf gewisse

---

[20] Z.B. Lützeler (wie Anm. 14), Hans-Jürgen Schrader, in: *Kleist-Jahrbuch* (1988/89), 437-439. Dagegen Ernst Weymar: *Luther und die Obrigkeit.* Hg. Gunther Wolf. Darmstadt 1972, 303-334.

[21] *Kleists Kohlhaas. Ein deutscher Traum vom Recht auf Mordbrennerei.* Hg. F. Apel. Berlin 1987, 117.

Weise außer der Staatsverbindung gesetzt" (42). Und er schrieb z.B.: Wenn „ein König oder Herr sich mit Eiden seinen Untertanen verpflichtet, nach festgelegten Artikeln zu regieren, und hält sie nicht und damit schuldig [wird], die Herrschaft zu verlieren," dann berechtigt das zwar noch nicht dazu, ihn abzusetzen. Wenn dagegen ein Welt- und Großtyrann nach der Maxime vorgeht, „Herrschergewalt ist Recht," (Fiat potestas, et pereat iustitia), und sich dergestalt „wie ein Feind gegen das eigne Staatsgefüge" wendet, dann ist er wie ein „Straßenräuber und muß gleich einem solchen abgewehrt werden." Er ist zu beseitigen wie ein reißendes Tier, selbst gegen Gebote einer Obrigkeit. Leistet diese ihm gar Vorschub, hat das Volk ein Recht und sogar die Pflicht zur Revolution. Kommen die Obrigkeit und ihre Anhänger dabei um, so geschieht ihnen kein Unrecht und trifft die Töter keine Schuld.

Denn „Sichwehren ist ein redlicher Anlaß zum Kampf." Wer „in der Notwehr jemand erschlägt, der ist unschuldig vor jedermann" nach Billigkeit. Das positive Staatsrecht hat hier aufgehört, es herrscht Naturrecht. Und zwar geht die Initiative zur Bekämpfung der schlechten Obrigkeit und zur Wiederherstellung der Ordnung über auf die jeweils nachgeordneten Instanzen, unter Umständen bis hinunter zum einfachen Bürger, so daß „selbst der Untertan [...] hoheitliche Funktionen zugunsten des bedrohten Gemeinwesens" übernehmen muß.[22] Von Gott dazu auserwählt, übernimmt nun er das „Schwert," das von Gott eingesetzte köstliche „Richteramt," „Unrecht und Böses zu bestrafen" durch „Krieg."

Das geht hinaus über Hobbes; und man versteht des Roßhändlers Mandat, das freilich sehr verallgemeinert. Er bezeichnet sich da als „einen Statthalter Michaels, des Erzengels, der gekommen sei, an allen, die in dieser Streitsache des Junkers Partei ergreifen würden, mit Feuer und Schwert, die Arglist, in welcher die ganze Welt versunken sei, zu bestrafen" (34). Er läßt das Schwert, das die Regierung ihm „selbst in die Hand" drückte, mit rituellem Pomp als „Cherubsschwert" vor sich her zum Richtplatz tragen (44, 37).

---

[22] Johannes Heckel: Widerstand gegen die Obrigkeit. Pflicht und Recht zum Widerstand bei Martin Luther. In: *Luther* (wie Anm. 23), 1-21. Heckel, S. 20: Luther hat ganz „klare und folgerichtige Gedanken" zum Widerstand gegen die Obrigkeit. „Aber wie unübersichtlich ist ihre literarische Ausprägung und wie sehr hat sie dazu beigetragen, Luthers Rechtsauffassung frühzeitig zu verdunkeln!"

Luther zufolge sind „Kriegführen" und was Kriegsrecht und Kriegszeiten mit sich bringen - „Morden und Rauben" [„Räuber und Mörder" aus „Rechtgefühl"!] -, letztlich Taten „der Liebe;" „ein kleines Unglück, das ein großes Unglück abwehrt" - immer vorausgesetzt, daß der Krieg ein „gerechter," ein Auftrag Gottes, und der, der ihn führt, „ein vortrefflicher, gewissenhafter Mensch ist und, soweit er selbst in Betracht kommt, eine gute christliche Tat tut."[23]

Luthers Plakat gegen den Roßkamm geht vom Gegenteil aus. Es vergleicht ihn mit dem „Wolf in der Wüste." Offiziell nennt man ihn den „Drachen, der das Land verwüstete" (31). Doch da das Volk wenig später den Junker Tronka „einen Blutigel, einen elenden Landplager und Menschenquäler, den Fluch der Stadt Wittenberg, und das Verderben von Sachsen" nennt (32f.), kann man den offiziellen Wüstenwolf und verwüstenden Drachen mit besserem Recht umkehren zum Drachentöter und zum Prediger in der Wüste. „Das Schwert, das du führst, ist das Schwert des Raubes und der Mordlust, ein Rebell bist du und kein Krieger des gerechten Gottes" (36): diesen Vorwurf nimmt Luther, wie gesagt, am Schluß seines Sendschreibens an den Kurfürsten in Dresden zurück. Hält er demnach den Roßhändler, wenn er ihm am Ende der Novelle durch Kommunion Absolution erteilen läßt, für einen erwählten „Krieger des gerechten Gottes"?

Kohlhaas jedenfalls hält sich dafür, solange der Staat ihm Rechtsschutz verweigert. Auf der hier dokumentierten Konferenz ließen einzig die beiden afrikanischen Kollegen eine derart überhöhte Sicht des Helden als Intention des Autors gelten. Die heutige Angst im Westen vor religiös angeheizten Greueln ist mehr als verständlich. Am Ende der Aufklärung aber beschränkt Kleist die Exzesse seines Helden auf den Überfall auf die Burg sowie auf die marginale Brandschatzung einiger Städte und die Gefechte mit den Stadt- und Staats-Truppen sowie auf den Halbwahnsinn seiner religiösen Manifeste. Deren Auslöser ist die seelische Über-Strapazierung durch den Doppelschmerz, daß nachdem er jahrelang hingehalten und abschlägig beschieden worden war, Lisbeths Versuch,

[23] Martin Luther: Ob Kriegsleute auch in seligem Stande sein können? In: Luther: *Die Hauptschriften*. Hg. H. Frhr. von Campenhausen. Berlin o.J., 207-310, hier 279.

dem Kurfürsten von Brandenburg seine Klage zuzustellen, mit ihrem Tode endete und er, der abgewiesene Schadens-Kläger, beschimpft und bedroht wurde als Krimineller.

Luthers Antrag auf Amnestie und vollends seine Erteilung der Absolution darf Kohlhaas offenbar nehmen als Rechtfertigung seines „gerechten Krieges“ (28) gegen Tronka und Sachsen. Auch Lisbeth lobte als ein „Werk Gottes“ sein Unternehmen, zunächst auf dem Rechtsweg „Genugtuung für erlittene Kränkung“ sowie sich und „seinen Mitbürgern“ vor künftigen „Unordnungen“ des Adels „Sicherheit zu verschaffen“ (11, 16). Daß er endlich zu den Waffen greift, soll offenkundig demonstrieren: So weit treibt staatliche Rechtsverweigerung gerade den Gerechtesten.[24]

Denn sein rückhaltloser Einsatz gilt als heilig. Was Kleist nämlich bei Luther über derart erwählte Krieger finden konnte, faßt man heute so zusammen:[25] Jene „von Gott erwählten Männer“ und „Werkzeuge, eine Obrigkeit zu stürzen,“ stehen „unter einem Ausnahmegesetz und dürfen daher nicht nach den Regeln [...] für das Verhältnis von Obrigkeit und Untertanen“ beurteilt werden. Ein solcher „Wundermann“ muß „handeln wie ein Fremdling, der aus fremdem Land fremden Menschen zu Hilfe eilt.“ Kleists Luther will (42) Kohlhaas „gewissermaßen“ betrachtet sehen, „als sei er eine fremde, in das Land gefallene Macht.“

Und zwei Voraussetzungen muß der „rechte Wundermann“ erfüllen: Erstens darf er aus seinem Unternehmen „für sich selbst keinerlei Nutzen ziehen.“ Als Kohlhaas, dem es nicht um die Rappen, sondern einzig um die Klarstellung von Recht und Unrecht geht, dafür eben nichts fordert als „Bestrafung des Junkers, den Gesetzen gemäß; Wiederherstellung der Pferde in den vorigen Stand“ und Ersatz des damaligen Schadens für sich und Herse – da erregt Luther sich über diese Unverhältnismäßigkeit zum eigenen Nachteil: „Nachdem dein Schwert sich, an dem Junker, Rache, die grimmigste, genommen [...]: was treibt dich, auf ein Erkenntnis gegen ihn zu bestehen, dessen Schärfe ihn [...] mit einem Gewicht von so geringer

---

[24] Eugen Wohlhaupter: *Dichterjuristen.* Tübingen 1953, 561, schließt seine Darstellung mit der Erklärung, die Novelle verkünde „die Warnung: Wohl wahre seine Seele, wer Rechtes zu walten hat, wohl bedenke er, was er in der Seele der anderen anrichtet.“

[25] Gunnar Hillerdal: Der Mensch unter Gottes Regiment. Der Untertan und das Recht (1955). In: Luther (wie Anm. 23), 22-50, hier 49f.

Erheblichkeit nur trifft?" (39)[26] Es ist aber nur das krasseste Beispiel für die Selbstlosigkeit, die ihn von allen seinen Gegnern unterscheidet. Seine Antwort lautet, indem ihm „eine Träne über die Wange rollte:" „Hochwürdiger Herr, es hat mich meine Frau gekostet; Kohlhaas will der Welt zeigen, daß sie in keinem ungerechten Handel umgekommen ist." (39)

Zweitens muß der Wundermann durch Zeichen und Wunder den „Beweis" erbringen, „daß er im Auftrag und in der Vollmacht Gottes handle" und dafür mit besonderen Kräften und Gaben ausgestattet sei. Luther vergleicht einen solchen „mehrfach mit [...] Simson." Mit Simson und seiner übermenschlichen Kraft vergleicht sich Schillers Johanna von Orleans in Worten und Wundertaten.

Im *Kohlhaas* übernimmt das Wundertun Lisbeth durch ihre Wiederkehr als Zigeunerin. Sie arrangiert das Spiel mit dem Bock, sowie das mit der Kapsel. Wie Schillers Jungfrau (II, 1), prophezeit sie die gegensätzliche Zukunft zweier Dynastien. (dem Brandenburger „Macht" vor allen Fürsten und Herren der Welt," was damals an den Teufel erinnern mußte, aber auch im preußischen Berlin empfehlen mochte). Ihr „Unterpfand" der Wahrheit, daß nach dem Gesetz, „daß die Wahrscheinlichkeit nicht immer auf Seiten der Wahrheit ist" (85),[27] der Rehbock den beiden Kurfürsten im Maul eines Fleischerhundes entgegenkommt, überbietet die realistischer bewahrheitete Prophezeiung Johannas (I, 11), dem englischen Herold werde sein Feldherr tot entgegenkommen.

Weiter mahnt die Jungfrau ihren König: „Verweigre nicht Gerechtigkeit und Gnade dem letzten deines Volkes" (III, 4): beides vermißte Luther bei Fürsten und Adel (s.u.). Johanna bietet „Frieden," fordert „Geiseln" des „heiligen Vertrags" und Schadenersatz (V, 9) und vorher „Rache." Solche Vergeltung `gleich um gleich und

---

[26] Vgl. Wittkowski: Rechtspflicht, Rache und Noblesse. Der Kohlhaas-Charakter. *Beiträge zur Kleist-Forschung* (1998), 92-113.

[27] Die Forschung tat lange so, als habe Kleist es erfunden. Es stammt von Aristoteles und wurde durch Boileau verbreitet. Anders als bei Kleist lassen sich davon in der *Judenbuche* Beobachter im Text sowie immer wieder Kritiker ermuntern, die zum Schluß offenbarte Wahrheit trotz oder wegen ihrer Wahrscheinlichkeit als unwahrscheinlich abzulehnen. Wittkowski: *Die Judenbuche*. Das Ärgernis des Rätsels und der Auflösung. *Droste-Jahrbuch* 1 (1986), 107-128, sowie *Religiöse Geheimsignale. Ethik, Bibel, Kirchenjahr*. Hamburg 2002.

noch darüber,´ also Strafe und vielfältige Büßung der bösen Absichten und Taten, gilt im *Kohlhaas* ebenfalls als recht und billig und dem Helden selbst als Pflicht im Auftrag Gottes und der Gerechtigkeit und wird großenteils von Luther am Ende abgesegnet.

Zur Klärung mag beitragen die immer wieder bemühte Kategorie der (Un-)Verhältnismäßigkeit der Mittel. Sie greift gegen den Bürger Kohlhaas so wenig wie gegen die vorgeblichen Barbaren Hermann und die Schwarzen in der *Verlobung* – denen vielfaches Leid und Unrecht zugefügt wurde. Voll dagegen trifft sie die Instanzen der Rechtswahrung, die sich vorsätzlich oder fahrlässig Rechtsvergehen jenseits jeder „Verhältnismäßigkeit" zuschulden kommen lassen. Was könnte da noch „verhältnisgemäß" sein? Unser obrigkeitsgewohntes Empfinden ist dafür weitgehend abgestumpft und mag daher schwer fassen, daß die „verhältnisgerechte" Antwort darauf nur gleichfalls unverhältnismäßig sein kann: Bestrafung, Rache. Sie antwortet bei Kleist, wenn Staats-, Natur- und Völkerrecht gebrochen sind, von Rom gegen Germanien, von Napoleon gegen die Schwarzen auf Haiti, von der „Staatsgewalt" Sachsens und Brandenburgs (das Reich macht sich dann mitschuldig) gegen den „Staatsbürger," den sie damit „außer der Staatsverbindung" und in den Naturstand rücken. Pointiert gebraucht Kleists Luther jene Termini (42), und den letzten benutzte der historische.

Schon der berühmte Einführungs-Absatz der Erzählung ist Echo, verschrecktes und irreführendes Echo des Chronisten und der Öffentlichkeit auf die Autorität des Reformators: Kohlhaas sei „entsetzlich," „Räuber," „Mörder." So nennt Luther ihn im Gespräch (39) und sinngemäß am Ende des Plakats (36). Ja, das beliebteste Zitat – „einer der rechtschaffensten zugleich und entsetzlichsten Menschen" – bildet eine freilich anders gemeinte Wendung Luthers nach: der wahre Christ sei „iustus simul et peccator."[28] Das aber heißt bei Luther analog zum „Per aspera ad astra" im *Homburg* (II, 2; v. 757): Nur als Sünder gelangt der Gerechte zur Gnade, und

[28] Walter von Loewenich: Luthers Stellung zur Obrigkeit (1961), in: (wie Anm. 23), 425ff., hier 425 mit der schulsyntaktisch korrekten Übersetzung: „und Sünder zugleich." Doch schon Schillers Johanna ist „wie eine Kriegsgöttin, schön zugleich und schrecklich anzusehn" (I, 9).

zwar in Analogie zu Christus, den Luther den größten Sünder und zugleich (simul) den am ersten Gerechtfertigten nennt![29]

Von Luther befragt, wer ihm „das Recht" zum Überfall auf Tronka gab, erwidert Kohlhaas: „niemand, fortan!" Sein Krieg mit „der Gemeinheit der Menschen ist eine Missetat, sobald ich aus ihr nicht, wie Ihr mir die Versicherung gegeben habt, verstoßen war!" (38). Eine Wendung, die die Zukunft vorwegzunehmen scheint. Und eine „Missetat" also, die er keineswegs als Sünde empfindet, sondern denen anlastet, die „aus Dresden [...] mich getäuscht, mich verführt," ja aus dem Staatsverband verstoßen haben, indem sie ihm den „Schutz der Gesetze" versagten, dessen er zum Gedeihen seines friedlichen Gewerbes bedürfe. Thomas Hobbes pur.

War die Hiobsbotschaft „aus Dresden" eine Täuschung, nämlich gar nicht vom Monarchen verantwortet, so belastete sie dessen Verantwortung dennoch als eine „Schuld," wie sie der Brandenburger - vielleicht zu prompt, um vorzuhalten - anerkennt und wie sich das klären mag bei Verhandlung seiner Sache in Dresden. Danach wird der Roßhändler sein Verhalten ausrichten und seine rechtschaffenen Absichten verfolgen wie bisher. Die Amnestie aber für alles Verübte, die Luther ihm zwecks freien Geleits zu eben diesem Zweck vermittelt, macht die Rechtsfrage abhängig nicht vom Ausgang und Gehalt seiner Rechtssache, sondern „fortan" vom Verhalten, von der Bewährungsprobe der Regierung.

Kohlhaas hat durchaus nicht im Sinn, sich kleinlich zu verhalten. Von Luther aufgefordert zu vergeben, ist er bereit, seinen beiden Herren, den Kurfürsten, und wer sonst ihn noch gekränkt hat, Lebende und Tote, zu vergeben, der Junker aber solle zur Rechenschaft gezogen und den Gesetzen gemäß bestraft werden. Gewiß, hätte er gewußt, daß es ihn Liseth kosten werde, hätte er vielleicht darin und sofort nachgegeben. Doch er hat es nicht, er hat „gerecht" gehandelt, gibt Luther zu; nun will er haben, wofür er so viel hat zahlen müssen. Vergeben seinem Feind wie Jesus? Luther muß sich belehren lassen: das stimmt nicht ganz: „der Herr auch vergab nicht allen seinen Feinden." So hält der Roßhändler es ebenfalls: er vergibt vielen, aber nicht dem einen, dessen Unrecht er sich nicht

[29] David Berger: Besprechung (*Die Tagespost,* Nr. 28, 10. 7. 99, 15) von Tadeusz Guz: *Zum Gottesbegriff G.W.F. Hegels im Rückblick auf das Gottesverständnis Martin Luthers.* Frankfurt/M. 1998.

zerreden läßt. Er „handelt“ nicht einmal genau „Gleich um Gleich,“ wohl aber, wie er sagt, im Sinne der „Auswechselung“ der Heiligen Kommunion für seine Beichte. Luther wird sie ihm am Ende nicht verweigern - wie noch bei ihrem Gespräch. Selbst als das Mißgeschick des Kunz seinen Willen bricht und ihn bewegt zum Einlenken, besteht Kohlhaas wenigstens auf einer finanziellen Entschädigung, einem unanzweifelbaren Nachweis, daß sein Handel kein ungerechter ist. Die da maßlos versagen, indem sie ihm das erwartete Angebot verweigern, sind wie stets die Tronkas.

Recht und Rechtgefühl. Neben dem moralischen Gefühl Lessings, Hutchsons, Jakobs (s.u.) und anderer dürfte Lutherisches stecken auch im noch immer häufig falsch zitierten „Rechtgefühl“ des ersten Absatzes der Erzählung: Gefühl nicht nur für das Hobbessche Gesetzesrecht, sondern für jene viel weitergehende und schwierigere Gerechtigkeit, die, so Luther,

> [die] Tugend oder Weisheit [der] Billigkeit [ist und die] das strenge Recht so lenken und bemessen kann und soll, je nachdem sich die Fälle begeben, und ein und dieselbe gute oder böse Tat nach der Verschiedenheit der Absicht und des Herzens beurteilt.

Im Hinblick auf Aufrührer im Territorialabsolutismus schreibt er: „Das Recht erklärt trocken: Aufruhr macht des Todes schuldig als crimen laesae maiestatis, als eine Sünde gegen die Obrigkeit. Aber die Billigkeit spricht so: Ja, liebes Recht, es ist so, wie du sagst. Aber es kann vorkommen, daß zwei dieselbe Tat tun, aber doch mit ungleichem Herzen und in ungleicher Absicht.“ - An die Aufrührer gewandt, schreibt der Reformator:

> Wenn ihr ein gutes Gewissen habt, so ist auf eurer Seite der tröstliche Vorteil, daß euch Gott beistehen und hindurchhelfen wird; und wenn ihr auch zunächst unterliegen und darüber den Tod erleiden würdet, so würdet ihr zuletzt doch gewinnen und die Seele würde mit allen Heiligen ewig erhalten bleiben [Es geht hier] für ewig um Leib und Seele [... Wer unter euch Aufrührern] in guter Absicht gewesen ist, den spricht die Billigkeit nicht nur frei, sondern sie hält ihn wohl zwiefältiger Gnade für wert.[30]

Bei der Beurteilung kommt alles an auf die zuverlässige Beobachtung der besonderen Situation und des individuellen

[30] Luther (wie Anm. 23), 279, 283f., 292.

Verhaltens, Luther betont: der Motive. Die Aufrührer, die er meint, und auch Kohlhaas, der sich durch Bescheidenheit, Nachgiebigkeit, weitestgehendes Entgegenkommen auszeichnet, indes, gleichsam in „Auswechselung" damit, niemals soweit kapituliert, daß die Rechtsfrage sich auflöste: sie alle wollen keinen persönlichen Gewinn an Macht und Reichtum, engagieren sich weder politisch noch ideologisch, um Staat und Gesellschaft umzustürzen oder zu übernehmen. Im Gegenteil, sie kämpfen, jene für Glaubensfreiheit, dieser für sein Recht und allgemeine Rechtssicherheit (11): erste Pflichten nicht nur der Bürger, sondern vornehmlich der Obrigkeit im Staat Hobbesscher, Lutherischer und friderizianischer Konzeption und also im Absolutismus Preußens zur Zeit Kleists.

Preußische Rechtsreformen

Luthers Gedanken zu Gerechtigkeit und Widerstand hinterließen Spuren in den breit geführten Debatten um Friedrichs des Großen preußische Rechtsreform und diese wiederum im *Kohlhaas*. Kleist bringt sie verdeckt in den Berliner Ereignissen der Schlußfassung unter, die mit der Selbsthilfe einsetzt. Kohlhaas erhält da eine neue Chance. Um seine Rechtssache zu wahren schlägt er die Rettung seines Lebens durch den Kurfürsten von Sachsen aus, der nur hinter dem Zettel der Zigeunerin her ist. Damit gibt der Roßkamm seinerseits dem Kaiser und dem Berliner Kurfürsten zwar Gelegenheit, ihn festlich-feierlich ihrem Prestige aufzuopfern,[31] zwingt sie aber auch unausgesprochen zu dem Eingeständnis, daß sie genau den umbringen, dem hier öffentlich bestätigt wird, er habe Recht

[31] Walter Müller-Seidel: Todesarten und Todesstrafen. Eine Betrachtung über Heinrich von Kleist. *Kleist-Jahrbuch* (1985), 7-38. Die Rolle des Brandenburgers wird meist in ihr Gegenteil verkehrt, nicht jedoch in der zum Schaden der Forschung übersehenen Studie von Wolfgang Barthels: Michael Kohlhaas. Beobachtungen zum Erzählverfahren Kleists. *Beiträge zur Kleist-Forschung*. Frankfurt (Oder) 1974, 3-24, 14f. Daß Brandenburg den Fall Kohlhaas benutzt, um Sachsen zu demütigen, wird ausgesprochen und also vermutlich bei Kleist erkannt von James Saunders: *Hans Kohlhaas. A Play, Taken from the Story by Heinrich von Kleist*. 1972, 70. Bei Arnolt Bronnen *(Michael Kohlhaas. Für Funk und Bühne bearbeitet.* Berlin 1929) verurteilt Luther wiederholt das Urteil und den Bruch der Amnestie.

und sei von Regierungsseite genötigt worden zum Kapitalverbrechen der Selbsthilfe durch Gewalt - ein echt Kleistisches Paradoxon.

So ist die „schöne Lösung des Endes" keineswegs ein „Traum, was sonst?" - zu schön, um wahr zu sein. So endet der *Homburg* ein Jahr früher - und alles in allem kaum weniger pessimistisch. Dennoch wurde die Ansicht Frickes und der meisten Interpreten dahin zugespitzt, Kleist zeichne im „Kurfürsten von Brandenburg, [...] der dem Selbsthelfer [...] zu seinem Recht verhilft, [...] ein Wunschbild wie dann im lernfähigen Großen Kurfürsten des *Homburg*." Wie Kleist es in diesen Gestalten vorbildete, so sollte „Friedrich Wilhelm III." werden. Damit verkennt man, wie hier Müller-Salget,[32] daß es im *Kohlhaas*, anders als beinahe im *Homburg*, tatsächlich zum Justizmord kommt.

Müller-Seidel (28f.) wittert in der Rede von Kohlhaas-Kleists Einverständnis mit dem Todesurteil „wenigstens partiell das Einverständnis" der Interpreten mit der Hinrichtung, schließt sich dem jedoch auch selber an und überbietet sogar alle hierhergehörigen Doppeldeutigkeiten mit seiner eigenen Version: Das Urteil erkenne „partiell" des Helden „Rechtsvergehen und partiell sein berechtigtes Vorgehen" an; so seien „der Erzählschluß und das hier vollstreckte Todesurteil künstlerisch gerechtfertigt:" eine scheinbar glatte Schnellrechnung, würdig Richter Adams, der „Philosophie zu Hülfe" nimmt, um zu entscheiden: „der Leberecht" war es oder auch „der Ruprecht" und am besten „alle beid" (1081ff.). Solch komisch-symmetrisch harmonisierende Partialität und Ambiguität läuft im Hinblick auf den *Kohlhaas*-Schluß auf nichts anderes hinaus als auf bequem erbauliche Unverbindlichkeit ästhetizistisch korrumpierter Moralität.

Die Entscheidungen des Brandenburgers kontrastieren kräftig mit seinen und seines neuen Erzkanzlers Geusau schönen Erklärungen. Willkürlich verfügt er über den Kläger und Angeklagten im Interesse Brandenburger Hegemonie gegenüber dem Rivalen Sachsen. Die Rechtslage wird nur scheinbar schön geordnet. Angesichts des „chaotischen Verfassungsrechts des Heiligen Römischen

---

32 Klaus Müller-Salget (Hg.): Heinrich von Kleist. *Erzählungen, Anekdoten, Gedichte, Schriften.* Frankfurt/M. 1990, Kommentar, 705-768, hier 722, 728f.

Reichs"[33] damals wie nach dessen Auflösung 1806 zur Zeit Kleists, könnte der Berliner Kurfürst, ein absoluter Monarch, den Kaiser, der „bei dem Hause Brandenburg" Klage gegen Kohlhaas führt, leicht bereden, einem Begnadigungs-„Machtspruch" zuzustimmen, den die Bevölkerung von ihm erwartet, offenbar auf Grund von Präzedenzfällen. Ferner könnte er - höhnische Ironie wie im *Erdbeben*! - über die „Milde" hinaus bereits des Schwert-Urteils, verglichen mit der Vierteilung, die in Dresden die Todesfolter krönen sollte, eine vielleicht „langwierige und beschwerliche Gefängnisstrafe" (84) verordnen, die ja mit erwogen wird und die sich nachträglich verkürzen ließe.

Der Kurfürst aber verweigert sich solchem „allgemeinen Willen" (Rousseau, Kant, Feuerbach) mit Argumenten, die in der Tat eines Friedrich Wilhelm III. würdig gewesen wären: Für das Reich sei der Kaiser zuständig; für Brandenburg indes die „Statuierung eines abschreckenden Beispiels" notwendig, nämlich dank den „fortdauernden Gewalttätigkeiten des Nagelschmidt, die sich sogar schon, mit unerhörter Dreistigkeit, bis aufs brandenburgische Gebiet erstreckten" (79) - von Sachsen her, wo man dergleichen keineswegs als staatsgefährdend ansah, obwohl man jeden Vorwand aufgriff, um Kohlhaas den Garaus zu machen!

Berlin benutzt also Nagelschmidt und dessen Ex-Chef zur Beschwerde über Sachsen, um letzteres zu demütigen wie schon mit dem Auslieferungsbegehren und der Privatklage in Dresden. „Libido dominandi" (Luther) motiviert hier „ein offenbares Unrecht," wie es die obrigkeitskonformen „Gemäßigtern und Besseren" des Chronisten im Interesse des Ganzen befürworten (55); und man es staatsklug zu verhüllen weiß mit dem „Mantel der Justiz" (s.u. Friedrich d. Gr.).

„Abschreckung" gilt zwar gemeinhin als „der wesentliche Zweck der Strafe und der Grund des Rechts sie zu verhängen." Sie kann laut Anselm Feuerbach[34] aber gar kein „rechtlicher, vor der Vernunft zu verantwortender Zweck" sein; denn: „Heißt dies nicht, ein vernünftiges Wesen als eine Sache, als ein beliebiges Mittel zu

---

33 Hajo Holborn: Machtpolitik und lutherische Sozialethik (1966), in: *Luther* (wie Anm. 18), 462-468. Vgl. Lützeler (Anm. 14).

34 Paul Johann Anselm Feuerbach: *Anti-Hobbes oder über die Grenzen der höchsten Gewalt und das Zwangsrecht der Bürger gegen den Oberherrn*. Gießen 1797. Neudruck Darmstadt 1967, 209f.

einem höhern Zweck gebrauchen? [Aber] wie kann der Staat [...] ein solches Recht aus den Verträgen, die ihn errichten, erhalten haben?"

Kleist hörte da natürlich Kant heraus. Und daß die Lehre Feuerbachs (1797) auf den *Kohlhaas* „unanwendbar" sei,[35] dagegen sprechen viele Übereinstimmungen. Besonders ist da der naturrechtliche Staatsvertrag. Er lag der preußischen Rechtsreform zugrunde, die Friedrich der Große zum Schutz des Bürgers vor der Obrigkeit noch vor der Französischen Revolution an Stelle einer Verfassung in Auftrag gab. Ihr Resultat war das *Allgemeine Gesetzbuch für die preußischen Staaten* (AGS). Es wurde unter Konsultation der Öffentlichkeit gründlich und langwierig erarbeitet, nach Friedrichs Tod von Friedrich Wilhelm II. 1791 verkündet, indes schon 1792 wieder aufgehoben und 1794 ersetzt durch das *Allgemeine Landrecht für die preußischen Staaten* (ALR), eine überstürzte partielle Zurücknahme, die von der klerikal-feudalen Gegenaufklärung gefordert wurde. Die Dynamik des Vernunftrechts der Revolution und der Aufklärung wurde gestoppt durch das Traditionsrecht der Historischen Rechtsschule (Friedrich Carl von Savigny, 1770-1861) mit dem hergebrachten staatlichen Gewaltmonopol.

Außer jenen zwei preußischen Kodices lagen die Entwürfe und die Absichten der ersten Autoren im Druck vor. Parallel verlief die Entwicklung in Österreich von den Reformen Josephs II. bis zum *Allgemeinen Österreichischen Gesetzbuch* 1811.[36] Carl Gottlieb Svarez (1746-1798) war mit seinen Kronprinzen-Vorträgen für den späteren Friedrich Wilhelm III. keineswegs schon hundert Jahre seiner Zeit voraus, wie man gesagt hat.[37] Vielmehr verlieh er dem „allgemeinen Willen" oder doch dem Willen einer Elite Deutschlands und Österreichs genau seiner Zeit im Allgemein-Interesse Ziel und Ausdruck. Welche Erwartungs-Maßstäbe er setzte, veranschaulichen

---

35 Monika Frommel: Die Paradoxie vertraglicher Sicherung bürgerlicher Rechte. Kampf ums Recht und sinnlose Aktion. *Kleist-Jahrbuch* (1988/89), 357-374, hier 367.

36 Hermann Conrad: Rechtsstaatliche Bestrebungen im Absolutismus Preußens und Österreichs am Ende des 18. Jahrhunderts (1961). In: *Absolutismus*. Hg. Walther Hubatsch. Darmstadt 1973, 309-360.

37 Knut Ipsen: Rechtsstaatlichkeit im Preußenrecht? Zum Einfluß des Frankfurter Juristen Carl Gottlieb Svarez auf das Allgemeine Landrecht für die preußischen Staaten von 1794. *Beiträge zur Kleist-Forschung* (1993), 133-148, hier 146.

folgende Sätze aus seinem Kronprinzenvortrag am 1. April 1789, gleichgültig, ob Kleist ihn direkt kennenlernte oder nur vom Hörensagen:

> [In] einem Staat, welcher keine eigentliche Grundverfassung hat, [schafft] die allgemeine Gesetzgebung [...] feste, sichere und fortdauernde Grundsätze über Recht und Unrecht [und damit] für den Gesetzgeber selbst Regeln [...], denen er auch in bloßen Zeitgesetzen nicht zuwiderhandeln darf [.... Im] stolzen [Bewußtsein,] die Wohlfahrt nicht bloß der gegenwärtigen, sondern auch künftiger Generationen zu befördern [...], kann und darf [die Regierung] sich bei allen dergleichen Nebenrücksichten auf bloß temporelle Bedürfnisse oder Umstände [die Grenzübergriffe Nagelschmidts!] nicht aufhalten. Ihr Geist und ihre Grundsätze müssen gleichsam ihre Feste [sein], in welche sich die durch Zeitgesetze gedrängte Freiheit zurückziehen und aus der sie unter günstigeren Umständen zur Wiedererlangung ihrer gekränkten Rechte mit gestärkten Kräften zurückkehren kann.[38]

Svarez läßt also durchaus Raum für pragmatische Rechts-Einschränkung unter dem Druck ungünstiger Umstände. Das aber ist keineswegs die Situation des Kurfürsten von Brandenburg. Der Monarch handelt diametral entgegengesetzt zu dem Geist und den Grundsätzen, die Svarez ansprach, ja in pointiertem Kontrast zu der Formulierung, die ihnen schon 1782 bei Gelegenheit des größten preußischen Justizskandals Friedrich der Große gab. Dessen „Machtspruch“ zugunsten des Müllers Arnold ging über das Recht hinweg und über die Juristen, von denen er sich später zum Einlenken bewegen ließ. In den Berliner Zeitungen indessen rechtfertigte er sich: „er habe ein abschreckendes Beispiel geben müssen, damit die Großen nicht die Kleinen unterdrückten:“

> Sämtliche Justizkollegien müssen wissen, daß der geringste Bauer, ja, was noch mehr ist, der Bettler ebensowohl ein Mensch ist wie der König. Denn vor der Justiz sind alle Menschen gleich; es mag sein ein Prinz, der wider einen Bauern klagt, oder auch umgekehrt. Ein Justizkollegium, das Ungerechtigkeiten begeht, ist gefährlicher und schlimmer als eine Diebesbande. Vor der kann man sich schützen; aber vor Schelmen, die den Mantel der Justiz gebrauchen, um ihre üblen Passions auszuführen, vor denen kann sich kein Mensch hüten, sie sind ärger als die größten Spitzbuben in der Welt und meritieren eine doppelte Bestrafung.

[38] Zit. bei Conrad, 310f.

Diese Erklärung - samt dem Rückzieher des Königs wohl der treffendste Kommentar zum *Kohlhaas* - weckte weltweit Begeisterung. Die Zarin schickte sie an alle Gerichte; und der Sultan von Marokko gab alle preußischen Gefangenen frei ohne Lösegeld.[39]

Der aufgeklärte Absolutismus bekannte sich zu Zweck und Aufgabe des Staates, den Untertanen Recht, Sicherheit, Besitz, damit persönliche Freiheit (Montesquieu: Freiheit ist Sicherheit oder wenigstens der Glaube an garantierte Sicherheit) und, last not least, Schutz vor Beleidigung zu garantieren, soweit nicht die Rechte anderer oder die Existenz des Staates gefährdet seien. Alle Eingriffe der Obrigkeit müßten, so Svarez und die Seinen im AGS, 1. wirklich nötig und 2. stets verhältnisgerecht sein.

Hiergegen verstößt nicht, wie die Kritik, vornehm sich als Verbündete der Obrigkeit aufspielend, überwiegend zu bemängeln pflegt, der Held, sondern umgekehrt allein die Obrigkeit - freilich in Übereinstimmung mit dem ALR.[40] Dieses nämlich befreite den Staat gerade von jenen zwei Einschränkungen, der Notwendigkeit und der Verhältnismäßigkeit - sowie von zwei weiteren, gegen die bei Kleist von den Obrigkeiten ebenfalls prompt verstoßen wird: Gemäß dem seit Grotius geläufigen Gebot von Treu und Glauben sogar gegen Feinde machte das AGS Rechtsbeschlüsse - im *Kohlhaas* ist das der rechtskräftige Amnestie-Vertrag (83) - unaufhebbar durch spätere Verfahren. Zweitens sollten laut AGS im Zivilrecht Machtsprüche entfallen wie der willkürliche zugunsten jenes Müllers und im Strafrecht jede eigenmächtig-willkürliche Verurteilung

[39] Marion Gräfin Dönhoff: *Preußen*. Berlin 1987, 35-40 im Anschluß an Wolfgang Vernohr. Zum Folgenden besonders Conrad.

[40] Festgestellt für alle Werke Kleists und für dessen Intention gehalten statt richtig für den Gegenstand seiner Kritik von Theodore Ziolkowski: Kleists Werk im Licht der zeitgenössischen Rechtskontroverse. *Kleist-Jahrbuch* (1987), 28-51. Schwerlich kann die Rede sein von einer „Affirmation of Positive Law," wie der Kollege sie neuerdings ausführlicher behauptet in *The Mirror of Justice. Literary Reflections of Legal Crises*. Princeton 1997, bes. Kapitel 10: "The Attractions of Codification," 187-214. Wie alle Werke ende und entscheide *Michael Kohlhaas* im Sinne des *Allgemeinen Landrechts* von 1794, das gegenüber dem Gesetzbuch von 1792 „die Strafe für Selbsthilfe wegen Beleidigung des Staates geschärft" habe (45). Andererseits sei danach Tronka verantwortlich für die Schädigung der Rappen (nicht aber wie vorher auch jeder Fürst für Vergehen seiner Leute und für die Verunklärungen usw., die sie bewirken mögen!).

(dagegen nicht Machtsprüche der Begnadigung und Strafmilderung). Über alle diese Bestimmungen konnte Friedrich Wilhelm III. sich gemäß dem ALR wieder hinwegsetzen.[41]

Die unverhüllten Willkür-Schritte in Dresden und besonders die gut getarnten in Berlin - letztere setzen erst mit der vollständigen Schlußfassung der Novelle 1810 ein - spiegeln also den Geist der im ALR rehabilitierten Willkür- und „Machtsprüche" von krassester `Unverhältnismäßigkeit´ im „Mantel der Justiz." Goethe hatte sie samt der humanitären Tarn-Sprache bloßgestellt in der *Natürlichen Tochter* (1803), die der *Penthesilea*-Dichter genau kannte.

Die meistdiskutierte Frage zur vieldiskutierten Rechtsreform soll die sogenannte „Sozialprävention" gewesen sein, eine Gegentendenz zur Abschreckungsjustiz: Sie ist enthalten in Christian Stübels *System des allgemeinen peinlichen Rechts* von 1795. Vor schwerer Verurteilung sei auf Grund der Biographie gewissenhaft zu prüfen, wie gefährlich der Verklagte künftig sei. Im *Kohlhaas* tun das weder die Kurfürsten noch die ferne „Majestät des Kaisers zu Wien" (69) noch ein von ihnen Beauftragter. Es sind Luther und die zwei Gerechten im Dresdener Staatsrat, die ihre unterschiedlichen Vorbehalte auf Grund persönlicher Gespräche umgehend in unzweideutige Parteinahme für den ihnen bis dahin unbekannten Roßhändler verkehren. Auch Geusau macht seine lange Bekanntschaft mit dem Roßkamm und dessen makellosem Ruf (17) geltend.

1811 faßte Stübel die bisherige Diskussion dahingehend zusammen, daß in Fällen, „ungeachtet sie unter ein vorhandenes Strafgesetz subsumiert werden können, dennoch höhere Gründe die Freisprechung recht möglich machen." Diese höheren Gründe seien aus den philosophischen Rechtsprinzipien und der Politik zuleiten. Ja, man fragte: sei nicht strafwürdig nur einer, der aus Veranlagung „trotz geringer äußerer Motivierung zum Verbrecher wird?"

---

41 Wie *Homburg* (geschrieben zwischen März 1810 und Juni 1811) verklagt *Kohlhaas* (Endfassung Frühsommer 1810) Preußens König wegen seiner Haltung gegen Männer wie Schill. Vgl. sein Schreiben vom 12.3.1809 an den Gouverneur von Schlesien, der mit seinem Kopf hafte: der König wolle „durchaus Ruhe und Ordnung erhalten, und keinen Eclat aus unzeitigem Eifer." „Ich werde keine Anarchie in meinem Lande dulden" (bzw. keinen noch so berechtigten Aufruhr amnestieren?). Zitiert bei Klaus Kanzog: *„Prinz Friedrich von Homburg." Text, Kontext, Kommentar*. München 1977, 145, 150.

Bei Kohlhaas liegen die Dinge genau umgekehrt. Von außen und gegen seine Gewohnheit, Veranlagung und Zukunftspläne wird er genötigt, die Waffen zu ergreifen. Hieran schließt das Verhalten der zwei Gerechten im Dresdener Staatsrat an. Als „der Würgengel" im Namen der Gerechtigkeit in Dresden einzieht und Aufsehen erregt, will sich der Prinz „augenblicklich selbst von dem Verhältnis, in welchem man mit diesem Mann stand, [...] unterrichten." Er prüft „die Art des Mannes [...] durch Fragen mancherlei Gattung, nach seinen Kindern, seinem Vermögen und der Lebensart die er künftig zu führen denke," und befindet „überall so, daß man wohl seinetwegen ruhig sein konnte."

Auch der Graf, „der ihn mit Milde und Freundlichkeit in seinem Vorgemach empfing, unterhielt sich während zwei ganzer Stunden mit ihm" (46f.). Als die Tronkas eine Vergütung der Pferde erwägen, rät Wrede dem Kläger zwar zu, bittet jedoch die Höflinge, „ihn mit Privataufträgen in dieser Sache zu verschonen" und sich gefälligst „an den Roßhändler selbst zu wenden, den er [...] als einen sehr billigen und bescheidenen Mann schilderte." Damit reizt er aus „übergroßer Rechtlichkeit, und einem davon herrührenden Haß gegen die Familie von Tronka" (55f.) deren Erbitterung über den Roßhändler weiter auf, was mit zum Bruch der Amnestie führt.

Besonders Raymond Lucas zählt auch das zu den Unwägbarkeiten, die das Urteil letztlich rechtfertigten.[42] Ohnehin könne durch die Amnestie der Einfall in Sachsen nicht „gerechtfertigt" werden. Das soll er auch nicht. Er soll bloß nicht strafrechtlich verfolgt werden – so wenig nämlich wie die Rechtsbeugungen der Autoritäten, die jenen Gewaltakt und alle daraus folgenden Unwägbarkeiten provozierten. Diese Schuld und Verantwortung der Obrigkeiten aber wird durch den erneuten Rechtsbruch, den Bruch der Amnestie, aufs Neue aktualisiert.

Im Übrigen kommt es hier eben nicht auf Wredes recht unschuldigen Mangel an Diplomatie an, sondern auf das zuverlässige Urteil dieses umsichtigen Mannes, daß Kohlhaas billig und bescheiden sei. Ohne das zu beherzigen oder auch bloß aus ihrer Höhe und

---

[42] Lucas (Anm. 19); In einem späteren Aufsatz (in *Recht und Gerechtigkeit*, 2002), vermißt er dagegen mit einer scharfen Kehrtwendung die Bestrafung des Hauptschuldigen, des Kämmerers, wie der Prinz von Meißen sie verlangt.

Entfernung wahrzunehmen, fällen Kaiser und Kurfürsten ein schweres Unrechtsurteil und bringen dadurch einen Mann ums Leben, der mehr als sie selbst und die meisten ihrer Diener und Untertanen „das Muster eines guten Staatsbürgers" und insofern der Gesellschaft unentbehrlich ist (5). Vor allem ist er es durch die ganze Art, wie er in seiner Rechtssache zunächst maßvoll und geduldig bis zu Nachsicht und Nachgeben den gesetzlichen Weg beschreitet und dann das Verbrechen staatlicher Rechtsverweigerung bekämpft und damit, ohne es darauf abzusehen, zum öffentlichen Thema macht.[43]

Der Prinz von Homburg kommt noch einmal davon, weil Hohenzollern klarmacht, daß, erklärt der Jurist Klaus Lüderssen, „eine Sanktion, die keine Rücksicht darauf nimmt, ob eine Normverletzung zugerechnet werden kann, ihre präventive Wirkung verfehlt."[44] Klartext: die Hinrichtung wäre ein krasses Unrechtsurteil, ein Justizmord, ein Verbrechen; und außerdem sieht der Kurfürst ein, der Reitergeneral ist ihm unentbehrlich bei der Armee. Die Exekution könnte die Armee, den Staat, ihn selber ruinieren.

Adam Müller zufolge hat der Staat zwischen den widerstreitenden Rechten und Interessen zu vermitteln. Dazu gehört mehr als bloße Subsumierung von Handlungen unter Gesetze, nämlich eine „richterliche Kunst," und die sei selten.[45]

Eine Hinrichtung wie die im *Kohlhaas* mag sich einfügen in den Rechtsbrauch zu Kleists wie Luthers und außerhalb Europas weithin noch unserer Zeit; in der Rechts-Diskussion um 1800 war sie heiß umstritten. Die Rechtsphilosophen rieben sich an der fürstlichen „libido dominandi," am „Lustkrieg" statt des allein legitimen

---

[43] Soviel wenigstens räumt sogar der Präsident des Bundesverwaltungsgerichts ein. Horst Sendler: *Über Michael Kohlhaas – damals und heute.* Berlin/New York 1985, 34-36. Seine saloppe Darstellung gipfelt S. 44 in der Bemerkung, „daß die Rechtswissenschaft so wenig wie die Philosophie und die Theologie lehrt, was Gerechtigkeit letztlich ist." Mag sein. Der Dichter Kleist indessen entwickelt umsichtig, was Gerechtigkeit konkret ist im *Homburg* und was sie im *Kohlhaas* wäre.

[44] Klaus Lüderssen: Recht als Verständigung unter Gleichen in Kleists *Prinz Friedrich von Homburg. Kleist-Jahrbuch* (1985), 56-83, hier 71.

[45] Monika Frommel: Die Paradoxie vertraglicher Sicherung bürgerlicher Rechte. Kampf ums Recht und sinnlose Aktion. *Kleist-Jahrbuch* (1988/89), 357-374, hier 361, 370f. Adam Müller: *Die Elemente der Staatskunst,* 1. Teil. Berlin 1809, neu hg. von J. Baxa. Jena 1922, 127, 141.

„Notkriegs" (Luther).[46] Svarez sprach, wohl in Anlehnung an Christian Thomasius, von „Eroberungslust, Wollust, Geiz:" alles „aus Mangel an Einsicht oder aus Schwäche des Charakters."[47]

Luthers Lob eines anderen Kurfürsten von Brandenburg, weil er sich bloß der inneren Verwaltung seines Territoriums widmete,[48] trifft auf Kleists Brandenburger gerade nicht zu. Eher paßt auf ihn, was Luther anläßlich eines noch anderen Brandenburger Kurfürsten schrieb: „daß ein kluger Fürst von Anbeginn der Welt her ein höchst seltener Vogel ist, ein noch viel seltenerer [aber] ein rechtschaffener Fürst. Sie sind im allgemeinen die größten Narren oder die ärgsten Buben auf der Erde." Die heute nicht mehr so oft wie früher einmal zitierte Formel entstammt seiner (seinem sächsischen Kurfürsten gewidmeten!) Schrift *Von weltlicher Obrigkeit, wie weit man ihr Gehorsam schuldig sei* (1523).[49] Das Thema klingt an in Ludwig Heinrich Jakobs Titel *Anti-machiavelli, oder über die Grenzen des bürgerlichen Gehorsams* (1796, anonym 1794) und radikaler in Feuerbachs *Anti-Hobbes oder über die Grenzen der höchsten Gewalt und das Zwangsrecht der Bürger gegen den Oberherrn* (1797).

Trotz solch frappierender Entsprechungen ist Joachim Rückerts Annahme, Jakob liefere den „normativen Faden für Kohlhaas' entscheidende Begründungen,"[50] korrigierend zu ergänzen – eben durch Feuerbach, der unausgesprochen Luther folgt, Kants Hauptprobleme auflöst und, wie schon im Titel, ausdrücklich hinausgeht über Jakob. Bei ihm mochte Kleist lesen: Im Natur- und Kriegszustande „urteile [ich] selbst über die mir zustehenden Rechte und darf dieses eigene Erkenntniß mit eigner Macht exequiren, wenn es mit dem Gesetze der Gerechtigkeit nicht in Widerspruch steht" (243). Niemand aber verfährt „subjektiv ungerecht, wenn er seiner Überzeugung von Recht und Unrecht gemäß handelt" (245).

Erinnert diese (etwas leichthin gelieferte) Definition an Jakobs und Lessings „moralisches Gefühl," Garves „Wahrheitsgefühl"[51]

---

[46] Luther (wie Anm. 23), 298.
[47] Svarez, zit. bei Conrad (wie Anm. 36, 323) und Ipsen (wie Anm. 37).
[48] Holborn (wie Anm. 33), 467.
[49] Loewenich (wie Anm. 28), 431. Luther (wie Anm. 23), 227.
[50] Joachim Rückert: „... der Welt in der Pflicht verfallen...". Kleists *Kohlhaas* als moral- und rechtsphilosophische Stellungnahme. *Kleist-Jahrbuch* (1988/89), 375-403, 396-400.
[51] Luther (wie Anm. 23), 100.

und den Kohlhaasischen „Rechtsschluß" „kraft der ihm angeborenen Macht" (25), so leitet Feuerbach das Recht und vor allem die Pflicht des Bürgers (Kohlhaas fühlt sich „der Welt in der Pflicht verfallen," 11) zu aktivem Widerstand wie Jakob aus dem „Sittengesetz" ab, besonders aber gerade aus dem „bürgerlichen" Unterwerfungsvertrag. Dieser erlösche nicht nur, wo die Obrigkeit ihre Pflichten verletze, sondern sogar auch, wenn der Untertan seine *Pflicht* versäume, seine *Freiheitsrechte gewaltsam zu erzwingen und den Souverän zu strafen* [WW]. Nur wenn er diese Pflicht erfüllt und angemessenen Schadenersatz fordert (299), vermeidet er seine Entwürdigung zum Sklaven. Einer Rebellion, „Insurrection" macht er sich damit nicht schuldig. Bricht nämlich der Souverän den Staatsvertrag, auf den er sich durch Antreten der Herrschaft verpflichtete, dann herrscht, wie bei Luther, Naturzustand: Krieg.

Zur Klärung kontroverser Rechtslagen mag (auch laut Adam Müller) die vorübergehende „Auflösung des Staats" durch Insurrektion und „Bürgerkrieg" notwendig werden. Vollends die Idee zu seinem Luther dürfte Kleist der Empfehlung danken, die bei Feuerbach ein zentrales Problem löst, mit dem Kant vergeblich rang: Im Konfliktfall soll ein „Schiedsrichter" die Grenzen „der Regierungsrechte" bestimmen (245-249); soll jeder das, was dieser „für Recht erkennt, auch für Recht gelten" lassen und nie „seine alten Ansprüche geltend machen [können], ohne daß er seinen Vertrag verletzte." Und zu dessen Erfüllung soll er notfalls gezwungen werden. „Die allgemeine Maxime, einem ungerechten Regenten zu widerstehen, ist also eine gerechte, wohlthätige und mit dem Prinzip des Bürgerthums vollkommen übereinstimmende Maxime" (259).

Ebenso argumentierte 1872 der anfangs zitierte Rechtshistoriker Rudolf von Jhering. In seinem Buch *Der Kampf ums Recht* feiert er (62) Kohlhaas als Musterbürger und wird dabei z.T. poetisch:

> Was er verbrach, fällt mit verdoppelter und verdreifachter Wucht auf den Fürsten, seine Beamten und Richter zurück, die ihn gewaltsam aus der Bahn des Rechts in die der Gesetzlosigkeit drängten. Denn kein Unrecht, das der Mensch zu erdulden hat, und wiege es noch so schwer, reicht – wenigstens für das unbefangene sittliche Gefühl – von Weitem an das heran, welches die von Gott gesetzte Obrigkeit verübt, indem sie selber das Recht bricht. Der Justizmord [...] ist die wahre Todsünde des Rechts. Der Hüter und Wächter des Gesetzes verwandelt sich in dessen Mörder. Für die Justiz, welche das Recht gebrochen, gibt es keinen vernichtenderen Ankläger als

die dunkle, vorwurfsvolle Gestalt des Verbrechers aus verletztem Rechtsgefühl - es ist ihr eigener blutiger Schatten.

Gerade die versöhnlichsten, mildesten Gemüter wie Kohlhaas werden durch Unrecht in Leidenschaft, ja außer sich versetzt, wenn sie zugleich hochsensibel sind für Gerechtigkeit und deren Verletzung: Zeichen ethischer Geradheit und eines wohlgeordneten Weltbildes. Genau in diesem Sinne ist Kohlhaas „das Muster eines guten Staatsbürgers." Daß man ihn liquidiert und dazu das Recht vielfältig biegt und bricht, liefert die Illustration zu Feuerbachs bildhafter Sentenz: „Den Zweck zerstören, um das Geschäft [ein Lieblingswort Feuerbachs und des Kohlhaas] desto besser auszuführen, [hieße] den Baum zernichten, um desto schönere Früchte von ihm erhalten zu können" (155f.).

Allerdings überläßt Kleist es uns, diese Schlußfolgerung zu ziehen. Und der Philosoph beeifert sich in einer Anmerkung, (dem Zensor?) zu versichern, daß er „weit davon entfernt" sei, dies „in Beziehung auf die Staaten meines Vaterlandes sagen zu wollen [...]: Ich spreche bloß aus naturrechtlichen Principien von dem Regenten des allgemeinen Staatsrechts" (277). Wozu freilich schrieb er dann seinen engagierten Traktat? Nicht minder wußte der *Kohlhaas*-Dichter und Herausgeber der *Berliner Abendblätter* die Doppeldeutigkeit der Ironie zu nutzen für seinen unzweideutigen Affront gegen die Justiz der Macht.[52]

Als deren Vermächtnis erscheint im Rückblick nicht zuletzt die offizielle, vornehmlich akademische Förderung von Kants starrabstraktem Rechts- und Pflichtimperativ, der das absolutistische Verbot aktiven Widerstands gegen die Obrigkeit bekräftigte. Das wirkte in der Geschichte verhängnisvoll weiter bis in das öffentliche Denken unserer Gegenwart und jederzeit der Germanistik. Es half mit, den erwähnten obrigkeitsstaatlichen Legalitätsfetischismus von oben wie von unten her zu nähren. Das Grundgesetz folgt noch einer Bestimmung des Kaiserreichs: Widerstand sei nur erlaubt gegen Versuche, die bestehende Ordnung zu stürzen, also gerade nicht gegen Obrigkeitsvertreter, die ihre Pflicht schuldhaft verletzen.

---

52 Wittkowski: Schrieb Kleist regierungsfreundliche Artikel? Über den Umgang mit politischen Texten. *Literaturwissenschaftliches Jahrbuch der Görres-Gesellschaft* 23 (1982), 95-116.

Vergessen, fruchtlos blieb der vehemente Widerspruch, den kompetente Zeitgenossen in den kritischen Übergangsjahren zum ALR 1793/94 gegen den großen Kant erhoben: Gentz und Rehberg in der *Berlinischen Monatsschrift*, Garve in seinen vielgelesenen *Versuchen über verschiedene Gegenstände aus der Moral, Literatur und dem gesellschaftlichen Leben*[53] – und Kleist im *Kohlhaas*. Gentz nannte Kants Ablehnung des Widerstandsrechts (übrigens auch des Begnadigungsrechts!) unzureichend, trostlos. Mit ihm forderten Rehberg und Garve, Kants radikale Theorie a priori bedürfe der Ergänzung durch eine „Theorie aus Erfahrung."

Dieter Henrich, der den Disput herausgab, nimmt Kant und seine vorrevolutionären Positionen halbherzig gegen ihn selbst in Schutz und zugleich gegen Garve, den schärfsten, respektlosesten Kritiker der philosophischen Autorität noch an heutigen Universitäten. Bezeichnenderweise veröffentlicht er die einschlägigen Beiträge des hochangesehenen Populärphilosophen nur im Anhang; sie seien „weniger wichtig." Gerade ihnen jedoch konnte Kleist entscheidende Anregung und Bestätigung entnehmen. Denn er hat sich mit dem *Kohlhaas* in die Debatte um die preußischen Rechtsreformen eingeschaltet; und diese standen im Mittelpunkt der intellektuellen Diskussionen überhaupt.[54]

Henrich zufolge hat Kant „seine Rechtstheorie bis zur Konsequenz völliger Immobilität entwickelt und die Verfassung gleich welchen Staates im wörtlichsten Sinne auf Ewigkeit gegründet." Damit verengte er den Raum, „in dem er Wirkungen seines Aufrufs zur Freiheit erwarten konnte." Man sehe: „Theorie steuert das Urteil eines Denkers und darüber hinaus auch noch die Leidenschaft, mit der er es äußert" (29f.). Darin spiegelt sich das Urteil Garves. Kant hatte ihn in seinem Aufsatz über Theorie und Praxis mit hochmütiger Herablassung abgetan. Das bekam er mit Zinsen zurück:

Daß unter allen Umständen „der tätige Widerstand" unerlaubt sei, „ist der alte orthodoxe Satz von dem göttlichen Recht der Obrigkeit und von der obedientia passiva," den die „Philosophie unseres Jahrhunderts [...] aus den Köpfen der Menschen und aus den

[53] Dieter Henrich (Hg.): *Kant, Gentz, Rehberg. Über Theorie und Praxis*. Frankfurt/M. 1967.

[54] Vgl. Ziolkowski (wie Anm. 40).

Schriften der Staatslehrer verbannt hat." Kants gesetzgebende Vernunft verhänge ein Gebot, das Staat, Vertrag und damit Recht und Pflicht gerade auflöse. Kants Lehre sei eine Katastrophe. Aber „Scharfsinn besaß er genug, eine Behauptung, die nur Bedürfnis zur Aufrechterhaltung seiner Theorie war, in einen aus dieser Theorie hergeleiteten Satz zu verwandeln." Er zerhieb den Knoten, „den er sich nicht zu lösen getraute," „weil er die Fälle, wo er Widerstand erlauben und wo er ihn verbieten sollte, nicht nach Vernunftprinzipien zu bestimmen wußte." Kants Satz sei „durchaus unhaltbar" (144).

Hat die Obrigkeit nur Rechte, die Nation nur Pflichten, dann denken und handeln beide der Wahrheit zuwider; beider Charakter verschlimmert sich oder der Druck führt zur Explosion (145). Gewiß seien Revolutionen mißlich. Stets komme es auf gewissenhafte Prüfung der „Gradation" an: des jeweiligen Grades von Unterdrükkung und der Schwelle, jenseits welcher der gewaltsame Widerstand gerechtfertigt sei (144). Der kategorische Imperativ lasse dafür keinen Raum. Er dulde keine Ausnahme; seine „wahre Anwendung" sei unmöglich. Kants Theorie sei so „unvollständig" wie jede Theorie, auch wie die wahre Theorie der Moral.

Am Schluß dieses zweiten Aufsatzes versichert Garve, er argumentiere nur gegen allzu riskante Veränderungen. Er plädiert nochmals, bei schweren Störungen könne der „Maßstab von Pflicht und Recht" „nur vom Menschen selbst, der sich darin befindet, und nach Empfindungen mehr als nach Überlegungen bestimmt werden" (153-159). Das klingt schon sehr nach Feuerbach und Kleist. Und vollends tut das die daraus folgende Forderung, jeden Aufrührer individuell zu beurteilen. Eben das forderte schon Luther.

Religiöse Rechtfertigung

Wie bei der *Hermannsschlacht* und lange Zeit bei der *Verlobung* pflegt man zeitgeistgemäß im *Kohlhaas* die Rebellion gegen die Staatsgewalt zu verurteilen als Aggression und Terrorismus. Und erteilt ihm nicht Lisbeth auf dem Sterbebett die neutestamentliche Weisung: „Vergib deinen Feinden; tue wohl auch denen, die dich hassen!"? Schillers *Verbrecher aus verlorener Ehre* (1786) läßt am

Schluß seinem erbarmungslosen Fürsten ausrichten, „daß ihm Gott einmal [so] gnädig sein werde, wie er jetzt mir es sein wird."

Anders Kohlhaas. Er antwortet seiner Frau: „so möge mir Gott nie vergeben, wie ich dem Junker vergebe!" (24). Heißt das, wie Müller-Salget (741) und andere meinen: „Gott möge ihm gnädiger sein, als er selbst dem Junker gegenüber vermag"? Oder, wie Horn (59) im Anschluß u.a. an Hegel, Bloch und Habermas vergröbert und sich dabei in heillosen Widerspruch verwickelt: Aus Selbsterhaltung sei für Kohlhaas „das Gesetz das Höchste" und „jeder Gedanke an Vergebung ketzerisch;" der Held müsse das Gesetz „verherrlichen helfen," indem er sich selber nicht vergeben lasse, „weil sonst seine private Rebellion zum Muster einer allgemeinen Revolution werden könnte" (59). Kleist und sein Held gingen demnach vor den Autoritäten in die Knie oder liefen gar zu ihnen über?

Vielmehr: Für das, was Kohlhaas tat und tun wird, weil man ihm Gerechtigkeit verweigert, darf und will er Gottes Vergebung zwar in der Tat nicht ohne weiteres annehmen, sondern nur – wenn er dem Unrecht, das man ihm antat, angemessene Vergeltung angedeihen läßt. Vor Gott, dem Unbestechlichen, und um der Menschen willen darf er es nicht vergeben. Also: Verzeihe er dem Junker, sei das eine Sünde, für die er Gottes Verzeihung verwirke. Und diese, Sigel seiner Rechtfertigung, wird ihm am Ende von Luther zugesichert durch Abendmahl und Absolution sowie durch einen verlorenen, „ohne Zweifel sehr merkwürdigen Brief" (89).

Kohlhaas zitiert die vierte Bitte also nicht als armer Sünder, der verzeiht, damit ihm, oder „wie" ihm Gott verzeiht. Vielmehr zitiert er sie als einer, der Gott verfallen ist in der Pflicht, Verletzungen eben dieses Gebotes zu ahnden. Wie für Hermann ist Haß sein „Amt" und seine „Tugend Rache" (V. 1725). Wer das Böse nicht bekämpft, wird sein Komplize. Empfindet er lau, ambivalent, verdient er die Gnade Gottes eher noch weniger, und sogar die „siebente, tiefste und unterste Hölle" (*Katechismus der Deutschen*, Kap. 9). Das Böse aber, das in der Maske der Rechtsautorität aller Verhältnismäßigkeit spottet, verdient verhältnisgemäßen Haß und daß man ihm zu Leibe rückt nicht mit der Verhältnisgerechtigkeit einer rechnenden Paragraphenjustiz, sondern mit einer Gerechtigkeit, deren „Billigkeit" der grenzenlos rächenden Vergeltung Gottes so nahe kommt wie nur möglich.

Den Reformator erinnert Kohlhaas, daß auch der Herr „nicht allen seinen Feinden" vergab (41). Und wer, wo die Landesherren den Staatsvertrag auflösen, sich einig weiß mit Gott wie er, der gegen Ungerechtigkeit zu Felde zieht, bei dem ist es verständlich, daß er seine beim Einsatz für das Recht zugrundegerichtete Frau zur Märtyrerin erhöht durch ein fürstliches Begräbnis; weiter daß er sich (mit Svarez[55]) gegen den hier bis zum Ende praktizierten Unrechtsstaat und (mit Rousseau oder auch Luther) sich auf seinen naturrechtlichen Status unmittelbar zu Gott beruft; daß er in Mandaten als provisorische Weltregierung und als Statthalter des Erzengels Michael auftritt, seines Namenspatrons, des Kämpfers gegen den Heuchler Luzifer und für Gerechtigkeit und für das Volk. Als solcher läßt er ein richterliches Cherubsschwert vor sich hertragen, erklärt er Tronka zum Feind aller Christen und verbietet er bei Strafe, ihm Schutz zu gewähren.

Das und andere Züge signalisieren bei einer gewissen Geistes-Verrückung seine Qualifikation zu Luthers `Wundermann.´ Das Volk bestaunt ihn als den biblischen „Würgengel, der die Volksbedrücker mit Feuer und Schwert verfolgte" (46), also nicht bloß den Junker, sondern die sächsische Adelsclique! Dem Chronisten entfährt beim Überfall auf die Tronkenburg derselbe Vergleich: „Der Engel des Gerichts fährt also vom Himmel herab" (26). Dennoch tut er die religiös getönten Auslassungen des Rebellen als „Schwärmerei krankhafter und mißgeschaffener Art" ab (30), statt den vor Erbitterung und Schmerz Halbwahnsinnigen wenigstens als romantisch Erleuchteten zu ehren.

Wir heute, solcher Selbsthilfe entwöhnt und so extremen Ansprüchen abhold, mögen, wie wir zu tun pflegen, den „Gemäßigtern und Besseren" des Chronisten beipflichten, die für ein „offenbares Unrecht" der Staatsgewalt an dem Unglücklichen plädieren (55), dessen Amoklauf die Folgen staatlicher Rechtsverweigerung offenlegt. Ohne jemals abzuweichen von der Überzeugung, daß ihm Unrecht, schwerer und schwerer, angetan wurde, läßt er sich im Auf und Ab seines Kampfes durchaus und mehrfach anfechten

[55] Carl Gottlieb Svarez kritisierte die Auslassung beträchtlicher rechtsstaatlicher Elemente aus der preußischen Gesetzgebung. Es ist sehr zu bezweifeln (s.o. zu Anm. 17, 19), daß Kleist davon nichts mitbekam, wie es Ipsen annimmt (wie Anm. 37), 133f.

von der ihm eigenen Neigung, zu schonen und verzeihen, ja einmal, in eine finanzielle Entschädigung einzuwilligen, ja überhaupt die Sache aufzugeben. Er wird jedoch von seinen Gegnern, denen es um ganz andere Dinge geht und die ihr Unrecht nur nicht eingestehen wollen, immer wieder auf die Bahn gedrängt, die sie ihm aufgenötigt haben. Beharren wir mit diesen auf dem Recht oder vielmehr Gewaltmonopol des Staates, den unbequemen Kläger samt seinem Recht durch Macht- und Autoritäts-Recht beiseite zu schaffen, dann verschließen wir uns jedenfalls vor der Intention des Textes und vor der Erhöhung, die er dem Helden zuteilwerden läßt durch versteckte religiöse Zeichen. Vieles, was erwähnt wurde, bereitet darauf vor, ja gehört schon teilweise dazu, z.B. die `Wunder.´

Der Rebell findet sich in einem ähnlichen Dilemma wie Hermann. Unglücklich macht ihn seine Rache zunächst, weil sie mißlingt. Sie trifft jeden, der ihm und dem mißhandelten Herse in die Hände fällt, mit äußerster Brutalität (26-29). Ja, auf der Suche nach dem flüchtigen Junker wütet der Roßhändler in der Kapelle und vergreift sich an heiligen Gegenständen. Es ist ein vulkanischer Gefühlsausbruch, die Wut maßloser Schmerzen nach der Kette immer unverschämterer Beleidigungen und Lisbeths elendem Ende.[56] Der mißlungene Überfall mit all den ergebnislosen Übergriffen füllt die Brust des „unglücklichen Kohlhaas" mit „Schmerz und Jammer."

Er hat Unrecht getan und doch nicht sein Recht dadurch gewonnen. Seufzend und sein Herz „immer auf die trübsten Ahnungen gestellt," geht er „seinen jämmerlichen Geschäften" nach – und gelangt an eine Art Kreuzweg, nämlich vor „das silberne Bildnis des Gekreuzigten in der Hand" einer Äbtissin, die sich mit der Warnung: „fürchte Gott und tue kein Unrecht!" vor ihm niederwirft. Ein „ungeheurer Wetterschlag, [der] dicht neben ihm, zur Erde niederfiel," gibt ihm Besinnung und Selbstbeherrschung wieder; er verschont das Kloster. Sein Dekret eines gerechten Krieges, der jeden, der dem Junker Vorschub leiste, mit Strafe an Leib, Leben und Besitz bedroht, traf hier verspätet ein: eine der tausend Unwägbarkeiten, die eine Aufrechnung der Schuld immer schwieriger machen, zumal die Schuldigen sie nach Kräften ohnehin verunklären. Kohl-

---

[56] R.M. Müller (wie Anm. 4), 107, rechnet diese „zeitweilige Deformation" der Persönlichkeit des Helden zur „Pathologie und Naturgeschichte der Revolution."

haas für sein Teil schreibt nicht nur diesen „Zufall" mit nobler Billigkeit der Gegenseite gut. Ein Regenguß löst „den Schmerz in seiner unglücklichen Brust." Er grüßt und fordert im Revolutions- und Bibelton die „Brüder" auf, ihm nach Wittenberg zu folgen (28f.).

Leidet der „Räuber und Mörder" unter den Übergriffen, zu denen die Rechtsbrüche der Obrigkeit sein Rechtgefühl nötigen, so sichert ihm dieses Leiden zusammen mit seiner Mäßigung und Gerechtigkeit, ähnlich wie dem Räuber Moor und Hermann, Mitleid und Achtung.[57] Kleist evoziert solche Reaktionen mit Nachdruck, trübt aber das Gesamtbild. Der Erzähler und die öffentliche Meinung schwanken; die Gegner übertönen die Fürsprecher. Wer nicht genau liest oder lesen kann, der erkennt nicht, wie klar und eindeutig hier Recht und Unrecht verteilt sind. Geholfen hat da auch nicht die religiöse Aura, mit der der Held ausgestattet wird. Kleist benutzt „säkularisierte Bibelreminiszenzen." Einigen begegneten wir schon. Der Erzähler bringt sie ohne Wissen und Wollen vor, eher redensartlich und sogar abwehrend, entsetzt. Neben anderen sammelten solche Passagen Peter Horwath und besonders Henrik Lange.[58]

Ferner verweist Kleist, oft über die Tages-Liturgie, auf die Bibeltexte zu den großen Festen Pfingsten und Ostern. Hier hat besonders Lange vorgearbeitet; er erweitert jedoch die analogen Punkte zu eigenen Zusammenhängen, die dann vom Text nicht mehr gedeckt werden. So übernehme ich – und Gleiches gilt von den anderen einschlägigen Studien – fast nichts von seinen Funden und Erklärungen, die übrigens die „Zweideutigkeit der Kohlhaasgestalt" bekräftigen

---

57 Wittkowski: Rechtspflicht (wie Anm. 26).

58 Henrik Lange: Säkularisierte Bibelreminiszenzen in Kleists „Michael Kohlhaas." *Kopenhagener Germanistische Studien* 1 (1969), 213-226. Peter Horwath: The „Nicht-um-die-Welt" Theme. *Studia Neophilologica* 39 (1967), 261-269; ders.: Michael Kohlhaas. Kleists Absicht in der Überarbeitung des Phöbus-Fragments. Versuch einer Interpretation. *Monatshefte* 57 (1965), 49-59; ders.: Gerechtigkeit und Gnade in Kleists *Michael Kohlhaas*. Über die Substanzkraft traditionell-religiöser Elemente. In: *Husbanding the Golden Grain. Fs. Nordmeyer*. Hg. v. Luanne T. Frank. Ann Arbor: University of Michigan Press 1973, 157-168. Vgl. auch Otto F. Best: Schuld und Vergebung. Zur Rolle der Wahrsagerin und „Amulett" in Kleists *Michael Kohlhaas*. *Germ.-Rom. Monatsschrift* 20 (1970), 180-189.

sollen, tatsächlich aber meine These stützen, derzufolge der Held sich – bis zuletzt! – als Rebell im Auftrag Gottes fühlt und wir ihn in Analogie zu Jesus sehen sollen (radikaler als schon Schillers Wilhelm Tell).

Eine bedeutsame Schwelle überschreitet die Handlung, als die Privatrache sich ausdehnt auf Staat und Gesellschaft, auf die „Welt." Es geschieht durch die erste Einäscherung Wittenbergs. Sie erfolgt in der Nacht auf Pfingsten. Der Kohlhaas der Mandate bricht dorthin auf an diesem „heiligen Abend" (30), an dem Jesus sich als der gottgesandte Messias zu erkennen gibt, die Befolgung seiner Gebote fordert und sein nahes Opfer-Ende ankündigt. Er wird einen „Tröster" senden, den heiligen „Geist der Wahrheit, welchen die Welt nicht kann empfangen, denn sie sieht ihn nicht und kennt ihn nicht." Das klingt deutlicher an im *Erdbeben*.[59] Und man könnte sagen: Derartig strukturiert ist das Verhältnis zwischen Kohlhaas und seiner Umwelt und ebenso das Verhältnis zwischen Kleists Dichtung und seiner Leserschaft! Ferner heißt es im gleichen Zusammenhang: „Das Wort das ihr höret, ist nicht mein, sondern des Vaters, der mich gesandt hat" (Joh.14, 15-21).[60] Kohlhaas deutet immer wieder an, daß er im Sinne Gottes spricht.

Wie aber am Pfingstmontag „der Heilige Geist auf alle" fiel, so daß sie „hörten" (Ap. 10; 44, 46); – wie am Pfingstmittwoch „immer mehr" glauben (Ap.5, 14) und „weissagen" in Erwartung von „Blut und Feuer und Rauchdampf" (Ap. 2; 17, 19) – so verstehen im Zeichen grimmig-ironischer Komik die Wittenberger, aufgeweckt durch materielle Einbußen, die Botschaft des Rebellen täglich besser. Jeden Tag fordern sie energischer die Entfernung Tronkas (31). Ihn, nicht Kohlhaas, schelten sie den „Verderber Sachsens" (32f.). Aus dem „Drachen, der das Land verwüstete" (31), wird (vgl.

---

[59] Wittkowski: Skepsis, Noblesse, Ironie. Formen des Als-Ob in Kleists *Erdbeben*. *Euphorion* 63 (1969), 247-283, hier 258f., 282f.

[60] So nach der katholischen Liturgie in der Vigil vor Pfingsten, weitgehend ähnlich in der protestantischen am Sonntag vor Pfingsten (abweichende regionale Lektionare oder Agenden bleiben zu erwägen). Kleist schlug aber anscheinend „Das Römische Meßbuch" nach oder eben überhaupt die einschlägigen Bibeltexte selbst. Diese zitiere ich nach der Ausgabe der Württembergischen Bibelanstalt Stuttgart 1967, jenes nach dem „Schott," Freiburg 1949.

Nataliens Lindwurmtöter (*Homburg* IV, 1) der Statthalter des Drachentöters Michael. Und der „Fürst der Welt," den durch die Prophezeihung der Zigeunerin der brandenburg-preußischen Dynastie naherückt und dessen Auftreten Jesus zu Pfingsten ankündigt (Joh. 30), meint demnach die Gegner Jesu, Michaels und seines Vorkämpfers.

Am Pfingstmontag erklärt sich Jesus von Gott zum Richter bestellt (Ap. 10, 42). Das Gericht aber besteht darin, daß das Licht in die Welt kommt und trotzdem die Menschen die Finsternis mehr als das Licht lieben, ihre Werke böse bleiben (Joh. 3, 19f.) und sie sich damit die Strafe Gottes zuziehen. Hat Kleist auch das Strukturverhältnis zwischen seinem Werk und seinem Publikum derart gesehen? Das Ende nimmt diese Art Geheimsignale wieder auf, allerdings ohne das boshafte Amüsement, das man zu spüren meint in den Passagen, die sich auf Wittenberg beziehen (vgl. 30f.).

Hinrichtungstag ist Montag nach Palmarum, der Beginn der Karwoche. Das ist zwar geschichtlich, lenkte aber offenbar Kleists Aufmerksamkeit auf die biblische Geschichte, auf die Chance, den Helden zu erhöhen durch Analogie mit Christus. Ja, als Täter gleich dem Dulder *und* Töter Wilhelm Tell soll Kohlhaas den Gekreuzigten wohl zugleich auch überbieten. So erinnert es an dessen Nein zu der Versuchung durch den Teufel, wenn „Kohlhaas, der Roßhändler," „nicht um die Welt" Leben und Freiheit erkaufen will vom Kurfürsten von Sachsen. Doch er will es nicht, weil sein Tod ihm in „Auswechselung" „völlige Genugtuung" in seiner Klage gegen Tronka gewährt (83) und nun auch noch die Macht, „seines Feindes Ferse, in dem Augenblick, da sie ihn in den Staub trat, tödlich zu verwunden" (86). Das andere Symbol teuflischer Versuchung, der Apfel, geht harmlos an den Buben; ja, aus den Händen der Himmelsbotin Lisbeth verheißt er ewiges Leben. Ragt Kohlhaas in die Zeit hinaus, flankiert, wie er ist von Michael und Elisabeth, den beiden Schutzheiligen des Volks, der Kleinen und Armen, unter deren Klage man seine Leiche in den Sarg legt – und wird hinter ihm selbst sichtbar Jesus?

An die Tage vor dessen Kreuzigung erinnern entfernt die dreimal erwähnte Hoffnung des Volkes auf Begnadigung, sowie an die Tage Luthers vor seiner von den Autoritäten verlangten Verbrennung in Worms der Umstand, daß Kohlhaas in unvergleichlicher

„Ruhe und Zufriedenheit" Besuch von „Freunden, deren er sehr viele in der Stadt besaß, bei Tag und Nacht" empfängt (Lange meint, wie Hiob). Wird diese „Spezial-Verordnung des Kurfürsten" (88) als `sonderbar´ hervorgehoben (als Pilatus-Parallele?), so, wie erwähnt, die Erscheinung der Zigeunerin als `wunderbar,´ und als vollends höchst `geheimnisvoll´ der verlorengegangene Brief, mit welchem Luther dem Verurteilten Recht geben dürfte gegen seine Kreuziger.

Zu all dem stimmt nun auffällig, daß in der protestantischen Liturgie am Palmsonntag und in der katholischen am Palmmontag Jesus - anders als in den Evangelien! - mit der Stimme von Jesajas leidendem Diener Gottes heftig auf seinem Recht besteht und erbarmungslos gegen seine Kreuziger von Gott größte Härte bis zur Vernichtung fordert:

> Gott der Herr hat mir das Ohr geöffnet. Und ich bin nicht ungehorsam und weiche nicht zurück. Ich bot meinen Rücken dar denen, die mich schlugen [...]. Aber Gott der Herr hilft mir, darum werde ich nicht zuschanden. *Darum hab ich mein Angesicht hart gemacht wie einen Kieselstein [...]. Er ist nahe, der mich gerecht spricht; wer will mit mir rechten? [...] Wer will mein Recht anfechten? Der komme her zu mir [...] wer will mich verdammen? Siehe, sie alle werden wie Kleider zerfallen, die die Motten fressen.* (Jesaja 50, 5-9, Hervorh. W.W.)

Unmittelbar an diese in die Liturgie von Kohlhaasens Todesdatum aufgenommenen Sätze schließt die Bibel weitere im gleichen Geiste an; und solche angrenzenden Texte, deren ironische Verstecktheit und Geltung sich damit gleichsam potenziert, werden, wo Dichter derartig verfahren, gewöhnlich in das Verweisungsspiel mit einbezogen.[61] Hier mag das besonders einleuchten: „Siehe, ihr alle, die ihr ein Feuer anzündet und Brandpfeile zurüstet, geht hin in die Glut eures Feuers und in die Brandpfeile, die ihr angezündet habt! Das widerfährt euch von meiner Hand; *in Schmerzen sollt ihr liegen* (Jesaja 50, 11; Hervorh. W.W.).

Das alles paßt zu einer Lieblingslosung Luthers, dem Jesus-Wort: „Ich bin nicht gekommen, Frieden zu bringen, sondern das Schwert" (Luk. 12, 49). Berufener Streiter aber gegen die Finsternis ist eben Michael. Auf diesen Namen („Wer ist wie Gott?"), könnte

---

61 Vgl. auch Wittkowski: *Die Judenbuche*. Das Ärgernis des Rätsels und der Auflösung. *Droste-Jahrbuch* 1 (1986), 107-128.

Luther unwissentlich anspielen, wenn er Kohlhaas fragt: „wer anders als Gott darf [einen Fürsten] wegen der Wahl solcher Diener zur Rechenschaft ziehen, und bist du, gottverdammter und entsetzlicher Mensch, befugt, ihn deshalb zu richten?" Kohlhaas antwortet, das hänge ganz einfach davon ab, ob der Fürst ihm Schutz gegen zugefügtes Unrecht gewähre (39). Andernfalls also hält er sich durchaus für befugt, über die Obrigkeit zu richten (wie Gott!). Und anders als in der Geschichte bahnt Luther ihm zu diesem Amt den Weg oder vielmehr Umweg über die Amnestie, das Vergeben, das die obersten Instanzen brechen oder ignorieren werden. Das besiegelt ihr eigenes Gericht. Denn wer nicht vergibt, dem wird auch nicht von Gott vergeben. Wie in Schillers *Verbrecher* gilt: „Richtet nicht, auf daß ihr nicht gerichtet werdet. Denn mit welcherlei Gericht ihr richtet, werdet ihr gerichtet werden; und mit welcherlei Maß ihr messet, wird euch gemessen werden" (Mt. 7, 2).

„O filii hominum, si vultis judicare, recte judicare, ne judicemini," schlug Hans Kohlhase an die Türen, als man Pfingsten 1538 zwei Unschuldige seinetwegen räderte. So steht es in einer der Quellen, die Kleist kannte.[62] Und dem Erzengel Michael, dem Schutzpatron des Volkes, widmen beide Konfessionen am Michaelstag das Ärgernis-Kapitel Mt. 18 mit der berühmten Drohung des angeblich so milden Jesus: „Wer aber Ärgernis gibt einem dieser Kleinen, [...] dem wäre besser, daß ein Mühlstein an seinen Hals gehängt und er ersäuft würde im Meer, wo es am tiefsten ist" (Mt. 18, 7f.): Rächendes Gericht ohne Maß und Erbarmen an solchen,

---

[62] Roland Reuß: *Berliner Kleist-Blätter 3. Michael Kohlhaas*. Basel, Frankfurt 1990, 49. Politisch korrekt und überkorrekt, hat Reuß kein mitleidiges Verständnis für des Helden vorübergehende Brutalität gegen Unschuldige, beanstandet absurd feministenhörig „das latent gewaltsame Verhältnis zwischen Kohlhaas und seiner Frau," hält seinen Rachefeldzug für seinen „Sündenfall" und ihn der Statthalterschaft des Erzengels für unwürdig, da ihm, „wie die Unterredung mit seiner Frau offenbarte, speziell die Attribute der Gnade und der Barmherzigkeit fehlen, ohne die die christliche Überlieferung sich den Erzengel Michael nicht vorstellen konnte" (26-29). Für die Liturgien gilt das allerdings nicht!

Die 32 Absätze der Novelle bringen Reuß dazu, den Psalm 32 nachzuschlagen. Keine schlechte Idee, nur unfundiert und unergiebig. Wie schlecht der Dichtung Kleists die politisch opportune Normalität ihres kommentierenden Herausgebers bekommt, zeigt auch meine Untersuchung des *Findling*. Dort auch Parallelen, die Kleists bestrittene Parteinahme für Kohlhaas und für Piachi stützen.

die ihren Schutzbefohlenen Unrecht tun. Und speziell am „Montag nach Palmarum" ruft die katholische Liturgie gleich in der Einleitung zum Gericht über die Kreuziger auf - es spricht der Psalmist, hier indessen suggestiv vorgestellt als Stimme Christi:

> Richte, o Herr, die mir schaden; kämpf alle nieder, die mich bekämpfen! Greif zu den Waffen, zum Schild! Steh auf, mir zu helfen, o Herr, meine Kraft und mein Heil! Zücke dein Schwert und verlege den Weg all meinen Verfolgern! Sag meiner Seele: „Ich bin dein Heil!" - Richte, o Herr! (Ps. 34 [Luthers 35], 1-3)

Ja, die Frage ebendort (10): „Herr, wer ist dir gleich?" ist gleichbedeutend mit dem Namen, den Kleist für seinen Helden wählte: „Michael."

Die Heilige Cäcilie und *Der Zweikampf*.

Kleists Legenden und die romantische Ironie

Die beiden Legenden, die Kleist noch kurz vor seinem Tode schrieb, fanden seit jeher zwiespältige Aufnahme, und das in doppeltem Sinne. Ein Teil der Kritiker bestritt den religiösen Sinn der Werke, während andere ihn gelten ließen. Dabei aber schlugen manche sich im einen Fall auf jene, im anderen auf diese Seite. Unter den häufiger genannten Kleistforschern hat, wenn ich richtig sehe, einzig Walter Müller-Seidel den christlichen Charakter beider Stücke ohne Rückhalt anerkannt.[1] Für die *Cäcilie* besteht auch Michael Scherer auf der „Wahrheit des Religiösen," des „Wunders," wie sie in der zweiten Fassung „zwingend" werde - und allerdings erst hier.[2] Friedrich Koch dagegen stieß sich an der hier stärker ausgeführten Entmenschung der vier Brüder. Dieser brutale Racheakt bezeuge Kleists völlig unchristliches Gottesverständnis und damit letzten Endes nur „die Ausgesetztheit und Sinnlosigkeit seines Daseins."[3]

Friedrich Braig empfand ähnlich. Andererseits verwies er gerade auf die Milderung des Entsetzlichen in der Schlußfassung, auf den nun ungetrübt heiteren Tod der Frevler, und er mißbilligte solch unheiliges Nebeneinander von Religion und Spuk als Freigeisterei. Zwar beichte Kleist den qualvollen „Kampf der guten und bösen Mächte" in seiner noch immer nicht ganz bekehrten Seele; er leiste „Sühne für die Beleidigung," die er einst der katholischen Kirche zufügte - die konkrete Durchführung indessen mache das löbliche Vorhaben halbwegs wieder zunichte.[4] Robert Mühlher möchte das Werk als religiöse Legende erschließen; seine Symbolanalyse

---

Leicht überarbeitet aus *Colloquia Germanica* 1 (1972), 17-58.

1 Walter Müller-Seidel: *Versehen und Erkennen. Eine Studie über Heinrich von Kleist*. Weimar 1961.

2 Michael Scherer: Die beiden Fassungen von Heinrich von Kleists Erzählung *Die Heilige Cäcilie oder die Gewalt der Musik. Monatshefte* (1964), 102.

3 Friedrich Koch: *Heinrich von Kleist*. Stuttgart 1958, 299.

4 Friedrich Braig: *Heinrich von Kleist*. München 1925, 478-482. Eine legendengläubige Deutung, die denen von Scherer, Koch und Braig nahesteht, bietet ferner Edmund Edel: Heinrich von Kleists *Die heilige Cäcilie oder die Gewalt der Musik. Eine Legende. Wirkendes Wort* 19 (1969), 105-115.

demonstriert aber nur die Ungereimtheiten des Textes.[5] Johannes Klein und Jürgen Schröder weisen das Geschehen dem parapsychologischen, dem spukhaften Bereich zu. Jener glaubt indessen, das Wunder sei „doch gemeint," während dieser alle Vorgänge von der Transzendenz geschieden wissen will.[6]

Im *Zweikampf* finden Herbert Meyer,[7] Braig (75) und Klein (69) mit dessen Worten „den Makel einer allzu handfesten Offenbarung der göttlichen Gerechtigkeit." Schröder (201), Walter Silz und Donald H. Crosby meinen wie bereits Clemens Lugowski,[8] die Ereignisse ließen sich restlos auf weltimmanente Ursachen zurückführen. Lugowski hatte einst sogar behauptet, hier werde „Gott selbst zerschlagen." Crosby erinnert nun aber daran, daß Kleist die Existenz Gottes keineswegs ausdrücklich in Zweifel ziehe. Er öffne lediglich den Ausblick auf ein zukünftiges „Gott ist tot." Damit wird Gerhard Frickes bekannte These weitergeführt bis zur Umkehrung. Fricke hatte behauptet, Kleist übe sich in der „Anstrengung des Glaubens," „die selbstverständliche und heilige überkommene Form des Religiösen, der Gottesbeziehung zu zerbrechen und [...] eine neue, dem Ewigen gemäßere Form zu schaffen."[9]

Wie Fricke urteilen heute Koch und Müller-Seidel. Letzterer versichert, *Der Zweikampf* sei „– trotz mancher Mißverständnisse – doch wohl die tiefsinnigste Erzählung Kleists, deren poetische Schlüssigkeit man nicht genug bewundern kann" (94). „Dabei ist oft nur vom Ganzen einer Erzählung her sichtbar zu machen" – was Müller-Seidel in seinem darauf nicht angelegten Buche allerdings nicht ausprobiert –,

---

5 Robert Mühlher: Heinrich von Kleist und seine Legende *Die Heilige Cäcilie oder die Gewalt der Musik. Jb. d. Wiener Goethe-Vereins* (1962).

6 Johannes Klein: *Geschichte der deutschen Novelle von Goethe bis zur Gegenwart.* Wiesbaden 1954, 69f.; Jürgen Schröder: *Das Bettelweib von Locarno. GRM* (1967), 201ff.

7 Herbert Meyer: Kleists Novelle *Der Zweikampf. Jb. d. Kleist-Ges.* (1933), 151.

8 Walter Silz: *Heinrich von Kleist.* Philadelphia 1961, 66; Donald H. Crosby: Heinrich von Kleist's *Der Zweikampf. Monatshefte* (1964), 200; Clemens Lugowski: *Wirklichkeit und Dichtung. Untersuchungen zur Wirklichkeitsauffassung Heinrich von Kleists.* Frankfurt a.M. 1936, 163. Zu dieser Gruppe stieß neuerdings Joachim Müller: Literarische Analogien in Heinrich von Kleists Novelle *Der Zweikampf. Sitzungsber. d Sächs. Akad. d. Wiss. zu Leipzig, phil. hist. Kl.* 114 (1969), H. 4.

9 Gerhard Fricke: *Gefühl und Schicksal bei Heinrich von Kleist.* Berlin 1929, 146.

wie Kleist eine Dimension des Religiösen erreicht, die auch dem 'aufgeklärten' Leser offensteht" (85). „Der aufmerksame Leser wird kaum daran zweifeln, daß in einer tieferen Schicht der Novelle alles bloß Zufällige 'transzendiert' wird" (84). „Zugleich macht die Darstellung deutlich, wie sehr ein rätselhafter Sachverhalt in solcher *Schickung des Himmels* der Auslegung bedarf" (85). „Sie erfolgt im Glauben und ist gültig einzig in ihm" (96). „Auslegung des göttlichen Waltens wie hier bedeutet wohl Lösung, aber nicht Auflösung. Die neue 'Theologie,' wie sie sich in der veränderten Auffassung des Gottesurteils bezeugt, rückt gerade von der Eindeutigkeit eines Urteils ab, das unverändert in Gesetzen und Institutionen sich fixieren läßt. Die 'neue Theologie' in der Optik der Erzählung meint den deus absconditus." (95)

Die apodiktischen Sätze erheben einen Anspruch, der mir gewagt erscheint. Nur der aufmerksame Leser, das heißt hier zuletzt: nur der als gläubiger Christ privilegierte Leser, soll Kleist richtig verstehen, nämlich seinen deus absconditus. Aber welche Gewähr leistet eigentlich der Text dafür, daß der Gott, der rätselhaft verborgen, unbegreiflich bleibt, überhaupt noch existent ist? Manche Interpreten sind mit logisch einwandfreier Konsequenz zu dieser Frage vorgestoßen und haben sie negativ beantwortet. Und umgekehrt: wäre jener tiefer dringende Leser, der an Gott noch glaubt, auch wo er ihn nicht mehr fassen kann, wohl überhaupt imstande, ein Nichtvorhandensein Gottes festzustellen, wenn eben dies gemeint wäre mit dem Verschwinden eines erkennbaren Gottes? Der deus absconditus könnte, so gesehen, ein Alibi des Glaubens – und eine Falle der Interpretation sein. Jedenfalls aber sind jene Zitate merkwürdige Zeichen ihrer Zeit.

Macht man sich deren Deutungs-Schwierigkeiten bewußt, so kann man gut verstehen und muß man gleichzeitig bedauern, daß Müller-Seidel die Einwände des Gegenlagers leichthin als Mißverständnisse abtut, anstatt seine These an ihnen und den Texten zu erproben. Umgekehrt aber sollten auch die Skeptiker die Argumente prüfen, die Müller-Seidel für seine Sache anführt. Denn erst dann ließe sich die weltanschauliche, in Rechthaberei steckenbleibende Debatte verwandeln in eine zuverlässigere Analyse der Kunstwerke.

Gemeint sind vor allem Müller-Seidels Bemerkungen zur „Optik der Erzählung," zur Perspektive des *Zweikampf*-Erzählers und seiner Figuren. Wo Kleist berichtet, Graf Jakob verberge „die Vernichtung seiner Seele," da gibt der Erzähler seine Allwissenheit zu erkennen und geht über die Perspektive der Figuren hinaus (91). Von deren Glaubensbekundungen distanziert er sich nirgends, wenigstens „nirgends deutlich;" und Wunderbares wird auch von ihm selber so bezeichnet (85). In Glaubenssachen also ist die Optik der Erzählung einheitlich. Dasselbe gilt laut Müller-Seidel (84) für das frühere Werk:

Die Heilige Cäcilie oder die Gewalt der Musik

I.

Man erinnert sich: „Um das Ende des sechzehnten Jahrhunderts" schicken sich drei Brüder unter Anführung eines protestantischen Predigers an, am Fronleichnamsfest ein Nonnenkloster zu zerstören, das den Namen der Heiligen Cäcilie trägt. Die feierliche Musikaufführung, besonders das *gloria in excelsis,* gelingt jedoch auf eine so überwältigende Weise, daß das schändliche Vorhaben nicht durchgeführt wird und das Kloster, wie es heißt, noch „bis am Schluß des dreißigjährigen Krieges bestanden hat, wo man es, vermöge eines Artikels im westfälischen Frieden, gleichwohl säkularisierte" (211).[10]

Mir scheint, der aufmerksame Leser muß hier stutzen: *Gleichwohl?* Und auf Grund eines simplen Verwaltungsaktes? Wen sollte das nicht ernüchtern? Doch Kleist läßt es dazu nicht kommen. Als ob alles in bester Ordnung wäre, fährt er fort: „Aber der Triumph der Religion war [...] noch weit größer:" die vier Übeltäter sind verrückt geworden und verdammt, das *Gloria* zu jeder Mitternacht mit schrecklichem Gebrüll zu intonieren. - ein „Triumph der Religion" und „noch weit größer" als die Kloster-Rettung, die letzten Endes vergeblich war?

Gewiß, der Leser würde stutzen, könnte er sich am Ende der Schauermär nur noch recht an jene Wendungen erinnern. Kleist aber läßt ihm keine Zeit, etwa innezuhalten und zurückzublättern. Ohne auch nur einen neuen Absatz zu beginnen, läßt er sogleich die Antonia-Episode folgen. Die Nonne hatte die fragliche Musikauf-

---

[10] Zitate mit Angabe der Seitenzahl in Klammern nach Sembdners dtv-Ausgabe, Bd. 4.

führung geleitet, zur gleichen Zeit aber bewußtlos in ihrer Zelle gelegen, um bald darauf zu sterben. Hier ging etwas nicht mit rechten Dingen zu. War es ein Wunder? In der Tat, wer anders hätte dirigieren sollen als die Heilige Cäcilie persönlich, die Patronin der Musik, die hier gleichsam zu Hause war?

Bevor der Leser noch seine Gedanken zu einer Erklärung sammeln könnte, wird ihm diese Entscheidung vorgesetzt. Sie stammt vom Erzbischof, der freilich nicht zugegen war, und wird vom Papst im noch ferneren Rom bestätigt. Und „noch am Schluß des dreißigjährigen Krieges, wo das Kloster, wie oben bemerkt, säkularisiert ward, soll, sagt die Legende, der Tag, an welchem die Heilige Cäcilie dasselbe durch die geheimnisvolle Gewalt der Musik rettete, gefeiert, und ruhig und prächtig das gloria in excelsis darin abgesungen worden sein" (213).

Das ist der Schluß. Der Strom der Erzählung, der uns bisher ununterbrochen mit sich riß, ist zu Ende. Wir sind in der Lage, uns zu besinnen und nachdenklich zu werden. Dazu lädt uns manches ein, wenn das auch mehr unter der Hand geschieht. Die letzten Worte preisen noch einmal den „Triumph der Religion." Doch der Beginn des Satzes erinnert uns daran, daß dieser Triumph vergeblich war, daß er seine Grenze fand an der weltlichen Administration. Die Geschichte geht über das Wunder zur Tagesordnung über und gibt dem unangefochtenen \`ruhigen Absingen´ des *Gloria* etwas Routinemäßig-Leeres, das den scheinbar so geheiligten Vorgang dem gespenster- und automatenhaften Treiben der vier Frevler annähert. Weiter erinnert das eingeschobene „wie oben bemerkt" an das ebenso beiläufige „gleichwohl" vorhin und überhaupt an jene Stelle, die den „Triumph der Religion" in recht zweifelhaftes Licht rückte. Das kann uns jetzt auffallen und doppelt auffallen dank der Wiederaufnahme am Ende.

Eine Zwischenbilanz dürfte etwa lauten: der „Triumph der Religion" kontrastiert doch einigermaßen bedenklich mit seiner nach dem Kalender wiederkehrenden und gewohnheitsmäßig ablaufenden Feier und erst recht mit seiner gleichsam selbstverständlichen Aufhebung durch die Säkularisation. Wenn Kleist diesen Kontrast nicht notiert und die widerstreitenden Faktoren einträchtig nebeneinanderstellt, so als ob nichts weiter dabei wäre, dann heißt das denn doch, die Objektivität auf eine boshaft-verschmitzte Spitze treiben. Was soll da noch das Wort „Legende?“ Gerade hier, wo so genaue Sach- und Zeitangaben auftreten, scheint es entbehrlich. Es mag eher klingen wie „Legendenparodie“ oder wie „Legende“ im Sinne einer mutwillig zurechtgestutzten Geschichte, einer Flunkerei.

Aber so etwas dürfte ebensowenig gemeint sein. Dem Leser, der ein christliches Erbauungsstück erwartet, sollte, wenigstens nach aufmerksamer Lektüre, einigermaßen unbehaglich zumute sein. Indessen, urteilen wir nicht voreilig! Wir haben bisher nur die erste Fassung angesehen. Und es heißt ja von der zweiten, sie vor allem mache das religiöse Wunder wahrhaft „zwingend.“ Sie ist bis zur ersten Nachricht von der Klostersäkularisation so gut wie identisch mit der frühen Fassung. Das dort sich anschließende Wort vom „Triumph der Religion“ fehlt; dafür folgen mehrere Erweiterungen, die uns gleich beschäftigen.

Der Schlußabsatz beginnt mit der Erklärung, „Hier endet diese Legende.“ Das schließt sich an ein Kernstück der Legende an, an ihre Erschaffung durch die kirchlichen Autoritäten, die die rettende Gewalt der Musik-Aufführung der Hausheiligen zuschreiben, weil sie sonst vor einem unlösbaren Rätsel stünden. Und abschließend meldet der Absatz statt der Auflösung des Klosters, daß die Mutter der vier Frevler, durch den Vorfall „tief bewegt,“ in den Schoß der katholischen Kirche zurückkehrte; und jene starben, „im späten Alter, eines heitern und vergnügten Todes, nachdem sie noch einmal, ihrer Gewohnheit gemäß, das gloria in excelsis abgesungen hatten“ (208).

Man stelle sich das vor: Die Viere heben sich, wie es an anderer Stelle heißt, mit dem Schlag der Mitternachtsglocke „plötzlich in gleichzeitiger Bewegung, von ihren Sitzen empor,“ stimmen ihren schauerlichen Gesang an und sterben heiter und vergnügt - viere auf einen Schlag! Das ist sehr anschaulich, gewiß. Aber ist diese Art von Anschaulichkeit geeignet, religiös zu erbauen? Schließlich soll es sich um vier von Gott gestrafte Sünder handeln. Doch statt Strafe wird ihnen ein heiteres, vergnügtes Ende gewährt - und den Leser darf ihr letzter Auftritt amüsieren.

Die Konversion der tiefbewegten Mutter muß in so fröhlichem Zusammenhang ebenfalls viel von ihrem Eindruck einbüßen; das Gespensterhaft-Routinemäßige, das im Schluß der ersten Fassung aufklang, hat sich eindeutig durchgesetzt und zugleich an Spaßhaftigkeit gewonnen. Die fromme Schauergeschichte entläßt uns ausgesprochen aufgeräumt. Mehr noch als bei der Erstfassung sind wir geneigt, „Legende" als „Legendenparodie" zu nehmen, als historische Erzählung, die die kirchliche Legenden-Bildung entlarvend der Lächerlichkeit preisgibt und die „Gewalt der Musik" preist auf eine Weise, die deren Macht auf die Affekte grausig-komisch schildert und zugleich die Ohnmacht von Kunst und religiöser Mythenbildung in der realen Welt umreißt.[11]

Nicht nur führt die zweite Fassung den religiösen Charakter der Geschichte krasser ad absurdum als die erste. Auch innerhalb der ausführlicheren zweiten Fassung werden das Scheitern der Bilderstürmerei und das weitere Schicksal der Sünder immer reicher und dabei widersprüchlicher berichtet, und zwar ohne daß der Erzähler eigens darauf hinwiese. Im Gegenteil verzieht er keine Miene und tut, als sei alles in bester Ordnung.

Darum kann dem weniger aufmerksamen Leser wohl entgehen, was da geschieht: der Dichter lüftet seine Maske - das ist der naive Erzähler - und gibt zu verstehen: nicht, wie ich ursprünglich schrieb: alles war „Legende," war nur frei erfundenes Spiel, sondern: der fingierte historische Fall wird von Mal zu Mal und Jahr zu Jahr mündlich und so unzuverlässig überliefert, wie es üblich ist (und von der Forschung weitgehend übersehen wird); und am unzuverlässigsten ist natürlich die Legende, die die kirchlichen Behörden daraus basteln. Kleist bedient sich der Ironie; er verhüllt sie halb, und halb enthüllt er sie. Er läßt die Optik der Erzählung, was den Erzähler und dessen subjektive Perspektive angeht, einhellig geschlossen bleiben. Doch er sorgt dafür, daß die Optik dessen, was

---

11 Ins Ästhetisch-Nihilistische weicht Dorothea E. von Mücke aus: Der Fluch der Heiligen Cäcilie, *Poetica* 26 (1994), 105-120: „Kleists Text ist als Auseinandersetzung mit ästhetischen Positionen des späten 18. und frühen 19. Jahrhunderts zu lesen" (110). Sie schließt: Das ganze „Spektakel wird der Denkmalpflege und Musealisierung überantwortet. Nach diesem Text gibt es keine Institution, die eine radikal automisierte Kunst und künstlerische Praxis zuließe. Somit handelt es sich in Kleists Text auch keinesfalls um ein ästhetisches Programm, sondern vielmehr um die Auseinandersetzung mit dem utopischen Charakter klassisch/romantischer Kunstauffassungen. Die Utopie einer autonomen Kunst ist eine kataklystische Möglichkeit und ein traumatisches Ereignis."

erzählt wird, sich objektiv einigermaßen verschiebt, ohne sich indessen aufzulösen – und das sichert, wie in der Geschichte üblich, wenigstens einen Kern des Überlieferten, ohne dessen novellistisch ausgestalteten Charakter anzutasten.

Der Leser, der solchermaßen aufmerksam, und das heißt unvermeidlich: mißtrauisch geworden ist, stößt bei nochmaligem Durchgehen des Werkes überall auf Widersprüche, ohne daß indessen jemals die gewissermaßen offizielle, die Perspektive des Chronisten zerstört würde.

Betrachten wir zunächst die vier vergnügten Automaten etwas näher. Die 1. Fassung meldet nur kurz ihre grausige Gepflogenheit und das „öde und traurige Klosterleben" (212), zu dem sie verurteilt sind – ein Vergleich (denn sie vegetieren keineswegs in einem Kloster), der boshaft schillert. Einerseits meint er die schwere Strafe, die Gott verhängte. Andererseits erscheint die Strafe aber nahezu identisch mit einem Leben in der Einrichtung, die Gott selber rettete. Und wenn wiederum dem „Klosterleben" die Attribute „öde, traurig" so selbstverständlich zugehören, dann rückt der frevelhafte Anschlag auf das Kloster schon beinahe ins Licht eines recht menschenfreundlichen Unternehmens – Klosteraufhebungen wurden damals mancherorts durchaus gepriesen.

Die 2. Fassung schildert das bejammernswerte Los der Brüder weit eingehender und soll dadurch, wie wir hörten, das religiöse Wunder erst eigentlich bekräftigen. Als die unseligen Viere zum ersten Mal das Gloria intonieren, da tun sie es mit einer so „entsetzlichen und gräßlichen Stimme," daß sich dem Erzähler der Vergleich aufdrängt: „So mögen sich Leoparden und Wölfe anhören lassen, wenn sie zur eisigen Winterzeit, das Firmament anbrüllen" (203). Wenig später heißt es von dem Gebrüll, daß es „wie von den Lippen ewig verdammter Sünder, aus dem tiefsten Grund der flammenvollen Hölle, jammervoll um Erbarmung zu Gottes Ohren heraufdrang" (204). Ja, sind denn die Viere nicht in der Tat solche ewig verdammten Sünder?

Die Zwiespältigkeit unseres Empfindens im Hinblick auf das Gebrüll wurde in der Erstfassung genährt nur durch die paradoxe Bemerkung, der Gesang sei „nicht ohne musikalischen Wohlklang, aber durch sein Geschrei gräßlich" (212). In der 2. Fassung werden wir dagegen zusätzlich verwirrt dadurch, daß die Vorsteher des

Irrenhauses, in dem sie also leben, seit „sechs Jahren" an dem Gesang nur dessen fenster-erschütternde Lautstärke hervorheben. Genau besehen, zersingt das Quartett laut vorsteherlicher Auskunft sogar jede Mitternacht sämtliche Fenster des Hauses: „mit einer Stimme, welche die Fenster des Hauses bersten machte" (201).

Wir registrieren das als grotesk übertreibende Absurdität und vernehmen zu unserer weiteren Überraschung, daß die Sünder sich keineswegs wie in der Hölle fühlen, sondern höchst behaglich. Sogar ihre „Heiterkeit" von einst haben sie einigermaßen bewahrt, nur daß die frühere „Ausgelassenheit" einem feierlichen Ernst Platz machte (200f.). Das weicht nicht nur von den bisher mitgeteilten Eindrücken beträchtlich ab, sondern sogar von der Auffassung des Gerichts, „das dunkel gehört zu haben meinte," die Brüder führten „sich äußerst trübselig und melancholisch" auf (200). Wir werden noch mehr davon zu reden haben, welchen Unterschied es ausmacht, ob man einen Vorfall auf Grund eigener Beobachtung oder nur vom Hörensagen her beurteilt.

Schon als man die Brüder seinerzeit von der Kathedrale abholte, benahmen sie sich keineswegs – was man nach den Schilderungen ihres Gesanges doch erwarten sollte – wie Sünder oder gar wie wilde Tiere oder Raudis. Ihr Verhalten erinnert vielmehr an Penthesileas momentan segensreiche Benommenheit: „[…] sie drücken uns, indem sie uns freundlich ansehen, die Hände, schauen gedankenvoll auf den Boden nieder und wischen sich – ach! von Zeit zu Zeit, mit einem Ausdruck," der dem Berichterstatter „noch jetzt das Herz spaltet, die Tränen aus den Augen" (203). Wenn man sie heute für verrückt erklärt, zucken sie nur „mitleidig die Achseln." Tagsüber sitzen sie, die wir mit ewig verdammten Sündern zu vergleichen aufgefordert sind, um ein Kruzifix herum, „bloß in der Verherrlichung des Heilands begriffen [...] von dem sie, nach ihrem Vorgeben" – wie die Vorsteher kritisch reserviert hinzuzufügen sich befleißigen –, „besser als andre, einzusehen glaubten, daß er der wahrhaftige Sohn des alleinigen Gottes sei" (200f.).

In der Tat! Was wird hier eigentlich der Lächerlichkeit preisgegeben: das Quartett, das zu einem religiösen Glaubensdünkel von unüberbietbarer Einfalt verurteilt scheint, oder das Faktum ausgerechnet einer solchen Strafe, oder gar der religiöse Dünkel des hier religiös erbauten Lesers? Der aufmerksame Leser jedenfalls wird letzterem und seiner ironisch indirekten Verspottung an hochbedeutsamer Stelle noch einmal begegnen.

Die Brüder praktizieren dergleichen hier unter anderem, indem sie des öfteren bemerken: „wenn die gute Stadt Aachen wüßte, was sie, so würde dieselbe ihre Geschäfte beiseite legen, und sich gleichfalls, zur Absingung des gloria, um das Kruzifix des Herrn niederlassen" (201). So erhaben fühlen sie sich anderen gegenüber, daß sie sie nicht einmal zur Nachfolge auffordern. Soll das heißen, daß sie, die ja ein wahres Klosterleben führen, gerade auch in ihrem Hochmut von perfekten Klosterinsassen nicht mehr zu unterscheiden wären? Daß sie, „an der Ausschweifung einer religiösen Idee krank," dem „Irrenhause" anvertraut sind (200), würde dann weiter keinen Unterschied ausmachen.

So boshaft das gesehen ist – wird es besser durch die Art, wie die Einwohner der Stadt sich zu den Vieren stellen? Da ist Herr Veit *Gotthelf.* Er machte seinem Namen wenig Ehre, als er mit**helfen** wollte bei dem mit wahrhaft **gottlosem** Scharfsinn geplanten Unternehmen, das **Gottes**haus in Staub zu legen. Als „berühmter Tuchhändler" der Stadt und als Familienvater will er jetzt mit der Angelegenheit nichts mehr zu schaffen haben. Am Anfang und am Ende des Berichtes, den er der Mutter der vier Brüder gibt, eröffnet er mit schönem Freimut seine Hauptsorge: sie möge ja nicht seinen Namen nennen und ihn dadurch womöglich in eine skandalöse gerichtliche Untersuchung verwickeln (201, 205).

Schon in der ersten Fassung zeigt der Wirt den Behörden das außergewöhnliche Betragen der Brüder an, und zwar mit dem Bemerken, daß in ihnen „ohne Zweifel der böse Geist walten müsse" (212). In der Buchfassung tut er das gleiche, aber erst nachdem der Anblick der Unglücklichen sein Herz erweichte – und nachdem diese von ihm nichts als Brot und Wasser wünschten, so daß er, „der sonst viel Geld von ihrer Heiterkeit zog, sich genötigt sah, den ganzen Vorfall den Gerichten anzuzeigen und sie zu bitten, ihm diese vier Menschen [...] aus dem Hause zu schaffen" (204). Wieder also verstärkt die Buchfassung die Zwiespältigkeit, und zwar mit durchaus eindeutiger Tendenz. Aufs Korn genommen wird die Gesellschaft, deren rechtschaffene Repräsentanten ihr Mitgefühl tüchtig-genau an dem Punkte abzufangen wissen, wo ihr Profit leidet.

Auch der Magistrat zeigt sich dem Problem vollkommen gewachsen. Er läßt die Brüder ärztlich untersuchen und, „da man sie verrückt befand," in dem Irrenhause unterbringen, „das die Milde des letzt verstorbenen Kaisers, zum Besten der Unglücklichen dieser Art [...] gegründet hat" (204f.). Man sieht, die Behörden regeln den Fall geradlinig auf dem vorgeschriebenen Weg, wobei sich auch ein mildtätiger Akzent anbringen läßt, der die Bürger sogar nichts kostet. Im Übrigen ist die routinemäßige Abwicklung der Sache dazu angetan, das religiöse Wunder unter dem Siegel `**verrückt**´ dem Vergessen preiszugeben. Tatsächlich denkt, als die Mutter in die Stadt kommt, außer dem seinerzeit unmittelbar beteiligten Veit Gotthelf niemand mehr an die Brüder und an das Gericht, das Gott an ihnen vollzog.

Oder genauer: **noch** denkt niemand daran. Denn erst jetzt, sechs Jahre danach, in einer „soeben" bei der Äbtissin angelangten Botschaft, erhält der Vorfall durch päpstlichen Entscheid den Wunder- und Legenden-Status. Auch dies eine Regelung, die ihren behördlich vorgeschriebenen Weg – über den Erzbischof – gegangen ist. Das hatte schon die Erstfassung, die freilich die Symmetrie der geistlichen und weltlichen Verwaltungsakte anders herstellte, nämlich durch den nochmaligen Hinweis auf die Säkularisierung – ein Hinweis, der das Gleichgewicht empfindlich stören könnte, während er in der Buchfassung nur von der Mitte der Erzählung her erinnerungsweise nachwirkt, wenn überhaupt. Denn der geistliche Sieg im Wettstreit der Verwaltungsapparate erscheint nun zunächst ganz eindrucksvoll und stellt sich nur dem aufmerksamen Leser in einer Fadenscheinigkeit dar, die fast gespenstisch wirkt.

Wir ahnen langsam, wie Kleist hier verfährt. Je schärfere Spitzen gegen die Religion er anbringt, umso aufwendiger verpackt er sie mit einer Watte, die sich freilich nicht allzu schwer durchstoßen läßt. Es behagt ihm offenbar, uns zu verwirren durch Parallelen, die in Wahrheit Kontraste, und durch Kontraste, die in Wahrheit Parallelen sind. Die Zusätze der Buchfassung, soweit wir sie bisher behandelten, erwiesen sich als eine einzige Reihe solcher Fallstricke. Die raffinierteste indessen haben wir noch zu betrachten. Sie ergibt sich technisch, wie die meisten anderen, aus der Einführung der Mutter.

Sie sucht den Ort des Geschehens auf, die Klosterkirche. Die „prächtig funkelnde Rose" in dem Inneren (205) erinnert an das *Erdbeben in Chili*. Scherer versteht sie als „Symbol einer übernatürlichen Macht, die in dem einen Fall Vernichtung, in dem anderen Rettung bedeutet" und „die letzte Erkenntnis vorbereitet:" die Erkenntnis des göttlichen Wunders.[12]

Aber, geht die Gleichung `hier Rettung, dort Vernichtung´ auf? Könnte man nicht ebenso gut, ja mit größerem Recht sagen: die Rose bedeutet dort wie hier Rettung und zugleich Vernichtung? Dort freilich stünde sie nicht im Dienst und Zeichen Gottes, wie es in der Legende die umgebenden Symbole offenkundig fordern. Das Dach der Kirche wird von fröhlich singenden Arbeitern erhöht und neu gedeckt. Es glänzt im Licht der Sonne, die auch damals, als man die so wunderbar geschlagenen Brüder von dort wegführte, „prächtig funkelte," genauso wie die Rose (203). Die Sonne hat soeben ein Gewitter zum Abzug gezwungen, welches „noch einige kraftlose Blitze" gegen den Dom schleudert, bevor es „mißvergnügt murmelnd" im Osten herabsinkt (205). Darüber hinaus bildet es Parallelen und Kontraste zu der Rose. Es steht „dunkelschwarz mit vergoldeten Rändern im hellen Hintergrunde des Baus;" die Rose funkelt im finsteren „Hintergrund" des Innenraumes.

Kein Zweifel, so möchte man meinen, wir sind hier zu einer Auslegung aufgefordert, und wir sollen finden: Sonne, Rose, tönender Dienst an der Kirche repräsentieren die siegreiche göttliche Kraft, das Gewitter die ohnmächtige widergöttliche. So jedenfalls erscheint es von den Ereignissen her gesehen, die in der Novelle allerdings vergessen sind, bis zur Proklamation des Wunders, wenn auch nicht mehr vom Ende her, der Säkularisation.

Das Bild verschiebt sich freilich schon mit der erwähnten Kontrast-Parallele zwischen Gewitter und Rose, und auch wenn wir die Linien des Symbolgeflechts weiterverfolgen. Der Mutter erscheint die Kirche als der entsetzliche „Schauplatz, [...] auf welchem Gott ihre Söhne wie durch unsichtbare Blitze zu Grunde gerichtet habe," nämlich „verderbt" durch den „Schrecken der Tonkunst" (205, 207). Aus den „unbekannten zauberischen Zeichen" der Partitur, die damals „durch alle Himmel des Wohlklangs" führten (199), „schien" dagegen ihr, statt Gottes, „ein fürchterlicher Geist geheimnisvoll"

---

12 Scherer, ebd., 102.

zu sprechen. Hielte man sich daran, so nähme das Gewitter, was seine Stoßrichtung betrifft, die gleiche unberechenbare Mehrdeutigkeit an, die im *Erdbeben* der Rose zukommt. In obiger Gleichung verflüchtigten sich die Vorzeichen `göttlich´ und `widergöttlich;´ übrig bliebe ein Widerspiel von Kräften, die zunächst nicht näher zu bestimmen wären und Geheimnis blieben. Laut Odysseus (*Penthesilea* I) „gibt es in der Natur Kraft bloß und ihren Widerstand, nichts Drittes."

Beide Gleichungen - die mit, und die andere ohne Vorzeichen - finden sich übrigens bei der Mutter vereint. Unsere knappe Zusammenfassung ihrer Gedanken verband durchaus irreführend die beiden Vorstellungen, ihre Söhne seien durch Gott **und** durch die Musik zugrunde gerichtet worden. Beide Ansichten treten bei der Frau geschieden auf: einmal denkt sie an „Gott" (205), dann an die „Gewalt der Töne" (206), weiter an einen fürchterlichen geheimnisvollen „Geist" und an den „Schrecken der Tonkunst" (207). Musik und Gott als die möglichen Urheber des Unglücks und der Kloster-Rettung bleiben geschieden.

Es ist, als zögere die Frau, hier eine Verbindung herzustellen. Zuletzt tut sie es freilich doch. Bevor sie, nach Betrachtung der Partitur, sich wieder setzt, drückt sie „schnell, mit einer unendlichen Regung von Demut und Unterwerfung unter die göttliche Allmacht, das Blatt an ihre Lippen" (207). Genau besehen, behauptet die Frau damit natürlich keineswegs, Gott selbst habe durch die Musik gewirkt. Wieweit Gott unmittelbar die Hand im Spiel hat, bleibt vielmehr offen. Nur wird auf jeden Fall der ganze Vorgang als dem höchsten Walten, auf welche Weise immer, unterworfen anerkannt. Das geschieht schnell, im Affekt, im Glaubenwollen, in einer subjektiven Regung, die abschließt, indes nichts ändert an der geheimnisvollen Unbegreiflichkeit Gottes und der Musik.

Diese naive Verstandes-Redlichkeit prägt auch die Syntax, in welcher die Frau denkt. Gott hatte wie durch Blitze [...]; ihr kam der Gedanke, es könne [...]; sie meinte, glaubte; es war ihr, als ob [...]. Solche Wendungen verweisen alles Gesagte in den Modus des Als-ob. Sie beweisen keineswegs, wie man bei Gelegenheit des *Erdbebens* behauptet hat,[13] daß das Vorgebrachte falsch sei oder nur halb

[13] Müller-Seidel, 138ff. Zur Richtigstellung Paul Böckmann: Die Verrätselung des Daseins in Kleists Dichten. *Formensprache* (1966), 401ff., sowie

richtig. Es kann beides sein, aber genauso gut auch richtig. Wer sich im Modus des kantischen Als-Ob äußert, drückt damit nur aus, daß er unsicher ist, ob seine Ansicht zutrifft oder nicht. Er macht kritisch aufmerksam auf die Differenz, die zwischen subjektivem Eindruck und objektivem Sachverhalt bestehen kann. Die einfache Frau also hält sich, obschon im Rahmen ihres beschränkten Horizontes naiv und unmethodisch, an jenes Gebot verstandesmäßiger Bescheidenheit und Redlichkeit.

Demgegenüber wirkt es wie ein Paukenschlag, wenn die Äbtissin, in potentatenhaft-majestätischer Positur „den Fuß auf einen Schemel gestützt, der auf Drachenklauen ruhte" (206), zu der schwebenden Frage das Wort ergreift und sogleich beginnt mit der lapidaren Erklärung: „Gott selbst hat das Kloster [...] beschirmt." Auch der Erzbischof macht wenig Umstände. In der ersten Fassung bildet ein „Demnach" die ganze Beweiskette, von den – gleich zu erörternden – rätselhaften Vorgängen um Schwester Antonia zur Proklamation des Wunders (213). Die Buchfassung fügt begründend hinzu: weil durch die Annahme eines Wunders der Vorfall „allein erklärt" werde (207). Aber muß man denn alles Unbegriffene unbedingt erklären? Und noch dazu derart detailliert wie hier: daß nur „die Heilige Cäcilie selbst" in Schwester Antonias Gestalt dirigiert und damit „dieses zu gleicher Zeit schreckliche und herrliche Wunder vollbracht" haben könne (207) – eine `Wissenschaft,´ die die oberste Behörde, der Papst, soeben, Jahre danach, bestätigt und verbrieft hat.

Lassen schon diese Äußerungen nichts zu wünschen an anmaßlichem Vorwitz, so entfaltet sich am übrigen Betragen der Äbtissin der ganze religiöse Hochmut. Nachdem sie der schlichten Frau bedeutete, Gott selbst habe das Kloster beschirmt, fährt sie fort: „Welcher Mittel er sich dabei bedient, kann Euch, die Ihr eine Protestantin seid, gleichgültig sein: Ihr würdet auch das, was ich Euch darüber sagen könnte, schwerlich begreifen" (207). Sie selber hat es demnach begriffen.

Umso mehr verblüfft dann allerdings ihr mitteilungsfreudiges Eingeständnis, „daß schlechterdings niemand weiß, wer eigentlich [...] dirigiert habe." Mit anderen Worten: das Cäcilien-Dogma ist

---

W. Wittkowski: Skepsis, Noblesse, Ironie. Formen des Als-Ob in Kleists *Erdbeben in Chili*. *Euphorion* (1969).

nichts als Spekulation. Doch damit nicht genug. Die Äbtissin beteuert sogar, Schwester Antonia hätte den Umstand, daß sie nicht dirigierte, „unfehlbar selbst" bestätigt, wenn – ja wenn sie nicht bewußtlos gewesen und noch desselbigen Tages gestorben wäre. Das ist ebenso einfältig wie kühn, in jedem Falle lächerlich. Stutzten wir bisher noch nicht, so verspüren wir spätestens jetzt das Bedürfnis, jene rätselhaften Vorgänge noch einmal genauer zu betrachten:

Als Antonia – oder wer immer – die Leitung des Orchesters übernahm, „kam es, wie ein wunderbarer himmlischer Trost, in die Herzen der frommen Frauen: [...] die Beklemmung selbst, in der sie sich befanden, kam hinzu, um ihre Seelen, wie auf Schwingen, durch alle Himmel des Wohlklangs" einer überwältigenden Aufführung hinzureißen. Ohnehin hatten sie mit dieser Musik „mehrmals schon, einer besonderen Heiligkeit und Herrlichkeit wegen, mit welcher sie gedichtet war, die größesten Wirkungen hervorgebracht" (198). Das geschieht nun abermals. Es geschieht, soweit wir unterrichtet werden, aus künstlerischen, psychologischen, situationsbedingten, nicht zuletzt Gründen auch religiöser Ergriffenheit, in jedem Fall aus psychisch-menschlichen Gründen. Einzig die Bemerkung über die transzendente Unterstützung wird geflissentlich durch ein „**wie**" als spekulative Hypothese hingestellt.

Gewiß, mit alledem sind die beiden wunderbaren Begebenheiten, die Verdoppelung Antonias und die Verrückung der vier Brüder, nicht erklärt. Kleists Zeitgenossen aber hatten um 1800 Erklärungen für solche Vorfälle parat. Gotthilf Heinrich Schubert mag Kleist persönlich eingeführt haben in den wissenschaftlich aufgemachten Glauben, Musik könne den Menschen in tiefster Seele wandeln. Mit dem Materialisieren der Seele in Traum und Tod hatten ihn Wieland und neuerdings wieder Schubert vertraut gemacht. Wir kennen Ähnliches von Lisbeth und der Zigeunerin im *Kohlhaas* her und vom Grafen Wetter, der – allerdings unter Sitten-Wache eines Cherubs – leibhaftig in Käthchens Kammer erscheint, während er gleichzeitig in seinem Schlosse liegt, todkrank, bewußtlos, unfähig, ein Glied zu rühren (II, 9; IV, 2). Ebenso lag „Schwester Antonia, die einzige, die das Werk dirigieren konnte, während des ganzen Zeitraums" der Musikaufführung „krank, bewußtlos, ihrer Glieder schlechthin unmächtig," darnieder, um überraschend „noch am Abend" desselben Tages zu verscheiden (207).

Ebenso gut lassen sich die entsprechenden Episoden aus zwei Geschichten vergleichen, die E.T.A. Hoffmann 1813, also ganz kurz nach Kleists „Legende" von 1811 schrieb. In seinem *Don Juan* besucht eine Sängerin den Reisenden in dessen Loge, während sie gleichzeitig bewußtlos in ihrer Kabine liegt, um in derselben Nacht zu sterben. Der „Magnetiseur" in der gleichnamigen Novelle schreitet durch ein Tor, während er gleichzeitig in einem verschlossenen Zimmer stirbt.

Wieweit Kleist persönlich solche Anschauungen teilte, ist wohl nicht mit Sicherheit zu sagen. Keinesfalls jedoch stellt er solchen okkultischen Magnetismus so sehr in Frage wie den religiösen Wunderglauben. Was der kirchliche Behördenapparat da zuwege bringt, führt sich durch die unkritische Leichtfertigkeit und die vorschriftsmäßig-enge Denkweise seiner Träger eindeutig ad absurdum. Außerdem: man weiß von der ohnmächtigen Antonia, aber man hat Antonia auch leibhaftig auf der Empore erlebt. Und was tut man? Man entsorgt Antonia als eine Sterbende; und die gesehen und höchst wirksam erlebt wurde, wird kurzerhand umgesetzt in das Cäcilien-Wunder.

Die bizarren Meldungen über die vier Brüder haben dagegen den reellen Grund ihres Irreseins, das noch der letzte Satz im Anschluß an die „Legende" bekräftigt, freilich mit einer humorigen Ironie, die ihre Spitzen gegen Gott ebenso wie gegen die Hl. Cäcilie, ja sogar gegen die unbestreitbare Gewalt der Musik abschießt. Demnach liegt den vielen Widersprüchen, Gegensätzen, Symmetrien, die wir fanden, ein deutliches Widerspiel zugrunde – übrigens dasselbe wie im *Zweikampf*, nämlich dasjenige zwischen Geschichte und Legendenbildung bzw. Dogma, eben zwischen religiöser und natürlicher Erklärung rätselhafter Vorgänge. Der Titel *Die Heilige Cäcilie oder die Gewalt der Musik.(Eine Legende)* gibt sich auf den ersten Blick als altväterisch-barocke Variation: Die Heilige, ja Hausheilige des Klosters ist auch die Heilige der Musik; sie regiert sie. Das versichert uns eben die Legende selbst – freilich so, daß das „oder" unversehens alternativen Sinn erhält: **Es** war wohl nicht die Heilige, sondern die Gewalt der Musik.

Es war kein wunderbarer Vorgang, sondern ein natürlicher. Freilich wird das nicht klipp und klar gesagt. Im Gegenteil, der Erzähler bietet nur die offizielle, religiöse Auslegung, wie sie den Zeitumständen der Legende ausschließlich entsprechen kann. Er gibt sich selbst als gläubiger und glaubwürdiger Biedermann und spricht, ohne eine Miene zu verziehen, Dinge aus, die jener Auslegung beträchtlich Abbruch tun. Seine Sprache leistet demnach dasselbe wie die Sprache Richter Adams im *Zerbrochnen Krug*. Fritz Martini nennt sie „ein Spiel," ein „Schweben zwischen Verbergen und Aufdecken," zwischen „Leugnen und Ertapptwerden - bis zur Schwelle der Entlarvung." Die Sprache maskiert und macht die Maske durchsichtig. Sie macht „Rätselhaftes durchsichtig" und beläßt es „zugleich in der Spannung des Ungewissen," in einer „Mehrdeutigkeit" und „Vielbezüglichkeit, die vom Spielabschluß her durchsichtig wird."[14]

Das ist Ironie. Sie ist hier verwandt mit Wielands Ironie, die Wolfgang Preisendanz kennzeichnet als „ein dauernd zwischen möglichen Gesichtspunkten fluktuierendes Darstellen." Wo es um „das Wunderbare" geht - und darum ging es damals sehr oft in der Dichtung wie in der gelehrten Diskussion, zum Beispiel in Wielands *Teutschem Merkur* –, da wird es freilich nur als „Produkt eines Wahns im weitesten Sinne, als aspektgebundene Wirklichkeit [...] glaubwürdig:" seine Wahrscheinlichkeit hängt davon ab, ob es sich als mehr denn subjektive Erfahrung manifestiert.[15] Das zu entscheiden, sind die Menschen der Erzählung und deren Erzähler außerstande. Sie werden damit ebenfalls zum Gegenstand der Ironie des Dichters.

Ist sie vielleicht auch romantische Ironie?[16]

---

14 Fritz Martini: Kleists *Der Zerbrochene Krug. Jahrbuch der deutschen Schillergesellschaft* 9 (1965), 409, 412f.

15 Wolfgang Preisendanz: Die Auseinandersetzung mit dem Nachahmungsprinzip in Deutschland und die besondere Rolle der Romane Wielands (*Don Sylvio, Agathon*). In: *Nachahmung und Illusion*. Hg. H. R. Jauss. München 1964, 93, 78.

16 Die Arbeiten der letzten Jahre verschließen sich freilich nicht mehr der Vorstellung einer Ironie bei Kleist. Die entschiedenste Wendung erfolgte in der Studie von Werner Hoffmeister: Die Doppeldeutigkeit der Erzählweise in H. v. Kleists *Die Heilige Cäcilie oder die Gewalt der Musik*. In: *Festschrift Werner Neuse*. Berlin 1968, 44-57. Dieser Beitrag enthält zahlreiche Beobachtungen und Ergebnisse, zum Teil bis in den Wortlaut hinein, die ich im Frühjahr 1967 auf der Foreign Language Conference in Lexington (Kentucky) vortrug und die im betreffenden Programmheft zusammenfassend angedeutet sind. Weil ich Hoffmeisters Studie erst kennenlernte, als das Manuskript dieser Untersuchung fertiggestellt

II. Kleist und die romantische Ironie

Zu einer romantisch ironischen Behandlung der *Cäcilie* mochte Kleist der äußere Anlaß reizen. Er veröffentlichte die *Legende* zuerst in den *Berliner Abendblättern 1810* als *Taufangebinde für Cäcilie M.*, die Tochter Adam Müllers. Dieser hatte die Hauptkapitel seiner Ironie-Lehre während der Dresdner Jahre mit Kleist zusammen im *Phöbus* publiziert. Aber auch die Taufe selbst! Müller war fünf Jahre vorher konvertiert, hatte dann eine geschiedene Protestantin geheiratet und ließ nun die Tochter zwar auf den Namen einer katholischen Heiligen, aber doch von einem befreundeten protestantischen Geistlichen in einer protestantischen Kirche protestantisch taufen - welch letzteres er freilich tun mußte, denn nach preußischem Landrecht erhielt die Tochter das mütterliche Bekenntnis. So wurde diese Taufe nicht bloß ein „glanzvolles Fest der Berliner Romantik,"[17] sondern - wenngleich unter dem Druck der Bürokratie - eine leibhaftige Demonstration romantischer Ironie.

Kleist trug dem mit seinem Angebinde Rechnung, mehr vermutlich, als der Ironie-Lehrer erkannte oder sich und anderen eingestand. Wahrscheinlich begrüßte er die Legende als freundschaftliche Geste und vereinnahmte sie ohne Umstände als Huldigung an seinen neuen Glauben, ohne etwas zu bemerken von dem ironischen Spott über eine derartig hochmütig-naive Vereinnahmung, über spekulative Willkür und darüber, daß der Mensch ungeachtet aller himmelstürmenden Ideen abhängig bleibt von den Setzungen und Satzungen der Bürokratie.

Indessen, wir müssen diese Zusammenhänge, wir müssen Kleists Verhältnis zur romantischen Ironie und zu deren Lehrern

---

war und weil die Verwandtschaft zwischen beiden ungewöhnlich groß ist, erschien es mir unangebracht und überflüssig, Hoffmeisters Gedanken in meinen Text einzuarbeiten. Ich möchte nur kurz die Punkte anführen, in denen wir übereinstimmen. Hoffmeister befragt die Authentizität der verschiedenen Aussagen über das Vorgefallene. Er betont die sittlich fragwürdige Haltung der kirchlichen Repräsentanten; und er bemerkt: Kleist „erzählt keine Legende, sondern die Entstehung einer Legende" (50); er schildert „Legendenbildung als Akt der kirchlichen Autorität" (52). Nicht befriedigen mich seine Deutung der Gewittersymbolik (50f.) und seine radikale Verdächtigung der Berichte über die sterbende Antonia, was die Enträtselung des Vorfalls ebenso verhindert wie das Lächeln über die wundergläubige Beschränktheit.

[17] Jakob Baxa: Die Taufe der Cäcilie Müller. *Euphorion* (1959), 101f.

ausführlicher betrachten. Ich sage „Lehrern," denn mir scheint, wir müssen Friedrich Schlegel mit einbeziehen.

Kleists Auslassungen zur Kunst sind spärlich. Doch sämtlich klingen sie, manchmal sogar wörtlich, an Formulierungen Schlegels an. Wie dieser im *Gespräch über die Poesie*, so umschreibt Kleist die Kunst als *Spiel der Seligen,* als Spiel der *Phantasie;* und er fordert, solche „Erfindung nach eigentümlichen Gesetzen" solle zugleich des Künstlers „Eigenstes und Innerstes" zum Ausdruck bringen.[18] Überhaupt sind seine Bekenntnisse zu Individualismus und Originalität wahrscheinlich kaum zu denken ohne Schlegel, dessen Hauptbeitrag zur Geschichte der Ethik in eben diesem Punkt bestand.[19]

Sein Satz „Die innere Vorstellung kann nur durch die Darstellung nach außen sich selbst klarer und ganz lebendig werden" (303) liefert das Thema zum Aufsatz *Über die Verfertigung der Gedanken beim Reden.* Schlegel fordert uns auf, den „Sinn für das Groteske in uns zu bilden," damit wir fähig sind, alberne, dumme Erzeugnisse „durch einen Akt unserer Willkür und Phantasie [...] als witzige Naturprodukte zu betrachten" und „unterhaltend zu finden" (321). Genau daran hält sich Kleist mit seiner *Cäcilie* und seinem *Satz aus einer höheren Kritik,* der überdies mit derselben spöttischen Ironie geschrieben ist wie Schlegels Kabinettstück *Über die Unverständlichkeit.* Kleists oft zitierte Apostrophierung der Musik und insbesondere des Generalbasses als „algebraischer Formel" aller Kunst erfolgt „schulgerecht"[20] im Geist jener Abhandlung, auch gerade was die mathematische Terminologie angeht.[21]

Hingabe an die Musik, an eine selbsterschaffene reine Kunstwelt - das war Kleists großes Verlangen; und es wird schon formuliert in der *Lucinde.* Deren Kapitel „Lehrjahre der Männlichkeit" entwirft in vielen Punkten das Modell für Kleists unruhige Existenz, die das

---

18 *Brief eines Malers an seinen Sohn; Brief eines jungen Dichters an einen jungen Maler;* Friedrich Schlegel: *Gespräch über die Poesie. Kritische Schriften.* Hg. Wolfdietrich Rasch. München 1956, 314, 326; 311, 327. Auf diese Ausgabe beziehen sich im Folgenden die eingeklammerten Seitenzahlen.

19 Nicolai Hartmann: *Die Philosophie des deutschen Idealismus.* Berlin 1960, 181: „Entdeckung des Eigenwertes der Individualität als solcher."

20 Sommer 1811 an Marie von Kleist.

21 Vgl. auch Friedrich Schlegel: *Literary Notebooks 1797-1891.* Ed. Hans Eichner. 1957; no. 1164, die Stichwörter: Contrapunkt, Tonart, begleitende Akkorde zum Generalbaß.

volle Glück sucht und zugleich den Abgrund riskiert. Hier werden Themen erörtert wie menschliche Bestimmung, heldisches Dasein, Ideal der Dreiheit `Ehe, Landmann, großes Werk,´ die zentrale Tugend der Konsequenz, Einheit mit sich selbst, Handeln, Vertrauen, Freundschaft, gegenseitige Anbetung und Ausbildung des Heiligsten: Gottähnlichkeit des Menschen, süße und wahre Freiheitsbewährung im Selbstmord, Entdeckung des Berufs „zur göttlichen Kunst," geheimnisvoll-aufregendes Schweigen über das Heiligste vor Nichteingeweihten - kurz, eine Fülle Themen, die in Kleists Leben und Sterben, in seinen Briefen und Werken bedeutende Motive wurden.

Überall in den angeführten Schriften wendet Schlegel sich gegen die Verstandesherrschaft des aufgeklärten Jahrhunderts. Kleist tut dasselbe immer wieder, besonders in dem Aufsatz *Über das Marionettentheater* und ebenso in einem frühen Brief, der daneben andere der genannten Ideen vorträgt. Dieses Schreiben vom 29. Juli 1801 an Adolfine von Werdeck enthält - wie auch ein zweiter Brief vom 29. November 1801 - Grüße an den offenbar persönlich gut bekannten Schlegel. Ihn hat Kleist demnach 1800 in Berlin gesprochen, wahrscheinlich im Beisein jener Dame.[22] Bedenkt man, daß die grundlegenden frühen Schriften Schlegels zwischen 1798 und 1800 erschienen, daß das Jahr 1801 Kleists sogenannte Kantkrise und seinen Durchbruch zur Dichtung brachte, so ergibt sich ohne weiteres, wovon die beiden sprachen und was die Begegnung für Kleist bedeutete.

Sonst freilich wissen wir nicht viel über dieses bisher völlig unbeachtet gebliebene Verhältnis. Zschokke meldet, Kleist habe 1801 Schlegel am höchsten nach Goethe eingeschätzt.[23] Damals und später zählten manche ihn selber zur Schlegelschen Schule, manche ordneten ihn anderswo ein.[24] Das scheint kaum belangvoll; distanzierte sich doch sogar Adam Müller von Schlegel, obgleich er auf dessen Schultern stand und um seine Mitarbeit am *Phöbus* warb.[25] Trotzdem bleibt es merkwürdig, daß nach Kleists Bitte um Mit-

---

[22] Helmut Sembdner nimmt das gleichfalls an und rechnet mit einem weiteren Treffen 1808 in Dresden, vgl. *Phöbus*. Hg. H. Sembdner. Stuttgart 1961, 651f.

[23] Sembdner: *Heinrich von Kleists Lebensspuren*. Bremen 1957, 56.

[24] Ebd., 216, 223; 87, 97.

[25] Ebd., 199.

wirkung bei der *Germania*[26] nur noch ein kurzes Lob für die Absichten des Gelehrten überliefert ist.[27] Da möchte man doch eine gewisse Entfremdung vermuten. Und dafür finden sich tatsächlich Anzeichen.

In denselben Brief-Aufsätzchen, in denen Kleist seine Kunstauffassung am prägnantesten, und zwar mit Begriffen Schlegels ausspricht, wendet er sich gleichzeitig gegen diesen, und zwar gegen die konservativ-christliche Kehre, wie sie sich in dessen *Aufforderung an die Maler der jetzigen Zeit* von 1804 anbahnte.[28] Dort stellte Schlegel die alten Meister als Vorbilder hin und erklärte: „Vergebens sucht man die Malerkunst wieder hervorzurufen, wenn nicht erst die Religion oder eine auf diese gegründete christliche Philosophie wenigstens die Idee derselben wieder hervorgerufen hat." Die Hauptforderung laute demnach, „daß es dem Künstler ernst sei mit dem tiefen religiösen Gefühl, in wahrer Andacht und im lebendigen Glauben."

Wie eine Antwort darauf sieht nun das aus, was Kleist in den Briefen *eines Malers an seinen Sohn* und *eines jungen Dichters an einen jungen Maler* vorbringt. Er verspottet die „Schule," die von ihren Zöglingen verlange, sie sollten durch ihre Vorbilder „hindurch." Kleist dagegen fordert, wie einst Schlegel selbst, man solle auf eigene Faust und sogar in diametral entgegengesetzter Richtung den Gipfel der Kunst ersteigen. Das Bedürfnis, vor dem Malen das Abendmahl zu nehmen, um dadurch das Gefühl zu heiligen, sei eine falsche, von einer bestimmten „Schule" her „anklebende Begeisterung." Die würdigen alten Meister (die Schlegel als Kronzeugen seiner Sache beschwört) ließen es in Wahrheit völlig genug sein mit der „Lust am Spiel" (wie der frühe Schlegel). Doch Kleist begnügt sich nicht mit solcher Korrektur, sondern zieht mit derbem Hohn zu Felde gegen das, was ihn offenbar als Frömmelei abstößt: Der Mensch sei schließlich auch „ein erhabenes Geschöpf, und gleichwohl, in dem Augenblick, da man ihn macht, ist es nicht nötig, daß man dies mit vieler Heiligkeit bedenke," im Gegenteil.

---

[26] 13. Juni 1809 an Schlegel.

[27] *Literarische Notiz*, dtv-Gesamtausgabe. 1964, Bd. 5, 149.

[28] Sie bildet den Schluß der *Gemäldebeschreibungen aus Paris und den Niederlanden, in den Jahren, 1802-1804*. Ausgabe Rasch, 408. Die gleiche frömmelnde Tendenz kannte und kritisierte Kleist an Caspar David Friedrich und der Dresdener Malerschule. Vgl. Anton Lütteken: *Die Dresdener Romantik und Heinrich von Kleist.* Diss. Münster 1917, 36.

Obwohl, oder vermutlich eben weil das alles so aggressiv ist, trägt Kleist Sorge, sich abzusichern, die Verantwortung an Instanzen, die er zwischenschaltet, an die fingierten Briefschreiber zu delegieren und die Frage nach seiner eigenen Position im Vorfeld abzufangen. Auf dasselbe Ergebnis läuft es hinaus, wenn er einmal selbst den Frommen mimt. Ein weiterer fingierter Brief zum Beispiel meldet unter anderem, kritikfreudige Köpfe sagten den Untergang der Kirche voraus. Der beigefügte Stoßseufzer [...] „welches Gott verhüten wolle!" stellt eine durchsichtige, ironische Distanzierung dar;[29] Kleist liebt es also offenkundig, bei seinen Invektiven gegen die Religion die Maske der frommen Einfalt vorzubinden. Ähnlich scheinheilig verfuhr der Herausgeber der *Berliner Abendblätter* in der Politik. Er suchte die französischen Zensoren und Beobachter zu täuschen, indem er neben versteckten Angriffen auch harmlose, ja franzosenfreundliche Artikel brachte. Ferner war er „so klug zu wissen, daß man den innerpolitischen Gegner nicht zu offen reizen durfte, sondern daß man ruhig soweit es möglich war" und wenn nötig, scheinheilig, ironisch, „mit ihm mitgehen mußte, um Gelegenheit zu behalten, das Wesentliche und Entscheidend-Andere doch zu sagen."[30]

Meine Interpretation der *Heiligen Cäcilie* dürfte die gleiche Haltung präsentieren. Dieses ironisch verhüllende Enthüllen des eigenen Standpunktes, dieser ironische Umgang mit dem Publikum würde sich leicht in den Spielraum der romantischen Ironie einordnen lassen; er würde, sage ich; denn das gelehrte Kleistbild bietet einer solchen Wendung nicht den geringsten Anhaltspunkt. Daß 1922 Fritz Strich und Friedrich Gundolf die Dichtung Kleists von der romantischen Ironie her deuteten, ist längst vergessen.[31] Und umgekehrt nennt die jüngste Studie zur romantischen Ironie Kleist gar nicht, obwohl die Verfasserin, Ingrid Strohschneider-Kohrs, selbst einmal über ihn geschrieben hat.[32] Andererseits will es mir

---

[29] Vgl. Eckehard Catholy: Der preußische Hoftheater-Stil und seine Auswirkungen auf die Bühnen-Rezeption von Kleists Schauspiel Prinz Friedrich von Homburg. In: *Kleist und die Gesellschaft,* 84f. sowie dtv-Gesamtausgabe, 1964. Bd. 5, 144-146.

[30] Gunther Haupt: *Heinrich von Kleist in Berlin*. Berlin 1963, 51.

[31] Fritz Strich: *Deutsche Klassik und Romantik.* 1922; Friedrich Gundolf: *Heinrich von Kleist.* München 1922.

[32] Ingrid Strohschneider-Kohrs: *Die romantische Ironie in Theorie und Gestal-*

doch scheinen, als habe man in einer Art Blindekuh-Spiel die Brücke bereits hergestellt und sie nur noch nicht betreten.

Mir selbst erging es so. Erst an dem erwähnten Ironie-Buch wurde mir klar, wie stark meine eigene *Homburg*-Interpretation mit dem Prinzip der romantischen Ironie arbeitet. Müller-Seidels Resultate (vgl. Anm. 1) dürften ebenfalls in neuem Licht erscheinen. Verrätselung, Enthüllung und erneute Verrätselung des Daseins, formbewußte Komposition von Paradoxien und Kontrasten: solche und verwandte Phänomene gehören ja durchaus in den Umkreis der romantischen Ironie. Müller-Seidel (122f.) verweist selber auf Adam Müller und zitiert ausführlich dessen Brief an Gentz vom 6. Februar 1808, der mit dem Ironie-Begriff eingeleitet und in sämtlichen Partien von der Ironie geprägt wird. Trotzdem zieht er die Verbindung nicht; und sie fehlt auch in den Büchern von Karl S. Guthke und Peter Szondi, obwohl die jeweiligen Kapitel über Kleist und über die romantische Kunstlehre sie nahe genug legen.[33] Selbst von Wiese, der Kleist die Ironie am radikalsten absprach (bis ihn meine *Erdbeben*-Interpretation überzeugte), weiß doch andererseits sehr wohl, sogar im Hinblick auf *Die Heilige Cäcilie,* um Kleists „Spielfreude und Spielfreiheit - auch und gerade innerhalb des Tragischen noch."[34]

Gehen wir einmal von dem neuen Ironie-Buch aus, so könnte freilich gerade dessen zentrale These stören. Danach ist alle vom Prinzip der romantischen Ironie bestimmte Kunst wesentlich absolute Kunst, das heißt „jeder Zweckdienlichkeit" entrückt. Mit der Ironie hat sie „ein Medium ihrer Selbstrepräsentation und gibt mit diesem deiktischen Prinzip eine Verweisung auf das Künstlerische, den Bereich des Ästhetischen als Sinn selbst." So steht sie im Gegensatz zur Kunst „der Erlebnis- und Selbstaussage," zu der Kunst, „die sich - und sei es in der sublimsten Form - zum Medium eines

tung (*Hermaea,* N.F. 6). München 1960; Ingrid Kohrs: *Das Wesen des Tragischen im Drama Heinrich von Kleists.* Marburg 1951.

33 Karl S. Guthke: *Geschichte und Poetik der deutschen Tragikomödie.* Göttingen 1961, Kap. V: Heinrich von Kleist, und VI: Romantik; Peter Szondi: *Satz und Gegensatz.* Frankfurt/M. 1964, die Essays „Friedrich Schlegel und die romantische Ironie" sowie „Amphitryon, Kleists `Lustspiel nach Molière´."

34 Heinrich von Kleist. Tragik und Utopie. In: *Heinrich von Kleist. Vier Reden zu seinem Gedächtnis.* Berlin 1962, 69.

sittlichen Auftrags macht," sowie zu der „Kunst der Problemgehalte und inhaltlich fixierbaren Weltdeutungen."[35]

Als eine Kunst solcher Art pflegt man jedoch Kleists Dichtung, und gerade sie zu deuten. Indessen will mir die Kluft so unüberbrückbar nicht erscheinen. Gewiß mag das Verhältnis der romantischen Ironie zum Sittlichen und Weltanschaulichen prinzipiell indifferent sein. Praktisch aber kann sie das kaum anders zeigen als durch Umgang mit solchen Themen, mag solcher Umgang auch noch so sehr changieren zwischen Humor, Zynismus und Satire. Das entspräche sehr wohl der Tendenz, das Endliche aus seinen Verfestigungen zu lösen und zugänglich zu machen für echtere Werte und gültigere Wahrheiten, ohne diese deshalb dogmatisch, aufdringlich zu präsentieren, sondern eben „in der sublimsten Form" und vornehmlich als Angriff auf das Abgelehnte.

Dagegen erfüllt sich die andere Tendenz der Ironie, die Befreiung zur Unendlichkeit und von irdischen Fesseln, gewiß in der Form selbst - und zwar je „absoluter" diese ist, je mehr sie sich ablöst von den Regeln des Wirklichen. Und immer mehr erkennt man ja, daß Kleist das Realistische mit dem Phantastischen, hautnahe Unmittelbarkeit im Einzelnen mit überlegener, manchmal geradezu musikalisch schwebender Architektonik im Ganzen verbindet; daß er möglichst erdenschweren Stoff mit möglichst schwereloser Freiheit handhabt.[36] Warum sollen wir länger leugnen, daß eine derartige Kunst Forderungen der romantischen Ironie erfüllt?

Oben, bei Betrachtung der *Cäcilie,* verband sich bereits dieser formale Aspekt einer „absoluten Kunst" mit jenem gehaltlichen einer ex negativo erfolgenden, kaum verdeckten kritischen Ironie. Bevor wir beides auch am *Zweikampf* erproben, sei indessen näher untersucht, was für Form- und Gehaltsstrukturen es waren, die sich dem Dichter im Horizont der Ironielehre empfahlen und die wir als Kennzeichen romantischer Ironie in seinen Werken wiedererkennen könnten.

Schlegel verlangt - und Kleist stimmt, wie wir sahen, ihm darin bei -, daß die Kunst ein freies Spiel der Phantasie sei, „daß die

35 Strohschneider-Kohrs, ebd., 234, 435, 236.

36 Vgl. Müller-Seidel; Karl Otto Conrady: Das Moralische in Kleists Erzählungen. In: *Literatur und Gesellschaft. Festschrift Benno von Wiese.* Bonn 1963, 77.

Begebenheiten, die Menschen, kurz das ganze Spiel des Lebens wirklich auch als Spiel genommen und dargestellt sei." Denn „für den wahren Dichter ist alles dieses, so innig es auch seine Seele umschließen mag, nur Hindeutung auf das Höhere, Unendliche: Hieroglyphe der einen ewigen Liebe und der heiligen Lebensfülle der bildenden Natur." „Nur die Phantasie kann das Rätsel dieser Liebe fassen und" in angemessener Gestalt, nämlich „als Rätsel darstellen." Und zwar denkt Schlegel an eine „künstliche geordnete Verwirrung," eine „reizende Symmetrie von Widersprüchen"[37] – eine Formulierung, die m.E. zum Beispiel auf *Die Familie Schroffenstein, Amphitryon* und den *Prinzen von Homburg* ausgezeichnet paßt.

Viel weiter geht jedoch insbesondere des letzteren strukturelle Entsprechung zu Müllers „Lehre vom Gegensatze und vom Mittlerthume"(527).[38] Angeregt von Schellings Dialektik, kreist sie um die „gegensätzische Identität" der Dinge (400). Ding und „Antiding" stehen in einer Spannung, die konkret unaufhebbar und oft schmerzlich ist. Sie erscheint jedoch, aufs Ganze und von höherem Standort aus gesehen, sinnvoll und stimmt darum versöhnlich und befreiend. Erwartete Kleist vom „Generalbaß die wichtigsten Aufschlüsse über die Dichtkunst" und von der Musik, der Wurzel oder Formel „aller übrigen" Künste, die harmonische Auflösung seiner Schmerzen,[39] so lehrte Müller: In aller Philosophie, Dichtung und Musik geht es um die „Kunst des Entgegenstellens und Vermittelns," um die Kunst, jedes Ding „an seine wahre Stelle ordentlich und symmetrisch zu setzen" – so daß der Betrachter, „vom Geist der allgemeinen Harmonie ergriffen, die Dissonanzen freilich fühlt und tief fühlt, aber in ihnen sich nicht verlieren, von ihnen nicht zerrissen werden kann, da in der Dissonanz selbst schon sich die neue höhere Harmonie [...], wenn auch nur als Ahnung ankündigt." Solcher Kunst sollten wir uns befleißigen, „um dieser disparaten, hier und dort rebellischen Erscheinungen immer überlegene Meister zu sein" (527, 501). Das ist dann „Offenbarung der Freiheit des Künstlers oder des Menschen." Das ist Müllers Definition der Ironie, der immer wiederkehrende Zentralgedanke seiner Vorträge.[40]

---

37 *Gespräch über die Poesie,* 311f., 314, 323.

38 Die eingeklammerten Zahlen beziehen sich auf die Seiten in der *Phoebus*-Ausgabe von Helmut Sembdner, s. Anm. 22.

39 Sommer 1811 an Marie von Kleist.

40 Strohschneider-Kohrs, 178.

Man könnte freilich fragen: Läßt sich solche schwebende Gegensetzung weltanschaulicher und sittlicher Positionen überhaupt folgerichtig durchhalten? Müller antwortet darauf mit Ja. Es handle sich um einen dynamischen Vollzug, der immer weitergehe und auch die höchste Lebenssphäre, die Religion, erfasse. Übereinstimmend mit Schlegel fordert er, daß selbst der wahre Ernst sich ironisch zeigen müsse, daß noch „in der höchsten, ernsthaftesten, innigsten Hingebung an irgendeine Schönheit, sei es eine göttliche oder menschliche, das Gemüt immer seine Freiheit behaupten, und diese offenbaren" müsse (233):

> [...] wie herrlich das sei, was du mir darstellst, wie groß und heilig die Idee, welche du mir verherrlichst, immer will ich wissen, ob du deine Freiheit behauptest. Unterwirfst du dich irgendeiner noch so schön von dir ausgesprochenen Idee, bleibst du kleben an irgendeinem bestimmten Dienst des Heiligen auf Erden, so mangelt dir die Ironie, die göttliche Freiheit des Geistes, ohne die nichts Großes und Schönes verrichtet wird" (229). „Richtet demnach nie eure Blicke ausschließend auf die Einheit der Welt oder eines Dinges, fixiert euch nicht; [...] wo ihr das Eine gewahret, da spaltet es in die notwendigen, sicherlich vorhandenen feindseligen Elemente, welche es bilden; oder betrachtet es selbst als ein feindseliges Element, und sucht ihm [...] ein entgegengesetztes feindseliges Element, ein Antelement [...], und lasset die beiden erstreiten und erzeugen ein Höheres, welches ihr Idee, oder [...] reale Wahrheit nennen mögt (413).

Aber niemals gibt es hier eine Sicherheit, eine Beruhigung, ein Haltmachen. Denn wer immer „die Gestalt irgendeines Augenblicks für die Höchste nimmt, und sich in dieser dumpf und bigott verliert, der ist in seinem Mystizismus ebenso irreligiös, als der Religionsspötter in seiner Frivolität" (232). Wenn jemand glaubt, „sein höchstes, letztes und einziges Gut erreicht und ergriffen zu haben," wenn jemand einen „letzten Ausdruck der Einheit oder was dasselbe sagt, wenn er eine absolute Differenz gefunden zu haben glaubt, und zu predigen strebt, [...] dann verdient er Handwerker, mechanischer Arbeiter zu heißen," „dann ist es am Ende mit ihm."

Aber „dieser abscheuliche Todesgedanke" (408) kann vermieden werden. Der Verstand, der spielend produziert, braucht nur „mit dem Allerheiligsten" zu spielen, und er soll es. „Denn was ist das Allerheiligste, was ist die höchste Schönheit, was ist die reinste Wahrheit anders, als Samen, der wieder ausgestreut werden muß, für eine noch höhere Ernte?" (284) „In wie hoher und ernster Gestalt die Religion dem menschlichen Herzen auch erscheinen mag, immer wird es noch eine höhere und unendlich höhere Gestalt geben" - weshalb der mittelalterliche Mensch mit Recht „seinen in der reinsten Gestaltung noch immer gegen die Religion selbst, unwürdigen Glauben an die Religion belachte." Worin sich nichts anderes offenbarte als eben „das Bewußtsein der inneren Freiheit, oder die Ironie" (232f.).

„Prüfungen des Lebens führen Zweifel herbei, die das frömmste Gemüt in seinem Glauben stören, oft wohl diesen Glauben verzehren, um einen höheren Glauben zu erzeugen." „Weißt du diese Zweifel selbst zu erzeugen, weißt du dich selbst zu prüfen, vermagst du gegen alles Bestimmteste, gegen jede Erfahrung, jeden Grundsatz zu protestieren [...] in der Absicht, um höheren Glauben, höhere Erfahrungen, einen höheren Grundsatz, kurz das Bessere an ihre Stelle zu setzen, so schreibe dir die Ironie zu." (234f.)

Gewiß, da wird keine engbegrenzte Gesamtweltauslegung oder sittliche Mission empfohlen. Im Gegenteil, jede festabgegrenzte Sicht, jede Alleinherrschaft irgendeines Standpunktes soll vermieden, ja ausdrücklich bekämpft, ironisiert werden. Gerade deshalb sind hier aber weltanschaulich-sittliche Einzelpositionen unentbehrlich. Woran sonst sollten sich Schlegels „helle und lebhafte Gegensätze,"[41] Müllers „gegensätzische" Komposition konkretisieren, um „das Allgemeine schwebend zu fassen"[42] und ahnbar zu machen? Stets hat man ja in dieser schwebenden Gegensetzung weltanschaulich-sittlicher Positionen den Kernpunkt der romantischen Ironie gesehen - und ebenso ihren empfindlichsten Punkt.

Das Prinzip nämlich, keine noch so redlich gewonnene Erkenntnis gelten zu lassen, in keiner zur Entscheidung drängenden Frage der einen Seite den Vorrang vor der anderen zu geben, ist zunächst zwar fruchtbar; es erweitert den Horizont und entspricht der Weltoffenheit des Menschen. Andererseits ist die existentielle Grundsituation eben die, daß man fortlaufend entscheiden muß; und dabei orientiert man sich notgedrungen an Erkenntnissen und Werten. Diese täglich wie das Hemd zu wechseln, hieße, die Person aller Kontinuität, Identität und Vertrauenswürdigkeit berauben -

41 *Über Goethes Meister*, ebd., 263.
42 Strohschneider-Kohrs, 178.

eine Eigentümlichkeit, zu der freilich manche romantische Gestalt starke Affinität besitzt.

Wenn Müller daraus aber ein System zu manchen sucht, wenn er insbesondere das Christentum mit der Ironie verbinden, wenn er dem wahren Allerheiligsten durch Ironisierung des positiv gegebenen Allerheiligsten näherkommen will, dann ist das zuletzt doch eine sophistische Konstruktion. Hier wie überhaupt sehr oft hetzt er seine dialektische Synthetik zu Tode, versöhnt er Positionen, die unversöhnbar sind.[43] Seine Spekulationen heben alle Widerstände als bloße Momente auf, nehmen der Gegenwart die Erdenschwere und geben dem Betrachter zwar volle Freiheit,[44] – aber eine Freiheit ohne die Grenzen, die jede wahre Freiheit braucht.

„Das Proteische der Romantik pflegt man mit dem Begriff der romantischen Ironie zu verbinden," sagt Walzel. „Müller ist vom Scheitel bis zur Sohle okkasionalistischer Träger romantischer Ironie, mit jeder Wendung bereit, sich zu sichern. Ein trügender Schein strenger Logik hängt seinem Werk an, das tatsächlich freies Walten mit mehr oder minder guten Einfällen ist." Seine „Argumentation ist zuweilen nur oratorische Leistung."[45] Müllers Gegensätze „werden vertauscht, bald als parallele Kontraste, bald als Gegensätze, bald als Identitäten behandelt, und bleiben immer nur Töne und Akkorde, die sich mischen, kontrastieren oder harmonieren.[46] Er modelt die Dinge häufig um, damit sie zu ihren Gegenstücken passen. Seine Grundbegriffe sind weithin metaphorisch, sein Verfahren eigentlich mehr dichterisch.[47]

Das nun könnte Kleist gerade angezogen haben. Gerade weil er, wie wir sagten, möglichst erdenschweren Stoff behandelt, fällt die schwerelose Behandlungsweise auf: die manchmal, etwa in den *Schroffensteinern*, überspitzte Symmetrie, die „vielfältige Symbolverflochtenheit."[48] Wenn man bei ihm mit Vorliebe von musikalisch schwebender Architektonik spricht, dann heißt das: Die Linien-

---

43 Oskar Walzel: *Romantisches* (Mnemosyne, 18). Bonn 1934, 244, 166.
44 Ferdinand Reinkemeyer: *Adam Müllers ethische und philosophische Anschauung im Lichte der Romantik*. Diss. Köln, 1926, 71.
45 Walzel, ebd., 249, 246.
46 Carl Schmidt: *Politische Romantik*. Bd. 2, 191.
47 Walzel, ebd., 247.
48 Erich Kahler: Untergang und Übergang epischer Kunstformen. *Die Neue Randschau* (1953), 39.

führung folgt nicht so sehr den Gesetzen des realen Lebens, als vielmehr abstrakten, absoluten Formgesetzen. Im Hinblick auf die weltanschaulich-sittlichen Gehalte kann ein derartiges Verfahren ein hohes Maß von Unverbindlichkeit, in diesem Sinn von „Absolutheit" mit sich bringen - und im Sinne von Weltüberlegenheit, Weltüberwindung, ironischer Verhüllung und Enthüllung der Wahrheit. Und so etwas fand ich m.E. im *Homburg*.[49] Dort kommt es zwischen Individuum und Staat trotz beiderseitiger Mißverständnisse und schwerer Übereilungen zur Versöhnung, letztlich weil der Kurfürst die Liebe lernt - und die Grenzen seiner majestätischen Vollkommenheit.

Müller hatte so eine Synthese in großzügiger Spekulation entworfen; und Kleist mochte etwas Derartiges mit dem Stück für sich selber zu erreichen hoffen. Der preußische Hof indes ließ sich nichts vormachen und wies das Werk zurück.

Kleists Aufgeschlossenheit für die Ironie liegt biographisch nahe. Er verkehrte im Hause Wielands, der die Ironie mit Meisterschaft handhabte. Er kannte Schlegel. Gewiß war er vertraut mit Novalis' Werken, deren Herausgabe er plante. Müllers *Lehre vom Gegensätze* (1804) hat ihn beeindruckt;[50] und im *Phoebus* gab Müller mit dem Freund gemeinsam die kunstphilosophischen Vorträge heraus, die er im Winter 1807/08 in Dresden hielt und die ganz um den Zentralbegriff der Ironie kreisen. Sie lieferten, wenn ich die Dinge richtig sehe, für den *Homburg* ebenso kräftige Impulse, wie man das von Müllers staatsphilosophischen Schriften schon immer gesehen hat. Auf diesen zwei Gebieten scheinen die beiden weitgehend übereingestimmt zu haben. Das kann dagegen kaum der Fall gewesen sein im Hinblick auf die Religion.

Müller war Konvertit und Glaubenseiferer, auch wenn er das Postulat der Toleranz und eben der Ironie verkündete. Kleist war irreligiös bis zur Feindseligkeit. Von den *Schroffensteinern* bis zum *Kohlhaas* und den Todesbriefen usurpierte er christliche Begriffe und Symbole für außer- und antichristliche Motive. In zwei Briefen spricht er von einem „unbegriffenen Geist," der über der Welt walte.

---

49 Vgl. W. Wittkowski: Absolutes Gefühl und absolute Kunst in Kleists *Prinz Friedrich von Homburg*. *Der Deutschunterricht* (1961), 65f.

50 In dem Brief an Wieland vom 17. 12. 1807 spricht Kleist einfach von „Adam Müller, dem Lehrer des Gegensatzes."

Das hat einige religiös gestimmte Interpreten Hoffnung schöpfen lassen.[51] Tatsächlich aber hatte Kleist da offenkundig Mühe, wenigstens die Vorstellung eines bösen Gottes abzuwehren.[52] Diese Vorstellung war damals nicht selten.[53] Die europäische Romantik, zum Beispiel auch die berühmten *Nachtwachen* des Bonaventura, meinten damit einen Gott, der die Menschen grausam quält und sich lächelnd an ihren Qualen weidet. Ihn hat Kleist da offenbar gemeint. Aber zum bösen Gott und Fürsten der Welt machten in der Sicht der idealistischen Philosophie z.B. Fichtes den Gott des orthodoxen Christentums seine Diener, die Theologen, die wahren Atheisten.[54] Das richtete sich gegen den eudämonistischen Versuch, von Gott Gunst, Gnade und ein schönes Leben nach dem Tode zu erlangen, anstatt das Gute zu tun allein um dessentwillen selbst.

Kant urteilte genauso. Darüber hinaus lehnte er den Wunderglauben als Erkenntnisfehler ab, als anmaßenden Übergriff der Vernunft. Von unmittelbaren Eingriffen der Gottheit können wir keine Erfahrung haben. Dagegen sind beispielsweise die bewunderungswürdigen Naturvorgänge, ob sie nun unmittelbar von Gott hervorgerufen werden oder nicht, „Erfahrungen;"

> für uns sind sie also nichts anderes, als Naturwirkungen, und sollen auch nie anders beurteilt werden; denn das will die Bescheidenheit der Vernunft in ihren Ansprüchen; über diese Grenze aber hinauszugehen, ist Vermessenheit und Unbescheidenheit in Ansprüchen; wiewohl man mehrenteils in der Behauptung der Wunder eine demütige sich selbst entäußernde Denkungsart zu beweisen vorgibt.[55]

Alles, was am Kirchenglauben nicht identisch war mit der autonomen Moral, erschien ihm heidnisch. Die gottesdienstliche oder „statutarische" Religion verrät seiner Meinung nach gerade einen „sträflichen Grad moralischen Unglaubens," sofern „man da den

---

[51] Karl Otto Conrady: Kleists *Erdbeben in Chili. GRM* (1954), 193; Benno von Wiese: *Die deutsche Novelle von Goethe bis Kafka*. Bd. 2. Düsseldorf 1964, 60.

[52] Silz, ebd., 24.

[53] Vgl. Karl S. Guthke: Der Mythodes Bösen in der westeuropäischen Romantik. *Colloquia Germanica* (1968), 1-36.

[54] Fichte: *Appellation an das Publikum über die [...] ihm beigemessenen atheistischen Äußerungen. Sämmtl. Werke* Bd. 5. Berlin 1845, 218f.

[55] Kant: *Die Religion innerhalb der Grenzen der bloßen Vernunft.* Insel-Ausgabe 1793, 747.

Vorschriften der Pflicht, wie sie ursprünglich ins Herz des Menschen durch die Vernunft geschrieben sind, anders nicht hinreichende Autorität zugestehen will, als wenn sie noch dazu durch Wunder beglaubigt" oder als Dienstleistung statuiert werden.[56] Mit Hilfe solcher Statute übt der Klerus eine verhängnisvolle Macht über die Gemüter aus.[57] Das Ziel muß sein, solchen auf menschlich-geschichtliche Autorität gegründeten Kirchenglauben allmählich zu ersetzen durch „eine moralische Religion (die nicht in Satzungen und Observanzen, sondern in der Herzensgesinnung zu Beobachtung aller Menschenpflichten, als göttlicher Gebote zu setzen ist)" und die auch „den Glauben an Wunder [...] entbehrlich machen" wird.[58]

Den letzten Satz spiegelt die innere Bewegung der *Erdbeben*-Novelle, die bei dem Wahnglauben an ein teleologisches Eingreifen Gottes einsetzt und unter Verzicht auf ihn beim moralischen Handeln endet.[59] Letzteres spielt in der *Cäcilie* keine Rolle. Dafür tritt dem Wunderglauben die natürliche Erklärung entgegen. Jener überwiegt beim ersten Eindruck; diese setzt sich beim wiederholten, aufmerksamen Lesen durch. Das ermöglicht ein ironisches Versteckspiel, ein kontrapunktisches Durch- und Gegeneinanderlaufen der Lösungen, wie es ähnlich beim *Homburg* vorliegen dürfte. So raffiniert verfährt Kleist im *Erdbeben* noch nicht, und auch noch nicht im gleichzeitigen *Amphitryon,* der die Autonomie des Sittlichen konfrontiert mit dessen Verfälschung durch die mythische Ideologie, durch die statutarische Religion.[60]

Indessen mag es mit dem Schicksal des *Amphitryon* zusammenhängen, daß Kleist seine inopportunen Ansichten später besser tarnte. Auf jeden Fall mußte ihn ja die Aufnahme des Werkes zutiefst enttäuschen, ja entrüsten. Und zwar die Aufnahme bei dem ersten, der sich dazu äußerte: bei Adam Müller, der das Stück herausgab und in einer Vorrede kommentierte, ohne Kleist zu kennen. Seine Vorrede tat bis heute größte Wirkung, weil nämlich Goethe

56 Ebd., 740f., 853.
57 Ebd., 740.
58 Ebd.
59 Vgl. meinem Anm. 13 genannten Aufsatz.
60 Vgl. Wittkowski: Der neue Prometheus. Kleists *Amphitryon* zwischen Molière und Giraudoux. In: *Kleist und Frankreich.* Hg. W. Müller-Seidel. Berlin 1969.

ihr notgedrungen in der Sache, wenn auch nicht in der Wertung beipflichtete. Friedrich Gentz erläuterte ihm das Stück in Karlsbad offenbar im Sinne Müllers; und Goethe mußte glauben, daß die Vorrede zumindest Kleists Intentionen richtig wiedergab. Sie gipfelt in dem

> Wunsch, daß im letzten Akt das thebanische Volk an den Unterschied des göttlichen und irdischen Amphitryon gemahnt werden möchte, wie Alkmene im zweiten Akt. Gewollt hat es der Autor, daß die irdische Liebe des Volkes zu ihrem Führer ebensowohl zu Schanden werde, als die Liebe der Alkmene zu ihrem Gemahl – aber nicht ausgedrückt.

Müller zeigt sich da nicht eben menschenfreundlich sowie als ein Interpret, der, sowenig wie in der *Cäcilie* Äbtissin, Erzbischof und Papst, auf Tatsachen angewiesen ist oder sich von Tatsachen aufhalten läßt, wenn sich Gelegenheit zu bieten scheint, Lieblingsvorstellungen religiöser Art an den Mann zu bringen. Aus Goethes Worten[61] („Über den neuen mystischen *Amphitryon* und dergleichen Zeichen der Zeit," Tagebuch 15. Juli 1807) und aus einem gleich zu zitierenden Brief Müllers wissen wir, daß dieser gesprächsweise noch weiter ging und von einer Analogie zur unbefleckten Empfängnis orakelte. Schlimmer konnten die Dinge nicht auf den Kopf gestellt werden. Die Erbitterung, die der aus französischer Haft entlassene Dichter empfand, spiegelt sich in dem erwähnten Brief Müllers an Gentz:

> Hierauf ist zwischen mir und Kleist eine nähere Verständigung erfolgt, und ich fühle jetzt, wie seine Werke jene antike Bestimmtheit auch nur an sich tragen um der Reaktion willen, zu welcher die Zeit ihn aufruft, um der neuen Aufklärung willen, die nun im Phöbus dem Zeitalter geboten werden soll, welches sich nur allzu sehr, durch Unglück bestärkt, zu einer falschen Mystik hinüberneigt. So wird er [der Phöbus] zu seiner Zeit auch das echte Christentum vollständiger ausdrücken als Kleist. Kleist ist gemütsfrei, frei vom Zwang der Autoritäten aller Art. Ich [...] habe oft darüber geklagt, daß sein Gemüt allzu antik, allzu prometheisch sei.

---

61 „Das Stück enthält nichts geringeres als eine Deutung der Fabel ins Christliche, in die Überschattung der Maria vom heiligen Geist." 14. Juli 1807 zu Riemer. Vgl. damit Müllers Behauptung 6. Feb. 1806 an Gentz: „Der Amphitryon handelt ja wohl ebensogut von der unbefleckten Empfängnis der heiligen Jungfrau als von dem Geheimnis der Liebe überhaupt." *Briefwechsel zwischen Friedrich Gentz und Adam Heinrich Müller 1800-1829*. Stuttgart 1857.

Das ist deutlich und auch klug, einsichtig. Andererseits belehrt uns derselbe Brief, daß Kleist sich durchaus nicht ständig als Prometheus gebärdete. Müller meldet: Die Verslegende *Der Engel am Grabe des Herrn* ist eine „freundschaftliche Rücksicht auf meine Neigung und meine Wünsche für ihn." Müller bestätigt also zunächst - und ein verläßlicherer Kronzeuge läßt sich in diesem Fall kaum denken -, daß Kleist außerhalb des Christentums stand und sich den offenbar auf eine Bekehrung abzielenden Wünschen des Freundes unzugänglich zeigte.

Das kann uns kaum wundern bei dem Verfasser der oben genannten Werke und bei dem Mann, der sich im Rückblick auf einen anderen freundschaftlichen Bekehrungsversuch mit einem humorvoll gedämpften luziferisch-prometheischen Stolz als gefallenen Engel bezeichnete.[62] Andererseits bezeugt Müllers Bemerkung, daß Kleist sich zuweilen große Zurückhaltung auferlegte, ja, daß er in seinen Konzessionen bis zur Unaufrichtigkeit ging. Statt aufzutrumpfen, zog er sich zurück.

Vielleicht war es die große Empfindlichkeit, von der er in seinen letzten Briefen spricht, die ihm den offenen Aufstand des Prometheus zu schwer fallen ließ. Jene Empfindlichkeit - und Müller selber - wiesen ihm einen anderen Weg, der ihm Protest und Vergeltung möglich machte und ihn gleichzeitig schützend verbarg: den Weg der Ironie. Wie sehr er sich Müller gegenüber selbst verleugnete, das wird der Freund schwerlich ganz ermessen haben. Das Einfühlungsvermögen selbst dieses wendigen Proteus dürfte begrenzt gewesen sein, vor allem dank seiner tyrannischen Art, alles und jedes für das Christentum zu vereinnahmen, und vermutlich, weil er sich als der Lehrer des Mittlertums, der Toleranz, gefeit glaubte gegen solche Tyrannei, die jenes Prinzip gerade darum nur umso hemmungsloser mit Füßen treten mochte.

Ein schönes Beispiel für seine Verfahrensweise bieten seine *Vorlesungen über die deutsche Wissenschaft und Literatur*, Dresden 1806.[63] Dort konnte Kleist lesen: „Ich bin weit davon entfernt, zu verlangen, daß man vor lieb- und glaubenslosen Zeitgenossen das Wort nennen müsse, auf das sich alle übrigen Worte und Werke des

---

[62] 7. 1. 1805 an Pfuel.

[63] Zitiert nach der Ausgabe von A. Salz. München 1920, 83-85.

Lebens beziehen." Das ist, wenn man will, noch tolerant, freilich nur in dem Sinne, wie ihn Goethe formuliert: nämlich ein Dulden, das nicht anerkennt und darum beleidigt.[64] Eine Seite später hält Müller denn auch nur noch mühsam an sich: „Wer nun konnte uns, die wir einen immer tieferen Sinn in die Werke unseres Meisters [Goethe] zu legen arbeiten, wer konnte uns wehren," bei seinen Dichtungen „an die echte Menschwerdung des Göttlichen, nach der wir alle, und alle Zeit- und Welt-Räume mit uns streben, zu denken - wenn er nicht selbst, Goethe, vorsätzlich und sogar mit Spuren einer [...] unverkennbaren Leidenschaft das Wort verleugnete, das wir allen seinen Werken, als Zweck und Ziel unterlegen konnten" - was Müller damit im Grunde tut und was er zwei Seiten vorher auch offen tat: „Die Allgegenwart des Christentums in der Geschichte und in allen Formen der Poesie und Philosophie, ist selbst Goethe verborgen geblieben [...]. In der Gegenwart des Göttlichen allein, kann man sich ihm, dem in allen übrigen Fällen man sich ergebungsvoll unterordnen würde, bescheiden gegenüberstellen, und in seine eigenen bedeutungsreichen Werke den heiligen Sinn hineinlegen, den er selbst unverkennbar verleugnet."

Ein klassisches Beispiel einer dezidiert christlich-religiösen Auslegung von Welt und Dichtung; unvermögend, die Dinge auch in anderem Licht zu sehen, und gewillt, ihr eigenes Licht nötigenfalls in sie hineinzu**legen** und zu **-arbeiten**. Heute sind wir das gewöhnt, in Politik, Geschichte und nicht zuletzt auch in der Kleistkritik. Damals aber fand solch großzügige Vereinnahmung von kompetenter Seite Widerspruch, nämlich in der Rezension durch Friedrich Schlegel (1808).[65] Dabei muß man berücksichtigen, daß dessen religiöse Wende sich hier kräftiger als zuvor dokumentiert.[66]

Nichts erkennt er bei Müller so sehr an wie den Nachdruck, den dieser auf den christlichen Standpunkt der Betrachtung legt. Trotzdem nimmt er Anstoß an den allzu sehr vereinfachenden „gewaltsamen und unzweckmäßigen Anwendungen" des christlichen Maßstabs, besonders im Falle Goethes. Müller sei „durchaus nicht berechtigt gewesen, dem vortrefflichen Dichter sein Glaubens-

---

[64] *Maximen und Reflexionen* Nr. 190 (Müller).
[65] *Kürschners Deutsche Nationalliteratur*. Bd. 143, 405ff.
[66] Rasch, ebd., 513.

bekenntnis auf eine so harte Art abzufordern, oder ihm das seinige aufzudringen."[67]

Wie mochte Kleist angesichts solcher Zeilen zumute sein! Das kam indirekt geradezu einer Verteidigung seines *Amphitryon* gegen die gewalttätige Vereinnahmung durch Müller gleich. Andererseits gehörte der Verteidiger ebenfalls ins Gegenlager. Kleist fand sich isoliert. Und wie sehr mochte er seine Einsamkeit erst fühlen als Mitglied der Berliner christlich-teutschen Tischgesellschaft! Alle seine Freunde standen weltanschaulich-philosophisch im Gegenlager. Ein offenes Bekenntnis seiner Denkweise mußte ihn kompromittieren und noch einsamer machen. Nach alledem scheint es wohl verständlich, daß er in einigen Werken gegen die Religion, gegen die religiöse Interpretation der Welt Einspruch erhob, und ebenso, daß er es auf ironisch verdeckte Weise tat. Wenden wir uns nun dem *Zweikampf* zu.

III. *Der Zweikampf*

Betrachten wir zunächst den Schluß. Der Kaiser, so lautet das berühmte Fazit der Legende, ließ „in die Statuten des geheiligten göttlichen Zweikampfs, überall wo vorausgesetzt wird, daß die Schuld dadurch unmittelbar ans Tageslicht komme, die Worte einrücken: 'Wenn es Gottes Wille ist'." Wird der Zweikampf und wird dessen Aussagekraft damit nicht praktisch aufgehoben? Und wird damit das Religiöse zerstört oder umgekehrt verfeinert? Diese Fragen werden gewöhnlich entschieden bejaht oder verneint. Der Satz ist aber höchst zweideutig.

Zunächst: der Zweikampf bleibt bestehen; er gilt weiter als geheiligt, göttlich. Neu ist nur die Bestimmung, daß er die Schuld sowohl unmittelbar als auch mittelbar erweisen kann. Das heißt allerdings: Jetzt kann man den Ausgang eines Zweikampfes ruhig ignorieren; man weiß ja doch nicht, ob er die Schuld zutage fördert. Oder vielmehr, man muß erst herausfinden, ob das Urteil wahr ist oder nicht. Dazu muß man innerweltliche Erkenntniswege beschreiten – und wenn man damit enden muß, kann man auch gleich damit beginnen und sich den Zweikampf schenken (so wie Graf

---

[67] Schlegel, ebd., 407.

Wetters Nachforschungen, und nicht sein Zweikampf, Käthchens Herkunft klären, IV, 2).

Der Zweikampf hat also nur noch Sinn, wenn sein Ergebnis vor der menschlichen Erfahrung besteht. Das menschliche Urteil erhält den Vorrang vor dem unkritisch-gläubig hingenommenen Urteil der Religion. Das ist das Eine. Und es macht zweitens den trotzdem festgehaltenen Glauben an den Zweikampf zu einem unverbindlichen Als-Ob, zum gläubigen Festhalten an den geheiligten Statuten eines Nichts. Schon der Zwischensatz „Überall wo vorausgesetzt wird [...]“ enthüllt ja das Als-Ob, das Willkürliche der Fiktion mit einer Offenheit, die vom Zynismus nur durch eine dünne Wand getrennt bleibt.

Diese Wand wird in der Novelle nie durchbrochen, wohl aber mehrmals sichtbar gemacht, zum Beispiel wenn Trotas Mutter die Geltung des „göttlichen Spruchs“ mit der Geltung eben der Statuten begründet: sie sind „die waltenden und herrschenden; sie üben, ob verständig oder nicht, die Kraft göttlicher Satzungen aus“ (232). Hier ist das Als-Ob sogar potenziert: die Statuten gelten, als ob sie göttlicher Herkunft und verständig wären - und das nur, weil sie eben gelten. Dann ist da der Einschub „ob verständig oder nicht.“ Wie der kaiserliche - „überall, wo vorausgesetzt wird […]“ - markiert er den Modus des Als-Ob.

Beide erinnern an den Philosophen des Als-Ob, an Kant. Dessen Schrift über die Religion vertrat die Ansicht, alle religiösen Satzungen, deren Inhalte sich nicht auf Vernunft gründeten, seien unreligiös, nichts weiter als willkürliche Satzungen, Statute, und daher im Laufe der Geschichte abzuschaffen. Allein das Wort „Statuten“[68] im Schlußsatz der Novelle mußte den Zeitgenossen jenes Buch ins Gedächtnis rufen, dessen Popularisierung durch eine Abhandlung von C. F. Forberg 1799 den Atheismusstreit herbeigeführt hatte und in deren Zentrum der scharf abschätzig gemeinte Ausdruck „statutarische Religion“ stand. Wem diese Dinge gegenwärtig waren, dem konnten die zitierten ehrfürchtigen Bekenntnisse zu den „geheiligten, geltenden Statuten“ wohl nur ironisch klingen.

---

[68] Aus Kants Buch übernahm Kleist gewiß auch die Ausdrücke „Tempel“ und „Rotte“ im *Erdbeben*, ferner seine oftgenannte Wendung von der „gebrechlichen Einrichtung der Welt.“ Kant spricht häufig von der „gebrechlichen menschlichen Natur.“ Dieser Gedanke dürfte in Kleists umfassenderer Formulierung mit gemeint sein.

Aber da ist Friedrich von Trota, der vielgerühmte Prophet einer fortschrittlichen Theologie. Hören wir ihm ernsthaft zu. „Was kümmern mich diese willkürlichen Gesetze der Menschen?“ ruft er (232). Bricht etwa auch er den Stab über den Zweikampf? Nein, so ist es nicht gemeint. „Kann ein Kampf,“ so fährt er fort, „der nicht bis an den Tod eines der beiden Kämpfer fortgeführt worden ist, nach jeder vernünftigen Schätzung der Verhältnisse für abgeschlossen gehalten werden? und dürfte ich nicht [...] hoffen, den Unfall, der mich betroffen, wieder herzustellen und mir mit dem Schwert einen ganz andern Spruch Gottes zu erkämpfen, als den, der jetzt beschränkter und kurzsichtiger Weise dafür genommen wird?“

Man sieht, Trota hält an der Kernidee des Zweikampfes fest, und zwar auf denkbar massive und willkürliche Weise. Mit seiner „vernünftigen Schätzung der Verhältnisse“ will er die Statuten, die er für Produkte menschlicher Willkür erklärt, seinerseits lediglich so ändern und erweitern, daß ihm die Chance gewährt wird, mit der Faust sein innerweltliches Interesse durchzusetzen: wobei dasselbe wie schon diesmal geschehen und der ganze Zirkel von neuem beginnen könnte. Die spekulative Wendigkeit, mit der er vorgeht, tut sich auch sonst kund, zum Beispiel in dem Ausspruch: „[…] wo ist der Sterbliche [...] der es wagen darf, den geheimnisvollen Spruch, den Gott in diesem Zweikampf getan hat, auszulegen?“ (231) Kein anderer als er selber wagt das! Zum Beispiel legt er, um Littegarde nicht als überführt ansehen zu müssen, seine Niederlage hier eben als geheimnisvollen Spruch Gottes aus, während er sie anderswo als „Unfall, Zufall“ hinstellt oder gar als „Fehltritt, durch den Gott mich vielleicht [?!], ganz unabhängig von ihrer Sache, der Sünden meiner eigenen Brust wegen strafen wollte.“

Das friedliche Nebeneinander so verschiedenartiger Deutungen kennzeichnet diese selbst, und damit diese ganze theologische Erörterung als Spekulation, als willkürliches ideologisches Als-Ob. Nicht anders steht es mit der Stelle, deren Kern zuletzt in die Statuten eingeht (237): „Wo liegt die Verpflichtung der höchsten göttlichen Weisheit, die Wahrheit im Augenblick der glaubensvollen Anrufung selbst anzuzeigen und auszusprechen? O Littegarde [...] im Leben laßt uns auf den Tod und im Tode auf die Ewigkeit hinaussehen und des festen, unerschütterlichen Glaubens sein: deine

Unschuld wird und wird durch den Zweikampf [...] zum heitern, hellen Licht der Sonne gebracht werden!"

Man hat auch das als demütige Unterwerfung unter den Willen Gottes verstanden. Wirklich lenkt die echt romantische Steigerung vom Leben über den Tod zur Ewigkeit unsere Erwartung in solche Richtung. Trotas Gedankengang schlägt aber um. Er kehrt zurück zu der bestimmten Hoffnung, Gott werde die Wahrheit im „heitern, hellen Licht der Sonne" offenbaren, womöglich im Diesseits, und jedenfalls im Rahmen der Zweikampf-Ideologie. Der Gedanke, Gott werde sich später offenbaren, modifiziert dieses Als-Ob lediglich, ohne es indessen zu durchbrechen. Es handelt sich um eine willkürliche intellektuelle Manipulation; und die Imperative sowie das iterative **„wird und wird"** in Trotas Appell drücken das Willentliche daran unzweideutig aus.

Aber gibt der Ausgang ihm nicht recht? Die meisten Interpreten glauben es und meinen, Trota bestehe außerdem die Probe, dem Herrgott noch gegen den Schein zu vertrauen und seine Sache demütig in Seine Hand zu legen, bis er den Scheiterhaufen besteige. Davon steht freilich nichts im Text. Ja, Koch erklärt, hier, am Ende, sei es „ganz besonders bemerkenswert, wie Kleist alles dazwischenliegende seelische Geschehen verschweigt!"[69]

Tatsächlich wäre das sehr bemerkenswert, wenn es Kleist irgend darum gegangen wäre, Trotas Demut zu verherrlichen. Und hier wäre die beste und unumgängliche Gelegenheit dazu. Kleist hat sie nicht genutzt – und er hat sie auch nirgends vorbereitet. Nach allem Vorausgegangenen könnte Trota auf dem Scheiterhaufen bestenfalls an seiner durchaus undemütig fordernden Erwartung festhalten, Gott werde einst und durch den Zweikampf die Wahrheit offenbaren. Ausdrücklich hervorgehoben, würde das freilich eine heroisch-tragische Atmosphäre schaffen, die vielleicht nur durch ein unglückliches Ende gerechtfertigt wäre, mit dem glücklichen aber kontrastieren müßte als komischer, fast lächerlicher Überschuß – doch dergleichen hatte Kleist, wie wir sehen werden, keineswegs im Sinn, so heiter-ironisch manche Obertöne der Novelle klingen.[70]

---

69 Koch, ebd., 133.

70 Immerhin soll nicht die Möglichkeit verschwiegen werden, daß Kleist es aus inneren wie äußeren Gründen eilig hatte, zum Schluß zu kommen, und daß er deshalb etwas flüchtig verfuhr – hier wie anderswo, z.B. in der Frage des verschwundenen Pfeils, der Umwandlung von Trotas

Heitere Ironie wird man ja auch über dem Ausgang selber sehen müssen: darüber, daß Gott sich zu guter Letzt doch noch als „wahrer Gott" erweist, indem er das in ihn gesetzte „Vertrauen nicht enttäuscht und die Wahrheit an den Tag bringt."[71] Er bewerkstelligt das im Rahmen der zukünftig erweiterten Zweikampf-Statute, bequemt sich also der Als-Ob-Ideologie und befördert deren Erweiterung in Richtung - nicht auf ein vertrauensvolleres Verhältnis der Menschen zu Gott, sondern - auf die innerweltliche Erfahrung als den einzig verläßlichen Maßstab für die Wahrheits-Findung. Eine derart schwebend vermittelnde Gegensetzung von Gott und Mensch mochte Müllers Ironie-Lehre zwar weitgehend entsprechen, sie weist jedoch klar über sich hinaus; sie tendiert dazu, sich selbst samt ihrem religiösen Rahmen zu zerstören.

Betrachten wir daher genauer, ob und wie das gute Ende mit Hilfe Gottes oder ohne sie zustande kommt. Der Erzähler, die Figuren und die Interpreten verweisen sämtlich auf die erstaunlichen Folgen des Zweikampfes. Der Verlierer, der lebensgefährlich verwundete Trota, meint, er blühe, „wie [!] unter dem Hauch des Himmels, wunderbar wieder empor" (232). Der Prior „glaubte [?!] die furchtbare Hand Gottes" im Hinsiechen Rotbarts zu erblicken (238), und dieser neigt zu der gleichen Annahme. Gewißheit aber gibt es für alle erst, als „die Beweise" vorliegen (242): die Aussagen der Zofe.

Diese Aussagen werden nun aber weniger als Beweise in der Sache selbst, sondern vor allem als Beweise für den wahren Spruch Gottes durch den Zweikampf angeführt, also bloß, „falls ein Ungläubiger noch Zweifel nähren sollte" (242). Das wirft hochironisches Licht auf die Gläubigen, die ja samt und sonders nicht fest glaubten und es erst tun, als das gar kein Glauben mehr ist, nämlich, als die natürlichen Beweise eintreffen - und den Zweikampf als überflüssige, sogar als gefährlich irreführende Erfindung dartun. Damit ergibt sich ganz im ungewollten Sinne der kaiserlichen Schlußverfügung der Vorrang der menschlichen Vernunft.

Mutter in die längst verstorbene Mutter Littegardens am Hinrichtungstage, oder in dem Satz „Eben ging, diesem Schluß gemäß, die Mittagssonne [...] (Vgl. Friedrich Beissner: Unvorgreifliche Gedanken über den Sprachrhythmus. In: *Festschrift Kluckhohn-Schneider.* Tübingen 1948.)

71 Koch, 133.

Der religiöse Glaube aber erscheint entlarvt als Ideologie, als Aberglaube.

Den Personen bleibt das freilich ebenso verborgen wie zunächst dem Leser. Bei der vorherrschenden Glaubens-Atmosphäre rechnet niemand mit dergleichen. Niemandem fällt angesichts jener „Beweise" ein, daß ja ganz innerweltliche Tatsachen die Rettung bringen für die Unschuldigen wie für den Glauben an einen Gott, der die Wahrheit offenbart, die Unschuldigen rettet und den Schurken mit der „schwarzen Seele" (243) richtet. Man hält an diesem Glauben einfach fest und vereinnahmt für ihn jene Tatsachen, die Kleist freilich – mit ironischem Augenzwinkern – legendenhaft phantastisch zusammentreffen läßt, ohne indessen ihre Innerweltlichkeit anzutasten.

Einerseits fördert und entschuldigt das den Wunderglauben der Menschen; andererseits erinnert es an Nathans des Weisen Vorwurf, daß die Menschen aus Eitelkeit sich allzu gern in den Glauben an göttliche Fügungen verlieben. Oder – weiß Trota es am Ende besser? Kleist spricht bei ihm nur vom „Gefühl dieser wunderbaren Rettung" (242). Für einen „fortschrittlichen Theologen" ist das eigentlich ein bißchen dürftig. Oder sollte sein Fortschritt sich bereits in der grundsätzlich vorgezeichneten Richtung der Vernunft bewegen? Oder will Kleist wenigstens uns Lesern diese Richtung sichtbar machen?

Es muß ja auffallen, daß sonst niemand am Ende die in der Tat erstaunliche Rettung in letzter Stunde ausdrücklich mit Gott oder gar mit einem Dank an Gott verbindet. Bei der herrschenden, sonst alles andere als zimperlichen Vereinnahmungstendenz dürfte diese außerordentliche Entsagung etwas boshaft Raum schaffen für den stillschweigenden Hinweis, daß der göttliche Zweikampf nur von anderer Seite noch im letzten Augenblick daran gehindert wurde, ein schreckliches Unrecht heraufzubeschwören.

Vorher war man, wie gesagt, durchaus nicht so zurückhaltend; vielmehr vereinnahmte man die profanen Vorgänge um die Zofe ohne Umstände für das Wunder. Niemand jedoch bemühte die Religion so geräuschvoll wie Rotbart – und Kleist läßt keinen Zweifel an der subjektiven Willkür, die dabei im Spiele ist. Als der Prior den Grafen (und Mörder des Herzogs) auffordert, „in bezug auf den zwischen ihm und der Herzogin Regentin bestehenden Streit" die Wahrheit einzugestehen, nimmt jener - Kleist betont, „durch und durch erschüttert - noch einmal das heilige Sakrament auf die Wahrhaftigkeit seiner Aussage“ (238), die er aber geistesgegenwärtig auf die Littegardensache beschränkt. Das entlarvt seine „Frömmigkeit,“ die Kleist oder vielmehr sein Erzähler im gleichen Atemzug hervorzuheben sich beeifert - analog zu Trota, aber ethisch negativ -, als wendiges Vehikel eigenen Interesses.

Er bringt es fertig, Gottes „wunderbaren“ Spruch im Zweikampf nur auf diesen, auf seinen Irrtum in der Littegardensache zu beziehen, nicht aber auf sein Verbrechen, um das er genau weiß. Er teilt die rettende Botschaft nur im Interesse seines eigenen Seelenheils mit, nämlich um dessen statutarisch-zeremonieller Rettung willen; und dann findet der Schelm ein letztes Vergnügen darin, die zum Mitleid gestimmten Umstehenden doch noch zu erschrecken durch das Mordgeständnis. Schon vorher erklärte er einmal scheinheilig, er wolle „die Sünden einer raschen Jugend, auch leider, wie er zugab, im Alter noch wachsend,“ auf einem Kreuzzug abbüßen (215). Der Erzähler aber teilt alle diese Schwenkungen mit, als ob es keine wären ....

Daß man bei Rotbarts Auslassungen auf unsicherem Boden wandelt, hat man natürlich stets gesehen und sich daher lieber an die wunderbare Erkrankung beziehungsweise Genesung der beiden Zweikämpfer sowie an das Zögern des Kaisers gehalten: alles zweifellos Faktoren, ohne welche das Eintreffen der Beweise nicht mehr rechtzeitig erfolgen könnte. Sind sie aber deshalb notwendig wunderbar? Herbert Meyer erklärt das Zögern des Kaisers durch ein Einwirken der Vorsehung, zugleich aber, dem Text gemäß (237), durch völlig hinreichende innerweltliche Motive: durch ein sehr begreifliches Mißtrauen des Kaisers gegen Rotbart und durch seine Absicht, diesen zu prüfen.[72]

Unbestreitbar scheint dagegen das Wunderbare an Trotas Heilung und Rotbarts Siechtum zu sein. Trota selbst äußerte sich zwar, wie wir hörten, vorsichtig, im Tone des Als-Ob. Umso entschiedener lassen sich Rotbart und der Erzähler vernehmen. Letzterer versichert, daß „Herrn Friedrichs Wunden, so lebensgefährliche und zarte Teile sie auch berührten, durch eine besondere Fügung des Himmels nicht tödlich waren“ (231). Auch das aber ist, so ausge-

72 Meyer, ebd., 146.

drückt, ein durchaus innerweltliches „Wunder," ein Glück im Unglück, das keiner überweltlichen Erklärung bedarf. Diese wirkt denn auch einigermaßen leichtfertig, einfältig. Ja, ihre Syntax, ihr präpositionaler Einbau, hat etwas verräterisch Routinemäßiges, Floskelhaftes an sich. Unabweisbar drängt sich der Eindruck auf, Kleist spiele in seinem Erzähler den Beschränkt-Vermessenen, der scheinheilig den Aberglauben seiner Figuren teilt und seine Leser nasführt.

Dafür spricht noch ein anderer Zug, den wir von der *Heiligen Cäcilie* her kennen. Mit raffinierter Beiläufigkeit nennt Kleist nämlich für Trotas Genesung und Rotbarts Siechtum auch ganz natürliche Ursachen: dort „die Stärke seiner Natur" (231), hier einen äußerst verderbten „Zustand seiner Säfte" (237). Und sogar den Verlauf des Kampfes schildert er zweideutig. Trota selber wartet, wie wir hörten, mit drei verschiedenen Auslegungen für seine Niederlage auf. Der Erzähler spricht von einem „Unglück, das die Anwesenheit höherer, über den Kampf waltender Mächte nicht eben anzudeuten schien" (230). Er bleibt damit auf dem Boden der Zweikampfideologie, äußert aber auch Vorbehalte - und diese bestätigt er, ohne es zuzugeben, schon durch die Schilderung des Kampfverlaufs. Trota unterliegt danach ja aus ganz klar einsehbaren Ursachen, nämlich einzig deshalb, weil sein Ehrgefühl „zu leise" empfindet, um den Protest der Zuschauer gegen sein angeblich unritterliches Verhalten zu überhören. Er gibt seine wenig eindrucksvolle, obschon „auf guten Gründen" (230) beruhende Taktik auf und führt damit selbst den Unfall herbei, der ihn hindert, sich einen günstigen Spruch zu erkämpfen.[73] Die Anwesenheit höherer Mächte wird dadurch allerdings nicht erhärtet - so wenig wie irgend sonst in der Novelle.

Kleist läßt es also nicht bewenden bei der romantisch-ironischen Lösung, daß dem irrtümlichen Als-Ob des menschlichen Glaubens ein göttliches Wirken ironisch-gnädig entgegenkomme, um auf eine

---

[73] Bemerkenswert das subjektiv-perspektivische Umschalten vom eigentlichen Zweck, dem siegreichen Nachweis von Littegardes Unschuld, auf den unmittelbar gegebenen Gegenstand: den Kampf und seine noble, ehrenhafte Durchführung. Trota wehrt den gewandten, „gleichsam von allen Seiten zugleich" angreifenden Rotbart durch „Einpfählung" tief in den Erdboden ab (229): ein nach meiner Vorstellung in einer Weise ungeeignetes Verfahren. Wie so oft, folgt Kleist auch hier der Logik der Sprache, des Kontrastes, nicht der des Wirklichen.

künftige wahrhafte Vermittlung hinzuwirken. Die Lösung ist vielmehr hart realistisch: die Vorgänge im *Zweikampf* sind durchgehend innerweltlich begründet. Sie als überweltlich wunderbaren Eingriff Gottes auszulegen, ist überflüssige, willkürliche Zutat, ist bloß subjektives Als-Ob, ist Illusion und Ideologie, verdiente Kants Vorwurf intellektueller Unredlichkeit. Das Nebeneinander von natürlicher Motivation und religiöser Interpretation ist freilich so ausgewogen, das wahre Verhältnis zwischen ihnen ist so kunstvoll verdeckt, daß es danach aussieht, als wolle Kleist ganz wie im *Homburg* seinen Standpunkt nur versteckt andeuten und als triumphiere seine Ironie erst voll, wenn das Publikum sie nicht bemerkt und die religiöse Interpretation der Vorgänge gläubig erbaut für bare Münze nimmt.

Ließe sich aber nicht wenigstens sagen, Kleists lächelnde Kritik richte sich eben bloß gegen eine primitive Form des Glaubens und reinige damit das Feld für eine höhere? Die Frage berührt zwei Probleme: das Erkennen und das Ethos. Die Erkenntnis stand, soweit wir sahen, im Zeichen des Als-Ob, des Glaubens, der Subjektivität, der Willkür – ob nun Rotbart die Wirklichkeit und Überwirklichkeit im eigenen Interesse lügnerisch umdeutete, oder ob Trota sie aus mitmenschlichem Interesse theologisch-spekulativ mit seiner innerweltlichen Überzeugung von Littegardens Unschuld zur Übereinstimmung bringen wollte. Man sieht das letzte Verhältnis allerdings gewöhnlich umgekehrt: „Nur in dem Glauben an das Wirken dieses Gottes in seiner Genesung kann Friedrich schließlich sein Vertrauen gegen den Ausgang des Gottesurteils aufrechterhalten."[74] Danach fußte Trotas Vertrauen zu Littegarde auf seinem Vertrauen zu Gott, genaugenommen auf dem Glauben, er besitze in seiner Genesung einen handfesten „Gottesbeweis." Betrachten wir daraufhin die zentrale Stelle, Trotas berühmten Appell (236f.):

> „O meine teuerste Littegarde [...] bewahre deine Sinne [Koch liest dafür in einem aufschlußreichen Versehen „Seele"] vor Verzweiflung! Türme das Gefühl, das in deiner Brust lebt, wie einen Felsen empor: halte dich daran und wanke nicht, und wenn Erd und Himmel unter dir und über dir [!!] zugrunde gingen! Laß uns von zwei Gedanken, die die Sinne verwirren, den verständlicheren und begreiflicheren denken, und ehe du dich schuldig glaubst, lieber glauben, daß ich in dem Zweikampf [...] siegte!" – „Gott, Herr meines Lebens," setzte er in diesem Augenblick hinzu, indem er seine

[74] Koch, ebd., 133.

> Hände vor sein Antlitz legte, „bewahre meine Seele selbst vor Verwirrung! Ich meine, so wahr ich selig werden will, vom Schwert meines Gegners nicht überwunden worden zu sein [...]."

Man sieht, diese Aufforderung ist für Trota keineswegs „nur möglich in jener durch seine Gesundung begründeten Hoffnung."[75] Es ist sogar gerade umgekehrt. Wohl ist ihm schon vorher einmal seine Genesung als eine „sonderbare Schickung des Himmels" (233) vorgekommen. Ein solcher Wunderglaube liegt in seinem Zeitalter des Gottesurteils eben nahe, zumal wenn er so hochwillkommen ist. Gleichwohl machte Trota ihn sich keineswegs völlig zu eigen. Sonst spräche er jetzt nicht wie zum erstenmal davon und so erschüttert und doch zugleich demütig-behutsam. Vor allem aber: er verfällt darauf erst wieder, nachdem er im Appell an Littegarde, redend seine Gedanken verfertigend, seine Entschlossenheit bestärkte, die rettende innerweltliche Gewißheit zum Ausgangspunkt für alles Übrige zu machen: sogar für die verwegenste Umdeutung weltlich-überweltlicher Indizien.

Man könnte einwenden: der unbedingt Vertrauende brauche doch ohnehin keine Bestätigung von oben. Trota und Littegarde leben aber nun einmal in der gefährlichen Welt des Glaubens und in dem Glauben, daß Welt und Überwelt miteinander korrespondieren. Dieser Glaube ist jetzt erschüttert. Die Überwelt will Littegardens Unschuld anscheinend nicht bestätigen. Das ist ein unerträglicher Widerspruch für das Paar, das an das Gute im Menschen glaubt; und die beiden suchen ihn auf entgegengesetzten Wegen aufzulösen: Littegarde, indem sie gegen Wissen und Gewissen dem Himmel recht gibt; Trota, indem er deutend den Spruch des Himmels in Harmonie mit seiner irdischen Gewißheit bringt. Letztere wird sein Ausgangspunkt; er schreckt um ihretwillen grundsätzlich vor keiner intellektuellen Ausschweifung und Absurdität zurück.

Und seine theologische Interpretation, die das alte Als-Ob zweckmäßig erweitert im Dienst der innerweltlichen Erfahrung, wird nur durch den Zufall, durch innerweltliche Tatsachen und ihr märchenhaft rechtzeitiges Zusammentreffen legitimiert. Das ist von feiner Komik und hoher Ironie, zumal auch Gott davon profitiert:

[75] Ebd., 130.

Trotas Worte implizieren ja ungewollt, daß er eher den Glauben an Gott als den an Littegarde preisgäbe. Sein Vertrauen zu Littegarde beruht nicht auf seinem Glauben an Gott; eher, so scheint es, steht und fällt sein Glaube an Gott mit der Bestätigung von Littegardens Unschuld.[76]

Damit wird hinter der heiteren Gestaltung des Problems dessen tief bedenklicher Ernst sichtbar: daß nämlich in der religiösen *Zweikampf*-Welt die wahre innerweltliche Gewißheit des Menschen durch das Als-Ob der Glaubens-Ideologie auf verhängnisvolle Weise erschüttert und überwältigt werden kann; daß der Versuch, jene Gewißheit zu behaupten und sie zugleich mit der offiziellen Weltanschauung zu verbinden, eigentlich absurd ist und völlig auf die Gunst der Kausalität, auf das zufällige Zustandekommen einer Als-Ob-Harmonie angewiesen bleibt.

Für Littegarde gilt Ähnliches wie für Trota; nur sind in ihrem Falle die Gewichte symmetrisch vertauscht. Und beide offenbaren Wagnis, Not und Komik des religiösen Menschen - Trota, indem er die Glauben und Leben bedrohenden ideologischen Probleme mit unverwüstlicher spekulativer Wendigkeit ins Lot bringt; Littegarde, indem sie glaubt, sie müsse auf Grund des Gottesurteils sich für schuldig halten, obwohl sie genau und allein am besten weiß, daß sie es nicht ist.

Erheiternd ist übrigens auch, wie sie ihre ungeheuerliche Gefühlsverwirrung einmal verblüffend einfach abwirft. Als ihr Trotas Mutter ihre angebliche Schandtat vorhält, richtet sie sich, „gereizt durch diese Worte," empor und verteidigt sich entschieden - bis ihr das fatale Gottesurteil wieder einfällt. Ob Trotas Zuspruch ihr Vertrauen zu sich selber und zu Gott irgend stärkt, das mitzuteilen, hält Kleist nicht für nötig, so wenig wie er uns eröffnet, welche Gedanken das Paar auf dem Scheiterhaufen erfüllen. Er zieht nicht die letzten Konsequenzen. Er zeigt uns weder die höchste Bewährungsprobe noch eine Zerstörung des Glaubens: die erledigt er gleichsam hinter dem Rücken der Figuren.

Anders steht es mit deren Ethos. Kleists Sympathie gehört dem innerweltlichen Impuls und seinem Vorrang vor metaphysischen

---

[76] Vgl. W. Wittkowski, s. Anm. 49, 56f.; auch Heinz Ide hebt das Phänomen neuerdings hervor: *Kleist im Niemandsland? Kleist und die Gesellschaft.* Berlin 1965, 58.

Ambitionen. Diese seine Einstellung, sein prometheischer, wenngleich ironisch verdeckter Anteil am historischen Verweltlichungs-Prozeß enthüllt sich unter anderem darin, daß er der Religion den Glanz entleiht, mit welchem er das hohe Ethos seiner Helden verherrlicht. Als Trota im Gefängnis Littegarde überrascht, da stilisiert Kleist Wort und Gebärde nach dem Vorbild Christi und der Sünderin zu religiöser Form und Inbrunst. Das ist die Vergöttlichung des Menschen, die die romantischen Ironiker anvisieren, während Kleist sie gestaltet. Ihr Grundzug ist Noblesse: Wie du willst daß man dir tu, so handle selber gegen andere. Sie bezeugt sich in Trotas vollkommener Einheit mit seiner tiefsten Überzeugung; in seiner Bereitschaft, sein Leben rückhaltlos, frei und leicht aufs Spiel zu setzen; in seinem auf Beweise verzichtenden Vertrauen zu Littegarde, teilweise auch zu Gott.

Littegarde ihrerseits verzichtet selbstlos um der Familieneinheit willen auf die Ehe. Sie leidet mehr unter dem Unglück, in das Trota ihretwegen stürzt, als unter ihrem eigenen. Auch wenn die beiden wie das Paar im *Erdbeben* untergehen müßten, würde das nichts ändern an der Gültigkeit und Verbindlichkeit ihres Verhaltens, ihres Ethos.[77] „Edelmütig" oder „unedelmütig" – daran scheiden sich auch hier die Geister. Frömmigkeit dagegen versteht sich für alle. Sie wird selbst Rotbart zugebilligt, der gleichwohl unaufrichtig, kraß egoistisch, kurz: unedelmütig handelt.

Weltanschaulich haben wir die anderen bei Gelegenheit des *Erdbebens* angeführten Typen des Als-Ob: die ironische Erzählhaltung; die Subjektivität menschlicher Wirklichkeits- und Gotteserkenntnis; schließlich die ironische Dreistufigkeit der Lösungen: Da ist erstens der naive Glaube der Personen und des naiven Publikums, Gott habe bei dem Zweikampf zuletzt doch eingegriffen. Zweitens kann man Müllers romantischer Ironie gemäß annehmen, Gott oder eine Art prästabilierter Harmonie sorge dafür, daß der irrtümliche Glaube an das Gottesurteil heilsam erschüttert und fortentwickelt

---

[77] Das ist hervorzuheben gegenüber der verbreiteten Ansicht, ein Ethos werde erst gerechtfertigt durch den Erfolg, den es garantiere. Vgl. besonders Karl-Otto Conrady: Das Moralische in Kleists Erzählungen. In: *Literatur und Gesellschaft. Festschrift Benno von Wiese.* Bonn 1963; ders.: Notizen über den Dichter ohne Gesellschaft. In: *Kleist und die Gesellschaft.* Berlin 1965. Ich erörtere das Problem ausführlich in meiner Studie zum *Erdbeben in Chili.*

werde in Richtung auf ein reineres Verhältnis zwischen Mensch und Gott, freilich auf Kosten des Letzteren. Denn drittens ergibt sich die Erkenntnis, daß allein weltimmanente Kräfte im Spiele waren und daß der neue religiöse Glaube genauso illusionär ist wie der alte bloß offenkundige. Die Entwicklung zielt auf die Zerstörung der spekulativen Religion zugunsten redlicher Wirklichkeitserkenntnis. Oder auch letztere erweist sich außerstande, jenen wie jeden bloßen Glauben, Aberglauben zu erschüttern - wie wir es ja immer noch erleben.

So faßt diese Dichtung Kleists, eine der letzten aus seinem Todesjahr 1811, mehrere Grundzüge des Gesamtwerkes zusammen. Erstens das Ethos der Noblesse, der selbstlosen Bereitschaft, sich aufzuopfern, für andere das Leben wegzuwerfen, als ob es „gleich dem nichtswürdigsten Gute mit dem nächsten Schritte schon wieder gefunden würde," wie es im *Erdbeben* heißt (139). Zweitens macht dieses Ethos und macht überhaupt das Ethische den Wert, die existentielle Substanz des Menschen, den Sinn des Lebens aus, nicht aber, drittens, der religiöse Glaube. Viertens wird die Religion, wie in den anderen Werken mit religiösen Themen *(Erdbeben, Amphitryon, Cäcilie)*, als Illusion, als Aberglaube, und zwar gegebenenfalls als ein gefährlicher, menschenfeindlicher entlarvt. Fünftens geschieht das jedoch nicht ausdrücklich, sondern indirekt. Die Religion wird ja ausdrücklich als gültig anerkannt, durch die Figuren und durch den Erzähler. Doch in solcher Anerkennung oder neben ihr enthüllen sich Ungereimtheiten, die dem Glauben alle Glaubwürdigkeit entziehen und die Erzählung (wie so manche historische) zumindest teilweise zur Legende machen: das aber wird gar nicht erkannt, wo die Zufälle wirklich wie Wunder wirken (beim rechtzeitigen Eintreffen der rettenden Informationen). Man glaubt indes an Wunder, Gottes Eingreifen, wo es in Wahrheit ganz natürlich zugeht.

Dieses Verfahren ist ironisch. Kleist bedient sich seiner auch im *Homburg*. Wie dort, im *Erdbeben* und in *Amphitryon,* bietet Kleist in der *Cäcilie* und im *Zweikampf* jeweils ein Ereignis unter zwei verschiedenen Aspekten dar. Die Positionen, die ihnen zu Grunde liegen, erscheinen dabei jedes Mal in einem vielfältig schillernden Verhältnis. Übernatürliche und natürliche Erklärung (in den drei Erzählungen), religiöse und autonome Moralität, göttliche Herren und menschliche Untertanen (im *Amphitryon*), Staat und Individuum (im *Homburg*) haben vordergründig das Übergewicht stets auf dem ersten Faktor; bei näherem Zusehen scheinen sie sich die Waage zu halten, sich zu verwirren oder zu versöhnen; das entspräche der Ironielehre Müllers. Genau besehen aber liegt die Wahrheit jeweils bei dem zweiten Faktor. Und die beiden ersten Lösungen helfen die dritte zu verhüllen; die dritte hilft, die beiden ersten (samt ihren Anhängern im Publikum) abzuweisen und zu ironisieren.

Es mag auffallen, daß Kleist in den genannten Werken durchweg die öffentlichen Institutionen und ihre Verordnungen attackiert, die Grundlehren des religiösen Mythos, die Klosterordnung; Ordre, Kriegs-Artikel, Breve; Gesetze und Statuten. Darin dürften sich seine Lebensschwierigkeiten spiegeln und vor allem, was er ausspielte gegen jene Mächte: die Kraft des Herzens und das Ethos vernünftiger Tugenden.

Die ironische Behandlung bezeugt zugleich, daß er sich entschlossen über die Gegenwelt erhob, nicht zuletzt über die tyrannischen Vereinnahmungstendenzen der religiösen Spekulation in den Legenden. Hier mochte er zugleich Leute wie Adam Müller und diesen selbst im Auge haben. Weiter zeigt die Geschichte der Kritik, daß die ironische Verhüllung in den späteren Werken erfolgreicher, also feiner, kunstvoller, dichter ist als in den beiden früheren. Stets mochte, und besonders später mochte das Verhüllen auch der Scheu vor dem offenen Kampf entspringen; dem Bedürfnis, sich und die anderen zu schonen, es nicht aufs äußerste ankommen zu lassen: auf die Verfolgung durch Gläubige und Theologen, auf den Bruch mit Preußen und mit Freunden.

Kleist war ja einsam genug schon ohne das. Indessen, durch die ironische Auseinandersetzung isolierte er sich selber immer mehr, äußerlich und innerlich. Mehr und mehr brach er selbst die Brücken ab, die ihn noch mit der Welt verbanden; immer höher zog er sich zurück in die eisigen Regionen der romantischen Ironie, von wo aus er Welt und Menschen, die er so innig liebte und so qualvoll erlitt, verhöhnte, mit ihnen spielte - aber so, daß außer ihm selbst das kaum jemand merkte. Die drei späten Werke zeigen vielleicht nicht bloß, daß er die Verständigung, die Kommunikation nicht wollte, sondern schon, daß er nicht mehr an sie glaubte. Dann wäre seine letzte Position das freiwillige Exil eines einsamen Unverstandenen, das Exil einer Ironie, deren letzte Konsequenz der Selbstmord ist, nachdem sie jetzt noch sich ermannt zur Heiterkeit beseligender Spiele, und ebenso zum zornigen Hohn einer hoffnungslosen Resignation. Diese Seite kommt bei Kleist, dem wahren Edelmann, nur selten einmal klar zum Ausdruck. Und auch dann verhüllt er sie wieder keusch mit grimmigem Humor. So etwa am Schluß des fingierten Briefes, mit dem er sich gegen Autoritätshörigkeit, Frömmelei und vermutlich indirekt-ironisch gegen die religiöse Kehre und Desertion seines großen Anregers Friedrich Schlegel wandte:[78]

> So! sagt ihr und seht mich an: was der Herr uns da Neues sagt! und lächelt und zuckt die Achseln. Demnach ihr Herren, Gott befohlen! Denn da Kopernikus schon vor dreihundert Jahren gesagt hat, daß die Erde rund sei, so sehe ich nicht ein, was es helfen könnte, wenn ich es hier wiederholte. Lebet wohl!

Gegen Ende des *Abendblätter*-Kapitels zitiere ich Peter Horns Einwand, über Kleists ironischer Kunst vergesse ich, wogegen er kämpfe. Das Gleiche könnte man einwenden gegen meine Deutung der zwei Legenden. Doch so persönlich, so existentiell er dichtet und damit seinem Schaffen Authentizität verleiht, so tief leuchtet er dabei - über die Grenzen aller Lager hinweg - in die Gebrechlichkeit der menschlichen Natur - in die Probleme von Vernunft, Wahrheit, Ethik - Probleme, die unsere Kultur wohl nie verlassen.

---

78 *Brief eines jungen Dichters an einen jungen Maler.*

Die Verlobung in St. Domingo

Eine echt Kleist'sche Geschichte schicksalhaften Liebens, Vertrauens und Mißtrauens: Nicht mehr sahen Berühmtheiten wie Wilhelm Grimm, Heyse, Fontane, Thomas Mann und Lukács in der Novelle. Nach dem Zweiten Weltkrieg behandelten politisch engagierte Schriftsteller wie Arnold Zweig, Anna Seghers[1] und später Hans Christoph Buch[2] den gleichen Gegenstand im Zeichen revolutionärer Parteilichkeit für die Schwarzen. Dabei verstand es sich für sie von selbst, daß Kleist, ein weißer, politisch konservativer Aristokrat, noch gegen die Schwarzen schrieb. Und es sieht ja auch so aus.

Und doch. Gustavs Verwandte bestatten das Paar auf Haiti. Und gar die Schlußszene führt den gerührten Leser vier Jahre später, 1807, in einem idyllischen Schweizer Garten vor das Denkmal für die beiden Unglücklichen. Ohne Frage ein Appell zur Versöhnung der Rassen und womöglich der feindlichen Parteien. Und doch. Hatte Kleist 1807/1811 mit der *Verlobung* sonst nichts im Sinne?

Die „unbesonnenen Schritte des National-Konvents" – das waren zwischen 1791 und 1794 die überstürzte Verkündigung der Menschenrechte und der Sklavenbefreiung, ihr Widerruf und der Widerruf des Widerrufs[3] – lösten einen „allgemeinen Taumel der Rache" aus, in dem, so meldet Kleist lakonisch, „die Schwarzen die Weißen ermordeten" (160) – nicht also bloß je ihre Eigentümer und Peiniger, sondern jeden Weißen, dessen sie habhaft wurden.

Überarbeitet aus: Gerechtigkeit und Loyalität, Ethik und Politik. Kleists *Verlobung in St. Domingo* und Goethes teilweiser Widerspruch in der *Belagerung von Mainz. Kleist-Jahrbuch* (1992), 152-171.

1 Heinrich von Kleist: *Sämtliche Werke und Briefe*. Bd. 2. Hg. Helmut Sembdner. 5. Aufl. München 1970.

2 Hans Christoph Buch: *Die Hochzeit von Port-au-Prince*. Frankfurt 1984, bes. 9. – Werner Egk in seiner Umformung der *Verlobung in St. Domingo* „Von der Novelle zur Oper" interessiert sich nur für Fragen der Gattungstechnik. Sein Libretto scheint keinerlei Partei zu nehmen. Es fügt neuen Text hinzu und tilgt die entscheidenden Passagen: die zwei Episoden, in denen Gustav von heldenhafter weiblicher Selbstaufopferung berichtet, sowie den Schluß mit seinen satirischen Untertönen. In: *Werke Kleists auf dem modernen Musiktheater*. Hgg. Klaus Kanzog u. Hans Joachim Kreutzer. Berlin 1977, 33-44, bes. 41.

3 Vgl. Sigrid Weigel: Der Körper am Kreuzpunkt von Liebesgeschichte und Rassendiskurs in Heinrich von Kleists Erzählung *Die Verlobung in St. Domingo. Kleist-Jahrbuch* (1991), 202-217, hier 204.

Tatsächlich kam es zu den Massakern erst 1802/03, zehn Jahre nach Aufhebung der Sklaverei. Napoleon, der gefeierte Vollstrecker der Ideen der Französischen Revolution, suchte auf Drängen der früheren Eigentümer die Schwarzen wieder zu versklaven. Er verlor fast sämtliche 60.000 Mann, die er dazu nach Westindien beorderte.

Indem Kleist 1811 die Handlung auf 1803 legte, sammelte er alles Licht auf den einzigen erfolgreichen Sklavenaufstand der Moderne und auf Napoleons erste schwere Niederlage. An die zweite, neueste, in Spanien, wollte er 1806 erinnern mit der freilich ungedruckt bleibenden *Hermannsschlacht* und durch seine raffinierte Nachrichtenmanipulation und -kommentierung in seinen *Berliner Abendblättern* 1809/11. Schwerlich kann man der *Verlobung*, wie Uerlings neuerdings will, politische Aktualität absprechen[4] – damals so wenig wie heute. „Haiti" hatte den „Preußen" genau das zu sagen, was dem Dichter für sie wie alle Deutschen am Herzen lag.

Darauf deuten – Kleist schreibt im französisch zensierten Berlin – einige halbversteckte Signale. Das sentimentale Denkmal am Schluß wird scheinbar ohne Grund mit der Jahreszahl 1807 verknüpft: Damals verbrachte Kleist ein paar Monate als Gefangener in Fort Joux, wo Toussaint l'Ouverture, das Haupt des Sklavenaufstandes, 1803 verstarb. 1807 kam es zur Unterzeichnung jenes demütigenden Vertrags von Tilsit, der, wie es hieß, Preußens Erniedrigung vorerst besiegelte. Gleichzeitig provozierte er den Plan zu einer Erhebung, an deren publizistischer Vorbereitung sich Kleist beteiligte.[5]

Weitere Zeichen scheinen sich zu ergeben, wenn man den Namen des Helden analysiert. Manches bleibt dabei Spekulation. Es kommt aber genug zu Tage, was zu denken (oder zu lächeln) gibt auch denen, die, wie ich selber, hier eher zur Skepsis neigen. Der adlige Familienname „von der Ried" heißt „von der Waldrodung" und klingt teils handfest, rücksichtslos, kolonisatorisch, teils friedlich-ländlich, ja provinziell-idyllisch. Beides wird sich am Namensträger bestätigen. Im Augenblick, als er sich vorstellt, signalisiert

---

4 Herbert Uerlings: Preußen in Haiti? Zur interkulturellen Begegnung in Kleists *Verlobung in St. Domingo*. *Kleist-Jahrbuch* (1991), 185-201.

5 Vgl. Richard Samuel: Kleists *Hermannsschlacht* und der Freiherr vom Stein. *JDSG* 5 (1961), 64-101; ders.: Heinrich von Kleist und Neithardt von Gneisenau. *JDSG* 7 (1963), 352-370; Otto W. Johnston: *Der deutsche Nationalmythos. Ursprung eines politischen Programms.* Stuttgart 1990.

„von der Ried“ allerdings die Einfalt des Hinterwäldlers, der sich aus Haiti und seiner französischen Uniform zurücksehnt in sein Schweizer Vaterland. Hier ist er als Nicht-Franzose fehl am Platz, ein „Fremder," wie der Text ihn zumeist nennt.[6] Angstgeschüttelt tritt er im Nachtdunkel die Flucht nach vorne gleichsam mit geschlossenen Augen an - denn Schwarze will er um keinen Preis erblicken - und schnurstracks in die Fänge seiner dunkelhäutigen Todfeinde.

Sein Vorname Gustav liest sich in altväterischer Schreibweise Gust-**au**. Gegen Ende vertauschen vorübergehend beide Silben ihre Plätze: **Au**-gust.[7] Vielleicht ein Versehen, wie sie in Kleists Werken, besonders in den letzten, überstürzt veröffentlichten, vorkommen. Immerhin verwandeln sich im *Findling* die Namen „Colino“ und „Nicolo“ ähnlich ineinander. Und alle drei Drucke der *Verlobung* von 1811 haben an jenen Stellen „August."

In diesem Teil der Handlung verfällt Gustav-August seinem verhängnisvollen Mißtrauen und Verdacht, Toni bezwecke mit seiner Fesselung seinen Untergang. Damit und besonders natürlich mit seiner wütenden Ermordung der Getreuen bricht er, wie er am Ende (wieder als Gustav) reumütig beklagt, die „Verlobung," den Vertrag (Ruth Angress).[8] In solchem Zusammenhang soll „August“ womöglich an die Vertragsbrüche des Augustus in der Geschichte und in der *Hermannsschlacht* erinnern und damit zugleich an diejenigen Napoleons: Vertragsbrüche zum Zweck der Kolonisierung. Das Motiv führt geradewegs ins Zentrum der Erzählung.

Gustav, seine Verwandten und der Besitzer der Sklavenfamilie - allesamt Weiße - wollen ihre farbigen Lebensretter reich belohnen. Gustav erwartet, zu Hause werde sein Vater Toni „dankbar und liebreich daselbst, weil sie seinen Sohn gerettet“ (175), als Schwiegertochter aufnehmen. So human das klingt und sein mag, durchweg handelt es sich bei dergleichen vornehmlich um weißes

---

6 Weigel, 209f.

7 Heinrich von Kleist: *Sämtliche Werke*. Berliner Ausgabe, Bd. II, 4: *Die Verlobung in St. Domingo.* Berlin 1988, 76, 83f. Der Kommentar der begleitenden *Berliner Kleist Blätter* weist zwar S. 40 auf diese interessanten Phänomene hin, ignoriert jedoch die zeitgeschichtlichen Bezüge und beschränkt sich auf ästhetizistische Bemerkungen.

8 Ruth K. Angress: Kleist's Treatment of Imperialism. *Die Hermannsschlacht* and *Die Verlobung in St. Domingo. Monatshefte* 69 (1977), 17-33, hier 27.

Selbstinteresse. Genau und illusionslos beschreibt Kleist das an dem \`Vertragsabschluß.´

Toni lockte den fremden Offizier ins Haus, um ihn zu verderben: stattdessen wird sie mit ihm intim. Es ist das Ergebnis einer spontanen und sogar beiderseitigen und Selbst-Verführung, zu der das \`strukturelle Gewaltverhältnis´ zwischen Weiß und Farbig die einladenden Voraussetzungen liefert, nämlich die Dienerinnenrolle Tonis und die Lizenzen, die dem weißen Offizier als Privileg zustehen. Erstaunlicherweise fiel das erst Bernd Fischer auf.[9] Intensiver noch als Angress prangert er den unter furchtgequälter Liebenswürdigkeit verborgenen, anmaßenden Überlegenheitsanspruch des Weißen an. Nach der Umarmung heißt es von Gustav:

> Der Fremde, als er sich wieder gesammelt hatte, wußte nicht, wohin ihn die Tat, die er begangen, führen würde; inzwischen sah er so viel ein, daß er gerettet, und in dem Hause, in welchem er sich befand, für ihn nichts von dem Mädchen zu befürchten war.

Außer Verwirrung also vornehmlich das Sicherheits-Interesse des Weißen. Er sucht die untröstlich Weinende freilich zu begütigen durch „ein Brautgeschenk, wie er es nannte;" ja, will morgen bei der Mutter um sie „anhalten," erzählt vom idyllischen Zuhause, vom Dank seines Vaters (s.o.) und krönt seinen Schwur ewiger Liebe mit der reuigen Beteuerung, „daß nur, im Taumel wunderbar verwirrter Sinne, eine Mischung von Begierde und Angst, die sie ihm eingeflößt, ihn zu einer solchen Tat habe verführen können" (175). Er also ist der Verführte. Das ist zwar nicht ganz unzutreffend und ist ehrlich, indes nicht eben feinfühlig - doch wozu Takt gegen eine primitive Farbige - die den faux pas auch gar nicht zu empfinden scheint in ihrer Verzweiflung und der Gefühlsverwirrung, die sie zunächst mit dem Weißen teilte. Der in seiner Unreife - unmöglich ist er 20 Jahre älter als Toni (Lützeler[10]) - akzeptiert

9 Bernd Fischer: *Ironische Metaphysik. Die Erzählungen Heinrich von Kleists.* München 1988, 108-112; sowie: Zur politischen Dimension der Ethik in Kleists *Die Verlobung in St. Domingo.* In: *Heinrich von Kleist. Studien zu Werk und Wirkung.* Hg. Dirk Grathoff. Opladen 1988, 248-262. Fischer hält die Verführung anders als ich für vorsätzlich.

10 Paul Michael Lützeler: Napoleons Kolonialtraum und Kleists *Die Verlobung in St. Domingo.* Wiesbaden 2000; sowie: *Kleists Erzählungen und Dramen. Neue Studien.* Hgg. Paul Michael Lützeler u. David Pan. Würzburg 2001.

seine Verantwortung guten Willens, aber voreilig und zugleich halbherzig.

Geht es hier und in der Novelle überhaupt um den Zusammenstoß zwischen judäo-christlich-aufklärerischer Individualethik und politischen Kollektivwerten, wie Fischer mit Angress meint? Natürlich geht es - auf ganzer Linie quer dazu - auch um deren je eigene Problematik: dort um Selbstlosigkeit und Egoismus, hier um Recht und Unrecht zwischen Schwarz und Weiß, um „oben" und „unten" (Hiebel);[11] in beiden Bereichen um Unbewußtes und Bewußtes, kulturelle Über- und Unterlegenheit. Genauer geht es um die von alledem bedingten Reaktionen und um deren Folgen.

Die Beispiele, die Angress und Fischer anführen, illustrieren, daß (wie in vergleichbaren Fällen doch wohl stets) politischer Kalkül und individualethische Werte auf der Skala von Gut und Böse zwar oft aus- und gegeneinander treten, selten aber ganz zu trennen sind und deshalb immer wieder in delikate, komplizierte, ja tragische Kollisionen geraten. Die jungen Leute bedienen sich pragmatisch berechnender Taktiken, verfolgen damit aber nicht nur aus ideologischer Überzeugung[12] eine „Sache," sondern zugleich ihre privatpersönlichen, ja existentiellen Bedurfnisse. Motivation, Überzeugung und Loyalität scheiden die Geister politisch *und* privat, teils aber eben auch - und da wird es tragisch - politisch anders als privat.

Das wird deutlicher, betrachtet man, wie Angress es begann, die Loyalitätsbeziehungen der Hauptfiguren. Die *Berliner Abendblätter* vom Januar 1810 brachten eine aus dem Französischen übersetzte, propagandistisch geschönte Darstellung vom idyllischen *Zustand der Schwarzen in Amerika.* Daran erinnert, daß der Sklave Hoango, weil er seinem Besitzer das Leben rettete, seine Freiheit erhielt samt

---

[11] Hans H. Hiebel: Reflexe der Französischen Revolution in Heinrich von Kleists Erzählungen. *Wirkendes Wort* 39 (1989), 163-180, hier 174.

[12] Ähnlich fordert Uerlings eine politische Konzeption wie diejenige Hermanns, vermißt sie allerdings und leugnet daher jede politische Relevanz des Werkes (bes. 188). Ja, er leugnet Kleists Parteinahme für die Schwarzen und sieht vielmehr jenes moralisierende Schwarz-Weiß-Muster bestätigt, das damals zeittypisch, aber auch schon umstritten war - vgl. Sander L. Gilman: The Aesthetics of Blackness in Heinrich von Kleist's „Die Verlobung in St. Domingo. *Modern Language Notes* 90 (1975), 661-672; wiederagbedruckt in ders.: *On Blackness Without Blacks. Essays on the Image of the Black in Germany.* Boston 192, 83-92.

exorbitanten Geschenken, darunter die „alte“ Mulattin Babekan, Tonis Mutter, „an Weibes Statt,“ als Konkubine. Das Arrangement bekundet wieder krassen Mangel an Feingefühl und Respekt gegen Farbige, zumal der Witwer Hoango gar „nicht wieder heiraten wollte“ (160) und mit anderen Frauen zwei Jungen hatte, an denen er mit ganzem Herzen hängt.[13] Deshalb können die Weißen zu ihrer Rettung seine Loyalität gegen sein Fleisch und Blut ausnutzen. Diese Geiselnahme der Söhne Hoangos mochte damals daran erinnern, daß man Toussaint l'Ouverture zu seinen beiden Jungen nach Frankreich gelockt hatte, um ihn ebenfalls gefangen zu nehmen und 1803 in demselben Fort Joux zugrundezurichten, in dem der Schlachtenbummler Kleist 1807 ein paar Monate einsaß.

Tonis Vater ist aus Marseille. Horden und losgelassene Galeerensklaven aus dieser Royalistenstadt verübten die Pariser Greuel, denen Gustavs Braut und fast er selbst zum Opfer fielen. Als die Oligarchie zur Macht kam, beteiligte der reiche Kaufmann (168f.) sich an Frankreichs kolonialer Ausbeutungspolitik, deren Auftakt in der Novelle wie in der Geschichte auf „1795“ fällt – dasselbe Jahr, in welchem der Basler Sondervertrag mit Frankreich Preußen zum Verräter an Deutschlands Sache machte und seine eigene „Erniedrigung“ besiegelte.

In diesem vertragbrecherischen Ungeist verleugnete auch der Marseiller seine Vaterschaft. Damit brach er seine Loyalität, seinen Verlobungs-Vertrag, den er mit dem Zeugungsakt vielleicht einging (Angress), vielleicht auch nicht. Kleist gestaltet seit seinem Erstling, der *Familie Schroffenstein,* Zusammenstöße zwischen legalistischen Verträgen und privat-persönlichen Loyalitätsverbindlichkeiten, die

---

[13] Lilian Hoverland: *Heinrich von Kleist und das Prinzip der Gestaltung*. Königstein 1978, 155, erblickt in Babekans Autorität als Hausfrau und Mulattin einen Hinweis darauf, daß nach der Revolution die Farbigen die soziale Hierarchie im Geist der Weißen bekräftigten. Gewiß könnte Babekan die unehelichen Jungen in den Stall verwiesen haben. Aber um Weiße in das Haus zu locken, muß das Haus frei von Schwarzen erscheinen; und einer der Jungen hat die Aufgabe, hinter den Weißen jedesmal das Tor zu schließen. Bei Tonis letzter Loyalitäts-Erklärung nutzte Kleist gewiß die Information seiner Quellen: nämlich die Kämpfe zwischen Farbigen um ihren Rang in der sozialen Hierarchie, die auf 128 Schattierungen der Hautfarbe basierte, wobei der höhere Gehalt an „Weiß“ den Vorzug hatte (Angress, 32) – und weitgehend noch heute hat.

auf Liebe und auch auf dem Liebesakt basieren. Man denke an *Das Erdbeben, Die Marquise, Amphitryon, Penthesilea.*

Toni ähnelt entfernt Gustavs erster Verlobten, Mariane Congreve. Der Name erinnert an Maria und an deren Mutter Anne, die Schutzheilige der Frauen, ferner an `Orden,´ `Kongregation:´ womöglich ein Hinweis, daß diese Verlobung nicht sexuell vollzogen wurde, daß Mariane starb als jungfräulich-`unerkannte´ Märtyrerin und umso verehrungswürdiger, als sie ohne sexuellen `Vertrag´ sich opferte für ihren Vertraut-Verlobten Gustav, indem sie ihn für fremd, ihr unerkannt ausgab.[14]

Toni eifert diesem Beispiel vollendeter Liebe, Loyalität und Selbstaufopferung nach. Der Liebesakt macht ihr den „Gast" „vor Gott und ihrem Herzen" zum `erkannten´ „Verlobten und Gemahl" (181). Und ihr Verlangen, ihn durch ihren Tod zu retten, übersteigert sich am Ende zu einem verzweifelten Frohlocken, als „die Blicke voll Verachtung, die der Fremde [! gegen ihre Fesseln wütend] auf sie geworfen hatte, [...] ihr empfindlich, wie Messerstiche, durchs Herz gegangen" waren (187) - eine Märtyrerin für den Geliebten, der trotz der Verlobung durch `Erkennung´ ein „Fremder" blieb und auch trotz ihres Schweizer Namens, falls der eine schicksalhaft gesollte Zusammengehörigkeit andeutet.

Indem sie Gustav in einer `Magdalenenszene´ die Füße wäscht, rückt sie ihn ins postfigurale Licht Jesu. Er, der sexuell `Erkannte,´ versagt jedoch vor dem damit signalisierten Anspruch - im Gegensatz zu dem `unbekannt-bekannten´ Fernando des *Erdbebens in Chili*.[15] Er erkennt ihre Fesseln nicht als rettende, weil er gefesselt bleibt an seine Voreingenommenheit und Fremdheit gegen Farbige - ein ethisches Versagen seines Vertrauens, verständlich immerhin in einer Welt, in welcher er trotz sexueller `Erkennung´ „der Fremde" bleibt sogar gegen die Hellfarbige mit dem Schweizer Namen: kurz, er gehört nicht hierher.

---

14 Walter Müller-Seidel: *Versehen und Erkennen. Eine Studie zu Heinrich von Kleist*. Köln 1961, 42, nimmt wie später Hoverland (156) Anstoß daran, daß Mariane, indem sie Gustav verleugnet, sich eines betrügerischen Tricks bedient. *Ecce* unsere tugendeifernden Gelehrten! Kein Wunder, daß Müller-Seidel sich rühmt, vollends bei der *Hermannsschlacht* und „-hier gewiß! - an der Grenze unseres Verstehens" angelangt zu sein (222).

15 Vgl. Wittkowski: Skepsis, Noblesse, Ironie. Formen des Als-ob in Kleists *Erdbeben*. *Euphorion* 63 (1969), 247-283.

Mag das überzogen, überstreng sein: Ursache allen Unheils sind die „Sache der Weißen" (195) und eben Männer wie Gustav, die sich in diese fremde Welt `verführen´ ließen. Napoleons Unterfangen ist gekennzeichnet - Toni bedient sich da der offiziellen Sprachregelung der Rebellion - durch die „Unmenschlichkeit der Gattung, zu der dieser Fremde" gehört (179). Daraus folgen Berechtigung und Notwendigkeit für das „Mandat, in welchem allen Schwarzen bei Lebensstrafe verboten war, den Weißen Schutz und Obdach zu geben" (178): Berechtigung, mit Gustavs selbst zu reden, als „Rache des Himmels" für die „Tyrannei" der Weißen (170f.); Notwendigkeit jedoch, weil die Farbigen aus Gutmütigkeit, oder weil die Gewohnheit der Sklaverei sie abstumpfte, ohne offizielle Verpflichtung sich schwerlich ohne Einschränkung und Ausnahme zum Kampf um ihre Freiheit und also zum „Holocaust" der Weißen (Angress) aufrafften - genau das Problem Kleists mit seinen Deutschen und seines Hermanns mit seinen Germanen.

Kleist führt diese allzu menschliche Verführbarkeit zur Banalität des Guten und damit weg vom Besseren und Gesollten an allen Mitgliedern der Familie vor. Deren Oberhaupt Congo Hoango trägt die Namen zweier Ströme, deren einer west-, der andere ostwärts fließt. (Das „würdige" Oberhaupt der Schweizer Familie heißt dagegen „Strömli" = idyllisches Flüßchen).[16] Hoango nun wechselt seine Loyalität umgehend - aber auch erst! -, als die Ereignisse in Frankreich bekannt werden und ihm die Augen öffnen:[17] Ein fundamentales Natur- und Menschenrecht wurde an ihm verletzt

---

[16] Vgl. *Berliner Kleist Blätter* (wie Anm. 7), 18, wo allerdings aus dieser Beobachtung nichts gefolgert wird.

[17] Dieses auslösende Moment für Hoangos schlagartigen Loyalitätswechsel wird nur widerwillig zugegeben in einer Darstellung wie folgender: „Nun spricht Kleist zwar von dem `Taumel der Rache, der auf die unbesonnenen Schritte des National-Konvents in diesen Pflanzungen aufloderte,´ macht aber nicht die Freiheitsbewegung, sondern [und m.E. weitaus schlagkräftiger, direkter] ganz eindeutig die `Tyrannei, die ihn seinem Vaterlande entrissen hatte,´ also das System der Sklaverei für Congo Hoangos schreckliche Rachetat verantwortlich." So Peter Horn: *Heinrich von Kleists Erzählungen. Eine Einführung.* Königstein 1978, 139. Das Kapitel führt die Kritik der Forschung weiter (obschon nicht mit dem verdienten Erfolg). Eine sachlich nicht unangebrachte Polemik gegen den imperialistischen Kapitalismus und Kolonialismus verbindet sich jedoch wie bei Angress, Hiebel und Fischer mit der Sympathie für die Französische Revolution, wie sie Mode war für diese Forscher-Generation, nicht indes für Kleist.

durch die „Tyrannei, die ihn seinem Vaterlande entrissen hatte" (160), d.h. durch das Gewalt-Diktat, mit dem die Weißen Rousseaus Gesellschaftsvertrag zerbrachen.

Umgehend wird er zum jubelnden Mordbrenner an seinem einstigen Besitzer und „Wohltäter," an dessen Familie und allen Weißen, deren er habhaft wird. Einig mit sich selber und „verjüngt" (161), handelt der Vollschwarze ungehemmt und bestätigt, scheint es, die damals übliche Gleichsetzung von Schwarz und Böse. In Wahrheit aber und wenigstens zugleich wird er damit zum Vorkämpfer der Gerechtigkeit gegen das Unrechts-System der imperialistischen Kolonisatoren.

Komplizierter sind die Rollen, die er den Frauen zuweist. Sie locken Weiße ins Haus und halten sie hin, bis er heimkehrt und sie niedermacht. Anders als er, hegte die Mulattin Babekan schon vor der Befreiung unversöhnlichen Haß gegen alle Weißen, und zwar aus privaten Gründen. Tonis weißer Erzeuger hatte nämlich „die Frechheit" (169), seine Vaterschaft vor Gericht zu leugnen. Sie aber, die auf Einhalten des \`Kontrakts´ bestand, wurde für diese ihre \`Frechheit´ von ihrem und Hoangos in der Sicht des Erzählers wohltätigen Besitzer, Herrn „Villeneuve" (= Neustadt, Neureich) mit sechzig Peitschenhieben bedacht, die ihr die Schwindsucht zuzogen. Immerhin hatte sie sich dem reichen Marseiller hingegeben, und nichts deutet auf unredliche Verführung oder Gewalt. Wie bei Hoango ist der ideologisch verallgemeinerte Weißen-Haß der Mulattin privat begründet und macht ihr jetzt das Spiel mit den getäuschten Opfern zu einem Genuß, der uns bei aller Berechtigung mindestens ebenso grausam und tückisch anmuten kann wie das Verfahren ihres schwarzen Gefährten.

Im Gegensatz zu Hoango und Babekan wuchs Toni, so ist man geneigt anzunehmen, schon in der Atmosphäre des allgemeinen und öffentlich verordneten Weißenhasses auf, ohne indessen noch persönlich Unrecht zu erleiden. Ihr Stief- und Pflegevater benutzt die Fünfzehnjährige als Lockvogel für weiße Männer: Die junge Kämpferin für die Freiheit und gegen das Böse soll ihre jungfräuliche \`Tugend´ bewahren trotz der untugendhaften trügerischen Mittel, die, wie erwähnt, einige zu weltfremden Moralisten umerzogene Kollegen sogar an Mariane rügen.[18] Mariane aber lügt spontan

[18] Siehe Anm. 14.

und in Selbstaufopferung aus Liebe; Toni dagegen tut es plan- und regelmäßig, vorsätzlich-hinterhältig, gehorsam-tückisch und, was die allgemeine Sache und deren Ideologie angeht, mit der gedankenlos-mechanischen Folgsamkeit der unwissenden Herde.

Kompliziert wird es, als sie ihre Loyalität dem Weißen zuwendet. Daß oder vielmehr: wie sie dabei ihre Unschuld, Tugend, Reinheit, Attribute der jungfräulichen Freiheitskämpferin, aufgibt, spricht gewiß nur für ihre Menschlichkeit, ihr „Herz" (172), und bringt sie auf den Weg zur Nachfolge totaler marianischer Selbstaufopferung für andere. Als sie zur Rettung Gustavs nichts mehr ausrichten kann mit Aufrichtigkeit, greift sie abermals, und diesmal ganz in eigener Verantwortung, Courage und Regie, zu Lug und Trug. Daß „alle diese lügenhaften Anstalten" ihr große „Angst" bereiten (181) und daß sie trotz ihres Loyalitätswechsels Liebe und Achtung für Hoango und Babekan bewahrt und für sie um Schonung bittet – überhaupt ihre kaum erträgliche Situation und zuletzt rein menschliche Motivation sichern ihr unsere uneingeschränkte Anteilnahme, Sympathie und Hochachtung und verschaffen ihr sogar vom Erzähler (der sie freilich nunmehr auf seiner Partei der Weißen sieht) das ethische Höchstprädikat der „schönen Seele" (193). Er könnte auch von ihrer (Wieder-)Auferstehung reden.

All das bekräftigt unsere individualethische oder sittlich-personale Wertordnung, ja schmeichelt ihr und mag Ruhm verdienen in einer rührenden moralischen Geschichte – und Kleist wollte seine gesammelten Erzählungen ja ironisch unter dem konventionellen Lock-Titel *Moralische Erzählungen* veröffentlichen. Aus simplen Gründen des Geschmacks und weil wir eine Kleistische und eine seiner politischen Novellen vor uns haben, ist indessen Mißtrauen geboten gegen Passagen, die eine dick aufgetragene Sentimentalität aus dem übrigen Text heraushebt und damit eher der Trivialliteratur zuordnet. Hierzu gehört neben der abschließenden Andacht zum Denkmal „der treuen Toni" (195) eben der Tod der Heldin selbst. Als poetischen Höhepunkt der Novelle feiert dagegen ausgerechnet diese Stelle ein Kenner wie Müller-Seidel:[19]

---

[19] Nachwort zu: *Heinrich von Kleist: Erzählungen.* Stuttgart 1984, 329. – Unrealistischer Ausdruck von Zeitnot mehr Kleists als des Mädchens ist dagegen die Unmöglichkeit, daß vor Tonis „Augen sich, während weniger Minuten, dieser ganze Auftritt abgespielt hatte," in welchem Babekan Hoango informiert über Tonis wahrscheinlichen Verrat und

„Ach," rief Toni, und dies waren ihre letzten Worte: „du hättest mir nicht mißtrauen sollen!" Und damit hauchte sie ihre schöne Seele aus. (193)

Mir erscheint es schlechterdings unvorstellbar, daß dieser Dichter und etwa sein Hermann Tonis Tun bei allem gerührten Verständnis so vorbehaltlos glorifiziert hätten, wie das in der Kritik fast durchweg verstanden wird. Beide müßten doch wohl beanstanden, so herzbewegend und imponierend Tonis Ringen um Gustavs Rettung sein mag, wie sie - gleichsam eine auf Abwege geratene Thusnelda - aus erotischem und also vitalem Selbstinteresse sich zur Partei der „Fremden," der weißen Unterdrücker und des Unrechts schlägt.

Gewiß widerspräche solcher Vorbehalt dem überwältigenden ersten Eindruck der Lektüre. Und forderte Kleist dann nicht eben doch notfalls die Trennung von unmittelbar-naivem Lese-Eindruck und Vernunft-Urteil, ja von Politik und Ethik, nämlich den Vorrang politisch-kollektiver Werte und Loyalitäten vor den privat-persönlich-individuellen, wie Angress und Fischer es an sich wollen? Doch merkwürdig: Auch diese beiden äußern bloß halblaute Kritik an Tonis Seitenwechsel. Das heißt, sie lassen ihr politisches Urteil, das sie sorgfältig begründen und eindeutig machen, eben von jener humanen Sympathie für humane Werte, gegen die sie so temperamentvoll zu Felde zogen, verunklären, wenn nicht korrumpieren. Entspricht aber eine solche Reaktion der Absicht Kleists und seines Texts?

Wie singen doch die Barden in der *Hermannsschlacht*? „Du bist so mild," „sei schrecklich heut [...]!" „Du wirst nicht wanken und nicht weichen, / Vom Amt" (V, 14). Und Hermann: „Haß [ist] mein Amt und meine Tugend Rache!" (IV, 9). Sein politisches Handeln mit dem ethisch begründeten Ziel der nationalen Befreiung muß böse Mittel benutzen und läuft eben deshalb wider seine ethische Natur, gegen seine Privat- und Individualethik - die man früher die ewig-universalen, weil mit der menschlichen Natur gegebenen ethischen oder sagen wir, sittlichen Werte und Humanitäts-Gefühle nannte. Im Widerstreit mit politisch-kollektiven Anliegen sollen sie indessen

---

mit allen Schwarzen die Treppe hinaufsteigt zu dem Zimmer, in dem Toni um Gustav beschäftigt ist, mit „Entsetzen" einen Strick entdeckt und damit den Schlafenden noch rechtzeitig fesselt.

verpönt und „aus der Privatheit hübsch angelegter Gärten in mächtige anonyme Bewegungen" übergeführt und verwandelt werden, belehrt uns Angress (Schluß).

Hermann stimmt zu - vorübergehend und mit Vorbehalt. Dem, was sich für ihn als sittliche Person von selbst versteht oder verbietet, ringt er sein umgekehrt gerichtetes Politik-Verhalten nicht ohne Mühe und Selbstüberwindung ab[20] - ohne seine sittliche Wertung deshalb aufzugeben. Im Gegenteil. Gerade deshalb erfüllt ihn einerseits die Leidenschaft politischen Hasses - und leidet er andererseits unter dem Gebrauch übler Mittel, den Verstößen gegen seine „private" Wertethik. Als die Barden ihn belehren, muß er einen Schwächeanfall überwinden. Und als er den verräterischen Aristan hinrichten läßt, opfert er seinen sittlichen, zugleich aber auch seinen politisch-ethischen Widerwillen - Aristan ist Landsmann -: „Weh mir! Womit muß ich mein Amt beginnen?"[21] Er ist ein Wiederauferstandener.

Gleiches gilt nicht von Hoango und Babekan. Beide vernichten die weißen Fremden mit ungehemmter, ungebrochener Wut, Lust und Genugtuung. Toni und Hermann sind anders. Ginge es demnach um das Durchhalten des „Zwiespalts" (Angress) zwischen Sittlichkeit und politischem Sollen? Gelingt das nicht, wäre der sittlich bestimmte Mensch womöglich unfähig zum politischen Handeln. Das vom Engagement für die Sache oder von parteiischer Leidenschaft hemmungslos gemachte Individuum dagegen wie Hoango und Babekan wäre Unmensch gegen den Feind (und womöglich auch den Freund) - und doch gleichfalls wiederauferstanden

---

20 Vgl. Wittkowski (wie Anm. 15).

21 Der Vater und die Verwandten Hallys opfern gleichfalls ihr eigenes Empfinden, ebenso Hermann, als er den Leib der Toten zerstückeln und als Fanal in alle Teile Germaniens verschicken läßt. Auf die Nachricht von ihrer Vergewaltigung reagierte er „*mit Wehmut.*" - Raimar Zons: Von der „Not der Welt" zur absoluten Feindschaft. Kleists *Hermannsschlacht. Zeitschrift für deutsche Philologie* 109 (1990), 175-199, hier 192f., differenziert zwar, vergröbert, verharmlost und verfälscht indessen mit der ethisch neutralen, indifferenten und abwegigen Ansicht, die „Humanität" des Varus sei der Unmenschlichkeit Hermanns „komplementär, [offenbar entschuldbarer] Effekt einer Kriegsstrategie und Großraumpolitik." Des „Kaisers Verwaltungs[...]politik, sein Befehls- und Informationsnetz" sei „die konkrete Kontrastfolie, auf der sich modernes Partisanentum abhebt." Nein! Sie verkörpert eine aggressive Eroberungs- und Unterwerfungspolitik des puren Unrechts.

aus schwerer Täuschung. Und andererseits stützt und befeuert das unmittelbar sittliche Empfinden eben auch die sittlich und politisch geforderten Verstöße gegen Sittlichkeit und Ethik.

Hermanns kontrollierte Verstöße werden bei Kleist voll gerechtfertigt durch den Kolonisations-Versuch der Römer, durch den der Weißen sogar die unkontrolliert maßlosen von Hoango und Babekan. Thusnelda rächt ihre beleidigte Weiblichkeit mit kontrollierter Grausamkeit auch gegen ihr Gefühl – ein „Zwiespalt," den sie freilich nicht ertragen kann wie Hermann. Gegen die ideologisch-moralisch-amoralische Unerbittlichkeit der Mulattin und des Schwarzen erhebt sich indessen keinerlei Protest ihrer Gewissen. Ihre Parteilichkeit und Loyalität gehört ausschließlich und total ihrer Sache und ihren Genossen. Ihr beleidigtes menschlich-sittliches Empfinden steht voll und ganz dahinter, bleibt indes intakt in anderen Bereichen. Zumal Hoango liebt seine Söhne und seine Stieftochter Toni.

Diese dient zunächst der Sache der Schwarzen und hilft konfliktlos, deren Feinde zu verderben. Indem die „schöne Seele" mit dem Schweizer Namen sich dem Schweizer Fremden zuwendet und ihren Verlobungsschwur erfüllt, wird die Getreue – die Inschrift auf ihrem Denkmal im Schlußsatz gilt der „treuen Toni" – indes politisch zur „Verräterin" (so Babekan) und Vertrags-Brecherin: „Die „Treulose! die Bundbrüchige!" (so Hoango, 184f.).

Aus persönlicher Liebe wechselt sie die Partei und erlebt die Entwicklung ihres sittlichen Empfindens. Die Schuld aber an ihrem Los, das tragisch erschüttert, fällt den Weißen zu. Wie in der unveröffentlichten *Hermannsschlacht,* nur viel verhüllter im französisch zensierten Berlin von 1811, geht es um Demonstration dessen, was politisch falsch und richtig ist und also zuletzt auch ethisch, so sehr das junge Mädchen gerechtfertigt wird durch persönliche Motive. Immer geht es hier um Konstellationen, die oft eindeutig scheinen und es selten sind, die zu Konflikten führen und die Figuren sowie uns Leser zur Stellungnahme auffordern, ja nötigen, wenn eine solche uns wie hier alles andere als willkommen ist.

Im Fall der jungen Heldin verwirrt sich die Kollision allerdings derart, daß weder die Leser noch der Erzähler noch die Figuren sich des Problems in aller Deutlichkeit bewußt werden – Hoango und zumal Babekan am ehesten, am wenigsten das Liebespaar. Einmal freilich wird es angesprochen, da aber gerade nicht erfaßt; wir kommen darauf.

Wem Verantwortung und Schuld für solche nicht rein lösbaren Konflikte zufällt: wird grundsätzlich im *Kohlhaas* von den zwei Gerechten im Dresdener Staatsrat definiert: Es ist der erste Auslöser des Konflikts, bevor in der Folge Reaktion und Gegenreaktion das Bild verunklären. Das gilt, wird freilich selten unparteiisch beurteilt, sondern, wenn überhaupt, zumeist durch Gewalt- und Machtsprüche letztlich im Sieger-Interesse statuiert. In Kleists Novelle ist der erste Auslöser die Sklavenhalterei der Weißen. Sie rechtfertigt alles, was verübt wird gegen sie und ihre Träger.

Toni verstrickt sich dabei wahrhaft heillos. Dem Geliebten zuliebe kündigt sie der gerechten Sache der Schwarzen ihre Loyalität auf und unterstützt die Idee Master Strömlis, Hoangos kleine Söhne als Geiseln zu benutzen - ein taktischer Zug, der Hoangos väterliche Liebe ausnutzt und das Entkommen der Schweizer Familie möglich macht. Dagegen bewahrt sie Babekan und Hoango ihre liebe- und respektvolle Anhänglichkeit, bittet für beide um Schonung und findet beide unter dem Zwang der Umstände demütigend und qualvoll an einen Tisch gefesselt. Das macht ihr den Abschied doppelt schmerzhaft, zumal ihre Gefühle nicht erwidert werden. Im Gegenteil. Babekan prophezeit, „die Rache Gottes" werde die „Verräterin," „noch ehe sie ihrer Schandtat froh geworden, ereilen" (191). Der Spruch erfüllt sich umgehend.

Der von ihr gerettete Gustav, unmittelbarer Auslöser ihres verräterischen Loyalitätswechsels und gleichzeitig ihrer erotisch-sittlichen Entfaltung zur Frau: paradoxerweise und offenbar zur Demonstration der Logik des Systems der Weißen, ist es ausgerechnet er, der sie erschießt und dann sich selbst. Ist das nicht das Gericht der Nemesis, mithin auch das Urteil der Novelle? Daß es sich so verhält, daß Toni politisch, in der Sache schuldig wird, „Verrat" übt, sagen Hoango und Babekan, ja sagt sie selber, indem sie es bestreitet. Ihre Rechtfertigungsrede ist von tragikomisch absurder Naivität:

> „ich habe euch nicht verraten; ich bin eine Weiße, und dem Jüngling, den ihr gefangen haltet, verlobt; ich gehöre zu dem Geschlecht derer, mit denen ihr im offenen Kriege liegt, und werde vor Gott, daß ich mich auf ihre Seite stellte, zu verantworten wissen." (191)

Wird sie? Angress liest die Worte als politisches Credo, „daß nicht alle Bindungen frei gewählt sind und daß theoretisches Erörtern von Recht und Unrecht unerheblich sein kann“[22] – Toni beansprucht allerdings gerade, daß sie die Partei der Weißen bewußt ergreift, daß sie ihren Loyalitätswechsel in Ewigkeit für richtig und gerecht hält und sie Gottes Beifalls sicher ist. Schließlich gehöre sie, genau gerechnet, mit drei Vierteln (zu einem Viertel Babekans und zwei Vierteln des Mannes, der zum Schelmen an ihr wurde!) zu den Weißen und sei ihnen vollends verbunden durch den Weißen ihrer Wahl. Ob Gott, wie sie hofft, ihre Argumente gelten läßt und segnet?

Schließlich konnte ihr all das erst beifallen, seitdem sie sich – von Gefühl und Leidenschaft verführt wie Gustav – diesem in Liebe verbunden und verpflichtet hat. Ihre politische Loyalität wird ausschließlich von ihrer privat-persönlichen bestimmt; und das im Stadium sittlicher Früh-Entwicklung, eben geweckter Erotik und Sexualität, kurz, im Stadium jugendlicher Halbreife. Ob das Recht bei den Weißen oder Schwarzen liegt, läßt sie auf sich beruhen. In der Novelle führt das, obschon aus liebenswertesten Motiven, sub specie aeternitatis geradewegs zur Loyalität mit dem Unrecht – und in die tragisch gerechte Katastrophe.

Zur Erläuterung meines Urteils drei Episoden. Zunächst die Abreise der Familie Strömli. – 1803, im Jahr der Handlung, liquidierte Napoleon die schweizerische Helvetische Republik. Außer Schweizern und Franzosen nennt die Erzählung Holländer und Portugiesen – allesamt Angehörige von Nationen, die 1803 und noch 1811, als Kleist die Novelle publizierte, in der gleichen demütigenden Lage waren wie die Deutschen. Doch anstatt aufzustehen für die Wiederherstellung ihrer nationalen Freiheit und damit ihrer personalen Menschenwürde, beteiligen sie sich an Napoleons Unterjochungs-Kampagne zur Wiederherstellung der Sklaverei in Haiti. Von Herrn Strömli wird nach seiner gelungenen Flucht vor Hoango berichtet:

> Er traf kurz vor Anfang der Belagerung in Port au Prince ein, wo er noch auf den Wällen für die Sache der Weißen focht; und als die

[22] Angress (wie Anm. 8), 30. Deutsche Übersetzung ohne die wichtigen Anmerkungen im Anhang zum Programmbuch der *Hermannsschlacht*. Hg. vom Schauspielhaus Bochum, 1982, 153-176, hier 174.

> Stadt nach einer hartnäckigen Gegenwehr an den General Dessalines überging, rettete er sich mit dem französischen Heer auf die englische Flotte, von wo die Familie nach Europa überschiffte, und ohne weitere Unfälle ihr Vaterland, die Schweiz, erreichte. (195)

Allerdings kaperte die englische Flotte, von der am Schluß die Rede ist, die Schiffe der flüchtenden Franzosen, die also, belehrt uns Lützeler, als Gefangene absegelten.[23] Das freilich wird im französisch besetzten Berlin verschwiegen. Herr Stömli dagegen, der nach seiner verabredungsgemäßen Schonung durch die Schwarzen noch tüchtig „für die Sache der Weißen focht," wurde offenbar als zahlungsfähiger Schweizer samt seiner Familie auch mit englischer Gefangenschaft verschont und erreichte jedenfalls „ohne weitere Unfälle" die Heimat. - Oder ist all das Teil einer Flunkerei, die die Brisanz der Story vor der Zensur verstecken soll?

Wie der heroische Bombast der Passage sich ironisch bricht, das erinnert satirisch daran, daß diese Menschen aus den verschiedensten Ländern absolut nichts zu suchen haben bei der Partei und Party einer erneuten Kolonisierung der befreiten Sklaven auf Haiti. Genau das ist - nur direkt ausgesprochen - das Hauptargument der *Hermannsschlacht* gegen die Anwesenheit römischer Eroberer in Germanien. Gerade die Besten und Gerechtesten unter den „Fremden" verdienen exekutiert zu werden, da sie die patriotische Entschlossenheit der Unterdrückten, die Scheidung von Freund und Feind korrumpieren und da sie am besten wissen müßten, daß sie sich nicht beteiligen dürften an dem Verbrechen einer Eroberung: Kolonisierung und Versklavung.

Entsprechend heißt es in dem satirischen *Brief eines jungen märkischen Landfräuleins an ihren Onkel* von 1809: Wäre der französische Verführer ein Mann, der ihre Liebe verdiente, so hatte der Onkel argumentiert, dann wäre er jetzt nicht in Deutschland. Tödliche „Rache" verdienten er und jeder, „der das Gesetz des göttlichen Willens anerkennt, und gleichwohl, auf eine so lästerliche und höhnische Weise, zu verletzen wagt." (369)[24] Welch einen Verrat stellt es dann dar, „wenn man sich auf [jene] Partei [...] herüberstellt" und sich derart „von den Seinigen lossag[t]" (369) wie das Fräu-

---

[23] Vgl. Anm. 10.

[24] Angress, 31, zitiert den Brief als nächste Parallele zum Fall Tonis (schreibt allerdings irrtümlich „mag" statt des stärkeren „wagt").

lein?! Toni aber, die Neuverliebte und -verlobte, gebraucht eben diese Sprache, als sie (s.o.) komisch-paradox beteuert, ihr Loyalitätswechsel sei kein Verrat.

Die zweite Episode - zugleich Einleitung zur dritten - besteht in der betroffenen Antwort Gustavs auf eine Frage Tonis, die ihn überrascht: Was sei die Ursache des allgemeinen Hasses auf die Weißen? Seine Antwort: Nichts als „das allgemeine Verhältnis, das sie, als Herren der Insel, zu den Schwarzen hatten, und das ich, die Wahrheit zu gestehen, mich nicht unterfangen will, in Schutz zu nehmen [...]!" (170)

Ein spontanes Zugeständnis an die „Wahrheit," das Gustav sogleich abschwächt, dabei aber gerade unwillkürlich Schritt um Schritt bekräftigt: Daß jenes nicht zu rechtfertigende Herrschaftsverhältnis „schon seit vielen Jahrhunderten auf diese Weise bestand," dieser sein beschwichtigender Hinweis verblaßt vor dem Wahrheitskern seiner denunzierenden Behauptungen, der „Wahnsinn der Freiheit" trieb die Farbigen, „die Ketten, die sie drückten, zu brechen" und „an den Weißen, wegen vielfacher und tadelnswürdiger Mißhandlungen, die sie von einigen schlechten Mitgliedern derselben erlitten, Rache zu nehmen" (170) - unmäßige Rache also.

Die Maßlosigkeit der schwarzen Rache antwortet indessen der \`Maßlosigkeit´ der weißen Versklavung: das ist der Stil der Nemesis wie in der *Hermannsschlacht*.[25] Indem Gustav die angebliche Überreaktion anprangert, wirft er gerade Licht auf die Wahrheit: Haß und Rache der Schwarzen gelten tatsächlich ja nicht bloß einigen der Weißen und auch nicht wegen erlittener je individueller Mißhandlungen; sie gelten vielmehr allen Weißen ohne Ausnahme eben wegen jenes „allgemeinen Verhältnisses," das Herren und Sklaven schuf (also, wie man heute abwiegelnd theoretisiert, wegen der „strukturellen Gewalt").[26] Dem Herrgott aber ist es laut seinem selbsternannten Propheten Kleist „ein Greuel," wenn „Sklaven leben," und „lieb [...], wenn Menschen, ihrer Freiheit wegen, sterben" und dabei alles, was sie haben, opfern (360). So schließt der

---

25 Wittkowski (wie Anm. 15).

26 Dieses schuldhafte Grundverhältnis, das Uerlings (wie Anm. 4) neuerdings wieder bestreitet, hat man natürlich längst bemerkt, z.B. Walter Müller-Seidel: Kleist und die Gesellschaft. In: *Kleist und die Gesellschaft*. Hg. W. M.-S. Berlin 1965, 50.

Katechismus der Deutschen. Abgefaßt nach dem Spanischen, zum Gebrauch für Kinder und Alte – gültig also auch für eine Fünfzehnjährige wie Toni.

Nunmehr sind wir vorbereitet auf die dritte und entscheidende Episode, die sich hier anschließt und die so wenig wie die vorangehenden bisher die Beachtung fand, die ihr gebührt. Dabei ist sie engstens verflochten in die Hauptereignisse. Als Gustav seine Retterin knirschend vor Wut erschießt und als „Hure" beschimpft, hat ihn die Erinnerung an jene Episode und an seine damalige Erregung darüber eingeholt, zusammen mit Tonis gelber Hauttönung, die ihm anstößig war, so lebhaft ihre Züge ihn erinnerten an Mariane, was hier relevant ist.

Gustav führt die Episode als letztes, schlagendstes Argument (Lützeler: ein „Exemplum" der Missionsarbeit) gegen die Brutalität der Schwarzen an und will damit das Mädchen prüfen, welches ihn ins Haus lockte. Es handelt sich um eine junge Negerin. Sie gewährt ihrem früheren, jetzt auf der Flucht befindlichen Besitzer, der sie ihrer Unwillfährigkeit wegen verkaufte, die Toni verbotene letzte Intimität, um ihn anzustecken mit dem gelben Fieber, das er „allen denen, die [ihm] gleichen," weitergeben möge zu ihrem elenden Verderben (170).

Gustav hält die „Tat," die ihm „schauderhaft und merkwürdig" zugleich erscheint (das zielt auf Toni und die Leser!), für das genaue Gegenteil von Marianes Selbstaufopferung. Und der Leser hält sie am Schluß für das abstoßende Gegenbeispiel auch zu Tonis Rettungstat. In Wahrheit indessen enthält, ja überbietet jene junge Schwarze Marianes heroische Selbstaufopferung für Gustav und auch Tonis heldische Bereitschaft, ihr Leben für den Geliebten hinzugeben.[27]

Denn wenn für die Goethezeit und zumal Kleist alle Tugend im größtmöglichen Opfer gipfelt, dann opfert am meisten eben dieses „junge Mädchen." Schon todgeweiht, erscheint sie ebenfalls wie eine jungfräuliche Freiheitskämpferin.[28] Rettet Mariane Gustav,

---

[27] Daß Toni den Offizier an Mariane und durch das ihm anstößige (172) Gelb ihrer Haut an das gelbe Fieber und an dessen Überträgerin erinnert: diese kunstvolle, unterbewußte Verknüpfung entgeht Ilse Graham, obwohl sie die Farbsymbolik als zentral für den Bau der Novelle behandelt. I.G.: *Heinrich von Kleist. Word into Flesh: A Poet's Quest for the Symbol.* Berlin 1977, 128, 131.

[28] Helga Gallas, s. meine Rezension im Anhang, teilt meine Hochschät-

indem sie stirbt und vorher vorgibt, ihn nicht zu kennen, verdirbt die Schwarze ihren früheren Bedränger, indem sie ihn „erkennt" und täuscht. Sie ersteht und aufersteht als Freiheitskämpferin.

Anders als die von widerstreitenden Empfindungen verwirrte und politisch irregeleitete Toni, auf die Gustavs Auslassungen abzielen, meistert sie alle Anfechtungen, von denen wir freilich nur im Kontext hören: Sie weiß, was sie will, und zwar politisch-allgemein und zugleich individualethisch: In „wilder und kalter Wut" der Rache (170) - anders als sie am Ende Gustav aus Angst und Egoismus überfallen - opfert sie, anders als er, vorsätzlich ihre \`Tugend,´ ihre körperlich-seelische Unversehrtheit, für die Rache an dem lüsternen Weißen sowie an möglichst vielen derer, die ihm gleichen, und an ihrer Sache.

Daß sie sich opfert, besser: sich zum Opfer macht im Dienst Gottes, der Engel und des Dichters,[29] macht ironischerweise wieder

zung der Tat. Lützeler dagegen nimmt Anstoß an dieser unchristlichen Handlungsweise und übersieht auch die psychologischen Nuancen zumal im Geschehen zwischen Gustav und Toni. Vgl. meine Rezensionen im Anhang.

[29] Hiebel (Anm. 11), 174, rückt die Tat der Negerin in „Parallele" richtig zu Marianes Opfergang und zu Tonis Arbeit als Lockvogel, vor allem jedoch zu den Revolutionären, die Mariane guillotinieren - eine konzeptionelle Verwirrung offenkundig im Gefolge der bis vor kurzem zeitmodischen obligatorischen Vorliebe für die Französische Revolution. Die Brauchbarkeit der Begriffe von „oben und unten," von unstatthafter offensiver und legitimer „defensiver Gegengewalt" wird beeinträchtigt durch die Verbindung mit der „strukturellen Gewalt;" denn diese spielt die individuelle Verantwortlichkeit herunter, von welcher Kleist die Menschen gerade nicht befreit. Das mag mit ein Grund sein, warum Gerhard Gönner (*Von „zerspaltenen Herzen" und der „gebrechlichen Einrichtung der Welt." Versuch einer Phänomenologie der Gewalt bei Kleist*. Stuttgart 1989) von seinem theoretisch überfrachteten Zentralthema der strukturellen Gewalt nicht bewahrt wird vor dem gewöhnlichen Mißgriff, wohl Gustav kritisch zu sehen, Toni aber überhaupt nicht. Die waghalsige Phantasie seiner psychologischen Interpretationen tut der Phänomenologie des Textes allzu oft Gewalt an. Daß Toni, indem sie „verwirrt vor sich" niedersieht, in jener Geschichte von der jungen Negerin ihrer eigenen Rolle und damit „sich selbst begegnete:" diese plausible Annahme spricht doch gerade gegen die Unterstellung, auch in Tonis „Ohren" könne Gustavs „Tonfall apokalyptischer Gerichtsrhetorik," wie das klingen, was sie gewiß ist, nämlich „nur noch wie die schrille Empörung eines Menschen [...], der seine Schuld ahnt, sich aber vor dieser Erkenntnis in die Pose eines Anklägers rettet" (105). Toni übernimmt sogar gläubig Gustavs Pathos samt dessen zentraler Wen-

Gustav deutlich, indem er – eigentlich unüberhörbar und trotzdem vorwiegend überhört – in der affektiv-rhetorisch aufwendigsten Passage der Novelle die Episode genau gegenteilig kommentiert. Er beteuert, vor Empörung hörbar nach Atem ringend:

> daß, nach dem Gefühl seiner Seele, keine Tyrannei, die die Weißen je verübt, einen Verrat, so niederträchtig und abscheulich, rechtfertigen könnte. Die Rache des Himmels, meinte er, indem er sich mit einem leidenschaftlichen Ausdruck erhob, würde dadurch entwaffnet: die Engel selbst, dadurch empört, stellten sich auf Seiten derer, die Unrecht hätten, und nähmen, zur Aufrechthaltung menschlicher und göttlicher Ordnung, ihre Sache! (170f.)

Kunstvoll steigert sich das Pathos bis zur Klimax, einem absurden Paradoxon. Trotzdem hat die Mehrzahl der gelehrten Leser, wie gesagt, beigestimmt, offenkundig unbehelligt von Logik und Gefühl für Sprachgebung.[30] Das Werk fällt, wie wir inzwischen wissen, genau das umgekehrte Urteil; doch Gustav liefert immerhin die Kategorien, es korrekt zu formulieren. Die Tyrannei der Weißen ist das Unrecht. Und Gott samt seinen Engeln, die natürlich kleistisch denken, wenden sich, das lehrt der Ausgang, durchaus nicht ab von denen, die den Weißen für das Unrecht der Fremdherrschaft und des militärischen Versuchs erneuter Versklavung – um 1800! – mit „Verrat" jeder Sorte und mörderischer Grausamkeit, den Waffen der Schwächeren, jedenfalls mit gleicher oder angemessener Münze heimzahlen: als Werkzeuge offenbar der Nemesis.

Am wenigsten gerade könnte Gott samt seinen Engeln Taten wie die Selbstaufopferung der jungen Negerin verurteilen. Sub specie aeternitatis handelt sie durchaus nicht „niederträchtig und abscheu-

dung: Um sich „Gottes Rache wegen alles [!], was vorgefallen, zu versöhnen," schwört sie Babekan, daß sie „eher zehnfachen Todes sterben, als zugeben werde, daß diesem Jüngling [...] auch nur ein Haar gekrümmt werde" (177).– Nichts endlich deutet auf einen „implizite[n] Richterspruch in Marianes Gebärde mörderischer Grausamkeit, mit der sie sich endgültig von [Gustav] abwendet," oder auf ein von Kleist impliziertes Postulat, Gustav müsse Verständnis aufbringen (nicht für die moralische, sondern nur) „für die historische Notwendigkeit [...] des Sklavenaufstandes" oder gar der „Französischen Revolution" (107). – Zu Gönners noch krasserem Mißverständnis der *Hermannsschlacht* siehe das betreffende Kapitel.

30 Ausdrücklich zuletzt Gonthier-Louis Fink: Das Motiv der Rebellion in Kleists Werk im Spannungsfeld der französischen Revolution und der napoleonischen Kriege. *Kleist-Jahrbuch* (1988/89), 64-88, hier 80.

lich." Sie opfert ja, ein weibliches Gegenstück zu Hermann, ihre \`Tugend´ in jedem Sinn, tut es aus höchster \`Tugend,´ eben um die beleidigte Gerechtigkeit zu rächen an den Weißen, die die Farbigen als niedere Sorte Mensch behandeln wie einst die Römer die Germanen und jetzt Napoleon die Deutschen.

Diese politische Botschaft hat man damals und weitgehend bis heute nicht vernommen. Ihre Verhüllung durch die verurteilende Perspektive Gustavs und des Erzählers bedeutet eine der echt kleistischen Erprobungen, Herausforderungen, vor denen sich das Publikum mit Vorliebe blamiert. Ihre töricht paradoxe und aufwendig pathetisch-religiöse Verurteilung durch Gustav verhöhnt sich selber, ihn und jedwedes moralisch-fromme Kopfschütteln; und sie legitimiert sich ästhetisch durch den Kunstgriff jenes paradoxen Selbstwiderspruchs. Ironisch verleitet und warnt sie zugleich davor, aus dem Kontrast der tückischen Schwarzen zu der ethisch-ästhetisch einnehmenden Dreiviertelweißen eine Rechnung zugunsten der Weißen und ihrer Sache aufzumachen.

Wie in der *Hermannsschlacht* befürwortet Kleist eine Politik des Terrors unter verzweifelten Umständen im Namen des Rechts. Es ist Abwehr-Terror gegen den Terror einer Aggression. Nicht nur die Massen brauchen ein eindeutiges Feind- und Gegenbild ihrer selbstverständlich guten Sache. Wer in Wahrheit Recht hat und wer Unrecht, bestimmt sich – bevor die Serie von Vergeltung und Wiedervergeltung samt unzähligen Unwägbarkeiten das Bild verunklären und auf Neu-Entscheidung drängen mögen – vom allerersten Auslöser des Konflikts her: so urteilen, wie erwähnt, die zwei Gerechten im Dresdener Kabinett des *Kohlhaas.* Und nichts anderes besagt Octavio Piccolominis Diktum: „Das ist der Fluch der [ersten] bö*sen* Tat, daß sie, fortzeugend, immer Böses muß gebären." Deshalb, wenn auch gewiß nicht nur deshalb, insistieren Kinder wie Weltmächte, die den Sieg und laut Machiavelli damit auch das Sagen haben und das Urteilsmonopol, sie selbst jedenfalls hätten „nicht angefangen," sondern die anderen.

Deutlich an seinem ungedruckten Hermann und im besetzten Berlin getarnt hinter einer zuweilen kitschig-sentimentalen „moralischen Erzählung," feiert Kleist den Abwehr-Terror der unterjochten Partisanen gegen den Terror aggressiver Kolonisation. Poetisch – und laut Herder nicht nur poetisch – ist Vergeltung an Menschenrechts-Verletzern ein Auftrag der Göttin der Gerechtigkeit und dient, wie ja die Nemesis vor allem warnt, zur demonstrativ drohenden Warnung vor derartigen Übergriffen, deren Urheber sich Gewalt anmaßen und womöglich aufspielen als Wesen höherer Art, die in ihrem höheren Interesse ein Recht haben zu Übertretungen, die anderen verboten wären, besonders gegen sie selbst.

Der Findling

Ecce homo

Siehe, der Mensch! Die Verführung der Leser durch zahlreiche Interpreten und den Grafen F... zum komplizenhaften Geltenlassen seiner Untat ist in der *Marquise* schlimmer als das hinterhältige Gewaltverbrechen selbst. Sie ist „die wahre Gewalt," wie Emilia Galotti sagt. Dabei hofft der Graf allerdings, dadurch seinem Opfer wie sich selber alle Demütigungen zu ersparen. Umgekehrt zielt der Findling aus Rache genau auf Demütigung und Destruktion der Adoptiveltern. Sein Unternehmen ist wahrhaft „satanisch."

So heißt auch Jupiters Betrug, solange man nicht weiß, daß der Gott der Sünder ist. Er überwältigt Alkmene gleichfalls aus Begierde und aus Rache dafür, daß sie ihn nur im Gatten ihrer Wahl verehrt und ehren will. Immerhin gewährt er ihr die Illusion, den Geliebten zu umarmen; und er fängt sich in der eigenen Falle, als er sie nachträglich vergeblich zu überreden, zu verführen sucht, sie möge bitte doch ihn selbst geliebt haben und fortan lieben; ihn, den Höchsten, Unwiderstehlichen. Demütigung ist seine Absicht nicht oder rächend und strafweise nur am Rande. Denn daß die Frau seine Liebe nicht erwidern noch sie als ehrende Erhöhung, Auszeichnung empfinden könnte: das will überhaupt nicht in seinen, was Ethik angeht, beschränkten Götterschädel. Daß er sich täuscht, macht ihn lächerlich. Sein betrügerisches Rollenspiel treibt die Hintergangene jedoch fast zum Wahnsinn, so wie F...s Gaukelspiel die Marquise und Nicolos Falschspiel Elvire und Piachi.

Sowenig wie sein irdischer und himmlischer Kollege übt der Findling Brachialgewalt. Seine Colino-Maske stürzt Elvire zunächst in die Ohnmacht seliger Überraschung. Statt diese indes wie F... impulsiv-spontan auszunutzen, sucht er die schon Entkleidete „mit heißen Küssen auf Brust und Lippen" wieder zu Sinnen zu bringen, überzeugt, sie werde „seiner phantastischen, dem Ansehen nach überirdischen Erscheinung keinen Widerstand leisten" (212f.) und, schreibt Erna Moore,[1] „mit ihrer ganzen, so lange unterdrückten Leidenschaftlichkeit seinen Sturm erwidern...."

Leicht überarbeitet aus *Die Marquise von O...* und *Der Findling*. Zur ethischen Funktion von Eros und Sexualität im Werk Heinrich von Kleists. In: *Heilbronner-Kleist-Kolloquium.* Heilbronn 2000, 192-231.

Vollen Triumph erwartet Nicolo ohnehin erst davon, daß er die erlistete Untreue Elvirens gegen Piachi diesem selber präsentiere, so wie dieser ihm seine vollendet pietätlose Untreue gegen seine eben verstorbene Frau Constanze. So oder so mißbraucht er tückisch Sex und Eros um in raffiniert-abgefeimter Verstellung die Frau und damit seinen Adoptivvater im Innersten unheilbar zu verwunden, zu demütigen, zu verhöhnen, zu foltern, zu vernichten. Piachis vorzeitige Dazwischenkunft vereitelt zwar seinen sadistischen Triumph, nicht aber Elvires Schock, und dieser tötet sie.

Die Forschung

Blöcker[2] entsetzte sich 1961 erstaunlich lebensfremd vor dieser „Geschichte des grundlos Bösen" und machte eine rätselhafte „außer ihm liegende Macht" verantwortlich (136). Anders als dergleichen „theorielose Interpretation" findet Horn 1978 mit Manfred Durzak 1969[3] die Wurzel des „Verbrechens" in der „unmenschlichen" bürgerlichen Gesellschaft. Gefühllos und korrupt pervertiere sie alle „echten" Beziehungen, verdingliche die Menschen zur Tauschware, tue das in der Familie überhaupt und in derjenigen Piachis beispielhaft. Nicolos „Verbrechen" gehe daher zu Lasten seiner Stiefeltern; es sei „nichts weiter" als ein „Versehen."

Piachis Güte sei unterdrückerisch, schreibt auch Ellis, der 1979 sein Kleist-Buch programmatisch mit einer *Findling*-Interpretation eröffnet.[4] Der Hausvater unterbinde die sexuelle Selbstverwirklichung der jungen Leute. Nicolos Ähnlichkeit mit Colino und die anagrammatische Austauschbarkeit der Namen beweise Elvires Beruf, die Sexualbedürfnisse ihres nur wenig jüngeren Stiefsohnes zu befriedigen und sich damit selbst von den Hemmungen ihres Traumas, ihres ehebrecherischen Colino-Kultes, befreien zu lassen.

---

1 Erna Moore: Heinrich von Kleists *Findling*. Psychologie des Verhängnisses. *Colloquia Germanica* (1974), 275-297, hier 290.

2 Günter Blöcker: *Heinrich von Kleist oder das absolute Ich*. Berlin 1960.

3 Manfred Durzak: Zur utopischen Funktion des Kindesbildes in Kleists Erzählungen. *Colloquia Germanica* (1969), 111-129, hier 126-129; Peter Horn: Heinrich von Kleists Erzählungen. Eine Einführung. Königstein 1978, 178, 181-183.

4 John M. Ellis: *Heinrich von Kleist. Studies in the character and meaning of his writings.* Chapel Hill 1979, 11f., 14, 18f.

Horn bezichtigt nicht Nicolo, der ihr durchs Schlüsselloch nachspioniert, sondern **sie** des „Voyeurismus;" ihr Kult nackter „Zubodenstreckung" (*Erdbeben*, 146) vor dem lebensgroßen Männerbild sei widerstandslose Scheinbefriedigung. Die „Scheinheilige" verehre nicht einmal die Tugenden ihres Retters; äußeren Schein stelle sie über echtes Sein. Sind nicht ihr Vater Tuchfärber und sie selber kurzsichtig? (176-178). Fischer vermerkt 1988 empört, Sex sei hier „nur Übel" (116).[5] Und 1978 findet die künftige Nonne Lilian Hoverland Elvires sexlose Beziehung zu Colino und Piachi untüchtig, nicht lebensfähig, ihre Zerstörung daher „notwendig" (164). Vor so viel Humanität muß man wohl die Waffen strecken. Und derart ließe sich schier endlos weiter zitieren aus einer Deutung nach der anderen.

1996 reduzierte Gail M. Newman die Novelle wieder einmal auf ein psychoanalytisches System bloßer Triebreaktionen ohne ethische Verantwortung und ethisches Wertgefälle, auslaufend in den tautologisch-offenkundigen und wenig ergiebigen Befund, Nicolo und Piachi provozierten und spiegelten wechselseitig ihre Aggressionen.[6] Umgekehrt behauptet Günter Oesterle 1998, die Kantkrise habe nicht bloß Kants erkenntnistheoretische Revolution fruchtbar gemacht, sondern auch seine ethische, deren Grenzen Kleist sogar durchbreche.[7] Die Charaktere handeln ethisch autonom, zurechnungsfähig. Oesterles Untertitel „Redlichkeit versus Verstellung – oder zwei Arten, böse zu werden," kündigt jedoch schon programmatisch die Redlichkeit ambivalent, dekonstruktiv auf, und offenbar nicht nur diejenige Piachis.

Gar auf der Tagung der Heinrich-von-Kleist-Gesellschaft 1998 in Hamburg versicherte deren Präsident Günter Blamberger, von dem noch einmal die Rede sein wird, in der Humanitätsepoche dienten die ethischen Werte nur als Deckmantel für egoistische Begierden. Man sieht der langwierige Prozeß, in dem die Deutschen – gefolgt, begleitet, zuletzt angestoßen von der Literaturwissenschaft – sich

---

5 Bernd Fischer: *Ironische Metaphysik. Die Erzählungen Heinrich von Kleists.* München: Fink 1988.

6 Gail M. Newman: Family Violence in Kleists Der *Findling. Colloquia Germanica* 29 (1996), 287-302. Die Familie ist dabei nur der vorgegebene Ort, nicht oder doch weniger, als der Titel manche hoffen lassen wird, das polemisch anvisierte Ziel der Untersuchung.

7 Günter Oesterle: *Der Findling. Kleists Erzählungen*. Hg. Walter Hinderer. Stuttgart 1998, 157-180. *Interpretationen*); 165, 177-179.

zumindest theoretisch (zum Glück nicht überall im Leben) von dem altmodischen Ethos der Aufklärungs- und Humanitätsepoche verabschiedeten, erreichte damit einen seiner neuen Höhe- oder Tiefpunkte, zusätzlich illustriert durch die entsprechende intellektuelle Auseinandersetzung, geschönt als „Streitkultur." Kleist war eingemeindet in *the brave new world* der jetzt und letzthin tonangebenden Jahrgänge.[8]

Die meisten der zitierten Interpretationen übergeht 1985 Jürgen Schröders „Plädoyer für Nicolo:"[9] eine brillante radikale Dekonstruktion des angeblich scheinhaften Wertgefälles. Alle Positionen lassen sich vertauschen und werden es weithin. Der „Kirchenstaat" steht als „geordnete Korruption der menschlichen Gesellschaft schon jenseits von Recht und Unrecht, von Gut und Böse."

> [Kleist] hat die einzelnen Bestandteile und Motive des Stoffes und der novellistischen Konstellation wie isolierte Buchstaben und Splitter behandelt, die er den alten Sinnzusammenhängen und Kontexten willkürlich entnimmt und spielerisch-kaleidoskopisch zu neuen, bisher unerhörten Worten und Gebilden zusammensetzt. Sie erinnern noch an den alten Sinn, aber einen neuen und eigenen geben sie nicht mehr her.

Mit Kleists angeblicher Arbeitsweise beschreibt Schröder hier in Wahrheit seine eigene und die einiger Dekonstrukteure, die ihn freilich als einen Abtrünnigen attackierten, als er auf dem hier dokumentierten Kolloquium eher (so prosaisch) wie ich verfuhr. Aber machen wir die Probe aufs Exempel der behaupteten Sinnlosigkeit.

Die Familie

Daß Elvire ehelichen Umgang scheut, mag krankhaft sein, hysterisch; ihre Motive sind indessen ethisch und psychologisch legitim. Was Colino angeht, frönt sie aus Dank für seine uneigennützige Rettungstat genau den Tugenden, die man mit Horn (182) dem Text bestreitet: „Liebe, Freundschaft, Achtung, Verehrung."

---

[8] Vgl. Wolfgang Wittkowski: Duelle, Krieg und Streitkultur. Über den Umgang mit Menschen, Texten, Themen [...]. *Heilbronner Kleist-Blätter* 5 (1998), 14-25, bes. 19f.

[9] Jürgen Schröder: Kleists Novelle *Der Findling*. Ein Plädoyer für Nicolo. *Kleist-Jahrbuch* (1985), 109-127, hier 120, 117.

Neurotisch ist sie, weil das Erlebnis mit allen Schrecken und Wonnen sich seinerzeit unvertilgbar ihrem kindlichen Gemüt eingrub, nicht zuletzt dann während der drei Jahre, die sie am Leidensbett ihres lädierten Retters aushielt.

Einzig Piachi weiß um ihr Intimgeheimnis. Er respektiert es, läßt sie seine erotisch-sexuelle Verabschiedung nicht entgelten, nachdem die Hochzeitsnacht ihr ein hitziges Fieber zuzog wegen Treuebruchs, man mag fragen, ob gegen Retter, Ehegatten oder beide. Der Euphemismus, daß sie „von dem Alten keine Kinder mehr zu erhalten hoffen konnte" (201), hält mit als Grund her für die Adoption des Findlings. Ihre hysterischen Ausbrüche bei leisester Erinnerung an Colino werden abgetan als Symptome „eines überreizten Nervensystems;" sie machen „allen Nachforschungen über die Veranlassung ein Ende" (203).

Gewiß eine Heimlichkeit, aber nicht zum Zweck betrügerischen Übervorteilens. Eine hochgradig empfindliche, verletzbare Seele vertraut ihre Wehrlosigkeit dem Schutz und der Schonung des verständnis- und rücksichtsvollen Gatten an, der sich gleichsam als wahrer „Commendant" bewährt (s. *Die Marquise von O...*). Und ist die seelisch Verwundete und Kranke nicht auch der taktvollen Anteilnahme der Leser anvertraut sowie der achtungsvollen Schonung des Adoptivsohns, seinem Mitleid: dem einzigen Motiv, das laut Rousseau selbst den Schlechtesten von verbrecherischer Ausnutzung menschlicher Gebrechlichkeit abhält?

Ihrem viel älteren Manne dankt Elvire, indem sie ihn, wenn nötig, pflegt, und ihm sonst eine gute Gattin und Hausfrau ist. Der vielumrätselte Schlüsselbund an ihrer Hüfte mag symbolisieren, sie allein wolle bestimmen, wer Zugang zu ihr und ihrem Geheimnis erhält; das ist einzig Piachi, der einen eigenen Schlüssel zu ihrem Refugium besitzt. Sonst stehen die sonderbaren Charaktere der Familie einander fern, verschlossen gegenüber. Das ist, zeigt sich, noch nicht das Schlimmste. Doch betrachten wir die Schritte, die zur Katastrophe führen, zuerst die vorletzten, zu deren Erklärung dann die ersten, schließlich die letzten. Leider kommt es dabei zu Wiederholungen.

Hinter dem Rücken Piachis und seiner eigenen Frau Constanze besucht Nicolo unter falschem Vorwand einen Karnevalsball zusammen mit Xaviera, der Beischläferin des Bischofs, dem einzigen

Verhältnis, schreibt Ellis, das in der Novelle stimme (9): Eros und Sex als eheliche Untreue, Ungehorsam gegen die Lehren der Kirche, gegen die Adoptiveltern und getarnt durch Verlogenheit, Verstellung. Nicolo kehrt heimlich heim, maskiert als genuesischer Ritter. Bei seinem Anblick fällt Elvire in Ohnmacht. Er entwindet ihr den Schlüsselbund, um vor einem Verweis des Alten in sein Zimmer zu entschlüpfen. Elvire verschloß es wohl, um ihn zu stellen, bloßzustellen (203f.), freilich nur vor ihm selbst.

So jedenfalls verfährt sie später, wenn sie ihn ertappt, als er seine nie ganz aufgegebene (203) Beziehung zu Xaviera wiederauffrischt noch vor dem Begräbnis seiner Frau, welche im Kindbett starb. Das Kind ersetzte er bereits durch die kleine Klara der Xaviera, und zwar so, daß der Bischof sie irrtümlich für sein Erzeugnis hält (208).[10] Elvire verschweigt ihre Entdeckung vor ihrem Mann. Schweigt sie auch, weil sie im Glashaus sitzt, selber ein Geheimnis hütet? Hofft „ihr schönes und empfindliches Gemüt" (203), die privat-persönliche Beschämung werde den Dämon unter Verschluß bringen, den Adoptivsohn womöglich bessern?

Piachi

Indessen kommt Piachi selbst hinter den Vorfall. Wie Elvire ist er „tief entwürdigt" (205), außer sich vor Enttäuschung und Entrüstung über ein so unwürdiges Verhalten seines Adoptivsohnes, das natürlich auch schlechtes Licht wirft auf ihn selber und sein Haus. Er reagiert wuterfüllt mit einem Racheakt. Er straft das ihm verhaßte Doppellaster: Nicolos heimliche Fortsetzung der unziemlichen Liaison im Kloster unter dem bigotten „Vorwand, sich zu trösten" über seine Frau, obwohl er die zu Lebzeiten nicht liebte (205).

Läßt sich so viel Infamie beschönigen mit der Unterstellung, Nicolo handle derartig nur, weil er von allen Seiten unterdrückt werde? Wenn er der ohnmächtigen Elvire zu Hilfe eilen will (204), reagiert er da tatsächlich spontan besser als Piachi in Ragusa gegen

[10] Eva Maria Anker-Mader: *Kleists Familienmodelle. Im Spannungsfeld zwischen Krise und Persistenz*. München 1992, zerstört diesen Zug, indem sie irrtümlich annimmt, Klara sei nicht von Nicolo, sondern „vom Kardinal" gezeugt, der hier überdies wohl identisch mit dem Bischof ist.

ihn? Den Pestangesteckten will der `gute Alte´ „in der ersten Regung des Entsetzens“ zwar „weit von sich schleudern,“ hebt den besinnungslos zu Boden Gestürzten jedoch „aus Mitleid“ auf und nimmt ihn mit sich (199). Kleist gewährt seinen Figuren gern solche Fristen der Sammlung und Besinnung zu neuem Tun (und Reden).[11] Ist dagegen Nicolos unwillkürliche Reaktion also nicht vielleicht bloß „Banalität des Guten,“[12] die rasch verfliegt vor egoistischen Interessen? Und ist Piachis erste Reaktion auf den Pestangesteckten nicht sehr verständlich zumal im Hinblick auf sein Kind, das ja auch dann dabei zu Tode kommt? Vielleicht aus schlechtem Gewissen übt er forciert und übertrieben Barmherzigkeit, Großmut bis zum Leichtsinn. Dafür muß er bezahlen mit dem Tod seines Kindes. Ja, damit leitet er die Kette ein, die mit dem Tod seiner Frau endet, mit seiner Ermordung Nicolos und mit seiner eigenen Erhängung.

Nicolos Unaufrichtigkeit nach dem Tod Constanzes ist gleichsam professioneller als die des Grafen F..., der sich ja auch ändert, wogegen der Findling anscheinend nur immer mehr er selber wird. Piachis Wut auf ihn ist Ausdruck seines Empfindens für Gut und Böse, macht ihn aber unklug. Er tobt seine Empörung aus, ohne die Folgen zu bedenken. Er greift gleichfalls zur Verstellung und zur List, ja sogar, indem er der Botin Xavieras den Brief entreißt, als erster zur Brachialgewalt, die er auch als letzter einsetzt.

Nicolo tut das dagegen nie. Seine Waffen sind viel raffinierter. Er gibt die Anstöße, reagiert auf Piachis Übergriffe, die er provoziert. Seine Rache und Piachis Wiedervergeltung steigern sich wechselweise bis zur Vernichtung aller. Das Rätsel, das sich für die Kritik ergab, war die Verwandlung eines friedlich-redlichen, gesetzestreuen Bürgers und Geschäftsmannes in einen Mörder von ausgesuchter Brutalität. Läßt dieser Wandel sich plausibel machen?

Tatsächlich, heißt es, verrate schon alles, was vorausgehe, die Grausamkeit des typischen Familienvaters samt der Tauschwarengesinnung des Bourgeois, die alle menschlichen Beziehungen verderbe. Ist es aber nicht zunächst einmal so, daß seine strengen

---

[11] Ähnlich Schiller. Vgl. Wittkowski: Selbstinszenierung und Authentizität in Schillers Dramen. In WW: *Andeuten und Verschleiern.* Frankfurt 1992.

[12] Martin Walser: Friedenspreisrede. *Frankfurter Allgemeine Zeitung,* 12. 10. 1998.

Vergeltungsmaßnahmen jedesmal ein Konto zu begleichen suchen, das seine großzügigen Vorausleistungen im Verein mit Nicolos unmoralischen Gegenleistungen hoffnungslos einseitig belasten (Moore)? Piachi macht den Anfang mit seiner wenngleich nicht unangefochtenen Aufnahme des Jungen, wofür er von der Polizei ins Krankenhaus gewiesen wird, wo sein Sohn umkommt. Dann nimmt er den Waisenjungen mit nach Hause, handelt an „Gottes Sohn" (200) gleichsam an Gottes Statt.

Man pflegt gegen diesen Anfang das Ende des *Erdbebens* auszuspielen. Die Rechnung geht aber nicht auf. Man müßte einmal den Skandal „unethischen Lesens" untersuchen, warum eigentlich man den Gipfel der ethischen Entwicklung dort beharrlich leugnet:[13] Don Fernandos bleibende Genugtuung, den Adoptivsohn in Notwehr und im uneigennützigen Einsatz seines Lebens erkämpft zu haben (158f.). Ethische Glückswürdigkeit tröstet den „göttlichen Helden" ein wenig über den Verlust der Glückseligkeit, einen leiblichen, selbstgezeugten Sohn zu haben (158f.).[14]

Und Piachi ersetzt keineswegs einfach seinen gestorbenen Sohn, wie ihm mißtrauische Entlarver ankreiden. Vielmehr besetzt er bei seiner Abreise aus Rom (der zweiten Chance, so zu handeln oder anders), den leergewordenen Platz mit einem Waisenkind, das der Aufnahme bedarf und obwohl oder sogar weil dieses Kind unschuldig den Tod seines eigenen Kindes verursachte – ja, \`schuld´ war sein eigenes tätiges „Mitleid," das sich so verhängnisvoll auswirkte und deshalb Legitimierung brauchen mag durch potenzierte Großmut, die ihm selber immerfort gleichsam Vergebung erkauft – und ebenfalls dem kaltherzigen Nicolo.

Das selten beachtete Vorbild ist natürlich Lessings Nathan. Der Jude adoptiert ein Waisenkind der Christen, obwohl diese seine ganze, zahlreiche Familie ermordeten. Gewiß unterhandelt Piachi beim zweiten Schritt seiner Großmutskarriere mit Nicolo „in der ersten Station, mit den Wirtsleuten, [...] wie er seiner wieder los werden könne." Gelänge es, so gewiß auf eine „Art und Weise" (200),

---

13 Vgl. *Positionen der Literaturwissenschaft. Acht Modellanalysen am Beispiel von Kleists "Das Erdbeben in Chile."* Hg. v. David E. Wellberry. München 1985.

14 Vgl. W. Wittkowski: Skepsis, Noblesse, Ironie. Formen des Als-Ob in Kleists Erdbeben in Chili. Euphorion 63 (1969), 247-283.

nicht unwürdig des anderen Vorbildes, des Samariters (Lk. 10, 35), des Exempels christlicher Nächsten- oder Fremdenliebe, der christlichen Variante der Goldenen Regel humaner Großmut uneigennützigen Gebens, Opferns - der höchsten Tugend, sehen wir ab von der Aufopferung des eigenen Lebens für andere und von der thomasianischen Grundtugend der Ehrlichkeit.

Nathan und der Samariter handeln zwar in eindeutigen Situationen, die sie denn auch vollkommen meistern. Andererseits ist ihr Verhalten umso idealistischer, als der Jude unter Christen und Mohammedanern Außenseiter ist, der Samariter ist es unter Christen und Juden. Im *Findling* ist ironisch umgekehrt der Wohltatenempfänger Nicolo eine Waise, „Gottes Sohn." Der Tausch siedelt den wohlhabenden Makler auf der Ebene an, die Lessing für die Tragödie forderte. Sowenig frei wie wir von Anfechtungen menschlicher Gebrechlichkeit, bewährt er sich dennoch in Situationen, die alles andere als eindeutig, unkompliziert und übersichtlich sind. Sein tätiges Mitleid trotz schwerster Einbuße erwirbt ihm unsere Anteilnahme. Und dieser Anspruch wächst, wie seine Wohltaten sich potenzieren und in gleichem Maß der Undank, den er dafür erntet: seinem edelmütigen Verhalten antwortet Nicolos unedelmütiges.

Schon „nach wenigen Wochen" adoptiert Piachi „Gottes Sohn" Nicolo „als seinen Sohn." Elvire willigt ein, obwohl sie um den toten Stiefsohn trauert und der Neue ihr „fremd und steif" begegnet, ohne Spur der Dankbarkeit oder irgendeines anderen Gefühls (201). Daß der Makler „den Jungen in dem Maße lieb gewonnen, als er ihm teuer zu stehen gekommen war" (201), wird von der Kritik seinem kapitalistischen Tauschwarendenken in einer künstlich konstruierten unnatürlichen Familie angelastet. Alle Figuren treten hier ja an die Stelle anderer. Umso mehr bedarf ihr Zusammenleben ethischer Anstrengung. Wie im *Erdbeben* (159) Fernando, hat Piachi den adoptierten Sohn „teuer" „erworben" bei nicht ganz unverschuldetem Verlust des leiblichen. So ist es nur `natürlich,´ daß er an dem Jungen hängt und eine Art Entschädigung, Rechtfertigung erhofft von dem, der der Anlaß und Nutznießer der Katastrophe war. Er zahlte; und was erhält er? Das ist die Struktur.[15]

---

[15] Eva Maria Anker-Mader (wie Anm. 11) meint dagegen: Diese Begründung für Piachis Anhänglichkeit an Nicolo sei ein „ungeheurer Sachverhalt, der den Leser so ratlos macht, wie Don Fernandos Gefühle im

Piachi sucht sein Wunschbild der Beziehung zu fördern und zu sichern durch immer größere Vorleistungen, wenn man will: Investitionen. Sie sind ja mehr und mehr ökonomischer Natur. Ökonomie bildet gewiß das Zentrum eines Makler-Daseins. Vor allem aber wird sie zunehmend das einzige, was den Findling an ihm interessiert. Mit dem Herangewachsenen ersetzt Piachi einen Angestellten und erlebt die „Freude," daß Nicolo „die weitläuftigen Geschäfte, in welchen er verwickelt war, auf das tätigste und vorteilhafteste verwaltete" (201). Man geruht zu übergehen, daß Nicolo das ohne Dankbarkeit und Altruismus tut, sondern aus handfestem eigenem Interesse, nämlich nur „wegen des beträchtlichen Vermögens, das ihm einst [...] zufallen" wird und weshalb ihm ja auch die Mönche „mit großer Gunst zugetan sind," gewürzt mit der Gunst der „Beischläferin ihres Bischofs" (201). Fraglos wird er einst die „Gunst" dieser Seite honorieren und nicht die edelmütige Freigiebigkeit der Adoptiveltern. Beiden bereitet er vielmehr Kummer durch seinen Umgang mit Xaviera; und den Vater erbittert er mit seiner bigotten Unaufrichtigkeit.

In diesem Punkt hält sich Elvire stille. Von Piachi toleriert, beichtet sie bei den Mönchen und frönt insgeheim dem Kult Colinos. Es ist wahr: Vollkommen, Engel sind sie beide nicht, nur Menschen von der auf dieser Erde üblichen Gebrechlichkeit.

Gerade deshalb darf man fragen: Reift da nicht für den geschäftstüchtigen Sohn der Augenblick, das Haus zu verlassen und sich auf eigene Füße zu stellen? Vielleicht käme es dann nie zu der Serie von Katastrophen. Er läßt die Chance indessen ungenutzt. Teils will er weiter schmarotzen; teils wollen die Eltern seinen Lastern steuern, und zwar weniger durch Verbote als durch erneute Vorgaben an „Gottes Sohn," wie Gott bei der Schuldvergebung. Das biblische Vaterunser läßt den Gläubigen bitten und beteuern: „Vergib uns, wie oder weil wir vergeben." Luthers Katechismus aber lehrt: „Wir wollen es tun, weil und wie Gott es uns gnädig vorausgewährt und vormacht." Mit solcher Großzügigkeit verfährt Piachi, doch eben auch, indem er immerfort zu nachsichtig vergibt.

Erdbeben." Daß beide Väter keine „Aggressionen" richten gegen die Kinder, deretwegen sie ihre eigenen verlieren, schaffe vollends „Rätselhaftigkeit" ohne „Auflösung" (63). Daß Menschen anständig, gut oder nicht aggressiv sein könnten, darf oder kann nach jahrelanger Konflikt-Pädagogik offenbar nicht mehr gedacht werden.

Zunächst verheiraten die Eltern Nicolo mit Elvires Nichte Constanze und treten dem Paar „einen beträchtlichen Teil ihres schönen und weitläuftigen Wohnhauses" ab (202). Nicolo vernachlässigt seine liebenswerte Frau und pflegt den geheimen Umgang mit den Mönchen und Xaviera weiter (203, 205). Bevor sich das aber bei Constanzes Tod auf skandalöse Weise offenbart, belohnen die Eltern voreilig im voraus die doch erst erhoffte Besserung durch eine weitere, die größte Vorleistung Piachis, „das Letzte und Äußerste, was er für ihn tun konnte: er überließ ihm, auf gerichtliche Weise, das ganze Vermögen" und zog sich aus „seinem Güterhandel" mit einem Restkapital zurück (202). Damit liefert er sich und Elvire rechtlich und materiell dem Adoptivsohn aus mit einem so leichtfertigen Vertrauensvor- und -überschuß, daß eine weitere, uns von der *Marquise* her vertraute literarische Reminiszenz sich aufdrängt: Lear.

Der angesammelte Konfliktstoff schwelt zunächst unterirdisch weiter. Der Vorfall zwischen Elvire und dem Findling in der Maske des Genueser Ritters bleibt zunächst folgenlos. Dann wird Nicolo bei seiner „Entwürdigung" mit Xaviera gleich nach dem Tod seiner Frau sowie des Kindes ertappt von Elvire und von Piachi öffentlich beschämt. Wir sehen: Der Alte verfährt so maßlos hart in Reaktion auf seine eigenen maßlos großzügigen Vorleistungen und auf die daran gemessen noch maßlosere Undankbarkeit, Unverschämtheit des Adoptivsohns. Die wechselseitige Umpolung und Aufladung, die Kleist in Analogie zu elektrischen Körpern zeichnet,[16] spielt sich zwischen Nicolo und Piachi ab, zwischen Piachis Vorleistungen und der Quittung, die ihm der Unwürdige präsentiert. Beide lassen das Ganze geraten zu einer anderen „Lasterschule" als der, welche Kleists Ironie entwarf.

Nicolo und Elvire

Statt aber wenigstens jetzt endlich aus dem Haus zu gehen, das ihm freilich schon gehört, schwört Nicolo, nachdem er sich jedes Vertrauens unwürdig erwiesen hat, endlich Besserung, bittet Piachi um

16 *Über die allmähliche Verfertigung der Gedanken beim Reden* (321); *Allerneuester Erziehungsplan* (329f.). Vgl. Jürgen Schröder (wie Anm. 10), 121f.

Vergebung, und - unglaublich - mit Erfolg. Keineswegs aber gedenkt er sein Versprechen einzulösen. Vielmehr soll sein Gaukelspiel ihm auch noch die „Hinterlassenschaft“ der bis in den Tod vernachlässigten Constanze sichern. Und es soll ihm den Weg bahnen zur Rache für seine Bloßstellung; Rache zunächst an Elvire, die er irrtümlich verdächtigt, sie habe seine frivole Verabredung verraten.

Warum dieser fälschliche Verdacht, der nie als falsch entdeckt wird? Sollen wir daraus Schlüsse auf die Charaktere ziehen? Überkompensiert Nicolo sein Strafbarkeitsbewußtsein durch arrogantes Ärgernis am, wie es bald heißt (206), elterlichen „Widerstand“ gegen seine Laster? Diese sind die Trias des Thomasius: Gier der Wollust, Gier nach Geld, Gier nach Macht und Geltung. Entsprechend verletzt er durchgehend die goldene Regeltrias: Ehrlichkeit, Edelmut, Gerechtigkeit. Er weiß, Elvire müßte Piachi ihre Entdeckung mitteilen. Nicht in Rechnung stellt er ihr sittliches Fein- und Schamgefühl, dem Derartiges schwer über die Lippen kommt, zumal sie ihre eigene Heimlichkeit hat, Colino. Endlich mag ihr grausen bei der Vorstellung, wie Piachi auf eine derartige Quittung für seine Wohltaten reagiere. Trifft ihn der Schlag? Führt er seinerseits einen Vernichtungsschlag?

Alle drei sind derart an die Grenze ihrer Existenz gedrängt, die Spannung zwischen Sohn und Eltern so geladen, daß sie die Konsequenzen ihres Tuns und Lassens immer weniger absehen und bedenken. Elvire schweigt, Piachi gibt seiner Erbitterung erfindungsreichen Ausdruck - nur um dem Heuchler dennoch zu vergeben. Das ist inkonsequent und hat verhängnisvolle Folgen. Trotzdem nämlich will Nicolo seinen Adoptiveltern seine Schmach doppelt und dreifach heimzahlen. Ja, als Elvire aus Scham wegen seiner pietätlosen Eskapade reizvoll errötet, schließt er sofort, sie müsse den Alten ebenso betrügen wie er Constanze. Die Vermutung schon ist unedelmütiges Mißtrauen gegen ihre Tugend. Er belauscht sie, hört sie „Colino“ flüstern, projiziert wieder sich selbst in sie hinein, um triumphierend die „Verstellung“ der „Scheinheiligen“ als „Gipfel der Frechheit und Arglist“ zu rügen (207) - genau seine eigenen Spezialitäten.

Der Eigensinn des hartgesottenen Bösewichts kompensiert sein Strafbarkeits- und angeschlagenes Selbstgefühl, indem er die sittlich höher stehende Elvire in den Schlamm ziehen will, anders als F…, dem sein Traum bestätigt, daß er in dem Schwan Thinka (Kosename für Kathinka, Katharina = die Reine) Julietta mit Schmutz bewarf - allen voyeuristischen Spekulationen der Kritik zum Trotz vergeblich.

Colinos Ähnlichkeit mit Nicolo weckt darüber hinaus Xavieras eifersüchtige Gewißheit, daß Elvire den Findling liebt, und damit dessen Leidenschaftstaumel, er könne seine Rache an ihr verbinden mit Befriedigung seiner entzündeten Begierde. Zu seiner Beschämung muß er jedoch erkennen, daß Elvire ihn nicht liebt, und spürt vielleicht sogar ein wenig, daß Colinos Namenspatron „Aloysius" (211), der Schutzheilige der Jungfräulichkeit und Keuschheit,[17] zu Elvire paßt.[18] Jedenfalls dürfte er sie und ihre Liebe gleichsam in diesem Zeichen sehen: als Gegenteil der erhofften Ehebrecherin. Erst recht will er sie gerade dazu machen. Ihre Unschuld hält ihm vor Augen, was er für ein Teufel ist. Und er will dieser Teufel sein.

In seiner grenzenlosen Wut will er Eros und Sex nur noch pervertieren. „Beschämung, Wollust und Rache vereinigten sich jetzt, um die abscheulichste Tat, die je verübt worden ist, auszubrüten" (212). Erotisch-sexuelle Täuschung und Erniedrigung sollen die neurotische Frau vernichten - oder sie etwa eine Zeitlang zu seiner heimlichen Beischläferin machen oder um den Preis der Verschwiegenheit zu seiner Hure? Eins mag ihm so recht sein wie das andere. Er kann die Zerschmetterte dann immer noch als geschändete Ehebrecherin dem redlichen Alten vor die Füße schleudern und damit auch ihn vernichten.

---

17 Fischer (wie Anm. 6), 117f.

18 Daß der Hl. Aloysius „im Dienst an Pestkranken starb," verbindet Colino vollends mit Elvire und Piachi - Günter Oesterle (*Der Findling*. In: *Kleists Erzählungen. Interpretationen* Hg. Walter Hinderer. Reclam 1998, 157-180, 170) urteilt nicht von der einfachen Sittlichkeit der Goethezeit her, die um die Schwierigkeit ethischen Handelns wußte. Er meint stattdessen moralistisch: Piachis „imitatio Christi fällt freilich recht kläglich und unheroisch aus," ist „Entmystifizierung und Profanisierung des Retters und Helfers."

Vater und Sohn

Zweifellos ist Nicolo sich schon bewußt, daß sein Besitzrecht und seine klerikale Protektion ihn unangreifbar machen. Im Taumel seiner bösen Leidenschaften handelt er wild und wütend darauf los, ohne sich zu kümmern um die Folgen. Der Ertappte entblödet sich ja nicht, Piachi wie gewöhnlich fußfällig um Vergebung anzuflehen und zu beteuern, er werde so etwas nie wieder tun!

Und wie reagiert Piachi, der das Äußerste verhindert und trotzdem nicht verhindern kann, daß Elvire an den Schockwirkungen stirbt? Die Kritik hat ihm so vieles vorgeworfen, daß er am Ende schlimmer dasteht als der satanische Verbrecher. Ermordet er seinen Sohn nicht aufs brutalste? Und ist es nicht schändlich, daß nicht schon der Überfall auf seine Frau seine Raserei entfesselt, sondern erst das Dekret, das ihn entmächtigt, demnach purer Materialismus? Demnach sollte er sich mit der vom Tod gezeichneten Elvire widerstandslos auf die Straße setzen lassen? Und vorher den Überfall ahnden, die Familie vor den Richter bringen und Elvires Colino-Kult in die Öffentlichkeit?

Ihre wenigen Worte dürften zwar die unglaubliche „Büberei" kundtun, zugleich indes Bewahrung ihres Geheimnisses verlangen. Deshalb wohl sucht er „sprachlos, wie ihn einige Worte Elvirens gemacht hatten," „die Sache still abzumachen" (213). Immerhin denkt er diesmal nicht an Vergeben. Er greift zur Peitsche, schlägt allerdings nicht zu. Was symbolisiert sie an der Wand von Elvires Heiligtum: sexuelle Kapitulation? Die Hausvatergewalt, die dem verbrecherischen Eindringling droht? Nein. Nichts dergleichen erfolgt. Lediglich moralisch gezüchtigt und gedemütigt, soll der Tempelfriedensbrecher stehenden Fußes das Haus verlassen und, versteht sich, seine Besitzrechte darauf verspielt haben.

Glücklich so heil davongekommen, ergreift Nicolo indessen geistesgegenwärtig seine Chance. Unwürdig jedes Glückes, doch „eines Tartüffe völlig würdig," ersteht „Gottes Sohn" als Luzifer,[19]

---

[19] Mit „Luzifer" verglichen wird stattdessen Piachi in einer überaus feinsinnig-verständnisvollen Interpretation, die der meinen allerdings diametral zuwiderlaufen muß, schon da sie unüberwindlichen Anstoß nimmt an Piachis „schauerlicher Ablehnung der Absolution." Sean Allen: „Der Weg zur Hölle ist mit guten Absichten gepflastert." Recht und

dreht den Spieß um und pocht auf sein verbrieftes Recht, das Piachi selbst ihm übertrug. Statt seiner vertrieben sieht sich sein vielfältiger Wohltäter, der ihm schon so schwere Kränkungen vergab und den die „unerhörte Frechheit“ dieser neuen „wie entwaffnet“ (213).

Günter Blambergers angekündigter Kommentar dazu ist wahrhaft denkwürdig: Alle Erziehung zur Mündigkeit, Autonomie mißlingt notwendig und hier beispielhaft: „Der alte Piachi leidet es nicht, daß das Mündel nach der Geschäftsübergabe plötzlich mündig sein will, den Vater entmächtigt und die ihm vorgeschriebene Ehebahn verläßt, und so übt er Gewalt gegen `den von Natur Schwächeren´.“[20] Übeltäter, unverschämter, ist heutzutage eindeutig der Vater.

Dennoch kommt es zum Zusammenstoß gar nicht gleich „nach der Geschäftsübergabe“ oder wenigstens nach dem Skandal beim Tod Constanzes! Der Auslöser der Kollision, der eindringlich geschilderte Anschlag auf Elvire, wird von Blamberger unterschlagen und anderswo nur kurz erwähnt (dafür werden völlig unzusammenhängende Wendungen kombiniert zu pornographischen Metaphern für Elvires sexuelle Phantasie - nach dem Motto: der Frau wird ja nur geboten, was sie wünscht). Das wissenschaftliche Übel des willkürlich de- und umkonstruierten Kontexts führt zum nächsten, zu Blambergers Schützenhilfe für Nicolos Sicht der Dinge.

Mit Hilfe der Mönche nämlich und des Bischofs, dem er die lästig fallende Xaviera abnehmen soll, ergattert der Findling jenes Dekret, das es Piachi untersagt, den „mündig sein“ wollenden Sohn in seinem Besitztum zu behelligen. Da man den bösen Piachi für den Mord an seinem schwachen, „armen Adoptivsohn“ hängt, dürfte Blambergers Welt in Ordnung sein...

Nicht so die Welt Kleists. Das Ableben der zerrütteten Elvire; das Dekret, das Piachi seinem Verderber in den Mund stopft, nachdem er ihm das Hirn an der Wand eindrückte, sowie sein Wille, ihn noch in der Hölle zu verfolgen: all das erinnert an Kohlhaas, der schäumend vor wütendem Rache-Schmerz nach Lisbeths Tod das

---

Gerechtigkeit in Heinrich von Kleists Novelle *Der Findling.* In: *Recht und Gerechtigkeit bei Heinrich von Kleist*. Stuttgart 2002, 151-165, 164.

[20] Günter Blamberger: Aggression und Autonomie. Familienkonflikte bei Heinrich von Kleist. *Der Deutschunterricht* 46 (1994), 33-45, hier 44.

Hirn eines Tronka-Vetters „an den Steinen versprützte" (32); an die Kapsel, die er verschluckt, um den Kurfürsten von Sachsen noch über den eigenen Tod hinaus mit seiner Rachefolter zu verfolgen. Und wie der racheschnaubende Roßhändler, so wurde auch die Rachetat Piachis von der Forschung überwiegend verurteilt, sogar von Oesterle, dessen ethische Wertung sonst der meinen weitgehend gleicht.

Wohl gilt ihm Nicolo im Sinne Kants als „schreiende[s] Beispiel" „boshafter Selbstbestimmung," die „den Menschen [...] zu einem teuflischen Wesen" machen würde und bei Kleist tatsächlich zu einem menschlichen Teufel macht. Und Oesterle meint (178), er könne „auch die bislang in der Forschung unverstandene Reaktion des `redlichen´ Piachi plausibel" machen im „Rekurs auf Kants `ethische Revolution´" und deren Transzendierung durch Kleist. Er rekurriert dann freilich statt auf Kant, geschweige Kleist, auf die Kant-Rezeption der Theologen. Den „romantischen Philosophen (etwa Franz von Baader)" müßte der „gnadenverweigernde Piachi der Inbegriff des Teuflischen, Atheistischen und Bösen" sein (179), sein radikaler „Anspruch auf Selbstgesetzgebung" ebenso sündhafter „Atheismus" wie Kants Autonomie-Ethik: Für romantische Theologen, wie gesagt, im Vergleich mit Kant. Und wo bleibt Kleist?

An ihn dürfte das Ärgernis der Theologen immerhin erinnern. Wie in *Erdbeben*, *Zweikampf* und *Heiliger Cäcilie*, nur sarkastischer denn je, übt Kleist Kritik an der Kirche und sogar mit Hilfe einer Komik, umgekehrt vergleichbar derjenigen der Anekdote *Der verlegene Magistrat*: Der Alte verhindert seine Hinrichtung, indem er die Bedingung für deren Möglichkeit verweigert, die Absolution. Umsonst suchen die Kleriker „ihm die Strafwürdigkeit [dieser] seiner [unreligiösen] Handlung fühlbar zu machen," ihn „in das Gefühl der Reue hineinzuschrecken" (214). Sein Kohlhaasisches „Rechtgefühl" bleibt unerschütterlich. Das aber bedeutet natürlich nicht, wie Oesterle mit den Theologen, der Kirchenführung und dem Vorsitzenden der Kleist-Gesellschaft will, das Ende, sondern gerade den Triumph der „Redlichkeit" Piachis in jedem Sinn.[21]

---

[21] Auch laut Anker-Mader (wie Anm. 11), 73, gipfelt dagegen die Negativität (der Novelle und) Piachis in dieser seiner „furiosen Absage an die christlichen Grundwerte der Nächstenliebe und Vergebung" und der Verweigerung von Erlösung und Auferstehung.

Daß er Nicolo öffentlich beschämt und dann ermordet, darüber ebenso wie über Elvires Heimlichkeit ringen die Moralisten die Hände und können sich auf Kant berufen, aber nicht auf Kleist, auf seine Dichtung noch m.E. das Leben. Den „Guten“ werden Untaten aufgenötigt von den „Bösen,“ und diese müssen sie verantworten. Das war die Denkweise der Zeit.

Viele Gelehrte, an der Spitze Ellis (4) und Blamberger (31), versichern: „Jenseits aller Parteilichkeit [?!] ist festzuhalten, daß die Fakten der Erzählung die Wertungen des Erzählers konterkarieren.“ Es gibt aber, zieht man den Text zu Rate, gar „keinen Zweifel“ an der Parteinahme von Dichter und Erzähler gleicherweise für Piachi (Müller-Salget)[22] bzw. an der moralischen Verurteilung Nicolos durch die Perspektive von Erzähler und sozialem Umfeld.[23] Bekräftigt wird das von der Parallele des *Kohlhaas* und von literarischen Vorbildern.

Der Schlußsatz, „kein Priester begleitete ihn,“ erinnert an die ehrerbietige Anteilnahme an dem kirchlich verworfenen Werther. Eine der Töchter, denen Lear seinen Besitz vermachte, quittiert die vertrauensselige Großmut des Vaters mit Betrug und Mord; daraufhin droht man ihr den Mund zu stopfen mit dem Brief, der ihren Verrat bezeugt. Ihre Ermordung ist „Strafgericht Gottes,“ macht die Gerechten zittern und weckt keinerlei Mitleid. Und wenigstens kann Lear den Mörder der geliebten Cordelia noch erstechen, bevor der Kummer um sie ihn selber tötet (V, 3).

Molières Orgon macht Nicolos Muster Tartuffe zum Alleinerben, will den aufmüpfigen Sohn mit dem Stock aus dem Hause jagen, besinnt sich aber eines Besseren und weist stattdessen den Hausgast, der sich an seine Frau heranmachte, hinaus – und muß

---

[22] Klaus Müller-Salget: Das Prinzip der Doppeldeutigkeit in Kleists Erzählungen (1973). In: Kleists Aktualität. Neue Aufsätze und Essays 1966-1978. Hg. K. M.-S. Darmstadt 1981, 166-199, hier 189; obwohl er sich S. 192 u.ö. prinzipiell von denen distanziert, „denen alles eindeutig sein muß, schwarz oder weiß.“ Inzwischen, unter dem Eindruck besonders von Jürgen Schröder, hat er in der Ausgabe 1990 im Klassiker-Verlag, 865-879, schwarz und weiß ziemlich umgekehrt, wozu ihm gratuliert Hans Zeller: Kleists Novellen vor dem Hintergrund der Erzählnormen. Nichterfüllte Voraussetzungen ihrer Interpretation. *Kleist-Jahrbuch* (1994), 83-103, hier 92. Klare Verhältnisse zwischen Gut und Böse fand dagegen Wolfgang Barthel: Zu Kleists *Findling*-Geschichte. *Beiträge zur Kleist-Forschung* (1979), 31-35.

[23] Anker-Mader, 65.

erleben, daß umgekehrt dieser ihm die Türe weist. Orgons Sohn duldet des bigotten, lügnerischen Gleißners frechen Hochmut und seine Herrschaft über seinen Wohltäter, den gutmütigen Vater, allzu lange, will aber endlich aus seinem guten Recht heraus dem Lumpen die Ohren abschneiden und ihn erstechen, „abtun" (III, 4) – „Dies abgemacht" lautet die Wendung, wenn Piachi tötet (214) und wenn man die Soldaten erschießt, die die Marquise überfielen (108).

Den Übeltäter überrascht Piachi als „die Nemesis, die dem Frevel auf dem Fuße folgt" (213). Man belächelt das. Denn zunächst, „auf dem Fuße," unterliegt er oder unterliegt gar die Göttin gerechter Vergeltung dem Frevler. Doch lange triumphiert der nicht. Sein Untergang bewirkt weder Mitleid noch *Katharsis.* Denn anders als in *Tartuffe* und *Lear* (und *Penthesilea*) schrumpft die Nemesis im *Findling* zu Stückwerk und damit zur Floskel. Weder Gott noch Obrigkeit verschaffen ihr und der Hoffnung auf Recht wirksamen Nachdruck.[24] Daß man Piachi „ganz in der Stille" auf dem „Platz del popolo" aufhängt (215), wo er tatsächlich hingehören dürfte, soll womöglich unterbinden, daß eine Revolution die verbrecherische Ordnung oder vielmehr Unordnung des Kirchenstaates stürze.

Zeichnet Kleist im *Kohlhaas* und im *Homburg* das Aufbegehren gegen die Unrechtsherrschaft analog zu der in seinem Preußen, das sich mit Napoleon liierte und sich dem Kadavergehorsam kaum zu entringen anfing, so herrscht im *Findling* vollends schwärzester Pessimismus. Vom Sommer 1811, als Kleist, vereinsamt in Berlin, diese seine letzte Novelle schrieb, sind wenig private Briefe erhalten, fast nur Beschwerden über die „Unedelmütigkeiten und Unbilligkeiten," die Unaufrichtigkeit des Kanzlers Hardenberg, der seine „Verpflichtung" nicht erfüllt, dem Dichter eine „angemessene" Anstellung zu verschaffen (866; 20. Mai). Kleist macht sich „auf das Trostloseste, was über ein Menschenleben kommen kann, gefaßt" (877; 17. September). Daß man ihn so gar keiner Anerkennung würdigt, keiner „Teilnahme," macht ihn unendlich bitter. Die allgemeine Mißachtung der Tugendethik macht ihm die „Gesichter

---

[24] Erstere leiht Kohlhaas ihren Arm durch die Zigeunerin, jedoch pessimistischerweise nur zum Teil, nur gegen den Kurfürsten von Sachsen, nicht gegen den Brandenburger, ich vermute, aus Zensurgründen.

der Menschen […] zuwider;“ und endlich „würde mich gar,“ schreibt er am 10. November 1811 an Marie von Kleist (884),

> wenn sie mir auf der Straße begegneten, eine körperliche Empfindung anwandeln, die ich hier nicht nennen mag. […] es fehlte mir sowohl als ihnen die Kraft, die Zeit wieder einzurücken; aber ich fühle zu wohl, daß der Wille, der in meiner Brust lebt, etwas anderes ist, als der Wille derer, die diese witzige Bemerkung machen: dergestalt, daß ich mit ihnen nichts mehr zu schaffen haben mag. Was soll man doch, wenn der König diese Allianz abschließt, länger bei ihm machen? Die Zeit ist ja vor der Tür, wo man wegen der Treue gegen ihn, der Aufopferung und Standhaftigkeit und aller anderen [staats-] bürgerlichen Tugenden, von ihm selbst gerichtet, an den Galgen kommen kann.

Anhang:
Zwei Rezensionen

Helga Gallas: ***Kleist. Gesetz, Begehren, Sexualität. Zwischen symbolischer und imaginärer Identifizierung.*** **Frankfurt a.M. [usw.]: Stroemfeld / Nexus 2005. 248 S. (Nexus. 77). ISBN 3-86109-177-1**

Eine Art Zusammenfassung und Vorankündigung dieses Buches war der 8-Seiten-Beitrag, der letzte und weitaus kürzeste zu *Erotik und Sexualität im Werk Heinrich von Kleists* (Kleist-Archiv Sembdner, Heilbronn 2000). Viele Formulierungen gleichen einander hier wie dort bis in den Wortlaut. Wer sich durch das Buch gearbeitet hat, mag sich von der Kurzfassung die Klarheit und den Überblick erhoffen, die das Buch nicht bietet und seinerseits in einer „Nachbemerkung" notdürftig nachzuliefern sucht. Im Buch wird jenes Konzentrat ausgeweitet durch unzählige Details und nicht zuletzt durch eine Reihe neuer Themen.

Kleists „Texte" (niemals „Dichtungen") werden daraufhin untersucht, welche Stellung ihnen zukommt in dem kulturgeschichtlichen Schritt, wie Jacques Lacan ihn formuliert: „Von der symbolischen zur imaginären Identifizierung," „von der vorbürgerlichen zur bürgerlichen Gesellschaft." Der Untertitel des Buches markiert Kleists Stellung und Spannung „zwischen" beiden Polen, die er bekanntlich beide zu vereinen sucht oder „begehrt." „Begehren" ist so etwas wie Schopenhauers Lebenswille. Es richtet sich auf Konformität mit dem „Gesetz," das „symbolisiert" wird z.B. vom Rang und anderen Vorzügen, die öffentliche Anerkennung genießen durch die Gesellschaft oder „den großen Anderen" (früher Gott). Dieses Begehren lebt in der bürgerlichen Gesellschaft fort, wird aber im 18. Jahrhundert zunehmend durchkreuzt vom „imaginären" Begehren nach Erfüllung subjektiver Werte, zumal nach Anerkennung individueller Besonderheit. Die sexuelle Leidenschaft, die sich vorbürgerlich von selbst verstand, gehe dabei verloren oder arte andererseits aus zur Sucht; die Frau werde als Heilige verehrt und behandle den Mann als Kind – extreme und z.T. einleuchtende Hypothesen, doch ohne Konsequenz für Kleist

Dieses Begehren sollte nämlich die Sinnlosigkeit des Daseins und die Langeweile der Außenseiter kompensieren. Rousseau machte daraus ein Programm, das rezipiert wurde von der Empfindsamkeit, der Romantik und der weiteren Moderne, von Kleist indessen nur in seinen Briefen. Seine Dichtungen dagegen holten –

laut Gallas als die einzigen um 1800 – die Leidenschaft zurück. Sie soll die Sexualität vertraglich verbindlich machen und die konventionellen Symbolwerte so veredeln, daß beide die Billigung des großen Anderen finden und damit die Gesellschaft erneuern und verbessern.

Lacan und Gallas behaupten darüber hinaus, alles Begehren sei letztlich zur Vergeblichkeit verurteilt. Da es dafür kein erreichbares Objekt gebe, münde es unweigerlich ins Nichts, die wahre Realität. Das Begehren wird zum Todesbegehren. Der mentale Tod vor dem physischen heißt trotzdem der zweite Tod. Das mag sinnvoll sein und berücksichtigen, daß Kleist dichterisch, finanziell, politisch frustriert war bis zum Selbstmord. Es schreckt aber im Ungeist der Technik vor keiner unnötigen Komplikation zurück. So bleibt z.B. unklar, ob sich diese Lebensgesetzlichkeit, eine These des späten Lacan, nur auf die letzten Werke beziehen soll oder im Grunde oder „Unbewußten" auch auf andere und etwa solche wie die *Marquise* und den nicht behandelten *Zerbrochnen Krug*. Wenn ich den Kern des Buches damit halbwegs getroffen habe – und ich bin dessen nicht sicher –, erkennt man Altvertrautes, ja eigentlich nichts Neues und nur ein neues Begriffsbesteck, dessen Anwendung Klarheit schaffen will, tatsächlich aber, wenigstens bei mir, eine heillose Verwirrung anrichtet. Und Gallas weiß, daß Lacan nichts gesagt haben soll, was nicht andere vor ihm schon schrieben. Warum also wird es uns hier wieder aufgetischt in den künstlich neuen Begriffen Lacans und seines Interpreten Mathias Waltz?

Die Antwort ergibt sich mir aus der Rivalität im Literaturbetrieb. Das Vertrauen zur Dichtung und zu ihrer angemessenen Interpretation ist seit langem stark im Schwinden; die Theorien, die sich alle zwei, drei Jahren ablösen, sollen die jeweils gewählte Position stützen und mit ihrer Autorität unanfechtbar machen: ein Rückzugsgefecht aus Zweifel und Verzweiflung?

„Die Wissenschaft produziert ein Wissen ohne Wahrheit, ein Wissen, das dem Subjekt nichts sagt und es nicht bindet" (84). Was also treiben der Theoretiker Lacan, von dem das Armutszeugnis dieses Ausspruchs stammt, und seine Prophetin? Stellen sie sich und ihr Produkt nach dem Beispiel Hans-Georg Gadamers – gleichfalls Literaturphilosoph – über die Wissenschaft und zeigen ihr, wie man es macht, um zu bindenden Wahrheiten zu gelangen? Darüber schweigt Gallas. Stattdessen - und das tut sie in dem Buche immerfort - bricht sie ablenkend ab und fragt z.B., ob überhaupt „Lacans Begrifflichkeit auf einen literarischen Text zu applizieren" sei. Das ist hier indessen bloß Rhetorik und Grundlage für die trotzige Versicherung oder verlegene Ausrede, solcher Zweifel gelte für die Anwendung jedweder Begrifflichkeit.

Weitaus am fragwürdigsten seien aber jedenfalls „Analysen, die glauben, völlig unvoreingenommen und theorielos zu lesen, denn in ihnen sind ebenso Vorannahmen gemacht, nur weniger reflektiert, jedenfalls nicht expliziert, so daß man weniger leicht darüber disputieren kann" (189). Sicher läßt sich besser über definierte Vorannahmen diskutieren als über konkrete Texte und deren Verständnis. Entsprechend sind die zahlreichen abweichenden Lesarten, auf die Gallas im wohltuenden Unterschied zum zunftüblichen Monologisieren eingeht, hauptsächlich theoriebelastete. Sie nimmt sogar Ärgernis an anderen Jüngern Lacans. Die empirisch-„theorielose" Kleist-„Wissenschaft" tut sie dagegen entweder pauschal ab oder pocht auf Konsens in einfachen Dingen.

Daß beide Lager nicht miteinander klar kommen, liegt in der Natur der Methode. Psychoanalyse, Kultur- und Sozialgeschichte bieten wie jede Art von Seelen- und Geschichtsphilosophie zwar interessante allgemeine Durchblicke, aber zugleich Angriffsflächen vom konkreten Fall her. Sie stopfen ja die unvermeidlichen Lücken ihrer Entwurfs-Netze weitgehend mit Verallgemeinerungen, Spekulationen, Hypothesen, kühnen Thesen. Lacan & Co. geben sich systemtheoretisch, als Theoriesysteme. Deren Anwendung auf die Feinheiten und den Zusammenhang der Texte stößt leicht ins Leere, wenn da nicht differenzierende Verfahrensweisen weiterhelfen, vermutlich solche der handwerklichen Dichtungswissenschaft.

Bei der Schilderung des kulturgeschichtlichen Wandels geht Gallas wiederholt auf Kleist ein, um dessen Standort es ja geht. Dieser paßt aber - wie dabei deutlich wird - samt Parallel- und Ausnahmefällen gerade nicht oder immer nur punktuell in das Lacansche Schema. Gallas vermag all das nicht sauber auseinanderzuhalten; es verknäuelt sich, so daß der Leser und jedenfalls Rez. sich außerstande sieht, die einzelnen Komplexe, die manchmal von Kapitel zu Kapitel weiterentwickelt werden, übersichtlich zu referieren. „Das Subjekt wird vom Signifikanten repräsentiert" [von dem, „was seine Identität ausmacht, was er in den Augen der Welt wert ist"] – diesen zwar gespreizten aber m.E. leicht verständlichen Satz Lacans nennt Gallas sibyllinisch und nimmt ihn dennoch als die „Grundlage für das Verständnis des Begehrens der Kleistschen Protagonisten" (236). Da könnte die Untersuchung dann anfangen.

Der enorme und manchmal enorm gelehrte Aufwand, den Gallas zwei, drei Werken widmet und mit dem sie Lacans Theoreme zu erhärten sich bemüht, zeitigt eine Menge Gedanken und Beobachtungen, deren Fülle und Zusammenhänge Gewinn versprechen. Streckenweise folgt man zustimmend, zumal, obschon in theoretischer Verkleidung, weitgehend Vertrautes bekräftigt oder abgewandelt wird. Anderes, das in verstärktes Licht rückt, wird man jedenfalls bedenkenswert finden, zumal was das spezielle Interesse der Autorin betrifft, das Verhältnis zwischen Frau und Mann und dem Dritten oder großen Anderen. Solch entstellende Usurpierung unserer Sprache für eine exotische Terminologie wird freilich manchen stören als unnötige Zumutung.

Anderswo stören Symptome von Überanstrengung, lockert sich der Zugriff auf die Textgegebenheiten und auf deren äußerst anspruchsvolle gedankliche Durchdringung. Vermehrt werden solche Symptome, wo das vorsichtige Geltenlassen abweichender Lesarten kompensiert wird mit entschiedenen, ja apodiktisch-autoritären Verlautbarungen, die nicht selten abrupt abbrechen und ablenken, gerade wenn die jeweilige Argumentation die kritische Berührung mit dem Text erreicht.

Über ihrem eigenen Haupt-„Begehren," die kategoriale Substanz der Positionen Kleists im Rahmen des Lacanschen Systems zu definieren, vernachlässigt Vfn. ohnehin immer wieder, was die Texte an Belegen oder größeren und kleineren Korrektiven dazu bieten mögen. Nicht selten schrumpft die Interpretation zu lacanischen Lakonismen, Randbemerkungen und knappen Fußnoten. Da sollen wir offenkundig der Kompetenz der Autorin und der Autorität ihres theoretischen Rüstzeugs vertrauen.

Lacan hat auch Dramen interpretiert, z.B. *Antigone.* Ihm folgend, sträubt Gallas sich gegen die Annahme von Konfliktlösungen, Synthesen. Sie bevorzugt ein demokratisches „Nebeneinander" in den Texten wie ja auch „zwischen" Alt und Neu. Da könnte man indes unterschätzen, mit welch versteckter Ironie Kleist sogar noch ein scheinbares „Nebeneinander" entlarvt als falschen Schein.

Und Frau Gallas ist durchaus nicht gegen Täuschungen immun. Sie folgt dem frühen und dann dem späten Lacan und versichert, Harry Fröhlich gelange zu ähnlichen Resultaten wie sie, weil er sich auf die Lacan-nahe Theorie Batailles stütze (im obengenannten Heilbronner Band 2000). In wesentlichen Punkten herrschen indes unvereinbare Gegensätze. Fröhlich nennt Penthesileas Zerfleischung des Achill „erotische Ekstase," leidenschaftliche Liebe und Sexualität, ja „ganz sicher" (110f.) „körperliche Vereinigung," zugleich „eine schwarze, gewaltsame und beschmutzende," eine „Literatur des Bösen" (112). Gallas liest vollkommen anders. Soviel zu ihrer Zuverlässigkeit, Interpretationen vergleichend zu bewerten.

Getreu ihrem Prinzip des „Nebeneinanders" macht sie zur Sexualität bei Kleist zwei Angebote: den Sexualakt als Vertrag (158) und Element der symbolischen Ordnung. Andererseits wird ihr und Lacan zufolge dem Begehren Befriedigung versagt und gerade damit Dauer zugesichert (185). Penthesilea genieße sexuell nicht selber; sie genieße vielmehr die überschwängliche „Wollust," die sie in Achill erregte. Tatsächlich bildet sich die Heldin ja ein, trotz ihres groben Fehlers habe er verstanden, daß ihre Bisse Küsse waren (225). Die Heldin faszinierte Achills `Wissen´ (Lacan), wie er Hektors Leiche erst schändete und dann erbarmend bzw. Zeus gehorchend dem Vater auslieferte (185). Es hätte sich gelohnt, diese und Fröhlichs Interpretation samt anderen am Text gegeneinander abzuwägen. So bleibt es bei einer angeblichen Parallele, die in Wahrheit unvereinbare Gegensätze leugnet und kaschiert.

Wir stecken längst im Grundsätzlichen dieser literaturwissenschaftlichen Arbeit. Daher meine Ausführlichkeit. Gallas erklärt, Interpreten dürften ihre Wertwelt nicht an einen Text herantragen, und weiß einen Gelehrten zu zitieren, der das seinen Studenten einschärfte. Ich bildete mir ein, jeder Lehrer täte das. Sie hat natürlich Recht, wir alle sündigen; und sie selber tut es unverblümt eben mit ihrer Applizierung Lacans. Und unbefangen nimmt sie öfters einseitig Partei für Kleists Frauen und gegen seine Männer. Diese „vögeln," notiert sie (146; ebenso Heilbronn 2000, 236). Im Zusammenhang mit dem Druck, unter welchem das jeweils geschieht, ist solche Tonlage nicht ganz abwegig; doch bleibt es in einem Buch dieser Art als parteiische Geschmacksentgleisung peinlich. Die, wie Vfn. zu wissen vorgibt, jungfräulich-asexuellen Damen dagegen erfahren statt „phallischem Akt" „Verzückung," ja eine religiöse „Verklärung," Sublimierung und Erhöhung.

Die Tragödie, die Metapher an Metapher reiht, ermutigt nämlich Gallas ihrerseits zu kühnen metaphorischen Behauptungen. Die Amazonen, die sich am Ende arrangieren werden, ohne ihr Staatsgebilde aufzulösen (das wird meistens umgekehrt gelesen, bleibt indes offen), sollen auch als Mütter „Jungfrauen" sein und, wie gleichfalls die besiegten Griechen, die Werkzeuge ihrer „Marsbefruchtung," die sich in unvorstellbar lustvollen Orgien vollzieht, „keusch und herrlich" bleiben (157).

Tut Fröhlich letzteres ab als „Priesterbetrug," so findet Gallas bei Penthesilea und den Amazonen Lacans Liebe zum universellen Mann, „Zum Gott im Mann," und das Modell für die religiöse Verklärung anderer Frauen. Josephe bleibe trotz des Vorfalls im Klostergarten und trotz Kind Jungfrau. Durch den Namen verbunden mit einem imaginären Joseph, müsse sie ja wohl ein auserwähltes Kind gebären. Das Gottesgeschenk der gottseligen Adenauergermanistik (Wiese) wird also noch überboten durch Jesus-Analogie. Darüber freue sich Josephes Ritter Fernando – und nicht, wie er sich ausdrückt über die Erwerbung dieses Pflegekindes – damit aber kann er kaum etwas anderes meinen als seine eigene Bewährung als „göttlicher Held." Doch das wäre etwas Ethisches, und darüber sind wir hier hinaus.

Die Vfn,, die so viel Wesens macht von kritisch-theoretischer Reflexion, stellt niemals die selbstkritische Frage, ob sie der Vermengung von Menschlichem mit Religiösem zu Recht und völlig sorglos eine religiöse Weihe zuerteilt, oder ob – es wäre freilich eine Kehre von kopernikanischem Format – Kleist nicht durchweg das Gegenteil vollzieht: eine Säkularisierung, die – in Übereinstimmung mit seinem durchgehenden Antiklerikalismus – die Heldinnen und Helden um ihres humanen Ethos willen so verehrungswürdig macht wie herkömmlich die Figuren der Religion. Belege wären eben der „göttliche Held" vor der Kathedrale sowie die suggerierte Analogie von Mutter, Mann und Kind mit der Heiligen Familie u.a. Gallas ignoriert einschlägige Studien dazu ebenso wie die Vielfalt der Ironien des kleistischen „Als ob" im *Erdbeben* wie in der *Marquise* und dort neben den komischen Frechheiten den anzüglichen Spott über die gläubig-abergläubische Mystifizierung sexueller Vorgänge.

Der Triumph des Gottes auch im Herzen der Alkmene ist für Gallas „ganz deutlich." Der „Mann, mit dem der [exorbitant genußvolle!] sexuelle Akt stattfindet, ist ihr ein Gott" (2000, 235). Doch er ist eben auch einer. Und sie wisse das zu schätzen. Das meinten schon die glaubensfrohen Interpreten der Adenauerzeit und ihre Nachfolger. Nunmehr bis hin zu Gallas verdrängt man, was die Frau und ihre ethisch-humane Autonomie verehrungswürdig macht: sie will von der „Ehre" des göttlichen Besuchs, dem Betrug, dem Ehebruch, der erschlichenen Vergewaltigung und von deren seelischer Wiederholung durch Jupiters Selbstoffenbarung nichts wissen. Woraufhin der sie als „Göttliche" anredet und seine Blamage zugibt. Für Gallas ist die voreingenommen religiöse Umkehrung in Jupiters Triumph so „deutlich," daß sich jede Erörterung erübrigt. Gleichfalls Jochen Schmidt (vgl. meine Rezension *HKB* 18, 174) verkennt, wie sehr Kleist nahezu überall aufbegehrt gegen Anmaßungen der Autoritäten, nicht zuletzt der religiösen. Wieweit solches Verkennen Deutschlands Tradition und Zeitgeist oder Männer- und Frauen-Phantasien des Begehrens spiegelt, mag jede(r) selbst abschätzen.

Gallas richtet ihre Autoritätskritik lieber feministisch gegen den unväterlichen Agamemnon in Goethes *Iphigenie* - die sie vergleicht mit *Penthesilea* -, genauer gegen die fortdauernde Liebe und Verehrung der vatertreuen Tochter. Rache - an Orest, dem Mörder ihrer Mutter, und Rache überhaupt begehrt die Heldin eben gerade nicht (anders als die Götter, gegen deren Autorität Goethe sich prometheisch auflehnt. Doch das ist sogar in der Goetheforschung praktisch unbekannt geblieben vgl. WW: *Goethe.* Frankfurt 2004). Schwerer wiegt daher die feministische und anti-Goethesche Parteilichkeit, mit der Gallas zwar dem Mitgefühl der Amazonen für ihre Geschlechtsgenossin, die Mörderin Penthesilea, gerecht wird (216), nicht indes dem vergebenden Mitgefühl Iphigenies für ihren Vater, den seine Frau ermordet, weil er die Tochter unter dem Druck der Götter opferte.

Für Penthesileas Selbstmord schlägt Gallas zwei Interpretationen vor, eine mit dem frühen und eine mit dem späten Lacan: 1. im

Zeichen der „symbolischen“ alten Ordnung: Sühne für das hybride Verbrechen an Achill im Bann der neuen, individualistisch-„imaginären“ Identifizierung. 2. Begehren hinaus über die Zerstörung auch ihres Spiegelbildes in Achill – denn beide sind eins, sie selbst ist Frau und Mann oder Über-Frau und Über-Mann zugleich (= Übermensch?). Es ist Begehren nach der Identifizierung mit Achill, aber unerfüllbar wie jedes Begehren und strebt daher über die Grenze der Existenz hinaus als Todesbegehren ins Reale, in das „Nichts.“ Nach Lacan und Gallas geht dieser zweite, wahre Tod dem ersten, dem physischen Tod voran. Eine unnötig verquere Zählung, deren theologische Wurzel die Fußnote S. 219 nahelegt.

Am Ende des Nachworts heißt es, die „Lösungen“ 1 und 2 (die Gallas sehr viel komplexer formuliert) seien unvereinbar und „Dieser Bruch ist interpretatorisch nicht aufzulösen“ (417) Punktum. Was aber soll die apodiktische Geste? Wie Gallas die Positionen der Heldin und ihren Wechsel schildert, kann die zweite, weiterreichende, die erste übersteigen und einen eindrucksvollen Schluß ergeben. Daß sie genau das S. 219f. schildert („Ich verstehe das so“), hat sie im Nachwort wieder vergessen und verwischt. Nicht abzuweisen ist der Eindruck, daß öfters Ähnliches passiert.

Mit einem „Nebeneinander“ (114) der Schlußwertungen beendet Gallas auch die zweite gründlichere Werkinterpretation des Buches: die der *Verlobung*. Vor einem nützlich breiten historischen Hintergrund (Paul Michael Lützeler) wird Gallas in Übereinstimmung mit der Forschung den Schwarzen gerecht, der Unglaubwürdigkeit des antischwarzen Erzählers und den Mängeln Gustavs, des weißen Verführers und Mörders.

Obwohl sie Vorgänger verschweigt, stellt sie nicht als erste (vgl. meine Lützeler-Rezension *HKB* 11, 2001) am höchsten die Tat der Schwarzen, die ihren ehemaligen Besitzer und Peiniger mit dem gelben Fieber ansteckt, um ihn und die anderen Weißen zu vernichten. Gallas hinterfragt zwar die widersprüchlichen Berufungen auf überweltliche Gewalten – aber wenn Gustav einfältig-emotional erklärt, die Tat jener Schwarzen mache „zur Aufrechterhaltung menschlicher und göttlicher Ordnung“ die Engel zu Verteidigern der ungerechten weißen Seite, dann kontert sie nicht, daß die Engel sich offenkundig keineswegs so paradox verhalten, sondern läßt die Argumentation abrutschen in die Erinnerung, daß der biblischen

Judith die Engel (es ist nur einer) beistehen bei ihrer vergleichbaren Tat. Nur übersieht sie (113) etwas Wesentliches: Judith bringt nicht wie dann bei Hebbel und wie Kleists Schwarze das Opfer der Sünde, der „Verunreinigung" (113). Der Vergleich bringt also nichts. Und obwohl gar nichts an einen biblischen Subtext erinnert, besteht Gallas darauf, daß einer da ist und eine überweltliche Einwirkung beweist. Dabei war sie schon auf dem Wege zu der Einsicht, daß die „höhere Wertigkeit" der Rachetaten sich ohne Metaphysik aus dem Menschenrecht der Unterdrückten, verbunden mit Selbstaufopferung, ergibt.

Diese höchste Tugend Kleists und der Zeit adelt zwar auch Tonis Liebestat, wenn auch nicht ganz auf gleicher Ebene. Das gesuchte „Nebeneinander" der Schlüsse bewerkstelligt Gallas daher, indem sie für die Unzulänglichkeit des Liebes-Vertrags statt der ethischen Unzuverlässigkeit Gustavs ein unerklärtes Schwanken seiner Substanz verantwortlich macht (115) und dann eine „Rehabilitierung des verunglückten Helden" erblickt in dem „Denkmal," das Herr Strömli seinem Vetter wie einem „berühmten Herrscher" usw. setze, während doch einzig dessen Verlobte, die „treue Toni" – eine Geschlechtsgenossin der Autorin! – das ehrenvolle-ethische Attribut erhält (46).

Vollends wie Strömli „noch auf den Wällen für die Sache der Weißen" ficht, um sich dann „mit dem (gefangenen!) französischen Heer auf die englische Flotte," nach „Europa" und in „sein Vaterland, die Schweiz" zu retten (die er nie zur Wiedereinführung der Sklaverei hätte verlassen sollen) – diese satirische Ironisierung des Erzählers und der Weißen entschiede die Wertordnung der Novelle, falls sie noch offen wäre, nicht in einem Nebeneinander, sondern zugunsten der Schwarzen, allerdings mit einem ironischen Understatement, dessen Komik offenkundig nichts ist für den dichtungsimmunen Ernst der Systemtheoretiker und vieler Germanisten.

Am *Homburg* läßt Gallas ihrem antiautoritären Feminismus freien Lauf. Bei Natalie ist das unschädlich, wenn schon nicht neu. Aber mokiert sie sich zu Recht über des Kurfürsten Altherren-Allüren, seinen Flirt mit dem Nichtchen, ja seine Impotenz (woran will sie die ablesen? Vielleicht wurde sie ihr Wunder erleben!). Ist ihr unbekannt, wie humorvoll-kritisch Kleist die einst von Müller-Seidel hochgejubelten überlegenen Personen ironisiert? Wohl deshalb sieht sie über solch trivialen Kapriolen, offenbar noch im Bann der preußischen Legende, vorbei an den nachweisbaren und nachgewiesenen schweren Fehlern des Fürsten. Sie hat es auf den „Triumph des Prinzen" über den senilen Kurfürsten abgesehen, begnügt sich daher, dessen Gerechtigkeit nur mit unbestimmten Argumenten anzuzweifeln, – und übersieht, wie die Forschung freilich durchweg tut, die Ergänzung des kurfürstlichen Schnitzers. Ihre Zitate verfehlen knapp das zentrale Zeilenpaar des Prinzen:

> Ich will ihm, der so würdig vor mir steht,
> Nicht, ein Unwürdger, gegenüber stehn! (V. 1380f.)

Deshalb, in gekränktem Stolz wetteifernd in Noblesse, akzeptiert der Prinz das Todesurteil. Wohl wird das ein imaginärer Triumph über den Landesherrn und sein Gesetz, über das Schicksal und das Leben überhaupt – indes voll und ganz erst durch die Begründung, der sich die Interpretin so wie die gesamte Forschung hartnäckig verweigert, obwohl ich seit 1961 mehrfach und erst wieder neuerdings auf diesen zentralen Punkt verwiesen habe.

Es handelt sich vor jeder Interpretation, mit oder ohne Theorie, einfach um eine Textpassage. Der Prinz verletzt im Siegestaumel das Gesetz und wird dafür verurteilt. Davon allein spricht man und spricht der Kurfürst, als gäbe es nur diesen einen Angriff. Es gibt aber noch einen zweiten und diesmal erfolgreichen, den man im Drama auch feiert. Als Homburg nämlich glauben muß, der Kurfürst sei gefallen, faßt

> Schmerz, unermeßlicher, des Prinzen Herz
> Dem Bären gleich, von Wut gespornt und Rache, (V. 550ff.)

wirft er sich auf den Feind und rettet den Sieg, den das verantwortungslose Allotria des Kurfürsten aufs Spiel setzte. Den Prinzen motiviert also genau die Liebe, die Kottwitz zuletzt als das oberste, Sieg schenkende Gesetz der Brandenburger preist und auch dem Kurfürsten verständlich machen dürfte. Diesen Beginn einer gesuchten zweiten Geschichte für den doppelten Schluß zu übersehen, ist seit langem nicht mehr akzeptabel und bedeutet gleich zu Anfang des Buches ein kapitales Eigentor.

Schon lange sieht man die Widersprüchlichkeit oder ungelöste Offenheit des Endes, ja geradezu dessen zwei Schlüsse. Der Kurfürst hat begriffen und hebt das „Nebeneinander" von Sühne und Überwindung auf. Kleist aber besingt diese Synthese von Tod und Leben, die Vermeidung des Justizmordes, die Überwindung der Paragraphen, die triumphierende vaterländisch-menschliche Liebe als verzweifelt schneidenden Kontrast solcher Kunst und Literatur zum wirklichen Leben: „Ein Traum, was sonst?" Das sind auch zwei Schlüsse. Gallas erreicht ihr „Nebeneinander" ohne den Kernvorgang und -ausgang des ganzen Werkes wahrzunehmen, führt also den Leser irre. So wie sie sich hat irreführen lassen von Lacan und dem Traum von Systemtheorie.

Kleists Erzählungen und Dramen. Neue Studien. **Hgg. Paul Michael Lützeler u. David Pan. Würzburg: Königshausen & Neumann 2001.** ***Heilbronner Kleist-Blätter*** **13 (2002), 105-119.**

(Erheblich gekürzt. Laut Vorwort handelt es sich um ein neues multimediales Methoden-Projekt. Es geht dabei um *Displacements,* Verschiebungen, Wandlungen, Übergänge aller Art - in der Deutung überwiegend mit Verlust-Bilanz, dekonstruktiv, ja nihilistisch.) Die Methode verschiebt sich von der einst bevorzugten textbasierten Phänomenologie zum Kombinieren virtuell unendlicher Inhalte und Wertschattierungen; von einläßlicher Diskussion eines begrenzten Themas - und sei das nur der früher anvisierte „Sinn des Ganzen" - zum Vagieren zwischen Kombinationen und Spekulationen mit mannigfachen Theorien; endlich Umsiedlung vom Schreibtisch des Buchgelehrten zum Computer-Desk des Elektronik-Literaten.

Die Skala auch der Methoden-Übergänge fächert sich unendlich auf. Die jüngeren Beiträger (65 war Altersgrenze) sind in der Überzahl und haben die älteren und deren ältere Verfahren angesteckt. Ich übergehe das Schluß- und Zielreferat *Kleists virtuelle Welten – ein intermediales Projekt* sowie Hans Christoph Buch, Ehrengast der hier dokumentierten Konferenz und literarischer Auswerter der *Verlobung,* mit seiner Verschiebung diesmal des *Erdbebens* in „eine wahre Geschichte" bzw. zwei.

Die literarwissenschaftlichen Beiträge verfahren öfters respektabel, streifen zuweilen aber bedenklich die Grenze zu historischer und literarischer Unterhaltung und überschreiten sie.

Eine Sonderstellung kommt dem Aufsatz Liliane Weissbergs zu: *„Michael Kohlhaas," or the Monstrous Disorder [Displacement] of the World.* Vfn. erzählt, wie Benno von Wieses Autobiographie und seine *Kohlhaas*-Deutung einander bis zur Übereinstimmung „verschieben:" Kleists Charakterstudie werde kritisch `displaced´ zum Exempel der übermächtigen Geschichte, die dem Einzelnen allen Handlungs-Spielraum nimmt und ihn - damit entschuldigt. Das werde weiter `displaced´ auf das eigene Leben. Das könnte eine geistes- und wissenschaftsgeschichtliche Perspektive öffnen, bedient aber lediglich den Routine-Vorwurf der Nachgeborenen gegen die Generation der Täter bzw. Nicht-Täter.

Weissberg beanstandet, daß Wiese auf seine Beförderung zum Gefreiten stolzer war als auf die zum Professor. Der Gelehrte schreibt aber sinngemäß: momentan. Und ironisiert sich selbst. Als Soldat war er sicher eine Karikatur und Katastrophe, mutierte indessen rasch zu einer Mixtur von Schwejk, Felix Krull, Hauptmann von Köpenick. Hielt Faust-Vorlesungen, organisierte Gedichtabende, moderierte und sorgte für Proviant - alles mit Hilfe zahlreicher Freunde, die ihm sein Charme unfehlbar verschaffte. Diese Gabe nebst einer Menge anderer, nicht zuletzt dem Glück des Tüchtigen und Unermüdlichen (der „immer strebend sich bemüht") und einem imponierenden Vermögen, sich Raum zu schaffen, wußte er auch späterhin zu nutzen als Groß-Ordinarius der deutschen Germanistik.

Nicht ohne Berechtigung paßt er die Darstellung seines Lebens unter den Nazis seiner Kohlhaas-Deutung an. Einen Kohlhaas aber nennt er sich und einen tapferen Schüler (s.u.) ausdrücklich, wo seine Leser an gar keine Kleist-Interpretation denken, sondern nur an den sprichwörtlichen unerschütterlichen Vorkämpfer des Rechts. Wiese nahm dafür natürlich nicht den Tod oder den Verlust allen Eigentums in Kauf. Die Novelle selbst kommt bei Weissberg übrigens nicht auf ihre Kosten. Die freundliche Nennung meiner englischen Auslegung ist dafür kein Ersatz *Historical Reflections/ Reflexions Historiques* 26, 3 (2000) 471-86. Doch um den Sinn von Texten geht es ja immer weniger.

So übergeht Weissbergs knappe Nacherzählung ohne Umstände das zentrale \`displacement´ der Handlung nach Berlin und amputiert damit genau den Teil des politischen Themas, der für die Nachgeborenen besondere Aktualität besäße: die propagandistische Irreführung durch eine justizmörderische Obrigkeit und die Immunisierung der Karrieristen und Profitmacher gegen störende Durchbrüche der Wahrheit.

Andererseits läßt Weissberg die weitere Bedeutung Wieses für die Germanistik ebenfalls so gut wie unbeachtet. Meine Arbeiten gehören ja schwerlich mehr zum Lektürekanon ihrer Ausbildungsrichtung und -generation. Ich war der erste, der dem Groß-Ordinarius scharf widersprach. Wofür er den damaligen Schulmeister mit Universitäts-Ambitionen aus der Ferne niederhielt. Als ich es auf eigene Faust zum US-Kollegen brachte, gab er meinen Initialen

WW die Bedeutung `Wieses Widersacher.´ Damals zitierte ihn jeder zustimmend, um sich unangreifbar zu machen. Gestern wie heute war und ist es risikolos und fast eine Versicherung gegen Kritik, wenn man ihn bespöttelt oder ihm einen Fußtritt verpaßt. Da wird es Zeit, ihn zu verteidigen. Er machte vieles besser als seine heutigen Verächter. Auf dieser Basis schlossen er und ich zugut-erletzt geradezu freundschaftlichen Frieden. Das ändert nichts an meinen Vorbehalten.

Über solche war Wiese tief gekränkt, anerkannte aber ritterlich fair (genau wie der von ihm s.u. gelobte tapfere Peter Pütz), daß ich (im allgemeinen) nie persönlich attackiere. Meine Text-Argumente richteten sich gegen seine ausweichlerische Literaturdeutung – da ist Frau Weissberg beizupflichten; das war eben die Masche der Existenztheologen Heidegger, Wiese und Konsorten samt den Religiösen. Ich nahm seine politisch wie ethisch unzulängliche Literaturdeutung und Wirkungsweise sowie deren Grundlage aufs Korn: das philosophisch-theologische `Displacement´ des theoretisch verachteten Ethischen, dessen Auflösung in Glaubenssehnsucht und angeblich tragischen Glaubensverlust.

Trotz der Empörung seines Lehrers Jaspers wirkt dieses von der damaligen Elite fabrizierte akademische Ethik-Vakuum bis heute weiter im postmodernen Nihilismus, in dem akademisch weitergepflegten hochmütig-vornehmen Desinteresse an ethischen Fragen und im daher oft stupenden Ungeschick beim Umgang selbst und gerade mit einfachsten ethischen Dingen in der Literatur. Und, last not least, im damit notwendig verknüpften, alles andere als pedantisch sorgfältigen Lesen der Texte.

Gewiß ist Letzteres so ausgiebig betrieben worden, daß es kein Wunder ist, wenn in der Postmoderne, wo „alles geht," sich die Frage nach der richtigen Lesart, um die früher alles ging, ziemlich verkrümelt hat bzw. recht leichthin beantwortet wird und sich verliert im Theoretisieren. Das ganze Buch macht Grund und Folge anschaulich. Es fehlt – nicht zuletzt dank Heidegger und Wiese – der Glaube an sinnvolle, und das heißt vorwiegend: ethisch sinnvolle Ergebnisse und deshalb an Text-Sinn überhaupt. Darum, freilich auch generiert vom oft trüben Los des Ethischen im nationalistischen Polizei- und Militär-Staat, verkam das ergiebige Arbeiten am Text. Literaturwissenschaft oder jedenfalls Literatur-Unterricht ist ein Politikum, eine unentbehrliche Pflanzschule für politisches sowie für Denken, Fühlen überhaupt. Was bedeutet es da, wenn man eine Zeitlang sogar den Unterschied zwischen richtigem und falschem Lesen bestritt. Vermutlich machte das Korrigieren und Benoten von Studentenarbeiten solchem Unfug rasch ein Ende.

Wo eine Gruppe ausgewählter Akademiker sich äußert, kommt selbstverständlich vieles Kluge und Wertvolle zur Sprache. Das gilt besonders von den hier zuerst folgenden und dem Rez. methodisch zusagenden Beiträgen.

Für Azade Seyan, *Moral Agency and the Role of Chance: The Ethics of Irony in „Der Zweikampf,“* geht es sogar um die „richtige Lesart.“ Das Märchen von der unsichtbaren Hand, die zugunsten der Unschuldigen eingreift, werde ironisch widerlegt. Die persönliche Zuwendung des Ichs zum Du führe zur Entmächtigung (Displacement) der von Menschen gemachten Gesetze. Todorovs bedenkenswertes Diktum „Worte haben eine Autorität bekommen, die den Dingen abhanden kam,“ paßt für alle Parteien; und den Ausschlag gibt zuletzt – die Autorität der Dinge.

Der Aufsatz beeindruckt intellektuell, nicht zuletzt dank seinem Kategoriensystem von Aristoteles bis Ricoeur. Das geht zwar auf Kosten von Argumenten der Novelle selbst. Der Lesart Seyans ist indes m.E. im wesentlichen beizupflichten. Daß sie alten Wein in neuen Schläuchen reicht, verschweigt sie allerdings. Das tat man früher nicht so selbstverständlich wie heutzutage, wo es viel mehr Gedrucktes zu bewältigen gibt oder vielmehr gäbe; man erwartet davon ja nichts mehr; alles ist ja, nicht zuletzt methodisch, stets schon überholt.

Ähnliches ließe sich anmerken zu Carl Niekerk, *Men in Pain: Disease and Displacement in „Der Findling.“* Leider fehlt abermals und wie nun fast üblich, das Salz der Wissenschaft, die korrektive Auseinandersetzung mit der Forschung. Diese wird hier ohne Federlesens beiseitegeschoben (displaced) oder auf Nebenspielplätzen ausgespielt. So unterbleibt das fällige Strafgericht dafür, daß man wie auch in anderen Literaturwerken die Unterscheidung des „Bösen“ (Nicolo) von den „Guten“ (Piachi und Elvire) allzu häufig auf den Kopf stellte – man bedenke die pädagogischen Folgen! Niekerk stellt das richtig. Ausführlicher als aus der Novelle selbst wartet er freilich mit Argumenten aus theoretischen Erwägungen und

Spekulationen über Krankheit (Piachi soll geschlechtskrank sein) und Ortsveränderungen auf. Die neuen Schläuche der Theorie interessieren eben mehr als die Literatur, deren Verständnis alten und schon fast wieder neuen Wein darstellt. Das Vorwort nennt als Hintergrundsbezug „Lessings Aufklärungsmärchen von Nathan dem Weisen:" Adoption und Ersatz, Displacement von Familiengliedern. Der Unsinn der beliebten These, die Katastrophe sei die nihilistische Fortsetzung der heroischen Adoption am Schluß des *Erdbebens,* bleibt uns erspart, doch ebenso der richtige Bezug auf *Nathan*: Piachi ist wie er ein „Geber" (=„Nathan"), freilich ein unvernünftig übertrieben generöser wie König Lear.

Altmeister Hans Joachim Kreutzer (*„Amphitryon:" Mythos und Drama)* vermißt einen Paralleldruck der Lustspiele Molières und Kleists. Daß meine umfangreiche Auswahl einem solchen immerhin nahekam, genügt ihm demnach nicht. Unter Hinweis auf Forschungslücken breitet er aus, was alles – oft vermittelt durch mannigfache Rezeption und Umformungen, Displacements, von Plautus und früher her – in Kleists Text hineinwirkt. Für diesen selber springt nicht viel heraus. In der Schlußszene stimme „manches nicht so ganz;" das eine Jupiter-Diktum sei eine „Crux;" „der Textkritiker" sage dafür „unheilbar."

Sozialgeschichtlich verfährt Stephan K. Schindler. Sein pin point Ziel ist *Die blutende Brust der Amazone: bedrohliche weibliche Sexualität in Kleists „Penthesilea."* Der deformierte *(displaced)* Busen steht im Zentrum als Protest gegen die verzerrende „Verschiebung" des Frauenideals zur begierdelosen Hausfrau und vor allem Säugemutter. Die verbliebene Brust wird (nach Simon Richter) phallisch; sie kastriert und mordet die impotenten Männer. Meint Vf. das bei Achill und daß der mit seinem Verstellungsspiel eine Vergewaltigung plane (201), was wären die Belege? Das Stück wecke „Entsetzen" über „das Scheitern der modernen, bürgerlichen Sozialordnung, bevor diese überhaupt soziale Norm wird" im 19. Jahrhundert. Eine menschlich-dramatische Lektüre für die Männer, die heute obligatorisch an Schuldkomplexen laborieren.

Hans Dieter Zimmermann, *Der Sinn im Wahn: der Wahnsinn. Das 'große historische Ritterschauspiel' „Das Käthchen von Heilbronn."* Displacement: Handlung und Figuren zerfallen in Teile bzw. Eigenschaften, die erst wieder zusammenstimmen, wenn man sie metaphysisch nimmt, als Metaphern für Kleists Willen, die Welt von außen in den Griff zu kriegen. Der Wahnsinn sei der rechte Weg, ernst zu nehmen das Christliche; es ermöglicht Kleist, die Sprache zu überhöhen, einige Vorgänge zu Wundern zu erheben und die Hauptpersonen zu vergöttlichen. (Das gälte ebenso für Kohlhaas und seine Zigeuner-Elisabeth.)

Displacement, „Verrückung" des Geistes: er wird dem Paar „aus dem Körper, der todesähnlich zurückbleibt, herausgezogen" und zu seinem Ziel „geführt." Das wäre die Erklärung gleichfalls für das Zentralereignis der *Cäcilie,* das Stephens (s.u.) nicht einmal erwähnt. Die Arbeit ist konzis und sehr gut lesbar, verlangt freilich auch viel. Zuguterletzt begibt der Kleist-Biograph sich allerdings in heißes Wasser oder aufs Eis: Er behauptet, in Goethes *Iphigenie* würden die Götter „vermenschlicht," soll natürlich heißen, humanisiert. Langweilig und ein schweres Mißverständnis, damals nicht mehr verzeihlich.

Lynne Tatlock / Joseph Loewenstein, *Wer da? The Displaced „Bettelweib von Locarno,"* erweitern die herkömmliche evidente Lesart um den sozialgeschichtlichen Rundblick auf die aktuelle Bettler-Plage. Kleist handelte davon in den *Abendblättern.* Gerstäcker umschrieb die Ubiquität und erschreckende Unberechenbarkeit des Problems höchst eindrucksvoll (in Wendungen, die heute genau auf die Gefahr des Terrorismus passen. Literarisches Vorbild damals wäre das Treiben der Bettler und Bettelvögte oder „Fausthämmer" in Wagners *Kindermörderin*). Kleist soll sich mit der Novelle gegen die Regelung durch den Hauptmann in Goethes *Wahlververwandtschaften* wenden. Er arbeite mit der Vertikalen und mit Wiederholungen: Tektonik. Die Theorien von Marx und Derrida werden mehr geist- als für den Rez. hilfreich assoziiert.

Ähnliches gilt von Bernhard Greiner, *[...] Kleists unausführbare Tragödie „Robert Guiskard."* Kleists Projekt sei gescheitert, nicht weil er es unglücklich anfaßte oder weil ihm *Die Braut von Messina* knapp zuvorkam. Vielmehr versagte Schillers Tragödien-Konzept in der Probe, welcher Kleist es unterwarf. Von diesem Displacement erfahren wir freilich nur: In Verbindung mit dem Erhabenen gehe das Moment der Schuld verloren. Sind aber Guiskards nächste Verwandte nicht Fiesko, Wallenstein und Demetrius, die bekanntesten unter Schillers erhabenen Verbrechern? Freilich werden sie heute häufig gar nicht mehr mit Schuld assoziiert. Das mochte den Vf. irreführen.

Als unproduktive Komplizierung und Verengung stört mich wie immer Greiners Steckenpferd, der ausgiebige Rückgriff auf Kant. In heutigen Vorlesungsverzeichnissen mag der ja als einziger erwähnenswerter Philosoph damals erscheinen. Kleist kannte daneben aber andere, z.B. wahrscheinlich Bouterwek. Der kam seinen Interessen jedenfalls mehr entgegen, schrieb besser verständlich und war nicht so penetrant traditionsverhaftet. Ganz zu schweigen davon, daß die braven Deutschen Kants Autoritätshörigkeit in der damaligen Widerstands-Debatte schlicht verdrängt oder vergessen haben. In den Versen 519-524 sind „Jammertal" und „Himmelslüfte" kaum wörtlich religiös gemeint, wie Greiner liest, sondern, wie bei Kleist fast immer, als bewertende Metaphern für Reales, hier für die Belagerung von Byzanz bzw. für Italien, die ersehnte Heimat.

Lorelle Raihala, *Who has Control of her Life? "Die Marquise von O...,"* ringt, gedrängt von Feminismus und Anti-Patriarchalismus, mit Frau-Mann-Beziehungen nach allen Richtungen und bietet vorzüglich ausgewählte Zitate zur Kennzeichnung der Forschung. Da kann doch nichts mehr schiefgehen? Leider doch. Vfn. kommt auf falsches Gleis, weil ihr das Gespür für Kleists Ironie fehlt. Sie nimmt sogar das Marquise-Epigramm unironisch beim Wort und verfällt gläubig der lüsternen Spekulation nicht weniger Kritikerinnen, die Heldin bliebe während des Gedankenstrichs nicht ganz unwissend. Der Text enthält sexuelle Frechheiten; jenem perfiden Voyeurismus indessen leistet er nicht den geringsten Vorschub. Damit würde er zerstören, was die Verfasserin (zu ihrem Ruhm sei es gemeldet) schmerzlich vermißt: die ethische Dimension. Die allerdings durchzieht wie überall bei Kleist kraftvoll und sogar besonders lautstark den gesamten Text. Graf F. wird seine Schuldflucht und fortgesetzte Unaufrichtigkeit, die großes Leiden über die Familie bringen, am Ende reu- und demütig abbüßen. Er erhält dafür Vergebung und Aufnahme in den Gutsbesitz der Heldin, deren Emanzipierung Vfn. bestreitet. Diese ist da freilich mit den Bedürfnissen weiblicher Leiblichkeit sowie mit Kleists und seiner Zeit rückständiger Einstellung zur Frau beschäftigt und längst ohne Kontakt zum Werk.

Laurie Johnson, *Psychic, Corporeal, and Temporal Displacement in „Die Familie Schroffenstein,"* entlarvt auch noch die letzten bisher nicht dekonstruierten Bastionen des Dramas als Illusionen. Alles fällt auseinander: die Einheit der Personen, ihre Kommunikation, Vergangenheit und Gegenwart. Vfn. meint damit hinauszugehen über Gerhard Neumann, Greiner, Stephens, füllt aber nur noch älteren, existentiellen, obwohl ihr offenbar schon unbekannten Wein in neue Schläuche. Immerhin schreibt sie sich eisern durch zu einem pragmatischen Nihilismus, d.h. praktischer Ausweglosigkeit. Sie verweigert jedes Vertrauen selbst zu schüchternsten Keimen ethischer Erneuerung.

Anthony Stephens, *Stimmengewebe: Antithetik und Verschiebung in „Die heilige Cäcilie oder Die Gewalt der Musik,"* seziert, typisch für die Arbeitsweise des Verfassers, dessen Buch nun auch auf Deutsch vorliegt, die Widersprüche zwischen den verschiedenen Erzählstimmen. Er beruft sich auf viele namhafte Kritiker und zieht auch meine Ausführungen zur Zwiespältigkeit des Erzählers im *Erdbeben* aus der Vergessenheit hervor. Leider ist das zugleich Displacement = Desinformation. Im Unterschied zu Stephens und den meisten Kollegen nämlich sah ich weder im *Erdbeben* (1969) noch in der *Cäcilie* (1972) eine totale Unvereinbarkeit der Stimmen und also Anlaß zum Verzicht auf Sinnfindung. Mein Wundermittel war und bleibt Kleists Ironie. Deren Irreführungen testen sarkastisch grausam, aber zielgerichtet, wieweit unser Bedürfnis nach Verblendung = Displacement geht, läßt die Wahrheit aber durchaus hervorlugen.

In der *Cäcilie* ist das die sterbende Schwester Antonia, deren Leib totengleich, doch noch nicht tot, in der Kammer ruht, während ihr Geist schon unterwegs, noch in seiner abscheidenden Leibes-Hülse, Schuberts *Nachtseiten* gemäß, auf der Empore die überwältigende Aufführung eines Oratoriums dirigiert (vgl. oben Zimmermann: *Das Käthchen*). Das Ganze ist eine Kunst-Legende, strotzend von Boshaftigkeiten gegen die katholische Kirche. Doch fiktional ist dieser Vorgang stimmig – damals für den Eingeweihten und heute für den, der die historische Information nicht beiseiteschiebt. Genau das tut Stephens und verliert kein Wort darüber oder über diese unerhörte Begebenheit. Auch eine Lösung. Sie immunisiert seine commode Formel von der einhelligen „Persistenz des Arbiträren" gegen die Komplexität der dichterischen Welt sowie gegen die

Kritik am Kirchenglauben, die (wie im *Zweikampf*) signalisiert wird von der präzisen Versuchsanordnung

Ähnlich und doch anders Erika Fischer-Lichte, *Mißlingende Inkorporation? Zur rituellen Struktur des „Prinz Friedrich von Homburg.“* „Übergangsrituale“ (ein Terminus der Ethnologie) sollen die psychologische Interpretation ersetzen, die nicht mehr greife; die Motive der Figuren blieben zu verborgen. Die bewährte Kleistforscherin beweist das allerdings, indem sie nur die äußeren Vorgänge der Briefschreibszene IV,4 wiedergibt und wegläßt die spontanen und genauen Auslassungen des Helden, warum, wozu und wie er schreibt und sich verbessert. Auch eine Lösung.

Daß es sich um eine Übergangssituation handelt, ist evident. Vfn. beweist es in einem zweiten Anlauf, bei dem sie jene von ihr unterdrückten Aussagen zitiert und derart die verworfene psychologische Deutung nachholend wieder zu Ehren bringt, freilich nur flüchtig; geht es doch um die Kette der Übergangssituationen als solche. Die und die psychologische Interpretation vertrugen sich zwar eh und je, sind urältester Wein. Nur halten den die neuen Schläuche nicht in dem Displacement, der Scheidung, die ihnen hier aufgezwungen wird.

Paul Michael Lützeler, *Verführung und Missionierung. Zu den Exempeln in „Die Verlobung in St. Domingo.“* Exempla der Kolonialliteratur der christlichen Missionsarbeit sollten die Schwarzen gefügig machen. Die zwei, die Gustav erzählt, sollen ihn vor Toni schützen und diese transformieren in seine Retterin. Die historische Gattung dient als Leuchtspur – für Displacements, Widersprüche. Hoango, dessen Namen Lützeler neu erklärt (38), dulde in seinem Hause keine Christen. Toni aber bete in ihrem Zimmer zum Bildnis einer Mutter Gottes. Und sie wolle ihren Verlobten als wiedergeborene Christin retten.

Vf. betont die Paradoxie dieses und anderer Displacements und läßt sich wohl dadurch verführen, die Konturen zu überzeichnen. So ließe sich debattieren, wie kalkuliert Gustavs Bekehrungs- und Verführungsversuch wirklich ist. L. vernachlässigt die fließenden Übergänge, die fein nuancierten Displacements von Fremdheit zu Vertraulichkeit, die Rolle von Herz und Gefühl, die Kleist für zentral erklärte.

Weint Toni wirklich nur aus Angst vor dem Tod, der ihr nach dem Doppel-Verrat der Umarmung doppelt droht? Oder verstand Kleist sich auf eine Mädchenseele? Gustavs Exemplar einer jungen Schwarzen, deren grausame Rache die Engel und Gott auf die Seite der weißen Sünder treibe, wird unkommentiert abgesegnet; handle jene Schwarze, die einen Weißen und durch ihn alle Weißen mit dem gelben Fieber anstecken will, doch höchst unchristlich wie ja auch Hermann der Cherusker, Babekan, Hoango und der Mörder und Selbstmörder Gustav, wenn er Toni nicht vergebe.

Wird Kleist da durch Missionsarbeit doch noch zum Christentum bekehrt? Kleist habe stets die Partei der Angegriffenen genommen, nur nicht so eindeutig wie die Résistance. Das Denkmal am Ende solle sogar daran erinnern, daß das Werk vieles „dem Geist des Widerstands gegen mögliche Fehlentwicklungen des Widerstands" verdankt, etwa gegen jene „Barbarisierung der zwischenmenschlichen Beziehungen," die den „politischen Sieg" mit erkaufen hilft. Solcher „Dialektik" werde Kleists „Komplexität der dichterischen Behandlung des Widerstandthemas" gerecht. Doch landen wir da nicht bei einem Kliché heutiger politisch-moralischer Korrektheit? Kleist wäre unser, einer wie wir?

Oder wäre die hier vernachlässigte Ironie ein Weg Kleists, den Spieß umzudrehen, die Denk- und Empfindungsträgheit seines Publikums zu verhöhnen, hier dessen Ausweichen vor der Tat des Widerstands in kitschverbrämte Humanitätsduselei, und den Unterdrückern trotz ihren besseren Manieren kompromißlos die Verantwortung für die üblen Folgen ihrer Taten anzulasten? So ist es im *Kohlhaas,* was Lützeler allerdings bestreitet. In Dichtungen des Widerstandes damals von *Emilia Galotti* bis zur *Hermannsschlacht* war es indessen Brauch. Und schärfer als Kleist verurteilte es keiner, wenn man wegen der (oft ja tatsächlich unbequemen und sogar tragischen) Folgen zurückschreckte vor Widerstand.

Das freilich wenig christliche Verfahren verwirrt sich für L. mit Kleists Kritik am Christentum. Fazit: Widersprüche, Paradoxa, Displacements ohne Ende. Sind es Kleists? Schwerlich. Vielmehr läßt L. sich dreifach vorprogrammieren: durch seine Orientierung historisch an der christlich-kolonialen Mission: methodologisch am Displacement des modischen Humanitätsdogmas, das hier doch als Tarnung vor Zensur dienen mag (Signal: der gelegentliche Kitsch);

literarhistorisch an der reichlichen Verarbeitung der Novelle in Buchs Haiti-Stories.

Ein krasses Exempel, wie politisch korrekte Germanisten aufräumen, bietet Bernd Fischer: *Fremdbestimmung und Identitätspolitik in „Die Hermannsschlacht."* Das Propagandastück enthüllt das Triebwerk der darin gemachten Propaganda. Diesen neueren Gedanken verschiebt Vf. von der Selbstoffenbarung weiter zur Selbstentlarvung und Aufdeckung einer historischen Displacements-Gesetzlichkeit: Der international solidarische Kampf gegen Kolonisierung verschiebt, verkehrt sich germanisch-deutsch zum nationalistischen Eroberungs–, Vernichtungskrieg und Genozid. Im Stück steht davon freilich nichts und sogar ausdrücklich das Gegenteil. Die geplante Expedition, um das römische Räubernest auszuräuchern, bietet natürlich brauchbare Assoziationen, bleibt bei Kleist indessen eine (unausgeführte) Polizeiaktion im Interesse der öffentlichen und privaten Sicherheit. Kleinigkeiten wie Hitlers Polen-Feldzug läßt F. gar nicht erst aufkommen; kurzweg färbt er das von Hermann anvisierte Rom mit Auschwitz ein, einem deutschen Minister zufolge Gründungsurkunde der BRD.

Davon profitiert Napoleon. Hermann zwar erklärt wie Kleist, die Menschheit solle und könne regiert werden von einem Kosmopoliten jeder Nationalität außer dem Römer/Franzosen, der allein „keine andre Volksnatur verstehen kann und ehren, als nur seine." F. insistiert, das werde **in eben diesen Sätzen** schon in sein Gegenteil, in das nationalistische deutsche „Dogma des wahren Volks gewendet, das allein auch universale politische Ansprüche anmelden kann." F. ist nicht angewiesen auf literarische Displacements. Er fabriziert sie selber. Kleist und Hermann jedenfalls weisen klar und eindeutig den illegitimen Alleinanspruch auf Weltherrschaft den Franzosen/Römern zu, den Eroberern und Kolonisatoren Napoleon, Augustus.

Hermann/Kleist will in den satten Deutschen um 1806 das eingeschläferte National- und Ehrgefühl, den nötigen Opfergeist anfachen. Laut F. erstrebt Hermann/Kleists „Identitätspolitik" indessen Freiheit der Pflicht zur nationalen Bindung und will sie notfalls erzwingen mit der moralisch für „die historische Mission der Deutschen absolut" notwendigen Strategie der verbrannten Erde, dieser heroischen *„displacements,"* welche später die Wehrmacht – über die ausgestellten Verbrechen hinaus – anwandte, allerdings, was hier wie dort dem Volk verschwiegen wird, im Gefolge der weit perfekteren Exempel von Briten, Amerikanern, Russen.

Gewiß hetzt Hermann die Cherusker auf, indem er Greuel durch seine Leute, displaced in Römeruniform, organisiert. Kleists Drama war bekanntlich eine Übertragung der blutrünstigen Exempel der haitischen und spanischen Guerilla, die vernichtend triumphierte über den Eroberer Napoleon! – und eine Erinnerung eben daran. F. verschweigt das. Es paßt ja schlecht in sein antideutsches Konzept.

Und keine Haß- und Hetzpropaganda ohne Sex! F. verschiebt dazu die Schuld von den Tätern auf die Opfer. Hallys Vergewaltigung durch Römer veranlaßt ihn, das germanische Verlangen nach völkischer Eigenheit und Einheit in ein Prokrustes- und Hochzeitsbett zu zwingen mit – einem germanischen Verlangen nach dem jungfräulichen Leib. Er legt Hallys bedauernswertes Los trotz der mitgeteilten literarisch-mythischen Parallelen erklärungslos-suggestiv zu Füßen der germanischen Untäter, die sie ermorden und zerteilen (displacement), wie es zwar einer hebräischen Tradition entspricht, aber auch der germanistischen Abseitigkeit, Galotti seine Emilia aus anrüchigen Motiven erstechen zu lassen. Hier rächen sich alte Sünden geistiger Kolonisierung und Selbstkastrierung, deren Anfängen man nicht nachhaltig wehrte.

Hally also werde vergewaltigt von (nur) einem römischen Soldaten (dergleichen kommt eben schon mal vor). Nein, von einer ganzen „Meute!" Verdrängt F. die Erinnerung an die Sieger- und besonders Sowjet-Soldateska, die sich, angestachelt von Stalin und dem Literaten Ilja Ehrenburg, unsäglich an deutschen Frauen verging? Und Schillers „Fluch der bösen Tat, die, fortzeugend, Böses muß gebären," wirkt sogleich weiter. Nun muß ja verschwiegen bleiben, daß ein junger Römerhauptmann drei der „Hunde" sofort niedermachte – das wären schon mal zwei mehr als einer – sowie daß und warum Hermann ihm dafür so sehr nicht dankbar sein kann.

Für ihn sind solche „guten" Eroberer die schlimmsten, weil sie sein Gefühl verwirren, ihn von seinem pflichtgemäßen Haß abbringen könnten. F. wertet das als Symptom ethnisch-nationalistischer Identitätspolitik auf dem Sprung zur unausweichlichen Verschiebung in völkermörderischen Imperialismus. Dazu unterschlägt er die Szenen, die Hermanns Einstellung begründen. Die kennt er sehr wohl, u.a. von meinen Arbeiten, tut aber, als gäbe es die nicht. Dafür übernimmt er, obwohl sie seiner Linie widerstrebt, Hinrich Seebas wilde und abwegige Spekulation, Hermann beteilige sich gar nicht an der Schlacht. Wieso erscheint der aber mit gezogenem Schwert an der Seite seiner Genossen auf dem Schlachtfeld?

Von dem gerechten Septimius und seiner Erschlagung mit einer extraschweren Keule, dieser vieldiskutierten Schlüsselszene, ist gar die Rede nicht und also zu wenig davon, wie sich Recht und Römer-Imperialismus hier verteilen. Vor allem demonstriert genau in der Mitte die Bardenszene, daß Hermann/Kleist nicht ohne Humanität sind, sondern sie gewaltsam unterdrücken (müssen), um sie real und allgemein wieder zu ermöglichen. F. nennt dergleichen „Individualethisch." Vor kurzem, bei Gelegenheit der *Verlobung,* teilte er Ruth Angress-Klügers Genugtuung, daß Kleist endlich aufräume mit solch altbackenen christlich-klassischen Vorbehalten. Doch jetzt spielt er jene Tradition (wie Lützeler) gegen Hermann aus und verweist auf die Jagdmetaphern, die den Feind zum Tier erniedrigen.

Freilich, da werde der Spieß der Kolonisierung umgekehrt; und der muß man sich ja gleichfalls widersetzen. F. schwankt daher wie Lützeler halbherzig eine Weile in der Widersprüchlichkeit herum. Zuletzt aber entreißt er sich solcher Virtualität und klimmt empor zum Gipfel der Displacements. Es ist die „Fremdbestimmung," die wahre, die Wahlfreiheit zwischen den Kulturen. Trauriges, endgültiges Selbst-Displacement Hermanns nämlich sei die staatsstiftende Enthauptung Aristans, dieses „weltoffenen Vertreters eines individual-ethischen Freiheitsbegriffs, der das Recht impliziert, sich seine Vertragspartner und -bedingungen selbst (und also jenseits der kulturell-ethnisch postulierten Identitätsentwürfe!) zu suchen" (277).

Das Drama präsentiert Aristan freilich ganz anders: als Erzschurken, Opportunisten, Egoisten. Kaltblütig gibt er Heimat und Unterdrückte preis. Um sein Fell zu retten, paktiert er mit dem derzeit Mächtigen, obwohl der ihn wie alle Welt verabscheut als Überläufer und Verräter und ihm so wie allen anderen das Fell über die Ohren zöge, ließe Hermann es noch dazu kommen. Aristan also, verwerflicher noch als die feindlichen Unterdrücker, wird in F.s politisch superkorrekter, überhitzt-antideutscher Mohrenwäsche transformiert zum Tugendbold, zum Exempel unserer über Leichen gehenden Karrieristen und Profiteurs um jeden, aber auch jeden Preis!

Ja, F. beschließt seine syntaktisch und terminologisch überfrachtete, in Abstraktionen schwelgende, also nicht eben leserfreundliche, weil emotional hochengagierte Studie mit der Versicherung: das Stück generiere aus sich selber eine Versuchsanordnung, die – da duldet er keinen Zweifel – hinführe zur Apotheose – just des Gauners Aristan. Das wie alles Übrige Gesagte sei allerdings „vielleicht der ursprünglichen Autorintention [Kleists] zuwider" (177). Amen. Und wie mögen Studenten wählen zwischen F.s und Kleists Text?

In ein ähnliches Dilemma stürzt seine Studenten Norbert Miller, *„Du hast mir deines Angesichtes Züge bewährt [...]." „Der zerbrochne Krug" und die Probe auf den Augenblick.* Den mißtrauischen Blick des Schreibers auf den Richter in Kleists Bildvorlage bezieht Miller brillant auf *Ödipus* – freilich ohne evidente Folge für sein Werkverständnis. Dieses gründet er auf den *Variant,* also die ursprüngliche und Bühnen-Version, und bestreitet energisch die bekannte Tatsache, daß seit einiger Zeit eigentlich kein Kritiker anders verfährt. Üblich sei vielmehr die Authentisierung der zweiten, der kurzen Druckfassung. In ihr aber fehle die Politik; der Ver- und Mißbrauch von Soldaten aus Schichten, die bei der Befreiung der Niederlande mitwirkten. M. erzählt ausführlich unter Rückgriff auf Kolonialliteratur. So bringt er den weitaus längsten Aufsatz des Buchs zustande.

Das Computer-Referat, das auf M.s Aufsatz folgt (s.o.), vermerkt richtig, Batavia war der Name nicht nur des holländischen Brükkenkopfs auf Java, sondern auch der holländisch-belgischen Republik, die seit 1793 nach französischem Muster eingerichtet wurde, bis sie unter einem König Bonaparte mit Frankreich gleichgeschaltet wurde. Das war 1806. M. erwähnt nur, Kleist schloß Ende jenes Jahres die Komödie ab; Anspielungen auf Preußens Besiegung und Besetzung durch Napoleon könne man indessen übergehen. Damit wird genau die Aktualität derjenigen Politik verpaßt, um die es Kleist immer ging, ohne die der *Variant* nicht zu begreifen ist – und die vor der Zensur getarnt werden mußte – eben durch Komödie.

M.s Fokus gilt Eve und der vielfach vergessenen guten alten kleistschen „Unbedingtheit des Vertrauens," hier basierend auf dem Eindruck des Menschen-Antlitzes. Auf die zwei innigen Wortwechsel Eves mit Walter über Vertrauen läuft alles hinaus und triumphal.

WALTER Steh auf mein Kind.
EVE Nicht eher, Herr, als bis Ihr Eure Züge,
Die menschlichen, die Euch vom Antlitz strahlen,
Wahrmacht durch eine Tat der Menschlichkeit.

WALTER Unschuldigen bewährst, wie ich nicht zweifle,
Bewähr' ich auch dir meine menschlichen. (Miller, 232)

Hier stimmt was nicht. Auch nicht in dem ominösen Kommentar „von einer besonderen, fast erotischen, genauer einer im Anblick die Vorbestimmung an[!]einander wiedererkennenden Wahrnehmung zwischen Eve und Walter" (231f.). Bei den Versen fehlt – in der von mir gelassenen Lücke – die Zeile „Mein liebenswertes Kind, wenn du mir deine [...]" 'unschuldigen Züge' usw. M. verfolgt diesen wechselseitigen guten Willen zum Vertrauen in die Anfänge des Stücks zurück, so einfühlsam und warm, daß es bewegt wie ein erzähltes persönliches Erlebnis.

Nur: „unbedingtes Vertrauen?" Nicht vielmehr Kleists notorisches Mißtrauen gegen das Vertrauen, das ersehnte? Das „wenn" heischt die Erfüllung von Bedingungen. M. winkt unwillig ab. Gewiß: „Beide beharren auf der Probe," laut M. indessen nicht aus Zweifel, sondern „als Bewährung vor der gesellschaftlichen Zeitlichkeit." Soll heißen: Walters Barmherzigkeit vs. Eves wahrhaftige Unschuld. M. vollzieht feinsinnig nach, wie Adams Drohung mit Ruprechts Abtransport nach Java und Batavia Eves „Glauben an die Gesellschaft und ihre Ordnungen," an die Glaubwürdigkeit der Regierung zerstörte und sie in stumpfe Verzweiflung stürzte. Walter, von ihrem „Mißtrauen" (also doch?!) gekränkt und zugleich angesteckt, greift zu einer List der gründlich desavouierten Krämer, doch zuverlässig. Damit kommt die Schlingerfahrt vollends in Gang:

Der Rat bietet ihr Geld, womit sie Ruprecht loskaufen kann, falls die Regierung lügt und ihn doch nach Indonesien schickt. M. zufolge nimmt sie das Geld nicht. O, sie nimmt es sehr wohl, will es ihm freilich gleich wieder aufdrängen. Bei wem es landet, bleibt ungeklärt, ist auch nicht wichtig. Laut M. ist es wichtig. Seine Eve darf das Geld nicht nehmen. Die Syntax aber sträubt sich: „Die Unbedingtheit des Vertrauens [...], erst dann ist der [ersehnte] Weltzustand erreicht.“ Den aber gäbe sie preis, wenn sie „dem scharf geprägten“ Profil des Königs - allerdings ist es der Landesfeind - vertraute. Genau das aber tut sie eben.

M. spielt den Landesfeind herunter, beläßt unzitiert: „Der Hispanier versöhnt sich mit dem Niederländer nicht, und die Tyrannenrute will er wieder, die zerbrochene, zusammenbinden.“ Dagegen zitiert er Eves Patriotismus. Man verteidigt sich gegen den Landesfeind, weil „wir was Heiliges, jeglicher, wir freien Niederländer, in der Brust, des Streites wert, bewahren:“ So triumphierte sie pathetisch und gab schon Ruprechts Einsatz zur Landesverteidigung ihren Segen.

Bei M. verschwindet diese Analogie zu Preußen und Napoleon indes weitgehend zwischen dem bösen Kolonialismus und der Vertrauens-Feier. Es geht um Existentielles. Der „Hinweis auf das geprägte Bild des königlichen Herrschers [enthalte] zugleich eine Anspielung auf die Flüchtigkeit jedes Gesichtsausdrucks und damit auf den schwankenden Untergrund, auf dem jedes Vertrauen ruht.“ - „Am falschen Bild, an dem der Händlermünze, wird Eve der einzig wahren Münze wieder inne, auf die Gott sein leuchtendes Antlitz unauslöschlich eingeprägt hat, die innere Wahrheit des menschlichen Gesichts.“ Tiefsinnig, schön und offenkundig falsch.

Gewiß, das gute Kind baut nicht aufs Geld und stattdessen wirklich auf Walters „scharfgeprägte“ Wahrheit seiner Münzen, auf die Prägung von „Gottes leuchtend Antlitz drauf.“ Doch sie nimmt ein Bild nicht so symbolisch, wie M. hofft, sondern - wie alle Figuren im *Krug*, besonders ihre Mutter - als das, was es darstellt, und das ist nun mal jener Spanierkönig (Kleist konnte nicht gut „Franzosenkaiser“ schreiben), den sie vorhin als Landesfeind verdammte, als Bedränger der holländischen Freiheit. Der Landesfeind Napoleon war zur Zeit Oberherr in Belgien und Holland. Landesfeind hin und her also, er ist es, den sie mit Gott ineinssetzt; sie glaubt an beide auf den Münzen. Da ist der König ja offiziell und anschaulich, anfaßbar vergöttlicht. Und erst darum glaubt sie auch dem Überbringer Walter. Und der - wie alle überlegenen Figuren Kleists außer Hermann – brockt sich seine Suppe selber ein. Mißtrauisch will sie das Geld zurückgeben: „O Herr Gott!"

WALTER. Das Geld? Warum das?
Vollwichtig, neugeprägte Gulden sinds,
Sieh her, das Antlitz hier des Spanierkönigs:
Meinst du, daß dich der König wird betrügen?
EVE. O lieber, guter, edler Herr, verzeiht mir,
– O der verwünschte Richter!
[...]
WALTER. So glaubst du jetzt, daß ich dir Wahrheit gab?
EVE. Ob ihr mir Wahrheit gabt? O scharfgeprägte,
Und Gottes leuchtend Antlitz drauf. O Jesus!
Daß ich nicht solche Münze mehr erkenne!

Die Münze prägt den sonderbaren Landesherrn gottgleich aus zu einem Ding, dem man nicht widersprechen kann, jedenfalls nicht Eve. Genauso wenig ihre Mutter. Die will ihren Krug wieder heil haben, also die darauf geprägte Landesobrigkeit, obschon die Geschichte sie als Landesfeind entlarvte. Walter, der inzwischen Eve einen Kuß gab (was sonst soll er schon tun?), gibt Frau Marthe die entsprechende (und von der Kritik nie begriffene) Empfehlung: Sie möge sich umsehen auf dem Töpfermarkt zu Utrecht (wo keineswegs die von ihr erfragte Regierung residiert); da finde sie schon eine Kopie des ihr unersetzlichen Produkts und Obrigkeitsabbildes. Der Krug mutiert derart vom Symbol der Unschuld zum Symbol der einfältigen Autoritätshörigkeit in- wie außerhalb des Stückes. Der Obrigkeitsvertreter kann nichts dagegen tun und will es nicht.

Selbst Krugverwüstung und drohende Unterjochung, Fremdbestimmung können der urdeutschen Autoritätshörigkeit im *Krug* und bei den Krug-Interpreten nichts anhaben. Kleist beklagte sie immer wieder gerade zur Zeit der französischen Besatzung. Und Walter bekräftigt das politisch-menschlich lächerlich-tieftraurige, echt kleistische Fazit. M. identifiziert sich weitgehend mit ihm und verschweigt, was doch hinreichend bekannt ist: der Gerichtsrat schenkt sich den pflichtgemäßen Blick in die abenteuerliche Welt der Kassen Adams und des gewitzteren Schreibers; er schützt den Richter vor der überfälligen Entlassung und wohl auch vor verdienter Strafe (genau wie Adam es voraussagt); und er setzt Licht sicher nicht nur provisorisch zum Nachfolger ein, macht also den Bock zum Gärtner.

„Eve gewinnt, mindestens für die Zwecke des Lustspiels, das Vertrauen zurück." Ein ominöser Satz und nicht der erste Selbstzweifel, den M.s sensibler Text preisgibt. Bestätigung solcher Zweifel hätte er in *Sprachkunst* 1981 gefunden, ebenso das Nötige über die Batavische Republik. Schon damals widersprach ich Deutungen, die ähnlich wie M.s den wiedergefundenen Glauben Eves an Gott und Obrigkeit verherrlichten.

Fehlt noch der Beitrag des Mitherausgebers David Pan, *The Aesthetic Foundations of Morality in „Das Erdbeben in Chili."* Im Fahrwasser von Stephens und Greiner operiert Pan mit Kant und dem Opferbegriff. Hätte letzterer bei Lützelers Interpretation der *Verlobung* geholfen, so läßt P. sich von Kants Pflichtethik und *Kritik der Urteilskraft* verführen, ethische Urteile auf ästhetische Erfahrungen zu basieren. Beispiele seien die Kirchenreligion mit ihrer öffentlichen Haß-Predigt und das unmoralische Schauspiel, daß Josephe auf den Kirchenstufen niederkommt. P. gerät selbst in priesterhaftes Hetzen, wenn er dem Paar den längst widerlegten Vorwurf macht, es sei schamlos nur mit seinem eigenen Glück beschäftigt. Es schlägt sich aber in die Büsche aus Rücksicht auf die andern.

Jeronimo riskiert sein Überleben, Josephe opfert es, um weiteres Blutvergießen zu verhindern. Tragisch-erhabener Triumph der Ethik Kants? P.: Durchaus nicht! Solch selbstlose Opferbereitschaft adle lediglich eine Individualethik materialistisch-egoistischer Natur! Man glaubt es nicht. Doch wir hörten das vom Präsidenten der Kleist-Gesellschaft höchstpersönlich. Und postmodern ist alles möglich und hier noch mehr: Meister Pedrillo und die blutgierige Meute, lesen wir, riskieren, opfern notfalls ebenfalls ihr Leben; sie selektieren ihre Opfer sorgfältig, während die anderen bloß aufgeben und Don Fernando wahllos alles niederhaut, was den Babies auf seinem Arme nahekommt.

Dieser „göttliche Held" vor der Kathedrale spricht ethisch und ästhetisch an im Kontrast zum blutdurstig tobenden Mob. Doch nein, belehrt uns P., die Horde wählt und mordet aus Verantwortung für die Gemeinschaft. Ihr (christlich-katholisches?) Kollektiv-Ethos stellt jenes humanistisch individuelle in den Schatten. Auch die Haß-Predigt des Priesters wird legitimiert, dieser ganze mörderische religiöse Fanatismus.

Hier muß zumindest Fischer Einspruch erhoben haben. Schade, es gibt keine Nachschrift der Diskussionen. (So etwas ist allerdings zeitraubend und mühsam. Ich verweise auf meine fünf Bände internationaler Symposien.) P. weiß natürlich, daß die Forschung das alles anders sah, ja umgekehrt. Auch der Erzähler. Doch was soll's? Der Autor, Kleist, der sah es, behauptet P., wie er, der derzeit letzte Interpret des *Erdbebens*.

Ich bin froh und dankbar, daß ich dem Symposium nicht beiwohnte und stattdessen den Band nun rezensieren konnte. Es lehrte mich so wahrscheinlich mehr, weckte in mir viel Protest und auch viel resigniertes Einverständnis - nämlich mit dem Displacement, der selbstverschuldeten wachsenden Geringschätzung und Ausmerzung des Faches an den US-Universitäten.

Das Wichtigste an dem, was hier zu berichten war, ist ja, daß es sich keineswegs um das Ergebnis eines Augenblicks handelt, sondern um folgerechte Ausläufer einer Entwicklung, die seit langem rollt. Außer mir wehrten nur wenige, allzu wenige den Anfängen und Folgestadien. Ja, zu viele Spitzenkräfte leisteten sehenden oder halb sehenden Auges Vorschub, wollten dem Zug des Zeitgeistes nicht widerstehen oder konnten es nicht.

Abschließend möchte ich beide Herausgeber belobigen: sie haben den Band rasch zum Druck befördert. Im Vertrauen vermutlich auf die Unfehlbarkeit des Computers sparten sie sich dabei allerdings das Korrekturlesen. Dabei scheint es heute nötiger denn je zu sein - eben wegen des Computers.

Über deutsche Dichtungen

Eine Serie von Wolfgang Wittkowski

Band 1 Religiöse Geheimsignale. Ethik. Bibel. Kirchenjahr. 2002.

Band 2 Goethe. Homo homini lupus. Homo homini deus. 2004.

Band 3 Die Tragödien Friedrich Hebbels. Ihre Aktualität heute. 2006.

Band 4 Georg Büchner. Rückblick und Einblick. 2009.

Band 5 Schiller. Ethik, Politik und Nemesis im Drama (mit Stephanie Kufner). 2012.

Band 6 Kleist. Wert-Ethik, Wahrheit, Widerstand und Wieder-Auf-Er-Stehung. 2013.

Der Verfasser, der zuletzt an der Universität Albany im Staat New York lehrte, überarbeitet seine wichtigsten Interpretationen und ergänzt sie durch neue. Weitere Bände sind geplant.

www.peterlang.de

www.ingramcontent.com/pod-product-compliance
Ingram Content Group UK Ltd.
Pitfield, Milton Keynes, MK11 3LW, UK
UKHW021827290926
8980IPUK00004B/297

9 783631 64003